Der österreichische Bibliothekartag 1992

Biblos-Schriften
Herausgegeben von
HR Dr. Magda Strebl

Band 159

Der österreichische Bibliothekartag 1992

Wien
1993

Biblos-Schriften Band 159

Der österreichische Bibliothekartag 1992

Eisenstadt

29. September bis 3. Oktober 1992

Altes Buch und Neue Medien

Vorträge und Kommissionssitzungen

Herausgegeben
von der Vereinigung
Österreichischer Bibliothekarinnen
und Bibliothekare

Vereinigung
Österreichischer Bibliothekarinnen
und Bibliothekare

Wien
1993

Gefördert durch das Bundesministerium
für Wissenschaft und Forschung

Zusammenstellung und Redaktion:
Marianne Jobst-Rieder
(Österreichische Nationalbibliothek)

Druck: Manz, Siebenbrunnengasse 21, 1050 Wien
Vertrieb: Biblos-Schriften-Administration
Josefsplatz 1, 1015 Wien

ISBN 3-01-000011-1

Vorwort

Konnte man sich beim 12. Österreichischen Bibliothekartag in Eisenstadt 1972 noch ausschließlich mit den gedruckten Quellen zum Thema „Wissenschaft und Bibliothek“ auseinandersetzen, so hat sich inzwischen die internationale Informations- und Verlagslandschaft weitgehend verändert. Wissenschaftliche Information wird in vielfältiger Form in verschiedensten Medien angeboten - auf der Frankfurter Buchmesse 1993 war bereits eine ganze Halle dem "Electronic Publishing" gewidmet. Die angebotene Informationsvielfalt haben die Bibliotheken der Wissenschaft zur Verfügung zu stellen, wollen sie nicht zu rein musealen Institutionen werden. Diesen Anforderungen Rechnung tragend, wird in vielen wissenschaftlichen Bibliotheken bereits vermehrt Non-Book-Material gesammelt. Gleichzeitig bedeutet aber auch das wertvolle Erbe der Altbestände eine Herausforderung für unsere bibliothekarische Tätigkeit. Der Schutz dieses Erbes, die Restaurierung, Erschließung und die Katalogisierung mit EDV sind wichtige Arbeitsgebiete, mit denen sich die Bibliotheken in nächster Zeit auseinandersetzen müssen. Von diesen aktuellen Voraussetzungen her lieferte das Spannungsfeld „Altes Buch und Neue Medien“ den thematischen Rahmen für die Vorträge am 22. Bibliothekartag, der 1992 auch wieder in Eisenstadt stattfand.

Der vorliegende Tagungsband bietet mit der Dokumentation der Vorträge ein buntes Bild der österreichischen Bibliotheksszene, ihrer Vertreter und der Themen, die sie bewegen. Die Hauptvortragenden konnten bereits konkrete Pläne zu Medienzentren an Universitätsbibliotheken präsentieren, sie deponierten Wünsche und Anforderungen an künftige Bibliothekssysteme bzw. Adaptierungen und Konzepte zum bestehenden Bibliotheksverbund oder stellten aus der Sicht von Experten für Handschriften und Altes Buch den Konnex zu den Neuen Medien her. Die Diskussion mit Sektionschef Dr. Sigurd Höllinger über die Auswirkungen der geplanten Universitätsreform auf die Universitätsbibliotheken beleuchtete den Planungsstand zum damaligen Zeitpunkt, stellt dieses neue UOG doch eine Reform dar, die weitreichende Auswirkungen auf die traditionsreichen Strukturen des wissenschaftlichen Bibliothekswesens in Österreich haben wird.

Die Vorsitzenden erstellten in bewährter Weise das Programm für die Sitzungen ihrer Kommissionen, wobei auch in diesem Rahmen von den Vortragenden wichtige Informationen zum übergreifenden Tagungsthema geboten wurden.

Durch die zahlreiche Teilnahme von ausländischen Kollegen erfuhr die Tagung eine wesentliche Bereicherung. Zwei namhafte Experten aus Deutschland haben sich für Hauptvorträge zur Verfügung gestellt. Zum Vergleich von Arbeitsverfahren und deren Kosten bei der Konversion von Zettelkatalogen konnte Prof. Beyersdorff das erste Mal die Ergebnisse des umfangreichen Projektes des Deutschen Bibliotheksinstituts vorlegen. Die österreichischen Bibliothekare erhielten so ein Jahr vor der Buchveröffentlichung der Studie bereits detaillierte Informationen über die Kosten der verschiedenen Konversionsmethoden, die in Deutschland in Verwendung sind - interessant besonders für die Entscheidungsträger, stellt doch die Katalogkonversion ein wichtiges Arbeitsvorhaben für unsere Altbestandserschließung dar, die bekanntlich noch einer Realisierung harrt. Der Festvortrag des damaligen Direktors der Bayerischen Staatsbibliothek, Franz Georg Kaltwasser, wiederum bot eine souveräne tour d'horizon zum Tagungsthema und kommentierte mitunter auch kritisch die Probleme, die Neue Medien in der Praxis im Betrieb einer wissenschaftlichen Bibliothek aufwerfen.

Bei der Hauptversammlung erfolgte die Wahl eines neues Präsidiums und die Entscheidung für eine Namens- und Statutenänderung des Vereins. Die neu erarbeiteten Statuten sind bereits seit Juni 1993 in Kraft.

So wurden im Rückblick am Bibliothekartag in Eisenstadt Weichenstellungen für die Zukunft vorgenommen und diskutiert, Weichenstellungen sowohl für den Verein, der ihn veranstaltet hat, Weichenstellungen aber auch für das gesamte wissenschaftliche Bibliothekswesen, für seine Organisation und seinen Sammelauftrag.

Es sei daher allen Verantwortlichen gedankt, die den fruchtbaren Gedankenaustausch auf dieser Tagung ermöglicht haben: allen voran dem BMWF für die finanzielle Unterstützung, dem Bundesland Burgenland für die Möglichkeit, den Kongreß in seiner Hauptstadt durchführen zu dürfen, der Burgenländische Landesbibliothek als lokalem Gastgeber, besonders jedoch Mag. Norbert Frank, der nahezu im Alleingang die Organsiationsaufgaben durchführte, die das Ortskomitee übernommen hatte.

Zahlreiche Firmen stellten in der Firmenausstellung wieder ihre Produkte vor und fanden ein interessiertes Publikum. Ihnen allen und den großzügigen Sponsoren unter ihnen, die mehrere Veranstaltungen durch ihre Beiträge ermöglicht haben, sei hiermit der Dank ausgesprochen.

1996 kann die VÖB ihr 100-jähriges Bestehen feiern. Wir wünschen von ganzem Herzen, daß es bis dahin gute Jahre für den Verein und das wissenschaftliche Bibliothekswesen in Österreich sein mögen.

Wien, im Oktober 1993
Das Präsidium der VÖB für die Funktionsperiode 1990-1992:
Dr. Magda Strebl (Präsidentin)
Dr. Eberhard Tiefenthaler (1. Vizepräsident)
Dr. Ferdinand Baumgartner (2. Vizepräsident)

Bemerkungen der Redaktion

Mit dem Erscheinen des vorliegenden Tagungsbandes sind die Aufgaben, die traditionellerweise vom jeweiligen Sekretariat der VÖB übernommen werden, für die Funktionsperiode 1990-1992 abgeschlossen. Daher möchte ich es nicht versäumen, mich bei allen zu bedanken, die mich in meiner Tätigkeit als Sekretärin der VÖB unterstützt haben.

Allen voran Mag. Helga Hofmann-Weinberger und Mag. Gabriele Mauthe, mit denen ich die Redaktion der VÖB-Mitteilungen durchgeführt habe und die in vielfältiger Weise in organisatorischen Belangen für die VÖB tätig waren. Bei der Erstellung dieses Bandes wurde ich von Irene Javorsky (Kartensammlung und Globenmuseum der ÖNB) unterstützt.

Weiters danke ich den Kommissionsvorsitzenden und den Leitern der Arbeitsgruppen für ihre Zusammenarbeit, ist doch ein großer Teil der Vereinsarbeit durch ihre Aktivitäten und Initiativen geprägt. Desgleichen danke ich den Mitgliedern des Ausschusses und des Präsidiums.

Wenn im vorliegenden Band die traditionellen Tätigkeitsberichte bei einigen Kommissionen in den entsprechenden Kapiteln fehlen, so wurden der Redaktion von den Vorsitzenden keine eigenen Berichte zur Verfügung gestellt. Die entsprechenden Informationen sind dem „Tätigkeitsbericht der VÖB" zu entnehmen. Außerdem sind auch die Manuskripte zu einigen Vorträgen nicht eingelangt. In Absprache mit den Autoren bzw. den Kommissionsvorsitzenden erscheinen in diesem Fall die Abstracts. Von einem einzigen kurzen Vortrag bei einer Kommissionssitzung lag auch kein Abstract vor (hier muß auf die „Oral History" rekurriert werden), aber ansonsten konnte doch der Bibliothekartag wieder vollständig dokumentiert werden.

Der Verlauf des Bibliothekartages ist dem Kapitel: „Programm des 22. Österreichischen Bibliothekartages" zu entnehmen.

Wien, im Oktober 1993
Marianne Jobst-Rieder

Programm

22. ÖSTERREICHISCHER BIBLIOTHEKARTAG

29. September bis 3. Oktober 1992

„ALTES BUCH UND NEUE MEDIEN"

Ehrenschutz:
Bundesminister Dr. Erhard Busek
Landeshauptmann Karl Stix
Bürgermeister Ing. Alois Schwarz

Dienstag, 29.9.1992

9.00-12.00 **Kommission für Landesbibliotheken (Dr. Eberhard Tiefenthaler, VLB)**
(Hotel Burgenland: Salon 5)
Möglichkeiten der Selbstdarstellung einer regionalen Bibliothek am Beispiel der VLB.
(B. Humpeler, VLB Bregenz)

9.30-12.00 **Kommission für Rechtsfragen gemeinsam mit Kommission für Leihverkehr und Zentralkataloge (Dr. Ilse Dosoudil, UB Wien, u. AR Ladislaus Lang, ÖNB)**
(Hotel Burgenland: Raum Eisenstadt)
Einführung in strafrechtliche Begriffe.
(Dr. I. Dosoudil, UB Wien)
Strafrechtliche Probleme im Alltag der Bibliothekare.
(Univ.-Prof. Dr. H. Fuchs, Inst. f. Strafrecht u. Kriminologie d. Univ. Wien)

9.00-12.00 **Kommission für Bibliotheksbenützung und Öffentlichkeitsarbeit gemeinsam mit Kommission für Studienbibl. f. Lehreraus- u. -fortbildung und Arbeitsgruppe Neue Medien (Dr. Martin Wieser, UB Innsbruck, AR Elfriede Strigl, Stud. Bibl. Pädak Innsbruck u. Dr. Sigrid Reinitzer, UB Graz)**
(Kulturzentrum: Großer Saal)
Neue Medien - Probleme - Lösungen.
(E. Strigl, Pädak d. Bundes in Tirol)
Tonträger an der Zentralbibliothek der Musikhochschule Graz *(H. Kaggl, ZB d. Musikhochsch. Graz)*
Bildschirm und Benützer.
(Dr. M. Wieser, UB Innsbruck)
Neue AV-Medien auch für Universitätsbibliotheken.
(Dr. S. Hermann, Öst. Bundesinst. f. d. wiss. Film, Wien)
Neue Medien - Multimedia.
(DI M. Hirschböck, Philips Wien)

Dienstag, 29.9.1992

14.00-17.00 **Round-Table-Gespräch der Vertreter der ausländischen Bibliotheksvereine**
(Hotel Burgenland: Raum Burgenland)

14.00-17.00 **Kommission für Aus- und Fortbildung (HR Emmerich Kluger, UB Salzburg)**
(Hotel Burgenland: Salon 3)

14.00-17.00 **Kommission für EDV-Anwender gemeinsam mit Kommission für Erwerbungsfragen (Dr. Brigitte Schaffer, Studiendienbibl. d. PÄDAK Graz, u. Dr. Rudolf Heilinger, ÖNB)**
(Kulturzentrum: Großer Saal)
Das St. Gallener Verbundnetz.
(Dr. M. Hutter, UB St. Gallen)
Multimediale Bild-Text-Verfilmung am Bild- und Tonarchiv des Steiermärkischen Landesmuseums Joanneum Graz.
(Dr. A. Schiffer, Joanneum Graz)
BIBOS am integrierten Arbeitsplatz.
(Dr. C. Reich, EDV GesmbH Wien)
Aller Anfang ist schwer: Erwerbungsprobleme in BIBOS.
(Dr. R. Heilinger, ÖNB)
Der Einsatz des PC zur Weiterverarbeitung von BIBOS-Datensätzen
(Dr. K. Niedermair, UB Innsbruck)

14.00-17.00 **Kommission für Amts- und Behördenbibliotheken (Dr. Gottfried Loibl, BMAA)**
(Hotel Burgenland: Salon 4)
Die gesellschaftliche Stellung der Bibliothekare in Zentralstellen der Bundesverwaltung. *(nicht öffentlich)*

14.00-17.00 **Arbeitsgruppe Frauen (Christa Wille, ÖNB)**
(Hotel Burgenland: Salon 5)
Frauenfrage und Sacherschließung.
(Dr. D. Jank, UB d. FU Berlin)
Women's Documentation Centres in Europe.
(Jytte Larsen, KVINFO, Kopenhagen)

Dienstag, 29.9.1992

14.00 -17.00 **Kommission für Buch- und Bibliotheksgeschichte gemeinsam mit Kommission für Landkarten- und Vedutenbearbeitung (Dr. Walter Neuhauser, UB Innsbruck u. Dr. Franz Wawrik, ÖNB)**
(Hotel Burgenland: Raum Eisenstadt)

Tätigkeitsbericht. Das Projekt der Altkartenkatalogisierung in Deutschland (München, Göttingen, Berlin).
(Dr. F. Wawrik, ÖNB)
Über die Methode des Fingerprints.
(Dr. W. Starck, UB Wien)
Der Einsatz der Neuen Medien bei der Erschließung des historischen Buchgutes an der UB Graz.
(Dr. H. Zotter, UB Graz)
Der Alte Katalog der Österreichischen Nationalbibliothek in Vergangenheit, Gegenwart und Zukunft.
(M. Hoxha, Mag. B. Mersich, Dr. H. Petschar, Dr. J. Thiel, alle ÖNB)
Tätigkeitsbericht. Vorstellung des zweiten Bandes des Handschriftenkatalogs der UB Innsbruck.
(Dr. W. Neuhauser, UB Innsbruck)

19.00 **Empfang für ausländische Gäste, Aussteller und Ausschuß der VÖB**
Schloßtaverne Schloß Esterhazy

Mittwoch, 30.9.1992

10.00 **Feierliche Eröffnung des Bibliothekartages**
(Kulturzentrum: Großer Saal)

Begrüßungsansprachen:

Die Präsidentin der VÖB
Dr. Magda Strebl, Generaldirektorin der ÖNB

Der Vertreter der ausländischen Gäste
Dr. Hans-Peter Geh, Württembergische Landesbibliothek

Der Bürgermeister der Stadt Eisenstadt
Ing. Alois Schwarz

In Vertretung des Landeshauptmannes von Burgenland
Landesrat Josef Schmidt

Die Leiterin der Abteilung III/1 (Bibliotheken) des Bundesministeriums für Wissenschaft und Forschung
MR Dr. Edith Stumpf

Der Sektionschef der Sektion III (Bibliotheken, Museen, Denkmalschutz) des Bundesministeriums für Wissenschaft u. Forschung
Dr. Johann Marte

Festvortrag
Dr. Franz Georg Kaltwasser (Bayerische Staatsbibliothek):
„Altes Buch und Neue Medien: Gemeinsam in die Zukunft für die freie Zugänglichkeit zu den Informationen."

Verleihung der Bick-Medaillen und VÖB-Ehrenmitgliedschaften

Musikalische Umrahmung: Haydn-Quartett

Mittwoch, 30.9.1992

14.00-17.00 **Vorträge zu „Altes Buch und Neue Medien"**
(Kulturzentrum: Großer Saal).

Das Medienzentrum im Neubau der UB Graz.
(Dr. S. Reinitzer, UB Graz)

Das alte Buch im Zeitalter der Neuen Medien.
(Dr. W. Neuhauser, UB Innsbruck)

Der Bibliotheksverbund in Österreich und Neue Medien in der BIBOS-Katalogisierung.
(Dr. M. Stoll, BMWF)

Bibliothekssysteme an österreichischen wissenschaftlichen Bibliotheken: Perspektiven.
(Dr. S. Reinitzer, UB Graz u. Dr. K.F. Stock, UBTU Graz)

19.00 **Empfang** im Schloß Esterházy
gegeben vom Land Burgenland

Donnerstag, 1.10.1992

8.00 **Sitzung des VÖB-Ausschusses**

9.00-12.00 **Forum Freier Themen (Neues aus österreichischen Bibliotheken)**
(Kulturzentrum: Großer Saal)
Moderation: Dr. Karl F. Stock, UBTU Graz
Der Aufbau der Österreich-Bibliotheken im Ausland seit 1990.
(Dr. B. Stillfried, BMAA)
Die Österreichische Nationalbibliothek - Innovationen.
(Dr. H. Frodl u. Dr. M. Straßnig-Bachner, ÖNB)
Das Verzeichnis der schriftlichen Nachlässe in den Bibliotheken und Museen der Republik Österreich.
(Dr. E. Irblich, ÖNB)
Die Europa-Dokumentation im Bundeskanzleramt.
(E. Heilinger u. DI F. Summer, Admin. Bibl. im BKA)
Die Zentralbibliothek für Physik als Depotbibliothek für das „International Geosphere - Biosphere Programme".
(Mag. B. Zimmel u. Dr. W. Kerber, ZB f. Physik)
Zeitschriftenverwaltung mit BIBOS.
(R. Heller u. Dr. W. Lang, UB Boku Wien)
Zeitschriftenverwaltung auf dem PC für kleinere und mittlere Bibliotheken.
(Dr. C. Cazan, Firma Schering Wien)
Die Bibliothek der Wissenschaftlichen Landesakademie für Niederösterreich in Krems.
(Dr. J. Bauer und Dr. G. Winter)
Ariadne - Kooperationsstelle frauenspezifische Information und Dokumentation an der ÖNB.
(Mag. H. Weinberger und C. Wille)

11.00-12.00 Auswirkungen der Universitätsreform auf das wissenschaftliche Bibliothekswesen.
(Dr. F. Baumgartner, UB Wien)
Anschließend Diskussionsmöglichkeit mit Sektionschef Dr. Sigurd Höllinger, Sektion I, Hochschulen und wissenschaftliche Einrichtungen des BMWF.

Donnerstag, 1.10.1992

14.00-17.00 **Online-Benutzergruppe (Dr. Heinz Hauffe, UB Innsbruck)**
(Hotel Burgenland: Raum Burgenland)
Datenbanken in Ungarn, Rumänien und Bulgarien.
(M. Courage, St. Augustin, GMD)
Online in der ČSFR.
(M. Dologová, Slovnaft Bratislava)

14.00-17.00 **Kommission für Nominalkatalogisierung (FriedrichStraßnig, ÖNB)**
(Hotel Burgenland: Salon 1)
Überblick über den letzten Stand der RAK-Entwicklung (mit besonderer Berücksichtigung der RAK-Anwendung in Österreich).
(F. Straßnig, ÖNB)
Medienkatalogisierung in BIBOS.
(J. Brandauer, UB Innsbruck)
Altbestände in BIBOS.
(H. Zotter-Straka, UB Graz)

14.00-17.00 **Kommission für Sachkatalogisierung (Dr. Peter Kubalek, UB TU Wien)**
(Hotel Burgenland: Salon 3)
Sacherschließung im österreichischen Bibliothekenverbund - Rückblick und Ausblick.
(Dr. G. Auer, UB Innsbruck)
Österreichische Schlagwortnormdatei. Entwicklungsstand und ihre Anwendung im österreichischen Bibliothekenverbund.
(Ing. J. Labner u. Dr. A. Schmidt, ÖNB)
Österreichische Rechtsbegriffe in der SWD. Neue Überlegungen zum Schlagwortkatalog.
(Dr. F. Geißelmann, UB Regensburg)
ISIS - ein vielfältig einsetzbares Software-Werkzeug der UNESCO: Überblick mit Schwerpunkt Normdateipflege.
(Dr. W. Lang, UB Boku Wien)

Donnerstag, 1.10.1992

14.00-17.00 **Kommission für Periodika und Serienpublikationen gemeinsam mit der Kommission für Normung (Mag. Helmuth Bergmann, UB Wien)**
(Hotel Burgenland: Salon 5)
Zeitschriftenverwaltung mit EDV.
(DI H. Kampl, ÖNB)
Zeitschriftenverwaltung mit URICA.
(Gerd von Below, McDonnell Douglas)
Bericht über Tätigkeit und Vorhaben der IFLA-Round Table on Newspapers.
(Mag. H. Bergmann, UB Wien)
Berichte aus dem Normungswesen.
(Mag. H. Bergmann, UB Wien)

14.00-17.00 **Kommission für Bibliographie (Dr. Anton Schuller, Stmk. Landesbibl. Graz)**
(Hotel Burgenland: Raum Eisenstadt)
Tiroler Informationssystem rechtlich orientierender Literatur (T.I.R.O.L.).
(Dr. G. Hofmüller, Univ. Innsbruck)
Die Burgenländische Bibliographie auf neuen Wegen.
(Mag. N. Frank, Burgenld. Landesbibl.)

14.00-18.00 **Exkursion:** Autobusfahrt nach Wien,
Führung durch die Österreichische Nationalbibliothek,
Besichtigung des Tiefspeichers.

13.00-16.00 **Führungen in der Burgenländischen Landesbibliothek**
Treffpunkt: Freiheitsplatz 1, Haupteingang

13.00-16.00 **Führungen in der Studienbibliothek der Stiftung Pädagogische Akademie Burgenland**
Treffpunkt: Wolfgarten, Eingang zur Bibliothek

19.00 **Konzert des Haydn-Chors**
Schloß Esterházy: Haydn-Saal

Freitag, 2.10.1992

8.00 **Ökumenischer Gottesdienst**

9.00 **Gästeprogramm: Führungen**
a) Museen (Jüdisches Museum, Landesmuseum)
b) Stadtbesichtigung

9.00-12.00 **Kommissionssitzung (alle Kommissionen)**
(Kulturzentrum: Großer Saal)
„Bibliogramm": Bibliographie-Erstellung mit PC.
(Dr. K. F. Stock, UBTU Graz)
Retrospektive Katalogisierung und Konversion
(Leitung: Dr. Helmut W. Lang, ÖNB)
Projekt „Retrokat". Entwicklung und Erprobung von Arbeitsverfahren zur Ermittlung der Kostenhöhe und Kostenverteilung bei der retrospektiven Katalogisierung.
(Prof. G. Beyersdorff, Direktor des Deutschen Bibliotheksinstituts, Berlin)
Projekt „Konversion von Altdaten mittels Scanner und Import in BIBOS"
(ÖNB, Mikroform, EDV GesmbH)
anschließend: **Round-Table der Kommissionsvorsitzenden**

14.00 **Schlußsitzung und Hauptversammlung, Neuwahl des Präsidiums**
(Kulturzentrum: Großer Saal)

19.00 **Empfang**
Gasthof Ohr, A-7000 Eisenstadt, Rusterstraße 51

Samstag, 3.10.1992

9.00-16.00 **Exkursion:** Busfahrt nach Halbthurn und Seewinkel

Teilnehmerverzeichnisse

Teilnehmerverzeichnis
Alphabetisches Namenverzeichnis

Ausländische Teilnehmer

Ambühl, Hélène	Bern	Sekretariat BBS
Astbury, Raymond	Liverpool	John Moores University, L.A.
Balík, Vojtech	Praha	Klementinum
Bein, Anne	Frankfurt/M.	Swets & Zeitlinger
Beyersdorff, Prof. Günter	Berlin	Dt. Bibliotheksinstitut
Blaschnek, Dkfm. Wilfried	Viterbo	Archivio Annibali
Brandis, Bettina	Hamburg	Blackwell Ltd.
Burgetová, Dr. Jarmila	Praha	SKIP
Butrimenko, Alexander	Moskau	Intern. Zentrum f.wiss.u. technische Information
Casalini, Michael	Fiesole	Casalini Libri
Courage, Maria-Anna	St. Augustin	GMD
Dambauer, Dr. Josef	Saarbrücken	UBSaarbrücken
Daum, Prof. Dr. Josef	Braunschweig	UB der TU Braunschweig
Dologova, Maria	Bratislava	Slovnaft
Ertel, Ingeborg	Regensburg	UB Regensburg
Fonyó, Ilona	Budapest	Zentralbibliothek der TU Verein Ungar. Bibl.
Franken, Dr. Klaus	Konstanz	UB Konstanz
Frankenberger, Dr.Rudolf	Augsburg	UB Augsburg
Fryda, Dipl.Bibl.Hildegard	München	Deutsches Theatermuseum
Gall, Detlef	Köln	Bernhard Pleuser GmbH
Gattermann, Dr. Günter	Düsseldorf	UB Düsseldorf
Geh, Dr. Hans-Peter	Stuttgart	Württemberg. Landesbibl.
Geißelmann, Dr. Friedrich	Regensburg	UB Regensburg
Görner, Dr. Franz	Berlin	SPBK
Gutmann, Dagmar	Wildberg	BWD Belser Wiss.Dienst
Gutzeit, Sigrid	Berlin	Bibl.d.Akademie d.Wiss.
Hagenau, Dr. Bernd	Saarbrücken	UB Saarbrücken
Haller, Dr. Klaus	München	Bayerische Staatsbibliothek
Hammersley, Christa	London	Starkmann Library Services
Heim, Dr. Harro	Bielefeld	
Hering, Jürgen	Stuttgart	UB Stuttgart - DBV
Hutter, Dr. M.	St. Gallen	UB St. Gallen
Irmscher, Dr. Waltraud	Berlin	UB Berlin
Jügelt, Dr. Karl-Heinz	Rostock	UB Rostock
Kaltwasser, Dr. Franz G.	München	Bayerische Staatsbibliothek
Katuscák, Dr. Dusan	Martin	Slovenska Narodna Kniznica
Klaus, Doris	Stuttgart	Kunst und Wissen Erich Bieber
Knoppek, Mag. Eugenia	Poznan	A. Mickiewicz-Universität, Österreichischer Leseraum
Kohler, Dr. Ludwig	Zürich	Zentralbibliothek Zürich
Koops, Dr. Willem	Haren	
Köstler, Dr. Hermann	Zürich	Zentralbibliothek Zürich
Kovácová, Sylvia	Bratislava	Goethe-Institut - SSK
Králová, Dr. Katarina	Bratislava	Österreich Bibliothek

Kuhlmeyer, Hans-Jürgen	Göttingen	Niedersächsische SUB - VdDB
Lahary, Dominique	Osny	Verein Franz.Bibl.- A.B.F.
Lakatsch, Heiderose	Mühlheim/R.	J. F. Lehmanns Bibl.dienst
Larsen, Jytte	Kopenhagen	Center for Interdisciplinary Inf. on Woman's Studies
Lauschmann, Hermann	Bozen	Dr. Fr. Teßmann-Sammlung
Liebers, Prof. Dr. Gerhard	Münster	
Lierz, Wolfgang	St. Augustin	GMD
Ludwig, Dr. Christoph	Rom	Histor.Institut beim Österr. Kulturinstitut in Rom
Mauthe, Dr. Sybille	Karlsruhe	UB Karlsruhe
McLellan, Michael	Eton	Saztec
Mittler, Elmar	Göttingen	Niedersächsische SUB - BDB
Müller, Prof. Dr. Ilse	Bukarest	Univ. Bukarest,Österreich Bibl.
Murianni, Dr. Stefania	Roma	Vereinigung Italienischer Bibl.
Nagymiklósi, Dr. Erzsébet	Szeged	Zentralbibl.iAttila-József-Univ. Österreich Bibliothek
Oehlschläger, Susanne	Köln	Zentralbibl. d. Medizin - VdDB
Pauer, Dr. Max	Regensburg	
Polden, Andrea	London	British Library
Poll, Roswitha	Münster	UB Münster - VDB
Poprády, Géza	Budapest	Széchényi Nationalbibliothek
Pröhle, Eva	Budapest	Bibl.d.Ungar.Parlaments Verein Ungar. Bibl.
Queitsch, Manuela	Dresden	UB Dresden
Raimondini-Dreier, Ulla	Duisburg	Buchhandlung Dietmar Dreier
Rajh, Mag. Bernard	Maribor	UB, Österreich Bibliothek
Rannap, Evi	Tallinn	Verein Estnischer Bibliothekare Österreich Bibliothek
Richter, Vít	Praha	Klementinum, SKIP
Römer, Dr. Christel	Köln	Bernhard Pleuser GmbH
Saule, Marianne	Regensburg	UB Regensburg - VdDB
Schacher, Dr. Alois	Luzern	Zentralbibliothek Luzern
Schendl, Udo	Frankfurt/M.	Swets & Zeitlinger
Schmid, Dr. Rolf-D.	Wildberg	BWD Belser Wiss.Dienst
Sobottke, Ingeborg	Bochum	UB Bochum
Staitscheva, Dr. Emilia	Sofia	St. Kliment-Ochridski Univ. Österreich Bibliothek
Strack-Zimmermann, Eva	München	K. G. Saur Verlag
Tanzer, Thomas J.	Eton	Saztec
Treichler, Dr. Willi	Bern	Schweiz.Landesbibliothek
Turnheer, Helen	St. Gallen	Kantonsbibliothek Vadiana
Vohlídalová, Mag. Vera	Liberec	Státní Vedecká Knihovna Österreich Bibliothek
Wiese, Irene	Dresden	UB der TU Dresden
Wiss, Edmund	Basel	UB Basel - BBS
Zivkovic, Daniela	Zagreb	NB - Verein Kroat. Bibliothekare
Zmigrodzki, Zbiginew	Czestochowa	Schlesische Univ. Kattowitz

Österreichische Teilnehmer

Acker, Jochen	Linz	McDonnell Douglas
Albrecht, Dr. Karl-Heinz	Feldkirch	Stadtbibliothek Feldkirch
Aldouri-Lauber, Dr. Maria	Wien	Fachbibl.Romanistik UB Wien
Ander, Dr. Angelika	Wien	ÖNB
Angerer-Wohlgemuth, B.	Innsbruck	Päd.Akademie des Bundes in Tirol
Auer, Dr. Ernst	Wien	BM f. Landesverteidigung, PräsD
Auer, Dr. Gerhard	Innsbruck	UB Innsbruck
Bader, Mag. Christa	Wien,	ÖNB
Basch, Norbert	Graz	Steiermärk. Landesbibliothek
Bauer, Dr. Judith	Krems	Wiss.Landesakademie f. NÖ Bauer,
Mag. Bruno	Wien	Fak.bibl.für Medizin UB Wien
Baumberger, Brigitte	Linz	Bibl.AK für Oberösterreich
Baumgartner, Dr. Ferdinand	Wien	UB Wien
Behofsits, Stefan	Eisenstadt	Burgenländ. Landesbibliothek
Below, Gerd v.	Linz	McDonnell Douglas
Beneder, Dr. Emmerich	Innsbruck	UB Innsbruck
Benesch, Karin	Innsbruck	Päd.Akademie des Bundes in Tirol
Berger, Mag. Nadine	Wien	UB der Wirtschaftsuniv. Wien, SOWIS
Bergmann, Christa	Wien	UB der Wirtschaftsuniv.Wien
Bergmann, Mag. Helmuth	Wien	Fachbibl.Geographie UB Wien
Bernhart, Dr. Ilse	Seibersdorf	Österr.Forschungszentrum
Biebl, Prof. Dr. Maria	Wien	
Binder, Dr. Christoph	Graz	Steiermärk.Landesbibliothek
Biskup, Gabriele	Eisenstadt	Burgenländ.Landesbibliothek
Bodzenta, Maria	Wien	Fachbibl.f.Klassische Archäologie UB Wien
Bösch, Dr. Reinhard Eugen	Bregenz	Vorarlberger Landesbibliothek
Böttger, Renate:	Graz	UB Graz
Brandauer, Esther	Innsbruck	UB Innsbruck
Brandauer, Johann	Wien	ÖNB
Brandstätter,	Graz	Kral KG
Brandstötter, Dr. Elisabeth	Wien	BMWF, Abt. III/1
Bräuer, Peter	Wien	Fakultätsbibl.f. Rechtswissenschaften UB Wien
Breitfuss, Dr. Anton	Salzburg	UB Salzburg, Fakultätsbibl. f. Naturwissenschaften
Broschek, Dr. Ortrud	Innsbruck	Päd.Akademie des Bundes in Tirol
Buchmüller, Heinz	Wien	Büchereiverband Österreichs
Buelacher, Heinz	Wien	UB Wien
Cazan, Mag. Dr. Constantin	Wien	Schering Wien GesmbH
Cernajsek, Dr. Tillfried	Wien	Bibl.d.Geolog.Bundesanstalt
Chmelar, Dr. Hans	Eisenstadt	Burgenländische Landesbibl.
Cocron, Ingrid	Graz	Steiermärkische Landesbibl.
Daichent, Jakob	Linz	Bibl. Kath.Theolog.Hochschule
Danklmaier, Ludwig	Irdning	Bundesanstalt für Alpenländische Landwirtschaft Gumpenstein

Delanoy, Dr. Johann	Leoben	UB der Montanuniv. Leoben
Desput, Dr.Joseph Franz	Graz	Steiermärkische Landesbibl.
Dinstl, Alice	Wien	Fachbibl. f. Klassische Archäologie UB Wien
Dollmanits, Dr. Fritz	Wien	ÖNB
Dosoudil, Dr. Ilse	Wien	UB Wien
Drexler, Andrea	Wien	UB der Veterinärmed.Universität
Drischel, Dr. Otto	Wien	
Drobnitsch, Ursula	Graz	UB der TU Graz
Drschka, Otto	Wien	
Duchkowitsch, Dr. W.	Wien	Fachbibl.PKW der Univ. Wien
Duschanek, Dr. Michael	Wien	NÖ Landesbibl.
Erasimus, Mag. Elisabeth	Wien	UB Wien
Erlebach, Georg	Innsbruck	UB Innsbruck
Eschwé, Dr. Susanne	Wien	Bibl. der Hochschule für Musik und Darstellende Kunst in Wien
Fabrizii, Andrea	Wien	UB Wien
Fazokas, Franz	Eisenstadt	Burgenländische Landesbibl.
Felfering, Johann	Wien	Bibl. Österr. Akademie der Wissenschaften
Ferstl, Elfriede	Graz	Pädag.Akademie des Bundes in der Steiermark
Feurstein, Mag. Thomas	Bregenz	Vorarlberger Landesbibl.
Filla, Franz	Eisenstadt	Burgenländische Landesbibl.
Filzmoser, Hildegard	Linz	Zentralkatalog der Wiss. Bibliotheken Oberösterreichs
Forstner, Prof. Dr. Karl	Salzburg	
Frank, Mag. Norbert	Eisenstadt	Burgenländische Landesbibl.
Fraunlob, Dr. Sieglinde	Wien	Bibliothek d. Akademie der Bildenden Künste in Wien
Fritsche, Doris	Wien	Sigmund Freud Ges. Bibliothek
Frodl, Dr. Hermann	Wien	ÖNB
Fröhlich, Thomas	Wien	NÖ Landesbibl.
Froschauer, Dr. Irmtraut	Salzburg	UB Salzburg
Fuchs, Dr. Helmut	Wien	Universität Wien
Gabbert, Dr. Harriet	Wien	VIC Library
Ganglbauer, Ursula	Linz	UB Linz
Gaul, Walter:	Wien	Mikroform
Gehart, Dr. Alois	Wien	Bibl. Österr. Statist.Zentralamt
Gerbert, Dr. Dorothea	Linz	
Gerdenits, Rudolf	Wien	Fakultätsbibl.Medizin UB Wien
Glauninger, Ulrike	Graz	UB Graz
Götz, Christian	Wien	Fakultätsbibl.Medizin UB Wien
Gredler-Oxenbauer, G.	Wien	UB Wien
Grössl, Karl F.	Wien	METOTECHNIK
Grote, Mag. Helmut	Klagenfurt	UB Klagenfurt
Gruber, Michaela	Graz	UB der TU Graz
Gruber, Mag. Rosemarie	Salzburg	Museum Carolino Augusteum

Haas, Elfriede	Wien	Pädag.Akademie des Bundes in Wien, Abteilung Pädagogik
Haberl, Heidemarie	Wien	UB Wien
Haider, Mag.Ernestine	Salzburg	Pädagogische Akademie Bibl.
Hainz-Sator, Dr.Werner	Wien	UB der Univ. f.Bodenkultur
Hamedinger, Mag.W.	Wien	Fachbibl.f.Mathematik, Statistik und Informatik UB Wien
Haring, Karl	Wien	Bibliothek d. Akademie der Bildenden Künste in Wien
Haslinger, Barbara	Wien	UB der TU Wien
Haslinger, Elisabeth	Linz	IBE
Hatzmann, Reinhard	Linz	Zentralkatalog d. Wiss. Bibliotheken OÖ
Hauffe, Dr. Heinz	Innsbruck	UB Innsbruck
Heilinger, Elfriede	Wien	Adm. Bibl.Bundeskanzleramt
Heilinger, Dr. Rudolf	Wien	ÖNB
Hein, Maria	Wien	Adm. Bibl.Bundeskanzleramt
Heller, Rudolf	Wien	UB der Univ. f. Bodenkultur
Hermann, Dr. Siegfried	Wien,	Österr.Bundesinst. Wiss.Film
Herzog, Mag.Christa	Klagenfurt	UB Klagenfurt
Hinterhofer, Dr. Christine	Wien	Fachbibl. Erwachsenenbildung
Hirschböck, DI Michael	Wien	Philips Professionelle Elektronik GmbH
Hittmaier, Dr.Georg	Innsbruck	Koch Digitaldisc
Hlawacek, Adelheid	Baden	Pädagogische Bibliothek
Höck, Dr. Josef	Klagenfurt	Landesmuseum für Kärnten
Höfle, Kilian	Bregenz	Bibl.d. Vorarlberger Landesreg.
Hofmüller, Dr. Gertha	Innsbruck	Univ. Innsbruck, Inst. österr. und deutsche Rechtsgeschichte
Höglinger, Brigitte	Wien	UB Wien
Hohenwarter, Elisabeth	Salzburg	UB Salzburg
Honek, Mag. Dr. Klemens	Wien	UB der WU Wien
Horsak, Karl	Wien	UB Wien
Hostek, Dr.Ute	Wien	Fak.bibl. f. Rechtswiss. UB Wien
Hoxha, Monika	Wien	ÖNB
Hrusa, Dr. Hans	Wien	UB der TU Wien
Hübl, Helene	Wien	BMWF, Abt.I/10c
Hübler, Rosina	Graz	UB Graz
Humpeler, Birgit	Bregenz	Vorarlberger Landesbibl.
Hüttl-Hubert, Mag. E.	Wien	ÖNB
Illedits, Ines	Eisenstadt	Burgenländische Landesbibl.
Irblich, Dr. Eva	Wien	ÖNB
Jaindl, Birgit	Wien	Fachbibl. Erwachsenenbildung
Janiga, Karl	Wien	Österr.Bundesinst. Wiss.Film
Jiménez, Dr. Paul	Eggersdorf	Pablitos Software GmbH
Jobst, Dr. Herwig	Wien	ÖGDI
Jobst-Rieder, Mag. M.	Wien	ÖNB
Jontes, Dr. Lieselotte	Leoben	UB der Montanuniv. Leoben

Jurkovitsch, Edith	Wien	BMWF, III/1
Kaggl, Hans	Graz	Zentralbibl. Musikhochschule
Kainrath, Wolfgang	Wien	Fachbibl. Geographie UB Wien
Kamp, Franziska	Wien	Bibl.Pädak. Erzdiözese Wien
Kampl, Dipl. Ing. Herwig	Wien	ÖNB, Planungsstelle
Kastanek, Peter	Wien	Fakultätsbibl.Medizin UB Wien
Kastenhofer, Josef	Linz	Bibl. Kath.-Theol. Hochschule
Kerber, Dr. Wolfgang	Wien	Zentralbibl. f.Physik in Wien
Kerchler, Dr. Helga	Wien	Fachbibl. f. Ur- und Frühge schichte der Universität Wien
Kiesewetter, Roland	Wien	Zentralbibl. f. Physik in Wien
Kindl, Günter L.	Wien	Fakultätsbibl.Medizin UB Wien
Klebel, Dkfm. Burkhard	Wien	UB Wien
Kluger, Dr. Emmerich	Salzburg	UB Salzburg
Komarek, Eva	Innsbruck	UB Innsbruck
Königsberger, Dr. Gerda	Wien	Bibliothek d. Akademie der Bildenden Künste in Wien
Köpf, Silvia	Wien	UB der WU Wien
Körber, Thomas	Wien	Bundesamt für Eich- und Vermessungswesen, Bibliothek
Kósa, Irmgard	Wien	UB Wien
Kósa, József	Wien	
Kraus, Mag. Gertrud	Graz	UB Graz
Kreinz, Martin	Graz	UB Graz
Kremann, Elisabeth	Wien	ÖNB, Kartensammlung
Krenauer, Silvia	Wien	Österreichische Staatsdruckerei
Kriller, Beatrix	Wien	Kunsthistorisches Museum
Kroller, Dr. Franz	Graz	
Krommer-Benz, Mag. M.	Wien	Österr. Normungsinstitut
Kröner, Elisabeth	Wien	ÖNB
Kubalek, Mag. Dr. Peter	Wien	UB der TU Wien
Kugel, Leopold R.	Wien	Dabis Österreich
Kurz, Bernhard	Wien	UB der WU Wien
Kuzmich, Mag. Ludwig	Wien	UB Wien
Labner, Ing.Josef	Wien	ÖNB, Planungsstelle
Lackinger, Mag.Johannes	Linz	Bibl.Kath.-Theol. Hochschule
Lakatha, Dr. Emmerich	Wien	BMWF, Abt.III/1
Lambauer, Dr. Hannes	Graz	Steiermärkische Landesbibl.
Lanegger, Helma Elisabeth	Linz	UB Linz
Lang, Agnes	Wien	ÖNB
Lang, Josef	Eisenstadt	Burgenländische Landesbibl.
Lang, Ladislaus	Wien	ÖNB
Lang, Dr. Helmut W.	Wien	ÖNB
Lang, Dr. Wilfried	Wien	UB der Univ. f. Bodenkultur
Langer, Dr. Elisabeth	Wien	UB Wien
Leitner, Dr. Hans	Wien	UB Wien
Leitner, Dr. Helmut	Wien	Fak.bibl. f. Medizin UB Wien
Levenitschnig, Ing. Peter	Wien	Österr.Bundesinst. Wiss.Film

Lion, Dr. Michael	Wien	ÖNB
Loibl, Dr. Gottfried	Wien	Amtsbibiliothek des BMAA
Lube, Dr. Manfred	Klagenfurt	UB Klagenfurt
Lunzer-Talos, Dr. Victoria	Wien	UB Wien
Ma, Dr. Klaralinda	Wien	Wiener Stadt- und Landesarchiv
Maier, Sigrid	Graz	Bibl. Pädak d. Bundes Steiermark
Maierbichler, Gerda	Graz	Bibl. Pädak d. Bundes Steiermark
Mairinger, Mag. Wolfgang	Wien	HTL Schellinggasse
Maisser, Helmut Karl	Wien	UB Wien
Marte, Dr. Johann	Wien	BMWF
Martinek, Alfred	Wien	ÖNB
Mauthe, Mag. Gabriele	Wien	ÖNB
Mayer, Dipl. Ing. Manfred	Graz	UB Graz
Mazal, Univ. Prof. Dr. Otto	Wien	ÖNB
Meisl, Dr. Hans	Innsbruck	UB Innsbruck
Mersich, Mag. Brigitte	Wien	ÖNB
Metz, Claudia	Wien	UB Wien
Metzger, Gabriele	Graz	UB der TU Graz
Mittermann, Dr. Harald	Wien	Fachbibl. Anglistik UB Wien
Moderitz, Gerhard	Graz	UB der TU Graz
Müller, Beate	Wien	ÖNB
Mundschütz, Reinhard	Wien	Fak.bibl. f.Medizin UB Wien
Nadymacek, Manfred	Wien	ÖNB
Nagl, Johann	Wien	UB Wien
Nast, Prof. Dr. Josefine	Wien	
Németh, István	Wien	ÖNB
Nessler, Wolfgang	Wien	Inst.f. Höhere Studien, Bibl.
Neuer, Sylvia	Wien	UB Wien
Neuhauser, Dr. Walter	Innsbruck	UB Innsbruck
Neumann, Dr. Norbert	Wien	BM f. Unterricht, Kunst
Neusser, Peter	Wien	Buchhandlung Gerold
Nevyjel, Dr. Alexander	Seibersdorf	Österr. Forschungszentrum
Nezbeda, Erich	Wien	Zentralbib. f. Physik in Wien
Niedermair, Dr. Klaus	Innsbruck	UB Innsbruck
Niegl, Mag. Renate	Wien	UB Wien
Notsch, Mag. Max	Klagenfurt	Sozwiss. Studienbibl.AK
Oberhauser, Dr. Otto C.	Wien	EDV-Zentrum der Uni. Wien
Offenbacher, Dr. Michael	Graz	UB Graz
Olensky, Dr. Günter	Wien	UB der Vet.med. Univ.
Ossinger, Mag. Eva	Wien	Fachbibl.f.Klassische Archäologie UB Wien
Pascher, Dr. Franz	Wien	Städtische Büchereien-BVÖ
Pauger, Ingrid	Graz	UB Graz
Paulhart, Dr. Herbert	Bisamberg	
Pauly, Gerhard	Wien	ÖNB
Peck, Iris	Eisenstadt	Burgenländische Landesbibl.
Perschy, Mag. Jakob	Eisenstadt	Burgenländische Landesbibl.
Petschar, Dr. Hans	Wien	ÖNB

Pfeffer, Maria	Graz	UB der TU Graz
Pfeil, Mag. Georg	Kremsmünster	Stiftsbibl. Kremsmünster
Pichler, Claudia	Wien	UB Wien
Pichler, Petra	Wien	UB Wien
Pichler, Dr. Hiltrud	Klagenfurt	UB Klagenfurt
Pietsch, Dr. Traude	Wien	Studien- u. Forschungszentrum Vorwärts
Piwonka, Dr. Herbert	Graz	Steiermärkische Landesbibl.
Plattner, Dr. Anna	Wien	ÖNB
Ploch, Margarete	Linz	OÖ. Landesmuseum, Bibliothek
Pock, Mag. Hannelore	Graz	UB Graz
Pollhammer, Renate	Salzburg	UB Salzburg
Posteiner, Ingrid	Eisenstadt	Burgenländische Landesbibl.
Prickler, Dr. Harald	Eisenstadt	Burgenländische Landesbibl.
Psarakis, Dr. Brigitta	Wien	Wiener Stadt- und Landesarchiv
Pum, Mag. Gabriele	Wien	ÖNB
Rabensteiner, Leonhard	Graz	UB Graz
Radl, Mag. Friedrich	Wien	Philips Professionelle Elektronik GmbH
Raffetseder, Susanne	Krems	Pädak Diözese St. Pölten, Bibl.
Ramharter-Hanel, Mag. A.	Wien	UB Wien
Ramminger, Eva	Innsbruck	UB Innsbruck
Ranz, Friedrich	Seibersdorf	Österr. Forschungszentrum
Rathmanner, Karin	Wien	ÖNB
Ratzer, Eduard	Wien	Mikroform
Rauch, Engelbert	Klagenfurt	UB Klagenfurt
Rauchbauer, Dipl. Ing. Paul	Wien	UB Wien
Razumovsky, Maria	Wien	
Rehberger, Prof. DDr. Karl	St. Florian	Stiftsbibliothek St. Florian
Reich, Dr. Christa	Wien	EDV GesmbH
Reichart, Andreas	Linz	McDonnell Douglas
Reinitzer, Dr. Sigrid	Graz	UB Graz
Renner, Dr. Heinz	Wien	BM für Finanzen, Bibl.
Ribar, Mag. Friedrich	Wien	Bibl.der Gesell. Ärzte Wien
Riedlsperger, Mag. Lotte	Salzburg	UB Salzburg
Riegler, Rudolf	Eisenstadt	Burgenländische Landesbibl.
Riepl, Dr. Hermann	Wien	NÖ Landesbibl.
Rinner, Franz	Wien	NÖ Landesbibl.
Ronge, Dr. Eduard	Weidling	
Ruhsam, Otto	Linz	UB Linz
Sabitzer, Alfred	Klagenfurt	UB Klagenfurt
Samobor, Mag. Bernd	Wien	Österr. Staatsarchiv, Bibl.
Sandner, Dr. Margit	Wien	UB Wien
Sauper, Dr. Bruno	Innsbruck	UB Innsbruck
Schachner, Dietrich	Wien	Heeresgeschichtliches Museum
Schaffer, Dr. Brigitte	Graz	Bibl. Pädak d. Bundes Steiermark
Schedlberger, Monika	Innsbruck	Bibl. Pädak d. Bundes Tirol
Scherzer, Dr. Dorothea	Wien	UB Veterinärmed. Univ.

Schiffer, Dr. A.	Graz	Joanneum
Schimböck, Dr. Max	Linz	Archiv der Stadt Linz
Schindler, Dr. Otto	Wien	UB Wien, Theaterwissenschaft
Schlacher, Dr. Werner	Graz	UB Graz
Schmeikal, Dr. Bettina	Wien	UB der WU Wien, SOWIS
Schmidt, Dr. Alfred	Wien	ÖNB
Schmied, Ferdinand	Wien	UB Wien
Schmutzenhofer, Ingrid	Wien	ÖNB
Schober, Elfriede	Linz	ZentralkatWiss.Bibl.OÖ
Scholz, Dr. Helga	Wien	Hochschule für Musik und Darstellende Kunst Bibl.
Schönauer, Rudolf	Wien	Pädak d.Bundes in Wien,Bibl.
Schönberger, Wilhelmine	Wien	ÖNB
Schörg, Irmtraud	Wien	Österr. Akademie d. Wiss. Bibl.
Schrabmair, Walter	Graz	UB der TU Graz
Schuller, Dr. Anton L.	Graz	Steiermärkische Landesbibl.
Schwabl, Dr. Hans-Dominik	Wien	Österr. Akademie der Wiss. Bibl.
Schwach, Dr. Gerhard W.	Seibersdorf	Österr. Forschungszentrum
Schwendtner, Hermine	Linz	UB Linz
Seedoch, Dr.Johann	Eisenstadt	Burgenländische Landesbibl.
Seidl, Walter	Wien	
Seidler, Wolfram	Wien	UB Wien
Seissl, Mag. Maria	Innsbruck	UB Innsbruck
Sepp, Sieglinde	Innsbruck	UB Innsbruck
Sestits, Elisabeth	Wien	UB Wien
Sika, Peter	Leoben	
Sima, Werner	Wien	Minerva GesmbH
Sinnmayer, Dr. Gerhard	Wien	Bibl.Generaldirektion PTT
Slawinski, Dr. Ilona	Wien	Ö. Ost- und Südosteuropa-Institut
Smola, Mag. Ulrike	Wien	Zentralbibl. für Physik in Wien
Souczek, Dr. Ines	Wien	
Soulek, Eva	Wien	UB Wien
Spanner, Petra	Graz	UB Graz
Springsits, Mathilde	Eisenstadt	Burgenländische Landesbibl.
Springsits, Mag. Anna	Eisenstadt	Burgenländische Landesbibl.
Sprinzl, Monika	Wien	UB Wien
Stadler, Ernestine	Salzburg	UB Salzburg
Stagl, Franz	Eisenstadt	Burgenländische Landesbibl.
Stahl, Mag. Barbara	Wien	Buchhandlung Gerold & Co
Starck, Dr. Werner	Wien	UB Wien
Stebegg, Mag. Karl	Wien	UB der TU Wien
Steiner, Dr. Josef	Wien	ÖNB
Stengel, Dr. Friedrich	Wien	UB Wien
Stern, Priska	Innsbruck	UB Innsbruck
Stiglitz, Rudolf	Eisenstadt	Burgenländische Landesbibl.
Stillfried, Dr. Bernhard	Wien	BMAA
Stock, Dr. Karl F.	Graz	UB der TU Graz
Stoll, Dr. Manfred	Wien	BMWF, III/1

Straberger, Manfred	Salzburg	UB Salzburg
Stranzinger, Margarethe	Innsbruck	
Stranzinger, Dr.Oswald	Innsbruck	
Straßnig, Friedrich	Wien	ÖNB
Straßnig-Bachner, Dr. M.	Wien	ÖNB
Strauss, Maria	Graz	UB Graz
Strebl, Dr. Magda	Wien	ÖNB
Strigl, Elfriede	Innsbruck	Pädak Bundes in Tirol, Bibl.
Strobl, Margarethe	Eisenstadt	Pädak, Bibl.
Stronegger, Mag. W.	Salzburg	UB Salzburg
Stumfohl, Dr. Rotraud	Klagenfurt	Landesmuseum für Kärnten
Stumpf, Dr. Edith	Wien	BMWF, III/1
Summer, Dipl. Ing. Fritz	Wien	Admin. Bibl. Bundeskanzleramt
Svoboda, Peter	Wien	UB der WU Wien
Swoboda, Michaela	Linz	UB Linz
Ternyak, Mag. Heidemarie	Wien	Admin. Bibl. Bundeskanzleramt
Teuschler, Markus	Eisenstadt	Burgenländische Landesbibl.
Thaler, Dr. Marielouise	Wien	BMWF, III/1
Thiel, Dr.Johanna	Wien	ÖNB
Tiefenthaler, Dr. Eberhard	Bregenz	Vorarlberger Landesbibl.
Tinhof, Dr. Albert	Eisenstadt	Burgenländische Landesbibl.
Tobler, Dr. Felix	Eisenstadt	Burgenländische Landesbibl.
Trebitsch, Barbara	Graz	UB der TU Graz
Trummler, Irmgard	Graz	UB Graz
Uhrmann, Hildegard	Wien	UB Wien
Unteregger-Vaerst, Dr. A.	Salzburg	UB Salzburg
Unterrainer-Kollarz, Dr. C.	Salzburg	UB Salzburg
Urschej, Anna	Klagenfurt	UB Klagenfurt
Vonwiller, Dr. Christine	Wien	ÖNB
Wächter, Hermine	Wien	
Wagner, Dr. Robert	Wien	Bibliothek d. Akademie der Bildenden Künste in Wien
Waltensdorfer, Alois	Graz	UB der TU Graz
Walther, Heidrun	Graz	UB der TU Graz
Wawrik, Dr. Franz	Wien	ÖNB, Kartensammlung
Wawrosch, Dr. Josef	Brunn am Gebirge	
Weber, Mag. Dr. Otmar	Salzburg	Salzburger Landesreg. Bibl.
Wehrmann, Dkfm. Mag. G.	Wien	UB der WU Wien
Weichselbaumer, Anton	Linz	ZentralkatWiss.Bibl.OÖ,
Weihe, Jürgen von	Linz	McDonnell Douglas
Weihrauch, Monika	Wien	BMWF
Weinberger, Mag. Helga	Wien	ÖNB
Wendt, Matthias	Wien	Fak.bibl.Kath. Theol. Wien
Wenisch, Dr. Bernhard	Salzburg	UB Salzburg
Wernig, Katharina	Wien	UB Wien
Westerhoff, Wilfried	Wien	Berufspädagogische Akademie des Bundes, Bibl.
Weyrich, Dr. Isabel	Baden	Pädagogische Bibliothek

Wicha, Mag. Susanne	Wien	UB Wien
Widder, Dr. Roland	Eisenstadt	Burgenländische Landesbibl.
Widlhofer, Doris	Eisenstadt	Burgenländische Landesbibl.
Wieser, Dr. Martin	Innsbruck	UB Innsbruck
Wiesinger, Mag. Eva	Wien	Generaldirektion PTT, Bibl.
Wiest, Gottfried	Linz	Bibl.Kath.-Theol. Hochschule
Wille, Christa	Wien	ÖNB
Wimmer, Eva	Wien	UB Wien
Winkler, Gertrude	Graz	UB der TU Graz
Winkler, Johann	Wien	UB Wien
Winkler, Monika	Wien	ÖNB
Winter, Dr. Georg	Krems	Wiss.Landesakademie für NÖ
Wolf, Martina	Wien	EDV GesmbH
Wundsam, Dr. Klaus	Wien	Österr. Akademie der Wiss. Bibl.
Würzl, Dipl. Ing. Robert	Wien	UB der TU Wien
Zacherl, Dr. Elisabeth	Salzburg	Salzburger Landesarchiv
Zak, Elisabeth	Wien	UB der WU Wien
Zakall, Roland	Eisenstadt	Burgenländische Landesbibl.
Zandl, Regina	Wien	UB Wien
Zbuzek, Heinrich	Wien	
Zeger, Hans	Wien	ARGE Daten
Zemanek, Andrea	Graz	UB Graz
Zembaty, Claudia	Wien	UB Wien
Zessner-Spitzenberg, Dr. B.	Wien	ÖNB
Ziegelwagner, Dr.Johann	Salzburg	Bibliothek Handelskammer
Ziegler, Dipl. Ing. Wilhelm	Wien	Österr.Bundesinst. Wiss.Film
Zimmel, Mag. Brigitte	Wien	Zentralbibl. f. Physik in Wien
Zimmer, Helmut	Wien	ÖNB
Zopp, Helga	Salzburg	UB Salzburg
Zotter, Dr. Hans	Graz	UB Graz
Zotter-Straka, Helga	Graz	UB Graz

Namenverzeichnis nach Orten und Dienststellen

Ausländische Teilnehmer

Augsburg
UB Augsburg
Frankenberger, Dr. Rudolf
Basel
UB Basel, BBS
Wiss, Edmund
Berlin
Deutsches Bibliotheksinstitut
Beyersdorff, Prof. Günter
Bibliothek der Akademie der Wissenschaften
Gutzeit, Sigrid
Staatsbibliothek Preußischer Kulturbesitz
Görner, Dr. Franz
UB Berlin
Irmscher, Prof. Dr. Waltraud
Bern
Schweizerische Landesbibliothek
Treichler, Dr. Willi
Sekretariat BBS
Ambühl, Hélène
Bielefeld
Heim, Dr. Harro
Bochum
UB Bochum
Sobottke, Ingeborg
Bozen
Dr. Fr. Teßmann-Sammlung
Lauschmann, Hermann
Bratislava
Goethe-Institut, Verein Slowak. Bibl.
Kovácová, Sylvia
Slovnaft
Dologova, Maria
Ustav Slovenskej Literatúry SAV-Österreich Bibl.
Králová, Dr. Katarina
Braunschweig
UB der Technischen Universität
Daum, Prof. Dr. rer. nat. Josef
Budapest
Bibl. des Ungarischen Parlaments, Verein Ungar. Bibl.
Pröhle, Éva
Széchényi Nationalbibliothek
Poprády, Géza

Zentralbibliothek der TU Budapest, Verein Ungar. Bibl.
Fonyó, Ilona
Bukarest
Universität Bukarest, Österreich Bibl.
Müller, Prof. Dr. Ilse
Kattowitz
Schlesische Universität zu Kattowitz
Zmigrodzki, Zbiginew
Dresden
UB der TU Dresden
Wiese, Irene
UB Dresden
Queitsch, Manuela
Duisburg
Buchhandlung Dietmar Dreier
Raimondini-Dreier, Ulla
Düsseldorf
UB Düsseldorf
Gattermann, Prof. Dr. Günter
Eton
Saztec
Mc Lellan, Michael
Tanzer, Thomas J.
Fiesole
Casalini Libri
Casalini, Michael
Frankfurt, Main
Swets & Zeitlinger
Bein, Anne
Schendl, Udo
Göttingen
Niedersächsische Staats- und Universitätsbibl.- BDB
Mittler, Elmar
Niedersächsische Staats- und Universitätsbibl. - VdDB
Kuhlmeyer, Hans-Jürgen
Hamburg
Blackwell Ltd.
Brandis, Bettina
Haren
Koops, Dr. Willem
Karlsruhe
UB Karlsruhe
Mauthe, Dr. Sybille
Köln
Bernhard Pleuser GmbH
Gall, Detlef
Römer, Dr. Christel
Zentralbibliothek der Medizin - VdDB
Oehlschläger, Susanne

Konstanz
UB Konstanz
Franken, Dr. Klaus
Kopenhagen
Center for Interdisciplinary Information on Woman's Studies
Larsen, Jytte
Liberec
Státní Vedecká Knihovna, Österreich Bibl.
Vohlídalová, Mag. Vera
Liverpool
John Moores University, Library Association
Astbury, Raymond
London
British Library
Polden, Andrea
Starkmann Library Services Ltd.
Hammersley, Christa
Luzern
Zentralbibliothek Luzern
Schacher, Dr. Alois
Maribor
Univerzitetna Knjiznica Maribor, Österreich Bibl.
Rajh, Mag. Bernard
Martin
Slovenska Narodna Kniznica, Verein Slowak. Bibl.
Katuscák, Dr. Dusan
Moskau
Internationales Zentrum für Wissenschaftliche und Technische Information
Butrimenko, Alexander
Mühlheim, Ruhr
J. F. Lehmanns Bibliotheksdienst
Lakatsch, Heiderose
München
Bayerische Staatsbibliothek
Haller, Dr. Klaus
Kaltwasser, Dr. Franz Georg
Deutsches Theatermuseum
Fryda, Dipl. Bibl. Hildegard
K. G. Saur Verlag
Strack-Zimmermann, Dr. Eva
Münster
Liebers, Prof. Dr. Gerhard
UB Münster - VDB
Poll, Dr. Roswitha
Osny
Verein Französischer Bibliothekare - A.B.F.
Lahary, Dominique

Poznan
A. Mickiewicz-Universität, Österreichischer Leseraum
Knoppek, Mag. Eugenia
Praha
Klementinum
Balík, Vojtech
Richter, Vít, SKIP
SKIP
Burgetová, Dr. phil. Jarmila
Regensburg
Pauer, Dr. Max
UB Regensburg
Ertel, Ingeborg
Geißelmann, Dr. Fiedrich
UB Regensburg - VdDB
Saule, Marianne
Rom
Historisches Institut beim Österr. Kulturinstitut in Rom
Ludwig, Dr. Christoph
Vereinigung Italienischer Bibliothekare
Murianni, Dr. Stefania
Rostock
UB Rostock
Jügelt, Prof. Dr. Karl-Heinz
Saarbrücken
UB Saarbrücken
Dambauer, Dr. Josef
Hagenau, Dr. Bernd
Sofia
St. Kliment-Ochridski Universität, Fakultät für klassische und neue Philologien, Österreich Bibliothek
Staitscheva, Univ.-Doz. Dr. Emilia
St. Augustin
Gesellschaft für Mathematik und Datenverarbeitung mbH
Lierz, Wolfgang
Courage, Maria-Anna
St. Gallen
Kantonsbibliothek Vadiana
Turnheer, Helen
UB St. Gallen
Hutter, Dr. M.
Stuttgart
Kunst und Wissen Erich Bieber GmbH
Klaus, Doris
UB Stuttgart - DBV
Hering, Jürgen
Württembergische Landesbibliothek
Geh, Dr. Hans-Peter

Szeged
Attila-Jószef-Universität, Österreich Bibliothek
Nagymiklósi, Dr. Erzsébet
Tallinn
Verein Estnischer Bibliotehkare, Österreich Bibl. NB
Rannap, Evi
Viterbo
Archivio Annibali
Blaschnek, Dkfm. Mag. Wilfried
Wildberg
BWD Belser Wissenschaftlicher Dienst
Gutmann, Dagmar
Schmid, Dr. Rolf-D.
Zagreb
Nacionalna i Sveucilisna Biblioteka, Verein Kroat. Bibl.
Zivkovic, Daniela
Zürich
Zentralbibliothek Zürich
Kohler, Dr. Ludwig
Köstler, Dr. Hermann

Österreichische Teilnehmer

Baden
Bundesstaatliche Pädagogische Bibliothek
Hlawacek, Adelheid
Weyrich, Dr. Isabel
Bisamberg
Paulhart, Dr. Herbert
Bregenz
Amtsbibliothek der Vorarlberger Landesregierung
Höfle, Kilian
Vorarlberger Landesbibliothek
Bösch, Dr. Reinhard Eugen
Feurstein, Mag. Thomas
Humpeler, Birgit
Tiefenthaler, Dr. Eberhard
Brunn am Gebirge
Wawrosch, Dr. Josef
Eggersdorf
Pablitos Software GmbH
Jiménez, Dr. Paul
Eisenstadt
Burgenländische Landesbibliothek
Behofsits, Stefan
Biskup, Gabriele
Chmelar, Dr. Hans
Fazokas, Franz
Filla, Franz
Frank, Mag. Norbert
Illedits, Ines
Lang, Josef
Peck, Iris
Perschy, Mag. Jakob
Posteiner, Ingrid
Prickler, Dr. Harald
Riegler, Rudolf
Seedoch, Dr. Johann
Springsits, Mathilde
Springsits, Mag. Anna
Stagl, Franz
Stiglitz, Rudolf
Teuschler, Markus
Tinhof, Dr. Albert
Tobler, Dr. Felix
Widder, Fr. Roland
Widlhofer, Doris
Zakall, Roland

Stiftung Pädagogische Akademie Burgenland, Bibliothek
Strobl, Margarethe
Feldkirch
Stadtbibliothek Feldkirch
Albrecht, Dr. Karl-Heinz
Graz
Kroller, Dr. Franz
Joanneum
Schiffer, Dr. A.
Kral KG
Brandstätter,
Rechts-, Sozial- u. Wirtschaftswiss. Fakultätsbibl.
Rabensteiner, Leonhard
Steiermärkische Landesbibliothek
Basch, Norbert
Binder, Dr. Christoph
Cocron, Ingrid
Desput, Dr. Joseph Franz
Lambauer, Dr. Hannes
Piwonka, Dr. Herbert
Schuller, Dr. Anton L.
Studienbibliothek der Pädak des Bundes in der Steiermark
Ferstl, Elfriede
Maier, Sigrid
Maierbichler, Gerda
Schaffer, Dr. Brigitte
Universitätsbibliothek der TU Graz
Drobnitsch, Ursula
Gruber, Michaela
Metzger, Gabriele
Moderitz, Gerhard
Pfeffer, Maria
Schrabmair, Walter
Stock, Fr. Karl F.
Trebitsch, Barbara
Waltensdorfer, Alois
Walther, Heidrun
Winkler, Gertrude
Universitätsbibliothek Graz
Böttger, Renate
Glauninger, Ulrike
Hübler, Rosina
Kraus, Mag. Gertrud
Kreinz, Martin
Mayer, Dipl. Ing. Manfred
Offenbacher, Dr. phil. Michael
Pauger, Ingrid
Pock, Mag. Hannelore

Reinitzer, Dr. Sigrid
Schlacher, Dr. Werner
Spanner, Petra
Strauss, Maria
Tummler, Irmgard
Zemanek, Andrea
Zotter, Dr. Hans
Zotter-Straka, Helga Heidelinde
Zentralbibliothek der Musikhochschule
Kaggl, Hans
Innsbruck
Stranzinger, Margarethe
Stranzinger, Dr. Oswald
Koch Digitaldisc
Hittmaier, Dr. Georg
Pädagigische Akademie des Bundes in Tirol, Bibliothek
Angerer-Wohlgemuth, Brigitte
Benesch, Karin
Broschek, Dr. Ortrud
Schedlberger, Monika
Strigl, Elfriede
Universität Innsbruck, Institut für österr. u. deutsche Rechtsgeschichte
Hofmüller, Dr. Gertha
Universitätsbibliothek Innsbruck
Auer, Dr. Gerhard
Beneder, Dr. Emmerich
Brandauer, Esther
Erlebach, Georg
Hauffe, Dr. Heinz
Komarek, Eva
Meisl, Dr. Hans
Neuhauser, Dr. Walter
Niedermair, Dr. Klaus
Ramminger, Eva
Sauper, Dr. Bruno
Seissl, Mag. Maria
Sepp, Sieglinde
Stern, Priska
Wieser, Dr. Martin
Irdning
Bundesanstalt für Alpenländische Landwirtschaft Gumpenstein
Danklmaier, Ludwig
Klagenfurt
Landesmuseum für Kärnten
Höck, Dr. Josef
Stumfohl, Dr. Rotraud
Sozialwiss. Studienbibliothek der AK für Kärnten
Notsch, Mag. Max

UB der Universität für Bildungswissenschaften
Grote, Mag. Helmut
Herzog, Mag. Christa
Lube, Dr. Manfred
Pichler, Dr. Hiltrud
Rauch, Engelbert
Sabitzer, Alfred
Urschej, Anna

Krems
Pädagogische Akademie der Diözese St. Pölten, Studienbibliothek
Raffetseder, Susanne
Wissenschaftliche Landesakademie für Niederösterreich
Bauer, Dr. Judith
Winter, Dr. Georg

Kremsmünster
Stiftsbibliothek Kremsmünster
Pfeil, Mag. Georg

Leoben
Sika, Peter
UB der Montanuniversität Leoben
Delanoy, Dr. Johann
Jontes, Dr. Lieselotte

Linz
Gerbert, Dr. Dorothea
Archiv der Stadt Linz
Schimböck, Dr. Maximilian
Bibliothek der Arbeiterkammer für Oberösterreich
Baumberger, Brigitte
Bibliothek der Katholisch-Theologischen Hochschule
Daichent, Jakob
Kastenhofer, Josef
Lackinger, Mag. Johannes
Wiest, Gottfried
IBE
Haslinger, Elisabeth
McDonnell Douglas Information Systems GmbH
Acker, Jochen
Below, Gerd v.
Reichart, Andreas
Weihe, Jürgen von
OÖ. Landesmuseum, Bibliothek
Ploch, Margarete
Universitätsbibliothek Linz
Ganglbauer, Ursula
Lanegger, Helma Elisabeth
Ruhsam, Otto
Schwendtner, Hermine
Swoboda, Michaela

Zentralkatalog der Wissenschaftlichen Bibliotheken OÖ
Filzmoser, Hildegard
Hatzmann, Reinhard
Schober, Elfriede
Weichselbaumer, abs. theol. Anton

Salzburg
Forstner, Univ. Prof. Dr. Karl
Amtsbibliothek beim Amt der Salzburger Landesregierung
Weber, Mag. Dr. Otmar
Bibliothek der Handelskammer Salzburg
Ziegelwagner, Dr. Johann
Museum Carolino Augusteum
Gruber, Mag. Rosemarie
Salzburger Landesarchiv
Zacherl, Dr. Elisabeth
Studienbibliothek der Pädagogischen Akademie
Haider, Mag. Ernestine
Universitätsbibliothek Salzburg
Froschauer, Dr. Irmtraut
Hohenwarter, Elisabeth
Kluger, Dr. Emmerich
Pollhammer, Renate
Riedelsperger, Mag. Lotte
Stadler, Ernestine
Straberger, Manfred
Stronegger, Mag. Willi-Julius
Unteregger-Vaerst, Dr. Annelore
Unterrainer-Kollarz, Dr. Christine
Wenisch, Dr. Bernhard
Zopp, Helga
UB Salzburg, Fakultätsbibliothek für Naturwissenschaften
Breitfuss, Dr. Anton

Seibersdorf
Österreichisches Forschungszentrum Seibersdorf
Bernhart, Dr. Ilse
Nevyjel, Dr. Alexander
Ranz, Friedrich
Schwach, Dr. Gerhard W.

St. Florian
Stiftsbibliothek St. Florian
Rehberger, o. Prof. DDr. Karl

Weidling
Ronge, Dr. Eduard

Wien
Biebl, Prof. Dr. Maria
Drischel, Dr. Otto
Drschka, Otto
Kósa, József

Nast, Prof. Dr. Josefine
Razumovsky, Maria
Seidl, Walter
Souczek, Dr. Ines
Wächter, Hermine
Zbuzek, Heinrich

Administrative Bibliothek im Bundeskanzleramt
Heilinger, Elfriede
Hein, Maria
Summer, Dipl. Ing. Fritz
Ternjak, Mag. Heidemarie

Amtsbibl. BM für Auswärtige Angelegenheiten
Loibl, Dr. Gottfried

ARGE Daten
Zeger, Hans

Bibl. der Generaldir. für die PTT
Sinnmayer, Dr. Gerhard
Wiesinger, Mag. Eva

Bibliothek der Geologischen Bundesanstalt
Cernajsek, Dr. phil. Tillfried

Bibliothek der Gesellschaft der Ärzte in Wien
Ribar, Mag. Friedrich

Bibliothek der Österr. Akademie der Wissenschaften
Felfering, Johann
Schörg, Irmtraud
Schwabl, Dr. Hans-Dominik
Wundsam, Dr. Klaus

Bibliothek des Österr. Statistischen Zentralamtes
Gehart, Dr. Alois

Bibl. u. Kupferstichkabinett d. Akademie der Bildenden Künste in Wien
Fraunlob, Dr. Sieglinde
Haring, Karl
Königsberger, Dr. Gerda
Wagner, Dr. Robert

Büchereiverband Österreichs
Buchmüller, Heinz
Pascher, Dr. Franz

Bundesamt für Eich- und Vermessungswesen, Bibliothek
Körber, Thomas

Bundesministerium für Auswärtige Angelegenheiten
Stillfried, Dr. Bernhard

Bundesministerium für Finanzen, Amtsbibliothek
Renner, Dr. Heinz

Bundesministerium für Landesverteidigung, PräsD
Auer, Dr. Ernst

Bundesministerium für Unterricht und Kunst
Neumann, Dr. Norbert

Bundesministerium für Wissenschaft und Forschung

Marte, Dr. Johannes
Bundesministerium für Wiss. und Forschung, Abt. I/10C
Hübl, Helene
Bundesministerium für Wissenschaft und Forschung, III/1
Brandstötter, Dr. Elisabeth
Jurkovitsch, Edith
Lakatha, Dr. Emmerich
Stoll, Dr. Manfred
Stumpf, Dr. Edith
Thaler, Dr. Marielouise
Weihrauch, Monika
Dabis Österreich
Kugel, Leopold R.
EDV GesmbH
Reich, Dr. Christa
Wolf, Martina
EDV-Zentrum der Universität Wien
Oberhauser, Dr. phil. Otto C.
Fachbibliothek für Alte Geschichte an der Uni. Wien
Ramharter-Hanel, Mag. Andrea
Fachbibliothek für Anglistik an der Universität Wien
Mittermann, Dr. Harald
Fachbibliothek für Erwachsenenbildung
Hinterhofer, Dr. Christine
Jaindl, Birgit
Fachbibliothek für Geographie an der Universität Wien
Bergmann, Mag. Helmuth
Kainrath, Wolfgang
Fachbibl. für Klassische Archäologie an der Uni. Wien
Bodzenta, Maria
Dinstl, Alice
Ossinger, Mag. Eva
Fachbibliothek für Mathematik, Statistik und Informatik der Universität Wien
Hamedinger, Mag. Wolfgang
Fachbibliothek für Romanistik an der Universität Wien
Aldouri-Lauber, Dr. Maria
Fachbibliothek für Theaterwissenschaft an der Uni. Wien
Schindler, Dr. Otto
Fachbibliothek für Ur- und Frühgeschichte der Uni. Wien
Kerchler, Dr. Helga
Fachbibliothek PKW der Universität Wien
Duchkowitsch, Dr. Wolfgang
Fakultätsbibliothek für Katholische Theologie an der Universität Wien
Wendt, Matthias
Fakultätsbibliothek für Medizin an der Universität Wien
Bauer, Mag. Bruno
Gerdenits, Rudolf
Götz, Christian

Kastanek, Peter
Kindl, Günter L.
Leitner, Dr. Helmut
Mundschütz, Reinhard

Fakultätsbibliothek für Rechtswissenschaften an der Universität Wien

Bräuer, Peter
Hostek, Dr. Ute
Niegl, Mag. Renate

Heeresgeschichtliches Museum

Schachner, Dietrich

Hochschulbibliothek der Hochschule für Musik und Darstellende Kunst in Wien

Eschwé, Dr. Susanne
Scholz, Dr. Helga

HTL Schellinggasse

Mairinger, Mag. abs. iur. Wolfgang

Institut für Höhere Studien, Bibliothek

Nessler, Wolfgang

Kunsthistorisches Museum

Kriller, Beatrix

Metallbau und organisationstechnische Mittel GesmbH

Grössl, Karl F.

Mikroform

Gaul, Walter
Ratzer, Eduard

Minerva GesmbH

Sima, Werner

Niederösterreichische Landesbibliothek

Duschanek, Dr. Michael
Fröhlich, Thomas
Riepl, Dr. Hermann
Rinner, Franz

ÖGDI

Jobst, Dr. Herwig

Österreichisches Staatsarchiv, Bibliothek

Samobor, Mag. Bernd

Österreichische Nationalbibliothek

Ander, Dr. Angelika
Bader, Mag. Christa
Brandauer, Johann
Dollmanits, Dr. Fritz
Frodl, Dr. Hermann
Heilinger, Dr. Rudolf
Hoxha, Monika
Hüttel-Hubert, Mag. Eva-Maria
Irblich, Dr. Eva
Jobst-Rieder, Mag. Marianne
Kröner, Elisabeth
Lang, Agnes

Lang, Ladislaus
Lang, Dr. Helmut W.
Lion, Dr. Michael
Martinek, Alfred
Mauthe, Mag. Gabriele
Mazal, Univ. Prof. Dr. Otto
Mersich, Mag. Brigitte
Müller, Beate
Nadymacek, Manfred
Németh, István
Pauly, Gerhard
Petschar, Dr. Hans
Plattner, Dr. Anna
Pum, Mag. Gabriele
Rathmanner, Karin
Schmidt, Dr. Alfred
Schmutzenhofer, Ingrid
Schönberger, Wilhelmine
Steiner, Dr. Josef
Straßnig, abs. theol. Friedrich
Straßnig-Bachner, Dr. Margarete
Strebl, Dr. Magda
Thiel, Dr. Johanna
Vonwiller, Dr. Christine
Weinberger, Mag. Helga
Wille, Christa
Winkler, Monika
Zessner-Spitzenberg, Dr. Brigitte
Zimmer, Helmut

Österreichische Nationalbibliothek, Kartensammlung
Kremann, Elisabeth
Wawrik, Dr. Franz

Österreichische Nationalbibliothek, Planungsstelle
Kampl, Dipl. Ing. Herwig
Labner, Ing. Josef

Österreichische Staatsdruckerei
Krenauer, Silvia

Österr. Bundesinstitut für den Wissenschaftlichen Film
Hermann, Dr. Siegfried
Janiga, Karl
Levenitschnig, Ing. Peter
Ziegler, Dipl. Ing. Wilhelm

Österreichisches Normungsinstitut
Krommer-Benz, Mag. Magdalena

Österreichisches Ost- und Südosteuropa-Instiut
Slawinski, Dr. Ilona

Philips Professionelle Elektronik GmbH
Hirschböck, Dipl. Ing. Michael
Radl, Mag. Friedrich

Schering Wien GesmbH
Cazan, Mag. Dr. Constantin
Sigmund Freud Gesellschaft, Bibliothek
Fritsche, Doris
Städtische Büchereien, BVÖ
Pascher, Dr. Franz
Studien- und Forschungszentrum Vorwärts
Pietsch, Dr. Traude
Studienbibliothek der Berufspädagogischen Akademie des Bundes, Abteilung Berufspädagogik
Westerhoff, Wilfried
Studienbibl. der Pädagogischen Akademie der Erzdiözese
Kamp, Franziska
Studienbibliothek der Pädagogischen Akademie des Bundes
Schönauer, Rudolf
Studienbibliothek der Pädagogischen Akademie des Bundes in Wien, Abteilung Pädagogik
Haas, Elfride
Universität Wien
Fuchs, Dr. Helmut
Universitätsbibliothek der TU Wien
Haslinger, Barbara
Hrusa, Dr. Hans
Kubalek, Mag. Dr. Peter
Stebegg, Mag. Karl
Würzl, Dipl. Ing. Robert
Universitätsbibliothek der Universität für Bodenkultur
Hainz-Sator, Dr. Werner
Heller, Rudolf
Lang, Dr. Wilfried
Universitätsbibliothek der Veterinärmedizinischen Universität
Drexler, Andrea
Olensky, Dr. Günter
Scherzer, Dr. Dorothea
Universitätsbibliothek der WU Wien
Bergmann, Christa
Honek, Mag. Dr. theol. Klemens
Köpf, Silvia
Kurz, Bernhard
Svoboda, Peter
Wehrmann, Dkfm. Mag. Gertraud
Zak, Elisabeth
Universitätsbibliothek der WU Wien, SOWIS
Berger, Mag. Nadine
Schmeikal, Dr. Bettina
Universitätsbibliothek Wien
Baumgartner, Dr. Ferdinand
Buelacher, Heinz
Dosoudil, Dr. Ilse

Erasimus, Mag. Elisabeth
Fabrizii, Andrea
Gredler-Oxenbauer, Gerlinde
Haberl, Heidemarie
Höglinger, Brigitte
Horsak, Karl
Klebel, Dkfm. Burkhard
Kósa, Irmgard
Kuzmich, Mag. Ludwig
Langer, Dr. Elisabeth
Leitner, Dr. Hans
Lunzer-Talos, Dr. Victoria
Maisser, Helmut Karl
Metz, Claudia
Nagl, Johann
Neuer, Sylvia
Pichler, Claudia
Pichler, Petra
Rauchbauer, Dipl. Ing. Paul
Sandner, Dr. Margit
Schmied, Ferdinand
Seidler, Wolfram
Sestits, Elisabeth
Soulek, Eva
Sprinzl, Monika
Starck, Dr. Werner
Stengel, Dr. Friedrich
Uhrmann, Hildegard
Wernig, Katharina
Wicha, Mag. Susanne Margarita
Wimmer, Eva
Winkler, Johann
Zandl, Regina
Zembaty, Claudia

Universitätsbuchhandlung Gerold & Co

Neusser, Peter
Stahl, Mag. Barbara

VIC Library

Gabbert, Dr. Harriet

Wiener Stadt- und Landesarchiv

Ma, Dr. Klaralinda
Psarakis, Dr. Brigitta

Zentralbibliothek für Physik in Wien

Kerber, Dr. Wolfgang
Kiesewetter, Roland
Nezbeda, Erich
Smola, Mag. Ulrike
Zimmel, Mag. Brigitte

Feierliche Eröffnung

Begrüßungsansprache der Präsidentin der Vereinigung Österreichischer Bibliothekare

GD Dr. Magda Strebl

Sehr geehrter Herr Sektionschef in Vertretung des Herrn Bundesministers, sehr geehrter Herr Landesrat, liebe Kolleginnen und Kollegen aus dem In- und Ausland!

Altes Buch und Neue Medien. Dieses Thema drückt bereits das Spannungsfeld aus, in welchem sich unsere Bibliotheken und damit auch wir Bibliothekare befinden. Wir haben die Verpflichtung, das alte Schriftgut, diesen ganz wesentlichen Teil unseres kulturellen Erbes, zu erhalten, mit allen uns verfügbaren Mitteln und verantwortungsvoll eingesetztem, neuestem Know-how zu restaurieren, zu konservieren, gleichsam verantwortlich zu sein für die zerbrechliche Flaschenpost des Geistes, sie den heutigen Erfordernissen entsprechend zu erschließen und zugänglich zu machen, um künftigen Generationen die bisher erlangten Erkenntnisse weitergeben zu können. Wir haben aber auch die Verpflichtung, mit wachsamem Auge die neue Medienwelt mit all ihren Tücken und Gefahren technischer, rechtlicher, geschäftlicher und damit finanzieller und wirtschaftlicher Art zu beobachten und diese wesentlichen Medienträger unserer Zeit und das auf ihnen gespeicherte, immer rascher produzierte Wissen, in unseren Bibliotheken richtig einzusetzen und die von den Neuen Medien gebotenen Möglichkeiten zu nutzen.

Diese Medien sind auch Ausdruck unserer technisierten und in jeder Weise auf Masse ausgerichteten Zeit, Massen an Materialien, Massen an meist sehr teuren Informationen und Massen an Benützern, nicht nur von wenigen Forschern und von Studenten, sondern auch von einer breiten Öffentlichkeit. Die Probleme der Bibliotheken mit diesen Neuen Medien beginnen schon mit der Auswahl. Sie erfordert technische Kenntnisse und strategische Überlegungen, rechtliche Kenntnisse in der Erwerbung und möglichst umfangreiches Wissen für die Erschließung, für die Vermittlung ihres Inhalts und dessen Erhaltung für die Zukunft. Die auf diesen Neuen Medien gespeicherten Informationen bedürfen einer technischen Umsetzung, um sie dem menschlichen Auge sichtbar zu machen, somit technischer Geräte, die rasch einer Veralterung unterliegen und auch gelegentlich die Umsetzung in neue Formate erfordern. Mit welcher Vielfalt an technischen, rechtlichen, wirtschaftlichen und natürlich finanziellen Problemen sind wir Bibliothekare hier konfrontiert!

Immer schon, aber besonders seit den vergangenen zwei bis drei Dezennien, sind Bibliotheken wie im Spiegelbild des Weltgeschehens einer rasanten, oft unvorhergesehenen Entwicklung ausgesetzt. Auch hier müssen wir versuchen, mit bestem Wissen unsere Berufswelt im Griff zu behalten. Unsere Bibliotheken bedürfen einer ständigen Innovation, oft verbunden mit einer organisatorischen Reform. Die Bibliothekartage sind daher ganz wichtige Veranstaltungen, um möglichst vielen Kolleginnen und Kollegen eine möglichst breite Palette von Informationen und Anregungen zu geben, aber auch eine breite Öffentlichkeit und politische Entscheidungsträger auf diese Wandlung und die Erfordernisse in dieser Informationswelt von heute aufmerksam zu machen, denn die Bibliotheken sind aufgrund ihres alten und neuen Informationsangebotes nicht unwesentlich jener Ort, an dem Entwicklungen und unsere Zukunft mitentschieden werden.

Es sei mir aber auch an dieser Stelle gestattet, der Bestürzung und dem Entsetzen Ausdruck zu verleihen, welche die Ereignisse in Teilen des ehemaligen Jugoslawien auslösen. Dort werden Kulturgüter, Bibliotheken, kulturelles Erbe zerstört und ausgelöscht, aber es werden vor allem zehntausende und hunderttausende Menschen von ihren Heimstätten vertrieben, gequält und getötet. Wir sind zutiefst von diesen Ereignissen betroffen. Dennoch freue ich mich, daß so viele Kollegen aus dem In- und Ausland insgesamt an die 500 Teilnehmer, davon über 80 Kollegen aus 14 ausländischen Staaten, hier zu dieser Konferenz gekommen sind, und ich begrüße Sie alle sehr herzlich.

Besonders begrüße ich Herrn Sektionschef Dr. Johann Marte in Vertretung des Herrn Bundesministers für Wissenschaft und Forschung, der es übernommen hat, diese Tagung zu eröffnen. Sehr herzlich begrüße ich Herrn Landesrat Josef Schmidt in Vertretung des Herrn Landeshauptmannes, der leider verhindert ist, die Eröffnung vorzunehmen. Sehr herzlich begrüße ich Herrn Ing. Alois Schwarz, Bürgermeister von Eisenstadt, und den Präsidenten des Landesschulrates Herrn Dr. Fritz Krutzler. Sehr herzlich begrüße ich die Vertreter der zuständigen Fachabteilung im Bundesministerium für Wissenschaft und Forschung, voran Frau Ministerialrätin Dr. Edith Stumpf-Fischer. Herzlich begrüße ich unsere ausländischen Gäste, besonders die Vorsitzenden der einzelnen Bibliothekarvereinigungen. Herzlich begrüße ich den Festredner, Herrn Dr. Franz Georg Kaltwasser, Direktor der Bayerischen Staatsbibliothek München. Weiters Herrn Dr. Hans- Peter Geh, Präsident-Emeritus von IFLA und amtierender Präsident von EFLC. Ferner Herrn Dr. Herwig Jobst, Präsident der ÖGDI, der Österreichischen Gesellschaft für Dokumentation und Information, Frau Dr. Melitta Biebl, Vorsitzende der Österreichischen Gesellschaft für Öffentlichkeitsarbeit des Informationswesens, Herrn Dr. Franz Pascher, Vorsitzender des Österreichischen Büchereiverbandes. Ich begrüße sehr herzlich die in- und ausländischen Referenten in unseren Kommissionen, und in besonderer Weise auch begrüße ich herzlich die erstmalig an dieser Tagung teilnehmenden Leiter und Leiterinnen der neu gegründeten Österreichbibliotheken, welche bei verschiedenen Universitätsbibliotheken und den Akademien der Wissenschaften in Osteuropa durch unser Bundesministerium für Auswärtige Angelegenheiten eingerichtet wurden. Für das Zustandekommen der Tagung habe ich auch herzlich zu danken, zunächst dem Bundesministerium für Wissenschaft und Forschung, für die Bewilligung von Mitteln für diese Tagung und auch weitere Arbeiten in der Vereinigung Österreichischer Bibliothekare. Ebenso der Burgenländischen Landesregierung für die Unterstützung bei dieser Tagung. Ich danke herzlich dem Ortskomitee in Eisenstadt für alle organisatorische Hilfe, dem Leiter der Burgenländischen Landesbibliothek, Herrn Hofrat Dr. Seedoch, außerdem für seine lokalhistorischen Beiträge in der Informationsbroschüre, die Sie sicher alle gelesen haben und für das Burgenlandheft in "Biblos", welches ebenfalls den Tagungsmappen beiliegt und allen Mitgliedern des Ortskomitees. Ich habe noch zu danken den Sponsoren für diese Tagung, der Buchhandlung Gerold, Wien-New York, der Buchhandlung Minerva und dem Springer Verlag, der EDV-Ges.m.b.H., McDonnell-Douglas, Metotechnik, Philips Professionelle Elektronik Ges.m.b.H., Swets & Zeitlinger, Kunst und Wissen Erich Bieber OHG und den ausstellenden Firmen, die nicht nur direkte Geschäftskontakte, sondern auch eine anschauliche Fortbildung für uns Bibliothekare anbieten. Und selbstverständlich danke ich dem Team des Wiener Sekretariats. Ich wünsche uns allen einen guten Verlauf der Tagung und einen angenehmen Aufenthalt in der schönen Landeshauptstadt des Burgenlandes.

Begrüßungsansprache des Vertreters der ausländischen Gäste

Dr. Hans-Peter Geh

Liebe Frau Präsidentin, meine sehr geehrten Damen und Herren, liebe Kolleginnen und Kollegen.

Der diesjährige Österreichische Bibliothekartag unter dem Thema "Altes Buch und Neue Medien" hier im geschichtsträchtigen und kulturell so aktiven Burgenland ist für uns ausländische Gäste von ganz besonderer Attraktivität. So sind wir freudig gestimmt und mit großer Erwartung hierher gereist und wie üblich mit wohltuender Herzlichkeit und österreichischem Charme empfangen worden. Wir danken Ihnen, liebe Frau Präsidentin und Ihrer Vereinigung, sehr herzlich für die freundliche Einladung und überbringen Ihnen die besten Grüße und Wünsche unserer Verbände.

Lassen Sie mich in diesem Zusammenhang noch dankend erwähnen, daß Frau Dr. Strebl als Generaldirektorin der Österreichischen Nationalbibliothek und als Präsidentin der Vereinigung österreichischer Bibliothekare, mit besonderem Engagement auch das internationale Bibliothekswesen gefördert hat. Erinnern möchte ich in diesem Zusammenhang nur an die Weltkonferenz über Restaurierungsfragen in Wien 1986, die ein großes und nachhaltiges Echo gefunden hat und an die reiche Förderung der Bibliotheken und Bibliothekare Mittel- und Osteuropas. Und schließlich Frau Dr. Strebl, welche Bibliothek auf unserem Globus und welches Wissenschaftsministerium Herr Dr. Marte und Frau Dr. Stumpf, können sich rühmen, einen Tiefspeicher geschaffen zu haben, der es den Bürgern der Hauptstadt und den zahlreichen Besuchern aus aller Herren Länder ermöglicht, und ich sage dies als Stuttgarter, über dem Weltgeist zu lustwandeln.

Meine Damen und Herren, vor fast genau 20 Jahren auf der Fahrt zur IFLA-Tagung in Budapest haben meine Frau und ich hier im Burgenland kurz Station gemacht, um uns von der historischen Bedeutung dieser Region, in der den Awaren, Hunnen und Mongolen Einhalt geboten wurde, einfangen zu lassen und uns ein wenig dem kulturellen und musikalischen Zauber, der dieser Landschaft innewohnt, hinzugeben. Darüber hinaus habe ich einst gelesen, soll sich Gilgamesch aus dem Zweistromland hierher aufgemacht haben, um vom Oberpriester einer Mysterienstätte zu erfahren, ob auch er sterblich sei. Wie die Antwort ausgefallen ist, wurde leider nicht überliefert. Aber vielleicht können wir Bibliothekare des ausgehenden 20. Jahrhunderts, die wir aus nah und fern hierher gekommen sind, bei unserem Besuch im Burgenland angesichts des Themas "Altes Buch und Neue Medien" eine Antwort auf die Frage erhalten, ob die traditionelle Bibliothek, die sich seit vielen Jahrhunderten des Mediums Buch bedient, noch eine Zukunft hat, denn immer wieder, zuletzt vor ein paar Wochen bei der IFLA-Tagung in Neu Delhi macht das Schlagwort von der künftigen "Library without Walls", also der Bibliothek ohne Mauern, die Runde.

Sollten wirklich einmal, so habe ich mich immer wieder bei solchen Gelegenheiten gefragt, die Bibliothek als Kultur- und Kommunikationszentrum und das Buch ihre Daseinsberechtigung verlieren, sodaß die Bibliothek nur noch als Relaisstation für den Wissenstransfer zum Benutzer dient, der von seinem Arbeitsplatz oder aber von zu Hause aus mittels der neuen Technologien in der Lage sein wird, ohne die Bibliothek zu betreten, alle ihm notwendig erscheinenden Informationen zu erhalten? Oder wird gar, wie ein Physiker an der Universität Stuttgart in einem Zeitungsartikel kürzlich darlegte, der Bestand einer Universitätsbibliothek mit Hilfe der Molekularelektronik in einem Kästchen von der Größe eines Daumennagels unterzubringen sein? Ich persönlich glaube nicht an diese Zukunftsversion einiger Bibliothekare sowie Computerforscher und möchte daher immer wieder, obwohl - und das möchte ich sehr unterstreichen - die neuen Technologien ohne Frage ihren äußerst wichtigen und integrierten Platz auch in unseren Bibliotheken haben, dem Buch, das mir unerläßlich für den Fortbestand unserer europäischen Kultur erscheint, meine Referenz erweisen.

Dies gilt es am Vorabend der europäischen Einigung festzuhalten, wo bereits von Bürokraten in Brüssel dem Buch gewisse Gefahren durch einschränkende gesetzgeberische Maßnahmen, z.B. Erwerbs- oder Umsatzsteuer, drohen. Doch vertrauen wir auf das, was eine französische Kulturwissenschaftlerin in diesem Zusammenhang zum Ausdruck gebracht hat. "Ohne Kultur wird es kein Europa geben, und Kultur, das sind maßgeblich Bücher." Und welchen Nutzen und Stellenwert gerade dem Buch im europäischen Bildungswesen seit jeher zugekommen ist, wurde von Ralph Waldo Emerson einmal auf die kurze Formel gebracht, die ich hier zu zitieren wage, da es keine Universität am Ort gibt. "Eine Bibliothek ersetzt eine Universität." Daß dies freilich nicht neu ist, belegt ein Zitat des 18-jährigen Jean Paul zu Beginn seines Theologiestudiums in Leipzig 1781. "Da bin ich nun da auf der Universität und zu was Ende, daß ich Geld verzehre, daß ich besser hätt' anwenden können, Sachen vergesse, die ich gewußt habe, und Dinge lerne, die mir nichts nützen. Was mir all die

Professoren sagen wollen, kann ich aus den Büchern besser, gründlicher und mit weniger Zeit und Geldverlust lernen. Aber das Ding hat man einmal in finsteren Zeiten angefangen, wo man wenig Bücher schrieb, und wo man, um klug zu werden, die Leute selbst hören mußte. Jetzt nun, daß es einmal Mode ist, hält man's für Sünde, diese Sitte abzuändern. Man hat Bücher, hört die Professoren, und der Dümmling bleibt doch allemal derselbe."

Nun, meine Damen und Herren, da eine Ansprache zumal ein Grußwort, wie mir ein englischer Freund einmal riet, ich übersetze es ins Deutsche, "dem Rock einer Dame gleichen solle, lang genug, um den Gegenstand zu umfassen und kurz genug, um das Interesse wach zu halten", lassen sie mich mit einem Blick auf einen bedeutenden Burgenländer, auf den Fürsten Paul Anton (1711 bis 1762) schließen. Dieser Esterhazy-Fürst, der besonders aufgeschlossen war für die europäische Kultur und Geistesgeschichte, Studien im Ausland betrieb, und sich einer intensiven musikalischen Ausbildung unterzog, hatte auch Sinn für Bücher. Denn als er von der Universität Leiden, wohin er unter anderem von zwei Musikern begleitet wurde, zurückkehrte, hatte er neben mehreren Musikalien auch einige Kisten Bücher mitgebracht, die den Grundstock seiner Bibliothek bildeten.

Nun, meine Damen und Herren, Bibliotheken, Kultur, Musik. Dieser Dreiklang möge, beschwingt durch den köstlichen burgenländischen Wein, uns in den nächsten Tagen beflügeln und uns nachts vom Paradies träumen lassen, das sich Jorge Luis Borges, trotz aller Unkenrufe auf Erden, als eine richtige Bibliothek vorstellt. Vielen Dank.

Begrüßungsansprache des Bürgermeisters von Eisenstadt

Ing. Alois Schwarz

Frau Präsidentin, Herr Sektionschef in Vertretung des Herrn Vizekanzlers, Herr Landesrat, meine Herren Präsidenten, meine sehr geschätzten Damen und Herren aus dem In- und vor allem aus dem Ausland!

Ich freue mich, daß ich Sie namens unserer Stadt bei der 22. Tagung der Bibliothekare in Eisenstadt begrüßen darf. Ich danke der Vereinigung Österreichischer Bibliothekare, daß zum zweiten Mal, genau nach 20 Jahren, diese Tagung hier stattfindet. Wenn ich an Ihre Rede anschließen darf, Herr Präsident, Sie haben aus der burgenländischen Geschichte zitiert und Eisenstadt als kleine Stadt mit einer großen Kultur erwähnt. Klein, darüber sind wir nicht traurig, auf die Kultur sind wir stolz. Wir haben uns bemüht, dieses Kulturgut zu erhalten. Dazu zählen natürlich in erster Linie Bibliotheken. Wir haben zwar keine Stadtbibliothek, aber eine Landesbibliothek und ein Landesarchiv, wo unsere Stadtgeschichte aufgezeichnet ist. Aus der Geschichte dieses Landes wird auch verständlich, daß viele Dokumente und Kulturzeugnisse nicht in unserem Lande archiviert sind, sondern in den Nachbarstädten, in Ödenburg beispielsweise.

Sie haben sich für Ihre Tagung das Thema "Altes Buch und Neue Medien" gewählt. Im ersten Hinsehen möchte man meinen, dies sei ein Gegensatz. Vor allem, wenn manche der Ansicht sind, daß die elektronischen Medien Bücher ersetzen können. Das Buch aber, wie Sie es auch erwähnt haben, ist das Fundament unserer Kultur in Europa. Ich erinnere mich mit großer Freude daran, daß ich des öfteren in Wien in meiner Ausbildungszeit in die Nationalbibliothek ging, um zu lesen. Auch heute besuche ich gerne Ausstellungen, in Wien, in Österreich oder wenn ich im Ausland bin, in unseren befreundeten Ländern, wo wir Partnerschaften haben, um alte Bücher und die Leistungen derer zu bewundern, die diese Bücher geschrieben und gestaltet haben.

Ich glaube, wir müssen versuchen, dieses Interesse auf die nächste Generation zu übertragen und die Beziehung zum Buch zu wecken, um nicht Gefahr zu laufen, unsere Kultur und Identität zu verlieren. Das ist eine große Aufgabe, die Sie alle zu erfüllen haben, und wir dürfen Ihnen dafür dankbar sein, daß Sie dies mit so großer Bereitschaft und großem Engagement durchführen.

Ich darf daher zu unserer Stadt kurz sagen: Wenn Sie vor 20 Jahren hier waren, haben Sie auch bemerken können, wie sich unsere Stadt verändert hat. Ich hoffe, nicht zum Nachteil, wir sind überzeugt zum Vorteil. Wir versuchen nämlich in allen Bereichen, altes Kulturgut zu bewahren, um es den nächsten Generationen weiterzugeben. Es ist nicht immer alles geglückt, das liegt im Menschlichen, aber die Absicht ist gegeben, diese Aufgabe nach besten Kräften und nach bestem Wissen zu erfüllen, mit Unterstützung aller, die in diesem Raum tätig sind. Dafür möchte ich heute auch danken.

Ich lade Sie ein in unsere Stadt. Sie liegt ja wirklich in einem kulturträchtigen Raum, in einem geschichtsträchtigen Raum, beispielsweise gibt es Funde in dieser Stadt aus der Zeit um 5000 v. Chr. Das Burgenland war durch Jahrhunderte und Jahrtausende doch immer wieder Aufmarsch-, Durchmarsch-, Rückzugsgebiet. Somit haben viele Völker Spuren hinterlassen, und wir müssen versuchen, sie auch aufzuarbeiten und einzuarbeiten in unsere Geschichtsschreibung. Eisenstadt bemüht sich darum, und ich muß sagen, wir sind der Landesbibliothek und den Verantwortlichen für ihre Arbeit, für den Zugang zu den historischen Quellen, dankbar. Wir wissen, daß hier gute Arbeit geleistet wird. Das sei heute hier besonders erwähnt.

Eisenstadt lädt gerne ein zu solchen Tagungen, lädt ein, die Kulturgüter zu besichtigen. Fürst Paul Anton Esterhazy wurde hier bereits erwähnt, der es war, der Joseph Haydn in diese Stadt gebracht hat. Und er hat auch wesentlich diese Stadt mitgeprägt, wie überhaupt das Haus Esterhazy als Kulturträger den Stempel des Hauses dieser Stadt aufgedrückt hat. Wir versuchen, das zu bewahren. Ich lade Sie ein, wenn sie Zeit haben, neben vielen interessanten Vorträgen und Referaten, ein bißchen die Stadt kennenzulernen, und wenn Sie Zeit und Muße haben - wir leben ja im Raum von Pannonien - sich am Wein und der Geselligkeit zu erfreuen und fernab von Ihrer wissenschaftlichen Tätigkeit auch ein bißchen unser Klima zu geniessen. Dieses Klima ist ein besonderes, die Stadt hat sich deswegen auch immer wieder bei verschiedenen Wettbewerben an Spitzenplätzen erfreuen dürfen. Wir glauben auch als Gastgeber, den vielen Gästen, die zu uns kommen, jenen Rahmen zu bieten, der nicht so wie in Großstädten durch die Vielfalt geprägt ist, sondern durch seine historisch gewachsene Eigenart.

Ich wünsche Ihrer Tagung einen guten Verlauf, kommen Sie mit guten Eindrücken wieder nach Hause, und wir würden uns freuen, wenn wir Sie wieder einmal als Gäste in Eisenstadt begrüßen dürfen, bei einer Tagung oder bei einer anderen Gelegenheit. In diesem Sinne ein herzliches Grüß Gott, ich heiße Sie herzlich willkommen und wünsche der Tagung einen guten Verlauf.

Begrüßungsansprache

Landesrat Josef Schmidt

Geschätzter Herr Sektionschef, werte Frau Präsidentin, Herr Präsident, Herr Bürgermeister, meine sehr geschätzten Damen und Herren, liebe Gäste aus dem Ausland!

Wir feierten im vergangenen Jahr den 70. Geburtstag unseres Heimatlandes Burgenland, ja 70 Jahre jung ist unsere Heimat. Und dabei wurde der Aufbruch des Landes ganz deutlich. Wir sind ein Bundesland, das seine Identität nicht rückwärts, sondern stets vorwärts blickend sucht, und dieser Blick nach vorne ist es auch, der uns soviel erreichen ließ und der uns vor allem auch sehr selbstbewußt gemacht hat. Damit möchte ich aber nicht sagen, daß unsere Kultur nicht Tradition hat, im Gegenteil. Wir sind sehr bedacht auf Kulturpflege, und wir sind stolz, daß wir im Kulturbereich eine Infrastruktur schaffen konnten, die wohl einmalig ist im ländlichen Raum, ein Büchereikonzept wurde erstellt, und der Plan zur Errichtung von Kultur- und Bildungseinrichtungen blieb nicht Utopie. Die Kulturzentren Jennersdorf, Güssing, Oberschützen, Mattersburg und hier Eisenstadt sind heute Realität und werden von der Bevölkerung nicht nur bejaht, sondern geben uns auch die Möglichkeit, liebe Gäste begrüßen zu können.

Als Mitglied der Burgenländischen Landesregierung freue ich mich daher, daß der Bibliothekartag hier in Eisenstadt, im Burgenland, stattfindet, und ich darf Sie alle zu dieser Tagung recht herzlich willkommen heißen, nicht nur in meinem Namen, sondern auch im Namen unseres Herrn Landeshauptmannes Karl Stix, dessen beste Grüße und Wünsche ich überbringen darf. Nun, viele von Ihnen kennen das Burgenland, der Herr Präsident hat es schon erwähnt, kennen Eisenstadt, und kennen auch die Landesbibliothek. Sicher ist, daß diese Bibliothek weder an Größe noch im Alter der Bücher mit anderen konkurrieren kann, und doch ist sie eine Besonderheit. Sie hebt sich deshalb ab, weil durch eine gemeinsame Geschichte mit Ungarn, und ich habe vorhin auch Gäste aus Ungarn hier gesehen, in den Regalen eine Menge ungarischer Buchexemplare aus der Zeit vor 1918 aufbewahrt sind. Viele Exemplare aus dem südosteuropäischen Raum bereichern unsere Landesbibliothek. Dies kommt daher, weil in unserem Grenzraum seit jeher gegensätzliche Kulturen, verschiedene Weltanschauungen, aber auch unterschiedliche Konfessionen und Sprachen aufeinandertrafen. Und auch heute leben hier in dieser kleinen Welt Deutsche, Kroaten, Ungarn, auch Roma. Sie werden jetzt als Volksgruppe anerkannt. Sie leben hier friedlich nebeneinander, und wir haben gelernt, miteinander auszukommen. Wir haben gelernt, uns ohne Vorurteile und in Freundschaft zu begegnen.

Und gerade dieses Burgenlandbewußtsein, dieses pannonische Denken, hat dazu beigetragen, daß wir die engen Grenzen unserer Heimat sprengen konnten. Wir sind heute nicht nur ein vollwertiges Mitglied im Reigen der Bundesländer, sondern haben darüber hinaus viele Freunde über Staatsgrenzen hinweg gewinnen können. Ich bitte Sie, jetzt nicht zu glauben, ich sei überheblich, wenn ich sage, diese Demonstration der Gemeinsamkeit müßte eigentlich Botschaft sein, Botschaft an jene, die Frau Präsidentin hat es kurz anklingen lassen, die glauben, mit Feuer und Schwert kulturelle, ethnische und konfessionelle Grenzen auslöschen zu müssen. Wir beweisen, daß es auch anders geht. Nicht tödlicher Haß, wie im ehemaligen Jugoslawien, darf unser Leben bestimmen, sondern diese herrliche Vielfalt soll begeistern. Unsere Geisteshaltung sollte daher über diese Grenzen ausstrahlen und zum Gemeingut werden. Es wäre schöner auf dieser Welt, wenn sich die Menschen nicht als Feinde gegenüberstehen, sondern glücklich nebeneinander leben. Vielleicht kann gerade der heute beginnende Bibliothekartag auch Impulse in diese Richtung geben, weil gerade durch das Buch und die Literatur die Möglichkeit besteht, das Bewußtsein zu verändern, nicht nur das Bewußtsein einzelner Menschen, sondern das Bewußtsein einer ganzen Gesellschaft.

Tun wir daher alles, daß möglichst viele Menschen sich dieses Angebotes der Bibliotheken als Relaisstellen der Information bedienen. Denn eines ist gewiß, viel Lesen macht weise, viel Lesen macht verträglich, und wer zu lesen versteht, der besitzt den Schlüssel für große Taten. Wer zu lesen versteht, hat auch den Schlüssel zu einem sinnerfüllten, zu einem glücklichen Leben gefunden, und in diesem Sinne darf ich dem 22. Österreichischen Bibliothekartag viel Erfolg und den Teilnehmern bei dieser Tagung einen schönen Aufenthalt bei uns hier in Eisenstadt, im Burgenland, wünschen. Herzlichen Dank.

Begrüßungsansprache der Leiterin der Abteilung III/1 im Bundesministerium für Wissenschaft und Forschung

MR Dr. Edith Stumpf

Sehr geehrte Frau Präsidentin, Herr Sektionschef, Herr Landesrat, Herr Bürgermeister, sehr geehrte Damen und Herren, liebe Kolleginnen und Kollegen.

Es war schon mehrfach heute die Rede von dem Bibliothekartag, der vor 20 Jahren hier in Eisenstadt stattgefunden hat. Ich hatte damals als junge Bibliothekarin die Freude, daran teilnehmen zu können und habe ihn sehr genossen. Damals wurde eben intensiv über die damalige Universitätsreform, und damit verbunden, die Bibliotheksreform, diskutiert. Seitdem ist der Reformprozeß der wissenschaftlichen Bibliotheken in Österreich nicht zum Stillstand gekommen. Viele der damals angestrebten Ziele wurden erreicht, vieles Erreichte ist inzwischen Selbstverständlichkeit geworden, manches bereits wieder Gegenstand von Reformbemühungen, wie vor allem die rechtliche und organisatorische Stellung der Österreichischen Nationalbibliothek und der Universitätsbibliotheken oder auch die Ausbildung der wissenschaftlichen BibliothekarInnen. Die technische Entwicklung wird wohl in absehbarer Zeit auch zu Veränderungen der EDV-unterstützten Informationsvermittlung und Nutzung von Datenbanken führen. "Tempora mutantur et nos mutamur in illis."

Ein Ziel, das bereits 1972 formuliert wurde, dessen Realisierung aber erst jetzt stattfindet, ist der Aufbau eines EDV-unterstützten Verbundes der Österreichischen Nationalbibliothek und der Universitäts- und Hochschulbibliotheken, dem sich nach der Pionierleistung der Universitätsbibliothek Innsbruck bereits acht von zwölf Universitätsbibliotheken angeschlossen haben. Die neunte bereitet eben den Anschluß an den Verbund vor, ebenso wie die Österreichische Nationalbibliothek, die ja in diesem Projekt eine Schlüsselaufgabe hat. Die Kunsthochschulbibliotheken sollen in einem nächsten Schritt berücksichtigt werden. Übrigens hat sich auch eine Bibliothek angeschlossen, die nicht vom Bund verwaltet wird. Dieses komplexe Projekt und die unzähligen damit verbundenen Einzelfragen und Folgeprobleme haben die betroffenen Bibliotheken und die Fachabteilung III/1 in den letzten Jahren zu einem sehr wesentlichen Teil in Anspruch genommen und werden dies weiterhin tun.

Das Tagungsthema aber stellt nicht die Bibliotheken und nicht die Organisationsfragen in den Vordergrund, sondern das, was die Bibliotheken anbieten, das alte Buch und die Neuen Medien. Und mit Recht. Denn dies ist es ja, was den Benützer interessiert, für den die ganze schwierige Organisationsarbeit geleistet wird. Das Buch hat nach meiner Meinung zweifellos seine ungebrochene Bedeutung, ich schließe mich hier voll und ganz meinen Vorrednern an, gleichzeitig gewinnen die Neuen Medien aber immer mehr an Interesse und Wichtigkeit. Zugleich wird das Thema Altes Buch immer brisanter, was seine Erhaltung betrifft. Immer deutlicher stellt sich international heraus, wie gefährdet der Bestand ist. Es wurde schon die internationale Tagung erwähnt, die Frau Generaldirektorin Dr. Strebl hier in Österreich veranstaltet hat. Aber wir werden in Österreich diesem Problem noch wesentlich mehr als bisher unsere Aufmerksamkeit zuwenden und versuchen müssen, wirklich sehr bald sehr konkrete Maßnahmen zur Erhaltung dieses unseres wertvollen Kulturgutes zu setzen, was natürlich immer ein Personal- und damit ein finanzielles Problem ist. Aber man wird sich diesem Problem nicht länger entziehen können.

Sind es beim alten Buch vor allem Erhaltung und auch Erschließung, die noch viele Wünsche offen lassen, so beginnen bei den sogenannten Neuen Medien die Probleme zum Teil schon im Rechtsbereich, setzen sich bei der Beschaffung und Erschließung fort, und bei der Erhaltung fehlen überhaupt noch vielfach die erforderlichen Erfahrungen. Es gibt hier die größten Unsicherheitsfaktoren. Gleichzeitig eröffnen die Neuen Medien aber in Ergänzung zum Buch viele neue Möglichkeiten, die es sicherlich auszuschöpfen gilt. Aus all dem, was ich hier in größter Kürze skizziert habe, geht, wie ich glaube, bereits hervor, wieviel Dynamik und zukunftsgerichtete Bewegung auch jetzt im Bibliothekswesen herrscht. Der alle zwei Jahre stattfindende Bibliothekartag ist sicher geeignet, solche Bewegungen zu gestalten, zu vertiefen und weiter zu tragen. In diesem Sinne wünsche ich auch dem heurigen Bibliothekartag im schönen Eisenstadt viel Erfolg.

Begrüßungsansprache des Sektionschefs der Sektion III im Bundesministerium für Wissenschaft und Forschung

Dr. Johann Marte

Sehr geehrter Herr Landesrat Schmidt, Herr Bürgermeister Schwarz, Herr Präsident Dr. Geh, liebe Gäste aus dem Ausland, Frau Generaldirektor!

Ich darf Ihnen zunächst die besten Grüße und Wünsche unseres Herrn Vizekanzlers und Bundesministers für Wissenschaft und Forschung, Dr. Busek, überbringen. Er wünscht Ihnen einen fruchtbringenden Verlauf des Bibliothekartages. Meine Damen und Herren, stehen wir noch auf den Schultern Gutenbergs oder müssen wir auf den Däumling umsteigen? Ist den Menschen das Lesen zu anstrengend geworden? Fast jedes Jahr wird vor der Frankfurter Buchmesse an Marshall McLuhan und seine Schrift "Die Gutenberg-Galaxis" erinnert, die damals vor 30 Jahren das Ende des Lesezeitalters verkündete. Wie ein Aufguß der Prophetie dieses kanadischen Kulturkritikers mutet es an, wenn eine zur Messe erschienene Publikation eines deutschen Mediengurus aus Essen das Buch ebenfalls als veraltetes Medium bezeichnet. Wieder einmal sollen damit Lehrer, Schüler und vor allem Bibliothekare erschreckt werden. Wahrscheinlich wirken solche Warnungen jedoch eher buchabsatzfördernd, und so war es für den mexikanischen Literaturnobelpreisträger Octavio Paz denn auch ein willkommener Anlaß, gestern, als er die Frankfurter Buchmesse eröffnete, dies mit einer leidenschaftlichen Apologie des Buches zu tun.

Erschrecken kann man mit den elektronischen Informationsmedien auch die österreichischen Bibliothekare schon lange nicht mehr, haben sie doch längst begonnen, sich mit der modernen Technologie anzufreunden und sie bei der Informationsvermittlung einzusetzen. Das Angebot reicht, wie Sie alle wissen, vom Bibliotheksverbund über Open-Access-Kataloge bis zu CD-ROM-Stationen. Es ist daher sehr verdienstvoll, daß die Vereinigung Österreichischer Bibliothekare, diesfalls in Zusammenarbeit mit der Burgenländischen Landesbibliothek, den 22. Österreichischen Bibliothekartag unter das Motto "Altes Buch und Neue Medien" gestellt hat.

Die Vereinigung, die älteste darf sie sich nennen auf dem Kontinent, ist schon lange und vor allem unter ihrem langjährigen Präsidenten, Hofrat Baumgartner, und unter der derzeitigen Leitung der Frau Generaldirektor Strebl aktiv und initiativ mit an der Auseinandersetzung mit den Neuen

Medien beteiligt, wissend um die Aufgaben einer modernen Bibliothek und daß gerade ein relativ kleines Land wie Österreich, der intensiven Kontakte zur internationalen Forschung bedarf, die für das Land von existentieller Wichtigkeit sind. Wir bewegen uns zur elektronischen oder virtuellen Bibliothek hin, zur Bibliothek ohne Mauern. Diese Aussage einer unserer führenden Bibliothekarinnen ist keine Vision mehr, sondern unmittelbar be-vorstehende Wirklichkeit. Das wird aber nicht von selbst geschehen, es braucht dazu aufgeschlossene, flexible und hervorragend ausgebildete Bibliothekarinnen und Bibliothekare, Mitarbeiter auf allen Ebenen, die sich ihrer Aufgabe bewußt sind und mit Gelassenheit alle Neuen Medien prüfen und nach Maßgabe ihrer Zweckmäßigkeit und Wirtschaftlichkeit einsetzen.

Es braucht natürlich auch Mut und Vertrauen in die Neuen Medien, damit sie ihre volle Wirkung und Effizienz entfalten können, und es verlangt auch von dem einen oder anderen manchen Sprung über den eigenen Schatten, wie ich meine, die schmerzliche Aufgabe der liebgewordenen Übung, mit Verlaub, tagelang über einer Titelaufnahme zu tüfteln. Das Vertrauen in die Neuen Medien bedeutet, die Zahl der Korrekturvorgänge zu hinterfragen und die Versuchung bzw. Sucht zur Perfektion, den Maschinen zu überlassen, zum Nutzen der Benützer. Denn Vertrauen in die Neuen Medien soll ja die Freude am Beruf und an der Berufung des Bibliothekars vergrößern und nicht verkleinern. Das Vertrauen in die Neuen Medien soll den Bibliothekar, soweit möglich, von der Routine befreien und ihm wieder wissenschaftliches Arbeiten ermöglichen. Denn auch unter Druckschriften gibt es ungehobene Schätze. Die Bibliothekarausbildung hat hier, glaube ich, eine wichtige Aufgabe zu erfüllen.

Ich freue mich sehr, daß an diesem Bibliothekartag erstmals auch die Vertreter der mit Hilfe des Bundesministeriums für auswärtige Angelegenheiten eingerichteten Österreichbibliotheken anwesend sind. Es sind anwesend Kollegen aus Szeged, Sofia, Liberec, Bratislava, Bukarest, Poznań, Maribor und Tallinn. Allen ein herzliches Grüß Gott! Ich danke der Vereinigung der Österreichischen Bibliothekare, daß sie diese Kolleginnen zu einem Erfahrungsaustausch eingeladen hat. Die Vereinigung und ihre Mitglieder gehörten zu jenen, die sich kooperativ und hilfsbereit sehr rasch und sehr früh auf die neue Situation in unseren Nachbarländern in Mittel- und Osteuropa einstellten und damit einen wichtigen Auftrag unseres Landes in dieser Zeit erkannt haben.

Ich danke auch ausdrücklich den über 30 Firmen aus dem In- und Ausland, die rund um den Bibliothekartag ihre Zelte aufgeschlagen haben. Von ihrer sachkundigen Beratung und ihren Produkten hängt der Erfolg unserer Bemühungen in einem ganz entscheidenden Maße ab. Sie sind unsere Partner in dem Bestreben, die neue Technologie in den Dienst der Informationsvermittlung umzusetzen. Auch der Österreichischen Staatsdruckerei danke ich für ihre Mitwirkung. Mein Dank geht last not least ebenfalls, er wurde bereits ausgesprochen, an das Land Burgenland und seine Hauptstadt, unsere Gastgeber. Wir wünschen den Burgenländern viel Glück bei der wahrhaftig nicht leichten Bewältigung der neuen Situation, die dieses Land aus einer Randlage wieder in die Mitte einer in turbulente Bewegung geratenen Region geworfen hat.

Hiermit darf ich den 22. Österreichischen Bibliothekartag eröffnen.

Altes Buch und Neue Medien: Gemeinsam in die Zukunft für die freie Zugänglichkeit zu den Informationen

Franz Georg Kaltwasser

Neulich las ich in der Hamburger Wochenschrift „Die Zeit" die Schlagzeile „Wer druckt, lebt in der Vergangenheit". (1) Leben Bibliothekare, die immer noch gedruckte Bücher kaufen, also auch nur noch in der Vergangenheit? Der Aufsatz mit der zitierten Überschrift berichtet über den für die Firma Apple arbeitenden amerikanischen Computerwissenschaftler Alan Kay, einen der Väter des Personal Computer. Alan Kay war es, der sagte: „Wer etwas ausdruckt, lebt in der Vergangenheit". Computer, und zwar als sehr „persönliche" Computer gedacht, würden in Zukunft laufend mit den neuesten Daten aktualisiert. Sie auszudrucken, mache keinen Sinn mehr. Man kann ja im richtigen Moment stets auf sie zugreifen und sie befragen. Das Dynabook, das „dynamische Buch" mache es möglich.

Ein von der Firma Apple hergestelltes Video brachte diese Vision ins Bild, in welchem ein Professor zu sehen war, der mit einer taschenbuchgroßen Maschine namens „Knowledge Navigator" (Steuermann des Wissens) sprach. Auf dem Bildschirm war ein freundlicher Sekretär zu sehen, ein Geschöpf aus Software, das dem Professor aus verschiedenen Quellen Material für seinen Vortrag zusammenstellte.

Leider stand mir dieses Gerät noch nicht zur Verfügung, und ich mußte zur Vorbereitung für den heutigen Vortrag auf dem 22. Österreichischen Bibliothekartag meinen eigenen Kopf bemühen, wofür ich mich zu entschuldigen bitte. Ich werde versuchen, der für mich ehrenvollen Einladung einigermaßen gerecht zu werden, für die ich mich besonders bei der Präsidentin der Vereinigung Österreichischer Bibliothekare, Frau Generaldirektor Strebl, herzlich bedanke.

Sie haben den Bibliothekartag unter das Motto gestellt „Altes Buch und Neue Medien". Lassen wir unter dem Begriff der „Neuen Medien" die Mikroformen beiseite, nicht weil sie keine bedeutende Rolle im Bestandsaufbau und als Ersatzmedien bei der Konservierung gefährdeter Bestände spielen, sondern weil sie im Grunde doch noch Bücher in verkleinerter Form sind, wenn man nur den Begriff „Buch" weit genug faßt. Lassen Sie mich dagegen für meine Ausführungen heute den Begriff „Neue Medien" für die zukünftigen Möglichkeiten der elektronischen Datenverarbeitung und ihrer Produkte verwenden.

So verstanden, umreißen wir mit dem Begriffspaar „Altes Buch und Neue Medien" ein Kernproblem nicht nur unserer Bibliotheken in abschätzbarer Zukunft, sondern unserer ganzen Informationsgesellschaft.

„Altes Buch und Neue Medien": meinen wir damit feindliche oder freundliche Brüder, sehen wir darin einNebeneinander, oder ein Miteinander, oder vielleicht auch ein „Entweder-Oder", handelt es sich um einen Zusammenprall oder um zwei Welten, die nichts miteinander zu tun haben, oder vielleicht doch um zwei Seiten ein- und derselben Medaille?

Ich meine, wir stehen an einem Scheideweg, vor einer Weggabelung, angesichts derer wir uns entscheiden müssen, wie es in Zukunft mit unseren Bibliotheken und ihren Aufgaben weitergehen soll.

Das klingt dramatisch, werden Sie jetzt denken, und was soll's, haben wir doch die elektronische Datenverarbeitung mit Erfolg zur Erschließung unserer Bücher - die grundsätzlich alle einmal alte Bücher werden - eingesetzt. Das ist natürlich richtig. Auf diese Weise hat die EDV Einzug in unsere Bibliotheken gehalten und ersetzt unser altes Katalogsystem durch ein System von Datenbanken.

Wenn ich durch meine Bibliothek gehe, und ich sehe die vielen Benützer, die wie selbstverständlich an den OPAC-Terminals sitzen, die ihnen Online-Zugriffe auf die Katalogdaten unter vielen Suchaspekten bieten, so ist dies Routine. Ganz zweifelsohne bietet hier die Technik der schnellen Bytes unseren Benützern bislang unbekannte Zugriffsmöglichkeiten zu den Daten über die Bestände in unseren Bibliotheken.

Unsere Probleme in diesem Bereich sind eigentlich nicht mehr so sehr die Erarbeitung der Logik der Datenbanken und die Beherrschung der Zugriffsmechanismen, sondern die großen, konventionell auf Kärtchen stehenden Datenmengen, die in die Datenbanken zu überführen sind, was ein immer noch höchst kostspieliges Unternehmen ist, auch wenn Scannen und automatische Kategorisierung zunehmend Fortschritte machen. Dies ist ein eigenes Thema, und auf dem Bibliothekartag wird darüber geredet.

Die EDV hat es möglich gemacht, unsere Nachweisinstrumente enorm zu verbessern. Der Online-Zugriff auf Datenbanken, die Möglichkeiten der weiteren PC-Verarbeitung rationalisieren unsere alten sequentiellen Kataloge in hinreißend positiver Weise. Der Zugriff auf andere Datenbanken ermöglicht eine früher nie geahnte schnelle Information. So weit, so gut!

Doch geht die technische Entwicklung oder vielmehr deren Adaption durch Informationserzeuger und Verleger weiter. Wir stehen inzwischen vor der Tatsache, daß die EDV mehr sein kann als das Hilfsmittel für das Aufsuchen von auf Papier gedruckten Informationen, daß sie vielmehr in der Lage ist, das Buch und noch eher die Zeitschrift, zumindest in einigen Bereichen, zu ersetzen. Es gibt bekanntermaßen mehr oder weniger rein elektronisch zugängliche Zeitschriften, sogenannte electronic journals, oder kurz „e-journals", die bekannteste ist zur Zeit wohl das gemeinsam von der

American Association for the Advancement of Science (AAAS) und OCLC erstellte „Online Journal of Current Clinical Trials". Es gibt inzwischen ein paar Dutzend mit Titeln wie „Postmodern Culture" u.a.

Man kann das unreflektiert hinnehmen. Modern und leistungsfähig ist dann die Bibliothek, die ein möglichst großes Angebot „modular aufgebauter, integrierter, allseits zugänglicher elektronischer Informationen" geben kann, „weit über die Zurverfügungstellung von Büchern und Zeitschriften hinaus". (3) Gewiß ja! Aber wohin führt dieser Weg?

Ein Kernproblem scheint mir dabei die Frage zu sein: Wandeln sich die wissenschaftlichen Bibliotheken in Zukunft zu reinen Informationsvermittlungsstellen oder bewahren sie doch auch Informationen auf Dauer auf?

Das gebräuchliche technische Mittel in unserem Zusammenhang ist heute noch die CD-ROM mit bibliographischen Daten oder mit Volltext, mit Einzelbuchstabenerkennung und entsprechender Retrievalfähigkeit oder als Bildspeicherung von Buchstaben und Graphik (2), in einfacher oder vernetzter Form, mit ihren vielfältigen Zugriffsmöglichkeiten, freilich auch mit der noch immer mangelnden Normierung und den damit gegebenen Erschwernissen in der Benutzung. Vielfach sind die Inhalte der CD-ROM noch in Papierform zu erhalten und damit in Bibliotheken, die das für richtig halten, speicherbar, freilich unter doppelten Kosten. Oft ist die Papierausgabe überhaupt der primäre Datenträger, oft sind CD-ROM und Papierausgaben aber auch parallele Abzüge einer Datenbank.

Die CD-ROM allein ist kein Speichermedium auf Dauer, nicht weil die Platten nicht lange hielten, sondern weil die Hard- und Software sich in ständiger Entwicklung befinden und die alten Platten schneller nicht mehr lesbar sind als daß sie zerfallen. Im Hinblick auf eine Langfristspeicherung ist es daher relativ gleichgültig, ob Verleger die CD-ROM nur vermieten oder auch verkaufen. Wollte man den Inhalt alter CD-ROM-Platten heutiger Machart auf Dauer lesbar erhalten, benötigte man einen ständig wachsenden Maschinenpark musealen Charakters und gleichzeitig eine vielfältige Dokumentation nicht genormter Programme einschließlich des musealsachkundigen Personals. Das wäre um ein Vielfaches komplizierter als das Abspielen alter Schellack-Schallplatten und mithin gewiß kein bibliothekarischer Weg in die Zukunft der Informationsbewahrung.

Es käme auf diese Weise gewiß zum Verlust von Informationen. Übrigens ist das keine Zukunftsangst, sondern teilweise leidige Realität. Wie man in Tageszeitungen lesen konnte, sind heute bereits Computeraufzeichnungen in amerikanischen Archiven unlesbar geworden. Der Vorsitzende des Unterausschusses für Daten und Information des Repräsentantenhauses der USA, Bob Wise, sagte: „Die Fähigkeit, historische Aufzeichnungen der Nation zu lesen, wird von der Komplizität moderner Computer gefährdet. In den nationalen Archiven gibt es bereits Computer-Aufzeichnungen, die nicht mehr abgerufen werden können." Man stünde vor der Gefahr, daß ältere Aufzeichnungen dieser Art einen „Datensalat aus Buchstaben, Zahlen und Computersymbolen" darstellen, „wie die ägyptischen Hieroglyphen vor der Entdeckung des Steins von Rosette" (4). Die Alarmglocken müßten eigentlich angesichts solcher Aussagen laut klingeln.

Falls die Bibliotheken nun aber die Informationen, die sie ihren Benützern anbieten, selbst nicht auf die Dauer aufbewahren, entweder weil sie es nicht für nötig halten, oder weil es technisch gar nicht vorgesehen ist, entsteht der entscheidende Quantensprung weg vom bisherigen grundsätzlichen Verständnis von wissenschaftlichen Bibliotheken als Wissensspeichern. Man muß das sehr kühl sehen, aber man muß es sehen, und man muß gegebenenfalls die Konsequenzen bedenken.

Es beginnt bei der Klarheit des Haushalts. Das Geld, das man für die durchlaufende Information ausgibt, kann nicht von derselben Art sein, wie das, welches der Wissensspeicherung, dem eigentlichen „Erwerb" dient. Der Kauf von Informationen, gleichgültig auf welchen Trägern, ist als „Investition" des Unterhaltsträgers, also in der Regel des Staates, anzusehen; die lediglich weiter vermittelten Informationen nicht. Es handelt sich um eine Dienstleistung. Ich bitte, mich nicht falsch zu verstehen. Ich verstehe dies nicht im Sinne einer Wertung, wobei das eine besser und das andere schlechter sei. Es handelt sich um eine wertfreie begriffliche Unterscheidung.

Aus diesem Grund hat die Bayerische Staatsbibliothek ihren Unterhaltsträger gebeten, in dem für die Bibliothek vorgesehenen Titel des Staatshaushaltes ab dem nächsten Jahr zu unterscheiden zwischen Erwerbungsetat und Mitteln für die reine Informationsvermittlung. Die bisherige Praxis auch meiner Bibliothek, durchlaufende Informationen, also konkret: CD-ROMs, aus dem Erwerbungsetat zu bezahlen, scheint mir nicht der Klarheit des Haushaltes zu dienen. Unser Kultusministerium hat unseren Vorschlag akzeptiert. So wird ab dem Haushaltsjahr 1993 unterschieden werden zwischen echten Erwerbungsmitteln und Mitteln für, wie ich sie nennen möchte, durchlaufende Informationen (Titel 547-74: Ausgaben für EDV-gestützte Informationsmittel und Mikrofiches). Vielleicht macht das Beispiel Schule.

Vielfach wird das noch verwischt. Das mag sich jedoch mit der Zeit klären. Viel bedenklicher wird es und an sehr viel grundsätzlichere Fragen rührt es, wenn die Meinung vertreten wird, es sei einfach billiger, vor Ort Zeitschriften abzubestellen, die Information also nicht auf Dauer zu bewahren, und stattdessen elektronische Informationen anzubieten und im Bedarfsfall die Zeitschriftenaufsätze entweder elektronisch abzurufen, soweit dies möglich ist, oder bei den letzten großen Bibliotheken, die so „dumm" sind, nicht so zu denken, in Kopien zu bestellen.

Abgesehen davon, daß es sich hierbei für die einzelne Institution um eine Milchmädchenrechnung handeln dürfte, bringt uns dieses Denken insgesamt noch schneller und zwangsläufig in einen Strudel, in den Teufelskreis, der als Krise des Zeitschriftenwesens zu bezeichnen ist und im angloamerikanischen Bereich längst als „Serials Crisis" lebhaft diskutiert wird.

Wir alle wissen, daß die Zeitschriftenpreise in einer Weise steigen, die fast alle sonstigen Preissteigerungen übertreffen, und sie werden um so schneller steigen, je weniger Abonnenten es gibt. Wir haben in meiner Bibliothek ermittelt, daß bei Hochrechnung dieser Entwicklung bald nach dem Jahr 2000 die Abonnements der über 20.000 Kaufzeitschriften den ganzen Etat verzehren werden und kein Platz bleibt für den Erwerb von Monographien, geschweige denn von Rückwärtsergänzungen und antiquarischen Käufen.

Noch schießen neue, immer speziellere Zeitschriftentitel mit vermutlich immer kleineren Auflagen wie Pilze aus dem Boden. Das kann unmöglich so weitergehen.

Wegen dieser Entwicklung, als „Serials Crisis" bezeichnet, haben amerikanische Bibliotheken inzwischen Alarm geschlagen. Die Bibliotheken der renommierten Princeton University (Direktor Donald Koepp) haben in einer spektakulären Aktion einen Teil der von Pergamon Press herausgegebenen Zeitschriften wegen der als zu hoch angesehenen Preise abbestellt. Die „Aqueduct Action Group" US-amerikanischer Zeitschriften-Bibliothekare (benannt nach dem Namen eines Konferenzgebäudes in der Universität von North Carolina - Chapel Hill) hat mit Zustimmung der Association of Research Libraries und der Association of College and Research Libraries einen Aktionsplan zur Abwendung der „Serials Crisis" gestartet, wie kürzlich im Library Journal zu lesen war. (5)

Ob solche warnende Abbstellungen wichtiger Zeitschriften und gleichzeitige Appelle an Verleger nützen, weiß ich nicht. Der Weg, den große Verleger wissenschaftlicher Zeitschriften offensichtlich zu gehen suchen, geht eindeutig in die Elektronik, aber in einer Weise, gegen die die CD-ROM-Technik und deren Vertrieb alt aussehen.

Nach den Vorstellungen cleverer Verleger werden Datenbanken aufgebaut, über die sie das Monopol zu behalten suchen, und aus denen man Daten und Aufsätze gegen Entgelt elektrokopieren kann. Für solch verlegerisches Denken ist damit das in ihrem Sinne schädliche Fotokopieren kein Problem mehr, da man das Elektrokopieren besser überwachen und jedenfalls leichter berechnen kann. Und in der Tat: Teile der Medienindustrie haben es sich offensichtlich zum Ziel gesetzt, jede einzelne Nutzung eines Werkes zur vergütungspflichtigen Handlung zu machen. (6)

Dabei werden die Dinge freilich auf den Kopf gestellt, wenn der Managing Director Robert Campbell von Blackwell, Oxford, schreibt, daß mit den Gebühren für die elektrokopierten Zeitschriftenaufsätze der durch die Abbestellungen von (immer teurer werdenden) Zeitschriften eingetretene Verlust abgefangen werden kann. (7) In Wirklichkeit ist dies der Dolch im Gewande zum Tod der klassischen Zeitschrift.

Von der Erfinderseite wurde diese Zukunftsversion euphorisch in das wie mir scheint treffende Bild gebracht, und daher möchte ich es auch hier zitieren: „It is similar to the telephone system which knows who has made a telephone call to whom when. The caller pays for the call and the phone company bills him for the connection." (8) Diese Art der geplanten Informationsvermittlung funktioniert dann wie das Telephonsystem, bei dem man weiß, wer wen wann angerufen hat. Der Anrufer bezahlt die Rechnung, die ihm die Telefongesellschaft stellt. Der Anrufer ist der Benützer und der Angerufene der Verlag. Es bleibt der Bibliothek bei diesem Modell, wenn überhaupt, die Rolle der gebührenberechnenden Telefongesellschaft, also die Vermittlerrolle pur.

Dieses Modell kann technisch sehr unterschiedlich funktionieren. Es kann von auf Papier gedruckten Zeitschriftenaufsätzen ausgehen, wobei diese durch Scannen der Seiten als Bilder elektronisch gespeichert werden (bit-mapped images). Es besteht dabei kein elektronischer Zugriff zu den einzelnen Buchstaben (sie sind nur Teile eines Bildes) und damit natürlich auch nicht auf Stichwörter aus dem Text etc. Es hat aber den Vorteil, daß auch Bilder und Graphiken übermittelbar sind. Die Firma Carl Systems, Inc. in Denver handelt in ihrem System „Uncover 2" so, ihre ursprüngliche Datenbank von fast 2 Millionen Aufsatztiteln als Sucheinstieg verwendend, indem sie von Benützern in Bibliotheken gesuchte Artikel aus Bibliotheken abruft, die diese Zeitschriften besitzen. Ähnlich soll „TULIP" (The University Licensing Program) der Firma Elsevier funktionieren, mit dem Unterschied, daß die Artikel gewisser Zeitschriften sofort als Bild gespeichert werden und nicht erst ab Abruf durch Benützer. (9)

„TULIP" ist ein Experiment, das 14 amerikanische Universitäten zusammen mit Elsevier im Januar 1992 begonnen haben, das 1993 in seine kritische Phase tritt und im Dezember 1994 abgeschlossen sein soll. Die Aufsätze aus 42 Zeitschriften (35 von Elsevier und 7 von Pergamon) werden gespeichert und werden den Universitätsbibliotheken gemäß definierten Profilen über Internet geliefert (Engineering Information, „Ei" dient dabei als Host und als Internet Server). Zu zahlen haben die Universitäten dabei nur für die Aufsätze, deren Zeitschriften sie nicht (in Papierform) abonniert haben. (10)

Am bekanntesten ist vielleicht das ADONIS-Projekt. Nomen est omen. Bereits 1982 hörten wir von der Geburt dieses schönen Jünglings der griechischen Mythologie - ach, was sage ich: der elektronischen - nein, nicht Mythologie, sondern Vision. (11) Adonis, der Jüngling, mußte früh sterben. Er ist aber auch das Symbol der Wiederauferstehung. Und in der Tat, seit vergangenem Jahr ist ADONIS in die kommerzielle Phase getreten. Im Frühjahr 1992 nahmen 42 Verlage daran teil (Blackwell, Elsevier, Pergamon, Springer), aber auch die British Library. Geliefert werden dem Endnutzer über Bibliotheken oder direkt Zeitschriftenaufsätze in elektronisch gespeicherter Bildform aus noch konventionell gedruckten Zeitschriften. (12)

All diesen Systemen ist gemeinsam, möglichst viele Benutzungsvorgänge bezahlen zu lassen. Doch sind dies, wie mir scheint, nur die ersten Schritte zu einer Revolution des Zeitschriftenwesens, und so wird es auch von Verlegern gesehen. In viel umfänglicherem Ausmaß kritisch wird die Entwicklung jedoch, wenn Zeitschriften oder auch andere Daten nur noch elektronisch verfügbar sind und möglicherweise ständigen Änderungen unterliegen.

Dann freilich muß man diese Entwicklung aus der Sicht der Bibliotheken oder vielmehr aus der Sicht der Öffentlichkeit und wegen der freien Zugänglichkeit zu allgemein relevanten Informationen ganz, ganz anders beurteilen, als die naiv-freudige Wertung der „Telephonvermittlung" von Informationen auf Verlegerseite.

Ich finde, es kann nicht die Aufgabe der Bibliotheken der Zukunft sein, eine Rolle als reine „Zwischenhändler für Informationen" zu spielen. Es kann nicht die Aufgabe des Staates und seiner Bibliotheken sein, lediglich ein „Informations-Telekom-System" zu betreiben. Die Aufgabe, jedenfalls eines Teiles der Bibliotheken, sollte auch in Zukunft die Bewahrung von Informationen sein.

Die Kommerzialisierung des Informationswesens mittels EDV birgt große Gefahren für die Gesellschaft. Sie wird die Kluft zur Dritten Welt vertiefen. Sie birgt latent auch die Gefahr des Verlustes des freien Zugangs zu Informationen in sich.

Darüber hinaus sehe ich eine weitere Gefahr in einem, wie ich es bezeichnen möchte, „Gedächtnisverlust" heraufziehen, wenn sich die - vielleicht auch kommerziell geprägten oder nur gedankenlos hingenommenen - „Visionen“ sich ständig verändernder Datenbanken als Wissensspeicher realisieren, die zwar in Sekundenschnelle auf den neuesten Stand gebracht werden können, aber die Zwischenstufen, die historische Entwicklung außeracht lassen, sie „vergessen“.

Wir Menschen sind so angelegt, daß wir in der Regel erst aus Fehlern lernen, wenn sie Schaden angerichtet haben, aber vielleicht sollten wir doch versuchen, gewisse Fehler von vornherein zu vermeiden und es nicht darauf ankommen zu lassen, daß unsere wissenschaftliche Klientel eines Tages über uns herfällt und nach den Erkenntnissen fragt, die man zuvor noch hatte, die aber „dynamisch“ vergessen und verschüttet worden sind.

Bedenken wir auch, daß unter den möglichen Umständen wissenschaftliche Einrichtungen wie Akademien, Universitäten etc. sich ihre eigenen Informationsnetze aufzubauen versucht sein können, die dann ganz unabhängig von den konventionellen Bibliotheken sind.

Das „dynamische Buch“ von Alan Kay, dieses so scheinbar griffige Bild steht für ein neues Denken, wertend in der Aussage: „Wer etwas ausdruckt, lebt in der Vergangenheit“. Aber ist dies wirklich ein neues „Denken“, werden die Konsequenzen wirklich mitgedacht, handelt es sich nicht vielmehr um ein „Sich-von-den-Möglichkeiten-der-Technik-Mitreißenlassen“? Diese Art des „Denkens“ zeigt sich nicht erst in der Vision des „dynamischen Buches“, sie zeigt sich bereits dort, wo sich die Probleme mit den CD-ROMs auf die umweltfreundliche „Entsorgung“ der CD-ROM-Platten als Sondermüll reduzieren. (13)

Ein solches „Denken“, wenn es denn ein bewußtes Reflektieren wäre, sieht unser Wissen im steten Fluß, aus dem wir immer nur die neuesten Informationen benötigen. „Panta rhei“, alles fließt, um es mit dem (fälschlich) Heraklit zugeschriebenen Wort zu umreißen.

Wenn sich diese Auffassung wirklich im großen Stil durchsetzen würde, würde das ein enormer kultureller Bruch sein. Das Buch hat den Charakter des Statischen, das die Zeiten überdauern soll. Jedenfalls ist das doch die Absicht vieler Autoren, auch wenn das undankbare Publikum sie in vielen Fällen der Vergessenheit anheimgibt. Uns sind alte Bücher immer unverzichtbare, zeitgenössische Zeugen unserer Vorfahren, um deren Verständnis wir um unserer selbst willen bemüht sind.

Unsere bisherige kulturelle Entwicklung basiert nicht nur auf der Sprache und deren Abbildung in Zeichen, Buchstaben und von mir aus Bits und Bytes, sondern auf der dauerhaften Fixierung derselben in Dokumenten aus Stein, Ton, aus Papyrus, Pergament und Papier in Rollenform oder im Codex, als Buch. Dies dient nicht nur unserem nachträglichen historischen Verständnis, das war Wille von Anfang an. Unsere Kulturen, die jüdische, die christliche und die islamische, aber auch andere sind Buchkulturen, die von der manchmal freilich schon krankhaft dranghaften Bemühung geprägt sind, das Wort, zunächst das geoffenbarte, aber auch das persönliche Wort zu fixieren, ja zu rekonstruieren, wenn es verloren ging.

Das „dynamische Buch" und das es symbolisierende Denken der fließenden Informationen hält nur noch aus Nostalgie am Wort „Buch" fest, oder vielleicht im Hinblick auf die oberflächliche Gemeinsamkeit der leichten Portabilität eines Taschenbuches, wie es Aldus Manutius erfunden hat, mit dem eines zukünftigen PCs, den wir, um mit Alan Kay zu sprechen, „eines Tages in unsere T-Shirts einweben werden."

Das Buch im eigentlichen Sinne, wozu natürlich die Zeitschrift zählt, das Buch also als dauerhafter Träger einer darin fixierten Aussage hat Konkurrenz bekommen.

Wenn wir fragen, ob auch die Künstler, die ja eigentlich die feineren Organe für Veränderungen in unserer Gesellschaft haben sollten, das spüren, so müssen wir feststellen, daß gerade zeitgenössische Künstler vom Buch als Medium ihres Ausdruckswillen ganz außerordentlich fasziniert sind. Anselm Kiefer, um nur einen Namen von vielen zu nennen, hat nicht nur unter Bezug auf das Zweistromland, auf das Ursprungsland von Bibliotheken, eine Bibliothek in Blei gegossen. Er bemüht auch die reale, blätterbare Buchform als künstlerisches Mittel seiner Vorstellungen. Wir haben diesen Zugriff der Künstler auf das Buch im 20. Jahrhundert auch und gerade in allerjüngster Zeit in einer Ausstellung „Papiergesänge. Buchkunst im 20. Jahrhundert. Pressendrucke, Malerbücher und Künstlerbücher aus den Sammlungen der Bayerischen Staatsbibliothek" (14) dokumentiert. Man spürt die starke Sensibilität gegenüber dem Buch und hat zunächst den Eindruck der Stärke und der - wenn Sie so wollen - Selbstsicherheit, die das Buch dem Künstler gegenüber ausströmt, so daß es ihm selbstverständliches Mittel seiner Inspiration wird. Wenn jemand jedoch sagte, dies sei vielmehr ein Abgesang auf das Buch, so wäre es freilich ein furioses Finale auf das Zeitalter gewesen, in welchem das Buch Verbreiter und dauernder Träger der Gedanken und des Wissens war.

Wie dem auch immer sei, die künstlerische Interpretation unseres Themas ist ambivalent wie das Orakel von Delphi, und wir müssen auf eigene Verantwortung hin denken und handeln.

Wenn jedoch das Buch, das seit Jahrhunderten, ja Jahrtausenden die Domäne unseres Berufsstandes war, Konkurrenz bekommen hat, so ist die Auseinandersetzung mit diesem Phänomen nach meiner Auffassung die Herausforderung für uns Bibliothekare in unserer Zeit und der nächsten Zukunft. Die neuen Techniken verändern die Informationsvermitttlung in wesentlichen Teilen auch und gerade in den Bereichen, in welchen Bibliotheken diese bislang vermittelt haben.

Die Veränderung besteht darin, daß in zunehmendem Maße ungeheure Informationsmengen elektronisch gespeichert und manipulierbar werden, was Volltextdatenbanken und die schon erwähnten elektronischen Zeitschriften ermöglicht. Es sind vor allem die e-journals, die uns zum Nachdenken zwingen, wobei das Wort „Zeitschrift" eigentlich schon nicht mehr zutrifft. Eine Zeitschrift besteht aus Heften, in denen meist mehrere Artikel stehen, und diese Hefte werden jahrgangsweise zusammengeführt und auch so zitiert. Bei den elektronischen Zeitschriften gibt es diese Gruppierung eigentlich nicht mehr. Es handelt sich um einzelne Artikel, und nur so sind sie - günstigstenfalls - zitierbar. Letzlich handelt es sich um kleine Monographien in einem Speicher. Insofern löst sich die Zeitschrift, das bislang bedeutendste Organ des wissenschaftlichen Geistesaustausches, auf.

Die Vorteile liegen auf der Hand. Es ist vor allem die Schnelligkeit, mit der neue Informationen zugänglich werden. Es sind die enormen Zugriffsmöglichkeiten über Stichwörter etc. und eigentlich müßte es, wenn die Infrastruktur einer weitgehenden Vernetzung zwischen Datenbanken, Vermittlern und Endnutzern einmal steht, auch billig sein. Mancher verspricht sich dadurch die Lösung der Serials Crisis.

Die technischen Möglichkeiten stehen erst am Anfang. Die Texte - ich spreche von wissenschaftlichen Texten - könnten auch mit beweglichen Bildern und mit der Sprache verbunden werden. Dann freilich sind wir weit weg von der alten Zeitschrift, dann stehen wir vor einem völlig neuen Informationsgebilde.

Die Bibliotheken von MIT (Massachusetts Institute of Technology) haben vor kurzem eine „task force", eine Arbeitsgruppe eingesetzt, die sich mit allen Problemen der neuen elektronischen Zeitschriften befaßt hat. Es ist dies wohl die bislang umfassendste Auseinandersetzung von Bibliotheken mit dieser neuen Welt. Ich kann und will im Rahmen dieses Vortrages natürlich nicht auf alle dort behandelten Aspekte eingehen, von der Erwerbung über die Katalogisierung bis zur Zugänglichmachung der Daten, über die man sich Gedanken gemacht hat. Einer der Schwerpunkte der Überlegungen der MIT-Arbeitsgruppe war die Frage der Archivierung der Daten auf Dauer. (15) Dies, die dauernde Bewahrung der Informationen, erscheint mir als eine der wesentlichen Fragen, mit denen wir uns auseinandersetzen müssen.

Ich halte es daher für eine wichtige Aufgabe unseres Berufsstandes, das Zusammenspiel von *Informationsvermittlung* und *Informationsbewahrung* unter den modernen, immensen technischen Möglichkeiten neu zu definieren.

Es gibt verschiedene Alternativen:

Wir können in Zukunft unsere Bibliotheken weiterhin als Einrichtungen für Bücher ansehen, für die alten, die wir schon haben, und für die neuen, die es allen Unkenrufen zum Trotz für viele Gebiete und Bedürfnisse natürlich weiterhin geben wird. Und wir überlassen daneben die moderne, technisch getragene Informationsvermittlung neuen Einrichtungen, die unabhängig von Bibliotheken sein werden. Nach diesem Modell bekämen die Bibliotheken einen starken Hang ins Museale.

Wir können andererseits die Dinge so laufen lassen, daß wir in ein- und derselben Institution Bücher sammeln und gleichzeitig durchlaufende elektronische Information vermitteln. Das ist ein heute - wenn ich so sagen darf - gängiges Modell. Ich halte es für ein schlechtes und noch nicht hinreichend durchdachtes Modell. Eine solche Bibliothek wird dann - etwas überspitzt formuliert - auf die Dauer zu einer modernen Informationsvermittlungsstelle mit angeschlossener Nostalgie-Abteilung für alte Bücher. Das wird nicht lange gutgehen, und man wird zweckmäßigerweise beide Funktionen, so sie denn nicht miteinander verbunden sind, trennen.

Letztlich müssen wir doch versuchen, einen gemeinsamen Nenner zu finden, der es uns ermöglicht, die alten Aufgaben mit den neuen wirklich und nicht nur oberflächlich zu verbinden. Der Schlüsselgedanke hierzu heißt, daß wir uns nicht auf das Vermitteln elektronisch übermittelter Informationen beschränken dürfen, sondern sie auch bewahren müssen, d.h. weiterhin Informationsspeicher bilden, gleichgültig auf welche Träger diese Informationen ursprünglich aufgetragen wurden.

Ich sehe mich damit grundsätzlich eins mit dem Tenor der 10th Annual Conference of Research Library Directors zum Thema „Research Library Delivery of Electronic Information: The Performance and the Promise", die vom 8. zum 9. März 1992 von OCLC in Dublin, Ohio veranstaltet wurde. Der Schlußsprecher, Prof. Robert M. Hayes (Professor Emeritus, Graduate School of Library and Information Science, University of California at Los Angeles) führte aus, daß zwar andere Institutionen Zugang zu elektronischen Daten anbieten können, „aber allein Bibliotheken können sicherstellen, daß die veröffentlichten Daten der Vergangenheit bewahrt werden. Wenn die Bibliothekare ihre Rolle als Sammler und Bewahrer des Wissens verfehlen, dann haben wir den Wert der Bibliothek verloren, verloren unsere Rolle in der Gesellschaft, unsere Seele verloren und unser Geburtsrecht." (16) Starke Worte!

Hier liegt eine Aufgabe, deren Lösung im Detail der Zusammenarbeit zwischen Verlegern, Wissenschaftlern und Bibliothekaren bedarf, und die man zunächst grundsätzlich ansprechen muß. Es gibt Ansätze zu solchen Gesprächen zwischen Bibliothekaren und Verlegern, die verantwortlich darüber nachdenken, daß die „Informationskette" nicht reißt.

Auf internationaler Ebene lädt von bibliothekarischer Seite die Section on Acquisition and Exchange der IFLA zu solchen Diskussionen ein. Beschäftigte sich der vom erfahrenen Erwerbungschef meiner Bibliothek, Ulrich Montag organisierte Workshop „Will the chain break?" (17) auf der IFLA-Konferenz von Stockholm 1990 noch mit den finanziellen Ursachen der „Serials Crisis" und der Möglichkeit von deren preiswerter Überwindung durch mit öffentlichen Mitteln vertriebene Informationsnetze, so sollen auf dem für 1993 auf der IFLA-Tagung in Barcelona geplanten Workshop „Electronic publishing - a solution to the information crisis?" bewußt die Folge eines verbreiteten Abgehens vom Papier als Informationsträger erörtert werden.

Der Kongreß „Knowledge for Europe: Librarians and publishers working together", der vom 11. bis 13. November 1992 in Brüssel von der European Foundation for Library Cooperation (EFLC) und der Working Group of European Librarians & Publishers (ELP) veranstaltet wird, greift das Problem ebenfalls auf.

Es soll auch ein „IFLA Permanent Committee for contacts with Publishers and Booksellers / Information Brokers" gegründet werden, um leichter als bisher Partner für die von Verlags- und Buchhandelsseite erfreulicherweise häufiger gesuchten Gespräche benennen zu können.

Auch in Deutschland suchen wir das Gespräch mit Verlegern für einen von gemeinsamer Verantwortung in dieser Frage getragenen Zukunft. (18)

Eine Begriffshilfe wird es bei all diesen Bemühungen sein, wenn man sich deutlich macht, daß die heute schon vorhandenen Vertriebsformen von Informationen, von den CD-ROM angefangen, bis zu Datenbanken, die Zeitschriften nur noch elektronisch speichern, ergänzt werden müssen durch dauerhafte, allgemein zugängliche Archivierungsformen von Informationen, die nicht manipulierbar sind.

Ansätze zu solchen Überlegungen gibt es. Das „Online-Journal of the Current Clinical Trials" soll angeblich doch nicht ganz online bleiben, sondern zu Ende eines jeden Jahres eine Mikrofiche-Ausgabe erhalten. Das sind tastende Ansätze. Eine dauernde Archivierung bedarf der Berücksichtigung vieler Gesichtspunkte: die veränderten Versionen müssen deutlich voneinander unterschieden werden, ähnlich verschiedene Auflagen. Das ist bei dem dynamischen Charakter dieses Materials von sehr großer Bedeutung. Die Artikel, oder wie immer man die Grundeinheiten in Zukunft nennen will, müssen zitierbar sein. Es muß zu sehr weitgehenden Normierungen und Formatierungen kommen. Hiervon ist man noch weit entfernt. Die von mir erwähnte MIT-Arbeitsgruppe spricht von chaotischen Zuständen. Die Daten müssen so gespeichert werden, daß sie für immer lesbar bleiben, auch bei neuer Hard- oder Software, wenn sie nicht doch auf andere Medien übertragen werden, die keine größere Technik für die Lesbarkeit benötigen, wie etwa die Optik in den Mikrofiche-Lesegeräten. Das kann ich hier selbstverständlich nur andeuten, und ich bin sicher, ich habe gar nicht alle Problemkreise aufgezählt. (19)

Wesentliche Unterstützung werden wir bei solchen Überlegungen durch die Autoren bekommen, die in aller Regel das „dynamische Buch" wegen der Urheberrechtsprobleme als höchst unsympathisch empfinden, da sie nicht wie die alten chinesischen Schriftsteller einen gegebenen Text nur verändern und verbessern wollen, weswegen diese Werke auch vorzüglich unter ihrem Sachtitel zitiert werden, die vielmehr in der Tradition des abendländischen Humanismus ihren Namen mit ihrem geistigen Produkt verbunden wissen wollen: aus Gründen der Ehre und der Unsterblichkeit, aber auch des Profites wegen. (20)

Es kann sein, daß hier ganz neue Vorstellungen über die Verwaltung bzw. Vermarktung des geistigen Eigentums, also des Urheberrechts entstehen. Man muß ja das bestehende Verhältnis von Autoren zu Verlegern nicht unbedingt wie Thomas Bernhard sehen, der gesagt hat: „Wenn man ein Buch schreibt, dann geben s' das dem Verleger, und der hat sein Geschäft. Der Verleger hat ja von Kunst und Literatur, von Geist überhaupt weder eine Ahnung, noch will er damit etwas zu tun haben. Er macht halt sein Geschäft unter dem Deckmantel, daß er für den Geist was tun will. Wenn er aber für den Geist nicht fünf Schilling kriegt, wird er für den Geist nichts tun." (21) So nicht. Doch werden die Autoren ja wohl ungern so weit gehen, daß sie ihr Urheberrecht völlig an Verlage oder andere Einrichtungen abgeben, die dann bei jedem elektronischen Abruf Geld verlangen können. Es kann das natürlich auch dazu führen, daß gewisse wissenschaftliche Publikationen unter Zugrundelegung neuer Technik von den heute gewohnten kommerziellen Verlagen zu wissenschaftlichen Institutionen abwandern.

Und natürlich prägt die Tradition des abendländischen Humanismus auch heute noch unser Verständnis des Autors eines Werkes. Jacob Burckhardt hat in seiner „Kultur der Renaissance in Italien" die Entwicklung des Individuums, des „uomo singulare" oder „uomo unico" zutreffend geschildert. Lesen Sie es nach. Ich kann das nur mit einem kurzem Zitat andeuten: „Im Mittelalter lagen die beiden Seiten des Bewußtseins - nach der Welt hin und nach dem Inneren des Menschen selbst - wie unter einem gemeinsamen Schleier träumend oder halbwach. Der Schleier war gewoben aus Glauben, Kindesbefangenheit und Wahn; durch ihn hindurch gesehen erschienen Welt und Geschichte wundersam gefärbt, der Mensch aber erkannte sich nur als Race, Volk, Partei, Korporation, Familie oder sonst in irgendeiner Form des Allgemeinen. In Italien zuerst verweht dieser Schleier in die Lüfte; es erwacht eine *objektive* Betrachtung und Behandlung des Staates und der sämtlichen Dinge dieser Welt überhaupt; daneben aber erhebt sich mit voller Macht das *Subjektive*; der Mensch wird geistiges Individuum und erkennt sich als solches". Und weiter „Der Bann, welcher auf dem Individualismus gelegen, ist völlig gebrochen; schrankenlos spezialisieren sich tausend einzelne Gesichter". (22) Objektive Wissenschaft und individuelle Autorschaft bedingen sich, wie Jacob Burckhardt eindringlich schildert. Ich will nicht Rasse und „dynamisches Buch" in einen Topf werfen, aber wissen müssen wir doch, woher sie kommen. Bibliotheken haben, solange es sie gibt, Informationssammlung, Informationsvermittlung und Informationsbewahrung als ein Aufgabenpaket angesehen und zwar unabhängig vom physischen Datenträger, wenngleich auch in Verbindung mit ihm. Es wäre ein großer kultureller Bruch, wenn sie sich auf die Information im Buch beschränken und die elektronischen Daten nur als Durchlaufinformationen anböten.

Eine solche Einstellung, die heute vielfach sogar als progressiv angesehen wird, erscheint mir höchst kurzsichtig angesichts der sich abzeichnenden elektronischen Revolution, die in naher Zukunft das gesamte Informationswesen ergreifen wird und gegen die die Umstellung unserer Kataloge auf elektronische Datenbanken nur ein Kinderspiel bleiben wird. Von dieser elektronischen Revolution werden Bibliotheken in stärkstem Maße betroffen sein. Sie können sich ausmanövrieren oder aktiv mitspielen.

Das „Alte Buch", das uns so altgewohnte und vertraute und von Berufs wegen anvertraute Buch, diese so praktische Erfindung, der zwischen zwei Deckeln eingebundenen, beschriebenen oder bedruckten und leicht blätterbaren Seiten, kostbares, oft aber künstlerisches Dokument aus vielen Jahrhunderten, war stets und ist es noch, ein allgemein wirksames Instrument der Freiheit der Information, der geistigen Freiheit.

Mit dem Buch werden Ideen verbreitet, aber auch Gegenideen. So ist es auch ein Instrument zum Bruch von Machtmonopolen. Das galt schon im Zeitalter der Handschriften, als fleißige Hände Texte kopierten. Das gilt im entsprechend erhöhten Maße für das gedruckte Buch. Die geistigen Auseinandersetzungen im 16. Jahrhundert wären ohne die nun voll zur

Wirksamkeit kommenden Möglichkeiten der Ideenverbreitung durch das gedruckte und vervielfältigte Buch gewiß nicht so stürmisch verlaufen. Die Bedeutung des Buches als Medium der Informationsverbreitung, der Informationsfreiheit, stieg, die vielfachen, aber letztlich stets nutzlosen Bemühungen, es zu zensieren, zu separieren, ja zu verbrennen, waren umsonst. Das bereits vervielfältigte Buch läßt sich nicht mehr restlos in seinen einzelnen Exemplaren einfangen.

Das gilt, auch wenn Karl Kraus sich unmutig wie folgt darüber geäußert hat: „Vervielfältigung ist insofern ein Fortschritt, als sie die Verbreitung des Einfältigen ermöglicht. Wenn man bedenkt, daß dieselbe technische Errungenschaft der „Kritik der reinen Vernunft" und den Berichten über eine Reise des Wiener Männergesangvereines gedient hat, dann weicht aller Unfriede aus der Brust und man preist die Allmacht des Schöpfers." (23)

Lassen wir die Allmacht Gottes aus dem Spiel, doch bedenken wir, daß wenn auch die Ideen vieler Bücher sich gegenseitig noch so relativieren, so ist doch gerade diese Tatsache von grundlegender Bedeutung. Wer durch die Magazine großer, alter Bibliotheken mit ihren kilometerlangen Regalen geht, würde, könnten die Bücher sprechen, einen ungeheuer dissonanten Chor vernehmen. Das ist gut so, weil es zeigt, daß jeder sprechen darf und daß einer seine Meinung nicht für die Wahrheit allein ausgeben und die anderen damit dominieren kann. Der dissonante Chor der freien Meinungsäußerung ist allemal besser als die dünne Melodie der scheinbar absoluten Wahrheit.

Auch wenn wir uns in der praktischen Arbeit des Tages mit der Verwaltung dieser unserer Bücherspeicher befassen, mit der Beschaffung, Katalogisierung und der Benutzung der Bücher, so dürfen wir die Aufgabe, freie Information zu ermöglichen, nicht aus dem Auge verlieren. Sie wurde ja und wird immer wieder durch politische Kräfte von den verschiedensten Seiten in Frage gestellt.

Die Neuen Medien müssen wir genau auch unter diesem Aspekt der Ermöglichung der freien, eindeutigen und dauerhaften Zugänglichkeit der durch sie transportierten Ideen, Meinungen und Fakten sehen. Sie bieten durch ihre technischen Eigenschaften der größeren „Unsichtbarkeit" und der leichteren Manipulier- und Veränderbarkeit mehr Möglichkeiten des Mißbrauchs als das gedruckte Buch, die gedruckte Zeitschrift. Dieser Mißbrauch kann kommerzieller Art sein, der die Ärmeren zuerst trifft, der beispielsweise Drittweltländer aus finanziellen Gründen ganz von vielen lebensnotwendigen Informationen abschneidet. Der Mißbrauch kann am Ende auch wirtschaftspolitischer Art sein, der endlich, aber wer wollte das auch in unserer heutigen Welt der schrecklichen Fundamentalisten schon ausschließen, weltanschaulich indoktriniert sein kann.

Was das Alte Buch seit langer Zeit leistet, auch durch die Neuen Medien garantieren zu lassen, finde ich der Mühe unseres Berufsstandes wert.

Ich danke für Ihre Aufmerksamkeit. Ich habe ein Problem aufgezeichnet. Ich habe keine unmittelbar praktischen Lösungen angeboten. Der Zweck meiner Rede war, zum Denken anzuregen. Altes Buch und Neue Medien sollen am Ende den selben Zweck erfüllen, uns geistig frei bewegen zu können.

Daß unser Berufsstand in der Praxis und in der Ausbildung zu diesem Zweck noch viel lernen muß, um die Dinge mit wirklicher Professionalität anzugehen, ist eine Herausforderung, der wir uns stellen müssen.

Anmerkungen:

(1) Die Zeit Nr. 27; 26. Juni 1992

(2) Tenopir, Carol: Full text on CD-ROM. In: Library Journal, July 1992, S. 50-51. Demnach sind gemäß dem „Directory of Portable Databases", Ausgabe April 1992 von den dort aufgeführten 1030 CD-ROMs 382 Volltextdatenbanken.

(3) Neubauer, Karl W.: Kolloquium CD-ROM-Netze in Bibliotheken. In: CD-ROM-Netze in Bibliotheken. Bielefeld 1992, S.3

(4) Süddeutsche Zeitung 1991, Nr. 2 vom 3.1.91, S.52

(5) Library Journal 15, 1992, S. 12-14

(6) Müller, Harald: CD-ROM in Bibliotheken und geltendes Recht. Einige kritische Bemerkungen aus der Sicht der DBI-Rechtskommission. In: Bibliotheksdienst. Jg. 26 (1992), S. 677-686, hier S. 685

(7) „Users may be prepared to pay a charge sufficient to compensate publishers for at least the loss in subscription revenue". Campbell, Robert: Document Delivery and the Journal Publisher. In: Scholarly Publishing. Vol. 23, Nr.4, July 1992, S. 213-221, hier S. 221

(8) Electronic Publishing: Threat or Opportunity? - In: Rights: Copyright and Related Rights in the Service of Creativity. Winter 1990-91. Vol. 4, S. 4-7, hier S.6

(9) Burckel, Nicholas C.: Electronic dissemination of fulltext journal articles. In: College & Research Libraries News. May 1992, Vol. 53, No 5, S. 322-323

(10) Schreiben von Elsevier an die BSB vom 17. August 1992

(11) Kaltwasser, Franz Georg: Document Supply in the Humanities. In: Large Libraries and New Technological Developments. Proceedings of a Symposium held on the Occasion of the Inauguration of the New Building of the Royal Library. The Hague, 29. September - 1. October 1982. München 1984, S. 53-70, hier S. 53

(12) Campbell, Robert: Document Delivery and the Journal Publisher. In: Scholarly Publishing. Vol. 23, Nr. 4, July 1992, S. 213-221

(13) Reinitzer, Sigrid: CD-ROM-Netze in Bibliotheken. In: ABI-Technik 12 (1992), S. 138-140, hier S. 138

(14) Papiergesänge. München 1992. (Bayerische Staatsbibliothek. Ausstellungskataloge. 60)

(15) Report of the Electronic Journals. Task Force MIT Libraries. In: Serials Review. Vol. 18, No 1-2, 1992, S. 113-129

(16) „But only libraries can ensure that the published record of the past will be preserved. If libraries forfeit their roles as collectors and preservers of knowledge, we will have lost library values, lost our role in the society, lost our soul and our birthright." In: Electronic Information: Narrowing the promise/performance gap. In: OCLC Newsletter No. 196, March/April 1992, S. 17-24, hier S. 23

(17) Will the Chain Break? Differential pricing as part of a new pricing structure for research literature and its consequences for the future of scholarly communication. Ed. by Ulrich Montag. München 1992 (IFLA Publications 61)

(18) Montag, Ulrich: Informationsvermittlung und/oder Bestandsaufbau. Erwerbungsprobleme wissenschaftlicher Bibliotheken im beginnenden Zeitalter elektronischen Publizierens. In: ZfBB 37, 1990, S. 494-503

Vgl. auch ders.: Verdirbt CD-ROM die Preise? In: Börsenblatt für den Deutschen Buchhandel 159, Nr. 4 vom 14.1.1992, S. 24-27

(19) Die von mir schon erwähnte Aqueduct Group der amerikanischen Zeitschriftenbibliothekare hat in Punkt 3 ihres Aktionsplanes letztlich genau dieses mit folgenden Worten gefordert: „Standards, strategies, costs and responsibilities for archiving electronic journals are uncertain. Librarians should respond to this opportunity by working with publishers and computer centers to create standards and costeffective strategies and to determine libraries' role in storing, accessing, and archiving electronic journals." wie Anm. 4

(20) Lenk, Klaus: Perspektiven für Organisation und Recht des Publizierens. In: Rechtsprobleme des elektronischen Publizierens. Köln 1992, S. 112-122. (Informationstechnik und Recht. 3)

(21) Hofmann, Kurt: Aus Gesprächen mit Thomas Bernhard.
München 1991, S. 74

(22) Burckhardt, Jacob: Die Kultur der Renaissance in Italien. Hrsg. v. Horst Günther. Frankfurt am Main 1989, S. 137 und 138

(23) Kraus, Karl: Aphorismen. Frankfurt am Main 1986. S. 76 (Suhrkamp Taschenbuch. 1318)

Vorträge

Das Medienzentrum im Neubau der UB-Graz

Sigrid Reinitzer

An der Universitätsbibliothek-Graz ist ein Zubau zur Hauptbibliothek sowie der Neubau der Rechts- Sozial- und Wirtschaftswissenschaftlichen Fakultäten einschließlich einer gemeinsamen Fakultätsbibliothek vom Architekturbüro Domenig-Eisenköck geplant worden. In diesem Zusammenhang ist die Errichtung eines Medienzentrums für die Universitätsbibliothek auf 500 qm des Neubaues der Rechts-, Sozial und Wirtschaftswissenschaftlichen Fakultätsbibliothek vorgesehen. Alle Planungsvorbereitungen für den Zu- und Neubau sind abgeschlossen. Die Baubewilligungen sind erteilt. Baubeginn soll 1993 sein.

Das Medienzentrum wird folgende Bereiche umfassen:

- Benützungsbereich,
- Informationsvermittlungsstelle mit Online- und CD-ROM Literaturrecherchen,
- Verwaltungsbereich,
- Medienlager,
- EDV-Bereich mit Carrels für Einzelarbeitsplätze,
- Kleinräume mit Arbeitsplätzen für Studiergruppen,
- Technische Dienste und Laboratorien.

Das Medienzentrum dient zur Präsentation und Benützung insbesondere auch der neuen Medien und entspricht einem „Learning Resources Center". Die neuen Medien ergänzen den Bestand der traditionellen Informationsmittel und runden diesen ab.

Der bereits in allen Haushalten verbreitete Bestand an Fernseh- und Videogeräten und neuerdings auch an PCs hat die Aufnahme von Information im Wege der Neuen Medien, der Multimedia und der Hypermedia in allen Bevölkerungsschichten eingeleitet. Dieser Vorgang wird im Medienzentrum durch die Bereitstellung der neuesten technischen Entwicklungen auf dem Mediensektor weitergeführt.

Das Medienzentrum der Universität Graz soll also im Innenbereich des sogenannten ReSoWi-Zentrums entstehen und wird im Anschluß an die Rechts-, Sozial- und Wirtschaftswissenschaftliche Fakultätsbibliothek untergebracht sein, die einen Bauteil im Westen des ReSoWi-Zentrums darstellt. Es handelt sich um einen viergeschoßigen, geschwungenen, nach außen lehnenden Bibliotheksbau mit Flachdecken, randgestützt zwischen rahmenartig verbundenen Säulen angeordnet. Die Übergänge in den Institutstrakt erfolgen in allen Geschoßen über kontinuierlich verbundene Flachdecken. Hauptbibliothek und Fakultätsbibliothek werden durch unterirdische Büchermagazine verbunden. Für das Medienzentrum steht eine Fläche von rund 500 qm zur Verfügung. Das Medienzentrum soll den Hörern der ReSoWi-Fakultäten gleichzeitig aber auch allen anderen Benützern der Universitätsbibliothek offen stehen.

Das Layout des Medienzentrums soll sich an zwei Grundregeln orientieren. Es soll produktorientiert sein, und es soll prozeßorientiert sein. Ein produktorientiertes Layout wird vom Output diktiert, in unserem Falle also von der Information. Ein prozeßorientiertes Layout wird dazu führen, daß Geräte, Möbel und Benützer der gleichen Funktionszugehörigkeit zusammengruppiert am gleichen Platz zu finden sein werden. Das prozeßorientierte Layout wird daher oft funktionales Layout genannt. Der Raum für das Grazer Medienzentrum bildet ein Rechteck, was für den Betrieb Vorteile bietet.

Für die Auswahl der Möbel sind wenigstens sieben Faktoren maßgebend:

1. Design

Möbel sollen so ausgesucht sein, daß sie zum Gebäude und zu seiner Atmosphäre passen. Das Design soll über Jahre hindurch ansprechen, es soll nicht nur einer Tagesmode gehorchen. Ergonometrische Überlegungen sollen bei der Gestaltung des Designs maßgeblich miteinfließen.

2. Komfort

Möbel sollen den Benützern auch Komfort und gute Benützbarkeit bieten. Das Medienzentrum soll ein luftiger, heller und komfortabler Raum sein. Ein charakteristischer Trend bei der Planung von Medienzentren geht heute weg vom Carrel zur offenen Möblierung, zum bequemen Arrangement der Einrichtung.

3. Anpassungsfähigkeit

Die bedeutendsten Barrieren gegen die Anpassung von Räumen an Änderungen von Funktionen sind innere Mauern. Für Medienzentren sind aber Änderungen von Funktionen systemimmanent. Innovationen wie 'Solid State Electronics', elektrische Kleinkörperelemente, das Zusammenspiel von zwei, drei oder mehreren Betriebsfunktionen bei audiovisuellen Geräten in einer einzigen Betriebseinheit, der Trend vom fest verdrahteten zentralen Retrievalsystem zum Random Access und zu den self- contained retrieval devices haben Einfluß auf das Medienzentrum.

4. Veränderbarkeit

Der Planer soll nicht-tragende-Wände im Inneren des Medienzentrums vorsehen, wo immer möglich. Niedere Raumteiler von ca 1,20 m Höhe in Verbindung mit 'bays' bieten gute Möglichkeiten für die Einrichtung. Moderne Möbel für das Medienzentrum sind „modular", das heißt flexibel, wie zum Beispiel Tische, die in beliebigen Kombinationen zusammensetzbar sind oder Möbel mit verstellbaren Füßen und ähnliches.

5. Reparaturfähigkeit

Alle Möbel, Inventargegenstände und Geräte im Medienzentrum unterliegen starkem Gebrauch. Sie sollen dauerhaft sein und reparaturfähig. Reparaturen sollen am Ort möglich sein.

6. Sicherheit

Sicherheitsfragen können das Gebäude, die Möbel und Geräte und die Ausrüstung betreffen. Probleme sind die Feuersicherheit des Bauwerkes, Zahl der Ausgänge und die Notbeleuchtung. Möbel und Geräte sollen standsicher sein, keine scharfen Ecken aufweisen und keine toxischen Materialien beinhalten.

7. Dauerhaftigkeit

Bei allen Geräten ist auf die Lebensdauer zu achten, die mindestens 5 Jahre betragen soll.

Medientechnologie und EDV

Die Technologie wird in Lehre und Forschung gebraucht, um die Effizienz des Lernprozesses zu erhöhen, die Kosten des Unterrichtsprozesses zu reduzieren und Wege zu erforschen, um die zuvor angeführten Ziele des Wissenserwerbs zu erreichen.

Auf kaum einem Gebiet ist die technische Entwicklung in den vergangenen Jahren derartig schnell vorangeschritten wie bei den Medien, speziell den elektronischen Medien. Die Geräteausstattung eines Medienzentrums, welches erst gebaut werden muß, ist mithin schwer abzuschätzen. Sie steht auch in unmittelbarem Zusammenhang mit der Kommunikationstechnologie, den elektronischen Netzwerken, über die Kontakte zu anderen elektronischen Informationsspeichern hergestellt werden kann.

Das Medienzentrum wird Bestandteile des alten und des neuen Medienverbundes anzubieten haben. Neben den traditionellen Massenmedien wie Hörfunk, Fernsehen und Druckmedien gehören zum alten Medienverbund das Telefon, der Fotoapparat, die Videokamera, der Videorekorder und der Diaprojektor, alles Medien, die eher individuell oder in kleinen Gruppen genützt werden. Grundlage für die neuen Informations-

und Kommunikationstechniken bildet die elektronische Datenverarbeitung im Zusammenwirken mit der Mikroelektronik.

An den „Neuen Medien", die immer stärker zum Medienverbund tendieren, ist prinzipiell neu, daß die Verbindung der einzelnen Medien über Kommunikationsnetze basierend auf dem Informationsträger der Gegenwart und nahen Zukunft, dem Glasfaserkabel geschieht. Medien und Verbund unterliegen der Computersteuerung, und als zentraler Informationsvermittler steht der Bildschirm im Vordergrund. „Neue Medien" ist ein Oberbegriff für alle Objekte am Mediensektor, die mit Hilfe elektronisch gesteuerter Technologien neuartige oder in dieser Art bisher nicht gebräuchliche Formen von Informationserfassung, Informationsbearbeitung, Informationsspeicherung, Informationsübermittlung und Informationsabruf ermöglichen. Die Glasfaser etwa ist so dünn wie ein Menschenhaar und kann eine Million Telefongespräche gleichzeitig vermitteln. Mit der Glasfasertechnik wurde ein neuer Höhepunkt der informationstechnologischen Revolution erreicht. In den neunziger Jahren, wo Kommunikationsmedien und PC bald jedermann zur Verfügung stehen, müssen Medienzentren ganz anders eingerichtet sein, als dies in früheren Jahren und Jahrzehnten der Fall war.

Die Medien können den Studierenden von einer Überabhängigkeit an institutionalisiertem Unterricht lösen und ein individuelles Lernen fördern. Untersuchungen haben ergeben, daß das Individuum immer lernt, wenn die Bedingungen für ein überraschendes Erlebnis gegeben sind. Auf diese Weise wird im täglichen Leben gelernt. Um die Lernwilligkeit optimal zu erhalten, sollen aber Zeit, Raum und Design aufeinander abgestimmt werden und interaktive und intelligente Stimulantien geschaffen werden. Das Konzept eines Medienzentrums muß erheblich über das Konzept des Unterrichts hinausgehen. Die Improvisationen des Unterrichts als Massenunterricht der Vergangenheit sind überholt. Die Ziele des Medienzentrums sind nicht nur die Stimulantien einer interaktiven und intelligenten Umgebung, sondern auch eine Kontrolle über die Mischung der Stimulantien in den Händen des Benützers. Die Organisation eines Medienzentrums soll angepaßt an die Veränderungen der letzten Jahrzehnte sein, die in der Schule und in der umgebenden Welt geschehen sind.

Die vermehrte Kontrolle, die Benützer über Einrichtungen des Medienzentrums haben, bedeutet eine größere Vielfalt an Medien und mehr Möglichkeiten mit den präsentierten Formen zu kommunizieren. Der Sinn der intensivierten Beteiligung ist, den Studierenden zu helfen, als Individuen zu wachsen (self-actualization) und die Gesellschaft zu fördern (acculturation), was lohnende Resultate bringt. Ein voll funktionierendes

Medienzentrum erzielt eine gewisse Wirkung zur Verringerung der Lehrerüberlegenheit und das Entstehen eines Teamgeistes und eines 'esprit de corps'. Die Entwicklung von interaktiven und intelligenten Medienzentren kann dabei Übergangserscheinungen überbrücken.

Vielleicht können die kommunikativen Methoden der gegenwärtig so populären Museen auch im Medienzentrum zur Anwendung kommen, um die Selbstinitiativen der Informationssuchenden und Studierenden zu wecken. Das Museum bietet Informationen ähnlich dar wie die audiovisuelle und nonverbale Umwelt des täglichen Lebens, wo der Betrachter von einem Eindruck zum anderen geht, ohne mental beeinträchtigt zu sein. Die Methode der Museen auszustellen und darzustellen entspricht dem Modell des Alltags, wo Information und Lernerfahrung so aufgenommen werden wie die Entdeckungen des täglichen Lebens.

Die Wissensnahme im Museum ist freiwillig und nicht von Programmen abhängig wie in institutionalisierten Lernvorgängen. Die Kenntnisnahme ist auch nicht limitiert wie in den Schulen und Universitäten. Die Möglichkeiten des Lernens durch Partizipation sind endlos. Man kann zum Beispiel die Farbe von Tieren oder die Höhe von Bäumen aus einem Buch lernen, aber die Handhabung eines lebenden Hasen oder Baumes oder die Bedienung eines Computers produziert mehr als das Wissen um die physischen Eigenschaften, sie produziert affektive Eindrükke, die sehr stark sind, aber nicht meßbar wären.

Worauf soll das Medienzentrum einer Universität beruhen?

Das Medienzentrum ist ein integriertes System aus ineinanderpassenden Teilen der neuesten Informationstechnologie inklusive Menschen, Lernzielen, Räumen, Einrichtungen, Budget, Bewertungsinstrumenten und einem großen Bestand an Informations- und Kommunikationsgeräten innerhalb der Universität. Nicht alle Geräte werden ausschließlich im Medienzentrum stehen. PCs mit Netzanschluß an CD-ROM-Stationen sollen auch nahe den Zeitschriften sein, die ausgewertet wurden. PCs, die an das universitäre Informationsnetz angeschlossen sind, werden auch in Instituten ihren Platz finden. Auch der Katalog der Hauptbibliothek wird von allen Arbeitsplätzen aus online zugänglich sein.

Überhaupt wird es wichtiger sein, den Studierenden dabei zu helfen, wie Information und Wissen zu erwerben sind, als ihnen Lernstoff nur zu präsentieren. Ein Medienzentrum ist keine definitive Einrichtung. Es ist vielmehr ein vielversprechendes Experiment für die mannigfaltigen Formen der Aufnahme von Grundlagenwissen, neuen Kenntnissen und notwendigen

Informationen. Schon die verschiedenen Namen, die man in der Literatur für das Medienzentrum verwendet, deuten auf seine verschiedenen Aufgaben und Funktionen hin:

multimedia center, learning resource center, comprehensive library, multimedia learning center, resource center, library resource center, instructional media center, media center.

Ein Medienzentrum kann definiert werden als Integration von Informationsmaterialien, technischen Geräten und menschlichen Serviceleistungen, die aktiv den Studierenden und Lehrenden beim Erwerb von Wissen in der Lehre und in der Studiensituation dienen. Zweck ist die Setzung und Verfolgung von Ausbildungszielen unter Zuhilfenahme von Selbstinstruktion, ob diese im Hörsaal, im Medienzentrum oder anderswo gesetzt wurden.

Ein solches Medienzentrum dient folgenden Funktionen:

- Lagerung, Nachweis und Verbreitung von Lehr- und Unterrichtsmaterialien,
- Unterstützung der Produktion dieses Materials,
- Bereitstellung der Geräte und Ausrüstung für die genannten Aufgaben,
- Anschluß an lokale, nationale und internationale Informationseinrichtungen unter Nutzung der elektronischen Kommunikationstechnologie
- Beratung und Hilfe durch Bibliotheks- und Informationsfachleute für alle, die das Medienzentrum benützen.

Die Planungen für das Medienzentrum sind abgeschlossen. Das Medienzentrum ist ein weiterer Schritt zur Bibliothek ohne Mauern und Barrieren für einen lebenslangen Wissens- und Kenntniserwerb. Die Information soll hier in ihren verschiedenfältigen Formen bereitgestellt werden, damit jeder Studierende und Forschende die für ihn jeweils geeignete Möglichkeit des Wissenserwerbs auswählen kann. Die 50.000 Benützer der Universitätsbibliothek Graz werden mit dieser Einrichtung eine wesentliche Verbesserung ihrer Informationseinrichtungen erhalten, die Direktion der Universitätsbibliothek wartet mit großer Dringlichkeit auf den Beginn dieses Bauvorhabens, dessen Fertigstellung für 1995 erhofft wird.

Literatur:

Akeroyd, John: CD-ROM networks. Library and learning resources. In: The electronic library. Vol.9(1991)1, S. 21-25.

Bender, David R: Learning resources and the instructural program in community colleges. Shoe String: 1980. 296 S.

Bock, D. Joleen, Leo R.LaJeunesse: The learning resources center. A planning promer for libraries in transition. New York: Bowker 1977. 64 S. (Library Journal. Special Report. 3.)

Comenius, Jan Amos: Magna didactica. Amsterdam 1657.

Edwards, Heather M.: University library building planning. Methuen, N.J.: Scarecrow Pr. 1990. 137 S.

Fligge, Jörg: Kommission des Deutschen Bibliotheksinstituts für audiovisuelle Medien. In: Bibliotheksdienst 25(1991)5, S. 756-757.

Grundlagen des Bibliotheksbaus. Bibliotheksgebäude. München: Saur 1986. 384 S.

Hazelton, Jane: Learning resource guide. With suppl. Austin 1989.

Höllinger, Sigurd (Hrsg.): Die Neuen Medien an den Hochschulen. Rundfunk, Film, Audio, Fernsehen, Video, Computer, BTX, Bildplatte. Veröffentlichung des BMWF. Wien 1986. 138 S.

Holzbauer, Robert, Gerhard Jagschitz, Peter Malina: Handbuch audiovisueller Medien in Österreich 1989. Hrsg. v. d. AG Audiovisueller Archive Österreichs. Wien: 1989. 295 S. (Audiovisuelle Medien. 1.)

Krauß-Leichert, Ute: Einsatz neuer Technologien im Bibliothekswesen. Eine Expertenbefragung. München: Saur 1990. 193 S., Anh. (Bibliothekspraxis. 29.)

Learning resource guide. Austin general libraries. 1986. 243 S.

Learning resources programs, that make a difference. Assn. Ed. Comm. Tech. 1987. 112 S.

Medien und Gesellschaft. Hrsg.v.Wilfried v. Bredow. Stuttgart: Hirzel 1990. 184 S.

Metcalf, Keyes D., Philip D. Leighton u. David C. Weber: Planning academic and research library buildings. 2. ed. Chicago: ALA 1986. 630 S.

Morrison, Margaret: The promise of new technology. In: Library and book trade almanac. 34. ed. 1989/90. S. 76-83.

Oberhauser, Otto C.: Multimedia information storage and retrieval using optical disc technology. Potential for library and information services. Wien: Österreichisches Institut für Bibliotheksforschung, Dokumentations- und Informationswesen 1990. VI, 182 S. (Biblos-Schriften 151.)

Penland, Patrick R.: Learning resource center. S. 273-314. In: Encyclopedia of library science. 40,5.)

Picard, Bertold u. Kai Walter: Bedeutung, Stand und Ausbau der nationalen Medienarchivierung und -dokumentation in der Bundesrepublik Deutschland. In: ZfBB 35(1988)4, S. 329-340.

Pichler, Heinrich, Dieter Schüller, Erich Steinitz: Richtlinien für die Erstellung von AV-Planungen im Bereich der Universitäten und Kunsthochschulen aus technisch-wissenschaftlicher und didaktischer Sicht unter Berücksichtigung ökonomischer Randbedingungen. Im Auftrag d. GGK/AV des BMWF. 2., überarb.Aufl. Wien: 1990. 70 S.

Rehm, Margarete: Lexikon: Buch, Bibliothek, neue Medien. München: Saur 1991. VIII, 294 S.

Scherl, Renate: Die Möglichkeiten des Einsatzes von CD-ROM in einer Bibliothek. Salzburg:1988. 98 S.

Steinhagen, Maximilian: Mikrokatalog-Leseplätze. Berlin: DBI 1981. (DBI-Materialien. 6.)

Tartoll, Corinna: Audio-visuelle Medien und wissenschaftliche Bibliotheken. Aspekte und Tendenzen. Wien: 1980. 6.)

Tartoll, Corinna: Audio-visuelle Medien und wissenschaftliche Bibliotheken. Aspekte und Tendenzen. Wien: 1980. 95 S. u. Anh. Hausarbeit für den Bibliotheks, Dokumentations- und Informationsdienst.

Das alte Buch im Zeitalter der neuen Medien

Walter Neuhauser

„Doch das Schlimmste wird kommen, wenn eine Zivilisation der Lesegeräte und Mikrofiches die Zivilisation des Buches total verdrängt haben wird". Ist diese Horrorvision Umberto Ecos aus dem Jahre 1981 („Die Bibliothek") schon Wirklichkeit geworden?

Ich möchte versuchen, in diesem Referat mit dem Titel „Das alte Buch im Zeitalter der neuen Medien" eine Art Bestandsaufnahme zu geben. Wie der Titel sagt, geht es um zwei Formen des Informationswesens. Von den beiden Begriffen ist der eine zwar vielschichtig, doch eindeutig definierbar, der andere dagegen scheint zwar klar umrissen, ist aber sehr relativierbar. Was die neuen Medien sind, läßt sich mit dem schönen neudeutschen Begriff „Non Book Material" umschreiben, es handelt sich um eine Vielzahl von Gattungen, deren taxative Aufzählung keine Schwierigkeiten bereitet. Was aber ein altes Buch ist, wird geradezu schon zu einer Preisfrage. Wer mit dem modernen Buch zu tun hat, für den ist ein Buch aus der ersten Hälfte des 20. Jahrhunderts bereits ein altes Buch. Für eine Bibliothek mit Altbeständen oder für einen Mediävisten ist eine Handschrift des 15. Jhdts. nicht unbedingt sehr alt, gibt es doch Bücher, die oft mehr als 1000 Jahre alt sind, und schließlich ist auch die Papyrusrolle der Antike ebenfalls als Buch, in diesem Fall als wirklich altes Buch, anzusprechen.

Im Verlauf dieser Tagung wird viel über das alte Buch, besonders in Verbindung mit der retrospektiven Konversion, also der Überführung der Altbestände in maschinlesbare Form, gesprochen. Dort sind unter „altem Buch" im allgemeinen alle Titel verstanden, welche nicht von Anfang an in einem EDV-System erfaßt sind. Für Österreich bedeutet dies zumindest für einen Teil der Bibliotheken diejenigen Bücher, die vor 1988, der Einführung der automationsunterstützten Katalogisierung, erworben wurden. Im Gegensatz dazu geht es uns hier um das wirklich alte Buch, also die Bücher, Handschriften wie gedruckte Werke, die auch als „historisches Buchgut" bezeichnet werden.

Diese Bücher werden heute durchwegs von den neuen Büchern getrennt verwahrt, verwaltet, erschlossen und benützt, nämlich in den heute in allen großen Bibliotheken vorhandenen speziellen Abteilungen, den Sondersammlungen, Rarasammlungen, Handschriftensammlungen oder wie immer sie bezeichnet werden. Dabei ist auch hier die Grenze zwischen altem und neuem Buch von den einzelnen Bibliotheken unterschiedlich gesetzt und vielfach fließend, sie richtet sich nach den Beständen, aber oft auch nur nach äußeren Gegebenheiten wie z.B. dem zur Verfügung stehenden Raum für die Unterbringung. Im allgemeinen hat sich die Wende vom 18. zum 19. Jh. als Grenze durchgesetzt, im wesentlichen identisch mit dem Übergang vom handwerklich zum industriell hergestellten Buch. Diese Grenze wird auch für uns hier gelten.

Wie stehen nun altes Buch und neue Medien zueinander? Schließen sie einander aus, wie dies der eingangs zitierte Satz von Eco andeutet, oder können sie einander ergänzen, sind die neuen Medien eine Konkurrenz zum alten Buch, ja werden sie vielleicht das Buch als solches überhaupt verdrängen? Es erheben sich zahlreiche Fragen grundsätzlicher Art. Ich möchte diese auf zwei Grundfragen, fast Grundformeln, reduzieren und versuchen, sie sine ira et studio zu behandeln.

Die beiden Grundformeln, um die es mir hier geht, sind:

I. Altes Buch *und* neue Medien und
II. Altes Buch *oder* neue Medien.

Vorauszuschicken ist, daß es hier nicht um die heute aktuelle Frage der retrospektiven Konversion geht, sondern um grundsätzliche Überlegungen.

I. Altes Buch *und* neue Medien:

Wir gehen von der Tatsache aus, daß die neuen Medien aus der Informationsgesellschaft nicht mehr wegzudenken sind, daß sie eine wichtige Rolle spielen, über deren Umfang die Meinungen freilich auseinandergehen. Wir gehen ferner von der Tatsache aus, daß die neuen Medien wie auch das Buch in seiner herkömmlichen Form ursprünglich nicht Selbstzweck sind, sondern die Aufgabe haben, Informationen zu speichern und weiterzugeben.

Versetzen wir uns, um den neuen Medien den richtigen Stellenwert zu geben, um ein halbes Jahrtausend zurück, in die Zeit Gutenbergs. Selbstverständlich gab es auch damals Informationsträger, die mittelalterliche Handschrift. Was bedeutete das Aufkommen des Buchdrucks? In erster Linie einer rationellere Art der Buchproduktion bei im wesentlichen gleicher äußerer Gestalt des Buches, des seit der Spätantike üblichen Codex. Trotzdem aber wurde die Handschrift nicht überflüssig, sie blieb in ihrer Spielart als Prunkhandschrift noch jahrhundertelang erhalten, etwa bei Chroniken, Wappenbüchern, Gradualien usw. In der anderen Spielart, der Gebrauchshandschrift, blieb sie als Manuskript, also als Druckvorlage, bis in unsere Tage in Verwendung. Der Buchdruck ermöglichte eine schnellere und weitere Verbreitung des Buchinhaltes bei gleichbleibender Funktion des Buches als Informationsträger, und ohne daß dadurch die ältere Art des Buches, also die Handschrift, gänzlich verdrängt worden wäre.

Ähnlich können wir die neuen Medien sehen. Sie ermöglichen wie seinerzeit der Buchdruck eine noch schnellere und noch weitere Verbreitung der Informationen. Dazu kommt eine bessere Erschließung der gespeicherten Informationen durch die vielseitigen Abfragemöglichkeiten. Wie das handschriftliche oder das gedruckte Buch aber sind auch die neuen Medien nichts anderes als Informationsträger, ihre Funktion ist die gleiche wie die des herkömmlichen Buches.

Nicht alle neuen Medien sind für das alte Buch von gleicher Bedeutung. Dabei ist eine generelle Trennung nach Medien konventioneller Art und elektronischen Speichermedien vorzunehmen. Beide können für das alte Buch, jeweils in verschiedener Weise, relevant sein. Von den konventionellen neuen Medien sind es weniger die Tonträger als die filmischen Medien in allen Spielarten, also Mikrofilm, Mikrofiche, Dias, Videofilme usw. Dagegen sind alle elektronischen Medien von Interesse, gleich ob die Abspeicherung der Daten auf Disketten, Bändern, CD-ROM oder Online erfolgt. In letzter Zeit sind die CD-ROM gerade auch im Bereich des alten Buches in den Vordergrund getreten. Medien zur optischen Wiedergabe wie die Bildplatte sind im Kommen. Was die inhaltliche Seite betrifft, so waren die neuen Medien bisher vorwiegend als Informationsmittel in Gebrauch, also als Ersatz für Nachschlagewerke aller Art wie Bibliographien, Kataloge usw. In neuerer Zeit wurden jedoch nicht nur mehr Titel oder Fakten, sondern auch die Inhalte der Bücher selbst in den neuen Medien gespeichert, als Volltextausgaben, zuerst für Dissertationen und Zeitschriften. Heute werden auch Tageszeitungen angeboten, auf Grund des verbesserten Zugriffs und der besseren Abfragemöglichkeiten in elektronischer Form, vor allem auf CD-ROM. In letzter Zeit wird auch das alte Buch verstärkt einbezogen, hier gibt es Volltextausgaben verschiedener Art (Beispiele siehe später) sowohl in Form von Mikrofiches als auch als CD-ROM.

Ich möchte im folgenden unter dem Aspekt altes Buch und neue Medien einige konkrete Beispiele aus verschiedenen Bereichen bibliothekarischer Tätigkeit bringen, welche uns die helfende und dienende Funktion der neuen Medien für das alte Buch deutlich machen.

Beginnen wir bei der bibliothekarischen Grundtätigkeit, der Erwerbung. Welche Bibliothek kann es sich heute noch leisten, historisches Buchgut, Handschriften wie Drucke, in größerem Umfang anzuschaffen, etwa zur Ergänzung der Bestände oder als Ersatz für Verluste. Faksimileausgaben, angeboten fast nur im Bereich der Handschriften, sind teuer und ebenfalls nur für die wenigsten Bibliotheken erschwinglich. Hier aber kam in letzter Zeit eine gewisse Konkurrenz durch Reproduktion von Handschriften in Form von Farbmikrofiches, die, wie Faksimileausgaben, mit Kommentar versehen werden und im Buchhandel erhältlich sind. Zu verweisen ist hier auf die in München erscheinende Reihe der „Codices illuminati", mit all ihren Vorteilen wie gute Farbwiedergabe, erschwinglicher Preis, aber auch Nachteilen, etwa Benutzung nur mit Lesegerät, voraussichtlich geringere Haltbarkeit. Auch Drucke, wie z.B. Kräuterbücher des 16. Jahrhunderts, werden in Mikrofiche-Form angeboten. Sie sind nicht nur billiger als Faksimilieausgaben oder reprografische Nachdrucke, sondern haben noch einen weiteren Vorteil, nämlich den der Kopierbarkeit. Während das Kopieren bei Originalen selbstverständlich verboten ist, bei Faksimileausgaben und Nachdrucken bestenfalls eingeschränkt vorgenommen werden kann, ist die Wiedergabe einzelner Seiten oder auch ganzer Werke von Mikrofiches oder Filmen durch Reader-Printer-Kopien kein oder bestenfalls ein finanzielles Problem, von Ausdrucken elektronisch gespeicherter Texte ganz zu schweigen. Auf diese Weise werden die Originale geschont und können fehlende Bestände preiswert ergänzt werden. Sicher ist auch die Verfilmung ein gewisses Problem und kann zur Beschädigung der Originale führen, die gehört nach Unterkircher zu den drei Feinden der Handschriften, doch maßvoll eingesetzt hat die Verfilmung den Vorteil, daß das Original nur einmal strapaziert wird.

Faksimileausgaben geben zumeist nur ein einzelnes Werk bzw. ein Buch, z. B. eine Sammelhandschrift, wieder. Gruppen von Büchern oder ganze Bibliotheken anzubieten, wäre in dieser Form undenkbar. Hier haben die neuen Medien gänzlich neue Möglichkeiten geschaffen. Wer hätte je gedacht, daß z.B. eine beliebige Universitätsbibliothek so vermessen sein könnte, eine vollständige historische Bibliothek wie z.B. die alte Heidelberger Bibliotheca Palatina zu erwerben. Das Unwahrscheinliche ist hier Tatsache geworden, die Bibliotheca Palatina wird in Mikrofiche-Form im Volltext angeboten. Natürlich muß man dabei tief in den Geldbeutel greifen.

Ein anderes Beispiel: Wenn eine Bibliothek den größeren Teil aller je erschienenen Inkunabeln erwerben und auf diese Weise - vom Inhalt her - eine spezielle Inkunabelbibliothek aufbauen möchte, um damit etwa der Bayerischen Staatsbibliothek Konkurrenz zu machen, so ist dies heute möglich geworden: Chadwick und Healey, eine Firma, die gerade auf dem Sektor des alten Buches besonders aktiv in Erscheinung tritt, bieten eine solche Inkunabelbibliothek an, insgesamt 10.000 Titel. Diese Entwicklung steht vermutlich erst am Beginn, gerade der CD-ROM-Bereich gewährt hier ungeahnte Möglichkeiten.

Erschließung: Nicht weniger nützlich können die neuen Medien für das alte Buch im Bereich der Erschließung werden. Hier sind es natürlich in erster Linie die verschiedenen Kataloge, Bibliographien und sonstigen Formen der Dokumentation, welche in Mikrofiche, auf CD-ROM oder Online angeboten werden, entweder als Variante zu gedruckten Bibliographien oder häufig nur noch in einer dieser Formen anstelle gedruckter Ausgaben. Mindestens gleich wertvoll sind auch hier die schon genannten Volltextausgaben, welche z.B. für die Handschriftenkatalogisierung ungeahnte Hilfsmöglichkeiten bieten. Dies betrifft einmal die Volltextausgaben alter Drucke wie z. B. die Bibliotheca Palatina oder die Inkunabeledition. Dazu kommen in letzter Zeit Volltextausgaben älterer oder neuerer Editionsreihen, etwa Mignes Patrologia Latina oder das Corpus Christianorum mit Nebenreihen und mit Teilen des Corpus Vindobonense in CD-ROM. Bekanntlich sollten bei der modernen Handschriftenkatalogisierung alle in einer Handschrift überlieferten Texte nachgewiesen werden, nach Möglichkeit in einer neueren Edition. Leider aber sind viele Texte in den

Handschriften anonym überliefert, sodaß deren Bestimmung oft schwierig ist. Für viele Texte gibt es nur ältere Editionen oder Drucke des 16. Jahrhunderts. Nicht jede Bibliothek aber besitzt diese Texte im Original, Nachdrukke früher Drucke sind selten. Hier können daher die genannten Volltextausgaben frühneuzeitlicher Drucke vollwertigen Ersatz bieten. Vor allem aber sind die erwähnten neueren Volltextausgaben, z.B. Mignes Patrologia oder das Corpus Christianorum, eine heute nicht mehr wegzudenkende Hilfe. Soweit sie als CD-ROM vorliegen, ergeben sich vor allem ausgezeichnete Möglichkeiten der Bestimmung anonym überlieferter oder unvollständiger Texte, etwa von Exzerpten, einzelnen Kapiteln, Fragmenten usw., also von Texten, bei denen die üblichen Bestimmungswerke versagen, welche ja nur die Textanfänge ganzer Werke verzeichnen. Hier wird durch die Eingabe von Textteilen, markanter Wörter oder einzelner Sätze, der Zugriff auf den vollständigen Text und damit die Bestimmung möglich.

Der dritte bibliothekarische Grundbereich ist die Benützung. Bekanntlich stehen hier die Bibliotheken vor besonderen Problemen. Auch alte Bibliotheksbestände müssen benützbar sein, andererseits aber auch der Nachwelt erhalten bleiben. Der Weg zwischen Skylla und Charybdis, zwischen Benützbarkeit und Konservierungspflicht, ist schwierig, kann aber durch die neuen Medien zumindest erleichtert werden. Im Bereich der Handschriften bieten die Faksimileausgaben solche Hilfe. Sie sind aber, wie erwähnt, in der Herstellung aufwendig und daher teuer, sie werden daher nur für besonders wertvolle Handschriften, zumeist illuminierte Handschriften und hervorstechende Texthandschriften, gemacht.

Reproduktionen in Schwarz-Weiß erfüllen nur teilweise den Zweck einer Faksimileausgabe. Hier bieten die schon genannten Editionen in Farbmikrofiches guten Ersatz. Für die frühen Drucke gibt es ebenfalls nur spärlich Nachdrucke, auch hier bieten wieder die ebenfalls schon genannten Volltextausgaben Ersatz für die Benützung von Originalen. Ein weiterer Vorteil liegt auf der Hand, nämlich die ebenfalls schon erwähnte Möglichkeit des Kopierens oder Ausdruckens von Textteilen oder ganzen Werken.

So bieten die neuen Medien im Bereich der Benützung vor allem zwei Hilfen, den Ersatz für die Benützung von Originalen und die Möglichkeit des Reproduzierens. Daß auch hier Grenzen gesetzt sind, ist selbstverständlich. Auch die beste Reproduktion, selbst die aufwendigste Faksimileausgabe, wird nicht nur ideell, sondern auch materiell nicht das Original ersetzen können. In vielen Fällen wird es nach wie vor unvermeidlich sein, das Original heranzuziehen, etwa, wenn es darum geht, die Struktur des Pergaments oder das Wasserzeichen des Papiers des Originals zu bestimmen, bei Fragen der Textkritik Rasuren oder Korrekturen im Text genau zu untersuchen, bei der Bestimmung von Farben in der Buchmalerei, bei der Untersuchung der Einbände (übrigens eine Schwachstelle der Faksimileausgaben) usw. In diesen und vielen anderen Fällen kann sich der Forscher nicht mit Ersatzlösungen begnügen. Darüberhinaus möchte der Benützer einfach aus dem Grund das Original in die Hand bekommen, daß nur dieses ihm das unmittelbare Erlebnis des alten Buches vermitteln kann. Gerade hier aber muß der konservatorische Aspekt in den Vordergrund treten und gegenüber der zu häufigen Benützung den Vorrang haben.

Ausstellungen: Eine besondere und problematische Form der Benützung sind die Ausstellungen. Franz Unterkircher nennt in seinem Beitrag über Handschriften und ihre Feinde neben Benützung und Verfilmung als dritten Hauptfeind der Handschriften die Ausstellungen. Jeder, der das Ausstellungswesen mit wachsamen Augen verfolgt, kann dies nur bestätigen. Die Ausstellungen haben in den letzten Jahren sprunghaft zugenommen, sie sind überlang, obwohl für Bücher das Maximum zwei bis drei Monate sein sollte, und es werden immer wieder dieselben, natürlich die besten Stücke verlangt; letzteres geschieht oft nur aus dem Grund, daß die Ermittlung ausstellungswürdiger Objekte bisweilen darin besteht, ältere Ausstellungskataloge nach brauchbaren Objekten zu durchforsten. Dazu kommt, daß trotz aller angekündigter Maßnahmen und Beteuerungen die konservatorischen Forderungen zu wenig beachtet werden, weniger, was die Sicherheit als was die klimatische Vorsorge betrifft, also Temperatur und Feuchtigkeit. Die "Hexenausstellung" auf der Riegersburg oder die Ausstellung "Schwaben in Tirol" in Augsburg sind nur Beispiele für viele größere oder kleinere Sünden auf diesem Gebiet. Auch hier können die neuen Medien bis zu einem gewissen Grad einspringen, freilich weniger die elektronischen als die konventionellen wie z.B. Dias, Videofilme usw. Natürlich möchte jeder Aussteller wegen des unmittelbaren Erlebnisses Originale bieten, denn Hand aufs Herz, wer ist nicht enttäuscht, wenn man statt des erwarteten Originales nur eine Faksimileausgabe vorfindet, wie es meinen Mitarbeiterinnen beim Besuch der Ausstellung „Glanz und Elend der bayerischen Klöster" im vergangenen Jahr in Benediktbeuern ergangen ist, als wir die Carmina Burana nur im Faksimile vorfanden, während ich bei meinem ersten Besuch das Original bewundern konnte. Trotzdem ist es notwendig, hier neue Wege zu beschreiten und wo möglich die Originale zu schonen. Solche Möglichkeiten ergeben sich z.B. bei Urkunden. Bücher, die zwar eindrucksvoll, aber für das eigentliche Ausstellungsthema nur am

Rand von Bedeutung sind, sollten ebenfalls nur in Reproduktion vorgelegt werden. Bisweilen kann eine Reproduktion, wenn sie graphisch gut ist oder eine entsprechende Vergrößerung bietet, optisch sogar fast besser wirken als das Original.

II. Altes Buch *oder* neue Medien

Wir haben zahlreiche Möglichkeiten kennengelernt, daß die neuen Medien für das alte Buch eine Hilfe sein oder sogar als Ersatz dienen können. Dies führt uns jetzt zur zweiten Frage: Werden in Zukunft vielleicht die neuen Medien das alte Buch bzw. das Buch überhaupt gänzlich ersetzen und damit ein Ende der Buchkultur herbeiführen, sind die neuen Medien somit eher eine Gefahr als eine Hilfe für das alte Buch? Wir wollen diese Frage für die Vergangenheit, für die Gegenwart und für die Zukunft kurz aufrollen.

Für die Gegenwart, bei Erwerbung, Erschließung und Benutzung, müssen wir immer wieder feststellen, daß es für die neuen Medien Grenzen gibt. Die neuen Medien haben hier mit zwei Schwierigkeiten zu kämpfen:

1) Sie sind an Geräte gebunden, ohne welche eine Wiedergabe nicht möglich ist. Nicht jede Bibliothek hat die entsprechenden Geräte; sie sind zudem, vor allem im elektronischen Bereich, vielfältig und kompliziert, oft schwierig in der Bedienung und es braucht für fast jedes der neuen Medien ein eigenes Gerät. Für einen Privaten kann oft schon die Benützung von Mikrofiches zum Problem werden.

2) Gewisse Aspekte, besonders buchkundlicher Natur oder textkritische Fragen, können nur anhand der Originale behandelt werden, etwa die Bestimmung der Wasserzeichen, die Bearbeitung der Einbände, die Untersuchung der Tinten, der Farben der Buchmalerei, der Rasuren und Korrekturen bei Fragen der Textkritik usw. Hier ist bei aller wertvoller Hilfe das alte Buch unersetzbar.

Dazu kommen Probleme, die sich erst in Zukunft zeigen werden. Es ist dies vor allem die mangelnde oder zumindest noch ungewisse Haltbarkeit der neuen Medien. So wissen wir heute schon, daß z.B. Farbfilme nur begrenzte Lebensdauer haben, da die Farben verblassen oder sich verändern. Der Schwarz-Weiß-Film ist zwar widerstandsfähiger, wird aber nie die Lebensdauer eines Buches erreichen. Zudem sind die filmischen Medien gegen Beschädigung anfälliger als das Buch. Wie widerstandsfähig ein Buch sein kann, nicht zuletzt gerade ein altes, weiß jeder aus eigener Erfahrung. Bei den elektronischen Medien stellt sich das Problem anders. Eine CD ist zwar widerstandsfähig, doch wird hier die Frage der Geräte, der Übertragbarkeit zum Problem. Schon heute ist nicht jede Diskette, nicht jede CD, auf jedem beliebigen Gerät abspielbar. Wie dies in Zukunft aussehen wird, kann man sich leicht ausmalen, wenn man weiß, wie kurzlebig sowohl Hardware als auch Software heute schon sind, und wie rasant die Entwicklung gerade auf diesem Sektor weitergeht. Die Tradierung durch elektronische Medien wird daher ihre Grenzen haben, sie wird nur durch ständiges Überspielen und Transformieren möglich sein. Dabei wird das schon in der Gegenwart vorhandene Problem der Kompatibilität für die Zukunft noch viel gravierender in Erscheinung treten. Auch wenn sich die Probleme sicher technisch ohne weiteres lösen lassen, so ist doch der finanzielle Aufwand erheblich und in vielen Fällen wird die Überlieferung einfach an den Kosten scheitern.

Wenn wir zuletzt noch einen Blick in die Vergangenheit werfen, wird die Frage, ob die neuen Medien eine Gefahr für das alte Buch darstellen, sich kurz und bündig mit nein beantworten lassen. Weder der materielle noch der ideelle Wert des alten Buches wird durch die neuen Medien in Frage gestellt. Das alte Buch als Sammlungsobjekt von oft unermeßlichem Wert wird vielmehr in seiner Bedeutung steigen, je mehr die Zeit fortschreitet, und je älter dadurch das einzelne Buch wird. Dies gilt für die buchkundlichen Aspekte in gleicher Weise wie für das Buch als Überlieferungsträger, also für die Textgeschichte und Textkritik.

So besteht letztlich für das alte Buch durch die neuen Medien kaum Gefahr. Zwei Fragen aber erheben sich in diesem Zusammenhang: Gilt das bisher Gesagte auch für das neuere Buch oder werden hier die neuen Medien das oft angekündigte Ende des Buchzeitalters bringen, und zum zweiten, welche geänderte Bedeutung wird dem alten Buch in Zukunft zukommen. Zum ersten: Das Ende des Buchzeitalters. Die Gefahr ist vorhanden und durchaus ernst zu nehmen. Und doch kann ich nicht glauben, daß das Buch als solches durch die neuen Medien ganz verdrängt werden wird, auch wenn die Technik fortschreitet und Erfolge haben will.

Es wird Bereiche geben, in denen die neuen Medien mehr als bisher im Vordergrund stehen werden. Dies gilt vor allem für die Informationsmittel wie Bibliographie, Kataloge und Nachschlagwerke aller Art. Hier sind die Vorteile der neuen Medien unbestritten, vor allem die vielfältigen Möglichkeiten des Zugriffs. Auch Volltextausgaben werden auf Grund früher geschilderter Vorteile in Zukunft noch stärker in Erscheinung treten. Und doch wird daneben auch heute das Buch in seiner konventionellen Form weiterhin bleiben.

Hier gilt das für das alte Buch Gesagte, daß die neuen Medien nur mit Hilfe von Geräten benützt werden können. Auch wenn diese im einzelnen heute oft nicht mehr teuer sind, so erfordert doch die Vielfalt der neuen Medien eine Vielfalt an Geräten, deren Beschaffung sowohl eine Kostenfrage als auch eine Platzfrage ist. Dazu kommt das ebenfalls schon erwähnte Problem der Weitertradierung. So faszinierend für viele Zukunftsvisionen sein mögen, daß man z.B. die tägliche Zeitungslektüre am Bildschirm vornehmen wird können, so wird es doch Grenzen geben. Wie will man im Zug, im Urlaub, kurz außer Haus ein Buch, eine Zeitung zur Hand nehmen, wird man dann immer das entsprechende Gerät, zudem mit der entsprechenden Betriebssoftware zur Verfügung haben?

Auf einen großen Vorteil sei hier hingewiesen, den die neuen Medien für das neue konventionelle Buch aufweisen können. Sie können wie beim alten Buch auch beim neuen eine nicht zu unterschätzende Hilfsfunktion ausüben, nämlich bei der Buchproduktion selbst. Die neuen Medien ermöglichen eine schnellere und billigere Herstellung des Buches, indem sie den herkömmlichen Satz, der ja zeitlich und finanziell den größten Anteil an den Herstellungskosten ausmacht, überflüssig machen. Der Ausdruck von Disketten, das Scannen usw. sind revolutionierende Neuerungen in der Buchherstellung, wobei die typographische Gestaltung heute qualitativ so gut ist, daß sie sich kaum mehr vom gesetzten Buch unterscheidet. Letztlich aber sind hier die neuen Medien nicht Selbstzweck, sondern Mittel zum Zweck, und hier liegt ihre große Bedeutung für die Zukunft. Sie werden sicher in einzelnen Fällen das Buch ersetzen, etwa bei den Informationsmitteln, vor allem aber werden sie die Produktion des Buches in seinem gewohnten Äußeren verbilligen, ohne es zu verdrängen.

Zum zweiten: Worin bestehen die Aufgaben des alten Buches im Zeitalter der neuen Medien, in der Gegenwart wie in der Zukunft?

Das Wesentliche ist schon angeklungen, es gilt, hier aus dem bisher Gesagten entsprechende Folgerungen zu ziehen. Das alte Buch wird sich in Zukunft behaupten können, doch werden sich die Akzente teilweise verschieben. Es kommen neue Aufgaben hinzu, die zwar bisher zu wenig in die Breite und in die Öffentlichkeit gedrungen sind. Ich möchte hier fünf Aspekte herausheben.

1) Der wissenschaftliche Aspekt.

Das alte Buch ist einmal, entsprechend der Grundausgabe des Buches, als Überlieferungsträger zu sehen, welcher die Gedanken und Ideen vergangener Zeiten weitergibt. Ist jedoch das alte Buch in dieser Funktion heute noch von Bedeutung? Schließlich gibt es heute doch moderne, wissenschaftlich gearbeitete Ausgaben. Wenn man jedoch die große Zahl von Autoren und Werken betrachtet, welche uns nur aus Zitaten bekannt sind, ohne daß uns die Texte selbst erhalten geblieben sind, wird man um *jeden* Überlieferungsträger froh sein. Die Forderung, die Werke älterer Autoren nur in der besten Edition zu benützen, wird oft ad absurdum geführt durch die Tatsache, daß es bei vielen Autoren einfach keine neuen wissenschaftlichen, textkritischen Ausgaben gibt und daß wir bestenfalls auf ältere Ausgaben angewiesen sind, und wenn es Inkunabeltexte mit all ihren textgeschichtlichen Problemen sind. Dazu kommen die vielen Texte, die bis heute nur handschriftlich, in mittelalterlichen Handschriften oder noch keine gedruckte Ausgabe, geschweige denn eine wissenschaftliche Edition gefunden haben. Die Ursachen hiefür sind verschieden: z.B. daß ein Text als zu unbedeutend erachtet wurde oder auch, daß die Überlieferung zu reichlich ist. Gerade dieses Faktum stellt die modernen Editoren mit ihrem Perfektionismus oft vor unlösbare Aufgaben, wie etwa das Beispiel der Gesta Romanorum, einer im Mittelalter beliebten Sammlung erbaulicher und unterhaltender Geschichten, zeigt. Hier ist auf Grund der vielen Handschriften, die noch dazu häufig kontaminiert sind, eine Textherstellung im klassischen Sinn nicht mehr möglich. So stammt die letzte Gesamtausgabe der Gesta Romanorum aus dem Jahr 1843, ein ehrliches Bemühen, aber heutigen Ausprüchen nicht mehr gerecht werdend, hat sie bis heute keine Nachfolge gefunden.

Wie kommt man nämlich zu diesen geforderten und für den modernen Wissenschaftsbetrieb notwendigen textkritischen Editionen? Natürlich nur mit Hilfe der alten Bücher, da diese die Grundlage für jede neue Edition bilden. Bekanntlich arbeitet die moderne Textkritik durch Textvergleiche, sei es nach der Lachmannschen Methode, nach welcher auf Grund der Textvergleichungen versucht wird, den ursprünglichen Text zu rekonstruieren oder diesem möglichst nahe zu kommen - eine Methode, die sich vor allem für die Werke des klassischen Altertums hervorragend bewährt hat - oder sei es nach der Methode der Leithandschriften, welche vor allem in der Germanistik und bei Autoren mit reicher Überlieferung Anwendung findet. Auf jeden Fall kann beim Textvergleich, bei der Emendation der vorhandenen Texte und bei der Rekonstruktion des Urtextes, kurz in allen Bereichen der Textkritik, der Einsatz der neuen Medien eine große Hilfe sein. Aber selbst, wenn dann solche moderne, mit Hilfe der EDV erarbeitete Editionen vorliegen, werden die alten Ausgaben für die spätere Forschung nicht entbehrlich sein.

2) Der bildungspolitische Aspekt.

Im Bereich der allgemeinen Bildung kommt dem alten Buch ein besonderer Stellenwert zu, auf welchen ebenfalls schon hingewiesen wurde. Dem Laien sagt eine zeitgenössische Edition, eine Erstausgabe, ein handschriftlich überlieferter Text, weit mehr als eine entsprechende moderne textkritische Ausgabe, deren kritischer Apparat zudem für ihn oft kaum verständlich ist, während die alte Edition einen Hauch von Originalität und ein besonderes Gefühl des Miterlebens vermittelt.

3) Der künstlerische Aspekt.

Zahlreich sind die künstlerischen Aspekte, unter denen das alte Buch zu sehen ist. Seit jeher, seit es Bücher gibt, war das Bestreben da, diese schön zu gestalten, den Text zu verzieren oder durch Bilder zu erläutern. Die beiden Grundformen des bildlichen Schmuckes, das Lehrbild und das Zierbild, gehören von der Antike bis heute untrennbar zum Buch.

Dabei kommt vor allem in Zeiten von geringem Alphabetismus, etwa im Mittelalter oder in unserer Zeit, dem Bild als Erläuterung oder als Ersatz für den Text besondere Bedeutung zu. Waren für das Mittelalter Bilderfolgen wie Biblia pauperum usw. charakteristisch, so sind es heute die Comics wie Asterix oder Donald Duck. Gewechselt haben nur die Techniken. Für das mittelalterliche Buch, Handschrift wie Inkunabel, ist ferner wesentlich das Bestreben, zusätzlich zur Bebilderung das Buch auch ornamental auszuschmücken. Das Ergebnis sind die herrlichen Initialen, Ranken, Randleisten usw., die meist in keiner Verbindung zum Text stehen. Die mittelalterliche Buchmalerei und die Druckgraphiken der frühen Neuzeit sind längst zu einem bedeutenden Zweig kunstgeschichtlicher Forschung geworden.

Ähnliches gilt aber auch für den Einband. Den Einband, der ursprünglich nur eine Schutzfunktion hatte, künstlerisch zu gestalten, war von der karolingischen Zeit bis zum Jugendstil ein Anliegen der Buchbinder, die sich hier wie die Buchmaler über das Handwerkliche hinaus erheben.

Darüberhinaus aber ist besonders im Mittelalter und in der frühen Neuzeit das Buch als Ganzes durchaus oft ein Kunstwerk: Die Regelmäßigkeit der Schrift, die geschmackvolle Anordnung des Schrift- bzw. Satzspiegels, die schönen Formen der Buchstaben, entworfen oft von bedeutenden Künstlern, die eleganten Proportionen bei der Gestaltung der einzelnen Seiten, all dies kann auch reine Textseiten zu einem Kunstwerk und zu einem beliebten Sammelobjekt werden lassen.

4) Der museale Aspekt.

Das alte Buch in einzelnen Bereichen wie Illustration oder Einband oder als Ganzes, als Gesamtkunstwerk, dies hat zur Folge, daß ihm auch museale Züge eignen, ein Aspekt, der sowohl von den Museen als auch von den Bibliotheken oft leider stark vernachlässigt wird. Reine Buchmuseen wie das Gutenbergmuseum in Mainz oder das Plantin-Museum in Antwerpen sind Ausnahmen. In den sonstigen Museen, die oft wertvolle Buchbestände besitzen, sind Bücher im allgemeinen kein Ausstellungsobjekt, und längst nicht alle Bibliotheken mit Altbeständen besitzen eigene Ausstellungsräume. Sicher ist die museale Zur-Schau-Stellung des Buches auf Grund seiner Dreidimensionalität, also auf Grund der Tatsache, daß nicht das ganze Buch, sondern nur ein Teil, sein Äußeres oder zwei Textseiten, gleichzeitig gesehen werden können, problematisch, doch enthebt dies die Bibliotheken nicht von ihren musealen Verpflichtungen.

Im allgemeinen können alte Bücher heute nur in Sonderausstellungen, z.B. den österreichischen Landesausstellungen, bewundert werden, ziehen aber dort, wie die Erfahrung zeigt, durchaus die Aufmerksamkeit auf sich. Reine Buchausstellungen wie etwa die Palatina-Ausstellung in Heidelberg oder die Ausstellung über die Regensburger Buchmalerei, sind Ausnahmen, obwohl sie eine in der breiten Öffentlichkeit wenig bekannte Seite der Kultur vermitteln und, wie die Besucherzahlen zeigen, stets besten Anklang finden.

Das Interesse des Museums- oder Ausstellungsbesuchers für das alte Buch ist jedenfalls vorhanden. Daß die musealen Aufgaben für das alte Buch den Institutionen zufallen, welche die Eigner sind, also den Bibliotheken, sollte wohl selbstverständlich sein. Hier ist bisher eindeutig zu wenig geschehen. Es gibt in Österreich kein Buchmuseum, keine Bibliothek hat eine größere permanente Buchausstellung und nur wenige Bibliotheken sind personell und finanziell in der Lage Sonderausstellungen größeren Umfangs zu gestalten. Hier haben wir noch ein großes Aufgabenfeld und viele Möglichkeiten interessanter Betätigung.

5) Der bibliotheksgeschichtliche Aspekt.

Das alte Buch wird im allgemeinen nicht als Einzelstück überliefert, sondern als Teil einer mehr oder weniger gewachsenen Sammlung und bildet so ein Mosaiksteinchen einer größeren Einheit. Das alte Buch ist daher nicht nur um seiner selbst willen interessant, vielmehr ist die Sammlung als solche wesentlich und als Kulturdenkmal aussagekräftig.

Sie gibt Aufschluß über die Geistigkeit einer vergangenen Epoche, einer Region oder auch einer einzelnen Person als Besitzer von Büchern, denken wir hier etwa an die Privatbibliotheken und Sammlungen eines Matthias Corvinus oder eines Goethe. Leider sind die wenigsten historischen Bibliotheken heute noch in ihrer ursprünglichen Form erhalten, wie das Beispiel der genannten Corvinusbibliothek oder die vielen unter Josef II. aufgehobenen Klosterbibliotheken beweisen. Um z.B. über Kartäuserspiritualität im 17. Jh. Aufschluß zu erhalten, wären die Bestände der Kartäuserbibliotheken jener Zeit eine wichtige Quelle. Es bedarf einer mühsamen Rekonstruktion dieser heute nicht mehr bestehenden Bibliotheken, deren Bestände heute bestenfalls in staatlichen Bibliotheken erhalten, vielfach aber verloren gegangen sind.

Da auch historische Bibliothekskataloge eher selten sind, ist daher jedes einzelne, einer historischen Bibliothek zuordenbare Buch von Interesse, nicht nur das wertvolle Buchgut, auf dessen Erhaltung in der Aufklärung noch eher Gewicht gelegt wurde. Unter diesem Aspekt ist auch der Begriff der Dublette zu relativieren. Daß es bei Handschriften auch bei textlicher Identität keine Dublette gibt, war seit jeher selbstverständlich; bei den Inkunabeln hat sich diese Erkenntnis erst allmählich durchgesetzt, jedoch nur auf Grund bestimmter, buchimmanenter Kriterien wie Verschiedenheit des Einbandes, enthaltene Buchmalerei, Druckvarianten usw. Daß dies auch für das neuzeitliche, in vielen Exemplaren erhaltene Buch gelten kann, eben auf Grund der Zugehörigkeit zu heute nicht mehr bestehenden Büchersammlungen, wird erst allmählich erkannt.

Die Mindestforderung an die staatlichen Bibliotheken ist, solche Exemplare aus verschiedenen vorbesitzenden Sammlungen nicht mehr als Dubletten anzusehen, sondern zu behalten. Darüberhinaus aber sollten die Bibliotheken, welche Teile ehemaliger Sammlungen besitzen, bemüht sein, diese durch Ankäufe, leider oft auch Rückkäufe, wiederherzustellen oder zumindest zu ergänzen. Da dies aus finanziellen Gründen nicht immer möglich sein wird, besteht hier die Verpflichtung einer zumindest ideellen Zusammenführung der Bestände, welche in erster Linie bibliothekarische Tätigkeit ist. Dazu gehört die Durchsicht alter Bibliothekskataloge, aber auch von älteren und neuen Antiquariats- und Auktionskatalogen und die Durchsicht der Bestände anderer Bibliotheken, von welchen bekannt ist oder zumindest vermutet werden kann, daß sie Bestände aus der gesuchten aufgelösten Bibliothek besitzen. Auf diese Weise konnte ich bereits verblüffende, da vorher nicht geahnte Erfahrungen gewinnen, so etwa einen Bestand von ca. 60 Handschriften der ehemaligen Kartause Schnals an der UB Padua ermitteln, welche als unauffindbar galten. Diese Rekonstruktion alter Bibliotheken ist eine wichtige Grundlage geistesgeschichtlicher Forschung, zugleich ein reizvolles Betätigungsfeld für uns Bibliothekare.

Auf weitere Aspekte, unter denen das alte Buch im Zeitalter der neuen Medien seine ungebrochene Bedeutung behält, will ich nicht näher eingehen, da hier die Bibliotheken selbst weniger betroffen sind. Dazu gehört etwa das alte Buch als Sammelobjekt oder sogar als Kapitalanlage. Hier bieten besonders die Vereinigten Staaten ein gutes Beispiel, wie uns die dortigen Antiquariats- und Auktionskataloge zeigen. Charakteristisch sind dabei ein häufiger Besitzerwechsel auch bei wertvollsten Büchern sowie überhöhte Preise.

Schluß:

Ziehen wir aus all dem Gesagten das Resumée: In vielerlei Hinsicht wird das alte Buch auch im Zeitalter der neuen Medien Zukunft haben und sich in den Bibliotheken, wenn auch z.T. mit geänderten Aufgaben, behaupten. Dabei kommt den neuen Medien im Bereich des alten Buches eine nicht zu unterschätzende Hilfestellung zu, ohne daß sie das alte Buch ersetzen können. Das alte Buch wird mehr als bisher zugleich Musealgut sein, aber trotzdem echtes Bibliotheksgut bleiben. Die Aufgabe der Erhaltung und Konservierung des alten Buches, aber auch der Erschließung und Bereitstellung für die Benützung wird auch in Zukunft den Bibliotheken, und nur diesen, zukommen. Vereinfachend kann gesagt werden, daß das alte Buch als primäre Quelle unersetzbar ist und daß die Stärke der neuen Medien im sekundären Sektor liegt, in der Informationserschließung und -vermittlung. Die Schlußfolgerung liegt nahe: Das alte Buch wird in unseren Gebrauchsbibliotheken oft nur nebensächlich behandelt, oft je nach persönlicher Einstellung als etwas, was man leider mitschleppen muß und nicht mehr abstoßen kann, oder als etwas, womit man auf Grund des Alters und des Wertes renommieren kann, was als Aufputz des nüchternen modernen Bibliotheksalltags dienen kann, aber nicht oder zu wenig als das, was es tatsächlich ist, nämlich als lebendiges Bibliotheksgut und zugleich Musealgut mit allen Konsequenzen. Um hier zu einer dem alten Buch gerecht werdenden Einschätzung zu kommen, ist mehr als bisher personell, baulich und organisatorisch Bedacht zu nehmen. Dies gilt nicht nur für die Nationalbibliotheken. Es ist dies eine Verpflichtung, die nicht ernst genug genommen werden kann, damit das vielstrapazierte Modewort der „Schatzkammer der Menschheit“ für die Bibliotheken tatsächlich seine Berechtigung hat. Und so möchte ich mit einem Zitat schließen, diesmal nicht aus Eco, sondern aus einem „Bibliotheksklassiker“ des Mittelalters, nämlich aus dem "Philobiblion" des Richard de Bury im 14. Jh., wo die Bedeutung des Buches trefflich charakterisiert wird: „Denn durch Bücher setzt der Denker täglich fort, was er einst, als er auf Erden wandelte, begann“.

Literatur (in Auswahl):

CORSTEN, Severin: Neue Gedanken über alte Bücher. In: Corsten, Untersuchungen zum Buch- und Bibliothekswesen (Arbeiten und Bibliographien zum Buch- und Bibliothekswesen. Bd. 5). Frankfurt/M 1988, S. 284 - 300.

DETEMPLE, Siegfried: Die Bibliotheken in der postmodernen Situation. In: Bibliotheken mit und ohne Grenzen (Biblos-Schriften 154). Wien 1991, S. 152 - 162.

ECO, Umberto: Die Bibliothek. In: Eco, Auf dem Wege zu einem neuen Mittelalter (DTV. Großdruck. Nr. 25025). München 1989, S. 126 - 155.

KOCH, Hans-Albrecht: Die zwei Kulturen im Bibliothekswesen. In: Informationen gestern, heute, morgen. Festschrift für Ferdinand Baumgartner. Wien 1991, S. 275 - 285.

MAZAL, Otto: Bibliothekare als Träger buch- und bibliotheksgeschichtlicher Forschung. In: Beiträge zur Geschichte des Buches und seiner Funktion in der Gesellschaft. Festschrift für Hans Widmann. Stuttgart 1974, S. 146 - 154.

MAZAL, Otto: Kulturpolitische Aufgaben und konservatorische Verantwortung von Handschriftensammlungen. In: LIBER-Bulletin 11 (1978) S. 58 - 75.

MAZAL, Otto: Das alte Buch, Erbe und Aufgabe. In: Der Österreichische Bibliothekartag 1980 (Biblos-Schriften 114). Wien 1981, S. 61 - 80.

MAZAL, Otto: Konservatorische und organisatorische Maßnahmen zur Sicherung wertvollen Buchgutes. In: Der Österreichische Bibliothekartag 1986 (Biblos-Schriften 140). Wien 1988, S. 58 - 68.

MIGNON, Krzysztof: Das Buch als Gegenstand wissenschaftlicher Forschung (Buchwissenschaftliche Beiträge aus dem Deutschen Bucharchiv. Bd. 32). Wiesbaden 1990.

NEUHAUSER, Walter; RAMMINGER, Eva; SEPP, Sieglinde: Altes Buch - neue Technologien. Erschließungsarbeiten an den Altbeständen der UB Innsbruck. In: Fakten, Daten, Zitate 9 (1989) H. 3, S. 1 - 8.

RAMMINGER, Eva: Das Museum und seine Partnerschaft mit der Bibliothek. Vortrag am 4. Österreichischen Museumstag in Innsbruck 1992: In: Mitteilungen der Vereinigung Österreichischer Bibliothekare 45 (1992). H.3/4 (im Druck).

UNTERKIRCHER, Franz: Handschriften und ihre Feinde. In: Festschrift Josef Stummvoll (Museion. N.F., Reihe II, Bd. 4.). Wien 1970, S. 623 - 634.

Der Bibliotheksverbund in Österreich und Neue Medien in der BIBOS-Katalogisierung

Manfred Stoll

Das Bibliotheksverbundsystem BIBOS im Bereich der wissenschaftlichen Bibliotheken Österreichs ist seit 1988 im Einsatz. Nach einer öffentlichen Ausschreibung im Jahr 1987 wurde nach eingehenden Bewertungen verschiedener Produkte dem System BIBOS (einer Weiterentwicklung des bereits seit mehr als 10 Jahren im Bereich der Arbeiterkammer und Pädagogischen Akademien im Einsatz befindlichen Systems BIBOS der Zuschlag erteilt.

Die Inbetriebnahme des Systems BIBOS erfolgte nach einem Stufenplan, sowohl, was die Einbindung der zu versorgenden Bibliotheken als auch den Einsatz der diversen funktionellen Komponenten betrifft.

Dies war vor allem auch deshalb notwendig, da zum Zeitpunkt der Betriebsaufnahme noch nicht die volle Funktionalität aller Komponenten zur Verfügung stand.

Vom Gesamtkonzept sieht das System BIBOS ein zentrales System und mehrere lokale Systeme vor.

Zentrales System

Das zentrale System stellt folgende Komponenten zur Verfügung:

- Verbundkatalogisierung nach RAK-WB und RSWK
- Recherche über das OPAC-Modul
- Geschäftsgang-Funktionen
- Normdateien im Bereich der Sacherschließung als Eigenentwicklung
- Fremddatennutzung für die Katalogisierung

Die folgenden Diagramme geben einen Überblick über die derzeit im zentralen System mit Stichtag 1. September 1992 vorhandenen Datenbestände. Dabei ist ein unmittelbarer Vergleich der Daten zwischen den einzelnen Bibliotheken untereinander nicht sinnvoll, da die Verbundteilnehmer zu verschiedenen Zeitpunkten den Betrieb aufgenommen haben. Die Abbildungen 1 und 2 geben die von den Verbundteilnehmern - nach Bibliothekssigel aufgeschlüsselt - erfaßten Titeldatensätze an.

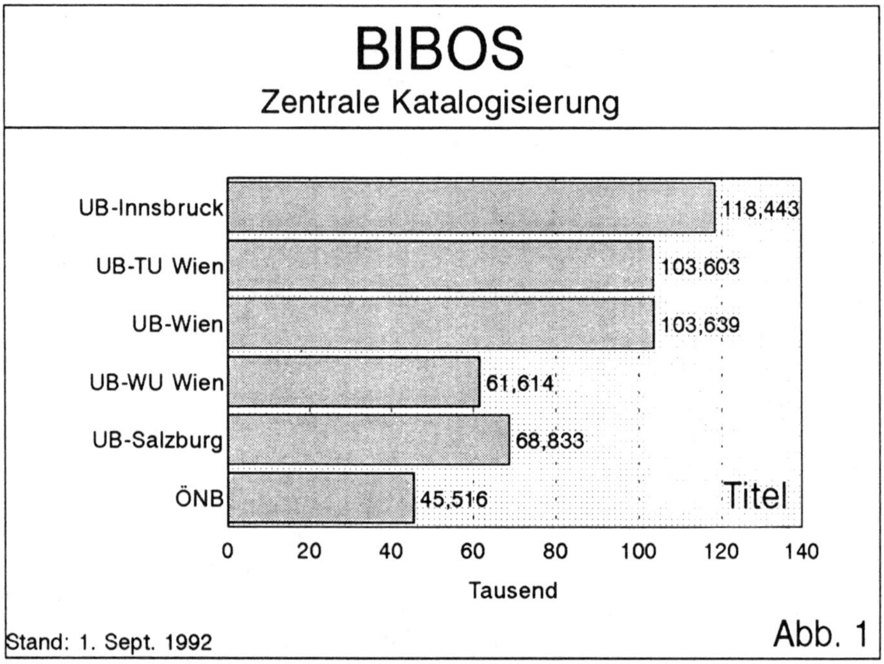
BIBOS
Zentrale Katalogisierung
UB-Innsbruck
UB-TU Wien
UB-Wien
UB-WU Wien
UB-Salzburg
ÖNB
118,443
103,603
103,639
61,614
68,833
45,516
Titel
0
20
40
60
80
100
120
140
Tausend
Stand: 1. Sept. 1992
Abb. 1

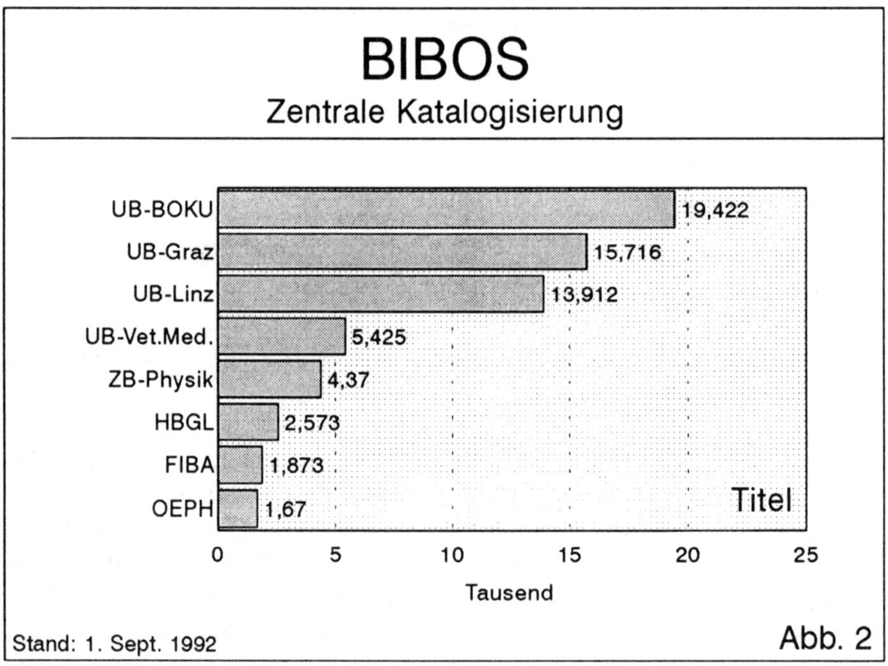
BIBOS
Zentrale Katalogisierung
UB-BOKU
UB-Graz
UB-Linz
UB-Vet.Med.
ZB-Physik
HBGL
FIBA
OEPH
19,422
15,716
13,912
5,425
4,37
2,573
1,873
1,67
Titel
0
5
10
15
20
25
Tausend
Stand: 1. Sept. 1992
Abb. 2

Über die von mehreren Verbundteilnehmern gemeinsam genutzten Titel und über die Nutzung des Fremddatenbestandes gibt die Abb. 3 einenÜberblick. Bemerkenswert ist dabei der Nutzungsanteil von 27,9% der Titeldatensätze aus dem Fremddatenpool. Berücksichtigt man noch die Tatsache, daß von den derzeit 426.803 Titeldatensätzen ca. 66.000 aus maschinell eingespielten Altdatenbeständen stammen, so steigt der Nutzungsgrad auf ca. 33% an.

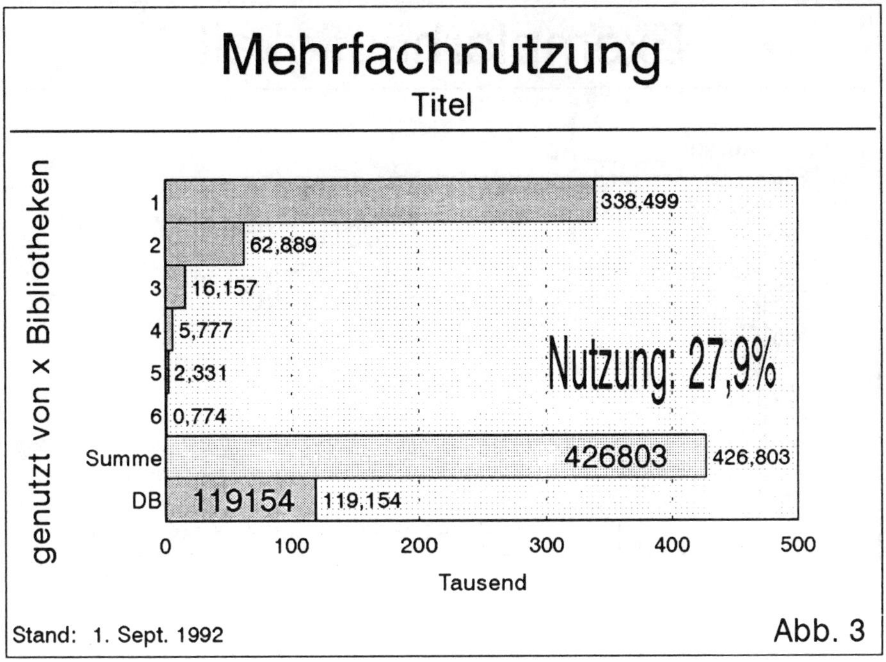

Abb. 3

Zum genannten Stichtag befinden sich im zentralen System 645.870 Bestandsdatensätze, wobei die Abbildung 4 einen Überblick über die Verteilung der Häufigkeiten der Exemplardatensätze pro Titel gibt.

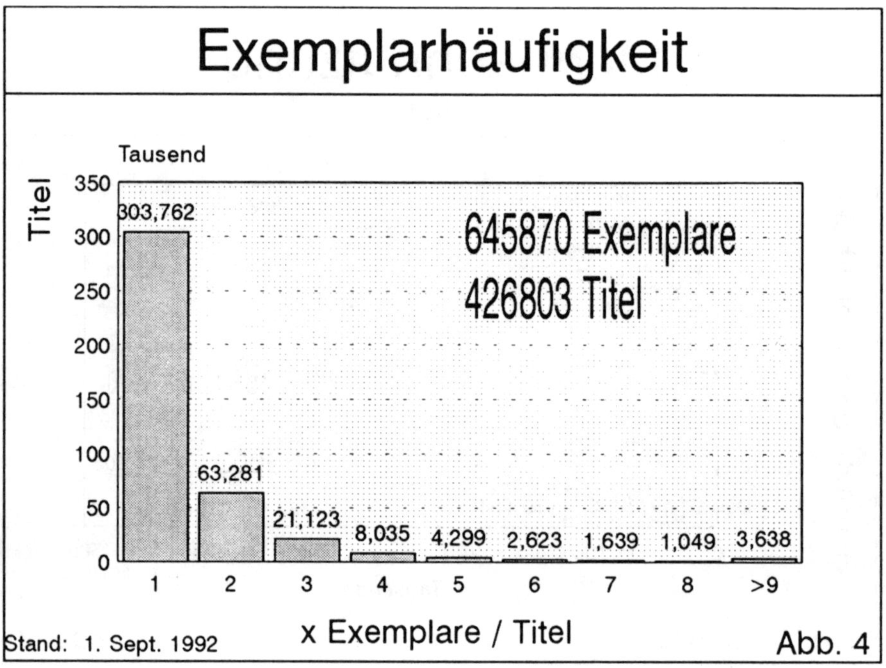

Lokale Systeme

Da die ersten Tests der neu zu konzipierenden lokalen Komponenten auf der Basis verteilter Datenbanken in einem Echtzeit-Rechner-Verbund eine nicht ausreichende Systemstabilität ergaben, wurde die Datenschnittstelle zwischen dem zentralen und den lokalen Systemen mit einer Batchlösung realisiert. Dabei werden die lokalen Systeme in regelmäßigen Intervallen (ca. 1 wöchentlich) mit den Daten aus dem zentralen System auf den aktuellen Stand abgeglichen. Die BIBOS-Ausleihsystemkomponente wurde nach diesem Konzept in Auftrag gegeben und befindet sich seit Anfang 1992 an der UB-Innsbruck in einem eingeschränkten Probebetrieb. Das BIBOS-Entlehnsystem basiert systemtechnisch auf den gleichen Hard- und Softwareplattformen wie das zentrale System. Das System BIBOS wurde rund um die IBM-Softwarekomponenten CICS, DL/1 unter dem Betriebsystem VSE bzw. MVS entwickelt. Der Vorteil, sich auf Systemplattformen zu bewegen, die sicher derzeit eine ausgezeichnete Langzeitverfügbarkeit garantieren, bringen andererseits die Nachteile einer sehr aufwendigen Systembetreuung und wenig Flexibilität in der Anpassung an neue Technologien mit sich.

Die Verbundtopologie

Wenn ich vorher von Systemen gesprochen habe, so ist damit die Verfügbarkeit einer bestimmten Funktionalität gemeint. Die tatsächliche Realisierung der Funktionalität wird von einem breiten Spektrum von Einflußfaktoren bestimmt. War man bisher gewohnt, EDV-Leistung einem eigenen Rechner gleich zu setzen, so ist diese Betrachtungsweise insbesondere durch die rasante Entwicklung im Datenkommunikationsbereich neu zu positionieren.

Die Realisierung der EDV-Hardwareinfrastruktur hängt von sehr vielen Einflußgrößen ab, und bei verschiedenen technisch möglichen Lösungen werden daher andere Faktoren, wie Personalressourcen etc., die Entscheidung über die Art der Realisierung wesentlich beeinflussen.

Eine Analyse der Implementierung einer BIBOS-Lokalität hat zur Entscheidung zwischen folgenden Alternativen mit den angeführten Vor- und Nachteilen geführt:

- Eigener lokaler Rechner

  eigene lokale Betreuung

  Softwarewartung auf jedem lokalen Rechner

  Datenfluß zum zentralen System aufwendiger

  Datenendgeräteanbindung nur lokal und daher kostengünstiger

- Lokale Systeme auf Verbundrechner
gemeinsame Nutzung personeller Ressourcen
bessere Hardwarenutzung
gemeinsame Softwarenutzung und -pflege
Datenfluß zum zentralen System einfacher
Netzwerk aufwendiger und teurer

Hätte noch vor nicht allzulanger Zeit die Nichtverfügbarkeit leistungsfähiger Netzwerke die Entscheidung leicht gemacht, so geht derzeit - vor allem in Anbetracht der knappen personellen Ressourcen - die Entscheidung zugunsten einer Zentralisierung aus. Dies scheint bei oberflächlicher Betrachtung in augenscheinlichem Widerspruch zu den Trends von Client-Server-Systemen und der Verlagerung von bestimmten Funktionen auf kleinere und billigere Systeme zu stehen. Dieser Widerspruch ist jedoch nur ein scheinbarer, und seine Ursache ist in dem Umstand zu sehen, daß der Softwareentwicklungsaufwand für ein Bibliotheksverbundsystem mit seinen komplexen Anforderungen noch nicht mit der viel schnelleren Entwicklung moderner Systemarchitekturen Schritt halten kann.

Verbunddaten auf CD-ROM

Die Tatsache, daß einige Bibliotheken seit der Einführung von BIBOS ihre neueren Bestände ausschließlich über den OPAC nachweisen, gab Anlaß zur Diskussion nach einem geeigneten Backup-Medium. Man war sich bald einig, daß die Lösung CD-ROM heißt. Als Rahmenbedingungen für das Projekt sollten nach Möglichkeit folgende Punkte berücksichtigt werden:

- Beibehaltung der BIBOS-Datenstrukturen
- Eignung für große Datenbestände
- moderne Retrievalfunktionen
- Netzwerkfähigkeit
- rasche Realisierung

Neben den vielfältigen Erfahrungen im Umgang mit dem Softwarepaket CDS/ISIS der Unesco im österreichischen Bibliothekswesen, wurde speziell die bis dahin in Österreich kaum genutzte Möglichkeit der Adaptierung dieses Produktes mit Hilfe der PASCAL-Schnittstelle untersucht. Erste Tests ergaben, daß mit geringem Aufwand die hervorragenden Basisfunktionalitäten von ISIS durch optimal angepaßte Benutzeroberflächen ergänzt und erweitert werden können. Ebenso wurden Untersuchungen über die Tauglichkeit für große Datenmengen angestellt, die positiv verliefen.

Etwas eingehendere Untersuchungen ergaben, daß auch die volle hierarchische Datenstruktur von BIBOS realisiert werden kann und obwohl ISIS im Prinzip nur einen Index kennt, trotzdem alle BIBOS-Kategorien individuell suchbar gemacht werden können, ja sogar eigene Stoppwortlisten für die verschiedenen Kategorien realisiert werden können.

Neben den gängigen Boole'schen Operationen sind diese auch auf Feldebene möglich und mit Proximity-Möglichkeiten ausgestattet. Ebenso gehört eine Freitextsuche und die Rechtstrunkierung zu den Standardfunktionen. Eine Linkstrunkierung, welche durch Stringspiegelung auf die Rechtstrunkierung zurückgeführt werden kann, ist mit der PASCAL-Schnittstelle über den FORMAT-Exit durch den Anwender realisierbar.

Das Erstellen der Datenbestände für die ISIS-Datenbanken erfolgt über die BIBOS-Exportschnittstelle im Interformat.

Am Ende des Vortrages wurde der derzeitige Prototyp kurz auf einem MS-DOS PC vorgestellt.

Bibliotheksautomation in Österreich

Sigrid Reinitzer und Karl F. Stock

Die Zusammenführung der EDV-Konzepte der Universitätsbibliotheken zu einem langfristigen und weitblickenden Gesamtkonzept

Vorbemerkung:

Das von den beiden Vortragenden wechselweise gehaltene Referat stellt eine konzentrierte Zusammenfassung des folgenden Buches dar:

Reinitzer, S.; Stock, K. F.: Bibliotheksautomation in Österreich: die Zusammenführung der EDV-Konzepte der Universitätsbibliotheken zu einem langfristigen und weitblickenden Gesamtkonzept / mit einem Geleitwort von Franz Kroller und einem Vorwort von Klaus-Dieter Lehmann. - Graz, 1992. - 95 S.

1. Die Bedeutung der elektronischen Datenverarbeitung für einen modernen Bibliotheksbetrieb

Wie das Elektrizitätsnetz eines Landes auf einheitlichen Anlagen, Leitungen und aufeinander abgestimmten Spannungen und Leistungswerten basiert, so müssen auch Bibliotheken den Informations- und Datenverkehr auf einheitlichen Verfahren und gemeinsamen Datenpools gründen.

An dieses einheitliche System können auch mehrere integrierte Teilsysteme über definierte Schnittstellen (OSI Open Systems Interconnection) angeschlossen werden, die dem jeweiligen Bedarf entsprechen und flexibel an lokale Gegebenheiten angepaßt werden können. Der gemeinsame Datenpool des Verbundsystems sollte aus der Belieferung mit einheitlich strukturierten oder zumindest in ein einheitliches Format transformierbaren Datensätzen aufgebaut werden.

Ein Bibliotheksverbundsystem wird nur optimal funktionieren, wenn die Prinzipien der dezentralen Datenhaltung und der verteilten Rechnerkapazität berücksichtigt werden. Die Rolle der Großcomputer hat sich in letzter Zeit deutlich dahin verändert, daß ihre bisherige gegen andere Systeme abgeschottete Betriebsform durch offene Schnittstellen aufgebrochen wurde. Wo dies aber wegen der besonderen Bindung an das Ursprungssystem überhaupt nicht möglich oder höchst unwirtschaftlich ist, werden diese Systeme zwangsläufig bei Systemwechsel kaum die nächsten EDV-Generationen miterleben.

Die Systemkomponenten der verteilten Verarbeitung und Datenhaltung lassen sich meist problemlos mit den neuesten Technologien erweitern.

2. Ausgangssituation

Folgende zehn große EDV-Komponenten befinden sich an den Grazer Universtätsibibliotheken im Einsatz:

* Das Entlehnsystem GRIBS der UB Graz mit dem integrierten GRIBSINFO
* Das TUB-System der UB der TU Graz
* Das FB-Infosystem der Rechts-, Sozial- und Wirtschaftswissensch. Fakultätbibliothek der Univ. Graz
* Der Grazer Bibliothekenverbund
* Die Österreichische Zeitschriftendatenbank (ÖZDB)
* Die Dissertationenerfassung mittels MICRO-ISIS
* Der BIBOS-Verbund
* Lokale Einzelanwendungen auf PC-Konfigurationen
* Informationsvermittlung über internationale Datenzentralen
* CD-ROM-Datenbanken im lokalen Universitätsnetz der Universität Graz

2.1 Das Entlehnsystem GRIBS an der UB Graz

Das Entlehn- oder Ausleihverbuchungssystem der UB Graz, dessen Name GRIBS (Grazer Integriertes Bibliotheks-System) auf die ursprüngliche Zielsetzung hinweist und dessen erster Modul die Ausleihe war, ist von seiner Konzeption und Verwendbarkeit her für die Massenabfertigung der Freihand- und Magazinsausleihe von Großbibliotheken bestens geeignet.

Das Entlehnsystem GRIBS ermöglicht die Bestellung, Entlehnung, Verlängerung, Vormerkung, Rückgabe und Standortanzeige der Datensätze von 1,2 Millionen Bänden an Monographien, Zeitschriften und Serien der Hauptbibliothek der Karl-Franzens-Universität Graz (Magazinsbestand, Lehrbuchsammlung und alle Freihandaufstellungen); dieses Entlehnsystem ermöglicht weiters die integrierte Suche in einer Kurztitel-Datenbank, die derzeit etwa 250.000 Datensätze enthält und jährlich um mehr als 50.000 Datensätze erweitert wird.

Das System steht an der Hauptbibliothek und an allen über ETHERNET der EDV-Zentren der Grazer Universitäten (KFUG und Technische Universität) angeschlossenen Instituten online zur Verfügung.

2.2 Das TUB-System

Mit diesem System wird der Geschäftsgang der UB der TU Graz von der Inventarisierung bis zur Schlußstelle unterstützt.

Im einzelnen werden vom TUB-System folgende Leistungen erbracht:

* Inventarerfassung und Katalogisierung nach einem einfachen Kategorienschema und mit Datenfeldern für koordinierende Administration aller Institutsbibliotheken;

* Kontoführung und Erwerbungsstatistik für die Gesamtuniversität und für einzelne Teilbereiche;

* Inventarbuch nach RIM

* Lieferantenstatistik, Überprüfung der Erwerbungsaktivitäten;

* Laufmeterstatistik für Stellraumplanung

* OPAC in benutzerfreundlicher Einfachheit;

* Datenimport der Daten der ÖZDB in den TUB-OPAC;

* hierarchische Struktur für alle Fakultäten und Institute nach UOG-Gliederung.

Die hier aufgezählten Leistungen ermöglichten es der UBTUG, den Übergang zum UOG-konformen Betrieb der Bibliothek zu schaffen.

Solange die angeführten Vorteile des TUB-Systems nicht auch im gesamtösterreichischen Verbundsystem angeboten werden können, muß die UBTUG trotz anderer Vorteile des Verbundsystems mit ihrem eigenen maßgeschneiderten System weiterarbeiten, oder aber es wird der schon lange geforderte Rekord-Transfer zwischen dem zentralen BIBOS-System und den lokalen Systemen realisiert.

2.3 Grazer Bibliothekenverbund

An beiden Grazer Universitäten arbeiten und studieren mehr als 60.000 Benutzer, zu deren täglicher Arbeit auch der Umgang mit EDV-Systemen und Datenbanken gehört. Die Beschränkung der EDV-Anwendung und des EDV-Zugangs auf den bibliothekarischen Verwaltungsbereich war daher etwa ab 1986 nicht mehr aufrechtzuerhalten. Die Öffnung der bibliothekarischen Datenbanken an diesen beiden Universitäten mit Zugriffsmöglichkeiten von allen universitären Arbeitsplätzen aus wurde daher von den EDV-Zentren als Aufgabe und Auftrag betrachtet, und benutzerfreundlich realisiert.

Teilkomponenten des Grazer Bibliotheksverbundes sind:

* GRIBSINFO: 250.000 Titel der Hauptbibliothek der Universität Graz

* TUBINFO: 170.000 Titel der Hauptbibliothek und der Institute der TU Graz

* FBINFO: 120.000 Titel der Fakultätsbibliothek der Rechts-, Sozial- und Wirtschaftswissenschaften der Universität Graz.

2.4 ÖZDB: Österreichische Zeitschriftendatenbank

Die Erfassung von Zeitschriften und großen Serienwerken für die Österreichische Zeitschriftendatenbank an der Österreichischen Nationalbibliothek erfolgt im Online-Verbund an allen österreichischen wissenschaftlichen Bibliotheken: Gesamtbestand: 120.000 Titel mit 302.000 Bestandsnachweisen.

Der Datenpool der ÖZDB muß für alle Bibliotheken in der besten Qualität nutzbar bleiben. Eine Ausgabe auf CD-ROM ist, wie ein Test bereits 1988 gezeigt hat, möglich und sollte bald realisiert werden. Die weltweit verkündete Zusammenarbeit zwischen IBM, Bull und Apple Macintosh sollte hier neue Perspektiven eröffnen. Ergänzt wird dieser Teil durch das Zeitschriftenhefte-Verwaltungsprogramm, das ebenfalls an der Planungsstelle entwickelt wurde. Es ist an mehreren wissenschaftlichen Bibliotheken erfolgreich im Einsatz.

2.5 Dissertationen

Gewisse Anwendungen können ohne direkte und ständige Verbindung zum Verbundsystem auf PCs bearbeitet werden. Ein Beispiel dafür sind die Dissertationen, Diplomarbeiten und Habilitationsschriften. Diese Schriften werden an der UB Graz mit Hilfe des PC-Programmsystems MICRO-ISIS katalogisiert. An der UBTUG werden diese Daten wie alle anderen im TUB-System erfaßt und verarbeitet, vom Außeninstitut der TU Graz werden die Dissertationsdaten nachträglich mit Abstracts angereichert und online weltweit zugänglich gemacht.

MICRO-ISIS ist ein von der UNESCO kostenlos zur Verfügung gestelltes PC-Bibliotheksverwaltungssystem. Infoterm hat 1992 gemeinsam mit der UNESCO eine wesentlich verbesserte Version von MICRO-ISIS herausgegebracht. Darüber hinaus ist MICRO-ISIS nicht nur auf PCs sondern auch auf Workstations unter OS/2 und UNIX einsetzbar, was besonders einem Einsatz in lokalen Netzen zugute kommt.

2.6 Informationsvermittlung

An allen österreichischen wissenschaftlichen Bibliotheken sind die Informationsvermittlungsstellen nicht in das lokale System der Bibliotheksautomation integriert, da die international zugänglichen Datenbasen meist schon viel früher einen wesentlich höheren Entwicklungsstand aufzuweisen hatten als die EDV-Systeme der Bibliotheken.

An den UBs werden die Informationsvermittlungsstellen mit den folgenden Teilkomponenten betrieben:

2.6.1. Online-Retrieval

2.6.2. CD-ROM-Anwendungen

Mit Jahresbeginn 1992 wurden rund 60 CD-ROMs aus allen Fachgebieten über das universitäre ETHERNET allen Benützern an der Universität Graz direkt am Arbeitsplatz angeboten.

2.6.3. Planung von weiteren Projekten im Rahmen der IVS-Aktivitäten

Zahlreiche Datenbanken sind schon auf kompakten und kapazitätsreichen Massendatenträgern erhältlich.

2.7 Einzelarbeitsplatzinstallationen für lokale Anwendungen

Mehrere Arbeitsplatzinstallationen sind für folgende Aufgaben im Einsatz:

Universitätsbibliothek Graz:

* Verwaltung der Buchbinderarbeiten der Hauptbibliothek mit F&A (dieses Programm wurde auch von der UBTUG übernommen und angepaßt).

* Bearbeitung einzelner Bestände der Abteilung für Sondersammlungen mit MICRO-ISIS.

* Textverarbeitungssysteme für Publikationen der Universitätsbibliothek (Ausstellungskataloge, Jahresberichte, Benützungsanleitungen)

* Erfassung der Dissertationen und Diplomarbeiten der Universität Graz und Sonderdrucke der steirischen Wissenschafter mittels MICRO-ISIS.

* Verwaltungsprogramm für die Erwerbung (Kauf) über den nationalen und internationalen Buchhandel.

Universitätsbibliothek der TU Graz

* Bestell- und Lieferantenverwaltung sowie Tausch mit F&A und Excel.

* Verwaltung des kombinierten DK-RSWK-Thesaurus mit F&A.

* Zeitschriftenhefte-Zugangsverwaltung mit F&A an Fachbibliotheken.

* Zeitkarten- und Überstunden-Verwaltung mit einem hauseigenen Programm in QuickBASIC.

* Jahresberichte und Kleinpublikationen mit DTP-Programmen.

* Aktenregister und Korrespondenz mit Word-5.

* Verwaltung der IVS-Aktivitäten und IVS-Statistiken mit F&A.

2.8 Verbund der wissenschaftlichen Bibliotheken Österreichs

BIBOS wurde an der UB Graz bereits im Jahre 1986 ausführlich getestet. So wird das Verbundsystem BIBOS seit 1987 für die Katalogisierung des Bestands ausgewählter Institute und für die Altbestandserfassung an der Hauptbibliothek sowie für die Freihandbestände der Abteilung für Sondersammlungen eingesetzt.

3. Zielvorstellungen zum Bibliotheksverbundsystem

Als Ziele und Funktionen sollten in einem Pflichtenheft für die nächste Generation der Bibliotheksautomation festgelegt werden:

(1) Funktionen

* Arbeitsabläufe des Bestandsaufbaues von der Bestellung beim Buchhandel bis zur Erwerbung;
* Sacherschließung mit Hilfe von Normdateien;
* Formalerschließung mit Hilfe von Normdateien;
* Bestandsinformation mit Suchfunktionen sowie Standortnachweisen;
* Benutzerdienste wie Online-Bestellung, Vormerkung, Ausleihe und Fernleihdienste mit Dokumentenlieferung;
* Zugriffswege und Kommunikation zu den o. a. Funktionen anderer Bibliotheken und Verbundsysteme.
* Die lokalen Bibliothekssysteme sind als autonome Systeme im Rahmen ihrer jeweiligen Universitätsnetze einzubinden, deren Einzelfunktionen unter (6) im Detail aufgelistet werden.

(2) Verbundsystem

* Verbundzentrale mit Groß- oder Supercomputer und diversen Servern;
* verbundinternes und verbundübergreifendes Kommunikations- und Transaktionssystem;
* heterogene lokale und spezielle verteilte Systeme, die als integrierte Systeme für die Erwerbung, Erschließung und Benutzung vor Ort eingesetzt werden.

(3) Heterogenität

Solange die Voraussetzungen zur Teilnahme an einem Verbundsystem homogene Hard- und Software sind, bleibt der Wert der Verbundressourcen deutlich eingeschränkt.

(4) Standards und Normen
* Datenformat
* Standard-Schnittstellen und Telekommunikationsnormen
* Regelwerke für die Online-Katalogisierung und Normdateien
  . Personennamen,
  . Körperschaften,
  . Einheitstitel,
  . ISBN/ISSN und Verlage,
  . RSWK, DK, LC Classification,
    - Thesauri für spezielle Fachbereiche,
    - Geographica,
    - Abkürzungen für Länder, Sprachen und Währungen.

(5) Autonomes Bibliothekssystem

1. Kurze Antwortzeiten durch Verarbeitung am Arbeitsplatz des Anwenders;
2. Ergonomische Benutzeroberflächen fördern das funktionale Verständnis und bewirken damit bessere Arbeitsleistungen;
3. Entlastung des zentralen Verbundrechners und lokaler Bibliothekscomputer von vielen Bildschirmoperationen;
4. Höhere Ausfallssicherheit durch Weiterbetrieb an einzelnen Arbeitsplätzen bei Ausfällen der höheren Ebene, bzw. der höheren Ebene bei Ausfall einzelner Arbeitsplatzrechner;
5. Steigerung der Wirtschaftlichkeit durch ein günstigeres Preis-/Leistungsverhältnis.

(6) Funktionen des autonomen (lokalen) Bibliothekssystems
* Erwerbungssystem
* Haushaltskontrolle
* Inventarisierung und Verrechnung, Budgetverwaltung
* Fremddatennutzung
* Kooperative Katalogisierung
* Retrokonversion und Retrokatalogisierung
* Zeitschriften- und Periodika-Verwaltung
* OPAC
* Automationsunterstützte Bibliographie-Herstellung
* Ausleihverbuchung

(7) Lokaler Bibliotheksknoten im Rahmen der Verbundaufgaben

Voraussetzung ist eine möglichst weitgehende Durchgängigkeit der Computernetze sowie deren Ausrichtung auf die international gültigen und verwendeten Normen und Standards wie OSI und EDIFACT.

(8) Lokales Zweigstellensystem

Das unter (2) genannte Verbundsystem ist die koordinierende Schaltstelle, die als Zentrum für ein lokales Zweigstellensystem auf der Ebene von Universitäten und Fachbibliotheken wirksam ist.

(9) Bestehende Systeme

Bestehende Systeme sind erst dann stillzulegen, wenn die Nachfolgesysteme einwandfrei funktionieren!

(10) Ausbaugrundsätze

Verbundsystem, lokale Bibliothekssysteme und Universitätsnetze müssen füreinander offen sein!

(11) Multimedia-Einbindung

Multimedia- und KI-Anwendungen auf dem Gebiete des Bibliotheks- und Informationswesens sind bereits in Ansätzen zu beobachten, wie etwa:

* Hypermedia-Multimedia-Anwendungen
* Wissensrepräsentation
* Expertensysteme für Katalogisierung, Sacherschließung und Suchstrategien automationsunterstützte retrospektive Konversion bibliographischer Datenbestände mit Hilfe kognitiver Scanning- und Umsetzungsverfahren
* Übersetzungssysteme.

(12) Datenverarbeitungsinvestitionen

Sinnvolle Nutzung der EDV erfordert Anstrengungen zur Heranbildung eines Personalstandes, der sowohl bibliothekarisch als auch EDV-mäßig so geschult ist, daß die bibliothekarischen EDV-Systeme fachgerecht betrieben, betreut und weiterentwickelt werden können.

(13) Bibliothekarische Arbeitsplätze

Alle Bediensteten der wissenschaftlichen Bibliotheken müssen ihrem Arbeitsbereich entsprechend künftig über einen integrierten EDV-Arbeitsplatz verfügen.

(14) Vernetzung:

Für alle Bibliotheken ist die Einführung von lokalen Netzwerken (LANs) so selbstverständlich und notwendig, wie heute die Versorgung mit Strom, Wasser und Telefon geworden ist. Die lokalen Netze müssen möglichst dicht ausgelegt werden.

(15) Datenverarbeitungspersonal

Bibliotheken werden ihre Netzdienste ohne qualifizierte Netzwerkbetreuer nur mit erheblichen Schwierigkeiten anbieten und aufrechterhalten können. Jedes System soll in seinen Strukturen so offen sein, daß es auf neue Technologien reagieren kann und diese Technologien sinnvoll eingebaut werden können. Der Aufbau verschiedener lokal bzw. zentral nutzbarer Dateien als Normdateien wird nochmals betont:

* Körperschaften
* Personennamen
* Schlagwörter
* Thesauren
* Geographica.

4. Das Verbundsystem und die lokal selbständigen Anwendungsmodule

4.1. Das Verbundsystem und das Entlehnsystem

Ein offenes Bibliothekssystem für die Entlehnung kann über Schnittstellen zu vorhandenen Systemen zugreifen. In Europa sind einige Systeme als offene Systeme im Einsatz oder in Entwicklung wie etwa DABIS, GEAC, PICA, SISIS und URICA. PICA, das in den Niederlanden entwickelt wurde, bietet als offenes System einen zentralen Katalogisierungsverbund und zugleich Schnittstellen zu diversen Entlehnsystemen wie die von GEAC, ALS u. a. an. In ähnlicher Weise kann auch das lokale System von SIEMENS (SIAS, SIKIS, SIERA, SISIS) Teilnehmer in einem größeren Verbund sein.

4.2 Das Verbundsystem und das TUB-System

Die Daten des TUB-Systems der UB der TU Graz sind relativ einfach und übersichtlich strukturiert. Nach dem Wunsche einiger Verbundteilnehmer sollten diese Daten im Umfang von mehr als 150.000 Datensätzen in das künftige Verbundsystem durch Transformation eingebracht werden. Dies wäre durch eine einfache Import- und Export-Funktion des Verbundsystems realisierbar.

4.3 Das Verbundsystem und der Grazer Bibliothekenverbund

Die bereits maschinenlesbar erfaßten Kurztitel des Grazer Bibliothekenverbundes im Umfang von mehr als einer halben Million ergänzen als Online-Katalog den vorher geführten Grazer Zentralkatalog. Dieser maschinenlesbare Datenbestand sollte so schnell wie möglich in den Verbundkatalog übernommen werden. Auch hier könnte mit einer Übernahme der Daten mittels Downloading eines Minimal-Katalogisates in die lokalen Rechner für die Belange der Grazer wissenschaftlichen Bibliotheken das Auslangen gefunden werden.

4.4. Das Verbundsystem und die Österreichische Zeitschriftendatenbank

Die ÖZDB sollte in ihrer derzeitigen Qualität bestehen bleiben. Die Datenstruktur der ÖZDB ist für eine Zeitschriftendatei unbedingt erforderlich, ebenso sind sämtliche Ausgabeformate der ÖZDB (Papier, Microfiches, CD-ROM) von großer Bedeutung. Auch für diesen Bereich wäre die Entwicklung von Schnittstellen zu BIBOS und zur ÖZDB sinnvoll.

4.5 Das Verbundsystem und die Dissertationendatenbank

Die am Forschungszentrum Seibersdorf im Aufbau befindliche österreichische Dissertationendatenbank ermöglicht keine Datenintegration in BIBOS. Aus wirtschaftlichen und organisatorischen Gründen sollten sobald wie möglich Doppel- und Mehrfacherfassungen derselben Daten für die verschiedenen Teilkomponenten vermieden werden.

4.6 Das Verbundsystem und die Automatisierung der Österreichischen Bibliographie

Die automationsunterstützte Herstellung der Österreichischen Bibliographie war eines der vordringlichsten Anliegen des Grundkonzeptes von 1972. Da diese Komponente von BIBOS nicht geleistet werden kann, müssen alle Werke, die in der Österreichischen Bibliographie erscheinen, ein weiteres Mal über den PC erfaßt werden. Auch diese Doppelerfassung muß zugunsten einer effizienteren Lösung aufgegeben werden.

4.7 Retrokonversion und Retrokatalogisierung

Hier gilt es, ein landesweites Konzept zu erarbeiten, das schrittweise und arbeitsteilig eine Überführung aller Altkatalogisate in den Verbundkatalog bringt. Dazu gehört die abschriftliche Datenerfassung von Altkatalogisaten (Retrokonversion ohne Autopsie des Originals) nach den EC/LIBER Richtlinien. Diese Arbeit kann von den Bibliotheken selbst oder in Auftragsarbeit außer Haus durchgeführt werden.

4.8 Das Verbundsystem und die verteilte Datenverarbeitung

Folgende Forderungen sind vom verteilten EDV-System zu erfüllen:

* Dezentrale Präsentation mit hoher Bedienerfreundlichkeit

* hohe Sicherheit der dezentralen Verarbeitung, der zentralen Abgleichung und der verteilten Datenspeicherung

* Aufteilung der Verarbeitung mit einheitlicher Adressierung und exakter Synchronisation der Systemzeiten

* Konsistenz der Daten

* Erweiterbarkeit sowohl durch zusätzliche Netzwerkkomponenten als auch durch neue Verarbeitungsmodule

* Portabilität, d. h. weitgehende Übertragbarkeit auf Systeme anderer Hersteller, andere Betriebssysteme bzw. Nachfolgesysteme neuerer Generationen

* Koordinierung und Zugriffsoptimierung durch „Standort-Server", deren Arbeitsweise für die schnelle Auffindung „Wo sind welche Daten gespeichert" ausgelegt ist.

4.8.1. LAN

An den meisten Universitäten werden in Zusammenarbeit mit den EDV-Zentren campusweite lokale Netzwerke für die Einbindung aller vorgesehenen Bereiche der Hauptbibliotheken, der Fakultäts- und Fachbibliotheken und der Institute mit dezentraler Buchaufstellung geplant und installiert.

4.8.2 CD-ROM im LAN

Alle CD-ROMs, die bibliographische und lexikalische Datenbanken enthalten und von Bibliotheken erworben werden, sollen über ein Netzwerk in CD-Türmen und Juke-Boxes als Mehrfacharbeitsplätze angeboten werden, damit diese an einer Universität vorhandenen maschinenlesbaren Informationen auf CDs jederzeit und überall verfügbar sind.

5. Projektdurchführung

Wenn die Erkenntnis Platz greift, daß die derzeit laufenden EDV-Systeme der Bibliotheken in absehbarer Zeit überholt sein werden, dann ist auch einsichtig, daß wir gut beraten sind, bereits heute mit der Projektarbeit für künftige Nachfolgesysteme zu beginnen.

Als erster Schritt gilt die Ausarbeitung eines Gesamtkonzeptes, das innerhalb eines Jahres fertiggestellt sein sollte. Das Projekt selbst sollte innerhalb von drei Jahren verwirklicht werden.

Die Möglichkeit des Reengineerings, nämlich die gründliche Renovierung des bestehenden Verbundsystems, ist nicht von vornherein auszuschließen. Für die Projektkontrolle hat ein hauptamtlicher Projektleiter mit einem entsprechend ausgestatteten Mitarbeiterstab mindestens alle drei Monate an den Projektbeirat zu berichten. Der Terminkontrolle und der Synchronisierung von einander abhängigen Projektbereichen ist besonderes Augenmerk zu widmen.

6. Ausbildung und Schulung

Die Bundesvereinigung Deutscher Bibliotheksverbände zählt das EDV-Wissen zum bibliothekarischen Grundwissen, nämlich:

* Kenntnisse der Funktionen und Zusammenhänge von Hard- und Software, der EDV-Terminologie und die Handhabung von PC-Systemen und Peripheriegeräten;

* Anwendung, Anpassung und Parametrisierung von Programmsystemen für Datenbanken, Textverarbeitung und Tabellenkalkulation sowie spezieller Bibliotheksprogramme;

* Telekommunikation und Zugriff auf Online-Kataloge und externe Datenbanken;

* Kenntnisse des Aufbaues von Datenbanksystemen und deren Suchstrategien und Retrieval-Logik;

* soziale Auswirkungen des Einsatzes der EDV auf das Betriebsgeschehen in Bibliotheken, auf dem Markt der Informationsmedien, auf Bibliotheksbenutzer und -personal. Alle Mitarbeiter der einzelnen Abteilungen müssen bei Einführung der EDV Spezialausbildungen für ihren Arbeitsbereich erhalten:

* Erwerbung,
* Katalogisierung von Monographien,
* Katalogisierung schwieriger Zeitschriften und Serien mit Hierarchien.
* Beschlagwortung,
* OPAC-Funktionen,
* Ausleihe.

Die zukünftige Schulung wird nach den verschiedenen Komponenten des EDV-Systems, die stufenweise eingeführt werden, gestaffelt vorzunehmen sein. Jeder Mitarbeiter muß eine Kurzeinführung in den Umgang des Systems sowie Detailanweisungen für seinen Arbeitsplatz erhalten.

7. Ausblick

Im Jahre 1986 gab es in Wien ein Symposium „Bibliothek 2000". Wenn dieses Thema vor 1999 ernst genommen werden soll, so ist die Planung für ein neues System bereits jetzt in die Wege zu leiten. Total integrierte Großsysteme sind viel zu wenig flexibel.

Es geht hier nicht darum, ein bestimmtes System wie PICA in Österreich einzuführen, sondern darum, bei unserer künftigen Systemplanung ähnliche Grundsätze bei der Anwendung von neuen Entwicklungen und Erkenntnissen zu berücksichtigen.

Die Zeit drängt - zentralistische Großsysteme könnten durch Systeme mit verteilter Verarbeitung und verteilten Datenbankstrukturen abgelöst werden, die Multimedia und Hypertechnologie, CD-ROM und Dokumentenbereitstellung aus Volltextdatenbanken zu ihren Dienstleistungen zählen.

Nachsatz

In der anschließenden Diskussion wurde von maßgeblicher Seite des Bundesministeriums für Wissenschaft und Forschung darauf hingewiesen, daß viele Probleme der OSI-Vernetzung und der Programm-Programm-Kommunikation wohl in der Literatur aber kaum in der Praxis zufriedenstellend gelöst seien, daß aber die gemachten Vorschläge schon längst auch in internen Plänen des Ministeriums berücksichtigt würden. Eine schriftliche Vorlage dieser Pläne wäre im Interesse der betroffenen und beteiligten Bibliotheken wünschenswert, da nur so eine fruchtbare Diskussion und konstruktive Kritik stattfinden könnte.

Forum Freier Themen

Der Aufbau der Österreich-Bibliotheken im Ausland seit 1990

Wera Zelenka

Das Bundesministerium für Auswärtige Angelegenheiten hat seit der Öffnung des Eisernen Vorhangs Ende 1989 seine Aktivitäten in vielen Bereichen der Kultur, Wissenschaft und Bildung in den Reformländern wesentlich verstärkt. Dazu gehört auch die Schaffung von sogenannten Österreich-Bibliotheken.

Als Standorte kommen insbesondere Städte in Betracht, in denen Österreich kein Kulturinstitut besitzt, die aber über Universitätsbetrieb (hauptsächlich mit Germanistik) oder aber über deutschsprechende Kreise verfügen.

Bisher wurden 15 solcher Bibliotheken offiziell eröffnet:
neben dem bereits seit einigen Jahren existierenden Lesesaal in Krakau und der 1990 eröffneten Bibliothek in Udine
1990: Marburg
1991: Brünn, Preßburg, Posen, Szeged, Sofia
1992: Bukarest, Temesvar, Szombathely, Przemysl, Reichenberg, Znaim, Cernowitz
Für Herbst 1992 ist die Eröffnung von Bibliotheken in Lemberg, Olmütz, Košice, Budweis, Breslau, St. Petersburg, Moskau und Kiew geplant,
für Frühjahr 1993 bzw. später in Debrecen, Pecs, Tallinn, Minsk, Oppeln, Troppau, Vilnius.

Die Grundausstattung für Österreich-Bibliotheken in Osijek und Sarajewo wurde Anfang 1991 bereits an diese Orte gesandt; infolge der Kriegsereignisse konnte die Einrichtung aber nicht weiter verfolgt werden.

Diese Österreich-Bibliotheken werden in bereits bestehenden öffentlichen Institutionen der Gastländer eingerichtet. Im allgemeinen stellt die lokale Partnerorganisation - dies ist meist die Universitäts- oder Stadtbibliothek, das Germanistikinstitut oder die Akademie der Wissenschaften - einen eigenen Raum zur Verfügung und sorgt für einen Bibliothekar. Die Bücher bzw. Publikationen beschafft das BMfaA in Österreich und übermittelt die Werke, die dann selbstverständlich in den Besitz der jeweiligen lokalen Institution übergehen.

Die Grundausstattung für die Bibliotheken beinhaltet vor allem österreichische Belletristik, Sekundärliteratur, historische und landeskundliche Werke, manchmal auch spezielle juridische oder wirtschaftswissenschaftliche Werke, notwendige Lexika oder geographische Werke, wobei nach Möglichkeit auch die Wünsche der ausländischen Institutionen berücksichtigt werden. Der Umfang der gelieferten Titel variiert (ca. 2.500 - 4.000), da die Bibliotheken zum Teil sehr unterschiedliche Strukturen aufweisen; d.h. ist die Bibliothek eher nur für die deutschsprechende Öffentlichkeit (wie zum Beispiel in Znaim) gedacht, kommen eher Belletristik und populärwissenschaftliche Werke in Betracht; handelt es sich um eine Bibliothek innerhalb eines wissenschaftlichen Zentrums, kommen ausgesuchte Sekundärliteratur, historische oder, wie bereits gesagt, juridische und wirtschaftswissenschaftliche Werke hinzu.

Die Bibliotheken sollen selbstverständlich nicht nur einmalig mit Büchern bedacht werden; die Bestände werden jährlich mit Neuerscheinungen oder speziellen Austriaca aufgestockt. Nach Eröffnung der Bibliothek wird sie auch mit österreichischen Tages- und Wochenzeitungen sowie mit speziellen, vorwiegend kulturellen Periodica bedacht.

Was die Inventarisierung bzw. Katalogisierung der Bücher der Österreich-Bibliotheken anbelangt, so erfolgt diese nach dem lokal üblichen System, aber erst an einigen Standorten mittels EDV. So hat etwa die Österreich -Bibliothek Marburg, wo die EDV an der Universitätsbibliothek bereits zur Verfügung stand, in kürzester Zeit einen eigenen Computerkatalog der Austriaca erstellt, der jährlich erneuert wird. Marburg hat auch bereits ein Bibliothekstreffen veranstaltet und verfügt über ausgezeichnete Beziehungen zu Grazer Bibliotheken, auch was technische Belange betrifft.

Besonderen Wert legen wir darauf, daß alle Österreich-Bibliotheken - auch jene im Rahmen wissenschaftlicher Zentren - öffentlich zugänglich sind. Sie sollen nicht nur der weiteren Verbreitung von und der Beschäftigung mit österreichischer Kultur und Landeskunde dienen, sondern auch für Veranstaltungen wie Lesungen, Vorträge, Symposien, Autorentreffen, Ausstellungen etc. genutzt werden.

Zu Aufbauarbeiten bzw. zur Schaffung und Vertiefung der Kontakte mit österreichischen Bibliothekaren sowie zur Information über Neuerscheinungen stellt das BMfaA für jede dieser Bibliotheken jährlich Stipendien im Ausmaß von vier Wochen (teilbar) zur Verfügung, die die lokalen Bibliothekare oder die für die Österreich-Bibliotheken Verantwortlichen - Germanisten, Historiker etc. - in Anspruch nehmen können. Betreut werden die Stipendiaten von der Österreichischen Gesellschaft für Literatur bzw. vom Österreichischen Ost- und Südosteuropainstitut. Die Betreuer einiger Österreich-Bibliotheken (Szeged, Marburg, Sofia, Reichenberg, Preßburg, Bukarest, Posen, Tallinn) sind auch zum Österreichischen Bibliothekartag angereist. Ich bitte daher, den Bibliothekartag auch als Begegnungsmöglichkeit zu nützen und im direkten Gespräch künftige Kontakte - wie Austausch, Fernleihe etc. - zu erkunden.

Die Österreichische Nationalbibliothek - Innovationen

Hermann Frodl

Die Anwendung gängiger Begriffe - ich denke z.B. an „Philosophie" - auf banale oder rein pragmatisch zu behandelnde Gegebenheiten des Alltagslebens bzw. unseres bibliothekarischen Berufsalltags, empfinde ich meist als reichlich deplaziert oder - manchmal - als unfreiwillig komisch. Etwa „die Philosophie", ob ich für Bibliotheksbenützer Tageskarten oder Dauerausweise, eventuell mit Strichcode-Etiketten ausstelle ... oder ein * auf eine Katalogaufnahme setze!

Das Wort „Innovation" bildet überraschenderweise eine ganz gute Umschreibung dafür, was in den letzten beiden Jahren an Neuem an der Österreichischen Nationalbibliothek zu vermerken ist. Speziell dann, wenn man „Innovation" (Bedeutung: Neuerung, Erneuerung, Neugestaltung, Einführung von Neuerungen) mit der bis vor kurzem im Deutschen üblichen Hauptanwendung im botanischen Sinn verknüpft, nämlich: Innovations-Sproß, also Neubildung, junger Jahrestrieb bzw. Erneuerungssproß bei mehrjährigen Pflanzen!

Nun, der alte (1368) gewachsene Organismus der ehemaligen Hof- und jetzigen Nationalbibliothek hat im Berichtszeitraum „Innovationen" erlebt, wie sonst kaum in seiner Geschichte.

Neben der Erwähnung des Abschlusses der Renovierungsarbeiten des Prunksaaltraktes am Josefsplatz stelle ich die Errichtung des Tiefspeichers in den Mittelpunkt, jenes derzeit größten österreichischen bibliothekarischen Mehrzweckbaues, um den man sich seit Jahrzehnten bemüht hatte und der am 25. Juni 1992 durch die zuständigen Ressortchefs der Öffentlichkeit übergeben und eröffnet wurde. Worin besteht hier das ausgesprochen innovative Element?

Wohl nicht in erster Linie darin, daß damit die dringliche Magazinsraumerweiterung errichtet wurde - für mehr als 4 Millionen Bände Stellraum, etwa für 25 Jahre. Aber obwohl entsprechende Magazine (natürlich mit modernen Compactusanlagen, mechanischem Fördersystem /Telelift / und vorgesehenen Bestellscheindruckern per OPAC-Anforderung) für eine Bibliothek unabdingbar sind, sehe ich darin allein nicht die eigentliche Innovation. Diese liegt beim Tiefspeicherbau eher bei den differenzierten (und - von der Bibliotheksorganisation her gesehen: optimalen) Benützereinrichtungen Großformate (= Zeitungs) - Lesesaal und in der erweiterten Mikroformen- und neu geschaffenen AV-Medien-Benützung. Damit ist wirklich ein neuer „Sproß" beim Benützungsservice der ÖNB hinzugekommen, der weit ins kommende Jahrhundert hinein trag- und entwicklungsfähig bleiben sollte. Zugleich werden diese neuen Dienste eine Entlastung bzw. eine neue Entwicklungschance der bisherigen Dienste ermöglichen.

Blicken wir aber noch „hinter die Kulissen", d.h. in jene Bereiche, aus denen heraus ebenfalls in innovativer Weise spezielle Dienstleistungen der Bibliothek ermöglicht werden. Ich meine damit die auch an der ÖNB angelaufene Umstellung auf das Bibliotheksverwaltungssystem BIBOS nach vorausgehenden und begleitenden Kursen in RAK/WB, BIBOS oder RSWK sowie aufwendigen technischen Vorkehrungen in unserem denkmalgeschützten Hofburggebäude (Trassenverlegungen, Token-Ring-Netzwerk etc.) per 1.1.1992.

Seit Oktober 1989 erfolgte ja bereits die Katalogisierung der Hochschulschriften mit Verbunddatennutzung mittels EDV. Neben der Zentralen Redaktion für Nominalkatalogisierung war auch eine solche für Sacherschließung für den EDV-Bibliotheksverbund eingerichtet worden. Außerdem wurde ein eigenes Zeitschriftenverwaltungssystem in PC-Form entwickelt und in Betrieb genommen. Bemerkenswert sind auch die vielfachen Aktivitäten der ÖZDB, die laut Jahresbericht für 1991 bereits 326.668 Bestandsdatensätze zu 124.115 Titeln nachweist.

Wenn wir von dieser Auswahl der „hinter den Kulissen" vorangetriebenen Innovationen, die sowohl dem Benützer am Ort als auch dem auswärtigen Nutzer zugute kommen, den Blick noch einmal auf die „sichtbare Oberfläche" richten, dann sei noch auf folgendes hingewiesen: Die ÖNB veranstaltete bemerkenswerte Ausstellungen (z.B. „Requiem. Mozart 1791/1991") und Tagungen bzw. beschickte eine Vielzahl von Expositionen und konnte (nicht nur auf Grund des erreichten Vermehrungsetats: 1990: 17.500.000.-, 1991: 21.400.000.-), sondern auf Grund mancher Sonderdotierung wichtige Austriaca an Druckschriften und Autographen erwerben: unter anderem Musikautographe von Bruckner, Mahler, Mozart, Schubert oder Josef Matthias Hauer - oder den Gesamtnachlaß von Erich Fried und den Teilnachlaß von Ödön von Horvath (speziell für das neukonstituierte „Österreichische Literaturarchiv", eine weitere „Innovation".)

Vieles an bedeutenderen Erwerbungen und Veranstaltungen wurde durch Sponsorenmittel ermöglicht - doch Einzelheiten darüber sind meiner Koreferentin vorbehalten.

Alles Gesagte ist jedoch kurz und bündig unter der Rubrik „Innovationen" einzuordnen, denn es bedeutet tatsächlich eine Fülle von Neuerungen, die sich zunehmend positiv auf die Situation aller Bibliotheksmitarbeiter und natürlich auch - und darin liegt ja die letzte Rechtfertigung unserer

Bemühungen - auf den Benützer, auf die gesamte interessierte Öffentlichkeit, auswirken werden.

Margarete R. Strassnig-Bachner

An der Österreichischen Nationalbibliothek wurden seit einiger Zeit auch auf einem anderen Sektor neue Wege beschritten - zum einen erfolgte eine vermehrte Kooperation mit Wirtschaftsunternehmen und zum anderen der gezielte Gang an die Öffentlichkeit, um auf vordringliche Anliegen hinzuweisen und Lösungsstrategien zu präsentieren.

Steigende Anforderungen in den drei klassischen Aufgabenbereichen einer Bibliothek
- Erwerbung
- Erschließung (einschließlich Forschen, Präsentieren, Veröffentlichen)
- Benützung (aber auch Bewahren)

und die bei weitem nicht ausreichenden öffentlichen Budgetmittel, spornten zu vermehrten Bemühungen an, zusätzliche Quellen aufzuschließen; insbesondere mußte immer wieder unter besonderem Zeitdruck gehandelt werden, wenn es galt, Originalautographen etwa bei Versteigerungen zu erwerben.

Was vergleichsweise in den angelsächsischen Ländern zu längst vorbildhafter Realität geworden war - mit international steigender Tendenz - hierorts mußte Neuland betreten werden. Die Berührungsängste des bislang der Wissenschaft und dem Bibliotheksalltag verpflichteten traditionsreichen Hauses, waren zum Teil sehr groß.

Ein beherzter Sprung aus dem „elfenbeinernen Turm" (mit einer fast zweijährigen Vorbereitungszeit) in eine Modenschau im Prunksaal - eine Pelz-Schmuck-Modenschau (Liska, Haban) in Form einer Benefizveranstaltung zugunsten des Originalmanuskriptes von Franz Werfels Roman „Die vierzig Tage des Musa Dagh" öffnete die Tore. Mit Hilfe der zuständigen Ressortabteilung III/1 und des Bundesministers für Wissenschaft und Forschung persönlich, wurden entscheidende Hürden modellhaft genommen: unzählige Behördenfragen, bauliche, technische Sicherheitsauflagen bis hin zu finanziellen Regelungen des nunmehr wirtschaftlich agierenden Bundesbetriebes. Nicht zuletzt gab es gewissenhaft zu prüfende interne Bedenken einschließlich der hohen künstlerischen Qualitätsanforderungen an eine Show im Prunksaal. - Sie wurde zu einem glänzenden

Erfolg, einem gesellschaftlichen Brennpunkt Wiens und konnte sich einer noch nie zuvor erzielten, fast durchwegs positiven Medienresonanz erfreuen. Das Manuskript wurde erworben. Negativ war die aus terminlichen Zwängen resultierende um einige Tage früher notwendig gewordene Schließung der Hauptausstellung - und wir erfuhren, wie sensibel Produktwerbung, die immer eine Rolle spielt, sein kann.

Doch in summa gesehen sind alle Sponsorenprojekte positiv verlaufen, wenn auch nicht immer glatt.

Um einige zu nennen:

- Zur Erhaltung und Bewahrung der wertvollen, „alten" Buchbestände im Prunksaal wurde die Aktion „Buchpatenschaften" mit dem Ziele ins Leben gerufen, durch zusätzliche Mittel die Restaurierungskapazität im Hause zu erhöhen. Mit dieser Aktion gelang es erstmals, im musealen Bereich in Österreich, breite Bevölkerungsschichten mit dem vordringlichen Anliegen der Erhaltung und Bewahrung kultureller Objekte, in unserem Falle Bücher, zu solidarisieren. Das öffentliche Echo ist groß. Unsere Paten sind: Schüler und Studenten, alte Menschen, Repräsentanten der Wirtschaft, der Kultur, Industrie und Wissenschaft, es sind Künstler, Handwerker, Politiker, Vereine, Verlage, Buchhandlungen und selbstverständlich auch Bibliothekare. Eine der ersten Patenschaften hat Bundesminister Dr. Busek, eine der jüngsten, ein Berufskollege, Hofrat Stöhr, mit seinem Verein „Literatur beim Heurigen", übernommen.

- Das am Institut für Restaurierung entwickelte Verfahren zur Massenrestaurierung von holzhältigen Papieren unseres Jahrhunderts, speziell auch der Zeitungen, soll in einer Forschungskooperation mit Henkel Austria weiter optimiert werden.

- Im Mozartjahr 1991 wurde der ÖNB das über 50 Jahre verschollene Originalmanuskript der Arie „Schon lacht der holde Frühling" von W.A. Mozart, dank des besonderen Engagements Generaldirektor Bergers durch „Die Münze Österreich" gewidmet. Die 10. Symphonie Gustav Mahlers konnte in der Musiksammlung wiedervereinigt werden. Dank der Hilfestellung durch Generaldirektor Prof. Haschek und Direktor Mag. Attems (Österreichische Kontrollbank) wurden die drei fehlenden Sätze in einer spektakulären Aktion im letzten Augenblick aus der Versteigerung in New York geholt.

- und, gestatten Sie mir ein wenig Lokalpatriotismus, als Niederösterreicherin, gebürtig aus Mayerling, bedeutet mir die Erwerbung von Kronprinz-Rudolf-Briefen (Rotary-Club Wien-Ring) und der ältesten erhaltenen Karte Niederösterreichs, 1540 (Ytong) durch Sponsoren besonders viel.

- Die Creditanstalt fördert den Ankauf von Auslandsaustriaca mit einem jährlichen Unterstützungsbeitrag.

- Zum Jahr 1992 mit dem Jahresregenten Kolumbus hat die Kartensammlung die Hauptausstellung gestaltet. Sie konnte durch die Unterstützung von Rank Xerox und der Girocredit realisiert werden. Ein attraktiver Katalog als bleibendes Nachschlagewerk, der den beachtlichen Anteil Österreichs an der Erforschung des Doppelkontinents aufzeigt, informativ und reich illustriert, ist auch eine Frucht dieser Kooperation. Eine wahre Sensation am Rande - eine Vedute aus dem Besitz der Bibliothek wurde von Experten als die älteste authentisch vor Ort gezeichnete Ansicht von New York identifiziert. Die Nachricht ging mit CNN um die Welt und wurde in den Staaten im WNET-Channel Thirteen (dieser Sender überträgt alljährlich das Neujahrskonzert amerikaweit) mehrmals ausgestrahlt.

Was erwarten sich die Kooperationspartner bei derartigen gemeinsamen Projekten? Wo liegen ihre spezifischen Interessen?

Unternehmen müssen kaufmännisch denken und möchten mit ihrem Kulturengagement zumeist im Öffentlichkeitsbereich liegende Ziele erreichen: eine bestimmte Werbewirkung, die Erweiterung des Betriebsimages, einen gesellschaftlichen Erfolg, den Zutritt zu neuen Personengruppen. Die Österreichische Nationalbibliothek hat mit ihren jahrhundertelang gesammelten Schätzen und ihren prachtvollen Räumen sehr große Strahlkraft. Ihr sind hier neue Möglichkeiten eröffnet, wichtige Vorhaben besser zu verwirklichen:

- zusätzliche Erwerbungen etwa von Autographen und Nachlässen großer Österreicher zu tätigen
- Ausstellungs-, Forschungskooperationen einzugehen und wirtschaftliche Kontakte weiterzuentwickeln
- die verantwortlichen Politiker mit den Kostbarkeiten des Hauses, aber auch mit seinen Problemen, vertraut zu machen
- über die Medien ein verstärkendes Sprachrohr in die Öffentlichkeit zu finden
- und nicht zuletzt, neue Personenkreise anzusprechen und neue Freunde zu gewinnen.

Das Verzeichnis der schriftlichen Nachlässe in den Bibliotheken und Museen der Republik Österreich von Gerhard Renner

Eva Irblich

Der Bibliothekartag in Eisenstadt bietet die willkommene Gelegenheit, Ihnen, sehr geehrte Kolleginnen und Kollegen aus den österreichischen Bibliotheken, Einblick in das Ergebnis des Gesamtverzeichnisses der Nachlässe in den Bibliotheken und Museen der Republik Österreich zu gewähren, nachdem Sie seit 1984/85 mit der Beantwortung von Fragen befaßt und belastet waren, die Ihnen mit zwei Erhebungsbögen und mit der Definition des Nachlaß-Begriffes zugegangen sind.

Die erste Erhebung sollte die Anzahl der bei den Institutionen verwahrten Nachlässe, die zweite die einzelnen Nachlässe selbst erfassen, wofür ein Beschreibungsmodell von *Dr. Gerhard Renner* und mir als Leiterin dieses Projektes entwickelt worden ist, das sich an den bereits vorhandenen Nachlaßverzeichnissen der Bundesrepublik Deutschland für die Bibliotheken von *L. Denecke - T. Brandis* (1981) und für die Archive von *W. A. Mommsen* (1983) orientierte.

Das Projekt, das als Teilprojekt des Forschungsschwerpunktes „Nachlässe österreichischer Autoren" vom Sommer 1984 bis Sommer 1989 und mit punktuellen Verlängerungen 1990 und 1991 für die Endredaktion des Manuskriptes und der Register mit Mitteln des Fonds zur Förderung der wissenschaftlichen Forschung getragen war, erhob in 2330 Aussendungen und an Ort und Stelle ca. 2350 Nachlässe bei ca. 215 Institutionen. Ausgenommen blieb von Anfang an die Österreichische Nationalbibliothek mit ihren Beständen in der Handschriften- und Inkunabelsammlung, der Theatersammlung und der Musiksammlung, für die ein zweiter Band vorgesehen war. Ursprünglich sollten auch die Nachlässe der Archive der Länder, der Gemeinden und der Kirchen aufgenommen werden, wobei analog die Nachlässe des Österreichischen Staatsarchivs ausgeklammert und einem dritten Band vorbehalten bleiben sollten. Im Zuge der Erfassungsarbeiten ließen jedoch Struktur- und Bearbeitungsunterschiede zwischen den in Bibliotheken und in Archiven verwahrten Nachlässen diesen Plan wieder fallen. Während der Arbeiten von *Dr. Gerhard Renner* gewonnene Erkenntnisse führten schließlich dazu, daß anstelle der Nachlässe der Archive jene der Bundes-, Landes- und Gemeindemuseen aufzunehmen wären, da dort die schriftlichen Hinterlassenschaften der Kustoden der Museen, von Heimatforschern und lokalen Kulturschaffenden vorgefunden worden sind.

Die ermittelten Nachlässe verteilen sich nun auf ca. 135 Bibliotheken und auf 80 Museen. Der Begriff „Bibliothek" umfaßt, wie bei *Denecke - Brandis*, bibliotheksähnliche Einrichtungen wie Archive und Institute der Universitäten, Vereine, Gesellschaften und öffentliche Einrichtungen, die kein eigenständiges Archiv oder Museum darstellen. Betrachtet man das Gesamtergebnis unter dem quantitativen Aspekt, so steht die Wiener Stadt- und Landesbibliothek mit 590 Nachlässen in ihrer Handschriftensammlung und Musiksammlung an der Spitze, gefolgt vom Naturhistorischen Museum in Wien mit 125 Nachlässen, dem Tiroler Landesmuseum Ferdinandeum in Innsbruck mit 120 und dem Museum Carolino-Augusteum in Salzburg mit 70 Nachlässen. Die Reihe der führenden Museen wird unterbrochen von der Steiermärkischen Landesbibliothek mit 60 Nachlässen, der das Kunsthistorische Museum mit 59, die Gesellschaft der Musikfreunde in Wien mit 52, das Forschungsinstitut „Brenner-Archiv" der Universität Innsbruck mit über 50, die Universitätsbibliothek Graz mit 51, das Österreichische Museum für angewandte Kunst mit 50 und die Kupferstichsammlung der Akademie der bildenden Künste mit 49 Nachlässen folgen.

Greift man die Bibliotheken gesondert heraus, so verzeichnen für den Berichtszeitraum bis 1989 zwanzig und mehr Nachlässe nur die folgenden 14 bibliotheksähnlichen Einrichtungen: die Wiener Stadt- und Landesbibliothek (590), die Steiermärkische Landesbibliothek (60), die Gesellschaft der Musikfreunde (52), die Universitätsbibliothek Graz (51), das Forschungsinstitut „Brenner-Archiv" der Universität Innsbruck (50), die Kupferstichsammlung der Akademie der bildenden Künste (49), die Geologische Bundesanstalt Wien (43), die Österreichische Akademie der Wissenschaften (34), die Dokumentationsstelle für neuere österreichische Literatur (33), das Archiv der Universität Wien (30), das Adalbert-Stifter-Institut in Linz (28), das Konservatorium des Landes Steiermark in Graz (21), das Franz-Michael-Felder-Archiv in Bregenz (20) und die Zentralbibliothek für Physik in Wien (18).

Hingegen 30 und mehr Nachlässe verwahren die folgenden acht Museen: das Naturhistorische Museum in Wien (125), das Tiroler Landesmuseum Ferdinandeum in Innsbruck (117), das Museum Carolino-Augusteum (70), das Kunsthistorische Museum (59), das Österreichische Museum für angewandte Kunst (50), das Oberösterreichische Landesmuseum in Linz (39), das Technische Museum in Wien (33) und das Stadtmuseum in St. Pölten (27).

Die übrigen 195 Institutionen verwahren unter zwanzig, vielfach oft nur einen einzigen Nachlaß.

Die inhaltliche Auswertung des Projektes ergab, daß sich ca. 900 Nachlässe den Geistes- und Naturwissenschaften, 505 der Literatur, 360 der Musik, 465 der Kunst und ca. 120 Nachlässe der Politik, Justiz und dem Militär zuordnen lassen.

Das Verzeichnis ist im Alphabet der Namen der Nachlasser angelegt, die mit biographischen Daten identifiziert sind. Es folgt die Zählung des Nachlasses, auf die vom Register der in den Aufnahmen aufscheinenden Personen und Institutionen verwiesen wird, weiters die Charakterisierung des Nachlasses, ob Gesamtnachlaß, Teilnachlaß, Splitternachlaß oder Kryptonachlaß, die Umfangsangabe in Metern oder Einheiten, eine knappe Darstellung des Inhalts der Nachlässe in der Abfolge der vier Hauptkategorien der Werkmanuskripte, Korrespondenzen, Lebensdokumente und Sammlungen, am Schluß eventuell vorhandene Kryptonachlässe und die Bibliothek des Nachlassers. Nach diesem Block steht der Vermerk über die Bearbeitung, über Inventare, Findbücher, Zettelkataloge und maschinschriftliche oder gedruckte Verzeichnisse. Die Beschreibung wird mit der Erwerbungsart und dem Erwerbungsjahr sowie mit dem Standort abgeschlossen. Sollten von einem Nachlasser mehrere Nachlaßteile an verschiedenen öffentlichen Einrichtungen festgestellt worden sein, so sind diese hintereinander angeführt und jeweils gezählt. Nachlaßteile, die in der Österreichischen Nationalbibliothek verwahrt sind, werden ganz am Schluß vermerkt, um der Forschung auch diesen ersten Hinweis zu bieten und die Verklammerung mit dem Band über die Nachlässe der Österreichischen Nationalbibliothek herzustellen.

Der Band, der nun den Titel „Die Nachlässe in den Bibliotheken und Museen der Republik Österreich, ausgenommen die Österreichische Nationalbibliothek und das Österreichische Theatermuseum" von Gerhard Renner trägt, wird von drei Registern erschlossen sein. Das Register der Standorte gibt im gesamtösterreichischen Alphabet der Orte die Adressen der Institutionen, die Anzahl sowie die Namen der dort verwahrten Nachlässe wieder. Das Register der Berufe und Arbeitsgebiete führt in 26 Tätigkeitsgruppen die Nachlässe in der Abfolge der Geburtsjahre der Nachlasser an, sodaß über diesen Index Quellenmaterialien zu bestimmten Fachgebieten erschlossen sind. Das dritte Register der Personen und Institutionen führt die in der Inhaltsaufnahme des Nachlasses aufscheinenden Namen an und verweist auf die Nummern der gezählten Nachlässe oder Nachlaßteile.

Wenn ich Ihnen heute das Gesamtverzeichnis noch nicht vorführen kann, so bedarf dieser Umstand angesichts der langen Bearbeitungszeit und der prinzipiellen Anerkennung des Projektes im In- und Ausland einer Erklärung für die Bibliothekare, die durch Mitarbeit ihren Beitrag geleistet haben. Das druckfertige, auf Diskette geschriebene und mehrfach Korrekturen gelesene Manuskript lag einschließlich der aufwendigen Register dem Fonds im Juni 1991 zur Begutachtung vor, die ohne größere Verzögerung positiv erfolgte, sodaß noch vor Jahresende die Verlagsbesprechung über die Gestaltung der Publikation stattfand. In der weiteren Folge wurde dann ohne mein Wissen, ohne Einschaltung meiner Person und ohne meine Zustimmung von Murray G. Hall und Gerhard Renner in Verbindung mit dem Fonds und mit dem Böhlau Verlag das „Handbuch der Nachlässe und Sammlungen österreichischer Autoren" vorgezogen, das im Juni 1992 erschienen ist. Darin wird das Gesamtverzeichnis im Vorwort von Wendelin Schmidt-Dengler als eines der „ärgsten Defizite" und in der Einleitung der Autoren als „publiziert" dargestellt.

Aus dem Gesamtverzeichnis dürften ca. 450 literarische Nachlässe etwas verändert vorauspubliziert vorliegen. Die Einleitung fordert auch zur Investition in eine adäquate Infrastruktur für die Benützung der Nachlässe auf. Immerhin konnten für die Nachlässe der Handschriftensammlung der Österreichischen Nationalbibliothek die geschlossenen Signaturenreihen angeführt werden, wo folglich die Nachlässe nach dem Provenienzprinzip archiviert und bearbeitet sind, auch wenn für manche erst eine Vorordnung getroffen worden ist. Wir alle wissen, daß die Aufbereitung der Nachlässe als personalintensiv und als Langzeitarbeit gilt.

Ich habe mich seit dem Paukenschlag der germanistischen Kritik im Juni 1992 intensiv beim Fonds zur Förderung der wissenschaftlichen Forschung und beim Böhlau Verlag in Wien um die Realisierung der Drucklegung des Gesamtverzeichnisses bemüht, mit dessen Erscheinen nun 1993 gerechnet werden kann. Den beteiligten Institutionen werden Kopien aus dem Register der Standorte mit den Namen der bis 1989/90 erfaßten Nachlässe und mit dem Bestellschein des Buches zugehen, da es nicht möglich ist, den 215 Institutionen Belegexemplare der ganzen Publikation zukommen zu lassen bzw. die sich über das Gesamtverzeichnis alphabetisch verteilenden Nachlässe einer Institution in Form von Kopien zur Verfügung zu stellen.

Erlauben Sie mir hiermit schon heute, Ihnen allen für Ihre Zustimmung, Ihren Mut zur publizistischen Bekanntmachung und für Ihre Unterstützung dieses Unternehmens aufrichtig zu danken. Mit dem Gesamtverzeichnis wird die erste Darstellung der Nachlässe in öffentlich zugänglichem Besitz in Österreich und zugleich das Modell für den zweiten Band vorliegen, der die Nachlässe der Österreichischen Nationalbibliothek und des Österreichischen Theatermuseums beinhalten wird und der ebenso in einem einzigen Alphabet die in der Handschriftensammlung, der Musiksammlung und im Theatermuseum (ehemals Theatersammlung der ÖNB) verwahrten Materialien verzeichnen soll. Die typographische Einrichtung des Gesamtverzeichnisses bemüht sich um eine klare Gestaltung der Nachlaßaufnahmen, deren Daten auch international verständlich sein sollen, weshalb weitgehend auf Abkürzungen verzichtet wird.

Ein Vergleich mit dem Nachschlagewerk „Die Nachlässe in den Bibliotheken der Bundesrepublik Deutschland" von L. Denecke und T. Brandis (1981) erlaubt das vorläufige Ergebnis, daß annähernd gleich viele Institutionen (in Österreich: 215; in der ehemaligen Bundesrepublik: 234) in Österreich ca. ein Drittel der für die Bundesrepublik um 1980 erfaßten Nachlässe registrieren (Österreich: 2350; Bundesrepublik: 7640). Erst mit dem Nachweis der Nachlässe der Österreichischen Nationalbibliothek (Handschriftensammlung und Musiksammlung) und des Österreichischen Theatermuseums (ehemals Theatersammlung der ÖNB), der mit der Vergabe von Forschungsaufträgen durch das Bundesministerium für Wissenschaft und Forschung seit Sommer 1990 ermöglicht worden ist, und mit dessen Publikation wird ein vollständiger Überblick über die Nachlässe in Österreich gegeben sein, die den verschiedensten Forschungsdisziplinen als reichhaltige Quellen dienen.

Die Europa-Dokumentation im Bundeskanzleramt

Elfriede Heilinger und Fritz Summer

Abstract

Dokumente, die die österreichische Integrationspolitik, die Entwicklungen in Zentral- und Osteuropa, aber auch gesamteuropäische Entwicklungen behandeln, sollen nicht nur den im Bundeskanzleramt zuständigen Fachabteilungen, sondern auch allen anderen interessierten und betroffenen Stellen zur Verfügung stehen. Sie werden in der Abteilung IV/9 des Bundeskanzleramtes als "Europadokumentation" in einer Datenbank mit Hilfe eines Dokumentationssystems gesammelt und aufbereitet. Erschlossen werden Europa-Literatur und -Dokumente, Materialien wie Bücher, Zeitschriften- und Zeitungsartikel, Amtsblätter, integrationspolitische Akten. Das Dokument-Service liefert Originale, Kopien oder weitergehende Informationen zu einzelnen Beiträgen und dokumentierten Materialien. Modernste Verfahren und Geräte, wie online abfragbare Datenbanken, interne Dokumentationssysteme, Desktop Publishing, Farbscanner, Laserdrucker etc. stehen zur Verfügung. Die wichtigsten und aktuellsten Dokumente sind der Zeitschrift "Europa-Info" laufend zu entnehmen.

Die Zentralbibliothek für Physik in Wien als Depotbibliothek für das „International Geosphere-Biosphere Programme"

Brigitte Zimmel und Wolfgang Kerber

Der Zentralbibliothek für Physik in Wien (ZBPH) obliegt, laut Universitäts-Organisationsgesetz, als interuniversitärer besonderer Universitätseinrichtung "die Beschaffung, Aufschließung und Bereitstellung der für die wissenschaftliche Forschung und Lehre erforderlichen Literatur ... auf dem Gesamtgebiet der Physik und ihrer Grenzgebiete in möglichster Vollständigkeit". Dieser Verordnung folgend, hat die Bibliothek seit Februar 1992 die Stellung eines regionalen Informationszentrums (RIC) des „International Geosphere-Biosphere Programmes" (IGBP) übernommen. In diesem Beitrag soll ein kurzer Überblick gegeben werden über

1. das Forschungsprogramm des IGBP,
2. die daraus resultierenden Veröffentlichungen und
3. die Aufgaben, die diese regionalen Informationszentren erfüllen sollen.

Ad 1.: Wie sind die Aufgaben und Ziele des „International Geosphere-Biosphere Programmes" definiert?

Im Moment arbeiten unter der Führung eines Scientific Councils (wissenschaftlichen Rates) 53 Mitgliedsstaaten, von Australien bis Zimbabwe, an diesem internationalen Projekt mit folgender, großangelegter Zielsetzung:

Beschreiben und Verstehen

- der (interaktiven) physikalischen, chemischen und biologischen Prozesse des Gesamtsystems Erde,
- der Umwelt, die die Voraussetzung des Lebens ist,
- der Veränderungen, die in diesem System stattfinden und
- der Art und Weise, wie menschliche Aktivitäten diese Veränderungen beeinflussen.

Das IGBP hat somit keine überwiegend physikalischen Schwerpunkte, sondern kann durchaus - um ein in letzter Zeit viel strapaziertes Schlagwort zu verwenden - als interdisziplinäres Wissenschaftsprojekt verstanden werden. Das bedeutet, daß diese in Österreich nun erstmals an einer Bibliothek zur Verfügung stehende Literatur nicht nur für PhysikerInnen von Bedeutung ist, sondern durchaus für alle im weitesten Sinn naturwissenschaftlich Arbeitenden und Interessierten und dadurch auch für die damit eingebundenen BibliothekarInnen.

Wie hoch die Bedeutung ist, die dem gesamten Projekt sowohl von wissenschaftlicher als auch von politischer Seite beigemessen wird, hat sich u.a. auch in der Entscheidung geäußert, die Ergebnisse und Fortschritte des Forschungsprogrammes nicht nur über die sonst üblichen wissenschaftlichen Informationskanäle zu verbreiten, sondern durch Installation eines eigenen, weltweiten Netzes von regionalen Informationzentren (RICs) einem größeren Kreis von Interessierten zugänglich zu machen. Es wurde dabei mit den geeigneten internationalen Bibliotheksdachverbänden, wie IATUL (International Association of Technical University Libraries) und IFLA (International Federation of Library Associations and Institutions) zusammengearbeitet. Gemeinsam gelang es so, ein derzeit etwa 45 Bibliotheken umfassendes Informationsvermittlungsnetz aufzubauen.

Ad 2: In welcher Form und wie oft erscheint Information zum „International Geosphere-Biosphere Programme?

Laut offizieller Mitteilung sind drei verschiedene Publikationsformen vorgesehen:

a) Fallweise Reports zu jeweils speziell erarbeiteten Themen,

b) eine Zeitschrift, die über die laufenden, aktuellen Geschehnisse berichten soll und

c) Bulletins, von denen allerdings bis zum jetzigen Zeitpunkt noch keines erschienen ist.

Zu den Reports ist zu bemerken, daß sie seit 1986 in unregelmäßigen Abständen in Form einer broschürten „Reihe" unter dem Titel „Global Change" erscheinen. Bisher wurden 21 Nummern publiziert. Die behandelten Gebiete reichen dabei von „Klimaänderungen in der Vergangenheit" über „Pilotstudien für Fernerkundungen und Datenmanagement" bis zu Proceedingsbänden von Konferenzen, die unter der Schirmherrschaft des IGBP organisiert wurden. An unserer Bibliothek erfolgt die Bearbeitung dieser Literatur auf einem, im Vergleich zu anderen Reports arbeitsaufwendigeren Weg, nämlich - neben der üblichen Aufnahme in den Reportkatalog - durch eine zusätzliche Titelaufnahme in BIBOS.

Der Titel der Zeitschrift lautet „Global Change Newsletters".

Diese Publikation dient vor allem der Information über laufende und geplante Tätigkeiten im Rahmen des Forschungsprogrammes, und sie enthält organisatorische Mitteilungen, wie Konferenzankündigungen oder Adressen von neuen RICs. Seit Mai 1989 wurden 10 „Global Change Newsletters" erstellt. Die Dienststelle verwaltet die Zeitschrift ohne Ausnahme über die Zeitschriftenabteilung.

Außer den IGBP-eigenen Publikationen werden auch einschlägige Veröffentlichungen anderer staatlicher aber auch privater Stellen an die

Dienststelle übermittelt. So sind zum Beispiel bisher Berichte über umweltrelevante Arbeiten im Auftrag des französischen und deutschen Wissenschaftsministeriums, von der Australischen Akademie der Wissenschaften angestellte Überlegungen zum Problem des Klimawandels und Dokumente des Oak Ridge National Laboratory (ORNL) eingelangt.

Ad 3.: Welche Aufgaben hat eine Bibliothek zu erfüllen, wenn sie als regionales Informationszentrum (RIC) fungiert?

Die Aufgaben eines RICs gehen über das übliche Bewahren und Katalogisieren der zugesandten Literatur hinaus. Es wird zusätzlich verlangt, daß aktive Informationstätigkeit betrieben wird. Es sollen etwa, wie im gegenständlichen Fall, die einschlägigen Bibliotheken und Informationsvermittlungsstellen unterrichtet werden, aber auch all jene Organisationen und Persönlichkeiten, für deren Arbeit die Ergebnisse des IGBP von Bedeutung sind.

Zu den weiteren Aufgaben der RICs gehört es, bei Bedarf Kopien der Publikationen anzufertigen, wobei seitens des wissenschaftlichen Komitees des IGBP unbegrenzte Berechtigung zur Vervielfältigung dieser Veröffentlichungen ausdrücklich erteilt wird.

Da die Effizienz der Nutzung dieser Information den BetreiberInnen des Programms am Herzen liegt, wird auch regelmäßig Berichterstattung bezüglich der durchgeführten Maßnahmen erwartet. Diese Rückmeldungen haben an das Sekretariat des IGBP an der Königlich Schwedischen Akademie der Wissenschaften in Stockholm zu erfolgen.

Da die Zentralbibliothek für Physik in Wien aufgrund ihres gesetzlichen Auftrages von allen in der Bibliotheksordnung für die Universitäten angeführten „Personen" direkt, per Fax, per Telefon oder brieflich kontaktiert werden kann, ergeben sich keinerlei Probleme bei der schnellen und kostenlosen Bereitstellung von angeforderter Literatur. In diesem Sinne hoffen wir auch in Zukunft, einschlägige Wünsche von unseren LeserInnen und anderen Bibliotheken ausreichend und rasch abdecken zu können.

Zeitschriftenverwaltung in BIBOS

Rudolf Heller und Wilfried Lang

Zunächst sind jene grundsätzlichen Überlegungen zu beachten, die zum Konzept einer Zeitschriftenverwaltung innerhalb von BIBOS geführt haben: 1. Eine Zeitschriftenverwaltung außerhalb des Verbundes stellt die aktuellen Bestandsdaten nur lokal zur Verfügung, kann also z.B. nicht für Fernleihzwecke genutzt werden. 2. Bei einer Lösung außerhalb von BIBOS ist der Datenaustausch und die Adaptierung der jeweiligen Schnittstellen anderer Datenbanksysteme immer aufwendig. 3. Das schlimmste Problem scheint jedoch die nötige Doppelarbeit zu sein, die Zeitschriftentitel einmal im Verbund, das andere Mal in der getrennten Zeitschriftendatenbank laufend aktuell zu halten: und dies betrifft auch die mögliche Mitarbeit an der ÖZDB! 4. Innerhalb von BIBOS gibt es eine Reihe von Möglichkeiten unter Zuhilfenahme von PCS-Makros und PCS-Hilfsprogrammen unter Ausnutzung genau definierter Felder und Datenbereiche. Zusammenfassend und benutzerbezogen ist aber folgende Überlegung wohl das stärkste Argument: Es wäre Benutzern auf die Dauer schwer verständlich zu machen, warum im OPAC nur ein Teil des Bibliotheksbestandes, eben nur die „Bücher", such- und sichtbar sein soll. Um sinnvolle Bestandsmeldungen von Zeitschriftenbänden zu bekommen, sollte der Benutzer noch in irgendwelchen Mikrofiches kramen oder ganz anders aussehende elektronische Datenbanken bemühen müssen? Welcher Benutzer durchschaut von vornherein die Grenzen zwischen zeitschriftenartigen Reihen und Zeitschriften, die er dann ja in der ÖZDB suchen müßte? Warum, fragt sich ein solcher Benutzer auch, finde ich nur Titel und keinen aktuellen Bestand im OPAC? Damit soll schon dem Praktiker, Herrn Heller, das Wort zur Demonstration übergeben werden.

Rudolf Heller zeigt folgende Eigenschaften im laufenden System:

1. Das schnelle und eindeutige Ansprechen des laufenden Bandes einer Zeitschrift: Dies wird durch die Kennzahlensuche bzw. die Verwendung einer Strichcode-Buchnummer als fiktiver Rechnungsnummer möglich. Diese Buchnummer wird auf eine kleine Zeitschriftentitelkartei geklebt und als Identifikation des jeweils laufenden Bandes über den Decoder benutzt. Nach Bandabschluß wird die Nummer in der Erwerbsmaske gelöscht und steht für den nächsten Band zur Verfügung, der dann der laufende ist.

2. Eine schnelle Methode für die Auftragsarbeiten: Ein Großteil der laufenden Arbeitsschritte, wie Anlegen der laufenden U-Sätze und Auftragen der einlangenden Einzelhefte konnte durch Überarbeitung der Stoll'schen Makros automatisiert werden. Die Behandlung von Sonderfällen, von denen einige gezeigt werden, verlangt wohl vom Bearbeiter Aufmerksamkeit und Geschick, noch mehr aber von dem, der diese Lösung den lokalen Erfordernissen einer Bibliothek anpaßt. Mit einiger Kreativität lassen sich auch eigenwillige Situationen meistern. Für Buchbinderlisten ist ein PCS-Logon-Programm in Ausarbeitung.

3. Wie wurde an der UB BOKU implementiert? Im August 1991 begann die Bibliothek an BIBOS teilzunehmen, bereits im September 1991 wurde mit der Aufnahme der Zeitschriftenbände begonnen. Schrittweise wurde zunächst mit den einlangenden Buchbinderbänden begonnen; das Projekt konnte so schnell vorangetrieben werden, daß bereits am 1. Jänner 1992 alle laufenden Zeitschriften der Hauptbibliothek in die Hefteverwaltung eingebunden waren.

4. Die Sichtbarmachung im OPAC: Um das oben angeführte Argument der Benutzerfreundlichkeit zum Tragen zu bringen, ist die optische Umsetzung der Bestandsverwaltungsdaten ganz vordringlich gewesen. Unter Verwendung der Kategorien 427 (z.B. mit dem Eintrag: „Vorh. Hefte 1-3") und der Kategorie 429 für Negativinformation (z.B. mit dem Eintrag: „Fehl. Hefte: 2") erhält der Benutzer genaue Bestandsinformationen. Sämtliche für eine einfache Suchbarkeit von bestimmten Zeitschriftenbänden wichtige Daten, wie Zählung und Jahr, werden in die Kategorie 089 eingetragen. Dies ermöglicht eine gezielte Band/Jahrgangsuche im OPAC-Suchfeld Reihen/ Zeitschriftentitel, z.B.: „Crop science 35" oder „Cell 1989". Allgemeine Informationen und die vollständige Übersicht über den Bestand findet der Benutzer wie bisher im Suchfeld Titelworte.

R. Heller beendet seine Demonstration mit der zusammenfassenden Feststellung, daß sich die vorgestellte Zeitschriftenverwaltung unter vertretbaren Anforderungen an das Personal nun schon fast ein Jahr an der UB Bodenkultur bestens bewährt hat.

Zeitschriftenverwaltung auf dem PC für kleinere und mittlere Bibliotheken - ein Bericht aus der Praxis

Constantin C. Cazan

Ich möchte Ihnen kurz über ein PC-Programm zur Zeitschriftenverwaltung berichten:

Dieses Programm heißt News Office und liegt derzeit in der Version 5.5 vor. Das Programm, das schon seit einigen Jahren am Markt ist, erlaubt Ihnen, alle Tätigkeiten der Zeitschriftenverwaltung von der Bestellung, über den Eingang, Mahnwesen, Kostenanalyse, und Umlaufverwaltung zu verrichten, optional besteht auch die Möglichkeit, Barcodes zu verwenden. Eine Netzversion ist verfügbar, und eine passwortgeschützte Zugangskontrolle mit mehreren Hierarchien ist ebenfalls realisiert.

In den Einmann- oder Einfrau-Bibliotheken kleinerer und mittlerer Einrichtungen ist Zeitschriftenverwaltung eine zeitkonsumierende Tätigkeit, besonders in jenen Bereichen, die außerhalb der reinen Verbuchung liegen. Die manuelle Durchführung von Heftmahnungen, Kostenanalysen und Kostenverwaltung und schließlich noch allfällige Rundläufe sorgen häufig dafür, daß in diesen kleinen Einheiten die Zeit für andere Tätigkeiten knapp wird.

News Office ermöglicht es, diese Tätigkeiten zu automatisieren und den Zeitaufwand in erträglichem Rahmen zu halten. Meine persönlichen Erfahrungen beim Wechsel von einer cardexähnlichen Verbuchung zu News Office zeigen etwa eine 50% Zeitersparnis. Besonders bei einem ausgedehnten Zeitschriftenrundlauf wie er in vielen Unternehmen traditionell zu versorgen ist, wird die Erleichterung deutlich: Änderungen im Personalstand, in der Zeitschriftenzuordnung zu Lesern, die Erfüllung spezieller Kopierwünsche und schnelle Kostenanalysen für Vorgesetzte ebenso wie aktuelle Zeitschriftenbezugslisten lassen sich praktisch in Minutenschnelle erledigen und demonstrieren durch die kurze Antwortzeit die Leistungsfähigkeit der Bibliothek. Das Layout eines Zeitschriftenlaufzettels ist mit ein Element, die Dienstleistung Bibliothek zu vermarkten: Auch das sollte ein Programm unterstützen.

Die kurze Zeit, die leider in diesem Forum den Vortragenden gewährt wird, möchte ich noch mit dem Hinweis auf einen anderen Aspekt ausfüllen und Interessenten, die das Programm näher kennenlernen wollen auf die Sitzung der Kommission für Periodika verweisen, in der ich das Programm selbst demonstrieren werde und auf Vor- und Nachteile eingehen werde.

Seit ich News Office kenne, hat es sich deutlich gewandelt, und seit ich es selbst verwende, habe ich viele Stunden mit dem Programm zugebracht und viele Telephonate mit den Programmierern geführt und auch zwischendurch die Benützung des Programms aufgegeben, weil es meinen Bedürfnissen nicht gerecht wurde. Das Ergebnis meiner und auch anderer Anwender Mitarbeit hat aus News Office ein leistungsfähiges Werkzeug für die genannten Bereiche gemacht.

Trotzdem ist auch der jetzige Stand - besonders im Hinblick auf Konkurrenzprodukte - aus meiner Sicht noch verbesserbar. Aber auch News Office ist im Grund genommen ein Produkt von der Stange - wenn auch ein spezielles und muß seinen Markt finden, der für die Verkäufer einen Gewinn abwirft. Jedes Programm unterliegt auch von der Programmkonzeption und von der Positionierung am Markt - alleine oder in Zusammenarbeit mit anderen Produkten - gewissen Zwängen.

Ich möchte daher besonders hervorheben, daß ein Programm für eine Spezialanwendung gerade im Bereich von Bibliothek und Dokumentation nur so gut ist wie die Höhe der Intensität, mit der Anwender und Programmierer zusammenarbeiten. Besteht diese Beziehung nicht oder wird sie von irgendeiner Seite be- oder gar verhindert, sollte sich niemand der Beteiligten über schlechte Programme oder Benutzerschnittstellen beschweren. Dies gilt für den PC-Bereich ebenso wie für die Software auf Großrechnern.

Viele Programme und Ihre Firmen entstehen nach wie vor aus einer unmittelbaren Bedarfssituation, und es ist unmöglich, liebe Kolleginnen und Kollegen, daß bei so speziellen Anwendungen, wie sie in unserem Bereich auftreten, gleich ein Fachspezialist zur Verfügung steht, der schon frühzeitig die Schlüsselprobleme des Anwenders aufzeigen kann.

Schließlich sollte man auch als Anwender nicht davor zurückscheuen, den Produzenten in Fällen, die Schlüsselsituationen der Anwendung betreffen, mit Ausstieg zu drohen, wenn damit nicht gearbeitet werden kann. Lieber ein Ende mit Schrecken, als ein Schrecken ohne Ende. Überhaupt sollten Sie keine Hemmungen haben, Programmierer oder Softwarehäuser mit Ihren Problemen zu nerven. Schließlich steht unsere Arbeit im Mittelpunkt und nicht der Computer.

Ich möchte hier auch meine Erfahrung mitteilen, daß sich die Wahl eines deutschsprachigen kleinen Softwareproduzenten als langfristig erfolgreich gezeigt hat. Dies ist ein Weg, den ich auch in anderen Spezialanwendungen beschreiten werde.

Wenngleich im Bereich Zeitschriftenverwaltung international gesehen eine gewisse Zahl von Systemen am Markt bzw. in Entwicklung ist, ist News Office durch seinen besonders günstigen Preis bei nur geringen

Leistungsnachteilen für Zeitschriftenbestände bis 500 Abonnements sehr zu empfehlen. Bei Abonnementszahlen jenseits von 1000 sollten Programme von Faxon oder Swets & Zeitlinger oder Ebsco geprüft werden, deren Mächtigkeit in Bezug auf Flexibilität und Geschwindigkeit sicher höher ist. Mächtig sind aber auch im Vergeich die Preise.

Die Bibliothek der Wissenschaftlichen Landesakademie für Niederösterreich

Judith Bauer und Georg Winter

Die Wissenschaftliche Landesakademie für Niederösterreich wurde 1987 per Landesgesetz als Einrichtung öffentlichen Rechts geschaffen. 1988 erfolgte die Aufnahme des Lehrbetriebs. Die Landesakademie befindet sich im neu adaptierten Gebäude der ehemaligen Tabakfabrik in Krems-Stein. Im Mai 1992 konnten die - derzeit noch provisorischen - Bibliotheksräume bezogen werden. Aufgrund der zu knapp bemessenen Stellfläche wird für 1993 eine bauliche Erweiterung bereits geplant, wobei es sich neuerlich um ein Provisorium handelt. Der Bau des Zielprojekts soll laut Plan erst in einigen Jahren in Angriff genommen werden. Im Mitteltrakt des Gebäudekomplexes werden dann ein Tiefspeicher für 80.000 Bände und zwei Stockwerke für Lesesaal, Freihandbereich und Verwaltung eingerichtet.

Die Bibliothek als eigene Abteilung besteht seit nunmehr einem Jahr und hat mit einem Bestand von 500 Büchern zu arbeiten begonnen. Sie umfaßt zur Zeit rund 15.000 Bände und über 100 laufende Zeitschriften und Zeitungen. Wir können daher im ersten Aufbaujahr auf einen beträchtlichen Jahreszuwachs verweisen. Davon haben allerdings aus personellen Gründen bis jetzt „nur" etwa 5.000 Bände den Gang des regulären Buchlaufs erfahren. Die rund 10.000 unbearbeiteten Bände stellen die Privatbibliothek des Dichters Richard Schaukal dar, die von der Landesakademie im Herbst dieses Jahres angekauft wurde.

Bis Herbst vorigen Jahres wurden die Bücher von einer Sekretärin der Geschäftsführung der Landesakademie mitbetreut, die uns inzwischen als Mitarbeiterin der Bibliothek halbtags zur Verfügung steht. Seit März 1992 konnten wir unseren kleinen Personalstand um eine ganztägig beschäftigte Mitarbeiterin erweitern. Somit sind zwei geprüfte Bibliothekare (Bibliotheksleiterin und EDV-Beauftragter) im höheren und zwei Mitarbeiter im gehobenen Bibliotheksdienst an der Landesakademie tätig.

Unsere Sammelschwerpunkte liegen auf den an der Landesakademie vertretenen Fachrichtungen, das sind namentlich Marketing und Managementwissenschaften (vertreten durch MBA Central Europe), Tourismus-Management (Institut für Tourismus und Management und Washington State University), Rechtswissenschaften (EURAS - European Advanced Studies), Philosophie und Ethik (Zentrum für Ethik und Medizin), Umweltwissenschaften, Medizin und medizinische Wissenschaften (Institut für Bioengineering) sowie Technik (Institut für System- und Automatisierungstechnik).

Die Bibliothek der Wissenschaftlichen Landesakademie für Niederösterreich darf sich zu den wenigen Bibliotheken zählen, die völlig ohne Karteikarten auskommen. Bereits von Anfang an wurde die Literatur in die EDV eingearbeitet, Zettelkataloge wurden erst gar nicht angelegt. Es ist daher ganz klar, daß der Bibliotheks-EDV besondere Bedeutung zukommt. Als Software stand Q & A (Question and Answer) in der Version 3 zur Verfügung. Es handelt sich dabei um ein Datenverarbeitungsprogramm, das unseren Ansprüchen vorderhand durchaus genügt und - was besonders hervorgehoben zu werden verdient - rasch erlern- und anwendbar ist. Angenehm ist auch, daß die Datenbank innerhalb gewisser Grenzen noch veränderbar ist und daher nachträgliche Korrekturen bzw. Anpassungen vorgenommen werden können. Der einzige Nachteil ergibt sich aus den bereits spürbar länger dauernden Bearbeitungszeiten bei den mittlerweile über 5000 Datensätzen, weshalb ein Umstieg auf ein schneller arbeitendes System notwendig geworden ist. Gegenwärtig stehen der Bibliothek 6 PCs zur Verfügung, wovon zwei als OPACs für die Benützer eingerichtet wurden. Diese Rechner stellen eine Usergruppe im Novell-Hausnetz dar, das durch Ethernet-Karten verknüpft ist. Sollte ein Leser eine schriftliche Literaturliste bevorzugen, so können Ausdrucke über Q & A aufgrund der mannigfaltigen Selektier- und Sortierfunktionen dieses Systems ausgefolgt werden.

Derzeit arbeitet die Bibliothek also ohne Verbindung zu anderen Verbünden, was den Vorteil der Unabhängigkeit, aber auch den Nachteil der Begrenztheit mit sich bringt. Aus diesem Grund wird die Bibliothek der Landesakademie als bislang einzige nicht zum Bund gehörende wissenschaftliche Bibliothek Anfang 1993 an BIBOS teilnehmen. Interne Suchen sowie Entlehnverbuchung werden aber weiterhin mittels Haussystem durchgeführt werden.

Abgesehen von den OPACs gibt es für Benützer Mikrofiche-Lesegeräte mit den üblichen Zeitschriftenkatalogen sowie eine CD-ROM-Station, die derzeit noch als Einzelplatzsystem installiert ist; eine Netzlösung wird angestrebt. Ebenfalls in Planung ist die Einrichtung einer Informationsvermittlungsstelle, die die Recherchemöglichkeiten bekanntlich wesentlich erweitern würde und für Wissenschaftler im Raum Krems sicher eine große Hilfe darstellen kann.

Wer holt den Faden aus dem Labyrinth frauenspezifischen Wissens? ARIADNE - Kooperationsstelle frauenspezifischer Information und Dokumentation an der Österreichischen Nationalbibliothek

Helga Hofmann-Weinberger und Christa Wille

Wir werden auf das frauenspezifische Umfeld eingehen, darlegen, warum Frauendokumentationsstellen eine spezielle Entwicklungsgeschichte haben und besonders auf unsere Entstehungsgeschichte und Konzeption, sowie die Rahmenbedingungen innerhalb der Institution ÖNB aufzeigen. Einen Hauptteil unserer Ausführungen bilden die drei Arbeitsschwerpunkte - die drei Säulen von ARIADNE:
(1) Datenbankaufbau, (2) IVS für Frauenforschung und (3) Vernetzung.

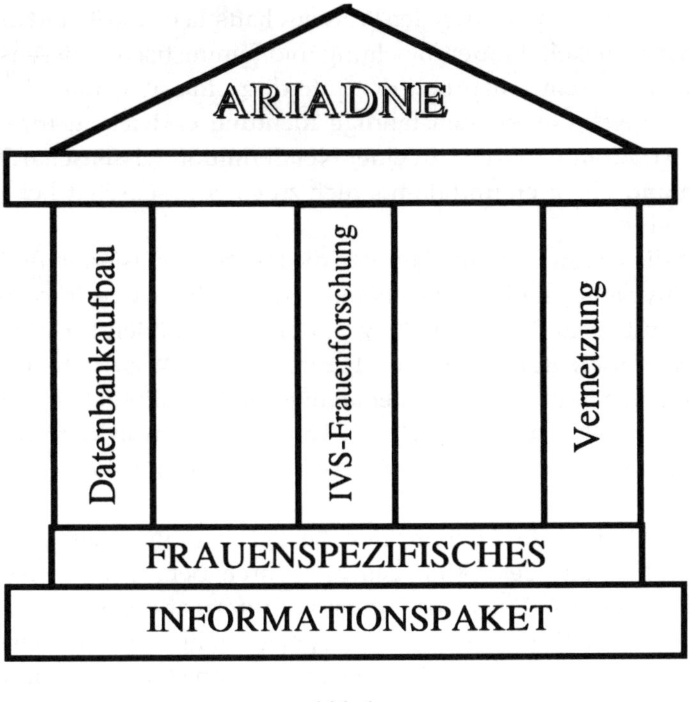

Abb.1

Ein Ausblick mit Beispielen aus dem EG-Raum soll Ihnen abschließend die Wichtigkeit, Internationalität und Bedeutung frauenspezifischer Dokumentationseinrichtungen nahebringen.

Der Gedanke eigener Archive und Bibliotheken für Frauen, in denen ihre Geschichte nach speziellen Kriterien gesammelt, bearbeitet und zur Verfügung gestellt wird, ist keineswegs neu. Bereits in der Alten Frauenbewegung gab es solche Initiativen.

Manche davon, wie die Fawcett Library in London, das Internationaal Vrouwenarchief in Amsterdam oder die Bibliothèque Durand in Paris, existieren auch heute noch! Mit der Neuen Frauenbewegung und den gesellschaftspolitischen Veränderungen in den 70er Jahren ist die Wissensproduktion (sprich Literatur) universitärer und außeruniversitärer Frauenforschung stark angestiegen.

Dabei sind zwei Forschungsbegriffe zu unterscheiden:

(1) Frauenforschung, als eine interdisziplinäre Wissenschaftsrichtung, die den vernachlässigten, verdeckten Aspekt des Weiblichen aufarbeitet,

(2) feministische Wissenschaft, die darüber hinaus auch die Methoden der herkömmlichen patriarchalen Wissenschaftstheorie kritisiert und eigene Kriterien entwickelt. Frauenforschung und feministische Wissenschaft haben sich mit ihrem Anspruch der Interdisziplinarität, und der eigenen Bildungsarbeit in eine eigenständige Richtung entwickelt. Ihre Publikationsfülle trägt mittlerweile zu einer Neudefinition wissenschaftlicher Kategorien und Theorien und damit auch zu einer gesellschaftlichen Veränderung bei.

Mit dieser Entwicklung konnten die institutionalisierten Bibliotheken und Archive einfach nicht Schritt halten. Immer öfter wurde kritisiert, daß Bestandsaufbau und -erschließung in den Institutionen für die Anforderungen der Frauenforschung und feministischen Wissenschaft nicht ausreichend seien. Autonome Frauenarchive und -bibliotheken wurden gegründet, vor allem in Deutschland, vereinzelt auch in Österreich. Viele dieser Stellen konnten nur mit totaler Selbstausbeutung über einen längeren Zeitraum geführt werden.

ARIADNE an der ÖNB möchte dieses Defizit innerhalb einer Institution ausfüllen und setzt sich das Ziel, ihren Beitrag zur gesellschaftspolitischen Besserstellung der Frauen auf informationswissenschaftlicher Ebene zu leisten. Wir wollen uns den speziellen bibliothekarischen Anforderungen frauenspezifischer Wissensproduktion stellen. Darunter verstehen wir, daß Literatur - sowohl selbständig als auch unselbständig erschienene - unter frauenspezifischer Sichtweise, dem „anderen Blick", gesammelt wird. Unser Augenmerk gilt dabei vor allem internationalen

Nachschlagewerken, wichtigen ausländischen feministischen Zeitschriften und schwer zugänglicher Grauer Literatur. Die Dokumente werden nach eigenen formalen und inhaltlichen Kriterien erschlossen: spezielle Systematiken, Klassifikationen und ein auf die Bedürfnisse und Sprache von Frauen erstellter Thesaurus sind unverzichtbare Standards, die wir dabei berücksichtigen werden.

Die Genesis von Ariadne begann mit einem Projekt des Bundesministeriums für Wissenschaft und Forschung (BMWF) (Andrea Fennesz und Christa Wille: Durchführbarkeitsstudie zur Errichtung einer Dokumentations- und Informationsstelle für frauenspezifische Literatur. Wien, 1986). Im Rahmen dieser Studie wurde die Durchführbarkeit frauenspezifischer IuD in Österreich erstmals untersucht und zwei mögliche Varianten entwickelt: (1) eine Einrichtung mit autonomem Charakter und (2) eine auf institutionalisierter Ebene. Für die Realisierung sind natürlich Frauen eingetreten: Dr. Stumpf, Dr. Brandstötter vom BMWF. 1991 war es dann soweit: Wir konnten endlich unsere Konzepte vorlegen, die im Lichte der Weiterentwicklung der Frauenforschung und der Praxis der Einbindung in die Institution ÖNB, die Theorie bereits weit hinter sich gelassen hatte ... Das Finden von Räumlichkeiten und die Verankerung in der Geschäftseinteilung mit März 1992 lösten bei uns Euphorie aus. Ein ganzer und ein halber Dienstposten wurden genehmigt - nun ein Anfang war gemacht; kein Computer, keine Möbel - nun unsere Kolleginnen und Kollegen waren sehr kooperativ, durch ihre Mithilfe konnten wir unser Aufbauprogramm beginnen. Wir nutzten die Institution, wir fanden Nischen, wir klinkten uns in den Geschäftsgang ein!

Wir begannen mit der Realisierung unseres Arbeitsprogrammes, auf das wir in der Folge näher eingehen werden. Die Aufbauarbeit, die wir zur Zeit leisten, scheint uns typisch zu sein für die Schwierigkeiten aber auch Chancen einer relativ kleinen Dokumentationseinheit innerhalb einer großen Institution.

(1) Datenbankaufbau

Von Anfang an war uns klar, daß der Aufbau einer frauenspezifischen Literaturdatenbank der arbeitsintensivste unserer Programmpunkte sein würde. Eine passende Software mußte gefunden werden, ein Kategorienschema entwickelt, Überlegungen angestellt, welche Art von Literatur wir überhaupt dokumentieren wollen.

Zunächst (vor allem weil wir mit diesen Geräten am meisten Vorerfahrung hatten) gingen unsere Software-Vorstellungen in Richtung Apple-Macintosh (4th Dimension, Oracle etc.). Wir richteten eine Art Versuchsdatenbank mit dem Programm File-Maker ein und gaben dieser Datenbank - selbstironisch - den Arbeitstitel „WEIWI“. Mit diesem Probelauf sollte - in Form eines „learning by doing“ - die Struktur unserer Datenbank festgelegt werden, d.h. vor allem die Kategorien für die formale und inhaltliche Erschließung.

Die Abteilung III/1 des BMWF signalisierte uns, daß eine IBM-kompatible Software den Vorzug finden würde, und so holten wir Markt-Informationen über diverse Literatur-Systeme (wie Lars, Lidos, Faust etc.) ein. Wir wurden von Seiten des Ministeriums auch ganz besonders auf das von der Unesco entwickelte System Micro-Isis hingewiesen. Es handelt sich dabei um eine kostenlos zur Verfügung stehende Basis-Software mit offener Struktur, die durch entsprechende Weiterprogrammierung speziellen Dokumentationsbedürfnissen sehr flexibel angepaßt werden kann.

Auf welches Datenbank-System auch immer die Entscheidung fallen wird, sie soll unseren Anforderungen entsprechen, die da sind:

• benützerfreundliche Oberfläche mit allen Abfragemöglichkeiten, die internationalen Datenbankstandards entsprechen (Boole'sche Verknüpfungen, Feldsuche, Dublettenprüfung, hierarchischer Thesaurus etc.)

• Möglichkeit der Installierung eines OPAC (in Zukunft könnte diese Datenbank über das Universitätsnetz abrufbar gemacht werden)

• bequemes Downloading (für Spezialbibliographien, Newsletter, Neuerwerbungslisten etc.)

• längerfristig denken wir an eine Ausweitung der Datenbank in Form einer Verknüpfung mit Seitenmodulen (z.B. für Fakten/Daten und biographische Files, die in der zukünftigen Informationsvermittlung eine immer größere Rolle spielen werden).

Abbildung 2 zeigt jene Felder, die sich zum jetzigen Zeitpunkt für die Struktur unserer Datenbank als notwendig erwiesen haben:

Datenbank WEIWI - Kategorienschema

feste Felder:

Dokumentennummer (001)
Eingabedatum (002)
Korrekturdatum (003)
Eingabe-BearbeiterIn (004)
Korrektur-BearbeiterIn (005)
Signatur (006)
Standortsystematik (007)
Dokumententyp (008)

Felder Formalerschließung (für selbständige u. unselbst. Werke):
VerfasserIn 1-3 (100, 104, 108 + Verweisungsformen: 101, 105, 109 ...)
Beteiligte Person 1-3 (112, 116, 120 + Verweisungsformen: 113, 117 ...)
UrheberIn 1-3 (200, 204, 208 + Verweisungsformen: 201, 205, 209 ...)
Hauptsachtitel (331)
Zusatz (335)
Parallelsachtitel 1-3 (341, 344, 348)
Einheitssachtitel (304)
Auflage (403)
Ausgabe (401)
Ort (410)
Verlag (412)
Erscheinungsjahr (425)
Kollationsvermerk (433)
Fußnote (501)
Literatur (517)
Sprache (516)
Gesamttitelangabe (451)
(BIBLID)
Kommentar zur Formalerschließung (537
Felder Inhaltliche Erschließung:
Abstract (750)
Feministisches Schlagwort (710)
Feministische Klassifikation (700)
Schlagwort nach RSWK (715)
Klassifikation nach Dt. Bibliographie (701)
Kommentar zur Inhaltlichen Erschließung (737)
Felder Formalerschließung Quellenwerk (für unselbständige Werke):
Sachtitel (831)
VerfasserIn 1-3 (800, 804, 808 + Verweisungsformen: 801, 805, 809 ...)
Auflage (803)
Ausgabe (801)
Ort (810)
Verlag (812)
Jahr (825)
Gesamttitelangabe (851)
ISBN/ISSN (852)
Fundstelle (833)

(Abb.2)

Wir haben uns dazu entschlossen, für die selbständige Literatur Kurztitelaufnahmen zu machen, und für die unselbständige Literatur - die naturgemäß den Hauptteil ausmachen wird - das Regelwerk RAK-UW heranzuziehen. Kompatibilität mit dem österreichischen Bibliotheksverbund BIBOS war von Anfang an eine Hauptanforderung an unsere Datenbank (in Klammern daher die entsprechenden BIBOS-Kategorien).

Es ist klar, daß die Formalerschließung die größere Kategorienzahl aufweist. Von der Arbeitsintensität und vom immanenten Anspruch ARIADNEs her betrachtet, wird allerdings die inhaltliche Erschließung einen bedeutenden Stellenwert einnehmen. Zunächst sollen zwei Arten von Beschlagwortung vorgenommen werden: (1) eine feministische, ins frauenspezifische Detail gehende, und (2) eine nach den Regeln der RSWK bzw. der SWD. Letztere haben - wie wir an Dagmar Janks Kritik sehen - ihre Mängel (vgl.: Dagmar Jank: Die Nicht-Gleichbehandlung von Frauen und Männern in der Schlagwortnormdatei - ein Offener Brief. In: Bibliotheksdienst 25, 1991, S. 1418 - 1421; Dagmar Jank: Die Frauenfrage und die Sacherschließung. In: Laurentius 9, 1992, S. 56 - 59; Dagmar Jank: Frauengerechte Sacherschließung - eine Utopie? Abgedruckt in diesem Tagungsband). Diese rühren natürlich auch daher, daß es sich um ein Universal-Regelwerk bzw. eine Universal-Normdatei handelt, die den Bedürfnissen einer Spezialdokumentation nur schwer gerecht werden kann. Die feministischen Schlagwörter werden von uns zunächst frei vergeben. Das Resultat ist eine nach Vorkommen anwachsende Schlagwortliste, die von uns terminologisch kontrolliert wird. Längerfristig ist daran gedacht, zusammen mit anderen österreichischen Frauen-Doku-Stellen, einen frauenspezifischen Thesaurus zu entwickeln. Schließlich werden unsere Dokumente einem ebenfalls noch zu erarbeitenden Klassifikationsschema zugeordnet und mit einem Abstract versehen - letzteres ist jedoch mit der derzeitigen personalmäßigen Ausstattung von ARIADNE nicht zu bewältigen.

Die Eingliederung unserer Datenbank in den Geschäftsgang der ÖNB soll durch Abbildung 3 veranschaulicht werden.

Bei der Art der zu dokumentierenden Literatur beschränken wir uns weitgehend auf Austriaca und internationale Grundsatzliteratur, wobei wir vor allem die an die ÖNB abzuliefernden Pflichtexemplare, aber auch verstärkt aus dem Ausland angekaufte Literatur heranziehen. Darüber hinaus möchten wir den Zugang zur Grauen Literatur erleichtern und haben in Briefen an Frauenforscherinnen in ganz Österreich um die Ablieferung derartiger Literatur an ARIADNE gebeten.

(2) IVS für Frauenforschung

Bei der Konzeption von ARIADNE war unsere ursprüngliche Idee, wie an den Universitätsbibliotheken, so auch an der ÖNB, eine Informationsvermittlungsstelle für frauenspezifische Literatur einzurichten. Dieses Projekt wurde durch die Tatsache erschwert, daß aus juristischen Gründen an der ÖNB keine kostenlosen Online-Datenbank-Recherchen durchgeführt werden dürfen, was natürlich den BenützerInnenkreis wesentlich einschränkt. Um dieses Manko auszugleichen, werden wir uns bemühen, Spezialdatenbanken, CD-ROMs und Bestandskataloge berühmter Frauenbibliotheken als Unikate zu erwerben. Wir gehen davon aus, daß frau für solche speziellen Informationen auch einen angemessenen Preis zahlen wird. Natürlich ist es bereits jetzt möglich, gegen Entgelt, die an der ÖNB zugänglichen großen Hosts (wie z.B. Dialog) auf frauenspezifische Literatur hin abzufragen.

Probleme frauenspezifischer Online-Recherchen können hier nur angerissen werden: der interdisziplinäre Charakter dieser Literatur hat seine Tücken bei der Suchstrategie, Verknüpfungen mit allen den frauenspezifischen Aspekt ausdrückenden Schlagwörtern sind umständlich aber notwendig, das relativ junge Vokabular der Frauenforschung ist in den Datenbanken häufig nicht berücksichtigt . Zu diesem Thema möchten wir auf folgenden sehr nützlichen amerikanischen Reader hinweisen:

Women online : research in women's studies using online databases / Steven D. Atkinson ..., ed. - New York [u.a.] : Haworth, 1990. - (Haworth series on library and information science ; 3).

(3) Vernetzung

Der Informationsaustausch zwischen Fachfrauen der autonomen und institutionalisierten Dokumentationseinrichtungen ist für unsere Aufgaben besonders wichtig und, wie Beispiele aus Deutschland und in der einschlägigen Literatur zeigen, nicht selbstverständlich. Mißverständnisse und Berührungsängste mußten und müssen auch hier überwunden werden. Autonome Einrichtungen richten ihr Interesse, neben Archiv- und Dokumentationsarbeit, auch auf Bildungs- und Forschungskonzeptionen. Regionale Schwerpunktsammlungen (DOKU Graz), Archivmaterial der Neuen Frauenbewegung (Stichwort Wien), sind Aufgaben, die ARIADNE weder leisten will noch leisten kann. Umfangreiche Zeitschriftendokumentationen, wie sie in der SOWIDOK und der INFODOC geleistet werden, müssen von uns genutzt werden. Um Doppelarbeit zu vermeiden und den ständigen Erfahrungsaustausch mit den anderen Dokumentationsstellen zu pflegen, sind wir als Gründungsmitglieder dem Verein FRIDA (Verein zur Förderung und Vernetzung frauenspezifischer Informations- und Dokumentationseinrichtungen in Österreich) beigetreten. Dieser Verein umfaßt bisher folgende Institutionen:

Österreichisches Netzwerk im Rahmen des Vereins „FRIDA"

- ARIADNE - Österreichische Nationalbibliothek Wien
- DOKU - Frauendokumentations- Forschungs- und Bildungszentrum Graz

Übersicht über die Eingliederung der Datenbankerstellung in den Geschäftsgang der ÖNB

Selbständige Literatur	Unselbständige Literatur (Artikel, Beiträge, Aufsätze etc. aus Sammelwerken, Festschriften, Kongreßbänden etc.)
Vorakzession/Bestellung:	
nach Absprache -	
Schautisch:	
Steckzettel „Ariadne"	Steckzettel „Ariadne"
Formale Erfassung:	
Nominalkatalogisierung neu	für die übergeordnete Gesamtheit (= Quelle): Nominalkatalogisierung neu
Inhaltliche Erschließung:	
jeweilige FachreferentInnen: RSWK (später ev. eigenes Referat: Interdisziplinäre Frauenforschung)	für die übergeordnete Gesamtheit (=Quelle): RSWK
nach Endredaktion: Datenbank-Input	
Formale Erfassung: Kurztitelaufnahme Inhaltliche Erschließung: RSWK und eigene Schlagwortliste/Thesaurus	Formale Erfassung: RAK-UW Inhaltliche Erschließung: RSWK und eigene Schlagwortliste/Thesaurus
Datenbank-Output: Literaturzitate (Recherchen, „Newsletter" etc.)	
nach Bearbeitung in „Ariadne": Einbandstelle/Buchbinderei	

(Abb.3)

- Dokumentationsstelle Frauenforschung - Institut für Wissenschaft und Kunst
- Frauen-Dok - Renner-Institut / Frauenpolitische Abteilung
- Frauengrundsatzabteilung - Bundesministerium für Arbeit und Soziales
- Fraueninfothek
- INFODOK Ges.m.b.H.
- Referat Frau und Kunst - Bibliothek der Akademie der Bildenden Künste
- SOWIDOK - Kammer für Arbeiter und Angestellte für Wien
- SOWIS - Sozialwissenschaftliche Informationsstelle - UB der Wirtschaftsuniversität Wien
- Sozialwissenschaftliche Studienbibliothek - Kammer für Arbeiter und Angestellte für Wien
- Stichwort - Archiv der Frauen- und Lesbenbewegung

(Abb.4)

Wir kommen zwar aus verschiedenen Richtungen, haben aber ein gemeinsames Ziel und damit in Österreich so etwas wie einen Meilenstein gelegt. In regelmäßigen Treffen werden gemeinsame Strategien und Konzepte entwickelt. Nahziele sind eine frauenspezifische Fachinformationsführerin (sic!), erstellt von Frauen der Österreichischen Hochschülerschaft in Zusammenarbeit mit FRIDA und das Projekt eines deutschsprachigen feministischen Thesaurus (englischsprachige und niederländische Beispiele gibt es bereits). Fernziel von FRIDA ist ein zukünftiger gegenseitiger Datenaustausch.

Die Vernetzung auf internationaler Ebene erfolgt mittels Korrespondenz und Materialaustausch. Abbildung 5 zeigt eine Auflistung frauenspezifischer Dokumentationseinrichtungen in Europa, mit denen ARIADNE bereits in Kontakt steht oder Kontakt aufnehmen wird. Vorträge und Erfahrungsaustausch mit Fachfrauen aus etablierten Einrichtungen, wie z.B. Helga Dickel vom FAD in Köln beim Vernetzungs-Seminar im Renner-Institut oder Jytte Larsen vom KVINFO in Kopenhagen bei diesem Bibliothekartag, vertiefen diese Möglichkeiten der Zusammenarbeit.

Internationales Netzwerk

- Bibliothek u. Studienzentrum der ersten deutschen Frauenbewegung, Kassel
- Bibliothèque Marguerite Durand, Paris
- Datenbank Bedeutende Frauen international, Hannover
- Dokumentationsstelle für Frauenfragen, Bern
- ENWS, Zoetermeer
- FAD, Köln
- Fawcett Library, London
- Feminist Library, London
- FFBIZ, Berlin

- GRACE, Brüssel
- Human Rights Documentation Centre of the Council of Europe, Straßburg
- HURIDOCS, Oslo
- IDC, Amsterdam
- Institut Frau und Gesellschaft, Hannover
- ISIS-WICCE, Genf
- ISIS International, Rom
- IVA, Amsterdam
- KVINFO, Kopenhagen
- Sammlung Graue Literatur in Koordinationsstelle Frauenstudien, Hamburg
- WISE, Utrecht
- Zentraleinrichtung an FU, Berlin

(Abb. 5)

„Produkt" der drei intensiven Arbeitsschwerpunkte von ARIADNE soll ein frauenspezifisches Informationspaket sein (vgl. Abb. 1).

Ausblick in den EG-Raum

Internationale Gleichstellungspolitik, speziell im EG-Raum, haben einen wachsenden Bedarf an funktionellen Serviceeinrichtungen hervorgerufen. Eine Auftragsarbeit der EG-Kommission (durchgeführt von Jytte Larsen vom KVINFO Kopenhagen und Marieke Kramer vom IIAV Amsterdam) hat erstmals eine umfassende Bestandsanalyse europäischer frauenspezifischer IuD versucht.

Auch hier wird auf die Aspekte Zusammenarbeit und Koordinierung großes Augenmerk gelegt. Ein Blick in das Arbeitsprogramm französischer Bibliothekarinnen (Fachinformationsführer (sic!), Datenbank, Thesauruserstellung) zeigt uns, daß auch in anderen europäischen Ländern Frauen an ähnlichen Vorhaben arbeiten. Das gibt uns die Gewißheit, daß wir mit ARIADNE und FRIDA auf dem richtigen Weg sind.

Auswirkungen der Universitätsreform auf das wissenschaftliche Bibliothekswesen

Tonbandprotokoll

HR Dr. Ferdinand Baumgartner

Ich muß bei meiner Einleitung ein bißchen weiter ausholen, weil an dieser Diskussion keineswegs nur Bibliothekare aus den Universitätsbibliotheken teilnehmen, die von dieser anstehenden Reform betroffen sind. Aber auch die Bibliothekare der anderen Bibliothekstypen sind sicher daran interessiert zu erfahren, wie die Neuorganisation der Universitäten wahrscheinlich sein wird, weil wir bekanntlich sehr viele Gemeinschaftsunternehmungen haben und derzeit insbesondere im Aufbau eines Bibliothekenverbundes sind.

Betroffen von der Neuregelung sind die zwölf Universitätsbibliotheken und die Zentralbibliothek für Physik in Wien. Wir haben laut Verzeichnis in ganz Österreich einige hundert wissenschaftliche Bibliotheken, aber diese zwölf Universitätsbibliotheken und die Zentralbibliothek für Physik in Wien verwalten nahezu 50% des Bestandes an Literatur und etwa auch 50% des jährlichen Zuganges. Es ist also ein ganz wesentlicher Sektor des österreichischen wissenschaftlichen Bibliothekswesens, der nun reformiert werden soll.

Zunächst zu den Grundsätzen. Im Arbeitsübereinkommen der beiden Regierungsparteien für diese Legislaturperiode wurde als Zielsetzung vorgesehen, daß die Hochschulen zu selbständigen, für ihre Leistung verantwortlichen Einrichtungen weiterentwickelt werden. Zur Erreichung dieser Ziele wurden im Arbeitsübereinkommen die folgenden konkreten Maßnahmen für die Neustrukturierung der Universitätsorganisation vorgeschlagen (zitiert aus dem sogenannten grünen Entwurf „Reformkonzept - Die neue Universitätsstruktur"):

- ein Mischsystem aus kollegialer Leitung, Präsidialverfassung, Rektoratsverfassung und Management,
- ein Mischsystem von Ernennung und Wahl bei der Bestellung der Leitungsorgane,
- die Zuordnung der Infrastruktureinrichtungen zur Universitätsleitung,
- den Ausbau der Budgethoheit, Personalhoheit und Organisationshoheit der Universität mit Verantwortung im Rahmen staatlicher Richtlinien und Aufsicht,

- die Mitwirkungsmöglichkeit der Universitätsleitung in Berufungsverfahren und bei der Bestellung wissenschaftlichen und nicht-wissenschaftlichen Personals,

- die Verlagerung von Einzelentscheidungen aus dem Ministerium an die Universitäten,

- die Entwicklung strategischer Planung und Controlling im Bundesministerium für Wissenschaft und Forschung,

- einfache, nicht ins Detail gehende Rechtsvorschriften.

Weiter heißt es in diesem „grünen" Entwurf, daß dieses vorliegende Reformkonzept für eine Neuorganisation der Universitäten und ihrer Beziehungen zur staatlichen Verwaltung auf der Basis einer Fülle von Anregungen und Informationen aus dem In- und Ausland erstellt wurde. Das darin skizzierte Organisationsmodell konkretisiert jene Hauptanliegen an eine Universitätsreform, die schon bisher in der Diskussion mehr oder weniger schlagwortartig vertreten wurden. Die Deregulierung auf der Gesetzesebene durch Satzungsautonomie für die Universitäten, die Dezentralisierung durch echte Entscheidungsautonomie für die Universitäten, weiter das Festhalten am demokratischen Prinzip der Mitgestaltung aller an der Universität tätigen Personengruppen und handlungsfähige Planungs- und Entscheidungsstrukturen an den Universitäten durch Unterscheidung zwischen Organen mit Richtlinien und Kontrollfunktion einerseits und Organen mit Exekutivfunktion andererseits.

Dieses „grüne" Reformkonzept wurde allen Betroffenen zur Stellungnahme übermittelt, und wir Bibliothekare an den Universitätsbibliotheken haben uns nach mehreren Besprechungen an dieser Begutachtung beteiligt. Es wurde auch im Gesamtbereich der Universitäten vom Bundesministerium für Wissenschaft und Forschung ein mehrseitiger Fragebogen betreffend Anregungen und Wünsche ausgesandt, an dem sich alle 12 Universitätsbibliotheken einzeln und die Arbeitsgemeinschaft der Bibliotheksdirektoren auch gemeinsam beteiligt haben. Wir haben also schon sehr früh einen Konsens unserer Wünsche und Anregungen erstellt. Aufgrund dieser Stellungnahmen wurden dann von einem Projektteam im Bundesministerium für Wissenschaft und Forschung unter dem Vorsitz des Herrn Sektionschefs Dr. Sigurd Höllinger Vorschläge für diese Universitätsreform erarbeitet.

Es ist der sogenannte „orange" Entwurf, so werden die beiden Entwürfe zitiert, der Aussagen enthält, die für uns Bibliothekare wichtig sind und die ich hier auch einleitend Ihnen mitteilen möchte.

Die Organisationsreform der Universitäten sollte folgende inhaltliche Schwerpunkte haben: das leitende Prinzip Deregulierung und Dezentralisierung, das einerseits eine möglichst geringe Regelungsdichte auf der Gesetzesebene bedeutet, also ein Rahmengesetz erfordert. Andererseits sollen universitäre Satzungen entworfen werden und somit eine gesetzlich festgelegte Verlagerung wesentlicher Entscheidungsbefugnisse von der staatlichen Ebene auf die Ebene der Universitäten mit dafür adäquaten neuen Entscheidungsstrukturen bewirken. Die gesamtösterreichische Koordination des universitären Bereiches soll durch die Errichtung eines dem Bundesminister für Wissenschaft und Forschung für die Erreichung der wissenschaftspolitischen Zielvorgaben verantwortlichen, bei der Durchführung aber weisungsfreien Organes mit mehr Sachrationalität ausgestattet werden. Durch die Konzentration der Aufgaben des Wissenschaftsministers auf die Zielvorgabe und die Kontrolle werden auch die Voraussetzungen für die Erhöhung der wissenschaftspolitischen Steuerungseffizienz verbessert. Als operatives Leitungsorgan der Universität ist das Rektoratspräsidium vorgesehen, mit einem sowohl universitätsintern als auch überuniversitär verantwortlichen Rektor und höchstens vier Vizerektoren. Dieses operative Leitungsorgan entscheidet grundsätzlich kollegial, ist aber in bestimmte Ressorts, auf jeden Fall in Lehre, Forschung, Ressourcen gegliedert. Sowohl universitätsbezogen als auch gesamtösterreichisch sind von den zuständigen Organen Entwicklungspläne zu erstellen, die jeweils aus Aufgabenplanung, Ressourcenbedarfsplanung und Budgetvoranschlag bestehen. Ressourcenzuweisungen an die Universitäten sollen in Form von Globalbudgets ohne Bindung an finanzgesetzliche Ansätze und ohne Differenzierung zwischen Sach- und Personalaufwand erfolgen.

In diesen beiden Rahmenpapieren haben wir Bibliothekare der Universitätsbibliotheken nun versucht, unsere Stellung zu finden, die es uns ermöglicht, unsere Aufgaben effizient weiter fortzuführen. Wir haben in ausführlichen, begründeten Papieren diese unsere Forderungen erhoben und haben, um eine plakative Form zu finden, letztlich dann diese Anliegen in sechs Punkten zusammengefaßt:

1) Erhaltung der Selbständigkeit in Personalfragen für die Bibliothek;

2) Erhaltung der Selbständigkeit in Budgetfragen, zumindest durch feste, von den Bibliotheken zu verwaltende Anteile der Bibliotheken am Gesamtbudget, beides zur Sicherung der Kontinuität und der Vollständigkeit im Bestandsaufbau;

3) Erhaltung der Selbständigkeit in Raumangelegenheiten für die Bibliothek;

4) Erhaltung der dezentralen bibliothekarischen Einrichtungen als Teile der gesamten Universitätsbibliothek, also die Erhaltung der Fach- und Fakultätsbibliotheken;

5) Erhaltung der selbständigen Kooperation innerhalb des österreichischen Bibliothekswesens, um sicherzustellen, daß jede der Universitätsbibliotheken weiterhin an den Gemeinschaftsunternehmungen des gesamten österreichischen wissenschaftlichen Bibliothekswesens teilnehmen kann, insbesondere daß sichergestellt ist, den im Aufbau befindlichen Bibliotheksverbund nicht zu gefährden;

6) Erhaltung der schon seit der Gründung der österreichischen Universitätsbibliotheken wahrgenommenen außeruniversitären Aufgaben, einerseits der öffentlichen Zugänglichkeit und andererseits um dort, wo es sich bisher bewährt hat und wo es gegeben ist, die Funktion als Zentralbibliotheken für die regionale Literaturversorgung, quasi als Landesbibliotheken mit Pflichtexemplarrecht, auch weiterhin durchführen zu können.

In vielen Gesprächen mit universitären Gremien und mit den Verantwortlichen im Bundesministerium für Wissenschaft und Forschung haben wir diese unsere Wünsche und Anregungen vertreten. Und wie bekanntgeworden ist, ist ein erster Gesetzesentwurf in Vorbereitung und wird in Kürze vorgestellt werden. Damit bin ich am Ende meiner Ausführungen. Über diesen Gesetzesentwurf zu informieren und Fragen zu beantworten, hat sich Herr Sektionschef Dr. Sigurd Höllinger dankenswerterweise bereit erklärt. Ich danke Ihnen für die Aufmerksamkeit.

SC Dr. Sigurd Höllinger

Herr Vorsitzender, Kolleginnen und Kollegen, meine Damen und Herren!

Vielleicht darf ich zuerst eine Begründung für die Ansprache mit Kolleginnen und Kollegen anführen, aus der Sie auch dann meine Einstellung zu den Regelungen, unter denen heute die Bibliotheken stehen, besser verstehen können. Ich war vor Jahren als wissenschaftliche Hilfskraft auch als Bibliothekar tätig, ohne Ausbildung. Ich habe da aber alldienstäglich den Boten der Buchhandlung empfangen und hatte dann große Mühe darauf zu verwenden, die Bücher nicht sofort dem Institutsvorstand und den Assistenten zu überlassen. Es war die erste Aufgabe, die Bücher mit dem Besitzstempel zu versehen, was nicht immer gelungen ist. Das Institut hatte sich über Jahre hin standhaft geweigert, irgendwelche Einflüsse aus der Universitätsbibliothek da durchgreifen zu lassen. Also, ich kenne aus eigener Erfahrung den Zustand zumindest eines in Entstehung begriffenen neuen Instituts in der Zeit vor dem UOG sehr genau. Da ich ja meine universitäre Tätigkeit nicht ganz aufgegeben habe, bin ich nach wie vor nebenberuflich Benützer von Universitätsbibliotheken und weiß, wie heute diese Bibliotheken und Institutsbibliotheken organisiert sind, und wie sie funktionieren.

Ich darf vielleicht in der inhaltlichen Darstellung bei der Einleitung von HR Dr. Ferdinand Baumgartner anschließen. Es gab bisher Entwürfe zur Universitätsreform, ein „grünes" Papier, ein „oranges" Papier. Aufgrund dieser Vorentwürfe hat Minister Busek die Absicht, Mitte Oktober 1992 einen Gesetzesentwurf der Öffentlichkeit vorzustellen, der dann entweder zu einer großen Novelle zum UOG führen soll oder zu einer Neuausgabe des UOG.

Das „orange" Papier ist lediglich der Bericht einer Projektgruppe an den Wissenschaftsminister und enthält Vorschläge, die Veränderungen gegenüber dem heutigen Zustand und vor allem gegenüber der heutigen Rechtslage darstellen. Daraus resultiert unter anderem, daß detailliertere Darstellungen der Regelungen für die Universitätsbibliotheken nicht enthalten sind, weil für mich als Vorsitzenden dieser Arbeitsgruppe immer klar war, daß die Bestimmungen über die Universitätsbibliotheken im Grunde keiner Veränderung bedürfen, oder nur geringfügiger. Sie würden im wesentlichen aber nicht eine materielle Veränderung bedeuten, sondern eine Straffung der Bestimmungen und die Rücknahme von sehr detaillierten Regelungen. Diese Arbeitsgruppe wäre auch, was die fachliche Qualifikation anlangt, gar nicht in der Lage gewesen, entsprechende Vorschläge in Bezug auf die Bibliotheken zu machen. Es war immer daran gedacht, das bestehende Rechtssystem mit Modifikationen, die ich darstellen werde, zu übernehmen. Dieser Gesetzesentwurf, den der Minister in Kürze zu einer Vorbegutachtung aussenden wird, wird im großen und ganzen die Bestimmungen, die das UOG heute aufweist, wieder enthalten, aber einige zusätzliche, die aus dem neuen Organisationsprinzipien resultieren.

Zum Verfahren, damit Sie auch sehen, daß Sie noch Einfluß nehmen können, und zwar mit ausgiebigen Diskussionen, auf das, was hier veröffentlicht wird. Zuerst, was ich heute an Anregungen mitnehmen kann, hat durchaus die Chance, noch in den Entwurf, den Minister Busek aussenden wird, aufgenommen zu werden. Nach der Aussendung, vermutlich Mitte Oktober, werden zwei Monate für die Vorbegutachtung vorgesehen sein, dann nach weiteren zwei Monaten wird ein Ministerialgesetzesentwurf in die gesetzlich vorgeschriebene Begutachtung gehen mit dem zeitlichen Ziel, daß im Frühjahr 1993 die entsprechende Vorlage mit einigen Begleitgesetzen aus anderen Materien, die andere Ressorts betreffen, im Parlament eingebracht werden soll, sodaß noch in der Sommersaison des Nationalrates 1993 das Gesetz beschlossen sein sollte.

Zum Inkrafttreten des Gesetzes einleitend auch eine Bemerkung. Wenn es zu diesem Gesetzesbeschluß kommen sollte, mit den Veränderungen, die jetzt vorgeschlagen werden, dann wird es nicht möglich sein, zu einem bestimmten Zeitpunkt und für alle Universitäten gleichzeitig diese Veränderung durch den Gesetzgeber anordnen zu lassen. Es wird also dieses Gesetz geben, das für alle Universitäten Gültigkeit haben wird, aber die Umsetzung der entsprechenden rechtlichen Regelungen in neue reale Organisation wird dann schrittweise vorgenommen werden. Im ersten Schritt, in der ersten Phase, nach unserem heutigen Planungsstand innerhalb der ersten zwei Jahre, werden drei Universitäten und nicht mehr davon betroffen sein. Man wird dabei einiges lernen können und sicher klüger bei der Veränderung der weiteren Universitäten sein. Ich schließe natürlich auch Veränderungen des Organisationsrechts dann nicht aus.

Es handelt sich bei dem neuen Gesetzesvorschlag um ein Rahmenrecht, d.h. sehr detaillierte Regelungen des UOG wird dieser Vorschlag nicht enthalten. Meine persönliche Vorgabe war immer, daß dieses veränderte UOG höchstens die Hälfte der Bestimmungen, der Anzahl der Paragraphen, enthalten dürfe, wobei die Grundelemente des bestehenden UOG nicht verändert werden sollen. Das ist ja im Regierungsauftrag festgelegt.

Darf ich auch noch ein paar Sätze für die Philosophie dieser Reform verwenden, Herr Hofrat, die über das hinausgehen, was im Regierungsprogramm steht und was in den Ausführungen des „grünen" Papiers und in der Einleitung des „orangen" Papiers steht. Das heutige Organisationsrecht und auch andere Rechtsmaterien in unserem Bereich haben im wesentlichen die Absicht, durch Vorschriften auf höchster Ebene, nämlich in Gesetzen und davon abgeleiteten Vorschriften auf der Verordnungsebene, darauf hinzuwirken, daß die Universitäten das tun, wozu sie der Gesetzgeber beauftragt und daß sie das sparsam tun, also daß Sachrationalität und Sparsamkeit gewährleistet werden.

Sie alle wissen, daß die Universitäten seit 1975, was die Studentenzahlen anlangt, mehr als eine Verdreifachung mitgemacht haben, die Ressourcen haben diesen Faktor leider nicht ganz aufzuweisen. Es stellt sich zunehmend heraus, daß dieses System, das davon ausgeht, daß der Staat seine Aufgaben durch sehr ins Detail gehende Vorschriften zu sichern trachtet, nicht mehr so funktioniert, wie das wünschenswert wäre. Es gibt in diesem bürokratischen System ein Dickicht an Vorschriften, die notwendigerweise immer neue erzeugen, sodaß man, was die politischen Aufträge betrifft, gar nicht mehr richtig durchgreifen kann, um das zu gestalten, was gestaltet werden soll.

Die Alternative zu diesem System, das im wesentlichen aus dem 19. Jahrhundert stammt, ist das Modell, das die Universitäten des angelsächsischen Typs haben. Dort wird darauf gesetzt, daß innerhalb weniger staatlicher Vorschriften, mit einer betriebsähnlichen Organisation, mit viel Selbständigkeit und Verantwortung, effektiv und effizient gearbeitet wird. Das ist ein anderes Modell von Regelungen für Einrichtungen, die durchaus staatliche Einrichtungen sein können und die die Aufträge, die der Gesetzgeber formuliert, durchführen. Unsere Reform will einen Schritt in diese Richtung setzen.

Es war lange Zeit in der öffentlichen Debatte davon die Rede, daß die Universitäten eigene Rechtspersönlichkeit erhalten sollen, weil nur auf diese Weise sichergestellt wäre, daß die Handhabung des staatlichen Geldes nicht mehr dem Bundeshaushaltsrecht und den davon abgeleiteten Rechtsvorschriften unterworfen wäre und überdies gesichert wäre, daß man die Bediensteten der Universität aus dem öffentlichen Dienstrecht herausnehmen könne. Die Vorlage, die jetzt ausgeschickt wird, sieht die eigene Rechtspersönlichkeit für die Universität nicht vor. Das ist aus meiner heutigen Sicht auch nicht notwendig, um diese beiden genannten Ziele zu erreichen. Die Universitäten bleiben, das ist ein sehr wichtiger Punkt, Einrichtungen des Bundes: keine eigene Rechtspersönlichkeit, jedoch autonome Einrichtungen des Bundes. Der Wissenschaftsminister wird im einzelnen keine Weisungen mehr erteilen können.

Wenn die staatlichen Vorschriften zuerst im Organisationsrecht die Detailregelung zurücknehmen (eine entsprechende Vorbereitung für das Studienrecht ist im Gange), entsteht für die Universitäten ein bedeutender Raum zur Gestaltung, den bis jetzt im wesentlichen der Gesetzgeber oder der Verordnungsgeber, der Minister, hatte. Es wird sich bei diesem veränderten UOG, das in eine Vorbegutachtung kommt, um ein Rahmenrecht handeln. Der Universität selbst wird dieses Gesetz ermöglichen, eigene Satzungen zu beschließen. Diese Satzungen, die das interne Organisationsgesetz darstellen, bedürfen natürlich der Genehmigung durch den Wissenschaftsminister, sodaß nichts aufgenommen werden kann, was den gesetzlichen und anderen Vorschriften widerspricht. Das betrifft ganz zentral die Bibliotheken.

Zu den sechs Punkten, die Herr HR Dr. Ferdinand Baumgartner vorgetragen hat, diese sechs Punkte werden erfüllt. Ich kann heute nicht die einzelnen Formulierungen vortragen. Im großen und ganzen sind es die Formulierungen, die heute im UOG stehen, aber einige ins Detail gehende Regelungen sind nicht mehr dabei. Was neu hinzukommt, als Folgewirkung der neugeschaffenen Organisation, das würde ich gerne darstellen.

Die Universitäten sollen also selbständige Einrichtungen werden, in denen man Entscheidungsträger verantwortlich machen kann. Sie wissen, daß die demokratischen Organe unserer Universität auf der Ebene der Fakultät und der Gesamtuniversität nicht mit einem Imperium ausgestattet sind, innerhalb dessen sie das tun könnten. Der Rektor ist der Vorsitzende eines Gremiums, hat aber selbst, wenn er nicht durch seine Person wirkt und etwas zustandebringt, aufgrund des gesetzlichen Auftrags keine Möglichkeiten zu selbständiger Geschäftsführung. Deshalb soll auf den Ebenen der Gesamtuniversität, der Fakultät und der Institute jeweils ein geschäftsführendes Organ eingerichtet werden. Im einzelnen: auf der Ebene der Gesamtuniversität der Rektor, ihm steht ein Kollegialorgan gegenüber, der akademische Senat in der heutigen Zusammensetzung, der nun nach dem Entwurf anders zustandekommt, aber Personen aus dem Kreis der Professoren, Assistenten und Studenten enthält und natürlich die Vertreter der Dienstleistungseinrichtungen. Dieser akademische Senat auf der obersten Ebene ist der interne Gesetzgeber, ist das Organ, das das Satzungsrecht beschließt, was aber der Genehmigung durch den Minister bedarf. Der Senat hat das Recht, Richtlinien für die Tätigkeit des geschäftsführenden Organs zu erlassen. Der Rektor soll nämlich nicht eine Position haben, die eine autoritäre Führung der Universität ermöglichen würde, sondern er soll in dem bestehenden System der demokratisch verfaßten Universität ein geschäftsführendes Organ sein. Da gibt es Richtlinien durch den Senat, zweitens die Informationspflicht des Rektors gegenüber dem Senat und drittens ein Sistierungsrecht des Senats gegenüber Maßnahmenbeschlüssen des Rektors. Auf der Ebene der Fakultät und auf der Ebene des Instituts ist das in gleicher Weise vorgesehen.

Kurz zur Rechtsfigur des Rektors und wie Personen in diese Funktionen kommen sollen. Das ist wichtig zu wissen, weil man dann im Zusammenhang mit der Regelung der Bibliotheken verstehen kann, welche Macht dort angesiedelt ist, welche Qualifikationen verlangt werden und auf welche Art der Rektor ernannt wird. Wir wissen heute aus leidvoller Erfahrung, daß nicht immer so klar ist, warum eine bestimmte Persönlichkeit zum Rektor gewählt wird, was auch insofern wieder von weniger Belang ist, weil der Rektor keine Macht hatte. Der neue Rektor hat aber relativ große Machtbefugnisse innerhalb der Universität. Und unsere Vorstellung ist die, daß die Ernennung des Rektors aus einer Mischung von interner Willensbildung der Universität und Einflußnahme durch den Minister zustande kommen soll. Das wollen die akademischen Funktionäre überhaupt nicht. Dieses geschäftsführende Organ muß außerdem hauptberuflich seine Aufgaben wahrnehmen und nicht nebenberuflich, wie bisher.

Sollte der Rektor ein Universitätsangehöriger sein, muß er für die Zeit, in der er das Amt wahrnimmt, karenziert werden. Er wird mit einem eigenen Dienstvertrag, der besondere Regelungen zu seinen Aufgaben enthält, angestellt, also als Vertragsbediensteter des Bundes. Es ist aber auch möglich, daß jemand von außerhalb der Universität Rektor wird. Die Stelle des Rektors ist auszuschreiben, das Qualifikationsprofil ist jedenfalls so auszugestalten, daß der Amtsinhaber, oder besser Funktionsinhaber, 1) mit dem Universitätswesen vertraut sein muß, 2) er muß wissenschaftlich ausgewiesen sein und 3) er muß Organisationsleistungen nachweisen können. Diese Bestimmungen schließen durchaus Professoren ein, theoretisch natürlich auch andere Angehörige der Universität und auch mögliche Bewerber von Bereichen außerhalb der Universität. Nach unserer Vorstellung müßte der akademische Senat, also das Kollegialorgan, die Bewerbungen bewerten, dem Wissenschaftsminister vorlegen, der Wissenschaftsminister wählt aus der Menge der Bewerbungen in Kenntnis der Bewertung des akademischen Senats drei Personen, so es so viele gibt, aus und legt diese Liste mit drei Personen der Universitätsversammlung vor.

Die Universitätsversammlung ist ein Gremium, das in der Zusammensetzung dem heutigen akademischen Senat entspricht, also im Verhältnis 2:1:1 zusammengesetzt ist (zwei Teile Professoren, ein Teil Assistenten, ein Teil Studenten und Vertreter des nicht-wissenschaftlichen Personals). Dadurch soll eine breite Abstützung erzielt werden. In diesem System sollte dem Anspruch nach gesichert sein, daß in dieses relativ wichtige Amt Persönlichkeiten gelangen können, die erstens sich mit den Universitäten auskennen, die zweitens selbst Wissenschaft betrieben haben, die drittens aber Organisations- oder Managementerfahrung haben. Es werden sich nicht sehr viele Kandidaten finden, die das jeweils einlösen können, fürchte ich, aber so wird der Vorschlag sein.

Der Rektor kann, und jetzt kommen die Veränderungen gegenüber dem „orangen" Vorschlag an den Minister, der Rektor kann zu seiner Unterstützung Vizerektoren haben, die auf eine ähnliche Weise zustandekommen sollen. Bei ihrer Bestellung sollte allerdings der Rektor auch eine Mitsprachemöglichkeit haben, denn das sind seine unmittelbaren Mitarbeiter bei der Führung der Universität. Der jetzige Vorschlag für das Gesetz wird auch vorsehen, daß die Satzung oder für befristete Aufgaben auch der Rektor selbst, einen Vizerektor oder mehrere mit der selbständigen Führung von Geschäften beauftragen kann. In der Philosophie des Rahmenrechts ist es wichtig, daß man hier keine Festlegungen trifft, wie viele Vizerektoren für welche Aufgaben vorgesehen sind, weil die Universitäten, wie wir wissen, sehr unterschiedlich groß, sehr unterschiedlich strukturiert und sehr unterschiedlich homogen oder inhomogen sind, was die Fächer betrifft, die in ihnen vertreten sind, sodaß es uns notwendig erscheint, die entsprechende Gestaltungsmöglichkeit durch Gesetze einzuräumen, aber die konkrete Ausgestaltung der jeweiligen Universität zu überlassen.

Die Leitung der Universität besteht also aus zwei Organen: dem Rektor und dem akademischen Senat. Die Ebene unterhalb ist die der Fakultät bzw. auf der zentralen Ebene die der Dienstleistungseinrichtungen, zu denen auch die Universitätsbibliotheken gehören. Der Gesetzesentwurf wird dabei vorsehen, daß der Rektor für beschränkte Aufgaben, auf längere Zeit wahrzunehmende Funktionen auch der Satzungsgeber, die Leiter dieser Dienstleistungseinrichtungen mit der selbständigen Führung der Geschäfte beauftragen kann. Das hieße, daß der Universitätsbibliotheksdirektor im Normalfall dem Rektor unterstellt wäre, aber auch durch den Rektor selbst oder durch den Satzungsgeber zur selbständigen Führung seiner Geschäfte oder Teile seiner Geschäfte oder auf Dauer ermächtigt werden kann. Das ist ein beträchtlicher Unterschied zum heutigen Zustand.

Zu Ihren sechs Punkten, Personal: Nach unserem Vorschlag würden die Mitarbeiter der Bibliotheken natürlich unter der Obhut der Universitätsbibliothek bleiben. Die Einstellung von Mitarbeitern erfolgt durch den Rektor auf Vorschlag des Direktors der Universitätsbibliothek, also das förmlich einstellende Organ ist der geschäftsführende Leiter der Universität, der Rektor, aufgrund eines Vorschlags des Universitätsbibliothekdirektors. Auch sonstige dienstrechtlich relevante Dinge geschehen förmlich bei der Geschäftsführung der Universität, aufgrund des Direktors des betreffenden Bereiches. Das betrifft die Verwaltung dann in gleicher Weise oder auch die Rechenzentren.

Zum Budget. Gegenüber dieser Empfehlung gibt es beträchtliche Veränderungen. Wir haben die Beratungen damals unter großem Zeitdruck nicht entsprechend weit getrieben, denn es war allen Mitgliedern des Projektteams klar, daß das Budget nicht mehr nach dem heutigen System verwaltet werden soll. Die Regelung für die Handhabung soll nicht mehr im Universitätsorganisationsrecht stehen.

Sie wissen, daß wir ein Haushaltsrecht haben, das für den gesamten Bund in gleicher Weise gilt, das Vollzugsorgan ist bekanntlich der Finanzminister. Es wird mit hoher Wahrscheinlichkeit, aber das ist noch nicht ganz sicher, durch eine Veränderung einer Bestimmung in der Bundesverfassung, und zwar nur durch einen Halbsatz möglich sein, im Effekt den Universitäten ein Gesamtbudget zu geben, das alljährlich vom Wissenschaftsminister zugewiesen wird, ein Gesamtbudget, das aber eine Struktur hat und nicht, wie die Empfehlung des „orangen" Entwurf lautet, ungegliedert wäre.

Dieser Entwurf enthält nach unserem Vorschlag, das jährlich zugewiesene Budget mit einer Gliederung in Personalaufwand und Sachaufwand und einer Unterteilung für die Bibliotheken. Die Bibliotheken erhalten also in dem zugewiesenen Budget einen eigenen ausgewiesenen Teil. Es wird daher mit Sicherheit nicht zu einem ungegliederten Gesamtbudget kommen. Dies wäre auch nicht sehr zweckmäßig, denn das alljährlich zu bemessende Budget ist ja nicht ein Willkürakt des Ministers, der eine bestimmte Summe für die Universität Wien (4 Milliarden Schilling) oder für Klagenfurt (250 Millionen), einfach in der heutigen Größe zuteilt, sondern das jährliche Gesamtbudget wird alljährlich Ergebnis eines Verhandlungsvorganges zwischen der Universität und dem Ministerium sein.

Auch der Budgetantrag wird natürlich gegliedert sein, aber nicht so fein gegliedert wie heute das Teilheft Kapitel 14 in der Anlage zum jeweiligen Bundesfinanzgesetz. Eine Gliederung wird er allerdings zwingend erhalten, sonst wäre ein vernünftiges Verhandeln über die Berechtigung bestimmter Teile und dann deren Summe nicht möglich. Diese Vorstellung wird bereits von akademischen Funktionären gefordert. Natürlich gibt es Vorgaben durch Beschlüsse der Bundesregierung und Erlässe des Ministers, was die oberen Grenzen für das Gesamtbudget für die Universitäten betrifft, und der Minister ist natürlich derjenige, der verhalten ist, die Aufteilung auf die Universitäten vorzunehmen. Das jährliche Budget ist also ein Ergebnis von Verhandlungen, wobei der Prozeß von unten nach oben geht. Das Resultat ist dann ein Antrag, der im Ministerium für alle österreichischen Universitäten summiert wird und als Gesamt-Antrag des Wissenschaftsministers an den Finanzminister zur Vorbereitung des jährlichen Bundesfinanzgesetzes vorgelegt wird.

Für Sie ist der wichtige Punkt dabei, daß die Ausgaben für die Universitätsbibliotheken getrennt nach Sach- und Personalaufwand Teil dieser Zuweisung sein werden. Warum der Auszug aus dem engen Korsett des Haushaltsrechts? Diese Veränderung des Artikels 51b der Bundesverfassung bedeutete eine Ermächtigung des Wissenschaftsministers, überplanmäßige Ausgaben zu genehmigen, eine Ermächtigung, die heute nur der Finanzminister hat. Heute ist es so, daß während des Jahres, in dem das durch den Gesetzgeber beschlossene Geld ausgegeben wird, der Finanzminister durch eine Bestimmung in der Bundesverfassung das Recht hat, für bestimmte Ansätze höhere Ausgaben zu genehmigen als die, die der Gesetzgeber vorgesehen hat. Das heißt, der Finanzminister kann während des Jahres gestaltend Erhöhungen zu Lasten von Reduzierungen von Budgetansätzen genehmigen. Dies geschieht immer wieder, und auch wir profitieren von diesem Vorgang, weil es eben auf Grund der Art und Weise, wie wir wirtschaften, gelegentlich unvorhergesehene Ausgaben gibt, die der Abdeckung bedürfen. Wenn man dieses Recht der überplanmäßigen Ausgabengenehmigung auch dem Wissenschaftsminister übertrüge, also eine Veränderung an einem Punkt der Bundesverfassung vornähme, könnte zusätzlich zum Finanzminister der Wissenschaftsminister eine Mehrausgabe in einen Budgetansatz zu Lasten eines anderen im Rahmen seines Budgets genehmigen und diese Befugnis mit Verordnungen an die Universitäten weitergeben.

Also die Universitäten wären im Rahmen der Vorschrift, die der Minister zu erlassen hätte, innerhalb des Sachaufwands und innerhalb des Personalaufwands in der Lage, erspartes Geld aus einem Ansatz zugunsten eines anderen auszugeben. Das hieße, nicht verbrauchte ordentliche Dotationen für die Ankäufe für die Bibliotheken oder eventuell auch umgekehrt zu verwenden. Wie diese Vorschriften des Ministers im einzelnen ausschauen, kann ich heute nicht sagen. Das ist im einzelnen nicht entwickelt, weil auf der politischen Ebene nicht endgültig fixiert, aber es wäre ein Schritt zu einer Lösung, in der unter der Obhut des Wissenschaftsministers und durch ausgewiesene Verordnungen Gestaltungsmöglichkeiten in einem vorgegebenen Rahmen für die Universitätsleitung entstehen würden. Es bedürfte nicht des Auszugs aus dem Haushaltsrecht, bedürfte nicht des Aufbaus eines eigenen Verrechnungswesens, sondern es könnte alles, was es an Einrichtungen, was es an Rechtsvorschriften und an technischen Einrichtungen gibt, genützt werden, hätte aber den Vorteil, daß eben eingesparte Dinge zugunsten anderer Teile ausgegeben werden können.

In diesem Zusammenhang ist jetzt nur eine Absichtserklärung geplant und kein endgültiger Vorschlag, weil das noch nicht auf der politischen Ebene im Detail endgültig geklärt ist. Für den Fall, daß es nicht zu dieser Lösung kommt, gibt es einige andere Vorschläge, die durch geringfügige Veränderungen im Haushaltsrecht möglich sind. Die wichtige Botschaft ist aber die, daß die Universitäten in den Vorschriften des Haushaltsrechts bleiben, aber durch diese Verfassungsveränderung eine wichtige Befreiung erhalten könnten. Eine Befreiung mit ähnlichen Wirkungen, die ich jetzt beschrieben habe, ist auch durch einige Veränderungen im Haushaltsrecht möglich, aber auf kompliziertere Weise. Im Innenverhältnis heißt das, daß die Universitätsleitung einen Ausgabenplan für das jeweilige Jahr hat, und es bedarf eben im Laufe des Jahres entsprechend den Fortschritten beim Ausgeben des Geldes oder der Realisierung von Plänen der Beschlüsse an der Universität, wie solche eventuellen Umwidmungen vor sich gehen sollen. Der wichtige Punkt dabei ist, daß die Hoheit über das Personal der Rektor hat und nicht wie heute das Ministerium. Für die Bibliotheken hieße das, der Vorschlagende für Budget und Personal ist immer der Direktor der Universitätsbibliothek, aber der Vorschlag geht an den Rektor und nicht mehr an die zentrale Behörde. Vielleicht ist es sinnvoll, wenn ich hier abbreche. Ich hoffe, ich habe wichtige Punkte, die die Bibliotheken betreffen, die aus der Organisation resultieren, nicht vergessen, aber die würden sicher in der Diskussion auftauchen.

HR Dr. Ferdinand Baumgartner

Herr Sektionschef, herzlichen Dank, erstens für das Referat und zweitens insbesondere für die frohe Botschaft, daß unsere sechs Punkte in den Gesetzesentwurf Eingang finden werden.

Helmut Zimmer, Österreichische Nationalbibliothek

Wie steht es mit den Kompetenzen des Bibliotheksdirektors bzw. der vorgesetzten Fachabteilung - ich glaube, das ist allen einsichtig, daß durch den Bibliothekenverbund die Notwendigkeit besteht, daß zentrale Aufgaben gewahrt bleiben. Wie werden diese zentralen Aufgaben verwaltet werden?

SC Dr. Sigurd Höllinger

Wie es im neuen UOG ausschauen wird, das kann ich überhaupt nicht sagen, ich kann nur sagen, wie wahrscheinlich die Aussendung für eine Vorbegutachtung ausschauen wird. Was die Qualifikationsanforderungen für den Direktor anlangt, die Bibliothekarausbildung, das bleibt alles wie jetzt, es gibt also überhaupt keine Grund, hier irgend etwas zu ändern.

Koordinationsaufgaben und Vorschriften, die alle betreffen, sind natürlich weiter Aufgabe der zentralen Stellen des Wissenschaftsministeriums, innerhalb der Verordnungsermächtigungen, die das Gesetz enthält, das beinhaltet selbstverständlich alle Koordinierungsfunktionen. Wenn ich das auch nicht extra angeführt habe, die Funktionen der Universitätsbibliotheken, die nach außen gehen, bleiben natürlich mit der Definition, wie sie jetzt besteht, erhalten. Es gibt überhaupt keine Einschränkung dafür.

MR Dr. Edith Stumpf, BMWF

Vielleicht könnte man noch etwas detaillierter sagen, wie die Budgetumwidmungen gehandhabt werden sollen, weil man nach Ihren Ausführungen annehmen könnte, daß zwar der Bibliotheksansatz am Beginn des Jahres feststeht, während des Jahres könnte aber der akademische Senat eine Änderung beschließen und gewisse Summen für andere wissenschaftliche Arbeiten von den Bibliotheken abzweigen.

SC Dr. Sigurd Höllinger

Nein, das wird nicht möglich sein, da war ich nicht deutlich genug, was auch den Grund darin hat, daß das im einzelnen noch nicht so ausdiskutiert und ausgeplant ist, sodaß ich da noch keine ganz präzise, verbindliche Antwort geben kann. Natürlich wäre der Sinn dieser ursprünglichen Widmung aufgehoben, wenn der akademische Senat beliebig umwidmen könnte. Theoretisch abstrakt wäre nach der heutigen Vorstellung eine Umwidmung wohl möglich, aber im Rahmen einer Verordnung des Wissenschaftsministers, d.h. alljährlich hat der Wissenschaftsminister die Möglichkeit der Gestaltung, der Wissenschaftsminister hätte ja nach dieser Vorstellung das Recht, Mehrausgaben hier zu Lasten anderer zu verfügen, und dieses Recht kann er an die Universitäten abtreten, muß es aber nicht. Und das wird das alljährliche Budget eben klar machen. Bei den Bibliotheken wäre die Vorstellung wohl, daß hier der Wissenschaftsminister für die Universitäten Gestaltungsmöglichkeit und Übertragungsrechte gestatten könnte. Eine Übertragung von Mitteln für Personalaufwand ist sicherlich nicht ohne weiteres möglich, obwohl eine gewisse Flexibilität angestrebt wird, nämlich dadurch, daß Ausgaben für Lehraufträge und Gastprofessuren, das sind Mittel für die Erfüllung von Lehrfunktionen, die keine Planstellen brauchen, in den Personalaufwand übertragen werden sollen, sodaß es wohl möglich wäre, zu Lasten nicht besetzter Planstellen, das Geld das nicht beansprucht wird, befristet für Gastprofessoren oder Lehrbeauftragte einsetzen zu können .

HR Dr. Walter Neuhauser, UB Innsbruck

1) Wie wird die Budgetzuteilung für die Bibliotheken gestaltet sein - ist das Budget unterteilt in Sach- und Personalaufwand? Gibt es dabei noch einmal eine Unterteilung in Sach- und Literaturaufwand?

2) In den bisherigen Entwürfen war vorgesehen, daß die Bibliothek einem Vizerektor unterstellt wird. Sie haben aber gesagt, daß sie direkt vom Rektor verwaltet werden wird und die Zwischenschaltung eines Vizerektors unterbleibt.

SC Dr. Sigurd Höllinger

Der Vorschlag, der in die Begutachtung gehen wird, folgt nicht der Empfehlung des orangen Papiers. Dort ist, was die Geschäftsführungsleitung betrifft, ein Kollegialorgan vorgesehen. Dies soll es nach unserem Vorschlag nicht geben, sondern der Rektor soll die Geschäfte führen, unter Umständen auch Vizerektoren, die aufs erste dem Rektor unterstellt sind, aber auch für bestimmte Geschäftsbereiche Geschäftsführungsbefugnisse erhalten sollen.

Es wäre also zu Ihrer Frage unter Umständen die Konstruktion denkbar, daß ein Vizerektor das geschäftsführende Organ für die Bibliotheken sein könnte. Nach der Philosophie dieses Rahmengesetzes bedürfte das nicht einer Regelung im Gesetz, weil es nicht zwingend so sein müßte, aber es wäre ein Fall denkbar, daß dies geschähe.

Zur Frage der Gliederung des Budgets im einzelnen. Die kann und will ich eigentlich im Moment nicht beantworten, deshalb, weil diese Sache nicht so weit entwickelt ist und nicht Gegenstand des Entwurfes ist, der ausgeschickt wird. Ich würde Sie in dem Zusammenhang in den nächsten Monaten um Rat bitten, wie man da genau mit dem Budget umgehen soll. Von den bestehenden Bestimmungen aus der Bundesverfassung und aus dem Bundeshaushaltsrecht her ist es zwingend, diese Trennung in Sachaufwand und Personalaufwand vorzunehmen. Wie eine Gliederung innerhalb des Sachaufwandes ausschauen soll und kann, ist nicht wirklich zu Ende beraten.

Nach meinen Vorstellungen, ganz provisorisch, wäre das eine Sache, die dem Verordnungsgeber, dem Minister, anheimgestellt sein sollte, in welcher Art die Gliederung erfolgt. Aber das bedarf noch sehr ausgiebiger Beratung, die aber erst dann zweckmäßig ist, wenn sicher ist, daß dieser Gesetzesentwurf überhaupt politisch durchführbar ist. Daher bitte ich um Nachsicht, daß ich das zum jetzigen Zeitpunkt nicht präzis beantworten kann, aber es wäre sehr wünschenswert, wenn wir da in einen ausführlicheren Dialog eintreten würden.

HR Dr. Ferdinand Baumgartner

Darf ich danken für Ihre Gesprächsbereitschaft, ich habe das jetzt so aufgefaßt, daß wir Gelegenheit haben werden, unsere Wünsche ausführlich in der Vorbegutachtung zu begründen.

SC Dr. Sigurd Höllinger

Herr Hofrat, da muß ich Ihnen zum ersten Mal widersprechen. Ich sehe das überhaupt nicht so. Wir sind vielmehr darauf angewiesen, daß Sie uns dabei helfen, sonst sind wir nicht in der Lage, vernünftige Vorschläge auch in Richtung Finanzminister zu machen bzw. Vorschläge für künftige Regelungen.

Dir. Dr. Frankenberger, UB Augsburg

Vieles aus dem Entwurf klingt wie das deutsche Hochschulrecht, mit ähnlichen Problemen in der Budgetierung, die Frau MR Stumpf schon angesprochen hat. In Deutschland gibt es einen Ansatz für „Lehre und

Forschung", innerhalb wieder ein Unterkapitel „wissenschaftliche Literatur", aber alle Ansätze sind untereinander austauschbar, d.h. der Ansatz im Haushalt kann unter Umständen bei der Rechnungslegung am Jahresende völlig anders aussehen. Es kann sehr viel weniger in der Literatur ausgegeben worden sein, als am Anfang prognostiziert wurde, weil eben manche Lehrstühle lieber Elektronik oder sonstige Geräte gekauft haben. Deswegen ist es, glaube ich, schon sehr wichtig, daß ein eigener Budget-Ansatz für wissenschaftliches Schrifttum bestimmt wird, der mit keinem anderen austauschbar ist.

SC Dr. Sigurd Höllinger

Ich bitte Sie um Verständnis, das kann zum jetzigen Zeitpunkt nicht wirklich im Detail geplant sein, sodaß man das präsentieren könnte. Der wesentliche Schritt im Gesetzesentwurf ist, daß es Gestaltungsmöglichkeiten und Übertragungsmöglichkeiten gibt, also, daß nicht verbrauchtes Geld nicht verlorengeht. Da gibt es auf politischer Ebene eine gewisse Gesprächsbereitschaft, ein solches Haushaltsrecht zu ermöglichen. Wenn diese Chance besteht, dann muß sie für die Universitäten wahrgenommen werden. Aber dann sind wir aufgerufen, ein vernünftiges System innerhalb dieser Befugnisse erst zu konzipieren. Ich selbst weiß einigermaßen gut Bescheid, was die Aufwendungen und die Investitionsmittel der Universitäten anlangt, weil das mein Geschäft ist. Für Ihren Bereich brauchen wir Ihren Rat, wie das zu machen ist. Je besser Ihr Vorschlag ist und je eher er Wirtschaftlichkeit sichert, umso eher hat er die Zustimmung des Finanzministers und letztendlich des Gesetzgebers.

Mag. Wolfgang Hamedinger (Fachbibliothek für Mathematik, Statistik und Informatik an der Universität Wien)

a) Bleibt die Gliederung der Universitätsbibliothek in Hauptbibliothek, Fachbibliotheken und Institutsbibliotheken erhalten?

SC Dr. Sigurd Höllinger

Das wird nicht angetastet.

Mag. Wolfgang Hamedinger

b) Wie gestaltet sich das Zugriffsrecht der Leitungs- bzw. Kollegialorgane auf die Leitung der Universitätsbibliothek? Ist der Bibliotheksdirektor nur mehr der Erfüllungsgehilfe des Rektors, bzw. haben die Kollegialorgane Weisungsrecht bezüglich der einzelnen Fachbibliotheken ?

SC Dr. Sigurd Höllinger

Global gesagt, bleibt es, wie es ist, es wird überhaupt nichts angetastet. Darf ich generell noch bemerken, es wird nichts verändert, was nicht sinnvollerweise verändert werden soll. Es kommt ja nicht darauf an, willkürlich Reformen durchzuführen, sondern wenn Änderungen vorgenommen werden, muß man gute Gründe dafür haben. Hier sind mir keine bekannt.

Meine Position habe ich in den einleitenden Erinnerungen klar gemacht. Ich habe sehr viel Verständnis für die Sorge, daß akademische Funktionäre willkürlich gegenüber den Bibliotheken handeln würden. Diese Sorge gilt natürlich auch für andere Bereiche. Wir haben uns mit dieser Frage intensiv auseinandergesetzt. Das ist natürlich ein zentraler Punkt bei der Frage, ob man von dem System der zentralen und durch staatliche Regeln geleitete Universität überhaupt zu einer selbständigen Einrichtung übergehen kann. Der Vorschlag, den wir machen, bedeutet, daß die Universität eine Organisation erhält, die sie zu einer Einheit macht.

Natürlich, dieses System, das wir vorschlagen, muß Willkür ausschließen, Sachkompetenz sichern, und es betrifft nicht nur die Bibliotheken. Das betrifft den Umgang mit dem Geld, alle Personalangelegenheiten selbstverständlich. Man muß, soweit man das irgend kann, durch gesetzliche Bestimmungen, durch Organisationsvorschriften, Willkür ausschließen bzw. für den Konfliktanlaß ein Verfahren vorsehen.

In dem konkreten Falle, beispielsweise bei der Weigerung des Bibliotheksdirektors, eine Weisung des Rektors wahrzunehmen, wäre die erste Berufungsinstanz der akademische Senat. Der Rektor ist aber Gefangener der Richtlinien des Senats, die wiederum der Genehmigung des Ministers bedürfen. Und hier wird es natürlich zweckmäßig sein, Geschäftsführungsvorschriften für Organe unter der Ebene des Rektors, so auch für die Bibliotheken, intern zu erlassen, nach Mustervorschriften, die das Ministerium selbstverständlich zur Verfügung stellen müßte. Natürlich kann man Mißbrauch durch Organisationsvorschriften nicht prinzipiell ausschließen, aber sehr einengen und für den Konfliktfall Lösungen vorsehen. Das ist ein Vorgang, der auch für andere Bereiche funktioniert.

Nur, ohne ein gewisses Maß an Vertrauen, daß künftige geschäftsführende Organe im Sinne der Aufträge die Verwaltung ordentlich machen, kann man eine Reform nicht angehen. Wir werden jedoch bei dieser Reform behutsam vorgehen und schauen, wie sich das entwickelt, weil man auch sehen muß, daß wir in dem Bereich an selbständiger Gestaltung sehr wenig Tradition haben. Aber die Bibliotheken sind ein wichtiger Teil der Universität, und es wäre aufs erste nicht einzusehen, warum die geschäftsführenden

Organe allzu oft willkürlich und gegen die Sachrationalität der Bibliotheken handeln würden. Es wird schon vorkommen, aber es soll eben nicht häufig sein.

HR Dr. Sigrid Reinitzer, UB Graz

Nach Ihren Ausführungen bleibt die Ausbildung der Bibliothekare in der bisherigen Form erhalten. Es ist aber zu überlegen, ob sie nicht besser in einer Fachhochschule durchgeführt werden soll. Weiters, ist es überhaupt notwendig, daß alle Bibliotheksbediensteten einer Fachausbildung unterzogen werden, wenn wir erfahren, daß in amerikanischen Bibliotheken nur 1/3 der Beschäftigten eine solche Ausbildung hat, was wesentlich kostengünstiger ist?

SC Dr. Sigurd Höllinger

Das Gesetz berührt diese Frage nicht.

MR Stumpf, BMWF

Laut BKA soll sich an der bisherigen Form der Ausbildung nichts ändern.

HR Emmerich Kluger, UB Salzburg

Wie wird die Vergabe von Planstellen für die Bibliotheken gehandhabt werden?

SC Dr. Sigurd Höllinger

Der jeweilige Stellenplan ist Teil des Voranschlages und ist aufs erste Resultat der universitätsinternen Willensbildung. Der Minister hat aber auch eigene Vorstellungen, und die Zuweisung des Budgets, geteilt in Sach- und Personalaufwand, enthält natürlich auch eine Übersicht über die Planstellen, über die verfügt werden darf und für die Geld ausgegeben werden darf. Aber da muß ich noch einmal sagen, das ist alles nicht wirklich fixiert. Und es wäre auch nicht zweckmäßig, da sehr ins Detail zu gehen. Ich nehme das als Anregung mit.

HR Dr. Heinz Hauffe, UB Innsbruck

Wie sind die geplanten Kompetenzen der zentralen Verwaltung im Bibliotheksbereich, konkret: wird die entsprechende Abteilung des Wissenschaftsministeriums aufgelöst?

SC Dr. Sigurd Höllinger

Das wirklich im Detail zu planen, hat zum jetzigen Zeitpunkt keinen Sinn. Es hat wenig Sinn, Verunsicherung zu erzeugen, wenn man nicht einigermaßen sicher weiß, ob aus diesem Gesetzesentwurf und wenn ja, auf welche Weise, überhaupt etwas herauskommt, was dann gestaltende Kraft bewirkt.

Aber ich kann eine allgemeine Antwort geben. Es ist gar keine Frage, daß nicht-wissenschaftliche Mitarbeiter an den Universitäten in größerer Zahl gebraucht werden als heute. Wir haben heute schon zu wenig, das wollen ja die akademischen Funktionäre nicht hören. Verglichen mit anderen hochentwickelten Industrieländern und bezogen auf die Größe des Landes haben wir in Österreich durchaus herzeigbare Ausgaben für die Universitäten. Wir geben nur vergleichsweise sehr viel für Häuser und große Geräte aus, also für große Investitionen, zu wenig aber im Personalaufwand und da wieder sind wir im Vergleich ca. unterer Durchschnitt verglichen mit anderen OECD-Mitgliedsländer, was die Anzahl wissenschaftlicher Mitarbeiter der Universität anlangt, aber beträchtlich unter dem Durchschnitt, was den Anteil nicht-wissenschaftlicher Mitarbeiter anlangt. Wenn man darauf setzt, daß auch selbständig Entscheidungen durch diesen Gesetzesentwurf vorbereitet werden, braucht man dazu fachlich qualifiziertes zusätzliches Personal. Ich habe schon einige Schätzungen dazu angestellt, das kann ich jetzt nicht detailliert vortragen, das würde zu lange dauern. Es ist aber sicherlich so, daß die eine oder andere Aufgabe im Ministerium entfallen wird, jetzt unbeschadet der Frage, ob ein Kuratorium kommt, ob es beratend sein wird oder selbständige Kompetenzen haben wird. Es gehen oder gingen in den letzten Jahren bereits Aufgaben an die Universitäten über, aus meinem eigenen Wirkungsbereich, was mit einer längeren Frist natürlich auch dazu führen wird, daß die eine oder andere Stelle im Ministerium nicht nachbesetzt wird oder anderen Verwendungen zugeführt werden soll. Grundsätzlich werden für diese Reform zusätzliche Planstellen vor allem für die nicht-wissenschaftlichen Funktionen, also die Managementunterstützung, geschaffen werden. In welcher Größenordnung kann ich nicht sagen, weil ich nicht weiß, wie das Gesetz dann wirklich ausschauen wird. Aber Sie können sicher sein, daß das bei jeder Veränderung mitkalkuliert wird.

HR Dr. Ilse Dosoudil, UB Wien

Wenn nach Ihren Ausführungen der Rektor den Bibliotheksdirektor mit der selbständigen Führung beauftragen kann, wie weit geht die Selbständigkeit, die der Direktor dann hat?

SC Dr. Sigurd Höllinger

Also dieses Rahmenrecht sieht, das ist ja der Sinn eines Rahmenrechts, keine weiteren ins Detail gehenden Bestimmungen vor, wie diese Übertragung ausschauen könnte. Das ist eine Sache des Satzungsgebers, der aber nur Beschlüsse treffen kann, die der Genehmigung des Ministers standhalten. Wenn man das auch wieder regelt, dann kommen 250 Paragraphen zustande - also ein wenig muß man schon darauf setzen, daß die Menschen an der Universität, ob das Bibliothekare, Rektoren oder Studenten sind, in einem gewissen Ausmaß sachrational handeln. Kontrollmechanismen sind vorgesehen, aber man muß sich von dem Gedanken, daß man alles gesetzlich regelt, was die Organisation anlangt, verabschieden.

HR Dr. Manfred Lube, UB Klagenfurt

Werden die Universitätsbibliotheken in der bestehenden Funktion aufrecht bleiben oder werden ihre Aufgaben proportional zu den Reorganisationsvorhaben an den Universitäten geändert?

SC Dr. Sigurd Höllinger

Ich beantworte Ihre Frage ganz konkret auf Ihre Sorge, was die Universität Klagenfurt anlangt, ich habe Ihren Brief gestern bekommen. Die Damen und Herren, die sich mit diesen Dingen an Ihrer Universität auf eher emotionelle Weise beschäftigen, haben übersehen, daß der Arbeitsvorschlag des Ministeriums überhaupt nicht die Auflösung der Institute vorsieht, sondern die Einstellung von Studienrichtungen. Das ist die konkrete Antwort für Klagenfurt, d.h. das Spektrum der Fächer bleibt wie es heute ist, und die Funktion der Bibliothek mit Aufgaben, die über die Universität hinausgehen, steht in dem künftigen Gesetz noch so wie heute im UOG. Mit einer längerfristigen Perspektive kann es schon sein, ich sage Ihnen ein Beispiel, wenn das Fach X nicht mehr vier Professoren hat, also ein Spektrum von vier Teilfächern hat, sondern mit der Perspektive von 15 Jahren nur mehr zwei, dann wird eben die Breite der Fachliteratur, die nachgefragt wird, allmählich enger werden müssen. Das glaube ich schon. Es kann nicht alles auf ewig in ein- und derselben Breite immer und überall angelegt sein, denn das hieße, daß alle neuen Disziplinen immer nur mit zusätzlichen Mitteln finanziert werden. Was wir jetzt lange Zeit gemacht haben. Dies ist auf Dauer nicht möglich. Das Wachstum der staatlichen Mittel für die Bibliotheken hat allmählich ein Ende. Also, in der konkreten Frage haben Sie in den nächsten 20 Jahren überhaupt nichts zu befürchten. Ganz generell aber wird es Verlagerungen dort und da selbstverständlich geben müssen, wie das in anderen Einrichtungen in unserem Staat auch der Fall ist. Die Universitäten sind davon nicht ausgenommen.

Mag. Wolfgang Hamedinger

Welche Aufgaben wird das Kuratorium haben? Bleibt der § 115 des UOG aufrecht oder wird es Übergangsbestimmungen geben ?

SC Dr. Sigurd Höllinger

Der Entwurf, der ausgeschickt wird, wird dieses Kuratorium vorsehen als ein Organ, das für bestimmte Aufgaben auch Entscheidungsbefugnisse hat, aber eingeschränkt durch einen Genehmigungsvorbehalt des Ministers. Es wäre auch eine Variante denkbar, mit der ich mich persönlich auch anfreunden könnte, dieses Kuratorium lediglich mit beratenden Aufgaben zu betrauen, sodaß die Kompetenz des Ministers in jeder Einzelheit unverändert bliebe. Die Funktion wäre dann nur etwa die, daß der Minister in jedem Fall, der im Gesetz steht, also Budget, Entwicklungsplan, Einrichtung von Studienrichtungen, Auflassung von Studienrichtungen, durch das Gesetz verhalten wäre, dieses Kuratorium zu befassen und verhalten wäre, die Expertise des Kuratoriums gemeinsam mit seiner Vorlage dem Gesetzgeber vorzulegen. Das wäre eine direkte Berichtspflicht, nach englischem Vorbild. Damit würde auch gewährleistet werden, daß die Willkür, ich sag´s jetzt sehr generell, daß die Willkür des Ministers aus dem täglichen politischen Geschäft eine Einschränkung erfährt, oder zumindest in den verfassungsrechtlich vorgesehenen Organen diskutiert werden muß.

Was die Planstellen betrifft, werden wir uns einiges an Rationalisierungen einfallen lassen müssen. Der jetzige Vorschlag, der in die Begutachtung geht, ist ein erster Vorschlag zur Diskussion, er enthält keine Übergangsbestimmungen und auch keine Kostenschätzung. Das wäre nicht zweckmäßig.

HR Dr. Ferdinand Baumgartner

Wir werden uns bemühen, in dieser Vorbegutachtung etwas Analoges zu dem berühmten § 115 Abs. 2 zu finden. Für diejenigen, die ihn nicht im Kopf haben, er lautet: „Solange Bibliothekspersonal nicht in ausreichender Anzahl zur Verfügung steht, haben andere Universitätsangehörige usw. usw. im Einvernehmen diese Aufgaben zu erfüllen“, allerdings hat dieser § 115 auch noch einen Absatz 5, wo es heißt: „Der Bibliotheksdirektor ist verpflichtet, innerhalb von fünf Jahren die entsprechenden Planstellenanträge zu stellen.“

HR Mag. Gertraud Wehrmann, UB der Wirtschaftsuniversität Wien

Die Koordinationsaufgaben bleiben also Aufgaben des Wissenschaftsministeriums. Das würde für unseren EDV-Verbund, der jetzt erweitert wird, bedeuten, daß er weiter vom BMWF finanziert wird. Ist es richtig, daß das Kuratorium zwar beratende Funktion haben soll, nicht aber die Finanzierung von solchen gemeinsamen Aufgaben?

SC Dr. Sigurd Höllinger

Im Entwurf, der jetzt in die Begutachtung geht, hat das Kuratorium auch Entscheidungsfunktionen mit Genehmigungsvorbehalt des Ministers. Ich habe gesagt, ich persönlich könnte mir auch eine weitere Variante vorstellen, die ich als Beratungsfunktion kurz beschreiben würde. Konkret, für diese übergeordneten Funktionen kann ich zum jetzigen Zeitpunkt keine Antwort geben.

In jedem Fall, ob es zu einem Kuratorium in beratender oder entscheidender Kompetenz kommt, die Zuständigkeit wird im Wissenschaftsministerium anzusiedeln sein.

Viele Kritiker dieser Veränderung sagen, hier würde der Staat zurückgenommen werden, und die politischen Funktionäre würden von ihrer Verantwortung entlastet werden. Der Vorschlag geht dahin, daß der Gesetzgeber viel klarer die zu erfüllenden Aufgaben, die für diesen Staat wichtig sind, formuliert, und der Minister viel klarer gehalten ist, dafür zu sorgen, daß das getan wird, was getan werden soll. Es wird in Hinkunft, was die Handhabung von Geld anlangt, zentrale Vorschriften des Ministers basierend auf der grundlegenden gesetzlichen Regelung geben, die viel härter sind als die heutigen Vorschriften und viel stärker wirken, auch was die Kontrolle der Verwendung und der Effekte der Verwendung von Mitteln betrifft. Der Staat wird nach dieser Konstruktion auf wichtige Aufgaben konzentriert sein und viel stärker hervorgehen, nämlich im Sinne der Kontrolle der Verwendung öffentlicher Mittel, im Sinne der Abnehmer der Leistungen der Universitäten. Das sind die Studenten und all diejenigen, die mit Forschungsleistungen, mit den Leistungen der Universitäten etwas zu tun haben und Ansprüche daran haben. Der Reformanspruch ist jedenfalls, den Staat in den wichtigen Funktionen stärker zu machen und durch diese neue Organisation, die Leistungseinlösung konsequenter verlangen und die Leistungsverweigerung auch bestrafen zu können. Also nicht der Staat wird abgeschafft, sondern er soll für die wichtigen Punkte stärker werden und sich um die Kleinigkeiten nicht kümmern, indem er eben Macht delegiert. Das betrifft auch die Frage, die Sie angesprochen haben.

Es wird selbstverständlich z.B. für die Ressourcenbedarfsfeststellung eine Schätzung nach Kriterien verlangt werden, die künftighin der Minister vorgibt und die beachtet werden müssen. Ich bin einigermaßen sicher, daß sich viele, die meinen, hier würde die totale Freiheit kommen, wundern werden. Es wäre höchst leichtfertig, wenn man Geld und Macht übertrüge und nicht auf der anderen Seite viel konsequenter als jetzt für die Einlösung der geforderten Leistungen sorgen würde.

HR Dr. Ferdinand Baumgartner

Danke für Ihre Stellungnahme, Herr Sektionschef, und ich möchte noch einmal namens der Kolleginnen und Kollegen herzlichst danken, daß sie gekommen sind. Sie dürfen versichert sein, wir werden fleißig am Konzept weiter mitarbeiten.

SC Dr. Sigurd Höllinger

Ich freue mich darauf und danke für Ihre Anregungen und erwarte weitere in den nächsten Monaten.

Round-Table-Gespräch der Vertreter der ausländischen Bibliothekarvereine

Round-Table- Gespräch der Vertreter der ausländischen Bibliothekarvereine

Teilnehmer:

Raymond Astbury: Chairman of the International Committee of the British Library Association (L.A.), Centre for Information and Library Studies, Liverpool Polytechnic

Maria Brykszynska: Präsidentin der Warschauer Abteilung des Polnischen Bibliothekarverbandes, Stadtbibliothek Warschau

Heinz Buchmüller: Sekretär des Österreichischen Büchereiverbandes, der Dachorganisation der öffentlichen Bibliotheken in Österreich

Dr. Jarmila Burgetová: Seit zwei Jahren die Präsidentin des Verbandes der Bibliothekare und Informationsmitarbeiter der Tschechischen Republik (SKIP); Stellvertreterin des Direktors der Bibliothek der Akademie der Wissenschaften in Prag

Dr. Rudolf Frankenberger: bis 1992 Vorsitzender des Bibliotheksausschusses der Deutschen Forschungsgemeinschaft, Direktor der UB Augsburg

Dr. Hans Peter Geh: Bis 1991 Präsident von IFLA, Präsident von EFLC (European Foundation for Library Cooperation), Direktor der Württembergischen Landesbibliothek Stuttgart

Dir. Jürgen Hering: Langjähriger Vorsitzender des Deutschen Bibliotheksverbandes, jetzt im Vorstand des DBV, Direktor der UB Stuttgart

Marianne Jobst-Rieder: Sekretärin der VÖB, Österreichische Nationalbibliothek

Ivan Kanič: Präsident der Vereinigung Slowenischer Bibliothekare, Leiter der Forschungsabteilung der Nationalbibliothek Laibach

Dr. Dušan Katuščák: Präsident des Vereins Slowakischer Bibliothekare, Abteilungsleiter im Bereich Wissenschaft der Nationalbibliothek in Martin, Dozent für Bibliothekswissenschaft an der Comenius Universität Bratislava

Dr. Sylvia Kováčová: Auslandsreferentin des Vereins Slowakischer Bibliothekare, Goethe Institut Preßburg

Dr. Franz Kroller: 6 Jahre Präsident von LIBER, davor 6 Jahre Präsident der VÖB, 6 Jahre Chairman der Sektion Library Building von IFLA

Dr. Hildegard Müller: Ausbildungsleiterin und Leiterin der Institutsbibliothek Deutsche Philologie an der UB München, Ausschußmitglied im Verein Deutscher Bibliothekare (VDB) als Vertreterin von Dr. Roswitha Poll, der Vorsitzenden des VDB

Stefania Murianni: Verein Italienischer Bibliothekare, Istituto Centrale per il Catalogo Unico delle Biblioteche Italiane, Rom

Géza Poprády: Vizepräsident des Vereins Ungarischer Bibliothekare, Stellvertretender Generaldirektor der Széchényi Nationalbibliothek Budapest

Evi Rannap: Präsidentin des Vereins Estnischer Bibliothekare von 1988-92, jetzt Stellvertreterin der Präsidentin. Lehrstuhl für Bibliotheks- und Informationswissenschaften an der Universität Tallinn

Marianne Saule: Vorsitzende des Vereins der Diplom-Bibliothekare an wissenschaftlichen Bibliotheken in der BRD (VdDB), vorher Beirätin für das Bundesland Bayern, UB Regensburg

Emilia Staitscheva: Dozentin für deutschsprachige Literatur an der Universität Sofia, Bibliothekarin an der Fakultät für Klassische und Neue Philologie, betreut dort die Österreich-Bibliothek

Dr. Magda Strebl: Präsidentin der VÖB, Generaldirektorin der Österreichischen Nationalbibliothek

Dr. Eberhard Tiefenthaler: 4 Jahre Präsidiumsmitglied der VÖB, Direktor der Vorarlberger Landesbibliothek, seit 1987 Vizepräsident des Weltkongresses der DOBIS-LIBIS-Anwender

Edmund Wiss: seit 1989 im Vorstand der Vereinigung Schweizerischer Bibliothekare, vor allem mit Strukturreform befaßt, Präsident der BBS, UB Basel

Mag. Daniela Živković: Sekretärin des Verbandes Kroatischer Bibliothekare, NUB in Zagreb

Strebl:

Es gehört seit Jahren zur Tradition des Österreichischen Bibliothekartags, Vertreter der benachbarten Bibliothekarsverbände einzuladen: Kollegen aus den westlichen Ländern, in denen die Bibliothekarverbände ähnliche Strukturen haben wie hier in Österreich, aber auch Repräsentanten aus den östlichen Nachbarländern, um Brücken zwischen Ost und West zu bauen. Anläßlich des Österreichischen Bibliothekartags in Bregenz vor zwei Jahren, der nach den politischen Veränderungen von 1989 stattgefunden hat, haben wir auch ein solches Gespräch organisiert, an dem die Leiter der eingeladenen Bibliothekarverbände teilgenommen haben. Einige Verbände waren damals im Begriff, sich neu zu konstituieren, umzustellen, und es bestand noch eine gewisse Unsicherheit über weitere Entwicklungen. Trotz der Präsentation von zahlreichen anderen Verbänden dominierten damals die deutsch-deutschen Beziehungen die Diskussion. Bloß zwei Jahre sind seither vergangen. Viel hat sich seither gewandelt. Befürchtungen von damals sind grausame Wirklichkeit geworden. Aber auch neue Entwicklungen haben sich in positiver Richtung gezeigt, manchmal zaghaft, manchmal energisch.

Wir wollen einander besser kennenlernen, voneinander lernen, nicht nur allgemeine Darstellungen geben, sondern konkrete Probleme ansprechen. Um aber die richtige Basis für die Gespräche zu haben, hatten wir um kurze schriftliche Berichte über Ihre jeweiligen Verbände gebeten. Ich danke allen Kolleginnen und Kollegen, die solche Abstracts geschickt haben. Wir haben Ihnen aber auch einen Fragenkatalog zugeleitet, damit Sie sich auf das heutige Gespräch einstimmen können. Zu diesem Gespräch wurden auch der bis im letzten Jahr im Amt befindliche Präsident von IFLA, Dr. Hans-Peter Geh und HR Franz Kroller als langjähriger und höchst verdienstvoller Präsident von LIBER eingeladen. Als erste Frage stellen wir zur Diskussion: Was sehen Sie als die wichtigste Aufgabe Ihres Vereines an?

Astbury:

Es ist augenblicklich der richtige Moment, sich mit dieser Frage auseinanderzusetzen, denn unser Verein ist gerade mit einer Neubewertung seiner Rolle und seiner Aufgabenstellung beschäftigt. Andererseits ist es ein schlechter Zeitpunkt, da noch nicht klar ist, was bei dieser Diskussion herauskommen wird. Die Library Association ist dabei, eine Aufgabenstellung zu formulieren, die sich folgendermaßen darstellt: Die British Library Association setzt sich zum Ziel, sich für den höchsten Standard im Bibliotheks- und Informationswesen in Großbritannien einzusetzen: 1) indem sie die berufliche Kompetenz ihrer Mitglieder fördert, 2) indem sie auf die zentrale Rolle eines hochqualifizierten Informationswesens im sozialen und ökonomischen Leben des Landes hinweist, 3) indem eine ständige Verbesserung der Bibliotheks- und Informationsdienste angestrebt wird und letztlich, indem auch durch internationale Zusammenarbeit das Ziel eines möglichst hohen Standards des Bibliotheks- und Informationswesens weltweit erreicht wird. Diese Punkte werden augenblicklich vom Vorstand der Library Association zur Diskussion gestellt.

Hinzuzufügen wäre noch, daß sich viele Mitglieder sagen könnten, eine solche Aufgabenstellung interessiert uns nicht, der Verein sollte sich eher um die täglichen Bedürfnisse seiner Mitglieder kümmern, die sollten Vorrang haben. Wir halten dagegen, daß letztendlich die Mitglieder darunter leiden könnten, wenn wir nur kurzfristige Zielsetzungen haben. Letztlich sollte die Förderung und Propagierung des Berufs und des Berufsbildes Priorität haben.

Rannap:

Unser Verein wurde 1923 gegründet und arbeitete bis in die 40er Jahre. 1988 hat er sich neu konstituiert. Wir wollen vor allem zur Entwicklung des Bibliothekssystems in unserem Land beitragen sowie die Zusammenarbeit der Bibliotheken mit allen Kultur- und Bildungseinrichtungen fördern und sehen auch die internationalen Beziehungen als eine wichtige Aufgabe. Der Verein muß den Stellenwert von Bibliotheken und Bibliothekaren in der Öffentlichkeit betonen. Es gilt, Einfluß zu nehmen auf den Aufbau von Bibliotheken, die beruflichen und rechtlichen Interessen der Bibliothekare zu vertreten, sich an Gesetzesentwürfen bezüglich des Bibliothekswesens zu beteiligen. In Estland wurde inzwischen ein neues Gesetz für öffentliche Bibliotheken erlassen und eines für die Nationalbibliothek. Während der letzten zwei Jahre haben wir uns auch mit der Ausarbeitung eines Entwicklungskonzepts für estnische Bibliotheken beschäftigt.

Burgetová:

Das ist ähnlich wie bei uns. Die wichtigsten Aufgaben sehen wir darin, in der sehr schwierigen Periode der Transformation des wirtschaftlichen und gesellschaftlichen Lebens, in der wir uns zur Zeit in der Tschechischen Republik befinden, die staatliche Kulturpolitik auf die wichtige Rolle von Bibliotheken und Informationszentren hinzuweisen. Konkret beschäftigen wir uns augenblicklich mit der Mitarbeit an dem Konzept für die Entwicklung der öffentlichen Bibliotheken und an der Vorbereitung des neuen Bibliotheksgesetzes. In unserem Land gibt es Änderungen, die wir akzeptieren und auf die wir auch die Bibliothekare, besonders während ihrer Ausbildung, hinweisen. Wir müssen aber auch kämpfen, wenn wir Änderungen in der Kulturpolitik, die negative Auswirkungen auf die Bibliotheken haben, verhindern wollen, z.B. bei der Privatisierung der öffentlichen Bibliotheken oder der Finanzierung der regionalen Aufgaben der Kreis- und Bezirksbibliotheken.

Saule:

Unsere Vereinsarbeit hat sich in letzter Zeit dadurch problematisiert, daß sich jetzt auch die Diplombibliothekare der neuen Bundesländer in unserem Verein organisieren können, da der ehemalige Personalvertretungsverband der DDR aufgelöst wurde. Wir arbeiten an neuen Strukturen für alle Personalverbände und den Institutionenverband. Die Vertretungsprobleme für die Mitglieder sind wahrscheinlich ähnlich wie bei anderen Verbänden.

Müller:

Der Verein Deutscher Bibliothekare wurde 1900 gegründet und 1948 wiedergegründet. Er vertritt die wissenschaftlichen Bibliothekare des Höheren Dienstes. Die wichtigsten Aufgaben sind allgemein die Vertretung der Berufsinteressen der wissenschaftlichen Bibliothekare und darüberhinaus die Förderung des wissenschaftlichen Bibliothekswesens. Konkret beschäftigt sich der Verein mit Aus- und Weiterbildung - so werden etwa Ausbildungs- und Prüfungsordnungen erstellt - , des weiteren mit der Definition des Berufsbildes, mit verschiedenen Rechtsfragen und Besoldungsproblemen, Statusfragen an den Universitätsbibliotheken und mit der Kooperation mit anderen bibliothekarischen Personalverbänden, etwa bei der Organisation des jährlichen Bibliothekartages.

Hering:

Ich möchte die Verbandsaufgaben anhand eines Terminkalenders darstellen. Der VDB nimmt in nächster Zeit teil: a) an einer Besprechung im Bonner Innenministerium über die Rückführung von kriegsbedingt ausgelagerten Kulturgütern, dabei handelt es sich auch um deutsche Bibliotheksbestände, die sich seit Ende des 2. Weltkriegs in Rußland befinden, b) an Verhandlungen, ebenfalls in Bonn, mit dem Börsenverein und der „Verwertungsgesellschaft Wort", wo es um das Kopierrecht und die Erhöhung der Abgaben für Kopien gehen wird. Der VDB muß darauf achten, daß diese Abgaben nicht zu hoch werden, weil sie die Bibliotheksetats immer mehr belasten. c) Bei der Kultusministerkonferenz wird ebenfalls auf die Belastungen der Bibliotheken durch die Auswirkungen des neuen EG-Steuerrechts hingewiesen werden, da ab 1993 auch die Bibliotheken Einfuhrumsatzsteuer für Literatur aus dem EG-Bereich bezahlen müssen. Zusätzlich gibt es laufend Sitzungen der acht Sektionen des VDB. Bei der nächsten Vorstandsitzung werden wir uns zum Beispiel mit der Frage beschäftigen, ob der DBV „EBLIDA" beitritt.

Strebl:

Es muß darauf hingewiesen werden, daß Kulturangelegenheiten in Deutschland Ländersache sind. Bei den deutschen Verbänden kommt also noch immer die Aufgabe dazu, die Bibliotheksinteressen über die Länder hinaus, bei der zentralen Verwaltung zu vertreten. Daher ist diese Arbeit in Deutschland so wichtig. Vielleicht kann jetzt gleich Dr. Frankenberger über den Bibliotheksausschuß der Deutschen Forschungsgemeinschaft berichten, der ebenfalls für die überregionalen Aufgaben im deutschen Bibliothekswesen zuständig ist.

Frankenberger:

Die Deutsche Forschungsgemeinschaft ist eine überregionale Selbstverwaltungsorganisation der deutschen Wissenschaft. Der Bibliotheksausschuß ist für die Förderung des wissenschaftlichen Bibliothekswesens zuständig, also nicht für die einzelnen Bibliotheken, die von ihren jeweiligen Unterhaltsträgern finanziert werden, sondern für Gemeinschaftsunternehmungen, zentrale Einrichtungen, Modellversuche und Starthilfen für neue Entwicklungen. Folgende Projekte werden gefördert: 1) Laufende Weiterentwicklung des bestehenden Systems der überregionalen Literaturversorgung. Bekanntlich haben die einzelnen wissenschaftlichen Bibliotheken der BRD, die an diesem System mitarbeiten, Sammelschwerpunkte. 2) Nachweis und Erschließung wertvoller Altbestände wie Handschriften, Archivalien u.ä. 3) EDV-Einsatz. Die Bibliotheksabteilung hat außerdem die Funktion einer deutschen Zentrale für den internationalen Schriftentausch. Ca. 25 Millionen DM werden jährlich für die Bibliotheksförderung ausgegeben.

Strebl:

Zurück zu Österreich. Hier werden die wissenschaftlichen Bibliotheken vom Bund verwaltet. Es gibt zwei Personalverbände, einen für die öffentlichen Bibliotheken, den Herr Buchmüller vorstellen wird, und einen für die Bibliothekare an wissenschaftlichen Bibliotheken. In der VÖB als Personenverband sind neben den Bediensteten der Bundesbibliotheken auch noch diejenigen der Landesbibliotheken, Firmenbibliotheken und anderer Institutionen organisiert. Wir haben nur wenige institutionelle Mitglieder. Die VÖB sieht es als ihre Aufgabe an, die Entwicklung des wissenschaftlichen Bibliothekswesens voranzutreiben. Sehr wichtig ist dabei die Ausbildung der Bibliothekare, die direkt von Gremien des Ministeriums durchgeführt wird. Zum Teil wird aber auch unsere Vereinigung beauftragt, Schulungen und Fortbildungsveranstaltungen durchzuführen und damit eine kontinuierliche Entwicklung des österreichischen Bibliothekswesens vor allem unter Beachtung der neuen Techniken zu gewährleisten.

Buchmüller:

Der Büchereiverband Österreichs vertritt die öffentlichen Büchereien, die sich aus mehreren Gruppierungen zusammensetzen: die Stadt- und Kommunalbüchereien und zusätzlich zwei große Bibliotheksverbände, der österreichische Borromäusverein mit kirchlicher Trägerschaft und die Gewerkschafts- und Arbeiterkammerbüchereien, wobei ein Teil dieser Bibliothekare auch in der Vereinigung Österreichischer Bibliothekare Mitglied ist. Unser Subventionsgeber ist das Bundesministerium für Unterricht und Kunst, während für die wissenschaftlichen Bibliotheken das Bundesministerium für Wissenschaft und Forschung zuständig ist. Das ist das Handicap, unter dem wir agieren, es sind zwei Ministerien, die sich zuerst einigen müssen, um dann unsere Forderungen und Wünsche zu erfüllen. Zur Zeit beschäftigt sich unser Verband mit einem Gesetz für Fachhochschulen und dem Büchereigesetz. Zum Büchereigesetz wird wieder eine Vorlage im Parlament behandelt, und wir hoffen, daß es endlich Realität wird, da sehr viele Anläufe bisher gescheitert sind.

Murianni:

Die Associazione Italiana Biblioteche (AIB) hat ca. 3000 Mitglieder. Die Statuten der Vereinigung sehen eine Regionalisierung innerhalb der Organisation vor. Die einzelnen Regionalsektionen haben deshalb eine Verwaltungsautonomie, in deren Rahmen können sie über eigene Geldmittel verfügen. Die Regionalsektionen legen jeden Monat dem Zentralvorstand über Einnahmen und Ausgaben Rechenschaft ab.

Die Organe der AIB sind folgende:

1) Generalversammlung der Mitglieder
2) Regionalversammlungen
3) Versammlung der Präsidenten der Regionen
4) Zentralvorstand
5) Regionalvorstände
6) Beirat
7) Kontrollorgan
8) Verbandspräsident

Um die kulturellen, wissenschaftlichen und beruflichen Aufgaben besser wahrnehmen zu können, werden von der Vereinigung permanente Kommissionen eingesetzt. Es gibt Kommissionen zu den einzelnen Bibliothekstypen (Universitätsbibliotheken, öffentliche Bibliotheken, Spezialbibliotheken etc.). Zusätzlich gibt es auch Arbeitsgruppen zu speziellen Themen, z.B. Neue Technologien, Bestandserhaltung, Altes Buch etc.

Die AIB ist im Begriff, die Verwaltung zu rationalisieren, um die regionalen Finanzverwaltungen besser in die Gesamtbilanz einzufügen. Sie hat sich zum Ziel gesetzt, finanziell selbsttragend zu sein, und zwar nicht nur durch Einnahmen aus Mitgliedsbeiträgen, sondern auch durch das Angebot von bezahlten Dienstleistungen (Kurse, Seminare, Kongresse etc.).

Die AIB ist sehr interessiert an allen Formen der europäischen Zusammenarbeit. Sie ist Mitglied der eben gegründeten EBLIDA und nimmt aktiv an den Projekten der Europäischen Gemeinschaft wie an IMPACT und COMET teil.

Auch in ihren Publikationen spiegelt sich die internationale Öffnung wider. In beruflicher Hinsicht setzt sie sich für eine Verbesserung der Dienstleistungen an den Bibliotheken ein. Außerdem wollen wir die staatliche Anerkennung des Berufes des Bibliothekars durch die Eintragung in die offizielle staatliche Berufsliste erreichen, so wie das für andere Berufsgruppen wie etwa Advokaten und Ingenieure bereits der Fall ist.

Kanič:

Der Verband Slowenischer Bibliothekare besteht aus acht regionalen Verbänden, in denen Fachleute aus allen Bibliothekstypen, aus Hochschul-Spezial-, Schulbibliotheken und öffentlichen Büchereien, vertreten sind. Wir möchten ein gemeinsames System der Bibliotheken und Informationszentren installieren. Außerdem wollen wir den professionellen Status des Bibliothekars verbessern. Zur Zeit arbeiten wir an zwei Gesetzen und entwickeln ein neues Ausbildungssystem für Diplombibliothekare und Informationsspezialisten. Wichtig ist auch die Kooperation mit den entsprechenden Ministerien in Slowenien.

Poprády:

Der Verein Ungarischer Bibliothekare wurde 1935 gegründet. Seine Tätigkeit war nach 1945 unterbrochen und wurde erst Anfang der 50er Jahre wieder fortgesetzt. Für uns ist vor allem wichtig: 1) die Vertretung der fachlichen Interessen der Bibliothekare, 2) die Unterstützung der Weiterbildung, 3) Einfluß auf die Bibliotheks- und Informationspolitik unserer Regierung auszuüben.

Živković:

Der Krieg in Kroatien hat unserem Verband neue Aufgaben auferlegt, nämlich das Schicksal der Bücherbestände in den zerstörten Bibliotheken des Landes zu verfolgen. Bis jetzt sind 159 Bibliotheken entweder zerstört oder beschädigt worden. Unsere Aufgabe ist es, alle diese Gebiete zu besuchen und festzustellen, was jede Bibliothek braucht. Unsere Präsidentin reiste deshalb zu allen regionalen Vereinen, um eine Bestandsaufnahme vorzunehmen. Ich habe zu diesem Thema eine kleine Ausstellung mitgebracht. Trotz dieser Probleme halten wir Tagungen und Symposien ab z.B. in Vinkovci ein Symposium zum Thema "Beschädigte Bibliotheken" und andere Veranstaltungen im „Monat des kroatischen Buches“.

Katuščák:

Der Verein Slowakischer Bibliothekare sieht seine wichtigste Aufgabe in der fachlichen Betreuung seiner Mitglieder. Wir organisieren Seminare und Vorträge. Eine weitere wichtige Aufgabe ist es, in der schwierigen Phase der wirtschaftlichen Umstellung unseres Landes auf die Bedeutung unseres nationalen Bibliotheks- und Informationswesens gegenüber den staatlichen Stellen hinzuweisen und die Interessen der Mitglieder zu vertreten.

Kroller:

LIBER hat seine Statuten modifiziert, um die wissenschaftlichen Bibliotheken in Zentral- und Osteuropa in die Arbeit einzubeziehen. Alle Arbeitsgruppen werden neuerdings straffer geführt, die Publikationen einem kommerziellen Verlag übergeben, wobei sie auch einen neuen Titel erhalten haben, die die Funktion von LIBER betreffend die Zusammenarbeit der europäischen Bibliotheken unterstreicht. Das enge Zusammenwirken mit dem Council of Europe, der Consultative Status von LIBER, die Teilnahme des Council of Europe an allen Sitzungen des Executive Committee, die finanziellen Hilfen für die praktischen Arbeitsprogramme und während der letzten Jahre für die Durchführung von Seminaren für Bibliothekare aus Zentral- und Osteuropa waren wichtige Ergebnisse.

Strebl:

Die nächste Frage: Wie sind die Gremien und die Struktur Ihrer Vereine aufgebaut - werden die Vereinsagenden ehrenamtlich erledigt oder gibt es eigenes Personal? Welche Pläne haben Sie bezüglich der Organisation?

Geh:

Die Gremien der IFLA sind ja allen bekannt - es gibt den Executive Board (der Präsident und bis zu 7 weitere Mitglieder), den Professional Board mit den Vorsitzenden der 8 Divisions, 32 Sections und 12 Round Tables. Das ständige Sekretariat ist in Den Haag. Es finden Jahresversammlungen statt - die letzte war in Neu Delhi, die nächste wird in Barcelona sein.

Außerdem möchte ich Sie über EFLC (European Foundation for Library Cooperation) informieren. Der Verein wurde 1986 in Lausanne gegründet und sieht seine Aufgaben darin, sowohl das kulturelle Erbe, das in den Bibliotheken gehütet wird, zu pflegen, als auch darin, eine möglichst effiziente Informationsvermittlung, wie sie für die kulturelle, technologische, wirtschaftliche und soziale Entwicklung notwendig ist, in ganz Europa zu erreichen. Finanziert wird EFLC und seine Projektvorhaben durch Dotationen von öffentlichen und privaten Institutionen. Welche Projekte unterstützt EFLC? a) eine Bibliographie der Dissidentenliteratur in Osteuropa von 1945 -1990. b) Projekt Internationaler Leihverkehr. Zu diesem Thema wurde 1990 eine Studie von der UNESCO publiziert. In Vorbereitung ist eine Konferenz, die 1993 in Budapest zum Leihverkehr stattfinden soll. c) Einführung der EDV in Archäologischen Bibliotheken in Athen d) Propagierung von säurefreien Papier für alle europäischen Verleger. Die Verwaltung von EFLC wird in Brüssel von Marc Walckiers vorgenommen, der auch den EFLC Newsletter herausgibt. Es gibt einen Präsidenten und einen Vizepräsidenten. Außerdem einen Vorstand mit 13 Mitgliedern.

Astbury:

Die Library Association hat 25.000 Mitglieder, die jährlichen Ausgaben überschreiten 2 Millionen Pfund. Selbstverständlich haben wir zur Verwaltung dieser Agenden Angestellte und zwar gibt es drei Hauptabteilungen, die dem Geschäftsführer (Vorstand) unterstehen: die Professional Practice Division (Service-Einrichtung, Informationstechnologie), Educational and International (Aus- und Fortbildung, internationale Beziehungen), Abteilung für Management (Mitgliederverwaltung, Finanzen) und die Abteilung für die Verlagsagenden (LAPL: Bücher, Verkauf). Wir sind augenblicklich dabei, die Verwaltung nach den wirtschaftlichen Prinzipien einer Kosten-Nutzen-Rechnung möglichst effektiv neu zu strukturieren. Neben den Angestellten gibt es in der L.A. auch Ehrenämter: der Präsident, der Vorsitzende des Council, der Vorsitzende des Executive Committee und der Kassier sind ehrenamtlich tätig.

Rannap:

In unserem Verein ist die Arbeit des Vorstandes ein Ehrenamt. Wir haben zusätzlich ein Büro mit zwei Mitarbeitern, für die wir von der Nationalbibliothek und der Bibliothek der Akademie der Wissenschaften finanzielle Unterstützung bekommen.

Burgetová:

Ein solches Büro haben wir bis jetzt nicht. Bei uns wird alles ehrenamtlich gemacht. Aber es wäre sicher rationeller, ein professionelles Sekretariat einzurichten, als wenn viele verschiedene Personen administrative Aufgaben erfüllen.

Hering:

Bei den deutschen Personalverbänden und dem Institutionenverband wird die Verwaltung je nach Größe und Aufgabe eine Mischform sein müssen. Der DBV erledigt sehr viel ehrenamtlich in den Reihen seines Vorstandes. Man braucht aber auch eine Geschäftsstelle für die Verwaltung von 2400 Mitgliedern, allein für das Einfordern der Mitgliedsbeiträge, das Verschicken von Unterlagen und Veröffentlichungen. Die Geschäftsstelle wird ausschließlich durch die Mitgliedsbeiträge finanziert, es gibt keine staatlichen Subventionen. Nicht viel anders ist es bei den Personalverbänden. In der BRD gibt es dazu auch Strukturüberlegungen, ob man nicht die Geschäftsstellen, die alle diese Verbände haben, zusammenlegen könnte, um z.B. eine gemeinsame Mitgliederverwaltung durchzuführen. Bis jetzt ist es allerdings noch immer so, daß die Agenden vom Sekretariat am Ort des Vorsitzenden, der ja wechselt, ehrenamtlich durchgeführt werden. Im VDB sind die Vorsitzenden deshalb Direktoren, die das entsprechende Personal zur Verfügung haben. Zusammenfassend kann man sagen: bei den Personalverbänden ist es eher eine ehrenamtliche Tätigkeit, beim Institutionenverband, bei dem es auch um größere Beträge geht, ist auch eine Geschäftsstelle notwendig.

Strebl:

Bei der Vereinigung Österreichischer Bibliothekare ist die Tätigkeit ebenfalls ehrenamtlich. Das Sekretariat wird in der Bibliothek eingerichtet, aus der der Präsident kommt.

Buchmüller:

Wir haben ein hauptamtliches Sekretariat mit 5 Mitarbeitern, wobei zwei Mitarbeiter eine Personalsubvention des Unterrichtsministeriums sind. Unser Budget setzt sich aus den Subventionen des Unterrichtsministeriums und aus den Mitgliedsbeiträgen zusammen, die allerdings relativ gering sind, wenn ich mir die Mitgliedsbeiträge aus der BRD oder England anschaue. Unsere Hauptaufgabe ist die Koordination der Ausbildung, die Werbung für die öffentlichen Bibliotheken und jetzt auch die Erstellung der gesamtösterreichischen Statistik, die über unsere EDV-Abteilung läuft. Wir haben ca. 5.000 Bibliothekare als Mitglieder, wobei 800 davon hauptberuflich tätig sind, alle anderen führen ihre Tätigkeit ehrenamtlich durch. Nach der neuesten Statistik betreut unser Verband 2178 Bibliotheken, die natürlich nicht mit wissenschaftlichen Bibliotheken vergleichbar sind - in der Bestandsgröße gibt es solche mit 2.000 Bänden bis zu Büchereien mit 1 Mill. Bänden, wie die Hauptbibliothek in Wien.

Strebl:

Es ist dabei darauf hinzuweisen, daß Ihr Verband ja auch häufig direkt für die Büchereien arbeitet, z.B. in der Werbung, bei der Ausstattung. Da sind Sie eine Art Servicestelle und bieten Dienstleistungen an, die über die reine Verbandsarbeit hinausgehen.

Buchmüller:

Ja, wir erstellen auch Einrichtungspläne und nehmen mit den Firmen Kontakt auf, um bessere Konditionen für die Büchereien herauszuholen. Auch Bücher und alle Bibliothekseinrichtungsgegenstände können über unseren Verband bezogen werden.

Kanič:

Unser Verband hat 1000 Mitglieder. Wir haben seit 3 Jahren einen angestellten Sekretär, der vom Ministerium für Kultur finanziert wird. Alle anderen Stellen sind mit ehrenamtlichen Mitarbeitern besetzt. Auf Grund von Organisationsfragen ist das Sekretariat ständig in der Nationalbibliothek.

Poprády:

Kurz über den organisatorischen Aufbau unseres Vereins: er gliedert sich in regionale Verbände (in 19 Komitaten) und in fachliche Sektionen (für verschiedene Bibliothekssparten, z.B. Musikbibliotheken, Schulbibliotheken, Bibliographie etc.) Die Mitglieder gehören primär einer oder mehreren dieser angesprochenen Sektionen an. Erst über diese Zugehörigkeit läuft die Mitgliedschaft im Verein Ungarischer Bibliothekare. Der Verband hat ein Präsidium mit 9 Mitgliedern (Präsident, 2 Vizepräsidenten, Generalsekretär und weitere Funktionäre). Wir haben einen „Rat", der sich aus Mitgliedern der einzelnen regionalen und fachlichen Organisationen zusammensetzt. Der Präsident des Rates ist auch Mitglied im Präsidium. Unser professioneller Stab besteht aus zwei pensionierten Damen, die halbtags arbeiten und die wichtigsten administrativen Aufgaben erledigen.

Živković:

Unser Verein hat 1.200 Mitglieder. Die Verwaltung wird ehrenamtlich erledigt. Ab 1.1.1993 wird es aber in der National- und Universitätsbibliothek, wo auch schon bisher immer die Geschäftsstelle des Verbandes war, ein professionelles Sekretariat geben. Hier sollen dann auch die Meldungen über Kriegsschäden an Bibliotheken gesammelt werden.

Wiss:

Die meiste Arbeit im Schweizer Verband wird ehrenamtlich geleistet. Seit einigen Jahren gibt es neben dem ehrenamtlichen Sekretär eine angestellte Arbeitskraft, die Sekretariatsaufgaben erledigt. Ab 1. November dieses Jahres haben wir einen Verbandsmanager eingestellt. Es ist eine Dame, die soll dann die Leitung des Sekretariats übernehmen. Die Finanzierung dieses Postens geschieht dadurch, daß wir die Mitgliedsbeiträge für die kollektiven Mitglieder verfünffacht haben.

Brykczynska:

Unser Verein hat ein kleines Büro in Warschau. Zur Zeit ist der Direktor der Nationalbibliothek, Dr. Czajka, der Präsident des Vereines, und deshalb geschieht viel Verbandsarbeit im Rahmen der Nationalbibliothek. Wir haben allerdings bald Wahlen, und die könnten einen neuen Präsidenten aus einer anderen Institution bringen. In Polen war die Verbandsarbeit immer ehrenamtlich und konnte zum Teil auch während der Arbeitszeit erledigt werden. In den jetzigen Zeiten der politischen Umstellung ist diese Regelung aber nur mehr schwer aufrecht zu erhalten. Deshalb gibt es jetzt Überlegungen, wie eine vom Verband selbst finanzierte Verwaltung eingerichtet werden kann.

Kováćová:

Der Verein Slowakischer Bibliothekare hat 1.700 Mitglieder. Wir haben einen Vorsitzenden, einen Stellvertreter und drei weitere, die zugleich auch die Vorsitzenden der Fachsektionen sind. Die Fachsektionen gliedern sich in die bibliothekarische, bibliographische und Informatik - Fachsektion. Bei der Generalversammlung wurde 1990 auch beschlossen, regionale Strukturen einzuführen. Alle Funktionen sind ehrenamtlich, wir haben aber ein Sekretariat, das in Preßburg in einem eigenen Büro untergebracht ist, mit einem Sekretär und einer Halbtagskraft.

Kroller:

Die Struktur von LIBER ist in den Statuten niedergelegt. Das hauptsächliche Kollegialorgan ist das LIBER Executive Committee. Working Groups bestehen u. a. für Library Architecture, Library Automation, Conspectus, Copyright, Central and East European Cooperation etc. Eine generelle Neustrukturierung von LIBER wird überlegt. Die Errichtung von Working Groups für Preservation and Conservation und Collection Development ist geplant. Die Workshops für die Bibliotheken in Zentral- und Osteuropa (Library Management in Budapest) sind sehr erfolgreich.

Weitere Veranstaltungen dieser Art finden 1993 in Bratislava (Library Automation Management) und Lissabon (für Südeuropa) statt. Eine Verdoppelung der Zahl der Mitgliederbibliotheken unter deutlichem Einschluß von Zentral- und Osteuropa sowie Südeuropa wird angestrebt. Eingeleitet wurde eine engere Zusammenarbeit mit der Europäischen Kommission. LIBER wird zunehmend zu wichtigen Sitzungen eingeladen, Vertreter der DG XIII nehmen an LIBER-Konferenzen teil.

Strebl:

Damit haben wir einen interessanten Überblick über die Verwaltung der Vereine in den einzelnen Ländern erhalten, wissen aber auch, daß sich hier Wandlungen ergeben können und daß in vielen Ländern schon von vorneherein andere Voraussetzungen gegeben sind, und die Vereine dadurch auch verschiedene Aufgaben erfüllen. Eine solche Aufgabe bedeutet für die meisten Vereine auch, entsprechende Publikationen herauszugeben. Als nächste Frage also: geben Sie Publikationen heraus und welchen Stellenwert haben sie in Ihrer Verbandsarbeit?

Katuščák:

Wir geben vierteljährlich ein Bulletin heraus, das an alle Mitglieder gratis verschickt wird. Leider ist dieses Periodikum nicht immer so aktuell, wie wir es uns wünschen. Außerdem geben wir anläßlich verschiedener Veranstaltungen, z.B. von Seminaren und Kolloquien, Tagungsbände heraus, etwa auch beim Seminar der Sektion für Informatik, das jährlich abgehalten wird. Diese Bände sind für Seminarteilnehmer ebenfalls gratis, also haben wir praktisch keine Einnahmen aus unserer Publikationstätigkeit. „Čitateĺ", eine Monatszeitschrift für das Bibliothekswesen wurde leider aus finanziellen Gründen eingestellt. In der Slowakei fehlt daher so ein Periodikum, die finanzielle Situation ist sehr schwierig.

Brykczynska:

Unser Verband ist derzeit der größte Herausgeber für bibliothekarische Fachliteratur.

Wir haben drei Zeitschriften: „Przegląd Biblioteczny" (Library Review) wurde bereits 1927 gegründet. Augenblicklich gibt es Finanzierungsprobleme bei dieser Zeitschrift, sie wird nämlich gemeinsam mit der Akademie der Wissenschaften herausgebracht, doch unser Verband hofft, daß diese Zusammenarbeit weiter funktioniert. Die Zeitschrift „Bibliotekarz" (Der Bibliothekar) wurde von der Warschauer Stadtbibliothek 1929 gegründet und erscheint monatlich. Sie richtet sich an die Bibliothekare der öffentlichen Bibliotheken, ist aber auch für wissenschaftliche Bibliotheken interessant. Die dritte Zeitschrift „Poradnik Bibliotekarza" (Librarian's Manual") ist die Zeitschrift für Gemeinde- und Schulbibliotheken. Sie erscheint ebenfalls monatlich und wurde 1949 gegründet. Außerdem gibt unser Verband noch Bücher zum Bibliothekswesen heraus, z.B. Literatur zur Dezimalklassifikation oder Sacherschließung. Ich habe einige Beispiele mitgebracht und zeige sie dann im Anschluß an das Gespräch.

Wiss:
Die Publikationstätigkeit unseres Verbandes ist nicht besonders bedeutend. Wir geben Verzeichnisse heraus, wie das „Verzeichnis der ausländischen Zeitschriften in der Schweiz" oder das Regelwerk für die Nominalkatalogisierung. Zusammen mit den Archivaren und Dokumentalisten veröffentlichen wir eine Zeitschrift, die zweigeteilt ist: ein Teil dient der aktuellen Information, der zweite Teil soll der Zielsetzung nach eher wissenschaftliche Beiträge enthalten.

Živković:
Unser Verein fungiert auch als Verlag, wobei wir vom Unterrichtsministerium subventioniert werden. Wir geben Regelwerke, Normen und Guidelines heraus. Zudem gibt es eine Sonderreihe zum Thema Bibliothekswesen, in der Monographien und Übersetzungen erscheinen. Unsere Fachzeitschrift heißt „Vjesnik bibliotekara Hrvatske", zusätzlich gibt es noch ein Mitteilungsblatt. Bei beiden geschieht die Redaktionsarbeit ehrenamtlich.

Poprády:
Wir haben in Ungarn keine eigenen Publikationen, außer dem sogenannten Nachrichtenbrief, der monatlich erscheint. In der Zeitschrift „Buch-Bibliothek-Bibliothekar" haben unsere Mitglieder die Möglichkeit zu publizieren.

Kanič:
Unsere Fachzeitschrift „Knjiznica" (Bibliothek") erscheint vierteljährlich und wird seit 1990 von LISA ausgewertet. Zusätzlich arbeiten wir bei einem Referatedienst mit und geben „Mitteilungen" heraus, beide Zeitschriften erscheinen monatlich. Für Schulbibliothekare gibt es eine eigene Fachzeitschrift. Unser Verein finanziert auch Fachliteratur und Regelwerke.

Murianni:

Die Zeitschrift des AIB ist das „Bollettino d'Informazione", das dreimal jährlich erscheint und ebenfalls von LISA ausgewertet wird. Weitere Publikationen sind Kongreßschriften, Reports von Seminaren und Arbeitsgesprächen.

Buchmüller:

Wir geben zwei Zeitschriften, das Mitteilungsblatt „Büchereiperspektiven" und ein Rezensionsorgan „Zeitschrift für Büchereien" heraus. Die Besprechungen sind vom Verband auf Disketten erhältlich inklusive der Katalogisate, die in den einzelnen Büchereien dann nur mehr auf den PC geladen werden müssen. Alle Skripten für die Ausbildung werden von unserem Verband herausgegeben und am neuesten Stand gehalten. Zu gegebenen Anlässen erscheinen Sonderpublikationen, z.B. über den österreichischen Büchereientwicklungsplan oder zum 40-jährigen Bestand unseres Verbandes. Es ist daran gedacht, eine Schriftenreihe zu verschiedenen Themen herauszubringen, die vom Unterrichtsministerium finanziert werden müßte.

Jobst-Rieder:

Die VÖB publiziert zwei Vierteljahreszeitschriften: „Biblos", in der längere wissenschaftliche Artikel veröffentlicht werden können und die „Mitteilungen der VÖB". Diese Zeitschrift dient vor allem der internen Kommunikation und aktuellen Information der Mitglieder. Die VÖB ist außerdem Mitherausgeber der Schriftenreihe „Biblos-Schriften", in der auch die Tagungsbände zu unseren Bibliothekartagen herauskommen.

Hering:

Wir haben eine strenge Arbeitsteilung. Der DBV gibt Jahresberichte heraus, wie den Rechenschaftsbericht zu den Jahrestagungen. Zusätzlich, je nachdem wo die politische Diskussion im Bibliotheksbereich steht, auch Denkschriften, z.B: zu Schulbibliotheken oder zum Stellenwert der Öffentlichen Bibliotheken. Wir geben auch Gutachten heraus, etwa zum Kopierrecht oder zum Verleihrecht und weiteres Informationsmaterial. Wir haben keine eigene Zeitschrift, sondern nützen die Zeitschrift „Bibliotheksdienst" mit einer eigenen Rubrik für den DBV im Rahmen der Bundesvereinigung deutscher Bibliotheksverbände als publizistisches Forum. Diese Zeitschrift wird bekanntlich vom Deutschen Bibliotheksinstitut herausgegeben, einer überregionalen Einrichtung, in der die Sacharbeit angesiedelt ist und die Kommissionen ihren Sitz haben. Dieses Institut in Berlin ist ja inzwischen mit den Zentralinstituten der ehemaligen DDR vereinigt.

Müller:

Der VDB gibt gemeinsam mit dem Verein der Diplombibliothekare die „Zeitschrift für Bibliothekswesen und Bibliographie" heraus, die alle zwei Monate erscheint. Dazu gibt es noch vierteljährlich ein Mitteilungsblatt „Rundschreiben", das sich in besonderer Weise an die Mitglieder wendet. Darüberhinaus wird alle zwei Jahre das „Jahrbuch der Deutschen Bibliotheken" aufgelegt. Es enthält die wichtigsten Informationen über alle wissenschaftlichen Bibliotheken sowie ein Mitgliederverzeichnis mit Kurzlebenslauf. Erwähnenswert sind noch die Tagungsbände zu den Bibliothekartagen, die wir ebenfalls gemeinsam mit dem VdDB herausgeben, darüberhinaus bei entsprechenden Gelegenheiten kleinere Einzelpublikationen. Ein eigener Verlag besteht nicht.

Saule:

Unsere Verlagsarbeit wird ehrenamtlich geleistet. Wir sind an den Publikationen mitbeteiligt, die meine Vorrednerin erwähnt hat und geben außerdem Publikationen zur berufspolitischen Diskussion heraus. Wir machen ebenfalls ein Jahrbuch, das alle zwei Jahre erscheint und sehr viel zusätzliche Informationen zu den wissenschaftlichen Bibliotheken Deutschlands enthält. Der VdDB macht die Herstellung und den Vertrieb dieser Literatur.

Burgetová:

Bei uns ist die Publikationstätigkeit erst am Anfang, aber sie hat einen großen Stellenwert in der Vereinsarbeit. In diesem Jahr haben wir mit einer Zeitschrift begonnen, dem „Bulletin SKIP", es gibt schon drei Hefte, das vierte ist in Vorbereitung. Bei der Herausgabe dieser Zeitschrift arbeiten wir mit den großen Bibliotheken zusammen, wir haben keinen Verlag. Begonnen haben wir auch schon mit einer Schriftenreihe zu aktuellen Problemen des Bibliothekswesens. Es gibt schon zwei Bände, der dritte ist in Vorbereitung. Diese Publikationen schicken wir kostenlos an alle Mitglieder. Zum Verkauf sind andere Publikationen bestimmt, z.B. ein Adreßbuch der Bibliotheken, die am tschechischen Zentralkatalog teilnehmen. Dieses Adreßbuch wurde von einem Verlag gemacht.

Rannap:

Unsere Publikationstätigkeit hat zwei Ziele: 1) die Kommunikation innerhalb des Vereins zu verbessern und 2) Schriften zur Theorie und Praxis des Bibliothekswesens zu verbreiten. Der Verein publiziert zusammen mit der Nationalbibliothek eine Zeitschrift und ein Jahrbuch. Laufend werden

Informationsblätter herausgegeben. Leider haben wir nicht die finanziellen Mittel, um Fachliteratur im großen Rahmen herausgeben zu können.

Astbury:

Die Verlagsarbeit ist für die Library Association sehr wichtig. Ich versuche hier, Sie ganz kurz über den neuesten Stand zu informieren. Noch vor einigen Jahren gab die L.A. eine Reihe von Zeitschriften heraus, z.B. „Journal of Librarianship", Schwerpunkt: wissenschaftliche Aufsätze und auch die „Library and Information Science Abstracts", die der größte Referatedienst im Bereich Bibliotheks- und Informationswesen sind. Zum Teil wegen der Rezession in England und den dadurch bedingten Budgetkürzungen für Bibliotheken, und zum Teil auch deswegen, weil man sehr viel Kapital braucht, um wirklich erfolgreich Zeitschriften herauszugeben, wurde von der L.A. beschlossen, die Zeitschriften einem kommerziellen Verlag zu verkaufen, ein Entschluß, der heftige Kontroversen unter den Kollegen auslöste. Der Verlag „Butterworth", der auch ein amerikanisches Tochterunternehmen hat, zahlte 2,3 Mill. Pfund, (ca. 50 Mill. öS) für unsere Zeitschriften, was den Budgetreserven der L.A. sehr zugute kam.

Jetzt publizieren wir nur mehr zwei Zeitschriften, „The Library Association Record" , sie ist die wichtigste Monatsschrift für unseren Beruf und berichtet aktuell über das Neueste aus den britischen Bibliotheken. Die zweite Zeitschrift heißt „The Vacancies Supplement" und bringt Stellenanzeigen für Bibliotheks- und Informationsfachleute. Diese Publikation erwirtschaftet für unseren Verein einen Gewinn, denn sie hat so etwas wie ein Monopol für die Stellenanzeigen in diesem Bereich. Jeder Bibliothekar, der eine Stelle sucht, kauft diese Zeitschrift. Zudem inserieren in der Zeitschrift auch viele Firmen, die Bibliotheken beliefern.

Natürlich konzentrieren wir uns jetzt auf das Verlegen von Büchern. Heuer haben wir 31 Bücher herausgebracht. Trotzdem gab es auch in diesem Bereich Probleme, einerseits wegen der allgemeinen Rezession, andererseits weil es inzwischen zu einem immer härteren Konkurrenzkampf um Marktanteile mit kommerziellen Verlegern gekommen ist, die auch Bücher zum Bibliotheks- und Informationswesen publizieren. Zur Zeit verlieren wir nämlich, wie ich leider zugeben muß, Geld mit unserem Verlag. Die Library Association haftet aber für die Finanzen des Verlags. Wir haben jetzt eine neue Direktorin für den Verlag engagiert, sie war vorher die Präsidentin des Verlegerverbandes und hat große Erfahrung. Sie machte uns klar, daß man nicht immer das verlegen kann, was ein Mitglied gerade herausgeben will. Ich habe Kollegen, die das umfangreichste Buch zum Thema „Bibliotheksmanagement" geschrieben haben und die einfach erwarten, daß die Library Association das unredigiert und im vollen Umfang verlegt. Unsere neue Direktorin verlangt aber, daß jedes verlegte Buch auch einen Profit bringen muß. In Großbritannien ist eine Auflagenhöhe von 800 Stück im Durchschnitt nötig, damit sich ein Buch rechnet; je kleiner die Auflage, um so höher muß der Preis sein, besonders wenn es sich um Fachliteratur handelt. Aber ich hoffe doch, daß wir unser Ziel erreichen und Gewinne mit dem Verlag machen, denn es wäre wirklich eine schlimme Erfahrung, wenn wir beides, den Buch- und den Zeitschriftenverlag verlieren würden. Das wäre fast so schlimm wie das Faktum, daß die British Library Association ein Jahr nach der amerikanischen Library Association gegründet worden ist. Wir haben das nie vergessen, und die Amerikaner erlauben uns das auch nicht.

Kroller:

LIBER publiziert die Zeitschrift, „European Research Libraries Cooperation. LIBER Quarterly". Sie wird an Mitglieder kostenlos abgegeben, Interessenten können sie abonnieren. Sie berichtet über aktuelle Themen aus europäischen Bibliotheken. Zusätzlich gibt es auch monographische Publikationen. Eben erschienen ist ein Gesamtverzeichnis aller bibliothekarischen Netzwerke, das „Library Bibliographic Networks in Europe. 2nd ed." Eine LIBER-Broschüre befindet sich in Arbeit.

Geh:

Von IFLA bekommen die Mitglieder zwei Publikationen kostenlos, das IFLA Journal und das IFLA Annual, das einen Bericht über die jeweilige Jahrestagung bringt. Es ist ja bekannt, daß IFLA jedes Jahr eine Generalversammlung abhält. Sehr viel wird über die Sacharbeit publiziert, in den „Professional Reports", die zu einem sehr günstigen Preis abgegeben werden. Zudem gibt es noch die IFLA Series, die man auch subskribieren kann. Hier ist es so, daß wir im Interesse von gewissen Fachleuten auch ganz spezielle Titel publizieren, die in der Tat ein großes Verlustgeschäft sind. Aber der Verlag Saur nimmt alles kritiklos an, was wir ihm bieten, ohne darauf zu sehen, macht das nun Profit oder nicht. Das ist ja die Frage, die sich die Verbände vorlegen müssen: in welcher Weise publizieren wir, und können wir aus diesen Publikationen Profit erzielen. Wir haben gerade gehört, daß bei der British Library Association es nur mehr nach dem Profit geht, daß nur eine Publikation vertrieben wird, die auch Profit verspricht. Ich kann da aus Erfahrung sprechen - die American Library Association hat in den besten Zeiten ein Drittel bis die Hälfte des Einkommens aus der Verlagstätigkeit erzielt, immerhin bei Auflagen von 20.000 bis 30.000. Zurück zu

IFLA - es publizieren außerdem noch die Kernprogramme, nicht nur Newsletters, sondern auch andere Publikationen, wie z.B: UBCIM, das auch das einzige Programm war, das einen Gewinn abgeworfen hat. Wir haben, um das abschließend zu sagen, bei IFLA immer wieder durchleuchtet, was kosten uns die Publikationen, wie sollen wir publizieren, beauftragen wir einen Verlag, was bekommen wir an Tantiemen, Gewinnanteilen. Um einmal Zahlen zu nennen: wir zahlen 250.000 Gulden für das „IFLA Journal", das „Annual" und die „Series". Die Tantiemen von den Series, die Saur an uns zahlt, machen aber vielleicht 20.000 Gulden aus. Nur daß Sie das einmal in Relation sehen. Soweit zu IFLA.

EFLC gibt einen Newsletter heraus. Die Zeitschrift wird an 5.000 Bibliotheken verschickt und zwar 3-4 mal im Jahr.

Strebl:

Danke für diese sehr offene Darstellung auch der finanziellen Seite der Verlagstätigkeit. Nun ist noch eine Frage offen: Was erwartet Ihr Verein von den internationalen bibliothekarischen Vereinigungen? Und hier möchte ich nicht jeden einzeln fragen, sondern diejenigen vom Round Table oder aus dem Zuhörerkreis ermuntern, die sich zu diesen internationalen Beziehungen zu Wort melden wollen. Außerdem haben wir ja die Möglichkeit, an Vertreter solcher internationalen Vereine Fragen zu stellen.

Jobst-Rieder:

Seit Juni 1992 gibt es europaweit eine neue Vereinigung EBLIDA (European Bureau of Library, Information and Documentation Associations), die sich vor allem an Vereine aus den EG-Ländern richtet und die Interessen der Bibliotheken bei der EG vertreten will. Vor der Gründung wurde an die einzelnen Vereine bereits Informationsmaterial verschickt. Welche Rolle wird dieses Büro zukünftig spielen? Es können bekanntlich auch Nicht-EG-Länder Mitglieder sein.

Hering:

Ich war zwar nicht bei allen Sitzungen dabei, aber einiges kann ich zu dieser Gründung von EBLIDA sagen. Das Büro wurde in Den Haag gegründet und hat inzwischen eine Geschäftsstelle bei der EG in Brüssel mit Frau Giavarra als Geschäftsführerin. Was erwartet man sich von diesem Verein? Im Zuge der Europäisierung (ich habe vorhin das Beispiel mit der Umsatzsteuer erwähnt) kommen ja leider nicht nur gute Dinge auf uns zu. Das ist von Land zu Land unterschiedlich. Solche Länder, die einen hohen Festpreis für die Bücher haben, wollen das gerne für die gesamte EG, die anderen wollen eher zurückschrauben. Bisher waren die Lobbyisten der Verleger und der Verwertungsgesellschaften immer früher zur Stelle bei der EG als die Bibliotheksverbände. Es geht nicht an, daß wir als Bibliotheken gar nicht gehört werden, daß wir zu so wichtigen Fragen wie zum Beispiel dem Verleihrecht bei den zuständigen Gremien nicht rechtzeitig Stellung beziehen. Es gibt eine Vorlage zum Verleihrecht (für den EG-Raum), die darauf hinaus läuft, daß zukünftig ein Autor entscheiden kann, ob sein Buch in einer Bibliothek aufgestellt wird oder nicht, und was er dafür verlangt. Bei solchen Fragen ist es wichtig, daß die Bibliotheken der einzelnen Länder mit einer Stimme sprechen und für ihre Interessen auftreten. Nur so haben wir Gewicht beim Europäischen Rat, oder bei der Gemeinschaft oder beim Europarat. Die Frage ist auch hier wieder - wer finanziert diesen Verband? Das soll vor allem durch Mitgliedsbeiträge vor sich gehen und deren Höhe wird gerade jetzt verhandelt. Es soll in Ecu bezahlt werden, die Beitragshöhe richtet sich danach, was die nationalen Verbände an Non-Profit-Einnahmen haben.

Astbury:

Wir von der Library Association haben uns sehr für diese Interessenvertretung der Bibliotheken bei der EG eingesetzt und sind froh, daß sie heuer zustande gekommen ist. EBLIDA muß jetzt eine klare Identität gegenüber der EG aufbauen, und dann hoffe ich, daß sich unsere Interessen besser durchsetzen werden können.

Kroller:

Die Zusammenarbeit zwischen LIBER und IFLA ist noch verbesserungsfähig, obwohl IFLA bei der Gründung von LIBER Hilfestellung geleistet hat. Engere Kontakte wurden zu EAHILL, ELAG, EUSIDIC und anderen Organisationen aufgenommen. Mit EFLC besteht jetzt eine gute Zusammenarbeit, eine Back-to-Back-Conference in London 1994 ist geplant. Da LIBER noch kein Mitglied von EBLIDA ist, wurden dahingehende Kontakte aufgenommen. LIBER arbeitet weiterhin eng mit dem Council of Europe zusammen.

Strebl:

Wenn es keine weiteren Fragen mehr gibt, dann möchte ich allen Beteiligten sehr herzlich danken. Es war für uns alle interessant, Probleme und Lösungsvorschläge aus den verschiedensten Ländern zu hören. In einer kleinen Runde, wie wir sie hier haben, kann vieles deutlicher ausgesprochen werden. Man lernt sich persönlich kennen, und durch den Kontakt ist vieles leichter und unkomplizierter. Das ist auch der Grund, warum wir aus der näheren und weiteren Umgebung von Österreich Kollegen einladen, wir gehören alle zu Europa. Ich hoffe, daß wir, wenn wir einander in zwei Jahren wieder sehen, vielleicht schon einen Schritt weiter sind in Richtung eines gemeinsamen Europa.

Kommissionssitzungen

Kommission für Landesbibliotheken

Möglichkeiten der Selbstdarstellung einer regionalen Bibliothek am Beispiel der Vorarlberger Landesbibliothek

Birgitt Humpeler

Sie alle hier als Teilnehmer dieses Bibliothekartages betreiben Öffentlichkeitsarbeit. Sei es als Vortragender, als Diskussionsteilnehmer, in informellen oder freundschaftlichen Gesprächen, was immer Sie nach Eisenstadt geführt hat, Sie repräsentieren Ihre Bibliothek. Öffentlichkeitsarbeit ist Teil Ihres bibliothekarischen Alltags: in Verhandlungen mit Politikern, Subventionsgebern, Verwaltungsleuten, als Informant der Medien, in ehrenamtlichen Tätigkeiten, als Teilnehmer des kulturellen oder öffentlichen Lebens Ihrer Heimat und nicht zuletzt in Ihrem Verhalten als Vorgesetzter oder Mitarbeiter gestalten Sie das Image Ihrer Bibliothek.

Aus den unzähligen Definitionen von Öffentlichkeitsarbeit, synonym mit dem Begriff „Public Relations", möchte ich die aus dem von Bruno Tietz herausgegebenen Werk „Die Werbung. Handbuch der Kommunikations- und Werbewirtschaft" (Landsberg am Lech 1981, Bd. 1, S. 274) herausgreifen:

„Öffentlichkeitsarbeit ist das Phänomen, das Arbeit mit der Öffentlichkeit, Arbeit in der Öffentlichkeit und Arbeit für die Öffentlichkeit bedeutet. Öffentlichkeitsarbeit heißt konkret:

- Information aller relevanten Öffentlichkeiten über die wesentlichen Ereignisse, Ergebnisse und Planungen einer Organisation nach innen und nach außen;

- Anpassung der Verhaltensweise und Zielsetzung des Auftraggebers an die Anregungen, Kritik und Forderungen der Umwelt im Rahmen des politisch, wirtschaftlich und moralisch Vertretbaren, in dem Bemühen um die Gewinnung der öffentlichen Meinung und deren teilweise oder völlige Umstimmung;

- Integration, das heißt die Philosophie der Organisation darauf ausrichten, mit den zu ergreifenden Maßnahmen das Verständnis und Vertrauen der Öffentlichkeit zu erringen.

- Öffentlichkeitsarbeit hat eine demokratische Funktion und kann auf die Kurzformel: Information + Anpassung + Integration gebracht werden."

Öffentlichkeitsarbeit umfaßt demnach nicht nur visuelles Erscheinungsbild und Grafik Design, Programmarbeit und Medienpräsenz, sondern richtet sich auch nach innen. Nicht nur Kriterien wie repräsentative Ausstattung, Qualität des Informationsangebots, Schnelligkeit der Fernleihe bestimmen das Urteil über die Bibliothek. Das Image wird entscheidend von der Freundlichkeit, Hilfsbereitschaft, Aufmerksamkeit und Fachkompetenz der Bibliothekare geprägt. Diese Eigenschaften aber können nur durch hohe Identifikation der Mitarbeiter mit den Zielen der Bibliothek erreicht werden; das heißt für Führungskräfte, die Mitarbeiter schulen, sie informieren und in Entscheidungsprozesse einbeziehen, ihnen Eigenverantwortung und Gestaltungsmöglichkeiten einzuräumen. Für die Bibliothekare, speziell jene im Benutzungsdienst Tätigen, heißt das, sich ständig bewußt zu sein, daß sie in ihrem Verhalten nicht als Privatpersonen gesehen werden, sondern als Repräsentanten ihrer Institution.

Doch nicht nur die Rolle des einzelnen Bibliothekars als Werbeträger ist für das Image der Bibliotheken verantwortlich, sondern auch das Bild des Berufsstandes. Noch immer existieren im Bewußtsein der Öffentlichkeit Stereotypen wie die „Spitzwegfigur" oder der verstaubte, antiquarische Sonderling, der jeden Benutzer als Eindringling in sein Reich betrachtet. Dieses Image des Bibliothekars gilt es zu ändern, denn es steht in direkter Wechselwirkung mit dem Bild der Bibliotheken.

Eine Bibliothek, die Öffentlichkeitsarbeit betreibt, um sich einen Stellenwert im kulturpolitischen Geschehen zu schaffen, die den Kontakt nach außen sucht, gesellschaftliche Entwicklungen, sich ständig verändernde Bildungsnormen, neue Medien und Technologien beachtet oder sich zunutze macht, die nicht nur ihre historischen Schätze zur Schau stellt, sondern ein Forum für die Auseinandersetzung mit allen gesellschaftlichen und kulturellen Belangen sein will, eine solche Bibliothek kann nicht Asyl für Berufsanwärter mit geringer sozialer Kompetenz sein.

Falsche Bescheidenheit ist im Bibliothekswesen fehl am Platz. Der PR-Slogan „Tue Gutes und rede darüber" muß auch für die Bibliotheken gelten. Es mag schon sein, daß der ernsthaft interessierte Leser den Weg in die Bibliothek findet, ohne daß diese gezielte Öffentlichkeitsarbeit leistet. Aber der Bibliothek wird so immer der Geruch von Öffentlichkeitsscheue anhaften, und sie wird nur schwer die ihr zustehende Anerkennung ihrer kulturpolitischen Bedeutung erhalten.

Imagebildung „nach innen"

Die Vorarlberger Landesbibliothek - 1977 in einem Gründungsakt aus der Bibliothek des Vorarlberger Landesarchivs mit dem Auftrag hervorgegangen, die landeskundliche Literatur lückenlos zu sammeln, die Nachschlage- und Basisliteratur zu allen Wissensbereichen sowie eine aktuelle Lehrbuchsammlung anzubieten - gelangte in ihrem alten Domizil in der Bregenzer Kirchstraße rasch an die Grenzen ihrer räumlichen, organisatorischen und personellen Ausstattung. Massive Öffentlichkeitsarbeit und ein damit wachsender Benutzungsbetrieb hätten nur eine Qualitätsminderung in gewissen Dienstleistungen und somit ein negatives Image erbracht; ein Widerspruch zum Prinzip der Werbung, die das Angebot macht und das Bedürfnis weckt, das gesamte Potential der Bibliothek zu nutzen.

In dieser ersten Aufbauphase erwies sich neben der positiven Presse, auf die ich später noch eingehen möchte, einer der wichtigsten Werbeträger überhaupt, der zufriedene Benutzer, für das Ansehen der Bibliothek als meinungsbildend. Steigende Benutzer- und Ausleihzahlen erbrachten einerseits die Legitimation gegenüber Geldgebern und Politikern und untermauerten die Forderungen nach Ausweitung der Medienbestände, Erweiterung des Serviceangebotes, organisatorischer Unterstützung, wie EDV-Anwendung, und entsprechender räumlicher Unterbringung und Ausstattung.

Gezielte Öffentlichkeitsarbeit orientierte sich zuerst vorrangig in Richtung des Unterhaltsträgers. Es wurden Kontakte zu anderen Landesdienststellen, wie z.B. dem Umweltinstitut oder dem Landesbildungszentrum Schloß Hofen, geknüpft und ihnen die Möglichkeiten der Informationsversorgung durch die Landesbibliothek nahegebracht. Die Presseabteilung des Amtes der Vorarlberger Landesregierung wurde intensiv bedient, den Assistenten des Landeshauptmannes jede Hilfestellung geboten, wenn es beispielsweise darum ging, eine Rede, ein Vorwort zu einer Publikation oder schlicht die Weihnachtsansprache an die Mitarbeiter zu verfassen. Politiker, Dienststellen und verschiedene Abteilungen wurden zu Führungen eingeladen. Weiters bot sich die Hauszeitschrift der Landesbediensteten als Forum an, die Landesbibliothek vorzustellen und über Entwicklungen und Neuerungen zu berichten. Das Konzept, sich in den eigenen Reihen unentbehrlich zu machen, ist sicherlich aufgegangen.

Deutlich wurde das durch die Übersiedlung der Bibliothek in die adaptierten Räumlichkeiten des eigens angekauften Gallus-Stifts auf einer Anhöhe oberhalb von Bregenz - mit Blick in das Vorarlberger Rheintal und über den Bodensee. Die Landesbibliothek erhielt damit allein schon architektonisch eine beeindruckende Präsenz. Wenn die Bibliothek auch nicht immer mit Budget- und Personalanträgen offene Türen einrennt, so ist sie doch an ihrem neuen Standort im Bewußtsein der Unterhaltsträger und politisch Verantwortlichen ein Vorzeigeobjekt geworden. Die Tatsache, daß eine Besichtigung der Landesbibliothek zum Besuchsprogramm der Gäste der Vorarlberger Landesregierung gehört, beweist dies.

Imagebildung „nach außen" -
Medienarbeit

Nach Meinung der Kommunikationsexperten sind die Massenmedien, insbesondere die Presse, das wirkungsvollste Instrument in der Öffentlichkeitsarbeit. Die Vorteile der Schnelligkeit des Kommunikationsprozesses und der Reichweite werden von keinem anderen Medium übertroffen. Und es kann, im Gegensatz zu Public Relations mit Plakaten, Inseratenkampagnen, Diaschauen, Filmen, kostenlos genutzt werden - ein wichtiger Aspekt, da wohl wenige Bibliotheken mit einem zufriedenstellenden PR-Etat ausgestattet sind.

Pressearbeit setzt grundsätzlich gute Kenntnisse der Medienlandschaft voraus. Bevorzugte Themen des Mediums, Reichweite und Auflagenhöhe, Rezipientenschicht und die Form, eine Bibliotheksnachricht in der Zeitung zu plazieren, müssen bekannt sein. Zeitungsartikel werden in den Redaktionen und beim Umbruch meistens von hinten gekürzt. Es empfiehlt sich daher, die wichtigen Textinhalte zu Beginn des Manuskriptes zu formulieren. Daß nur relevante Informationen und Berichte über herausragende Ereignisse, die für eine breite Öffentlichkeit interessant sind, an die Presse gelangen sollen, versteht sich von selbst.

Wenn Sie die Sympathien der Medien besitzen und durch gute Öffentlichkeitsarbeit eine hohe Identifikation einer breiten Leserschicht mit der Bibliothek erzielt haben, müssen sich die Mitteilungen nicht auf „Jubelmeldungen" beschränken. Gezielte Information in Krisenzeiten, wie etwa über drohende Budget- oder Personalkürzungen, kann in der Öffentlichkeit Stimmung für die Bibliothek und in weiterer Folge Druck auf die politisch Verantwortlichen erzeugen.

Der Erfolg von Öffentlichkeitsarbeit läßt sich meist nur schwer quantifizieren. In den wenigsten Fällen wird eine PR-Maßnahme zu einem Benutzeransturm und explosionsartigen Zuwachs der Ausleihzahlen führen, sodaß ein direkter Zusammenhang hergestellt werden könnte. Es ist daher wichtig, die eigene Öffentlichkeitsarbeit, z. B. als Pressespiegel, zu dokumentieren. Man erhält so einerseits einen Leistungsnachweis und kann anhand der Dokumentation als imagepflegende Maßnahme gegenüber Mitarbeitern, Politikern, Unterhaltsträgern und auch Benutzern das Interesse der Öffentlichkeit an der Bibliothek zeigen.

Die Medienarbeit der Landesbibliothek basiert auf einigen wohl vorarlbergspezifischen Bedingungen und besonders glücklichen Umständen, die hier näher erläutert werden sollen. Die Presselandschaft Vorarlbergs wird neben einem Kleinformat mit geringem Marktanteil, Gemeindeblättern sowie einigen landesweiten und regionalen Gratisblättern von einer großen Tageszeitung, die 74 % der Vorarlberger Haushalte erreicht, dominiert. Lokale Berichterstattung als Schwerpunkt in einem kleinen Bundesland mit beschränkter Themenvielfalt und eine Tendenz dieses Organs, Vorarlberger Leistungen besonders hervorzukehren, bedingen ein starkes Interesse an den Geschicken der Vorarlberger Landesbibliothek. Als glückliche Umstände können die Tatsachen gewertet werden, daß die Institution Landesbibliothek nie im Kreuzfeuer einer öffentlichen Kritik oder Diskussion stand, und daß die Journalisten, sowohl der Presse als auch des Österreichischen Rundfunks, die Landesbibliothek im Zuge ihrer Ausbildung oder für Recherchen benutzt haben und weiterhin benutzen. So mußte solchen Journalisten gegenüber nie Interesse für ein unbekanntes Thema geweckt oder mühevolle Überzeugungsarbeit geleistet werden. Kauf, Umbau und Adaption des Gallusstiftes als neuem Domizil, Einführung und Entwicklung der EDV, bedeutende Neuerwerbungen oder Schenkungen waren und sind Thema der Berichterstattung und garantieren eine kontinuierliche Medienpräsenz mit - aufgrund der erwähnten Pressekonzentration - sehr hohem Wirkungsgrad.

Im Mai 1988 schuf der Österreichische Rundfunk ein neues Fernsehkonzept. Die einzelnen Länderstudios strahlen seither täglich eine eigene TV-Nachrichtensendung aus. Damit erhielt die Landesbibliothek ein weiteres Medium für kostenlose Öffentlichkeitsarbeit. Aber auch die Presse der benachbarten ausländischen Regionen oder Radio Lindau in Deutschland, ein privater Rundfunksender für das Dreiländereck, informieren gelegentlich über die Landesbibliothek.

Zwei Beispiele mit deutlich spürbarer Werbewirkung seien erwähnt: Im Jänner 1987 sendete der ORF österreichweit einen sehr schön gestalteten 20-Minuten-Film über die Landesbibliothek. Zur Vorbereitung auf diese Sendung wurde die Direktion vom Landesstudio Vorarlberg zu einer einstündigen Rundfunk-Live-Sendung eingeladen, in der den Hörern die Möglichkeit geboten wurde, sich telefonisch mit Fragen an die Vetreter der Bibliothek zu wenden.

Pressearbeit erfordert aber auch eigene Initiative. Die Vorarlberger Landesbibliothek pflegt Kontakte zu Journalisten, indem sie sie telefonisch und/oder mittels Pressetexten oder Pressemeldungen über bedeutende Ereignisse informiert. Veranstaltungen werden nicht nur in den Programmvorschauen und -übersichten und im täglichen Veranstaltungskalender angekündigt. Persönliche Einladungen an die zuständigen Journalisten sollen einen Anreiz bieten, das Ereignis wahrzunehmen und darüber zu berichten.

Die „Vorarlberger Landeskorrespondenz", der Pressedienst der Vorarlberger Landesregierung, ist ein weiteres Instrument, Informationen an die Presse zu leiten. Diese Pressetexte können als VLK-Meldung veröffenlicht werden oder einem Journalisten als Grundlage für weitere Recherchen zu einem Eigenbericht dienen.

Runde Zahlen z.B. können ein guter Anlaß sein, an die Öffentlichkeit zu treten. Als aufgrund statistischer Hochrechnungen abzusehen war, daß die Landesbibliothek erstmals 100.000 Entlehnungen in einem Kalenderjahr erreichen würde, wurden eine Pressemitteilung und ein passendes Foto an die Tageszeitungen gesandt, die dann auch veröffentlicht wurden. Um den 100.000sten Entlehner publik zu machen, mußten allerdings einige Tricks angewandt werden. Zuerst wurde eine Person gesucht, die erstens Interesse an der Bibliothek hatte, aber noch nicht zu den Lesern zählte, zweitens ins Benutzerprofil paßte und den Öffentlichkeitscharakter der Vorarlberger Landesbibliothek unterstrich und die drittens weder prominent noch im politischen oder gesellschaftlichen Leben präsent war. Im Bekanntenkreis eines Mitarbeiters fand sich eine potentielle Benutzerin, die - mit dem zu erwartenden Medienrummel einverstanden - bereit war, „zufällig" als 100.000ste Leserin gefeiert zu werden. Die für die Landesbibliothek zuständige Landesrätin war bereits vorinformiert, sollte Buch- und Blumenspende überreichen und wurde nun um Terminvorschläge gebeten. Alle Beteiligten konnten sich auf einen Zeitpunkt einigen, zu dem dann die Presse eingeladen wurde. Parallel dazu wurde das Bibliothekssystem DOBIS/LIBIS, das die neuen Benutzernummern automatisch numerisch aufsteigend vergibt, soweit manipuliert, daß neuen Lesern, die noch vor der scheinbar zufällig eintreffenden 100.000sten Benutzerin einen Leserausweis verlangten, Ausweise mit Benutzernummern niedriger als 100.000 ausgehändigt werden konnten. Pünktlich zum vereinbarten Termin strahlten Landesrätin und neue Benutzerin händeschüttelnd in die Kameras der Pressefotografen. Was genau geplant und vorbereitet war, erschien in der Berichterstattung wie ein zufälliges Ereignis.

Programmarbeit

Bibliothekarische Programmarbeit als Teil der Öffentlichkeitsarbeit im Sinne eines kontinuierlichen Veranstaltungs- und Ausstellungsangebotes sollte auf die Existenz und Dienstleistungen der Bibliothek aufmerksam machen, neue Benutzerschichten und Benutzer ansprechen, Vorurteile und Hemmschwellen abbauen und den Stellenwert der Bibliothek als Kommunikations- und Integrationsort manifestieren. Die Vorarlberger Landesbibliothek konnte bisher wegen der Personalknappheit, nicht ausreichenden Budgetmitteln und dem Fehlen eines ausreichend großen Festsaales diese Forderungen nur bedingt erfüllen.

Daher wurde die Kooperation mit anderen Veranstaltern und Kulturschaffenden gesucht, um Fremdveranstaltungen ins Haus zu holen. Diese erhielten personelle und organisatorische Unterstützung, konnten Räume und Infrastruktur benutzen. Druck und Vertrieb der Veranstaltungsplakate wurden von der Vorarlberger Landesbibliothek finanziert. So fanden bisher mehrere Volkshochschulkurse zu buchgeschichtlichen und kunsthistorischen Themen, Vorträge verschiedensten Inhalts wie Barock am Bodensee, Luftreinhaltung oder Glashausarchitektur, Buchpräsentationen und ein Zyklus szenischer Lesungen mit Musikbegleitung in der Landesbibliothek statt. Zu manchen dieser Veranstaltungen wurde die thematisch relevante Literatur aus eigenen Beständen präsentiert oder ein Handapparat geschaffen, um eine stärkere Anbindung an das Haus zu erzielen.

Die Ausstellung des Faksimiles des „Liber Viventius" von Pfäfers, die im Stiftsarchiv St. Gallen gezeigt wurde, konnte auch in der Landesbibliothek in adaptierter und mehr auf die regionale Bedeutung konzentrierter Form präsentiert werden. Einen durchschlagenden PR-Erfolg brachte die erste offizielle Präsentation des neuen Hauses mit einem Tag der Offenen Tür, der bei strahlendem Sonnenschein, Bewirtung im Festzelt und an Biertischen im umgebenden Park zu einem Volksfest geriet. Zum einjährigen Bestehen wurde die Vorarlberger Bevölkerung zu einem weiteren Tag der Offenen Tür mit einem kleinen Rahmenprogramm eingeladen. Mit einem Plakat und großformatigen Anzeigen beworben, brachte auch diese Veranstaltung den gewünschten Erfolg.

Führungen zählen an der Vorarlberger Landesbibliothek zum festen Bestandteil der Öffentlichkeitsarbeit. Sie werden nicht zu fixen Zeiten, sondern nach terminlicher Absprache angeboten. Benutzer aus unterschiedlichen Bevölkerungsschichten und Interessengruppen haben auf diesem Weg den ersten Schritt in die Bibliothek gemacht.

Neben allgemeinen Präsentationen wurden auch spezielle Dienstleistungen für die jeweiligen Zielgruppen beworben. So z. B. wurden nach Installation der Rechtsdatenbank alle Anwälte, Notare, Steuerberater, Wirtschaftstreuhänder und die Juristen des öffentlichen Dienstes und großer Betriebe zu einer Präsentation und zu einem nachfolgenden Workshop eingeladen. An beiden Veranstaltungsterminen lernten je ca. zwanzig Interessierte dieses Service der Landesbibliothek kennen. Der Besitz von Medline-CD-ROM wurde auf ähnliche Weise in Ärztekreisen publik gemacht. Der Ausbildungsreferent der Ärztekammer für Vorarlberg erhielt eine erste

Demonstration und nahm daraufhin eine Medline-Schulung in der Landesbibliothek in sein Fortbildungsprogramm auf. Im Grenzbereich bibliothekarischer Programmarbeit, da sie schulische Belange betreffen, liegen die Veranstaltungen „Einführung in die Technik des wissenschaftlichen Arbeitens", die seit 1989 in Kooperation mit dem Landesschulrat für Schüler der 7. und 8. AHS-Klassen von der Landesbibliothek angeboten werden.

Visuelles Erscheinungsbild

Ab dem Jahre 1985 mit einem eigenen PR-Etat ausgestattet, konnte die Vorarlberger Landesbibliothek in Zusammenarbeit mit einer Bregenzer Werbeagentur ihr visuelles Erscheinungsbild entwickeln und realisieren. Das Kernstück bildet das Signet, das die Vorderansicht des Gallusstiftes in vertikalen und horizontalen Linien stilisiert darstellt. Dieses „Markenzeichen" ist mit dem Schriftzug „Vorarlberger Landes-Bibliothek" in compressed Helvetica-Versalien versehen. Die Buchstaben „V", „L" und „B" treten größer und fetter hervor und sind wie die Trennung des Wortes „Landes-Bibliothek" bewußt gewählt, um das Akronym „VLB" einzuführen. Schriftzug und Signet sind grau gehalten, das Logo mit einem Balken in Pink und einer rosa Fläche farblich akzentuiert.

Die Grundfarben Weiß, Schwarz, Grau und Pink und das Logo sind die gestalterischen Elemente der weiteren Werbemittel Tragetasche und Lesezeichen. Das Logo wird neben den gesamten Drucksachen auch konsequent auf allen selbstgefertigten Schriftstücken wie Benutzerinformationen, auf Fernleihscheinen und Frankierstreifen eingesetzt.

Als weiteres Werbemittel wurden zwei Plakate in Auftrag gegeben. Das Imageplakat trägt den Titel „erlesen", die Buchstaben „e" und „r" rot bzw. gelb farblich vom schwarzgedruckten „lesen" abgesetzt, und zeigt auf einem grünen Hügel, der die parkartige Umgebung der Vorarlberger Landesbibliothek wiedergibt, zwischen Bäumen ein überdimensionales, stehendes, teilweise aufgeblättertes Buch. Bunte comic-strip-ähnliche Figuren strömen mit Büchern bepackt auf das Buch zu oder verschwinden zwischen den Seiten. Eine Figur sitzt blätternd unter einem Baum, eine andere schwebt lesend im blauen Himmel. Am unteren Rand sind das Signet, Adresse und Telefonnummer aufgedruckt. Als Halbbogenplakat für Innenräume wurde es an Schulen, öffentliche Bibliotheken, Institutionen der Erwachsenenbildung usw. verschickt und an Benutzer verschenkt. Eine großformatige Ausführung wurde als Außenplakat über eine Firma für Außenwerbung vierzehn Tage lang landesweit affichiert. Das Imageplakat hat in seinem nun sechsjährigen Bestehen wohl die damalige Novität des Grafik Design eingebüßt, ist aber in seiner Gestaltung immer noch so zeitgemäß, daß seitens anderer öffentlicher Bibliotheken Interesse besteht, es zu übernehmen.

Im Gegensatz zu diesem dynamischen, bunten Bild ist das Veranstaltungsplakat zeitloser und in Farbgebung und Komposition ruhig gehalten. Die obere Hälfte zeigt, eingerahmt von petrolfarbenen Flächen, die Bäume andeuten, stilisiert und perspektivisch verdichtet in Weiß, Chamois- und Grautönen das Bibliotheksgebäude. Der untere Teil ist einfärbig petrol und bietet Raum für den Eindruck der Veranstaltungsdaten. In der Fußzeile stehen wieder Signet, Adresse und Telefonnummer. Die neutralen Farben erlauben einen vielfältigen Wechsel der Grundfarbe, sodaß das Plakat kostengünstig modifiziert werden kann, um auch nach mehrmaligem Einsatz das Interesse des Betrachters zu wecken.

Perspektiven

Die Vorarlberger Landesbibliothek konnte in ihrem nun 15jährigen Bestehen - sieben Jahre davon im jetzigen Domizil Gallusstift - das Vertrauen weiter Bevölkerungskreise erwerben. Eine Benutzerschicht ist herangewachsen, die seit ihrer Ausbildungszeit die Dienstleistungen der Bibliothek kontinuierlich und selbstverständlich in Anspruch nimmt. Dennoch existiert außerhalb studentischer, wissenschaftlich oder heimatkundlich arbeitender Kreise ein Potential möglicher Benutzer, das nur vage um die Bibliothek und deren vielfältiges Medien- und Serviceangebot weiß, vor allem aber nicht um ihre Bestimmung als öffentliche und damit für jeden zugängliche Bibliothek.

Um dieses Potential anzusprechen, wurde ein Werbekonzept geschaffen mit der Zielsetzung, das „Produkt" Vorarlberger Landesbibliothek und speziell deren in Vorarlberg konkurrenzloses Angebot an Information bekannt zu machen. Werbeträger der als Anzeigenkampagne konzipierten PR-Initiative ist das Bild, nach wie vor das effektivste Kommunikationsinstrument. Ein außergewöhnliches Bild von dokumentarischem Charakter aus den Beständen der Landesbibliothek, betitelt mit der doppeldeutigen Headline „Wie finden Sie das?", dient als Eye-catcher. Im Text darunter folgt dann eine konkrete Standortangabe, z. B. 1. Stock, Ostflügel, Vorarlbergensiensammlung, ein eher sachlicher Text, der das Foto oder die darauf dargestellte Situation erläutert, der Slogan „Die Landesbibliothek - Antworten auf viele Fragen", Signet, Adresse und Telefonnummer.

Durch einheitliche grafische Gestaltung der Anzeigen, wie gleichbleibendes Format im schwarzen Bildrahmen, selbe Schrifttype, wiederkehrende Headline und konstanter Abbinder, wird ein Seriencharakter erreicht, der wiederum die Werbebotschaft unterstützt. In der Auswahl der Bildmotive kann der Bestand in allen Wissens- und Sammelgebieten angesprochen werden.

Dieses Anzeigenkonzept ist beliebig ausweitbar und kann auch zur Bewerbung von Non-Print-Medien adaptiert werden. Zusätzlich läßt sich ohne großen Kostenaufwand aus den stärksten Sujets eine Serie Innenplakate herstellen.

Das neue Bibliotheksgebäude wurde 1992/93 durch den Umbau der ehemaligen Stiftskirche wesentlich erweitert. Der Abschluß dieser letzten Bauetappe, mit der Eröffnung des neuen Bibliothekstrakts am 30. April 1993, wird dem Haus den nächsten Publizitätsschub bringen. Es existiert nun auch ein großer Veranstaltungsraum mit moderner Licht- und Tontechnik, sodaß die Voraussetzung für eine Intensivierung der Programmarbeit als Teil von Public Relations gegeben ist.

Öffentlichkeitsarbeit - für die öffentlichen Bibliotheken der Bundesrepublik Deutschland im Bibliotheksplan 1973 als Pflichtaufgabe definiert - sollte nicht als Pflicht im negativen Sinne aufgefaßt werden, sondern als Herausforderung und vielleicht auch als Feld für eigene kreative Entwicklungen.

(Der ursprüngliche Vortrag wurde durch die Präsentation von Werbemitteln und Dias unterstützt.)

Kommission für Rechtsfragen

Kommission für Leihverkehr und Zentralkataloge

Kommission für Rechtsfragen
Tätigkeitsbericht für die Funktionsperiode 1990 - 1992

Die Kommission für Rechtsfragen hielt in der Funktionsperiode 1990 - 1992 zwei Sitzungen ab.

Die Themen der ersten Sitzung am 27. April 1992 waren:

Der Entwurf der Urheberrechtsgesetznovelle 1992 hinsichtlich der Einführung einer Kopierabgabe für urheberrechtlich geschützte Werke und die Einführung einer Bibliothekstantieme. Ferner wurden die Auswirkungen der Novelle zum Verbotsgesetz insbesondere die sog. „Auschwitzlüge" besprochen

Die zweite Sitzung fand am 29. 9. 1992 anläßlich des 22. Österreichischen Bibliothekartags in Eisenstadt statt. Univ. Prof. Dr. Helmut Fuchs vom Institut für Strafrecht und Kriminologie der Universität Wien hielt einen Vortrag zum Thema „Strafrechtliche Probleme im Alltag der Bibliothekare". An Hand der gegen drei Wiener Bibliothekare eingeleiteten Vorerhebungen wegen des Verdachtes eines Vergehens nach § 319 Strafgesetzbuch „Militärischer Nachrichtendienst für einen fremden Staat" erläuterte Univ. Prof. Dr. Fuchs das Problem der Beteiligungen an Straftaten. Weitere Themen des Vortrages von Univ. Prof. Dr. Fuchs waren: die Verbotsgesetznovelle, das rechtlich gebotene Verhalten der Bibliothekare bei Begehung von Straftaten durch Benutzer in der Bibliothek und die rechtlichen Möglichkeiten, gegen Benutzer vorzugehen, die zum Ende der Öffnungszeit die Bibliothek nicht verlassen wollen.

Kommission für Leihverkehr und Zentralkataloge Tätigkeitsbericht für die Funktionsperiode 1990 - 1992

In der Funktionsperiode befaßte sich die Kommission mit den möglichen Auswirkungen des § 319 StGB auf die tägliche bibliothekarische Arbeit, insbesondere im Leihverkehr: Ausleihe und Fernleihe. Anlaß war eine Aktion der Staatspolizei im April 1991 (s. dazu: Mitteilungen der VÖB, 44 (1991) 2, S. 9 und 83-84) und der daraufhin ergangene Erlaß des BMWF, GZ 3150/7-31 91 vom 17. Juni 1991, wobei es galt, Fragen über das praktische Verhalten von Bibliothekaren zu beantworten.

Die Kommissionssitzung am 11. September 1991 beschäftigte sich mit dem Erlaßtext (Gastreferent war MR Dr. Lakatha als Sachbearbeiter des Erlasses) und in einer lebhaften Diskussion mit vielen Detailfragen, wobei die Notwendigkeit der Öffentlichkeitsarbeit betont wurde (vgl. dazu: Lakatha, Emmerich: Informationsfreiheit und ihre strafrechtlichen Grenzen: offener Brief an das Bundesministerium für Justiz. In: Mitteilungen der VÖB, 44 (1991) 3/4, S. 74-82)

Die Weiterbehandlung der Rechtsprobleme erfolgte in der gemeinsamen Kommissionssitzung am 29.9.1992 in Eisenstadt (Sitzung der Kommission für Rechtsfragen und der Kommission für Leihverkehr und Zentralkataloge). Univ. Prof. Dr. Helmut Fuchs (Institut für Strafrecht und Kriminologie der Universität Wien) hielt einen Fachvortrag über strafrechtliche Probleme im Alltag der Bibliothekare.

Der Kommission gehören 45 Mitglieder an.

Strafrechtliche Probleme im Alltag der Bibliothekare

Helmut Fuchs

I. Anlaßfall

Im Frühjahr 1991 wurden drei Bibliothekare der Universität Wien und der Technischen Universität Wien wegen Unterstützung eines militärischen Nachrichtendienstes für einen fremden Staat (§ 319 StGB) strafrechtlich verfolgt: Ein (damals noch) sowjetischer Diplomat, der gleichzeitig KGB-Agent war, war zum US-Geheimdienst übergewechselt und hatte eine Liste von Personen übergeben, die ihm in Wien „nützlich" waren. Die Liste, die in der Folge an die österreichische Staatspolizei gelangte, enthielt auch die Namen dieser drei Bibliothekare. Deren „Nützlichkeit" hatte darin bestanden, daß sie dem Diplomaten regelmäßig im offiziellen Leihverkehr der Universitäten (auch in Fernleihe) Bücher oder Kopien aus Büchern besorgt hatten. Alle verschafften Werke waren frei und öffentlich zugänglich, Anhaltspunkte dafür, daß die Bibliothekare geheimes Material beschafft hätten, gab es zu keinem Zeitpunkt. Letztlich wurden die Strafverfahren nach kurzer Zeit wieder eingestellt, allerdings waren im Verlauf der Verfahren Hausdurchsuchungen vorgenommen und die Bibliothekare sogar einige Tage hindurch in Haft genommen worden (1); auch waren nicht unbedeutende Verteidigerkosten entstanden.

Der Fall hat unter Bibliothekaren verständliche Unruhe und Verunsicherung hervorgerufen; er soll daher zuerst behandelt werden (unten II). Anschließend soll noch kurz auf andere Situationen eingegangen werden, in denen Bibliothekare einem Strafbarkeitsrisiko ausgesetzt sein können (unten III).

II. Strafbarkeit durch die Beschaffung von Informationen

1. Äußerer Tatbestand, Wissentlichkeit und Vorsatz

Es ist zu prüfen, ob sich ein Bibliothekar dadurch strafbar machen kann, daß er anderen Personen Bücher, Kopien oder sonstige Informationen beschafft, die diese Personen in der Folge für Straftaten verwenden. Auf den ersten Blick könnte man meinen, daß eine solche Strafbarkeit von vornherein ausgeschlossen ist: Aus der Bibliotheksordnung für Universitäten (2) ergibt sich, daß die Dienste der Universitätsbibliotheken grundsätzlich jedermann zugänglich zu machen sind. Ausnahmen bestehen nur aus wirtschaftlichen und urheberrechtlichen Gründen bei bestimmten Dissertationen (was hier nicht weiter interessiert) und bei ausdrücklichen gesetzlichen oder behördlichen Verbreitungsbeschränkungen (§ 1 Abs 4), die im Anlaßfall aber nicht bestanden haben (3). Die Bibliothekare sind also grundsätzlich sogar dazu verpflichtet, die Bücher jedermann zugänglich zu machen, und wer nur eine Dienstpflicht erfüllt, kann sich doch - so sollte man meinen - nicht strafbar machen.

Leider ist die Sache nicht so einfach: Angenommen, jemand verlangt ein Buch über Gifte und sagt ausdrücklich dazu, er brauche es, weil er seinen Erbonkel vergiften und zuvor klären wolle, welche Gifte besonders schwer nachweisbar seien. Es ist offensichtlich, daß unter diesen Umständen das Buch nicht beschafft werden darf. Nicht nur die Literatursuche, sondern auch rein mechanische Tätigkeiten wie das Herausgeben des Buches aus dem Regal wären eine strafbare Beihilfe zum Giftmord am Erbonkel.

Das Beispiel zeigt, daß das Gebot der Bücherbereitstellung nicht unbeschränkt gilt, sondern seinerseits vom Verbot, sich an strafbaren Handlungen zu beteiligen, begrenzt wird. Anderseits ist das Beispiel aufschlußreich, weil es unrealistisch ist: In der Wirklichkeit wird kein Entlehner sagen, daß er das Buch für einen Mord verwenden will, und deshalb wird der Bibliothekar normalerweise um die deliktische Absicht des Entleihers nicht sicher wissen. Wenn er sich überhaupt Gedanken über die geplante Verwendung macht, dann wird er viele Verwendungen für möglich halten: Das Buch kann zur Anfertigung einer Seminararbeit dienen oder von einem Arzt oder von der Vergiftungs-Informationszentrale zur Bekämpfung von Vergiftungen verwendet werden - oder aber auch zur Vorbereitung eines Mordes. Kann der Bibliothekar nun bestraft werden, wenn sich nachträglich herausstellt, daß mit den Informationen aus dem Buch tatsächlich ein Mord begangen worden ist?

Der äußere Ablauf des Geschehens ist in diesem Fall der gleiche wie in dem im vorletzten Absatz genannten Fall: Der Bibliothekar ist für den Tod eines Menschen kausal geworden, er hat zu einer Tötung beigetragen. Der Unterschied liegt im Wissen des Bibliothekars: Im (unrealistischen) Ausgangsbeispiel wurde angenommen, er habe genau gewußt, daß das Buch für einen Mord verwendet werden sollte; das Gesetz spricht von Wissentlichkeit (§ 5 Abs 3 StGB). In einem solchen Fall wird man an der Strafbarkeit des Bibliothekars kaum zweifeln. Bei manchen Delikten hat nun der Gesetzgeber in kluger Voraussicht dieser Schwierigkeiten die Strafbarkeit auf wissentliches Handeln beschränkt, so z.B. bei der Neutralitätsgefährdung (§ 320 StGB), bei der Untreue (§ 153 StGB) oder aber bei der Geldwäscherei (derzeit § 164 Abs 1 Z 4 StGB), so daß keine Probleme bestehen. Bei anderen Tatbeständen genügt zur Strafbarkeit aber ein geringerer Bewußtseinsstand, uzw sog Eventualvorsatz (§ 5 Abs 1 letzter Teilsatz StGB), so etwa beim Mord, und hier liegen die Schwierigkeiten.

Dies leitet über zum Anlaßfall: Nach § 319 StGB macht sich strafbar, wer „für eine fremde Macht ... einen militärischen Nachrichtendienst ... wie immer unterstützt". Der äußere Tatbestand ist sehr weit formuliert und umfaßt jede beliebige Art von Unterstützung („wie immer"), also auch das Beschaffen von Informationen im Einzelfall. Auch ist es nicht notwendig, daß geheime Informationen verschafft werden: Informationen über Brücken (4) oder Informationen aus öffentlich zugänglichen Adreßbüchern (5) - so die (allerdings nicht unbestrittenen) Beispiele in der juristischen Literatur - reichen aus. Immerhin muß es ein Nachrichten-Dienst sein, der unterstützt wird, und er muß im Inland bestehen; notwendig ist also eine auf Dauer angelegte Einrichtung mit einer sachlichen, personellen und organisatorischen Struktur im Inland. Auch ist nur die Unterstützung eines militärischen Nachrichtendienstes mit Strafe bedroht, also einer fremden Einrichtung, die Nachrichten von militärischer Bedeutung und für militärische Zwecke sammelt; freilich ist diese Einschränkung praktisch wenig bedeutsam, weil sich sehr viele technische Informationen auch militärisch verwerten lassen.

Aus dieser Tatbestandsbeschreibung des Gesetzes folgt, daß es bei Strafe verboten ist, einer Einrichtung, die in Österreich Nachrichten von militärischer Bedeutung für einen fremden Staat systematisch sammelt, solche Informationen zukommen zu lassen, selbst dann, wenn diese Informationen an sich frei zugänglich sind. Ein Bibliothekar, der für eine solche systematische Informationssammlung Bücher beschafft, erfüllt daher den äußeren Tatbestand des § 319 StGB.

2. Vorsatz als das Bewußtsein eines verbotenen Risikos

Unterstellt man einmal, daß in den Anlaßfällen tatsächlich für einen solchen fremden militärischen Nachrichtendienst gesammelt worden ist, dann spitzt sich die Frage nach der Strafbarkeit der Bibliothekare auf die Frage des Vorsatzes zu. Es wäre, wie gesagt, einfach, wenn Wissentlichkeit verlangt wäre, die den Bibliothekaren ohne Zweifel fehlt. Aber § 319 begnügt sich - leider - mit Eventualvorsatz: Es genügt für vorsätzliches Handeln, daß die Bibliothekare die Verwendung der von ihnen beschafften Informationen für einen militärischen Dienst ernstlich für möglich gehalten und sich mit einer solchen Verwendung abgefunden haben. Wann liegt nun diese - schwache - Vorsatzform vor?

Wollen wir uns auch dieser Frage an einem Beispiel nähern: Angenommen, ein Bibliothekar erhält heute eine Literaturanforderung der ständigen Vertretung eines kommunistischen, fernöstlichen Staates bei der UN-Atomenergiebehörde in Wien, über Fernleihe eine Schrift über Plutonium zu beschaffen. Nach den leidvollen Erfahrungen, die andere Bibliothekare machen mußten, wird dieser Bibliothekar vielleicht daran denken, daß das Buch für einen militärischen Nachrichtendienst verwendet werden könnte. Aber wiederum bestehen auch andere Möglichkeiten: Das Buch kann beispielsweise für eine amtliche Tätigkeit im Rahmen der Atomenergiebehörde bestimmt sein. Beides - und vielleicht anderes auch - wird der Bibliothekar für möglich halten. Hält er nun gerade die Verwendung für einen Nachrichtendienst - nur darauf kommt es nach dem Tatbestand an - ernstlich für möglich und findet er sich damit gar ab?

Betrachtet man den Vorsatz als einen rein psychischen Vorgang, dann wird man die Frage nicht rational beantworten können: Rein tatsächlich betrachtet, weiß der Bibliothekar wohl selbst gar nicht, ob er Eventualvorsatz hat oder nicht. Man muß daher, um die Frage sinnvoll beantworten zu können, nach einem normativen Maßstab objektivieren. Maßgebend für das Vorliegen eines Vorsatzes ist nicht das psychische Empfinden des Bibliothekars, sondern die Bewertung dieses Empfindens durch die Rechtsordnung. Vorsatz hat der Bibliothekar, wenn er das Risiko, das Buch werde für Spionagezwecke verwendet werden, so hoch einschätzt, daß ein gesetzestreuer Staatsbürger und Bibliothekar das Buch nicht hergegeben hätte, weil ihm das Risiko einer deliktischen Verwendung zu groß gewesen wäre. Vorsatz ist also das Bewußtsein eines verbotenen (= unerlaubten) Risikos.

3. Erlaubte und verbotene Literaturbeschaffung

Wie groß ist aber nun das erlaubte Risiko, das man bei der Literaturbeschaffung eingehen darf? Das ist eine Rechtsfrage und aufgrund der gesetzlichen Regelungen über Bibliotheken zu beantworten. Dabei fällt auf, daß in den österreichischen Bibliotheksvorschriften alle Beschränkungen der Büchervergabe fehlen. Der Gesetzgeber hätte es in der Hand, bestimmte generelle Regeln aufzustellen: Er könnte beispielsweise anordnen, daß bestimmte Bücher (wegen der besonderen Gefahr ihrer deliktischen Verwendung) überhaupt nicht oder nur an bestimmte Personen (z.B. an seriöse Wissenschaftler) oder aber an bestimmte Personen (z.B. an Ausländer) nicht oder nur nach näherer Überprüfung ausgegeben werden dürfen. Solche Beschränkungen der Literaturbeschaffung fehlen aber gänzlich. Dagegen gibt es Gesetze, die das Recht auf freien Empfang von Informationen (Art 10 MRK) sowie die Freiheit der Wissenschaft und ihrer Lehre (Art 17 StGG) sogar verfassungsrechtlich garantieren und aus denen sich das Prinzip der freien Zugänglichkeit der Literatur ergibt, das jedenfalls für Bücher und Schriften gilt, die vom Verfasser zur Veröffentlichung bestimmt sind.

In der Bewertung durch den Gesetzgeber besteht also in Österreich als einem freiheitlichen Staat ein großes Interesse an der Freiheit der Informationsbeschaffung und damit an der Aufrechterhaltung eines ordnungsgemäßen Bibliotheksbetriebes. Daraus folgt, daß das Niveau des erlaubten Risikos bei der Informationsbeschaffung durch Bibliotheken hoch anzusetzen ist. Allein die Möglichkeit einer deliktischen Verwendung begründet noch kein unerlaubtes Risiko und damit noch keinen deliktischen Vorsatz. Auch allgemeine Erfahrungssätze - z.B. die Erfahrung, daß Botschaftsangehörige bisweilen Geheimagenten sind - genügen nicht, um ein unerlaubtes Risiko zu begründen. Denn solche allgemeinen Erfahrungssätze hätten den Gesetz- oder Verordnungsgeber, wenn er gewollt hätte, zu generellen Beschränkungen bewegen müssen, auf die er jedoch verzichtet hat. Daß die Bücher von einem ausländischen Diplomaten bestellt werden, daß sie von militärischem Interesse sein können, alles das läßt noch keinen hinreichenden Schluß darauf zu, daß die Bücher gerade für einen militärischen Nachrichtendienst bestimmt sind und deshalb nicht beschafft werden dürften (6).

Vorsatz kann erst dann angenommen werden, wenn konkrete Anhaltspunkte im Einzelfall vorliegen, die die beabsichtigte deliktische Verwendung des Buches wahrscheinlich machen. Solche Anhaltspunkte können sich einmal aus einem Sonderwissen des Bibliothekars aufgrund persönlicher Beziehungen ergeben: Wer weiß, daß sein Entlehner ein Geheimagent ist, weil er ihn auch privat kennt, der darf ihm keine Bücher militärischer Bedeutung geben. Weitere Anhaltspunkte können sein, daß die angeforderten Informationen offensichtlich nur zu militärischen Zwecken verwendet werden können und es keine andere plausible Verwendung gibt. Schließlich sollte der Bibliothekar auch Verdacht schöpfen, wenn der Entlehner Verschleierungs- und Umgehungsversuche unternimmt, wenn er also z.B. nicht nach außen aufscheinen will, sondern den Bibliothekar bittet, den Entlehnschein auf dessen Namen auszufüllen.

Gibt es solche besonderen verdächtigen Umstände, die den Bibliothekar die Verwendung für Spionage - oder für eine andere Straftat - erkennen lassen, dann darf das Buch dem Anforderer nicht gegeben werden. Umgekehrt gilt aber: Solange keine hinreichenden konkreten Anhaltspunkte vorliegen, sondern die Entlehnung im gewöhnlichen und ordentlichen Dienstbetrieb erfolgt, mag eine deliktische Verwendung möglich sein und vom Bibliothekar auch für möglich gehalten werden; sie ist noch nicht ernstlich möglich, und keinesfalls hat sich der Bibliothekar mit einer deliktischen Verwendung abgefunden. Daher hat der Bibliothekar nicht einmal Eventualvorsatz, und er kann sich daher nicht strafbar machen.

4. Vernehmung als Beschuldigter

Was kann aber dem Bibliothekar geschehen, wenn sich im nachhinein herausstellt, daß die Informationen des beschafften Buches für einen militärischen Nachrichtendienst verwendet wurden, ebenso, wie sich nachträglich herausstellen kann, daß die Informationen für einen Mord verwendet wurden. Daß der äußere Tatbestand erfüllt ist, rechtfertigt Ermittlungen nach dem Vorsatz. Es kann daher zu einem Strafverfahren - im weitesten Sinn und in seiner mildesten Form, nämlich in Form von Vorerhebungen - gegen den Bibliothekar als Beschuldigten kommen. Dafür genügt jeder Verdacht, auch ein sehr unbestimmter, der durch das Vorliegen des objektiven Tatbestandes zumeist gegeben sein wird. Daß die Strafverfolgungsbehörden tätig werden, um einen solchen Verdacht zu klären, ist für den Betroffenen nicht angenehm, muß aber als allgemeine staatsbürgerliche Pflicht in gewissen Grenzen hingenommen werden.

Wichtigstes Beweismittel zur Erforschung des Vorsatzes ist die Aussage des Beschuldigten, wobei die erste Vernehmung in der Regel durch die Polizei erfolgt. Diese erste Aussage ist nach allen Erfahrungen der Praxis von entscheidender Bedeutung, weil sie einerseits über Einstellung oder Fortführung des Verfahrens entscheidet und anderseits - bei Fortsetzung - in einer späteren Verhandlung vor Gericht unbeschränkt verwertet werden kann, ja die Gerichte dieser ersten Aussage sehr großes Gewicht zumessen und es daher später nur sehr schwer möglich ist, die Aussage vor der Polizei durch eine spätere Aussage vor Gericht umzustoßen.

Trotz dieser Wichtigkeit der ersten Aussage besteht in Österreich nach überwiegender Ansicht keine Pflicht, den Beschuldigten vor der Vernehmung über seine Rechte zu belehren (er wird also nicht wie in den englischen und amerikanischen Kriminalfilmen darauf aufmerksam gemacht, daß „alles gegen ihn verwendet werden kann"), und - jedenfalls nach der Praxis - auch kein Recht, zur Vernehmung einen Verteidiger beizuziehen. Daher besteht die Gefahr, daß der Bibliothekar bei seiner Vernehmung als Beschuldigter auf einen falschen Bewußtseinsinhalt festgelegt wird und aus Unwissenheit einen Vorsatz „zugibt", den er in Wahrheit gar nicht gehabt hat, einfach deshalb, weil er die Worte, die protokolliert werden, oder ihre Bedeutung nicht versteht.

Es gibt allerdings eine grundsätzliche Möglichkeit, dies zu vermeiden: Der Beschuldigte muß - anders als der Zeuge - überhaupt nicht aussagen und er kann straflos falsch aussagen, also lügen. Er kann daher die vorherige Besprechung mit einem Verteidiger, der ihn über Bedeutung und Tragweite seiner Aussage belehrt, dadurch erzwingen, daß er sich einfach weigert, vor einer solchen Besprechung überhaupt etwas zu sagen. Allerdings wird ein (unerfahrener) Beschuldigter in der Belastungssituation einer Vernehmung - oder gar einer Verhaftung - dies nicht immer praktisch durchhalten, und außerdem fragt es sich, ob eine solche Aussageverweigerung überhaupt klug ist: Zwar darf die Verweigerung nicht zum Nachteil ausgelegt werden, doch die Praxis sieht bisweilen anders aus.

Wer als Beschuldigter von der Polizei befragt wird, muß daher abwägen, ob er die Aussage ablehnen und sich zuerst juristisch beraten lassen oder doch besser gleich aussagen soll. Hat er das Gefühl, die Tragweite seiner Aussage nicht zu durchschauen, oder glaubt er gar, hineingelegt zu werden, dann sollte er die Aussage ablehnen. Ansonsten ist zumeist anzuraten, auszusagen und die entlastenden Umstände sogleich vorzubringen, weil - in der Praxis - die ohne vorherige Beratung abgelegte Aussage des Beschuldigten mehr zählt.

In jedem Fall sollte der Beschuldigte bei seiner Aussage wissen, worauf es ankommt. Wenn etwa in einem Fall wie unserem Anlaßfall nach dem Vorsatz gefragt wird, dann könnte die entscheidende Frage lauten: „Haben Sie nicht daran gedacht, daß das ein fremder Agent sein könnte, der das Buch ausleiht? Haben Sie es nicht für möglich gehalten, daß die Schriften für militärische Spionagezwecke verwendet werden?" Man sollte nach Möglichkeit die Wahrheit sagen: Wenn man überhaupt nicht daran gedacht hat, so sollte man es klar sagen. Wer aber doch an diese Möglichkeit gedacht (und sie vielleicht sogar mit Kollegen besprochen) hat, der sollte dies nicht abstreiten, weil er sonst Gefahr läuft, daß ihm diese Aussage später einmal als Unwahrheit vorgehalten wird.

Der Laie neigt nun, wenn er die Wahrheit sagen soll, dazu, die Frage einfach und ohne Zusatz zu bejahen: „Ja, ich habe es für möglich gehalten." Wenn nur das protokolliert wird, dann entsteht sofort ein falscher Eindruck, denn diese Aussage wäre unvollständig. Die richtige Antwort müßte lauten: „Nicht ernstlich. Ich habe zwar daran gedacht, daß es ein Agent sein könnte, habe aber dann den Gedanken wieder verworfen. Wenn ich gewußt hätte, daß das ein Agent ist, dann hätte ich ihm die Bücher selbstverständlich nicht beschafft." Eine solche Aussage ist die Wahrheit und gibt den Bewußtseinsstand des Bibliothekars von damals exakt wieder. Sie stellt gleichzeitig klar, daß er keinen Eventualvorsatz gehabt hat.

Damit sollte das Verfahren eigentlich beendet sein. Die einzige Belastung, die der Bibliothekar hinnehmen muß, ist also die Vernehmung und die Ungewißheit des Verfahrens bis zur Einstellung.

5. Verwahrungs- und Untersuchungshaft

Es fragt sich nun, ob auch die Gerichte die Sache so sehen, wie sie in diesem Aufsatz dargestellt werden. Wieso konnten im Anlaßfall Hausdurchsuchungen stattfinden und die Bibliothekare verhaftet werden, wieso wurde ihnen sogar im nachhinein eine Haftentschädigung verweigert, wieso müssen die Betroffenen die Verteidigerkosten selbst zahlen?

Nun, in materiell-rechtlicher Hinsicht haben die Gerichte die Sache offenbar genauso gesehen, denn immerhin wurden die Strafverfahren allesamt eingestellt, und zwar in den meisten Fällen sogar sehr rasch, nämlich innerhalb eines Monats. Eine andere Frage ist es, ob - über die Vernehmung hinaus - einschneidende Verfolgungsmaßnahmen wie die Haft oder eine Hausdurchsuchung in Fällen solcher Art gerechtfertigt sind.

Unser Gesetz ordnet klar an, daß in einem Strafverfahren in der Regel der Beschuldigte nur zu vernehmen ist (§ 173 StPO). Die Vernehmung muß sich jedermann gefallen lassen, auch bei einem ziemlich vagen Verdacht (siehe oben), mehr aber nicht. Eine Haft setzt darüber hinaus einen begründeten Tatverdacht voraus: Es muß wahrscheinlich (7) sein, daß die zu verhaftende Person schuldhaft eine Straftat begangen hat. Für die Untersuchungshaft - im wesentlichen eine Haft, die länger als 72 Stunden dauert - verlangt das Gesetz sogar den dringenden Verdacht, also einen höheren Grad an Wahrscheinlichkeit, daß der Beschuldigte eine strafbare Tat begangen hat. Die bloße Tatsache, daß ein Buch objektiv für eine Agententätigkeit (oder aber für einen Mord oder für welche Straftat immer) verwendet worden ist, begründet aber für sich allein überhaupt noch keine Wahrscheinlichkeit, daß der Bibliothekar eine strafbare Unterstützung begangen hat, weil das äußere Geschehen für sich allein noch überhaupt keinen Rückschluß auf einen Vorsatz des Bibliothekars zuläßt und die vorsatzlose Unterstützung nicht strafbar ist.

Bei einer Bibliothekarin wurde im Anlaßfall der dringende Tatverdacht auf vorsätzliche Unterstützung eines Nachrichtendienstes in der Folge damit begründet, daß sie „niederschriftlich angegeben (hatte), es für möglich gehalten zu haben, daß es sich bei den an sie herangetretenen Diplomaten um Geheimdienstmitarbeiter handeln könnte" (8). Diese Begründung ist in zweifacher Hinsicht unzureichend: Erstens ist anzunehmen, daß diese Niederschrift bei der Staatspolizei erst nach der Verhaftung entstanden ist, so daß sie nicht zur Begründung eines Tatverdachts verwendet werden kann, der schon vor der Verhaftung vorhanden sein muß. Außerdem begründet es noch keinen Eventualvorsatz, wenn man etwas für möglich hält. Eventualvorsatz könnte nur vorliegen, wenn es die Bibliothekarin im oben dargestellten Sinn ernstlich für möglich gehalten und sich obendrein damit abgefunden hätte; das wird aber in dieser Wendung nicht einmal behauptet. Offenbar wurde die Aussage der Bibliothekarin vor der Polizei mißverständlich gedeutet. Hier wird nochmals die besondere Bedeutung der ersten Aussage deutlich, die oben herausgestellt wurde.

Ein begründeter oder gar ein dringender Tatverdacht ist also im Anlaßfall wahrscheinlich bei keinem der betroffenen Bibliothekare vorgelegen. Aber selbst wenn ein solcher Verdacht vorliegen sollte, dann wäre die Haft nur gerechtfertigt, wenn obendrein zumindest einer der im Gesetz genannten Haftgründe - Fluchtgefahr, Verdunkelungsgefahr oder Wiederholungsgefahr - besteht. Solche wurden im Anlaßfall in den richterlichen Haftbefehlen in der Tat angenommen: Verdunkelungsgefahr habe bestanden, weil „die Mittelsmänner des Beschuldigten nicht bekannt (sind) und es noch andere Tatverdächtige im Bereich der Wiener Universitäten (gibt)", und Wiederholungsgefahr wurde angenommen, weil „der Beschuldigte über längere Zeit tätig (war) und weiter Zugriff zu Material (hat), wie er es bisher weitergeleitet haben soll".

Beide Begründungen sind offensichtlich unzureichend: „Mittelsmänner" können auch deshalb nicht bekannt sein, weil es sie überhaupt nicht gibt. Wie das Nicht-Bekanntsein von Personen oder die Existenz „noch anderer Tatverdächiger" ein Grund für die Annahme einer Verdunkelungsgefahr sein kann, bleibt überhaupt unerfindlich; im übrigen ist die Verwechslung von Verdunkelungsmöglichkeit - nicht einmal die hat im vorliegenden Fall bestanden! - mit Verdunkelungsgefahr ein bedauerlicher, aber häufiger Fehler der Gerichte. In Wahrheit fehlt für die Annahme, daß die Bibliothekare „die Ermittlung der Wahrheit zu erschweren" versuchen würden (§ 175 Abs. 1 Z 3 StPO), jeder Anhaltspunkt. Auch die Annahme von Wiederholungsgefahr mit dem Argument, daß der Beschuldigte weiter Zugriff auf allgemein zugängliche Bücher habe, ist unhaltbar.

Im Anlaßfall hätten also die Bibliothekare, die in der Liste des übergelaufenen russischen Agenten angeführt waren, vernommen werden dürfen. Daß die Voraussetzungen für eine Haft vorgelegen sind, ist dagegen kaum anzunehmen. Das gleiche gilt für die vorgenommenen Hausdurchsuchungen. Beide Eingriffe waren überschießende staatliche Maßnahmen und vom Gesetz nicht mehr gedeckt.

6. Haftentschädigung und Ersatz der Verteidigerkosten

Damit stellt sich die Frage nach einer Entschädigung. Hier sieht es in Österreich leider sehr traurig aus. Während in anderen Staaten bei jeder Einstellung eines Strafverfahrens und bei jedem Freispruch die notwendigen Auslagen des Beschuldigten - vor allem die tarifmäßigen Verteidigerkosten - ersetzt werden (9), muß in Österreich der Beschuldigte die Verteidigerkosten immer selbst zahlen, auch dann, wenn sich seine Unschuld herausstellt. Nur wenn es zu einer Hauptverhandlung gekommen ist und er (erst) dort freigesprochen wurde, dann werden ihm lächerlich geringe Pauschalbeträge ersetzt (§ 393a StPO).

Ähnlich ist es mit einer Haftentschädigung: In Deutschland wird sie bei einer Einstellung des Verfahrens immer gewährt, und zwar auch für immaterielle Schäden (10), in Österreich dagegen nur für materielle Schäden und nur wenn „der Verdacht ... entkräftet" worden ist (§ 2 Abs 1 lit b StEG (11), also bei erwiesener Unschuld. Im Anlaßfall wurde die Entkräftung des Verdachtes bei einem Betroffenen angenommen (so daß dieser materielle Schäden, z.B. Verdienstentgang, ersetzt bekommt, wenn er solche Schäden nachweisen kann), bei der oben bereits genannten Bibliothekarin jedoch mit der Begründung abgelehnt, die (oben zitierte) Aussage, die Beschuldigte habe die Verwendung der Bücher für einen Spionagedienst für möglich gehalten, lasse den Verdacht auf Eventualvorsatz weiterbestehen.

Großzügiger entschädigt wird in Österreich nur bei einer rechtswidrigen Haft, also bei einer Haft, die von Anfang an - also auch nach dem damaligen Wissensstand - nicht hätte verhängt werden dürfen (12). In der Praxis sind die Gerichte, die über die Entschädigung zu entscheiden haben, jedoch aus naheliegenden Gründen sehr zurückhaltend damit, das Vorliegen einer solchen (von Anfang an) rechtswidrigen Haft festzustellen; zumeist nehmen sie an, daß die Haft aus der damaligen Sicht doch gerechtfertigt war und sich erst nachträglich ergeben habe, daß die Verdachtsmomente für eine Verurteilung nicht ausgereicht haben - mit der Folge, daß keine Entschädigung wegen rechtswidriger Haft gewährt wird.

So ist nach geltendem Recht eine Haftentschädigung nur sehr schwer zu erreichen.

III. Weitere strafrechtliche Probleme

1. Anzeigepflicht

Eine Strafbarkeit wegen Unterstützung eines fremden Nachrichtendienstes oder wegen Beteiligung an der Straftat eines anderen läßt sich im allgemeinen dadurch zuverlässig vermeiden, daß man einfach nichts tut - z.B. das Buch nicht beschafft - und auf diese Weise keine Beihilfe oder Unterstützung leistet. Für Beamte und Vertragsbedienstete ist es mit dem bloßen Unterlassen bisweilen nicht getan: Sie haben außerdem noch eine Handlungspflicht, nämlich die Pflicht, dienstlich wahrgenommene Straftaten - ausgenommen Privatanklagedelikte wie z.B. Ehrenbeleidigungen - „dem Staatsanwalt des zuständigen Gerichts" anzuzeigen (§ 84 Abs 1 StPO).

Voraussetzung dieser Anzeigepflicht ist nach dem Dienstrecht ein begründeter Verdacht, daß eine gerichtlich strafbare Handlung begangen worden ist (13). Noch deutlicher sagt es die StPO: Die Beamten haben die „zu ihrer Kenntnis gelangten strafbaren Handlungen" anzuzeigen. Daß eine Straftat vorliegen könnte, begründet also noch keine Anzeigepflicht; nicht einmal ein vager Verdacht, sondern erst ein einigermaßen starker Verdacht („Kenntnis") verpflichtet zur Anzeige. Fehlt es an einem solchen Verdachtsgrad, dann ist der Beamte wegen des Amtsgeheimnisses zu einer Anzeige nicht einmal berechtigt. (14)

Die Anzeigepflicht gilt außerdem nicht für den einzelnen Beamten. Dieser hat dienstrechtlich nicht einmal ein Anzeigerecht, sondern eine Meldepflicht: Der begründete Verdacht einer dienstlich wahrgenommenen Straftat ist dem Leiter der Dienststelle zu melden. (15) Dieser - und nur er - hat über die Anzeige zu entscheiden und vor allem zu prüfen, ob wirklich ein begründeter Tatverdacht besteht. Ist dies zu bejahen, dann allerdings besitzt der Dienststellenleiter derzeit nur wenig Spielraum, sondern hat die Anzeige jedenfalls zu erstatten.

Praktisch bedeutet das: Sollte ein Bibliothekar ausnahmsweise aufgrund konkreter Umstände davon Kenntnis erhalten, daß angeforderte Bücher für die Tätigkeit eines fremden Spionagedienstes verwendet werden sollen, dann wird er auch verpflichtet sein, dies seinem Vorgesetzten zu melden, damit dieser prüfen kann, ob Anzeige erstattet werden muß. Aber auch bei ganz anderen Straftaten kann eine solche Meldepflicht bestehen, etwa dann, wenn der Aufsichtsbeamte eines Lesesaales einen Diebstahl bemerkt. Im Einzelfall kann der Widerstreit von Geheimhaltungs- und Anzeigepflicht schwierige Rechtsfragen begründen, die nicht vom einzelnen Beamten, sondern nur in einer „Stabsstelle" - nach allfälliger Rechtsberatung - gelöst werden können.

Eine Verletzung der Anzeigepflicht macht den Beamten disziplinär verantwortlich. Bisweilen werden Beamte, die eine dienstlich wahrgenommene Straftat nicht anzeigen, auch wegen Amtsmißbrauchs durch Unterlassen belangt. Richtig ist dies aber nur, wenn dieser Beamte einer Strafverfolgungsbehörde (Polizei, Gendarmerie, Gericht, Staatsanwaltschaft) angehört oder wenn die Anzeige notwendig gewesen wäre, um weitere Straftaten zu Lasten von Personen und Einrichtungen zu verhindern, für die der Beamte zu sorgen hat. Auf einen Bibliothekar trifft dies nur dann zu, wenn die Anzeige zum Schutz der Bibliothek (oder ihrer Benützer) erforderlich gewesen wäre. Ansonsten kann die Verletzung der Anzeigepflicht nicht gerichtlich strafbar machen, wobei freilich wegen der unklaren Rechtsprechung der Gerichte eine beträchtliche Unsicherheit besteht.

2. Umgang mit Werken nationalsozialistischen Inhalts

In letzter Zeit ist weiters die Frage aufgetaucht, wie mit Büchern und Schriften zu verfahren ist, die nationalsozialistisches Gedankengut enthalten (16). Das Problem läßt sich verallgemeinern: Was hat mit Druckwerken einer öffentlichen Bibliothek zu geschehen, deren Inhalt (möglicherweise) einen Straftatbestand - hier des Verbotsgesetzes (17), denkbar wäre aber etwa auch die Aufforderung zu strafbaren Handlungen (§ 282 StGB) oder die Anstiftung zu einem beliebigen Delikt - erfüllt?

Zur Antwort ist davon auszugehen, daß Bibliothekare keine Verpflichtung, ja gar keine Berechtigung zur Zensur haben. Sie sind daher keinesfalls gehalten, alle Bücher, die sie bearbeiten oder ausgeben, auf einen etwaigen strafbaren Inhalt hin zu durchforschen. Nur dann, wenn in einem konkreten Fall tatsächlich der Verdacht einer Straftat besteht und nicht anzunehmen ist, daß die Staatsanwaltschaft bereits Kenntnis davon hat, besteht nach den zuvor dargestellten Regeln möglicherweise eine Melde- oder Anzeigepflicht.

In einem Strafverfahren - wie immer es dazu kommt - kann das Buch dann beschlagnahmt werden. Es fragt sich, welche Konsequenzen das für die Bibliotheksexemplare hat:

Die Beschlagnahme erfolgt durch richterlichen Beschluß. Dieser hat zur Folge, daß jedermann auf Verlangen verpflichtet ist, die von der Beschlagnahme betroffenen Bücher heraus- und in gerichtliche Verwahrung zu geben. Eine Verpflichtung, selbst die Initiative zu ergreifen und die Bücher etwa aus eigenem bei Gericht abzuliefern, besteht nicht. Eine Beschlagnahme hat also keine unmittelbare Wirkung; nur dann, wenn der Beschlagnahmebeschluß zugestellt wird und die beschlagnahmten Exemplare herausverlangt werden (meist geschieht dies durch die Polizei), müssen die vorhandenen Exemplare des beschlagnahmten Buches herausgegeben werden.

Allerdings müssen nur die zur Verbreitung bestimmten Exemplare herausgegeben werden, also nur jene Bücher, die in einer öffentlichen Bibliothek zum allgemeinen Verleih an jedermann bestimmt sind. Ist aber ein Buch dem allgemeinen Bibliotheksverkehr entzogen, und wird es nur noch im Einzelfall ausgewählten Personen aus besonderen wissenschaftlichen Gründen zur Verfügung gestellt, dann ist es nicht mehr zur Verbreitung bestimmt und darf auch nicht mehr beschlagnahmt werden. Ein solches Buch braucht daher - ebenso wie jedes Exemplar, das ein Privatmann besitzt - nicht herausgegeben zu werden.

Durch eine rasche Widmungsänderung - Herausnahme aus dem allgemeinen Entlehnverkehr und Übernahme in die eingeschränkte Entlehnung

(18) - kann die Beschlagnahme eines konkreten Exemplars daher abgewendet werden.

Allerdings wäre es strafbar, das Buch später wiederum der Verbreitung zu widmen: Nach § 38 des Mediengesetzes macht sich strafbar, wer ein beschlagnahmtes Buch oder sonstiges Medienstück in Kenntnis der Beschlagnahme verbreitet. Das Buch darf daher - solange die Beschlagnahme aufrecht ist - nicht wieder in den allgemeinen Leihverkehr aufgenommen werden. Wird das Werk aber nur an bestimmte Personen bei begründetem besonderem wissenschaftlichem Interesse überlassen, so ist dies kein Verbreiten und damit nicht strafbar.

3. Notfälle

Schließlich seien noch einige Notfälle erörtert, in die Aufsichtsorgane oder die Bibliotheksleitung geraten können und die rasches Handeln erfordern. Folgende Fallgestaltungen dürften praktisch am wichtigsten sein:

- Ein Aufsichtsorgan beobachtet, wie ein Bibliotheksbenützer ein Buch unberechtigt mitnimmt und damit fortgehen will. Darf er dem „Dieb" das Buch notfalls mit Gewalt wieder abnehmen?

- Ein Bibliotheksbenützer hat eine Sache beschädigt und will fortgehen. Darf er festgehalten werden?

- Jemand dringt in Bibliotheksräume ein oder entfernt sich auf Aufforderung nicht. Darf er mit Gewalt entfernt werden?

Zu prüfen ist, welche Befugnisse das Bibliothekspersonal in diesen Fällen hat. Die Grenze der Befugnisse zu kennen, ist wichtig, weil eine Überschreitung der Befugnisse strafbar machen kann, z.B. wegen Nötigung, wegen Freiheitsentziehung, gegebenenfalls auch wegen Körperverletzung.

a. Das unbefugte Forttragen eines Buches ist jedenfalls ein Angriff auf das Eigentum der Bibliothek (Universität, Republik Österreich), der in Notwehr (Nothilfe) abgewehrt werden darf. Dem Angreifer darf daher das Buch erforderlichenfalls auch mit Gewalt wieder abgenommen werden. Allerdings darf nur angemessene Gewalt angewendet werden: Man wird daher den Angreifer festhalten dürfen, selbst um den Preis einiger blauer Flecken, oder ihm vielleicht in einer ungefährlichen Umgebung ein Bein stellen dürfen, wenn er anders am Entkommen mit dem Buch nicht gehindert werden kann. Wenn man aber das Forttragen des Buches nur um den Preis einer schweren Verletzung des Angreifers verhindern könnte, dann muß man ihn laufenlassen. Beinstellen in einer gefährlichen Umgebung mit lauter Ecken und Kanten (oder gar etwa nachschießen) darf man nicht.

Dies alles gilt für Bücher normalen Wertes. Zur Verteidigung besonders wertvoller Werke (z. B. mittelalterlicher Handschriften) bestehen erweiterte Notwehrbefugnisse: Wegen des besonderen Wertes wäre man nicht auf die angemessene Verteidigung beschränkt, sondern dürfte alles Notwendige tun, um den Dieb am Entkommen zu hindern, selbst dann, wenn es unvermeidlich sein sollte, den Dieb dadurch beträchtlich am Körper zu verletzen. Im normalen Bibliotheksbetrieb bleibt es freilich bei der Beschränkung auf die angemessene Verteidigung.

b. Ob das unbefugte Forttragen des Buches auch eine Straftat ist, läßt sich aus dem äußeren Geschehen nicht sicher entscheiden: Will der Täter das Buch auf Dauer behalten und sich dadurch zueignen, dann liegt ein Diebstahl vor; will er es in relativ kurzer Frist wieder zurückbringen, dann ist es bloß ein unbefugter Gebrauch, der nur bei Autos und anderen Motorfahrzeugen strafbar (§ 136 StGB), bei Büchern aber straflos ist. Letzteres wird man wohl bei bekannten Benutzern - hauseigene Personen, die sich bloß nicht belasten - annehmen müssen. Bei Fremden bestehen wohl genügend Gründe für die Annahme eines Diebstahls, also einer Straftat.

In einem solchen Fall besteht unabhängig vom Notwehrrecht ein allgemeines Anhalterecht (§ 86 Abs 2 StPO): Jedermann darf eine Person festhalten, wenn hinreichende Gründe für die Annahme bestehen, daß diese Person soeben eine Straftat begangen oder versucht habe; dieses Anhalterecht soll die Strafverfolgung sichern und besteht daher - anders als das Notwehrrecht - auch nach Abnahme des Buches fort. Allerdings darf auch hier nur angemessene Gewalt geübt, also keine schwere Verletzung des Täters riskiert werden. Im übrigen ist sofort die Polizei zu verständigen.

c. Taschenkontrollen sind zwar in vielen Bibliotheksordnungen vorgesehen (19), aber selbst das Personal der Nationalbibliothek und der Universitätsbibliotheken hat keine behördlichen Befugnisse, diese Taschenkontrollen auch zu erzwingen. Wenn also ein Benützer den Lesesaal mit einer Tasche verlassen will und sich weigert, den Aufsichtsbeamten in die Tasche blicken zu lassen, so muß man ihn gehen lassen. Anders ist es nur, wenn konkrete Anhaltspunkte dafür bestehen, daß der Benützer gerade dabei ist, ein Buch zu stehlen, also soeben eine gerichtlich strafbare Handlung ausführt: Dann darf man ihn festhalten, bis die Polizei kommt, die dann auch die Befugnis zur Taschenkontrolle hat (Anhalterecht, siehe oben). Die Weigerung, eine Taschenkontrolle vornehmen zu lassen, begründet jedoch für sich allein noch keinen hinreichenden Tatverdacht; dazu wäre es etwa notwendig, daß der Benützer bei verdächtigen Manipulationen beobachtet worden wäre.

Umso wichtiger ist es, daß das Bibliothekspersonal darauf achtet, daß Aktenmappen und Taschen wie vorgesehen abgegeben und in Lesesäle nicht mitgenommen werden. Denn das Abgeben der Taschen vor Eintritt in den Lesesaal kann erzwungen werden, und zwar einfach dadurch, daß der Beamte Benützern mit Tasche den Eintritt verwehrt. Will sich der Benützer den Eintritt mit Gewalt gegen den Widerstand des Bibliotheksbeamten erzwingen, so begeht er einen Hausfriedensbruch oder eine strafbare Nötigung, die einerseits in Notwehr abgewehrt werden dürfen und anderseits - da sie Straftaten sind - ein Anhalterecht begründen.

d. Wer in der Bibliothek eine Sache beschädigt hat und davongehen will, darf angehalten werden, wenn er eine Straftat begangen hat. Gerichtlich strafbar ist aber nur die vorsätzliche, nicht aber die fahrlässige Sachbeschädigung. Ist die Sachbeschädigung also offensichtlich nicht vorsätzlich erfolgt, dann besteht (nur) ein zivilrechtlicher Schadenersatzanspruch der Bibliothek. Ist der Schädiger bekannt - zB weil die Entlehnkarte vorliegt - , so muß man ihn gehen lassen und zivilrechtlich klagen. Ist die Person nicht bekannt und weigert sie sich auch, ihre Personalien bekanntzugeben, so darf in Selbsthilfe (§ 344 ABGB) die Identität festgestellt werden, um eine spätere Zivilklage zu ermöglichen. Dafür darf allerdings nur angemessene Gewalt angewendet werden.

e. Schließlich ist es denkbar, daß jemand, der sich schon in einem Lesesaal oder in einem anderen Bibliotheksraum befindet, sich nach Ablauf der Benützungszeit oder sonst nach Aufforderung durch das Aufsichtspersonal - z.B. nach einer Störung - weigert, die Bibliothek zu verlassen.

Das Eindringen mit Gewalt ist strafbar, das bloß unbefugte Verweilen in fremden Räumen ist nach österreichischem Recht - anders als in Deutschland (20) - keine Straftat. Es ist daher ungewiß, ob in solchen Fällen des unbefugten Verweilens die Verständigung der Polizei hilft. In ihrer Sicht liegt eine zivilrechtliche Besitzstörung vor, für die die Bezirksgerichte zuständig sind. Diese wird man aber um 10 Uhr nachts nicht erreichen können. So bleibt wiederum nur - sehr unbefriedigend - die Möglichkeit, den Störer in Selbsthilfe mit angemessener Gewalt zu entfernen.

Es fragt sich natürlich, ob dieser „körperliche Einsatz" die Aufgabe des Bibliothekspersonals ist. Am klügsten wird es wohl sein, solche Störungsfälle möglichst mit diplomatischem Geschick zu bereinigen und zu versuchen, den Störer doch noch mit sanfter Gewalt freiwillig zum Gehen zu überreden. Gelingt dies nicht, dann sollte die Lösung nicht allein dem einfachen Aufsichtsbeamten aufgebürdet werden, vielmehr muß für solche Notfälle der Universitätsdirektor oder sein Beauftragter jederzeit erreichbar sein, der in solchen Fällen entscheidet, was zu geschehen hat, und gegebenenfalls doch noch die Mitwirkung der Polizei erreicht.

Im übrigen ist es eine unangenehme Lücke in unserer Rechtsordnung, daß die Polizei nicht kommt, um die Identität eines Schädigers festzustellen und dadurch den späteren Zivilprozeß zu ermöglichen, und daß die Polizei auch in eindeutigen Fällen einen unbefugten Eindringling nicht aus fremden Räumen entfernt. Die Lücke besteht nicht nur für Bibliotheken, sondern allgemein und wurde leider auch durch das neue Sicherheitspolizeigesetz nicht geschlossen. Sie führt zu privater Selbsthilfe, und wenn nötig, wird auch die Universität daran gehen müssen, private Bewachungsunternehmen zu engagieren, um Eindringlinge zu entfernen. Erfreulich ist diese Privatisierung der Polizeigewalt nicht.

1 Siehe „Kurier" vom 27.4.1991: „Bibliothekarin von Stapo unter der Dusche verhaftet".

2 VO des BMWF vom 26.8.1979, BGBl 1979/410.

3 Gesetzliche Veröffentlichungs- oder Verbreitungsbeschränkungen - gewissermaßen einen gesetzlichen „Index verbotener Bücher" - gibt es in Österreich überhaupt nicht. Behördliche (gerichtliche) Beschränkungen können nur nach den §§ 10 ff Pornographiegesetz oder nach dem Mediengesetz (Beschlagnahmeanordnung nach § 36, siehe dazu unten III 2) wegen des Inhalts der Bücher (nicht wegen ihrer möglichen Verwendung) erfolgen.

4 Liebscher, WK § 319 Rz 6.

5 So die schweizerische Entscheidung RS 1944 Nr 180 bei Trechsel, StGB (1989) Art 273 Rz 2.

6 Mit Recht herausgestellt auch in den Erlässen des BMWF vom 17.6.1991, GZ 3150/7-31/91, und vom 16.7.1991, GZ 3100/3-31/91.

7 Foregger/Kodek, StGB4 Erl I zu § 175.

8 Zitiert aus einem Aktenstück des Innenministeriums.

9 ZB §§ 467 ff der deutschen StPO.

10 Immaterielle Schäden werden jedoch nur mit einem geringen Pauschalbetrag (20 DM pro Tag Haft) ersetzt: § 7 Abs 3 des deutschen Strafrechtlichen Entschädigungsgesetzes.

11 Strafrechtliches Entschädigungsgesetz, BGBl 1969/270 idF BGBl 1989/343.

12 Gesetzliche Grundlage ist dann unmittelbar Art 5 Abs 5 MRK.

13 §§ 53 Abs 1 und 45 Abs 3 BDG.

14 Mit Recht wird eine generelle Einschaltung der Staatspolizei abgelehnt im Erlaß des BMWF vom 15.11.1991, GZ 3194/2-31/91.

15 § 53 Abs 1 BDG; für Vertragsbedienstete gilt Entsprechendes.

16 Vgl den Erlaß des BMWF v 14.7.1992, GZ 1012/17-31/92.

17 Verfassungsgestz vom 8. Mai 1945 über das Verbot der NSDAP, StGBl 1945/13 idF BGBl 1992/148.

18 Rechtsgrundlage für die Benützungsbeschränkung ist § 1 Abs 4 BiblOUniv.

19 ZB § 3 Abs 4 der BiblOUniv, BGBl 1979/410.

20 Vgl § 123 dStGB („... ohne Befugnis darin verweilt, ...") mit § 109 (ö)StGB sowie die herrschende Auslegung des Gewaltbegriffes in den jeweiligen Straftatbeständen gegen Nötigung.

Kommission für Bibliotheksbenützung
und Öffentlichkeitsarbeit

Kommission für Studienbibliotheken
für Lehreraus- und -fortbildung

Arbeitsgruppe Neue Medien

Kommission für Bibliotheksbenützung und Öffentlichkeitsarbeit Tätigkeitsbericht für die Funktionsperiode 1990-1992

Im genannnten Zeitraum fanden 2 Sitzungen statt:

1. Sitzung am 22. Februar 1991 (gemeinsam mit der Kommission für EDV-Anwender)

Themen:

1) BIBOS 2 - BIBOS 3: Die sogenannte Brücke (Dr. Reich, EDV GesmbH)

2) Benutzerschulung für BIBOS 1. Ein Videofilm des BMUKS zum Einsatz an den Studienbibliotheken der Päd. und Berufspäd. Akademien (Sigrid Maier, PAST Graz)

3) Der Zugang zu amerikanischen OPACs:

- Technische Voraussetzungen und Möglichkeiten (Dr. M. Stoll, Rechenzentrum der Universität Wien)

-Praktische Anwendungen im bibliothekarischen Alltag am Beispiel von MELVYL (Dr. M. Wieser, UB Innsbruck)

2. Sitzung am 29. September 1992 (gemeinsam mit der Kommission für Studienbibliotheken an Päd. und Berufspäd. Akademien und der Arbeitsgruppe Neue Medien)

Themen:

1) Neue Medien - Probleme - Lösungen (E. Strigl, Päd. Akademie des Bundes in Tirol, Innsbruck)

2) Tonträger an der Zentralbibliothek der Musikhochschule Graz (H. Kaggl, Zentralbibliothek der Musikhochschule Graz)

3) Bildschirm und Benützer (Dr. M. Wieser, UB Innsbruck)

4) Neue AV-Medien auch für Universitätsbibliotheken (S. Hermann, ÖWF Wien)

5) Neue Medien - Multimedia (M. Hirschböck, Philips Wien)

Arbeitsgruppe „Neue Medien" Tätigkeitsbericht für die Funktionsperiode 1990-1992

In der abgelaufenen Funktionsperiode fanden 3 Sitzungen statt. Die Arbeitsgruppe konstituierte sich in der Sitzung am 18.6.1991 in der Österreichischen Nationalbibliothek unter dem Vorsitz von HR Dr. Sigrid Reinitzer. Anwesend waren 24 Teilnehmer. Nach der Durchführung einer Befragung zur Nutzung von Neuen Medien in österreichischen wissenschaftlichen Bibliotheken fand am 27.4.1992 wieder in der Österreichischen Nationalbibliothek unter Vorsitz von HR Dr. Sigrid Reinitzer eine Sitzung statt, in der die Fragestellungen und Probleme zum Themenkreis „Neue Medien in Bibliotheken" vor 18 anwesenden Mitgliedern von der Vorsitzenden zusammengefaßt wurden. Das Protokoll sei hiermit zur Information über die Tätigkeit der Arbeitsgruppe wiedergegeben. (Anmerkung der Redaktion)

Einleitung

Der Begriff „Neue Medien" in der Bibliothek soll in einer erweiterten Form aufgefaßt werden. In Bibliotheken werden unter „Neuen Medien" nicht nur die in digitaler Form vorliegenden Datenträger verstanden und auch nicht nur die neuen Formen des Publizierens. Durch die Nutzung neuer Technologien wird das Dienstleistungsangebot der Bibliotheken verbessert.

Der Einsatz des Computers allein hat nicht die Aufgabenstellung und Struktur der Bibliotheken revolutioniert. Eine wichtige Konsequenz ist das Vorhandensein eines Grundstocks maschinenlesbarer Daten, die mit neuen Programmen bearbeitet und aufbereitet werden können. In den 70er und 80er Jahren war die Verbesserung der Nachweise im Vordergrund, was zu den Verbundsystemen geführt hat. Diese sind heute das prägende Element für die Bibliotheksstruktur.

Am Fernleiheverkehr sieht man, daß eine bessere Technik das Gebot der Stunde sein muß. Zum Beispiel die Nutzung von Telefax, um den Leihverkehr zu beschleunigen. Die Entwicklung der Wide Area Networks ermöglicht neue digitale Formen der Online-Fernleihe-Anforderungen. Die Entwicklung von Standards für ILL (Inter Library Loan)-Services ist weit gediehen und wird von internationalen Arbeitsgruppen laufend den aktuellen Erfordernissen der offenen Systeme mit ihren kompatiblen Netzwerken angepaßt.

Eine wichtige Konsequenz der Automatisierung ist der OPAC (Online-Public Access Catalogue), der als lokales System über ein LAN (Local Area Network) für alle Benützer am Ort - unabhängig vom Gebäude der Bibliothek, bereitgestellt werden muß. Zum ersten Mal in der Geschichte ist für die Suche in einem Bibliothekskatalog nicht mehr die Kenntnis eines durch Bibliothekare erstellten Regelwerks die Voraussetzung zum Finden von Information.

Wichtig ist die Hinwendung zu den „neuen Medien", um das Dienstleistungsspektrum zu erweitern. Früher war der Bücherbestand einer Bibliothek das Merkmal für ihre Leistungsfähigkeit. Der Aufbau von Informationssystemen hat eine Veränderung gebracht. Die Bibliothek ist nicht mehr vom Bücherbestand allein abhängig, um die Leser zu versorgen.

Für die Anwendung von CD-ROM waren die Bibliotheken die großen Pioniere. CD-ROM wird als Alternative zu den gedruckten Diensten angeboten. CD-ROM ist aber keinesfalls kostengünstiger als die gedruckten Dienste. Dennoch ist CD-ROM ein bibliotheksadäquates Medium.

Wir wandeln uns hin zur papierlosen Gesellschaft, und man spricht von der 4. semiotischen Revolution. Wir bewegen uns zur elektronischen oder virtuellen Bibliothek hin, zur Bibliothek ohne Mauern. Das heißt, die Bibliothek ist ein transparentes Wissensnetzwerk und nicht mehr ein Bauwerk mit begrenzenden Mauern. Die European Library Automation Group (ELAG)-Tagung 1993 findet vom 14. bis 16. April an der UB Graz unter dem Thema „The Virtual Library" statt.

Electronic Publishing und Publishing on Demand: Das heißt, es kommt zur Verbreitung von Publikationen in elektronischer Form. Die Folgen des elektronischen Publizierens werden Gebilde sein wie der unendliche Aufsatz, d.h. es ist ein in digitaler Form gespeicherter Aufsatz, der immer wieder überarbeitet werden kann.

Die Bibliotheken müssen die traditionellen und die neuen Medien beherrschen. Die Frage ist, ob die Bibliotheken diesen Anforderungen mit der Doppelbelastung gewachsen sein werden und ob die personelle und finanzielle Ausstattung hierfür ausreicht. Die Bibliotheken müssen in Zukunft verstärkt die Vielfalt der Aufgaben wahrnehmen, die Konzentration auf ein einziges Medium würde eine Einengung der Informationslandschaft bedeuten und den Wissenserwerb erschweren und behindern. Die Bibliothek des Jahres 2000 wird sich von der heutigen Bibliothek aber dennoch nicht grundsätzlich unterscheiden. Richtungsweisend ist das Gesetz von Hofstadter, das sagt, daß alle Vorgänge länger dauern als erwartet. (Hofstadter, Douglas R.: Gödel, Escher, Bach: An eternal golden braid. Harvester Press 1979.)

Die frühere Begeisterung für die elektronische Bibliothek ist einer vorsichtigeren Betrachtungsweise gewichen. Immer mehr und immer schneller muß nicht immer besser sein. Das Buch als Medium wird seit

Jahrhunderten erfolgreich benützt und gelesen. Wie wir die verschiedenen Neuen Medien, die wir heute anschaffen, in 10 Jahren noch lesen können, ist nicht gewiß. Wichtig ist daher, daß jede Umstellung auf die Neuen Medien in einer Bibliothek mit Vorsicht und Bedachtnahme erfolgen muß. Sie stellen eine Ergänzung dar, sind aber kein Ausschließungsfaktor für die herkömmlichen Medien. Eine einseitige Ausrichtung auf digitalisierte Formen der Information ist somit verfrüht oder sogar gefährlich.

Bibliotheksnetze und ihre Standards

Die Bibliotheksautomatisierung umfaßt zwei Funktionsbereiche:

1. Verbundzentren zur kooperativen Katalogisierung
2. Autonome lokale Systeme im Ausleihebereich, als OPAC oder/und der Erwerbung und Verrechnung.

Die zukunftsorientierte Ausrichtung von Bibliothekssystemen muß folgende Funktionen erfüllen:

- Informationsrecherchen
- Standortnachweis
- Textverarbeitung
- Online-Bestell- und Online-Lieferfunktion
- Kommunikation
- Zugang zu externen Datenbanken.

Die Verbundzentren müssen über Zugang zu internationalen Datennetzen verfügen. Die lokalen Bibliothekssysteme müssen in das Hochschulnetz eingebunden werden. Bei zukünftigen Systemen erfolgt eine Entlastung der Zentralrechner durch Verlagerung von Softwarekomponenten auf Arbeitsplatzrechner. Die verteilten Anwendungen benötigen offene, herstellerunabhängige Standards.

Schnittstellenfunktionen:

- Übertragen von bibliographischen Datensätzen aus Verbunddatenbanken in lokale Systeme und umgekehrt;
- Übertragung von Datensätzen zwischen lokalen Systemen;
- Verknüpfen von mehreren Systemen für den Leihverkehr;
- Bestellungen usw. sollen zwischen Buchhandel und Bibliothek übertragen werden;
- Suchen in externen Datenbanken von jedem universitären Arbeitsplatzrechner aus;
- Ausstatten von Hochschul- und Universitätsbibliotheken mit lokalen Systemen (in Deutschland: 20).

Die neue Welt der Dienstleistungsschnittstellen auf Netzen heißt OSI, das sind die „Open-Systems-Interconnection“, die den Datentransfer aus verschiedenen Systemen über definierte Anwenderschnittstellen ermöglichen.

In Deutschland gibt es in einer Bund-Länder-Arbeitsgruppe ein Standardbüro für Bibliotheksvernetzung, das im wesentlichen die folgenden vier Aufgaben besitzt:

1. Dokumentation der Standards;
2. Beratung der Anwender;
3. Überprüfung von Datensätzen auf Anwendung von starken Strukturvorschriften;
4. Pflege und Entwicklung von Standards.

2. Erfahrungsaustausch

Benützung: Räumlichkeiten um Bild- und Tonmedien benützen zu können; geschultes Personal, das mit den technischen Einrichtungen zur Mediennutzung umgehen kann.

Technik: Ständiger Wandel, neue Produkte, neue Hard- und Software.

Veraltete Medien sollen nicht gesammelt werden, sonst wird die Bibliothek zum Technik-Museum, das keinerlei Nutzung gestattet.

3. Österreichisches Medienrecht

Weder das Mediengesetz (BGBl. Nr. 314/1981) von 1981 einschließlich der Verordnung des Bundesministers über die Ablieferung und Anbietung von Bibliotheksstücken, noch der Entwurf einer Mediengesetznovelle 1992 berücksichtigen die neuen Medien. Die vielen offenen Fragen über Kauf, Lizenz und Miete, die die neuen Medien für Bibliotheken mit sich bringen, bedürfen dringend einer Klärung.

Die EUSIDIC-Arbeitsgruppe (The European Association of Information Services) und die Arbeitsgruppen des DBI (Deutsches Bibliotheksinstitut), insbesondere die Rechtskommission und die Kommission für Erwerbung und Bestandsentwicklung, beschäftigen sich mit den aktuellen Fragen der CD-ROMs (Kauf - Miete - Lizenzen). Vehement wird die Forderung nach Gleichstellung der CD-ROM-Produkte mit den anderen Waren des Buchhandels gefordert. In Bayern und Baden-Württemberg sind die CD-ROMs aber bereits in die Pflichtexemplarablieferung eingeschlossen.

4. Vorschläge für das Programm des 22. Österreichischen Bibliothekartages in Eisenstadt

Sitzung der Arbeitsgruppe „Neue Medien": Dienstag, 29.9.1992, 9.00 Uhr, gemeinsam mit den Kommissionen für Bibliotheksbenützung und Öffentlichkeitsarbeit (Vorsitzender: Dr. M. Wieser) und für Studienbibliotheken für Lehreraus- und -fortbildung an Pädagogischen und Berufspädagogischen Akademien (Vorsitzende: AR E. Strigl), Titel: „Neue Medien in der Bibliotheksbenützung".

5. Allfälliges

Ergebnis der Sitzung: Vorbereitung auf die Kommissionssitzung bei der VÖB-Tagung: AR Strigl (Bibl. d. PÄDAK Innsbruck) und Herr Kaggl (Bibliothek der Musikhochschule Graz) erarbeiten Benützungs- und Bearbeitungsrichtlinien für die wichtigsten Medien aus dem Bereich der Nonbook-Materialien an ihren Bibliotheken.

„Neue Medien" - Probleme - Lösungen

Elfriede Strigl

Der Begriff „Neue Medien" ist für die „Altkatalogisierer" der P.I. (der Preußischen Instruktion) ein Begriff, der im Kollationsvermerk mit „NEBST" angegeben wurde. Nebst Schallplatte, nebst Kassette, nebst Dias usw. An unseren Studienbibliotheken hat sich aber schon sehr bald gezeigt, daß dieses „Nebst" eigentlich das Wichtigere ist. In der Lehrerausbildung wurde immer Wert auf den Einsatz von AV-Medien gelegt. Aber auch vom Preis her mußte für dieses „Nebst" manchmal viel mehr bezahlt werden, als für das Begleitmaterial.

„Neue Medien" in unseren Studienbibliotheken sind nicht nur EDV-Programme, sondern auch Diapositive, Overheadtransparente, Videokasetten, Filme, Schallplatten, Compact-Disks (CDs), Tonbandkassetten Medienpakete, Tonbildschauen u.v.a.m.

Ich möchte in meinen Ausführungen nicht sosehr auf die Probleme der Katalogisierung - diese richten sich nach den verschiedenen Beschreibvorschriften bzw. nach den Bedürfnissen der diversen EDV-Systeme, die in den Bibliotheken vorhanden sind - sondern mehr auf die Probleme der Verwaltung, der Inventarisierung, der Lagerung sowie der Beschaffung des Urheberrechtes eingehen. Diese Probleme möchte ich beispielhaft anhand der einzelnen Medienarten darstellen, die an unseren Studienbibliotheken vorhanden sind.

Diapositive

Die Entscheidung über die Art der Aufbewahrung verlangt einige Überlegungen. Wir haben uns an unserer Studienbibliothek entschieden, die Diapositive in Journalen zu je 24 Stück einzuordnen. Diese Art der Ablage läßt ein sofortiges und schnelles An- und Überschauen der gewünschten Dias durch den Benutzer zu. Ein Nachteil jedoch ist, daß Diaserien mit mehr als 24 Diapositiven in mehrere Teile getrennt werden (z.B. Teil 1: Dia 1 - 24; Teil 2: Dia 25 - 48, usw.). Das verlangt von der Katalogisierung eine Aufnahme in Datensätzen von mehreren Ebenen, da jedes einzelne Journal und auch jedes Begleitheft gesondert entlehnt werden kann und dementsprechend verbucht werden muß. Die einzelnen Journale werden auf der Schmalseite beschriftet (Titel, Anzahl der Dias, Anzahl der Begleithefte, Zählung der Journale), aber auch jedes einzelne Diapositiv wird mit der fortlaufenden Seriennummer und der Inventarnummer gekennzeichnet. Wie die Praxis zeigt, wird sehr oft das letzte Diapositiv im Projektor vergessen. Die Studenten vermischen Dias verschiedener Reihen für ihre Unterrichtsvorbereitung; doch aufgrund dieser Kennzeichnung ist ein Zurückordnen ohne größere Schwierigkeiten möglich. Einige Institutionen bewahren die Diapositive in den gelieferten Behältern auf, wobei ein mit Filzstift angebrachtes „X" auf der Oberseite der Dias einen sofortigen Überblick über die Vollständigkeit der Diapostive bei der Rückgabe gibt.

Ein Problem dieses Mediums ist die sehr schnelle Alterung - sowohl in farblicher (Verblassen), - als auch in inhaltlicher Hinsicht (rasche Veränderung des Aussehens von Dörfern und Städten).

Overheadtransparente

Overheadtransparente, besonders die sogenannten „Mehrschichttransparente" bringen von der Beschriftung her Probleme mit sich. „Schichttransparente", wie z.B. eine Serie über den Maikäfer, zeigen die einzelnen Teile (Flügel, Körper) bzw. bei Pflanzen (Blatt, Stengel, Wurzel, Knospe, Blüte, Fruchtstand usw.) je auf einem eigenen Transparent. Sehr oft fehlt der Platz zur Beschriftung, bzw. die Beschriftung ist am projizierten Overhead störend zu lesen. Bei einigen Serien sind die zusammenhängenden Overlays jedoch durchnumeriert und erleichtern so die Kontrolle. Bei der Entlehnung ist es sehr wichtig zu wissen, wieviele Transparente man verliehen hat, und wie diese Transparente wieder abgelegt werden sollen. Man kann sich so behelfen, daß man auf jedem Begleitblatt die Inventarnummer und die Anzahl der Overheadtransparente, die zu diesem Beiblatt gehören, anführt. Sehr oft sind in einer Mappe Transparente zu einem Themengebiet - z. B. zu „Tieren", „Pflanzen" oder „Ökologie" - zusammengefaßt. Wir überlegen an unserer Bibliothek, diese „Sammelmappen" in „Monographien" bzw. „Serientitel" aufzulösen, denn das ermöglicht eine bessere Beschlagwortung.

Videokassetten

Sowohl von der Beschriftung als auch von der Katalogisierung, sowie der Aufbewahrung in den Bibliotheksregalen her sind sie ein einfaches Medium. Der Besitzvermerk der Bibliothek, aber auch die Inventarnummer sind sowohl auf der Kassette als auch auf der Hülle gut unterzubringen; auf der Rückseite der Kassette ist genügend Platz für die Beschriftung, es sind meist alle bibliographischen Daten vorhanden. Wenn der didaktische Einsatz geklärt und die Vorführrechte abgesichert sind - fast - das ideale Medium für den Verleih! Im Zusammenhang mit dem Vorführrecht muß auch der Fernleiheverkehr von AV-Medien gesehen werden. So besitzen wir für alle an unserer Studienbibliothek vorhandenen Medien nur die Genehmigung zur Vorführung im Rahmen der Lehreraus- und -fortbildung an beiden Akademien. Daher sind alle AV-Medien von der Fernleihe ausgeschlossen.

Schallplatten

Nicht nur allein die verschiedenen Größen der Schallplatten - und damit die Aufbewahrung - machen Probleme, sondern auch die Kurzlebigkeit dieses Mediums. Das hat dazu geführt, daß wir Schallplatten wohl inventarisieren und katalogisieren, aber sonst die Sammlung dem Kustoden für Musik zur Verfügung stellen, der sie betreut. Allerdings sind wir schon vor Jahren dazu übergegangen, unseren Bestand an Schallplatten nicht mehr zu ergänzen, sondern auf

CDs (Compact-Disks)

überzugehen. Von der Katalog-Aufnahme her ist zwischen Schallplatte und CD kein großer Unterschied; ebenso ist das Begleitmaterial fast gleich. Allerdings sind relativ oft mehrere CDs mit einem Begleitheft in einem Behälter, was wiederum - so wie bei den Diapositiven - Katalogisierungsaufnahmen auf mehreren Ebenen erfordert. Dies ist notwendig, um die einzelnen Teile entlehnen zu können bzw. nachzufragen, wer eine bestimmte CD entlehnt hat, bzw. Vormerkungen für eine Entlehnung vorzunehmen. Probleme gibt es bei der Beklebung der CDs mit Inventarnummer und dem „EDV-Pickerl". Einige Firmen, die CDs herstellen, behaupten, daß der Kleber der Etiketten die CDs auflöst bzw. verformt und daß sie durch das Bekleben unwuchtig werden, was zu einem Verschleiß des Abspielgerätes führen kann. In diesem Zusammenhang möchte ich Sie bitten, die Möglichkeit der Information über Bibliothekszubehör bei den Firmenausstellungen dieses Bibliothekartages zu nutzen.

Tonbandkassetten

Nicht nur Sprachbänder als Begleitmaterial zu Fremdsprachen-Büchern, auch Rundfunksendungen des Schulfunks, New-Age, Tierstimmen u.v.a.m. landet in unserer Mediathek. Das Anbringen des Inventarisierungsvermerks stößt auf Schwierigkeiten, da die Hülle sehr oft beschädigt wird und ausgetauscht werden muß. Das Aufkleben des „Pickerls" auf der Kassette selbst bedeutet sehr oft ein Überkleben wichtiger Informationen. Zeitintensiv beim Katalogisieren ist außerdem das Abhören des Textes. Viele Namen der Autoren müssen nach dem Gehör geschrieben werden, da sehr oft kein schriftliches Begleitmaterial vorhanden ist (dies trifft besonders auf die Schulfunksendungen zu!).

Medienpakete

Medienpakete bringen eine Menge Schwierigkeiten mit sich. Wieder sollten vor der Bearbeitung einige grundsätzliche Probleme geklärt werden: 1. Soll das Medienpaket im ganzen komplett beisammenbleiben, also unter einer Signatur stehen, oder 2. soll es getrennt aufbewahrt werden, sodaß verschiedene Signaturen vergeben und verschiedene Standorte gewählt werden können.

Denn: Medienpakete werden willkürlich - zu einem bestimmten Thema (z. B.: „Frieden", „Aids", „Fortsetzung folgt nicht - Abenteuer Lesen", „Frauen" usw.) zusammengestellt. Verschiedenste AV-Medien und Bücher - sowohl Monographien als auch Serientitel, aber auch Plakate, Zeitschriftenhefte, Prospekte u. v. a. m. sind in einem Medienpaket - zur besonderen Freude der Katalogisierer - vorhanden. Die Vergabe der Signaturen ist bei jedem einzelnen Medienpaket sorgfältig zu überdenken. In der Praxis kommt es nämlich oft vor, daß ein Medienpaket nicht als Gesamtpaket, sondern nur Teile davon entlehnt werden. Bei unserem EDV-System kann die Vormerkung auf eine Entlehnung nur mit der Signatur, nicht mit der Inventarnummer erfolgen; daher ist bei der Vergabe der Signatur wichtig, daß jede Signatur nur einmal vorkommt. Hier gibt es bei der Arbeit im Verbund einige Probleme, denn nicht immer ist der Datensatz der „Erstkatalogisierer" für die anderen Bibliotheken ideal. An dieser Stelle möchte ich meinen Wunsch nach einer hausinternen Signaturenvergabe deponieren. Bücher, die in Reihen (Serien) erscheinen, sind an die Hierarchienummer des Medienpaketes gehängt, allerdings wird die Serie, in der sie erschienen sind, angegeben. So kommt es vor, daß mitunter doppelte Datensätze von Serienwerken im Verbund aufscheinen; einmal als Stücktitel an der Verlagsserie, ein anderes Mal als Stücktitel am Medienpaket. Eine andere Möglichkeit wäre die getrennte Aufstellung der verschiedenen Werke (also das „Zerlegen" des Medienpaketes) sowohl im Büchermagazin als auch im Magazin der verschiedenen AV-Medien. Das „Zusammenhalten" in einer künstlichen Reihe - z. B. bei der Beschlagwortung wäre allerdings möglich. Meiner Meinung nach widerspricht dies aber dem eigentlichen Sinn eines Medienpaketes.

Tonbildschauen

Da unsere Studienbibliothek mit technischem Zubehör sehr gut ausgestattet ist, werden bei uns die Diapositive der Tonbildschauen in einem

Rundkarussell aufbewahrt, und können so am jeweiligen Gerät sofort angeschaut werden. Die Probleme der Kennzeichnung der Diapositive und der Tonbandkassetten sind dieselben wie bei den an Ort und Stelle beschriebenen Medien.

Disketten

Ein Problem, das sich in Zukunft noch verschärfen wird, gibt es mit EDV-Programmen an Bibliotheken. Nicht nur, daß es sehr wenige Bibliothekare gibt, die lt. BGBl. 1989, Stück 238, Verordnung 570, § 112 (1) 1 b vom 7. 12. 1989 auch die „Brauchbarkeit" der Programme testen können. Urheberrechte müssen geklärt werden, die Folgen eines „Virentransfers" zwischen den Entlehnern ist nicht abzuschätzen und nicht zu unterschätzen. Der Arbeitsaufwand bei der Katalogisierung ist kaum abzusehen. Ebenso müssen Arbeitsplätze für Bibliothekare geschaffen werden, damit die Programme überprüft und katalogisiert werden können. Wir haben an unserer Akademie aus all diesen Gründen beschlossen, Disketten nur dann in den Bestand der Studienbibliothek aufzunehmen, wenn sie Begleitmaterial von Büchern sind. Diese Disketten werden getrennt von den Büchern aufbewahrt und nur an die verantwortlichen Professoren für Informatik entlehnt.

Filme

Sowohl 8-mm-Filme wie auch 16-mm-Filme sind an unseren Studienbibliotheken vorhanden. Diese Filme wurden hauptsächlich für den Einsatz im Unterricht hergestellt. Wir haben die Aufstellung und Signaturenvergabe nach den unterschiedlichen Filmgrößen vorgenommen, denn eine große 16-mm-Spule neben einem kleinen 8-mm-Film aufzustellen ist Platzverschwendung. Die Probleme bei der Katalogisierung sind vielseitig, ist doch sehr oft wichtiges Informationsmaterial handschriftlich auf dem Filmstreifen vermerkt. Außerdem ist ein Vor- und Zurückspielen immer wieder notwendig, um die erforderlichen Informationen zur Katalogisierung zu erhalten. Die Anbringung eines Besitzvermerkes der Bibliothek am Film selbst ist fast unmöglich, ebenso auf der dazugehörigen Spule, die leicht verwechselt bzw. vertauscht wird. Lösungsvorschläge stehen noch aus.

Medien, die optisch leicht zugänglich sind (Diapositive, Overheadtransparente), sind auch leichter zu katalogisieren als z. B. Filme, Videos, Tonbandkassetten, deren Katalogisierungsarbeit - technisch bedingt - viel zeitaufwendiger ist.

Einige zusammenfassende Bemerkungen:

Die primären Informationsquellen wurden neu bestimmt, laut RAK-AV sind die Behälter, Cover bzw. das Begleitmaterial und nicht mehr das

Medium selbst vorrangig zu behandeln. Die Katalogisierer sollten eng mit den Entlehnbediensteten zusammenarbeiten, um die Probleme, die sich bei der Entlehnung ergeben, schon bei der Signaturenvergabe zu minimieren. Für die Katalogisierer sollten in den Räumen der Studienbibliothek bzw. Mediathek die geeigneten Geräte zum Anschauen der Medien und zur Bearbeitung vorhanden sein. Dies ist umso wichtiger, wenn die zu bearbeitenden AV-Medien sofort in ein EDV-System, und so, wie bei uns, in ein Verbundsystem eingearbeitet werden. Ein wichtiges Problem, das des Urheberrechtes (besonders bei Videokassetten), darf nicht außer acht gelassen werden! Die Bestellungen von Videokassetten - sofern sie nicht eigens für die Verwendung im Unterricht hergestellt wurden - sind so abzufassen, daß eine Lieferung nur im Zusammenhang mit der Erteilung des Vorführrechtes erfolgen kann. Die Beschlagwortung aller AV-Medien müßte in einer Dokumentation erfolgen.

Entlehnung von AV-Medien: Die Entlehnfrist ist an unserer Studienbibliothek auf drei Tage beschränkt, da Medien hauptsächlich zum Einsatz in den Praxisstunden verwendet werden. Nicht-Pädak-Angehörige (also Lehrer des Bundeslandes Tirol sowie Studenten der Universität) sind nicht berechtigt, AV-Medien zu entlehnen, können diese aber in den Räumen der Mediathek betrachten bzw benützen. Der Einsatz (in unserem Falle die Beratung) bzw. der Ankauf von AV-Medien muß sehr eng mit den verantwortlichen Medienfachleuten und Didaktikern erfolgen, denn unsere Mediatheken sollen als Service-Betrieb deren Arbeit unterstützen. Eine Ausbildung zur fachlichen Beratung und eine generelle Weiterbildung der Bibliothekare an den Studienbibliotheken der Pädagogischen und Berufspädagogischen Akademien für die Medienverwaltung wäre wünschenswert.

Ich habe in meinem Referat bewußt nur solche AV-Medien besprochen, die an unseren Studienbibliotheken vorhanden sind.

Neue Medien in Bibliotheken wären natürlich auch: CD-ROM-Netzwerke, Bildplatten, Mikroformen von Druckwerken, Mikrofiches anstatt der alten „Zettelkataloge", die überdies bei Ausfall der EDV- Systeme gute Dienste leisten, PC-Arbeitsplätze.

„Neue Medien" erfordern aber auch neue Arbeitsmethoden bzw. Hilfmittel, wie z. B.: genügend Telephone zur internen Rationalisierung, FAX-Geräte zur schnelleren Übermittlung der Fernleihe-Entlehnscheine und auch zum Faxen gewünschter Zeitschriftenartikel, EDV-Beschriftungsprogramme für Bücher aber auch für Hinweisschilder in den Bibliotheken

„Neue Medien" (Tonbildschauen, Videos usw.) erklären und unterstützen unsere Arbeit in der Benutzerschulung.

Die Zurückhaltung beim Ankauf „neuer Medien" in vielen „Großbibliotheken" ist verständlich, da sehr viele technische, finanzielle, personelle und organisatorische Probleme zu lösen und die Folgen einer Entscheidung „Für die neuen Medien" sehr schwer abzuschätzen sind. Ich hoffe aber, daß ich mit meinen Ausführungen ein wenig dazu beitragen konnte, die „Schwellenangst" abzubauen bzw. zu überwinden. Sicherlich wird dieser Bibliothekartag, der sich mit dem Thema „Altes Buch und Neue Medien" beschäftigt, Ihnen und mir neue Denkanstöße bringen.

Bildschirm und Benützer

Martin Wieser

Der Einsatz von EDV im Benützungsbereich - sei es in Form von OPACs oder CD-ROM-Datenbanken - ist aus dem Bibliothekswesen nicht mehr fortzudenken, und die meisten Bibliothekare, aber auch die Benützer, können sich einen konventionellen Bibliotheksbetrieb gar nicht mehr vorstellen.

Trotzdem ist die Frage erlaubt, ob diese Entwicklung für alle Benützer, und um diese soll es im Folgenden gehen, nur von Vorteil war oder ob sich nicht auch manche Nachteile ergeben haben.

An der UB Innsbruck haben wir vor vier Jahren von den Zettelkatalogen auf einen OPAC umgestellt, den alten Autorenkatalog bieten wir als Mikrofiche-Katalog an.

In diesem Beobachtungszeitraum von vier Jahren gab es doch aufschlußreiche Rückmeldungen von Seiten der Benützer: teils durch ein aufliegendes Wunsch- und Beschwerdebuch, teils durch eine Benützerbefragung oder einfach durch persönliche Gespräche im Rahmen des Auskunftsdienstes.

Wenn man nun die Vor- und Nachteile eines OPACs (dasselbe gilt doch cum grano salis auch für Mikrofiche-Kataloge) aus der Sicht der Benützer zusammenfaßt, so zeigt sich folgendes Bild:

Der OPAC ist von Vorteil für

* häufige, reguläre Benützer (sie merken sich von einer Sitzung zur anderen, wie der OPAC zu benützen ist)

* Benützer, die viel suchen/bestellen (wenn ich 1 Buch bestelle, bin ich wahrscheinlich mit dem handschriftlich ausgefüllten Leihschein schneller, bei 10 Bestellungen sicher nicht).

* räumlich dislozierte Benützer (die Bestellungen können auch von den Instituten abgesetzt werden; man ist nicht an die Öffnungszeiten der Bibliothek gebunden).

Dieses Profil gilt für die Masse der studentischen Benützer, die das Gros der Kunden einer Universitätsbibliothek stellen. Auch ein Teil des Lehrpersonals fällt hier darunter.

Aber es gibt an jeder Universitätsbibliothek, besonders wenn sie auch noch die Rolle einer Landesbibliothek spielt, andere Benützergruppen.

Und in diesem Bereich fühlen sich offensichtlich manche unserer Kunden *benachteiligt*, und sie werden auch benachteiligt, wenn man die Situation objektiv sieht.

Dies gilt etwa für:

* den *seltenen Benützer*; selbst wenn ihm im Rahmen einer Einzelunterweisung gezeigt wurde, wie man ein Buch bestellt und er es dann auch selbst konnte, hat er das Gelernte sicher nach drei Monaten, wenn er das nächste Mal kommt, vergessen. Er muß wieder fragen, was ihm lästig und peinlich ist, und er muß von uns wieder betreut werden.

* den *Benützer*, der zwar *regelmäßig* kommt, aber nur *wenig* bestellt. Für ihn lohnt sich der elektronische Aufwand nicht, er wäre unter Umständen wirklich mit Zettelkatalog und Leihschein besser bedient. In diese Gruppe fallen auch relativ viele Hochschullehrer, die einerseits das Angebot nützen wollen, auf der anderen Seite aber oft psychologische Probleme haben, jedesmal einen Bibliothekar um Hilfe zu bitten.

* *den Benützer mit „Schwächen“*:

Erstaunlich viele Benützer sehen schlecht. Die Schrift auf dem Bildschirm muß mühsam entziffert werden, und ein Dialog mit dem System ist daher nicht möglich. Oft mangelt es auch an „Schreibmaschinenkenntnissen“, d.h. das Bedienen der Tastatur ist für viele ein echtes Problem. Überdies hat ein Großteil der CD-ROM-Datenbanken eine englische Benützeroberfläche, und wir Bibliothekare nehmen es als selbstverständlich an, daß jeder damit umgehen kann, und zwar inclusive des Fachjargons. Aber „browse“ ist nun einmal kein Vokabel, das wir alle in Elementarlehrbüchern für das Englische gelernt haben.

Welche Konsequenzen sollten wir aus diesen Überlegungen ziehen?

Prinzipiell hat das klassische Instrumentarium der Benützerschulung nichts von seiner Gültigkeit verloren, und wir müssen es nach wie vor einsetzen.

So sind Führungen, persönliche Einschulungen, Handzettel etc. nach wie vor notwendig und sinnvoll.

Trotzdem müssen wir uns an die neuen Gegebenheiten im Bibliothekswesen auch auf dem Gebiet der Benützerschulung anpassen:

So kommt heute zur „Schwellenangst“ vor dem Betreten der Bibliothek noch die „Schwellenangst“ vor dem Bedienen des Bildschirmes. Diese Hemmschwelle kann meiner Meinung nach nur durch *persönliche Betreuung* des Benützers am Gerät erfolgreich überwunden werden; das bedeutet natürlich einen großen Betreuungsaufwand, der aber auch eine gewisse Umwegrentabilität hat, da erfahrene Benützer ihr Wissen oft an jüngere

Kollegen weitergeben. Zumindest an einer Stelle im Bibliothekssystem sollte diese persönliche Betreuung gewährleistet sein.

Schriftliches Material, point-of-use-instruction, Online-Hilfemasken und graphische Benützeroberflächen unterstützen den Bibliothekar bei seiner Arbeit, können aber eine persönliche Beratung nur in den wenigsten Fällen ersetzen.

In einem offenen Bibliothekssystem - und BIBOS ist ein solches - muß sichergestellt sein, daß auch Benützer auf Außenstellen, sprich an Instituten, das System beherrschen; hier ist es zweckmäßig, die Betreuung vor Ort durchzuführen. So kann auch auf die konkrete Hardware-Situation eingegangen werden.

„Problemgruppen" wie Seniorenstudenten, die besonders betreuungsintensiv sind und zum Teil auch spezielle Schwierigkeiten haben, sollten auch speziell betreut werden. Hier hat die Universitätsbibliothek Graz ein vorbildliches Modell entwickelt. HR Kroller, Bibliotheksdirektor im Ruhestand, steht dort den Senioren zur Verfügung. Dieses Modell soll im Wintersemester 1993 auch an der Universitätsbibliothek Innsbruck ausprobiert werden, wo HR Stranzinger, auch er ehemaliger Bibliotheksdirektor, diesfalls der UBI, die „älteren Semester" betreuen will.

Das alles sieht nach Arbeit bzw. Mehrarbeit aus, ist aber m. E. nach notwendig, wenn wir nicht in unkritischem EDV-Enthusiasmus die Bedürfnisse mancher - und gar nicht kleiner- Benützergruppen vernachlässigen wollen.

Neue AV-Medien auch für Universitätsbibliotheken

Siegfried Hermann

Anmerkung der Redaktion

In der Kommissionssitzung wurde ein vom ÖWF, dem Österreichischen Bundesinstitut für den Wissenschaftlichen Film unter Leitung von HR Univ.Doz. Dipl. Ing. Dr. techn. Siegfried Hermann hergestelltes Video gezeigt, zu dem er begleitende Worte sprach. Da der Tagungsband nicht in multimedialer Form erscheint, stellt der Vortragende den nachfolgenden Aufsatz für den Abdruck zur Verfügung.

1) Audiovisuelle Medien:

Marktübersicht „Photokina 1992"-Anwendungen für die Wissenschaft

Im Verbund mit immer leistungsfähigeren Computern, durch die Möglichkeit des schnellen Abspeicherns und Abrufens von Bildinformationen, die leicht nachzubearbeiten sind und durch größere Benützerfreundlichkeit der neuen PC-Programme wird Medienkommunikation ein integrierender Bestandteil von Forschung und Lehre.

Die Vermittlung von wissenschaftlichen Inhalten erfolgt außer durch die traditionellen Printmedien auch durch Bild, Ton und EDV. Diese Medienvielfalt wird inzwischen selbstverständlich in allen wissenschaftlichen Disziplinen eingesetzt.

In dieser Situation des Umbruchs, die durch die elektronischen Informationsmedien und die Entwicklungen in Photographie, Film und Fernsehen herbeigeführt wird, entstehen neue Impulse. Im audiovisuellen Bereich sind dies folgende Weiterentwicklungen, die auf der „Photokina 1992" vorgestellt wurden:

Neue Sucher- und Spiegelreflexkameras, neue Sofortbildsysteme, durch Elektronik perfektioniertes Finishing der Bildbearbeitung, die Photo-CD in Verbindung mit entsprechenden Laufwerken, die digitale Compact Cassette DCC, die Mini-Disc, die interaktive CD-I, die neuen Camcorderausstattungen. Photo-, Audio- und Videotechnik werden mit Text kombiniert.

Die stärksten Impulse lassen sich von dem neuen Medium Photo-CD und der Symbiose von klassischer Silberphotographie und Elektronik erwarten. Photo-CD-Player werden bald die Diaprojektoren ersetzen. Die interaktive Nutzung von Bild und Ton mit Hilfe der CD-I sowie Fernseh- und

Audiogeräte in digitaler Perfektion setzen einen zu beobachtenden Akzent. Still-Video ermöglicht die Nachbearbeitung von Bildmaterial am Computer.

Eine starke Faszination geht von den Produkten aus, die eine Brücke zwischen Elektronik und herkömmlicher Photographie schlagen. Die Angebote dafür reichen von den entsprechenden Transferstationen über Scanner für unterschiedliche Formate sowie für Durchsichts- und Aufsichtsvorlagen bis hin zu Printern für Hardcopies von Photo-CD-Bildern. All dies kann ebenso für das Layout von Printmedien verwendet werden wie für die Gestaltung von „elektronischen Büchern", wie sie verschiedene Firmen bereits anbieten.

Starke Aktivitäten verzeichnet der Sofortbildmarkt. Bei den Sofortbildkameras führt eine deutlich verbesserte Bildqualität bei günstigen Preisen zu verstärkter Nachfrage. Im Mittelpunkt des Interesses steht vor allem ein den Kompaktsucherkameras nachempfundenes Sofortbildkameramodell mit einer Bildbox auf der Rückseite, in die das Photo nach der Belichtung zur Aufbewahrung transportiert wird.

Ein Quantensprung wird in der Qualitätsverbesserung der Sofortbilder, die nach dem Trennbildverfahren arbeiten, erreicht. Die neuen Trennbildfilme, die hauptsächlich für Probeschüsse in professionellen Photostudios und somit auch im Bereich der professionellen Film-und Videoarbeit eingesetzt werden, liefern mittlerweile Sofortbilder, die durchaus für den Druck geeignet sind. Fotomaterial für Druckvorlagen kann auch über Videoprinter aus dem Film kopiert werden. Über das System BIBOS könnten, nach meiner Vorstellung, nicht nur Schriftinhalte, sondern auch Bilder und Filme in absehbarer Zukunft dem Benutzer angeboten werden. (Seit 1992 katalogisiert das Bundesinstitut für den wissenschaftlichen Film seinen Bestand in BIBOS. Anmerkung der Redaktion)

Die Photo-CD schlägt eine Brücke zwischen der Silber-Photographie und der elektronischen Bildspeicherung. Sie speichert digitalisierte Bildvorlagen mit einer Auflösung, die sehr nahe an den chemischen Film herankommt. Ihr Anwendungsspektrum reicht vom Diavortrag in der Vorlesung bis zur Herstellung von hochwertigen Druckvorlagen.

Laserbildplatten (diese wurden vor 15 Jahren entwickelt) und die interaktive CD-I verknüpfen Text mit Bild und Ton. Wissen wird in neuer Form vermittelt. Das Besondere an diesen neuen Medien ist, daß der Benützer mit einer Fernbedienung aktiv ins Geschehen auf dem Bildschirm eingreifen und so die jeweiligen Programmabläufe des Lesens selbst bestimmen kann.

Interessant ist auch das breite Repertoire an Darstellungsmöglichkeiten. CD-Is speichern Bilder in allen erdenklichen Qualitäten - vom gezeichneten Standbild über photorealistische Motive bis hin zum bewegten Digitalbild. Sogar digitale Videofilme lassen sich auf einer CD-I speichern. Textpassagen, Still-Video und Imaging-Systeme werden mit computerunterstützter Bildverarbeitung verbunden. Neben dem Terminal befindet sich ein Drucker. Man kann ganze Informationsinhalte ausdrucken und diese mit Bildern versehen.

Ähnliches gilt für den Ton. Das Qualitätsspektrum der Tonaufzeichnungen reicht von Stereo-Sound in CD-Qualität bis hin zu datenreduzierten Mono-Klängen, die für Spezialanwendungen einsetzbar sind. Zwei neue digitale Tonträgersysteme schließlich - die digitale Compact-Cassette und die bespielbare Mini-Disc - bringen die Digitalisierung der Tontechnik einen entscheidenden Schritt voran und eröffnen damit letztlich auch weitere Perspektiven für die Entwicklung der Multimedia-Welt. Es werden Archive für die unterschiedlichsten Geräusche angeboten. Digital produzierte Musikbibliotheken beinhalten Backgroundmusik verschiedenster Stilrichtungen, was etwa für Studenten an Filmhochschulen von Interesse sein kann.

Andere Beispiele für Angebote im Bereich von audiovisuellen Medien:

* Die Kölner Firma "Archive Films GmbH" vermarktet seit August 1992 das Film-Archiv der National Geographic Society aus Washington.Der gesamte in den letzten 20 Jahren gesammelte Bestand an Dokumentationen kann neu und vielseitig verwendet werden.

* Die "Telemedia GmbH" der Bertelsmann-Gruppe ist ein Verkaufs- und Systemhaus für interaktive Lernprogramme. Mit der ersten CD-I über Salzburg wurde von dieser Firma ein multimedialer Reiseführer entwickelt. Neben brilliantem Ton und Bild werden die Vorzüge einer umfassenden Datenbank angeboten. Im Bereich der interaktiven Lernprogramme gibt es Titel für Verhaltenstraining und Fremdsprachenschulung.

2) Das Medienangebot des ÖWF

Diese medialen Neuerungen bringen es mit sich, daß sich auch die Filmothek des Österreichischen Bundesinstitutes für den Wissenschaftlichen Film (ÖWF) verändert und an die neue gegebene Entwicklung anpaßt.

Das ÖWF ist vor allem für die Archivierung und den Verleih von wissenschaftlichen Filmen zuständig, übernimmt aber auch die eigenständige Herstellung von wissenschaftlichen Filmen (35 mm-Filme, jetzt vor allem 16 mm-Filme), die hohe Produktionskosten verursachen. Seit 1984 baute das ÖWF ein AV-Medienarchiv mit der Zielsetzung auf, aufgrund der immer billiger werdenden Videosysteme im Consumer-Bereich auch den Universitätsbibliotheken und -instituten eine wissenschaftliche Videothek zur Verfügung zu stellen.

Ein Grund für den Aufbau der Video-Sammlung ist der erkennbare Rückgang bei den 16 mm-Film-Fernleihen (derzeitiger Verleih: an die 3.000 Filme jährlich bei einen Gesamtfilmarchiv von ca. 4.000 Filmen). Das ÖWF mußte beim Verleih außerdem feststellen, daß die Wartung von 16 mm-Film-Projektoren vernachlässigt wird. Die Filme werden verschrammt und beschädigt zurückgegeben.

Für das ÖWF ergeben sich folgende neue Zielsetzungen:

1. Das ÖWF produziert im Rahmen seiner Aufgaben (Forschungsfilm / Enzyklopädischer Film / wissenschaftliches Film-Videodokument / Universitätslehrfilm) wissenschaftliche Filme. Diese werden in 16 mm ausgeführt und auf Video für Zwecke des Verleihs kopiert.

2. Das ÖWF führt die Produktion im professionellen Videostandard durch. Erforderlichenfalls wird das Ergebnis dieser Produktion auf 16 mm umkopiert.

3. Das ÖWF befundet mit Hilfe seines Filmabtasters Archivmaterial von 35 mm-Nitromaterial und 16 mm-Filmen mit und ohne Tonspur, bei dem der Beschädigungsgrad noch nicht zu hoch ist.

4. Das ÖWF übernimmt bei Bedarf AV-Produktionen von den Medieninstituten der Universitäten in Österreich :

4.1. zur professionellen Fertigstellung.

4.2. Es hält die an den österreichischen Universitäten durchgeführten Videoproduktionen evident, auch Dissertationen und Habilitationsschriften, die mit diesem Medium hergestellt werden.

4.3. und führt den Katalognachweis.

5. Das ÖWF trifft die Vorauswahl zu AV-Medien, die an das zukünftige Österreichische Nationale Medienarchiv weitergegeben werden.

6. Die Medienkommunikation über Satelliten findet bereits statt.

6.1. Die Universitäten werden in absehbarer Zeit durch Kabel vernetzt.

6.2. Die Länder und Kontinente überschreitende audiovisuelle Kommunikation ist für das Fernsehen nichts Neues. Im universitären Bereich werden Nachrichten ebenso übertragen und ausgetauscht.

(Datentransfer ist bereits über das für die Wissenschaft kostenlos zugängliche Netzwerk „Internet“ weltweit möglich. Anmerkung der Redaktion)

Information über das ÖWF

aus: Holzbauer,Robert, Gerhard Jagschitz, Peter Malina: Handbuch audiovisueller Medien in Österreich 1989. Hrsg. v. d. AG Audiovisueller Archive Österreichs. Wien: 1989. 295 S. (Audiovisuelle Medien. 1.)

Österreichisches Bundesinstitut für den wissenschaftlichen Film (ÖWF)
Schönbrunnerstraße 56
1050 Wien

Von 1962 bis 1972 Abteilung Wissenschaftlicher Film der Bundesstaatlichen Hauptstelle für Lichtbild und Bildungsfilm (SHB). Von 1972 bis Dezember 1983 Bundesstaatliche Hauptstelle für Wissenschaftliche Kinematographie (BHWK).
Rechtsform: Nachgeordnete Dienststelle des BMfWF (Abt. III/1)
Leiter: Univ. Doz. Dipl. Ing. Dr. Siegfried Hermann
Benutzerkontakt: Dr. Erika Maletschek
Erich Schulz (Verleihleiter)

Charakteristik:
Die Aufgaben des Österreichischen Bundesinstituts für den wissenschaftlichen Film sind: Archivierung und Verleih wissenschaftlicher Filme aus dem In- und Ausland, die eigenständige Herstellung von wissenschaftlichen Filmen für die österreichischen Universitäten, die Durchführung von Wissenschaftskolloquien auf dem Gebiet der Präsentation und Erstellung von AV-Medien. Schaffung eines Informationsservices über Schwerpunktentwicklungen an den österreichischen Universitäts- und Forschungsstätten.
Im Verleihprogramm befinden sich mit Stand Ende 1985 3.392 16-mm-Filme, welche sich auf folgende Schwerpunkte verteilen:
Biologie, Kunstwissenschaften,
Medienwissenschaften, Religionswissenschaften, Zeitgeschichte, Persönlichkeitsdokumente, Medizin, Veterinärmedizin, Psychologie, Technik, Physik, Astrophysik, Meteorologie, Chemie, Volkskunde, Völkerkunde

Öffnungszeiten: Verleih: Mo-Do 8-12, 13.30-15, Fr. 8-12 Uhr

Zugänglich für Fachinteressenten, primär für Universitäten, Hochschulen und Kliniken und andere wissenschaftliche Institutionen. Manche Filme unterliegen Benützereinschränkungen und sind z.B. nur Fachinteressenten eines bestimmten Fachgebietes zugänglich.

Publikationen: Wissenschaftlicher Film (ca. 2x jährlich); laufende Begleitveröffentlichungen zu wissenschaftlichen Filmen.

Medienverzeichnisse:
Teilverzeichnis B - Biologie,
Teilverzeichnis K - Kunst-, Medien-, Religionswissenschaft, Zeitgeschichte, Persönlichkeitsdokumente,
Teilverzeichnis M - Medizin, Veterinärmedizin, Psychologie,
Teilverzeichnis V - Volkskunde, Völkerkunde,

Darstellungen: Festschrift Wissenschaftlicher Film in Forschung und Lehre, 1972

Kooperation mit der International Scientific Film Association, Paris; Encyclopaedia Cinematographica, Göttingen; Cinematheque Scientifique Internationale, Brüssel; International Film and Television Council der UNESCO, Paris.

Neue Medien - Multimedia

Michael Hirschböck

Der Vortrag beschäftigt sich mit den verschiedenen Facetten von Multimedia, beginnend mit der Definition dieses Begriffes, bis hin zur Demonstration von Multimedia-Anwendungen. Träger von Multimedia-Anwendungen sind üblicherweise optische Speichermedien, aufgrund ihrer enormen Speicherkapazität. So werden verschiedene Vertreter dieser optischen Speichermedien kurz erläutert und für die entsprechenden Medien typische Anwendungsfälle aufgezeigt. Der Vortrag endet mit der Präsentation von verschiedenen CD-I Titeln, um anschaulich die Möglichkeiten dieses neuen CD-Mediums zu demonstrieren.

1 *Multimedia*

Die Bezeichnung „Multimedia" deutet schon darauf hin, daß es sich bei Multimedia-Anwendungen um die Kombination von unterschiedlichen Daten handelt. Die Daten, die hier gemeint sind, sind Text, Grafik, Animation (Zeichentrick-Sequenzen), Musik und Sprache, sowie Bild und Video. Jede beliebige Kombination dieser aufgezählten Daten ergibt also bereits eine Multimedia-Anwendung, das heißt, daß sich der Bogen der Multimedia-Anwendungen spannt von einem Vortrag mit Dia-Unterstützung bis hin zu Präsentationen, die all die angesprochenen Datenvarianten beinhalten. Die Einsatzmöglichkeiten von Multimedia-Anwendungen sind breit gefächert, wobei sich aus der geschichtlichen Entwicklung mehrere Schwerpunkte für derartige Anwendungen ergeben haben. Der umfassendste Bereich liegt sicherlich im Bildungswesen, wo Multimedia-Anwendungen im Unterricht und bei Vorlesungen zur Ausbildung von Schülern eingesetzt werden. Diese Systeme sind meist interaktiv gestaltet, sodaß der Schüler die Möglichkeit hat, Dauer und Inhalte von Lektionen seinen persönlichen Bedürfnissen anzupassen.

Der Einsatz von Selbstlernstationen in Unternehmen verfolgt einen ähnlichen Zweck. Die auszubildenden Personen haben hier ebenfalls die Möglichkeit, interaktiv neue Produkte, deren Handhabung bzw. auch Wartung kennenzulernen, wobei natürlich der Aspekt der Produktpräsentation bzw. der Firmenpräsentation zusätzlich zu betrachten ist. Alle diese Systeme, die im Schulungsbereich verwendet werden, bedürfen meist einer zusätzlichen Betreuungsperson für den Schüler.

Weit verbreitet sind Multimedia-Anwendungen vor allem in den Bereichen „Point of Information" und „Point of Sales", wo es hauptsächlich um die Automatisierung von Abfragen oder Verkaufsvorgängen geht. Der Kunde hat die Möglichkeit, interaktiv - entweder über Tastatur, Touch Screen, Maus oder ähnlichen Zeigegeräten - aus einem reichhaltigen Angebot von Informationen, die für ihn notwendige herauszusuchen bzw. Auskünfte über seine Kontobewegungen zu bekommen, wobei ihm auch die Möglichkeit geboten wird, z.B. Überweisungen oder ähnliches zu tätigen. Zum Unterschied zu den vorher erwähnten Multimedia-Anwendungen bedarf ein System dieser Art keinerlei direkte Betreuungsperson, da diese Systeme selbstführend gestaltet sind.

2 Optische Speichermedien

Allen Multimedia-Anwendungen ist gemein, daß für ihren Betrieb eine Vielzahl von Informationen und Daten notwendig sind. Die Programme und all diese Daten-Files erreichen meist Größen weit über 100 MB, sodaß man für die Speicherung auf optische Speichermedien zurückgreift. Alle diese Speichermedien basieren auf der Lasertechnologie, womit die Möglichkeit geschaffen wurde, große Datenmengen auf kleinster Fläche unterzubringen.

Als Beispiele für optische Speichermedien seien erwähnt: Laserdisc, d.h. die Bildplatte; CD-ROM; CD-ROM XA; Photo-CD; CD-I.

In all diesen Fällen wird die Information durch Abtasten mittels Laser vom Medium geladen. Durch die Tatsache, daß keine mechanische Abtastung des Datenträgers erfolgt, sind optische Speichermedien in ihrer Lebensdauer und Ausfallssicherheit z.B. magnetischen Speichermedien weit voraus. Das Aufbringen der Informationen auf die optischen Speichermedien erfolgt üblicherweise analog zum Verfahren für die CD-Audio in speziellen Werken, die aus dem vorhandenen Datenmaterial einen Master herstellen, von dem dann die Replikas, d.h. die Kopien, gezogen werden. In diesem Fall sind die Speichermedien nun lesbar, sie können vor Ort nicht mehr verändert werden.

2.1. Laserdisc

Die Laserdisc stellt wohl das älteste der optischen Speichermedien dar. Die Laserdisc wird üblicherweise entweder zur Speicherung von Standbildern (55.000 je Seite) oder zur Speicherung von Videosequenzen verwendet. Aufgrund von verschiedenen Aufzeichnungsarten (CAV - Constant Angle Velocity oder CLV - Constant Linear Velocity) können bis zu 60 Minuten Video auf einer Seite einer Laserdisc Platz finden. Für das Abspielen von Laserdisc-Anwendungen werden Laserdisc-Player eingesetzt, die von einem Host-Gerät aus (PC oder ähnlichem) gesteuert werden können, sodaß interaktive Anwendungen auf diesen Host-Systemen laufen können, die mit Bildinformationen von der Bildplatte unterstützt werden. Zur Vermischung von Informationen vom Host-System und der Laserdisc werden meist sogenannte Grafik-Overlay-Karten eingesetzt, die eine Überblendung von Laserdisc-Bildern mit z.B. PC-Grafiken ermöglichen. Zur Erweiterung dieser Anwendungen werden dann meist noch Tastatur, Maus oder Touch Screens (d.h. Bildschirme, die auf Berührung durch den Benutzer reagieren) zur interaktiven Nutzung eingesetzt. Das Bildformat der Laserdisc basiert auf den Fernseh-Normen PAL oder NTSC, sodaß für die jeweiligen Verbreitungsräume dieser Fernseh-Normen für eigens produzierte Laserdiscs eingesetzt werden müssen.

Das Medium Laserdisc ist derart definiert, daß eine Ansteuerung jedes einzelnen Bildes auf der Disc möglich ist. Diese Bildansteuerungsmöglichkeit nutzen sehr viele Anwendungen im Bereich von Bilddatenbanken oder Point-of-Information-Systemen. Als Beispiele seien das Domesday-Projekt erwähnt, das Kartografie Großbritanniens, sowie Bilder von Touristenattraktionen beinhaltet. Weiters gibt es eine Reihe von physikalischen Experimenten auf Laserdisc, die es möglich machen sollen, auch in Schulen oder Instituten, die über keine entsprechenden Laborausstattungen verfügen, Experimente anschaulich zu demonstrieren. Eine weitere Anwendung im Bereich von „Point of Information" stellt „Wien Interaktiv" dar, wobei es dem Betrachter möglich ist, Wissenswertes über Wien in Form von grafischen Informationen, Videosequenzen oder Bildern interaktiv zu erfragen. Als letztes Beispiel möchte ich noch ein Projekt für das Institut für Sozialwissenschaften in Linz erwähnen, das wir auch im Rahmen der Ausstellung präsentieren. Hier geht es um verschiedene Aspekte des täglichen Lebens, vom Freizeitraum bis in die Arbeitswelt. Diese Anwendung verbindet Informationen von der Bildplatte mit grafischer Benutzeroberfläche unter Windows und beinhaltet zusätzlich zu den Informationen noch Spiele, die auf die jeweiligen Themen zugeschnitten sind.

2.2. CD-ROM

Die CD-ROM stellt eine Weiterentwicklung der CD-Audio in Richtung Speicherung von digitaler Information dar. Um dieses Speichermedium weltweit einsetzen zu können, haben sich Philips und Sony als Erfinder der CD-Audio einen gemeinsamen Standard festgelegt, der im sogenannten „Yellow Book" niedergeschrieben wurde. Dieses „Yellow Book" stellt die Basis für die Entwicklung der CD-ROM Aufzeichnungsdefinitionen über den High-Sierra-Group-Standard bis hin zur ISO-9660 Norm dar. Im wesentlichen wird in diesen Normen festgehalten, wie die Spuren auf der CD-ROM anzulegen, welches die Dateninhalte und welches die Error-Correction-Codes sind. Die Error-Correction-Codes dienen dazu, bei etwaigen Lesefehlern von der Disc mittels eines speziellen Verfahrens eine Richtigstellung des Lesevorganges zu erreichen. Und last but not least liegt einer der wesentlichen Vorteile der CD-ROM als Speichermedium in der mit 650 MB sehr großen Speicherkapazität.

Diese Speicherkapazität ermöglicht die Verteilung von großen Datenmengen wie z.B. Enzyklopädien oder Bilddatenbanken. Es ist dem Anwender nun auf einfachste Weise möglich, für ihn notwendige Informationen aus großen Datenbanken, die üblicherweise nur online zur Verfügung stehen, lokal von seiner CD-ROM abzurufen. Weiters wird CD-ROM gerne als Verteilermedium für Telefonbücher oder Stadtpläne eingesetzt, wobei die dazugelieferten Programme dem Benutzer die gewünschten Informationen auf einfachste Art und Weise zur Verfügung stellen. Weiters werden vielfach schon Spiele über CD-ROM vertrieben, was bei der stetig anwachsenden Daten- und Programmenge verschiedener Flugsimulatoren durchaus sinnvoll erscheint.

2.3. CD-ROM XA

CD-ROM XA, CD-ROM Extended Architecture, stellt einer Erweiterung von CD-ROM dar, wobei als Add-On Digital-Audio bzw. die Speicherung von Full-Motion, Full-Screen-Video anzusehen ist. Die Definition CD-ROM XA ist hauptsächlich für den professionellen Anwendungsbereich, der sich an Personal Computern oder ähnlichen Hardware-Systemen orientiert, konzipiert worden. Dieses Medium soll die Möglichkeit bieten, all die verschiedenen Informationsarten, die Multimedia ausmachen, auf einem Speichermedium für Anwendungen, die auf PCs oder ähnlichen Computersystemen laufen, zur Verfügung zu stellen.

Somit sind die Schwerpunkte für CD-ROM XA Anwendungen sicherlich in den Bereichen Training, Präsentationen bzw. in der Verwendung als Datenträger für Bilddatenbanken zu suchen. Auch im Bereich von professionellen Point-of-Information- und Point-of-Sales-Systemen wird CD-ROM XA Einzug finden, wobei hier zu erwähnen ist, daß Anwendungen, die dem CD-ROM XA Bridge Format entsprechen, auch auf CD-I Playern verwendbar sein werden, d.h. daß CD-ROM XA eine Brücke zum Heim-Medium CD-Interaktiv, auf das wir noch zu sprechen kommen, darstellt.

2.4. Photo-CD

Die Photo-CD ist eine gemeinsame Entwicklung der Firmen Kodak und Philips und regelt per Definition die Abspeicherung von Bildern von herkömmlichen 35-mm-Dia-Positiven oder Dia-Negativen auf CD. Der Kunde wird also alsbald die Möglichkeit haben, bei Abgabe seines Filmes nicht nur die üblichen Fotos auf Foto-Papier zu bestellen, sondern auch eine Photo-CD geliefert zu bekommen, auf der seine Bilder gespeichert sind. Jedes der 100 Bilder auf der Photo-CD ist in 5 verschiedenen Auflösungen gespeichert, um den verschiedensten Anforderungen gerecht zu werden. Die minimalsten Auflösungen werden zur Anzeige des Inhaltsverzeichnisses einer Photo-CD verwendet, während die größte Auflösung für den Ausdruck des Bildes auf einem speziellen Foto-Drucker verwendet wird. Das Abspielen der Photo-CDs ist in speziellen Photo-CD-Playern möglich, die an die üblichen Fernsehgeräte angeschlossen werden können. Damit wird das Betrachten von Bildern von der Photo-CD zum familiären Ereignis. Das Abspielen der Photo-CD ist jedoch auch in CD-I Playern möglich, sowie in speziellen CD-ROM Multisession-Playern, die an PCs oder ähnliche Systeme angeschlossen werden können.

Diese Möglichkeit, die Bilder von der Photo-CD auch in Computersysteme zu laden, wird vor allem im Anwendungsbereich der professionellen Bildverarbeitung und des Aufbaus von Bilddatenbanken seinen Niederschlag finden. Weiters stellt die Photo-CD eine kostengünstige Variante für den Bildaustausch ohne Qualitätsverluste bzw. für die Erzeugung von Dia-Shows dar. In weiterer Folge wird auch noch die Möglichkeit geboten werden, Bilder auf der Photo-CD musikalisch zu untermalen, woraus sich eine Vielfalt von weiteren Photo-CD Anwendungen ergeben wird.

2.6. CD-Interaktiv (CD-I)

CD-I bietet all das, was Multimedia ausmacht. Text, Grafik, Animation, Musik, Sprache, Bild und Video. Das heißt, CD-I ist das ideale Multimedia-System. Aber was ist CD-interaktiv? CD-I ist eine Compact Disc, auf der Programme und Informationen der zuvor angesprochenen Datenarten gespeichert sind. Die CD-I wird in einem sogenannten CD-I Player eingelegt, der an jedes beliebige Fernsehgerät angeschlossen werden kann. Im Player selbst wird dann die CD-I Anwendung gestartet und der Benutzer hat die Möglichkeit, mittels Remote-Control, Maus oder Trackerball, vielleicht auch Touch Screen, interaktiv durch die Anwendung zu wandern. Je nach Gestaltung der Anwendung hat der Benutzer die Möglichkeit, durch ein Museum zu wandern, seine Lieblingsbilder anzusehen oder ähnliches interaktiv am Fernsehgerät zu bestimmen. Aber er hat natürlich auch die

Möglichkeit, in seinem CD-I Player seine Audio-CDs abzuspielen bzw. die Bilder auf seiner Photo-CD zu betrachten.

Ein weiterer großer Vorteil von CD-I liegt darin, daß es sich dabei um einen internationalen Standard handelt. Konzerne wie Philips, Sony und Matsushita haben sich auf diesen Standard geeinigt, um interaktives Fernsehen zu ermöglichen. Eine Vielzahl von Produzenten arbeitet seit Jahren an verschiedenartigsten CD-I Titeln, von Kinderprogrammen bis hinauf zur Erwachsenen-Ausbildung. Und gegenüber der Laserdisc weist dieses System den Vorteil auf, daß sie einen Titel in der ganzen Welt spielen können, ohne sich um die dort verbreitete Fernseh-Norm kümmern zu müssen, denn die Player sind Multistandard.

Der Bogen der CD-I Anwendungen spannt sich von Lernprogrammen für Kinder wie „Sesam Straße" oder „Tell me why" bis hin zu einem Foto-Kurs für 35-mm-Fotografie. Museumsführer durch das Museo Amparo oder die Smithsonian Museen ergänzen die CD-I Titel im Bereich der Erwachsenen-Information. Zusätzlich gibt es eine Vielzahl von Publikationen, die sich im Spiel-Genre bewegen, wie z.B. „The Palm Springs Open", eine Golf-Anwendung bzw. in Anwendungen, in denen es Kindern möglich ist, Cartoons zu bemalen und die danach zu selbstgestrickten Texten singen zu lassen.

Wie wird nun ein derartiger CD-I Titel produziert? Am Beginn steht wie immer die Idee für eine Anwendung, die auf eine spezielle Benutzergruppe zugeschnitten oder allgemein einsetzbar ist. Dazu gehört auch die Möglichkeit, mehrsprachig zu produzieren, um eine Anwendung auch international verkaufen zu können. Der erste Schritt in der Produktion ist das Design der Anwendung, das heißt die Erstellung eines Drehbuches, wie es bei Filmproduktionen üblich ist. Die für die Anwendung notwendigen Inhalte im Bereich Ton bzw. Bild sind zu digitalisieren und in CD-I Format zu konvertieren. Dies wird auf verschiedenen Entwicklungsplattformen (PC, Macintosh oder Sun-Systemen) mit entsprechender Hard- und Software unterstützt. Danach erfolgt die Definition der Abläufe der Anwendung in Autorensystemen, die gleichzeitig die Möglichkeit bieten, die Anwendung zu emulieren und zu testen. Bei Abschluß dieser Phase wird meist eine Test-Disc am lokal angeschlossenen CD-Recorder erstellt, sodaß es möglich ist, die Validierung der Anwendung auf einem CD-I System vorzunehmen. Wenn diese positiv beendet ist, steht der Replikation und der Distribution der Anwendung nichts mehr im Wege. Die vielen Schritte bei der Produktion eines CD-I Titels verlangen ebensoviele beteiligte Personen. So besteht ein CD-I Design-Team nebst inhaltlichen Experten aus professionellen Grafik-Designern oder Animatoren (für Zeichentrick-Sequenzen).

Weiters sind Programmierer und Techniker vonnöten, spezielle Stäbe, die im Bereich Audio- und Videoproduktion tätig sind und - alles leitend - ein Management im Bereich Projekt, Kreativität und Gesamtablauf.

2.7. CD-Recordable

Durch die Entwicklung des CD-Recordable Players ist es nunmehr möglich, in eben diesem Player, der an einen PC oder ein anderes Computersystem angeschlossen werden kann, CD-Audios, CD-ROMs oder CD-Is zu produzieren. Die Informationen werden dabei auf eine CD-Worm gebrannt, d.h. ein Medium, das einmal beschreibbar, immer wieder lesbar ist. Es sind für die angesprochenen CD-Formate entsprechende Software-Packages in Vorbereitung, die bei der Aufzeichnung der jeweiligen Informationen das entsprechende Format erzeugen und somit ein voll verwendungsfähiges Medium der jeweiligen Sparte produzieren. Dies ist jetzt mit dem CDD 521 von Philips zu einem günstigen Preis-/Leistungsverhältnis möglich. Die entsprechenden Software-Packages für Audio-ROM und CD-I sind für die Plattformen PC, Macintosh bzw. Sun oder SGI-Systeme in Vorbereitung. Der wesentliche Vorteil dieses Systems liegt darin, daß Produzenten von Titeln dieser Art die Möglichkeit haben, selbst eine Test-Disc zu produzieren, an der sie dann Laufzeitverhalten und Validierung vornehmen können, wobei diese Disc gleichzeitig als Master für die Produktion der Replikas in der CD-Fabrik verwendet werden kann.

Zusammenfassung

Soweit eine kurze Übersicht über Multimedia, Multimedia-Anwendungen und die dazu verwendeten optischen Speichermedien. Ich möchte Ihnen als Abschluß noch einige CD-I Titel zeigen, die Ihnen einen Überblick geben sollen, was in diesem Bereich in der Zukunft auf Sie zukommen wird. Ich darf mich für Ihre Aufmerksamkeit bedanken und stehe ihnen für weitere Fragen im Rahmen der Ausstellung selbstverständlich zur Verfügung.

Kommission für Aus- und Fortbildung

Kommission für Aus- und Fortbildung
Protokoll der Kommissionssitzung vom 29.9.1992

Teilnehmer: MR Stumpf, HR Kluger, Dr. Pum, Mag. Mauthe, OR Jurkovitsch, AR Zotter-Straka, MR Silvestri, AR Zimmer, Amtmann u.a.

Am 29. September 1992 fand in Eisenstadt am Österreichischen Bibliothekartag um 14.00 (c.t.) im Hotel Burgenland die Sitzung der Ausbildungskommission statt.

"Ausbildung - EG - Volksbüchereiwesen" war der Themenschwerpunkt der Sitzung. Der Vorsitzende, HR Emmerich Kluger, hatte hiezu Herrn Mag. Michael Neureiter, den stellvertretenden Vorsitzenden des Verbandes österreichischer Volksbüchereien, eingeladen.

Mag. Neureiter hielt einen Vortrag zum Thema "Volksbüchereiwesen - Ausbildung - Fachhochschulen". Er stellte zunächst die Einrichtungen der öffentlichen Büchereien im Überblick vor. Die Büchereilandschaft in Österreich besteht derzeit aus 2187 Büchereien (inklusive Schulbibliotheken und Krankenhausbibliotheken), die allgemein zugänglich sind und gemeinnützig geführt werden. Circa 1000 sind katholische Einrichtungen, 300 gehören Pfarren und Gemeinden an. Das Personal an den Öffentlichen Büchereien setzt sich aus wenigen hauptberuflich und vielen nebenberuflich bzw. ehrenamtlich Tätigen zusammen.

Ein Bestand von 8 Millionen Medien und 13 Millionen Entlehnungen pro Jahr lassen die Bedeutung dieser Institutionen erkennen. 800.000 Österreicher, das sind 10,8% der über 18-jährigen, haben also die Büchereien benützt. Damit sind sie die größte Erwachsenenbildungseinrichtung in Österreich. Aber auch der Kinderanteil bei den Benützern ist sehr hoch.

Die öffentliche Bücherei ist nicht nur Leihbibliothek, sondern auch Kulturzentrum und ein wichtiger Veranstaltungsort. Kommunikation und Information sind aufs engste verbunden.

Die öffentlichen Büchereien geben ein eigenes Periodikum, die "Büchereinachrichten" heraus, sowie eine Rezensionszeitschrift, die auch in Diskettenform verfügbar ist.

Der zweite Teil des Vortrages war der Aus- und Weiterbildung gewidmet. Die hauptberuflichen Bibliothekare absolvieren 3 Wochen Ausbildungszeit im Haus des Bundes in Strobl und setzen ihre Ausbildung durch ein Fernstudium fort. Weiters gibt es für diese Gruppe Ausbildungsbüchereien in Wien, Graz, Linz und Salzburg. Pro Jahr werden circa 10-15 Personen ausgebildet.

Die ehrenamtlichen Bibliothekare werden 3 Wochen in einer Sozialphase geschult, an die eine Projektphase anschließt. Pro Jahr werden 60 - 70 Personen geschult.

Neu ist, daß sich viele Bibliothekare im Bereich der Ausbildung auch selbst organisieren. Daneben bestehen zahlreiche Weiterbildungsangebote.

Der Schwerpunkt des Vortrages lag auf einem Überblick über die Bibliothekarausbildung in verschiedenen europäischen Ländern. Mag. Neureiter erläuterte im Vergleich einige Beispiele. So gibt es in England eine Service- und Managementausbildung, in Dänemark wurde die Ausbildung der wisssenschaftlichen Bibliothekare und die der Volksbüchereien zusammengeführt (Dauer: 4 Jahre), Schweden besitzt seit 1991 eine zentrale Ausbildungsstätte und fordert ebenfalls eine Ausbildungsdauer von 4 Jahren, Deutschland besitzt 14 Ausbildungsstätten, die zumeist an Fachhochschulen angesiedelt sind. Die wesentlichen Unterschiede zu Österreich sind:

- die Ausbildung ist berufsbegleitend
- oder auch berufsvorbereitend
- Integrativmodelle: Öffentliche Bücherei - Wissenschaftliche Bibliotheken
- viele Arbeitslose

Im letzten Abschnitt seines Vortrages befaßte sich Mag. Neureiter mit den Fachhochschulen und dem Fachhochschul-Entwurf in Österreich.

Der österreichische Entwurf sieht mit diesem Modell eine Entlastung und Ergänzung der Universitäten vor. Es ist nur daran gedacht, das Instrumentarium für die Fachhochschulen zu schaffen. Der Bund selbst scheint aber nicht als Betreiber auf. Die Kosten für den einzusetzenden Fachhochschul-Rat werden sich auf 11 Mill. Schilling jährlich belaufen.

Der Verband österreichischer Volksbüchereien und Volksbibliothekare hat jährlich einen Ausbildungsbedarf von ca. 30 Personen und ist sehr interessiert an einer gemeinsamen Ausbildung mit den wissenschaftlichen Bibliotheken.

In diesem Zusammenhang wurde nach dem Vortrag von Mag. Neureiter das Thema "Fachhochschule" zur Diskussion gebracht. Es wurden in der Diskussion mehrere Probleme aufgedeckt: Status der Bundesbediensteten, Praxisferne, C-Ausbildung, internationale Mobilität.

MR Stumpf wies auf die bereits in Österreich im wissenschaftlichen Bereich laufende Reform der Ausbildung hin, die verstärktes Augenmerk auf hochschulähnlichen Betrieb und Intensivierung der Fortbildung legt. Auch Gespräche mit dem Bundeskanzleramt wurden aufgenommen, das sich stark an der Ausbildungsform, wie sie für Bibliothekare an wissenschaftlichen Bibliotheken entwickelt wurde, für andere Ausbildungen im Bundesdienst orientiert.

MR Stumpf dankt in diesem Zusammenhang auch allen an der Reform Beteiligten sehr herzlich für ihre Bemühungen.

Kommission für EDV-Anwender

Kommission für Erwerbungsfragen

Das St. Galler Bibliotheksnetz

Monika Hutter

Mein Wirkungskreis ist die personelle und fachliche Leitung der Kantonalen Verwaltungsbibliothek sowie die Leitung des St. Galler Bibliotheksnetzes. Erlauben Sie mir - meine Damen und Herren- ein paar Worte zum St. Galler Verbund, zu seiner Entstehung und seinem Ist-Zustand zu sagen. Anschließend möchte ich auf die Vernetzung von OPAC-anbietenden Bibliotheksverbünden der Schweiz eingehen. Und last but not least werde ich noch kurz unsere Wege zu einer weiteren Öffnung aufzeigen.

St. Galler Verbund

Der Grundstein zu unserem heutigen Bibliotheksverbund wurde bereits Mitte der 70er Jahre gesetzt. Er basiert auf einem kantonalen Regierungsratsbeschluß aus dem Jahre 1968. Dieser fordert einen Zentralkatalog aller staatlichen Bibliotheken des Kantons. Die Verwaltungsbibliothek wurde mit der Aufgabe betraut, ein geeignetes EDV-System für dieses Vorhaben zu evaluieren. Die Wahl fiel auf die Bibliotheksapplikation SIBIL (System informatisé pour bibliothèques). Diese wird seit Anfang der 70er Jahre von der Kantons- und Universitätsbibliothek in Lausanne eingesetzt. In den folgenden Jahren entschlossen sich weitere Bibliotheken in der Region St. Gallen, ihre Kataloge mit dem System SIBIL zu automatisieren und in einer gemeinsamen Datei zu arbeiten. Die Teilnehmerbibliotheken sind Studien- und Bildungsbibliotheken, Fachbibliotheken und interne Abteilungsbibliotheken der Behörde.

Die Verwaltungsbibliothek leitet den Verbund im bibliothekarischen Bereich. Die Systemseite wird vom kantonalen Rechenzentrum betreut. Das St. Galler Netz ist ein eher kleiner Verbund. Dennoch überschreitet es als einziges schweizerisches Bibliotheksnetz die Landesgrenze in das benachbarte Fürstentum Liechtenstein. Im Netz sind zur Zeit rund 70 Bildschirmstationen im Einsatz. Davon stehen ein Drittel dem Personal und zwei Drittel den Benutzern zur Verfügung.

Wie bereits erwähnt, ist unser Netz in erster Linie als Katalogverbund zu betrachten. Der Aufbau eines Gesamtkataloges - einer bibliographischen Datei - steht im Vordergrund. Die Katalogisierung erfolgt im klassischen Vorgehen eines „cooperative cataloguing". Es wird pro katalographischer Einheit nur eine Eingabe abgespeichert. Lokale Daten der Netzteilnehmer werden in Verwaltungszonen hinzugefügt. In unserem Netz beträgt die mittlere Überschneidungsrate rund 40 Prozent. In Fachgebieten der Rechts- und Verwaltungswissenschaften liegt diese Rate allerdings wesentlich höher. Sie erreicht in bestimmten Fällen Spitzen über 80 Prozent. So kann sich z.B. die Verwaltungsbibliothek erlauben, ohne nennenswerten Mehraufwand an Personal, die Katalogisierung für interne Abteilungsbibliotheken der St. Gallischen Verwaltung zu übernehmen.

Die Verbundkatalogisierung betrifft nicht nur die Formalerschließung, auch die Sacherschließung wird gemeinsam in analytischer Methode vorgenommen. Es wird mit kontrolliertem Vokabular in einer präkoordinierten Struktur gearbeitet. Die Publikationen können auch zusätzlich systematisch erschlossen werden. Diese Art von Sacherschließung verwendet die Liechtensteinische Landesbibliothek. Auch wird die Liechtensteinische Bibliographie mit Programmen der Applikation SIBIL ediert. Im St. Galler Verbund werden auch die Funktionen Bucherwerb und Ausleihe mit dem System SIBIL abgedeckt.

Diese Module entsprechen zwar nicht dem heutigen EDV-Standard. Für unser eher kleines Netz war es aber die einzige in Frage kommende Möglichkeit, diese Bibliotheksbereiche zu automatisieren. Eine Mischlösung, bei der die lokalen Funktionen mit einem anderen System abgedeckt werden, hätte unseren personellen wie finanziellen Rahmen gesprengt.

Die öffentlichen Bibliotheken des Regionalverbundes St. Gallen arbeiten im Sektor Bucherwerb und Ausleihe zusammen. Die Liechtensteinische Landesbibliothek läßt ihre Buchbestellungen in die gemeinsame Erwerbsdatei einfließen. Diese gemeinsame Datei wird - zusammen mit dem Gesamtkatalog - als nutzbringendes Instrument eingesetzt, die Anschaffungspolitik auf dem Platz St. Gallen gezielter zu gestalten. Für das Bibliothekspersonal besteht eine Kopiermöglichkeit innerhalb der Erwerbsdatei sowie aus den bibliographischen Dateien des eigenen Netzes, wie auch aus den zwei anderen SIBIL-Verbünden der Schweiz.

Die Bibliotheken des St. Galler Netzes bedienen sich auch einer gemeinsamen Lieferantendatei. Sie wird von der Kantonalen Verwaltungsbibliothek geführt. Ebenso steht dem Verbund eine gemeinsame Datei im Sektor Bestandsvermittlung zur Verfügung. Dieser Sektor wird durch eine dem Netz gemeinsame Leserdatei ergänzt. Die Verwaltung im Benutzer-, Ausleih- und Mahnwesen erfolgt allerdings bibliotheksspezifisch. Trotzdem sind die Ausleihungen der Teilnehmerbibliotheken von den personellen Bildschirmplätzen des gesamten Netzes abrufbar. Der Leihverkehr der Bibliotheken in St. Gallen, sowie die Fernleihe innerhalb des Netzes gestalten sich dadurch transparent. Die interbibliothekarische Medienbestellung wird im St. Galler Verbund ab der Applikation SIBIL direkt auf die Systemprinter der gebenden Bibliothek geleitet. Zudem unterstützt eine Electronic Mail die Kommunikation zwischen den Teilnehmerbibliotheken. Für das Publikum hält die Applikation SIBIL einen Online Public Access Catalogue bereit.

Ungeübte Besucher werden bei ihrer Recherche vom System Schritt für Schritt in hierarchische Entscheidungsbäume geleitet. Ein geübter Benutzer kann seine Suche mittels algorithmischer Abfrage starten. Die dritte Zugriffsart, die Boole'sche Logik, bleibt dem Personal vorbehalten. Während einer Recherche besteht die Möglichkeit, Info-Tafeln der Teilnehmerbibliotheken einzublenden. Diese Tafeln geben Auskunft über Adresse, Ausleihzeiten, Ausleihmodus, Sammelgebiete usw.

Schweizer Bibliotheksverbünde

Das St. Galler Netz ist seit Herbst 1990 mit drei anderen Bibliotheksverbünden der Schweiz via Standleitung der PTT vernetzt. Hierbei handelt es sich um eine Host-Host-Verbindung der kantonalen Rechner in St. Gallen und Basel. Der Rechner des Amtes für Informatik in Basel fungiert als Knoten für die weiteren Verbindungen zum kantonalen Rechenzentrum in Lausanne und zum Informatikzentrum der Eidgenössischen Technischen Hochschule in Zürich.

Der Benutzer, wie das Personal des St. Galler Bibliotheksnetzes, findet an ein und derselben Bildschirmstation die Möglichkeit, auf über 3,5 Millionen Titel online zuzugreifen. Dieser Zugriff wird durch ein benutzerfreundliches Einstiegsmenu redigiert. Die zugänglichen Datenbanken sind folgende:

- St. Galler Bibliotheksnetz
- Deutschschweizer Bibliotheksverbund
- Réseau des bibliothèques romandes et tessinoises
- ETHICS
- Verzeichnis der Zeitschriften in schweizerischen Bibliotheken.

Es besteht somit ein Zugriff auf acht Universitätsbibliotheken. Ausgenommen davon sind die Hochschule St. Gallen und die Universität Zürich. Gleichwohl sind in diesem bibliographischen Sammelbecken über 90 Prozent der bereits automatisierten Bibliothekskataloge der Schweiz zu finden. Innerhalb der genannten Verbünde wird die Medienbestellung zwischen den Bibliotheken zum größten Teil elektronisch abgewickelt. Zwischen den mit der Applikation SIBIL arbeitenden Verbundbibliotheken besteht die Möglichkeit eines Datentransfers.

Zugriff auf andere autonome Systeme im In- und Ausland

Darf ich nun noch auf eine wichtige künftige Aufgabe unseres Verbundes zu sprechen kommen, nämlich auf eine weitere Öffnung nach außen. Unseren Bibliotheksbenutzern bieten sich heute wohl umfassende Literaturdatenbanken an. Aus dem Blickwinkel des Nutzers jedoch erfährt dieses Angebot eine Wertminderung. Denn es fehlen uns Verbindungen zu autonomen lokalen Systemen im In- und Ausland. Auch ist der Zugriff auf unser Hostsystem begrenzt. Ein kontrollierter Einstieg von externen Benutzern ist nicht möglich. Da sämtliche Bibliotheksdaten auf dem Großrechner des Kantons laufen, ist eine Öffnung - in Form einer „open system interconnection" - aus sicherheitspolitischen Gründen nicht zu verwirklichen. Ein netzeigener Rechner wäre für den Verbund finanziell nicht tragbar.

Die einzige Möglichkeit besteht in einer weiteren, allerdings begrenzten, Öffnung gegen außen. Zu realisieren wäre diese mit einer X-25 Schnittstelle unseres Rechenzentrums und/oder mit einem Beitritt zu SWITCH, einem schweizerischen Teleinformatikdienst für Lehre und Forschung. Die Leitung des St. Galler Verbundes hat bereits mit den zuständigen Stellen Kontakt aufgenommen. Wir hoffen, in naher Zukunft eine akzeptable Lösung anbieten zu können. Denn es ist das erklärte Ziel unseres Verbundes, die Informationsvermittlung als wichtigste Leistungskomponente immer mehr in den Vordergrund zu rücken. Diesen Weg gilt es für uns zu verfolgen, um eine zukunftsorientierte Ausrichtung unseres Verbundes zu sichern.

Multimediale Bild-Text-Verfilmung am Bild- und Tonarchiv des Steiermärkischen Landesmuseum Joanneum Graz

Armgard Schiffer

Auf Einladung von Frau Dr. Brigitte Schaffer, Leiterin der Bibliothek der Pädagogischen Akademie des Bundes in Graz - EDV-Spezialistin im Bibliotheksbereich - möchte ich Ihnen eine kurze Darstellung geben von der Multimedialen-Bild-Text-Verfilmung, mit der wir zu Beginn dieses Jahres in unserem Institut begonnen haben. Frau Dr. Schaffer war in der Projektzeit auf unsere Bitte hin in die Überarbeitung unseres Datenkataloges und des Eingabemodus, den wir bis dahin in der seit 1973 laufenden textlichen Erfassung verwendet hatten, involviert, und ich bin ihr sehr dankbar für ihre wertvolle Unterstützung.

Obwohl die Einführung des neuen Systems auch auf dem Geräte-Sektor nach jahrelangem Improvisieren - wir haben auf einer IBM-Schreibmaschine begonnen - für uns einen enormen Fortschritt bedeutet, ist das nicht der Punkt, auf den es mir hier ankommt. Es wurden drei Arbeitsplätze installiert, deren Ausstattung sich wie folgt zusammensetzt:

Als Hardware kommen pro Arbeitsplatz je zwei herkömmliche Microcomputer (AT-kompatibel) zum Einsatz, die Bildaufnahme erfolgt mit einer Videokamera (Tamron-Fotofix), die die Live-Erfassung von Bildern sowohl vom Fotonegativ, als auch vom Diapositiv her ermöglicht. Die Speicherung der Daten erfolgt auf optisch-magnetischen Platten.

Es gibt heute auf dem Markt verschiedene Systeme, z.T. vielleicht auch leistungsstärkere Varianten, doch für uns stellt diese Version bereits einen großen Fortschritt dar.

Worauf es mir hier ankommt, ist etwas anderes.

Auch Kollegen in Bibliotheken und Archiven werden zunehmend damit konfrontiert, daß AV-Medien Eingang finden in ihre Sammlung, wenn es sich auch speziell im Bibliotheksbereich in der Regel um ediertes Material handelt: Im Bereich Fotografie z.B. um Postkarten oder Dia-Serien, im AV-Bereich um Videobänder, im Schallbereich um Schallplatten.

In einer Mediathek unseres Zuschnittes - hier ein erster markanter Unterschied - ist das eingehende Material in der Regel unediert, die Ausnahme liegt bei ca. 10 Prozent, und die Erfassungsdaten müssen daher vom Sachbearbeiter eruiert werden.

Ein zweiter nicht unwesentlicher Unterschied speziell zu den Printmedien scheint mit darin zu bestehen, daß es für die Katalogisierung von unedierten AV-Medien keine verbindlichen Katalogisierungsvorschriften oder Regelwerke gibt, es gibt lediglich ansatzweise Versuche in verschiedenen Normen, die jedoch auf die spezifischen Besonderheiten von AV-Material nicht hinreichend eingehen.

Wir haben uns - und in dieser Gruppe habe ich Frau Dr. Schaffer vor Jahren kennen und schätzen gelernt - bei der Erarbeitung der ÖNORM A 2653: „Regeln zur formalen Erfassung audio-visueller Medien" bemüht, auf gewisse spezielle Anforderungen im AV-Bereich einzugehen, und wir haben uns dementsprechend nun bemüht, unseren Eingabemodus bei der Bild-Text-Verfilmung auf die aus der Praxis des Umganges mit dem Material erforderlich erscheinenden Besonderheiten abzustimmen.

Bevor ich Ihnen unsere Erfassungs-Strategie näher erläutere, möchte ich noch kurz unser Sammlungsgebiet auf dem Sektor Fotografie in einigen Worten charakterisieren, damit Sie sich eine Vorstellung von der Dokumentationsbreite machen können: Die Fotothek des Bild- und Tonarchivs am Landesmuseum-Joanneum in Graz beherbergt umfangreiches Material zur Kunst- und Kulturgeschichte des Landes Steiermark und verfügt über eine regionale Ortsbild- und Porträt-Sammlung. Im Laufe von drei Dezennien konnte überdies eine fotohistorische Sammlung aufgebaut werden, die die Entwicklung des Mediums Fotografie - von seiner Erfindung im Jahre 1839 an- in Beispielen belegt. Die zeitgeschichtliche Sammlung des Institutes ist bewußt gesamtösterreichisch in den historischen Grenzen und medienübergreifend angelegt. Der große Bereich der professionellen und amateurmäßigen Reisefotografie reicht schließlich von Afrika bis Alaska und von Japan bis Amerika.

Doch nicht nur die Breite des inhaltlichen Spektrums im Bildarchiv, sondern ebenso die physische Verschiedenartigkeit der Sammlungsobjekte ist groß und stellt spezifische Anforderungen bei der katalogmäßigen Erfassung, umsomehr als die physische Erscheinungsform wichtige fotohistorische Informationen enthält. AV-Medien sind Informationsträger besonderer Art.

1. Sie sind geräteabhängig, entweder nur im Hinblick auf ihre Entstehung, wie „Fotografien", oder im Hinblick auf ihre Benützung, wie z.B. Stereo-Fotografien, Diapositive, der Film, das Videoband, das Tonband und die Schallplatte.

2. Die physische Gestalt von AV-Medien ist material- und verfahrensbedingt. Als Trägermaterialien im fotohistorischen Bereich begegnen uns Papier, Glas und Zelluloid im Regelfall, spezielle Sonderformen befinden

sich auf Silber oder verkupfertem Silber, auf Blech, Leinwand oder Porzellan. Erst seit der Erfindung des Sicherheitsfilmes in der Zwischenkriegszeit unseres Jahrhunderts verdrängte der Azetatfilm langsam das Glas und die Zellulose als Trägermittel im Negativbereich.

Die Breite des Spektrums der chemischen Verfahren soll nur ganz kursorisch in Aufzählung der vier wichtigsten Entwicklungen in diesem Bereich angedeutet werden, beginnend mit der Daguerreotypie, der Talbot- oder Kalotypie, dem nassen Kollodium-Verfahren und schließlich dem seit 1880 vorherrschenden Bromsilber-Gelatine-Verfahren. Im Positivbereich zusätzlich „Druckverfahren".

Abgesehen davon, daß es sich bei der Feststellung dieser Daten um wichtige fotohistorische Merkmale handelt, läßt sich aufgrund von Trägermaterial und Verfahren bei historischen Aufnahmen, bei denen zumeist eine genaue Datierung fehlt, doch wenigstens der Entstehungszeitraum ermitteln.

In diesem Zusammenhang möchte ich auf eine weitere Schwierigkeit hinweisen, mit der wir zu kämpfen haben. Es ist nicht nur in erster Linie unediertes Material, mit dem wir es zu tun haben, sondern auch der Identifizierungsgrad ist vielfach ein sehr niedriger. Dies gilt vor allem im Bereich der historischen Fotografie, die aus Sammlungsankäufen, aus Nachlässen erworben wird, oder aus Privatbesitz und in Form von Schenkungen an uns kommt. Ein großer Teil des Archivmaterials verfügt demnach weder über eine Autorenangabe, noch über die Angabe des Entstehungsortes oder das Entstehungsdatum. Die Beschreibung kann sich dann nur auf das im Bild Sichtbare beschränken, ergänzt durch die beschriebenen physischen Daten.

Während in der bisherigen Erfassungspraxis lediglich die inhaltliche Erschließung berücksichtigt wurde, haben wir nun - im Einklang mit dem wachsenden Medienbewußtsein in den letzten Jahren und mit der Erkenntnis der großen kulturgeschichtlichen Bedeutung dieses Materials, - auch die notwendige Beschreibung der physischen Erscheinungsform der Fotodokumente in unser Erfassungsschema aufgenommen.

Das Projekt der Bild-Text-Verfilmung in unserem Institut wurde gemeinsam mit dem Institut für Informationsmanagement der Forschungsgesellschaft Joanneum, mit Herrn Univ. Doz. Dr. Walter Koch, entwickelt, die Anwender-Software wurde von ihm in einer 4GL-Sprache konzipiert. Neben einem Benutzerhandbuch, das mitgeliefert wurde und in dem das Programm beschrieben ist, haben wir abteilungsintern ein Handbuch für die Beschreibung aufgelegt, für alle Mitarbeiter zum Nachschlagen und für neue Mitarbeiter zum Einarbeiten.

Die Bild-Text-Eingabe erfolgt mit Hilfe von fünf Bildschirmmasken, die jeweils zusammen eine Bildbeschreibung ergeben. Die Aufteilung in 5 Teilstücke entspricht fünf Datengruppen, doch das Faktum, daß sie nacheinander aufgerufen werden, ergab sich aus Platzgründen und ist lediglich in Berücksichtigung der Bildschirmgröße erfolgt. An erster Stelle steht die Benützungsanleitung für die 1. Maske Foto, in der das Fotodokument als physisches Objekt erfaßt wird. Sie enthält vorab die Identifizierungs- und Entstehungsdaten inkl. Aufnahmedatum, sodann die technische Beschreibung als Negativ oder Positiv (Trägermaterial, Verfahren, Masse) und eventl. Aufnahme-Besonderheiten z.B. Flugaufnahme. Es folgen die Angabe über Herkunft, Besitz, Bildrechte, Anschaffungsdatum.

Die drei weiteren Masken sind ebenfalls Text-Masken. Sie enthalten die inhaltliche Beschreibung und die Inhaltserschließung. Die Benützungsanleitung für die zweite Maske enthält den Ländercode, den dargestellten Ort, Bauwerk etc. und die Titelangabe, wobei der Titel in der Regel fingiert werden muß. Hier wurde ein ziemlich breiter Raum vorgesehen, der noch durch sogenannte Rollfelder erweitert werden kann (d.s. Listen gleicher Felder in einer Maske, in denen geblättert werden kann, wenn es mehr Sätze als Zeilen gibt) sowohl im Bereich des Titels, als des Zusatzes und der Beschreibung. Bei Live-Aufnahmen (Ereignisfotografie, Zeitgeschichte, aktuelle Porträtaufnahme) erfolgt die gesamte inhaltliche Beschreibung hier.

Die dritte Maske bietet die Möglichkeit - dem Charakter der Fotografie als Reproduktionsmedium Rechnung tragend - ein im Bild dargestelltes, von Menschenhand geschaffenes, z.B. künstlerisches od. technisches Erzeugnis (Bauwerk, Gemälde, Gefäß etc.), unter der Angabe des Standortes z.B. in einer Sammlung zu beschreiben, den Autor des Werkes, die Werkstatt, Material und Herstellungstechnik, Entstehungsort und -datum anzugeben.

Die letzte Text-Maske enthält unter dem Namen Sacherschließung die eigentlichen Suchbegriffe in Form von fixen Thesaurusworten, die in Form einer Liste eingespeichert sind und zusätzlich in Form von frei wählbaren Schlagworten. Der Schlagwortbereich ist weiter untergliedert in vier Bereiche: geografische, zeitliche, auf die Person bezogene und sonstige Schlagworte. Sie können zwar frei vergeben werden, müssen jedoch von Zeit zu Zeit im Rahmen der Datenpflege auf ihre Trefferquote hin überprüft werden und eventuell, im positiven Fall, dann in den Thesaurus aufgenommen werden.

Diese kombinierte Suchstrategie, die mit anderen Begriffen der Eingabe- z.B. Fotograf - nach Belieben angereichert werden kann, bietet eine breite Abfragemöglichkeit und ein der thematischen Vielfalt der Sammlung entsprechendes Splitting im Eingabe-Abfrage-Geschehen. Das System entspricht so in seiner Flexibilität der pluralistischen Vielfalt von Inhalten und Aspekten, die speziell für die Massenmedien im AV-Bereich signifikant sind.

Einer anderen Eigenart des fotografischen Materials wurde zusätzlich in der Möglichkeit Rechnung getragen, für eine ganze Bilderserie z.B. die gleichbleibenden Daten in einem Konstantsatz abzuspeichern, der auf Tastendruck bei jeder neuen Aufnahme hereingeholt werden kann.

Die fünfte Maske ist die Bild-Maske. Sie kann an jeder Stelle der Aufnahme eingeblendet werden, und nach Eingabe der Nummer und des Pfades kann das Bild auf dem zweiten Bildschirm angesehen werden. Nach der Bild-Korrektur im Life-Modus wird es abgespeichert und kann zur Betrachtung oder zum Ausdruck unter der Aufnahme-Nummer, zugleich mit dem Text, wieder geholt werden. Zur Betrachtung können verschiedene Bildgrößen eingestellt werden, so daß auch mehrere Bilder zum Vergleich nebeneinander gestellt werden können.

Grundsätzlich ist das Programm aufgeteilt in drei Komponenten:

1. Suchen - 2. Bearbeiten - und Neuaufnahme.

Die aufgrund des hier beschriebenen Systems möglich gewordene kombinierte und simultane Text-Bild-Erfassung markiert einen Entwicklungsschritt im Archiv, der in seiner Tragweite wahrscheinlich zunächst nur von jenen erkannt wird, die ständig mit Bildern umgehen und arbeiten.

Bilder ermöglichen einen sinnlichen Zugang zu realen, zumeist vergangenen Erscheinungen und vermögen wortlos eine ungeheure Fülle von Details zu vermitteln, die verbal schlechthin unvermittelbar sind. Bilder wollen betrachtet, befragt und vielfach hinterfragt werden.

Dasselbe gilt auch für die übrigen AV- Medien in deren jeweils für sie geltenden Abbildungsbereichen. Obwohl in Zukunft in unserem Archiv alle Medienbereiche auch das Film-, Video- und Tonarchiv EDV-mäßig aufbereitet werden müssen, lag es nahe, mit den Beständen der Fotothek zu beginnen, da in diesem Bereich in unserem Haus ein enormes zahlenmäßiges Übergewicht vorhanden ist. Über eine halbe Million inventarisierte Negative, über 50.000 inventarisierte Fotopositive und ca. ebenso viele Diapositive mit einer jährlichen Zuwachsrate von rd. 20.000 Aufnahmen bewirken ein rasches Ansteigen der Zahl, aber auch des Zugriffsproblems. Die EDV-Texteingabe in Verbindung mit der Mikroverfilmung der Bestände wäre eine Zwischenlösung, die etwas gebracht hat, aber doch zu umständlich war, um schrecklich lange Suchprozesse zu vermeiden.

Neben der Erleichterung im internen Betrieb erwarten wir eine wesentlich gesteigerte und auch eine gezieltere Öffentlichkeitsarbeit, wenn das

Archiv in Form von Katalogen und schwerpunktmäßig ausgedruckten Angeboten zu aktuellen Themen tätig werden kann.

BIBOS am integrierten Arbeitsplatz

Christa Reich

Was ist ein integrierter Arbeitsplatz?

Viele Tätigkeiten, die im Laufe eines Arbeitstages in einer Bibliothek erledigt werden müssen, verlangen nach unterschiedlichen Medien: Man recherchiert und benützt dazu den Zettelkatalog, fragt eine Online-Datenbank ab und benützt dafür ein Terminal, gibt Antwort auf Anfragen und greift zum Telefon, erstellt in einem Textverarbeitungssystem eine Information und verschickt sie mit der Hauspost zu einem anderen Mitarbeiter, und so weiter.

All diese Tätigkeiten von einem Arbeitsplatz aus zu erledigen, ermöglicht der integrierte Arbeitsplatz. Man benutzt Anwendungssoftware, z.B. BIBOS, Standardsoftware, z.B. ein Textverarbeitungs- oder Tabellenkalkulationsprogramm, hat vom selben Arbeitsplatz aus Zugriff zu verschiedenen Online-Datenbanken, z.B. Sowidok, APA etc., benutzt Mailingsysteme und faxt papierlos vom PC aus.

Dazu einige Beispiele:

Beispiel 1 - Rasche Informationsvermittlung:

Man erhält eine Anfrage zu einem bestimmten Thema und recherchiert in verschiedenen Datenbanken. Zuerst wird APA (Austria Presse Agentur) angewählt und nach den benötigten Informationen gesucht. Notwendig dafür ist ein APA-Anschluß. APA unterhält ein österreichweites Netz und bietet auch MIT (Medieninformationsdienst - spezifisch österreichbezogene Daten) an. Durch diesen APA-Anschluß werden laufend Daten auf eine Datenbank am PC geschickt, und aktuelle Daten werden regelmäßig nachgeliefert, das heißt, es wird nicht direkt auf eine Online-Datenbank zugegriffen, sondern auf die Daten am PC.

Hat man Informationen zum gesuchten Thema gefunden, können diese in eine Textverarbeitung oder ein Mailingsystem gespeichert werden.

Stehen noch nicht alle gewünschten Informationen zur Verfügung, kann eine Online-Datenbankabfrage (BIBOS, Sowidok, Austrodok oder andere bibliographische Datenbanken) gestartet werden. Wurde ein Suchergebnis erzielt, können diese Datensätze, wie zuvor beschrieben, in die Textverarbeitung oder das Mailingsystem dazugefügt werden.

Ebenso kann auch eine Recherche in BIBOS durchgeführt werden. Zuerst wird eine Suche in den eigenen Daten gestartet. Erhält man dort nicht das gewünschte Ergebnis, so besteht die Möglichkeit, auch in den Verbunddaten zu suchen. Auch hier kann der gesuchte Datensatz markiert, kopiert und in eine Textverarbeitung eingefügt werden. Anschließend können dem Text in der Textverarbeitung auch Bemerkungen hinzugefügt, bzw. kann der Text formatiert und verändert werden. Wurde ein Mailingsystem verwendet, können die gesammelten Informationen sofort weiterversandt werden.

Beispiel 2 - Erstellen von Informationen (z.B. Jahresbericht)

Im vorliegenden Fall dient BIBOS als Datenlieferant. Mittels Filetransfer werden z.B. Statistikdaten aus der Bibliotheksverwaltung vom Großrechner auf den PC gebracht und in ein Tabellenkalkulationsprogramm importiert. Aus diesen Daten können nun mit der verwendeten Standardsoftware Diagramme in verschiedenen Darstellungen (Linien, Kurven, Balken etc.) erstellt werden. Diese Diagramme und Tabellen können anschließend in eine Textverarbeitung zu den übrigen Berichtstexten importiert werden. Es eröffnet sich auch die Möglichkeit, eingescannte Bilder in die Textverarbeitung zu integrieren und die Berichte dergestalt zu illustrieren.

Beispiel 3 - Fernleihe mit Fax:

Als letztes Beispiel sei eine papierlose Abwicklung einer Fernleihe angeführt.

Nach den gefragten Suchkriterien wird in BIBOS recherchiert. Das Suchergebnis kann in einen Fernleiheschein, der in einem Mailingsystem oder in einer Textverarbeitung angelegt ist, integriert werden. Ist der Fernleiheschein komplett ausgefüllt, so kann er direkt vom PC aus an den Absender dieser Anfrage gefaxt werden. Dazu ist es notwendig, eine Faxkarte installiert und einen Telefonanschluß zur Verfügung zu haben. Ist der Empfänger des Faxes ebenso mit PC und Faxkarte ausgerüstet, kann die gesamte Abwicklung ohne Papier oder Ausdruck durchgeführt werden.

Diese Beispiele zeigen, daß ein integrierter Arbeitsplatz die Möglichkeit eröffnet, mit einem einzigen Medium, ohne Ortswechsel und mit geringem Arbeitsaufwand Informationen zu eruieren, weiterzuleiten oder zu verarbeiten.

Aller Anfang ist schwer: Erwerbungsprobleme in BIBOS

Rudolf Heilinger

Motto: „Überhaupt hat der Fortschritt es an sich, daß er viel größer ausschaut, als er wirklich ist." (Nestroy: „Der Schützling")

Wer als Fünfzigjähriger erstmals vor einer Computertastatur und einem Bildschirm sitzt, tut sich naturgemäß schwer. Eine alltägliche Erfahrung von EDV-Trainern und -Schülern. In meinem Vortrag wollte ich nicht so sehr meine persönlichen Schwierigkeiten im Umgang mit der EDV und dem System BIBOS schildern, sondern die Probleme herausarbeiten, die ein auf konventionellem Gebiet sehr erfahrener Bibliothekar und Erwerbungsspezialist mit dem neuen Medium hat.

- BIBOS ist äußerst schwer erlernbar; vergleichbare, modernere Systeme bieten wesentlich mehr Komfort.
- Noch immer gibt es Tage, an denen das System einfach nicht aufrufbar ist und erst nach langwierigen Reparaturen funktioniert.
- Die Antwortzeiten sind in den „Stoßzeiten" zu lang.
- Die Lieferantendatei ist so klein dimensioniert, daß längere Adressen darin keinen Platz haben.
- Seit September 1993 druckt das System drei Bestellungen auf A4 aus. Dabei wurde aber vergessen, jeder Bestellung einen Absender beizugeben, sodaß wir jeden bestellten Titel mit unserem Bibliotheksstempel versehen müssen.
- Ausgerechnet bei den Bestellungen, die dem Buchhändler alle Daten bieten sollen, wird Verschiedenes unterdrückt. Bei abhängigen Reihen unterdrückt BIBOS die Reihe, es stehen nur Punkte dort, in gewissen Fällen wird der Verlag, der ja für den Händler nicht unwichtig ist, nicht ausgedruckt.
- Änderungswünsche werden, wenn überhaupt, nur sehr langsam erfüllt.
- Die Korrekturausdrucke müssen im Rechenzentrum bestellt werden, die Verteilung gestaltet sich äußerst umständlich.
- Katalogzettelausdrucke können ebenfalls nur über das Rechenzentrum angefordert werden. Ein gravierender Mangel, da für Handbibliotheken und Spezialsammlungen noch immer Zettel benötigt werden. Könnte man von jedem PC Katalogzettel ausdrucken, wäre das eine erhebliche Erleichterung.

Manche mögen die angeführten Punkte als Kleinigkeiten betrachten, doch sind es gerade diese Kleinigkeiten, die uns das Leben mit BIBOS schwer machen. Ein Leben ohne EDV ist uns derzeit nicht mehr vorstellbar, es ist zu hoffen, daß der eine oder andere Mangel des Systems behoben wird und so der Umgang mit BIBOS, auf den wir nicht mehr verzichten können und wollen, erleichtert wird.

Der Einsatz des PC zur Weiterverarbeitung von BIBOS-Daten: Katalogzettel, Listenkatalog, Bibliographie

Klaus Niedermair

1. Vorbemerkungen

Für die Qualität einer bibliographischen Datenbank sind nicht nur eine komfortable Eingabeoberfläche und korrekt eingegebene Daten entscheidend, sondern auch die Möglichkeiten des Benutzers, über die Daten zu verfügen. Im Hinblick auf die Verfügbarkeit der Daten weist BIBOS ein Manko auf, insofern der Zugang des Benutzers zu den Daten auf die interaktive Befragung der Datenbank am Bildschirm beschränkt ist, und dieser Weg ist, was die Übertragung der Daten auf andere Medien und ihre Weiterverarbeitung betrifft, weitgehend eine Sackgasse.

Während für die Bibliothekare die bibliographische Erfassung der Bücher am Bildschirm weitreichende Vorteile bringt, scheint der Benutzer um eine Möglichkeit des Zugangs zu bibliographischen Daten ärmer geworden zu sein: die Papier- Fassung der Daten (Katalog, Bibliographien) ist für obsolet erklärt und durch den Bildschirm ersetzt, der jetzt genauso - wie früher das Papier - als konkurrenz- und alternativenloses Medium fungiert.

Ob diese Überbetonung der Bildschirms und das Defizit alternativer Ausgabemöglichkeiten ein erstes Stadium in der EDV-Umstellung ist, oder sich als Dauerlösung durchsetzen wird, sei offen gelassen. Jedenfalls wurde in der Innovationsfreudigkeit der vergangenen Jahre seit der EDV-Wende in den Bibliotheken mehr oder weniger akzeptiert, daß die Beschränkung auf den Bildschirm eine notwendige Konsequenz des informationstechnologischen Zeitalters ist und der Verzicht auf gedruckte Ausgabe der Daten ein notwendiges Übel.

Doch die sog. neuen Technologien sind nicht nur für die Datenerfassung fruchtbar zu machen, sondern sie bieten auch neuartige Techniken, was den Transfer und die Weiterverarbeitung, also die Verfügbarkeit der Daten betrifft; möglich werden nicht nur komplexere Suchmöglichkeiten, sondern auch die Datenübernahme in Form von Dateien und Druckausgabe auf Papier in vielfältigen Formaten und vor allem in schnelleren Arbeitstechniken.

Es verwundert z.B., daß von seiten der Universitäten nicht schon längst die Forderung durchgesetzt wurde, daß Benutzer eigene Rechercheergebnisse in BIBOS gespeichert auf Disketten mitnehmen können - wie das ja bei

CD-ROM-Datenbanken problemlos möglich ist. Offensichtlich bestätigt sich hierin ein Prinzip der informationstechnischen Entwicklung im Bildungsbereich, wonach Entwicklerfirmen über die Definitionsmacht von Angebot und Nachfrage verfügen, während (auch die für Planung verantwortlichen) Benutzer keine signifikanten Nachfragen stellen können, da sie vollauf damit beschäftigt sind, sich das angebotene Instrumentarium erst anzueignen.

2. Personal Computer versus Großrechner

Das festgestellte Manko, wonach in BIBOS gespeicherte Daten für den Benutzer ausschließlich über den Bildschirm verfügbar sind, scheint mit der Unflexibilität von Großrechnern zusammenzuhängen, ist darum auf seiten des Großrechners auch nicht so leicht zu beheben. Die Flexibilität der Großrechnersysteme im Hinblick auf Datenausgabe ist offensichtlich umgekehrt proportional zur Größe des Datenverbundes: je größer der Verbund, um so unflexibler erweist sich das System, wenn es um spezifische lokale Erfordernisse - speziell an der Schnittstelle System-Benutzer - geht.

Der Personal Computer auf der anderen Seite ist in den letzten Jahren immer leistungsfähiger geworden, ist einfach zu programmieren, neue Programmversionen sind ohne weiteres zu implementieren. Es liegt daher nahe, dezentrale Systeme auf PC einzusetzen, um eine individuelle Datenaufbereitung zu ermöglichen, u.d.h. jenen Bereich der Informationsverarbeitung, wo eine erhöhte Anpassung an lokale und individuelle Gegebenheiten gefordert ist - also den Bereich, wo Informationen nachgefragt, angeboten und vermittelt werden - vom Großrechnersystem auf PC zu verlagern.

Im folgenden wird ein Programm vorgestellt, das ausdrücklich auf die Weiterverarbeitung von BIBOS-Daten auf PC zugeschnitten ist. Es besteht aus mehreren IBM-3270-PCS-Routinen (1) und aus einem Turbo-Pascal-Datenbankprogramm.

3. Die Datenausgabe unter BIBOS als mögliche Schnittstelle für Datenexport

Die grundsätzliche Fragestellung für die Möglichkeit der Weiterverarbeitung von BIBOS-Daten ist: Welche BIBOS-Ausgabekanäle bieten Schnittstellen oder zumindest Anschlußstellen für Text(weiter)verarbeitung? Wie auf der Graphik skizziert, verfügt BIBOS über drei Ausgabemöglichkeiten: (1) das Bildschirmformat, (2) mehrere Druckformate (Ausgabe auf Papier oder Datei) und (3) seit Ende 1991 eine Export-Schnittstelle (MAB1-Format oder BIBOS-internes Format).

Weiterverarbeitung von BIBOS-Daten mit PC

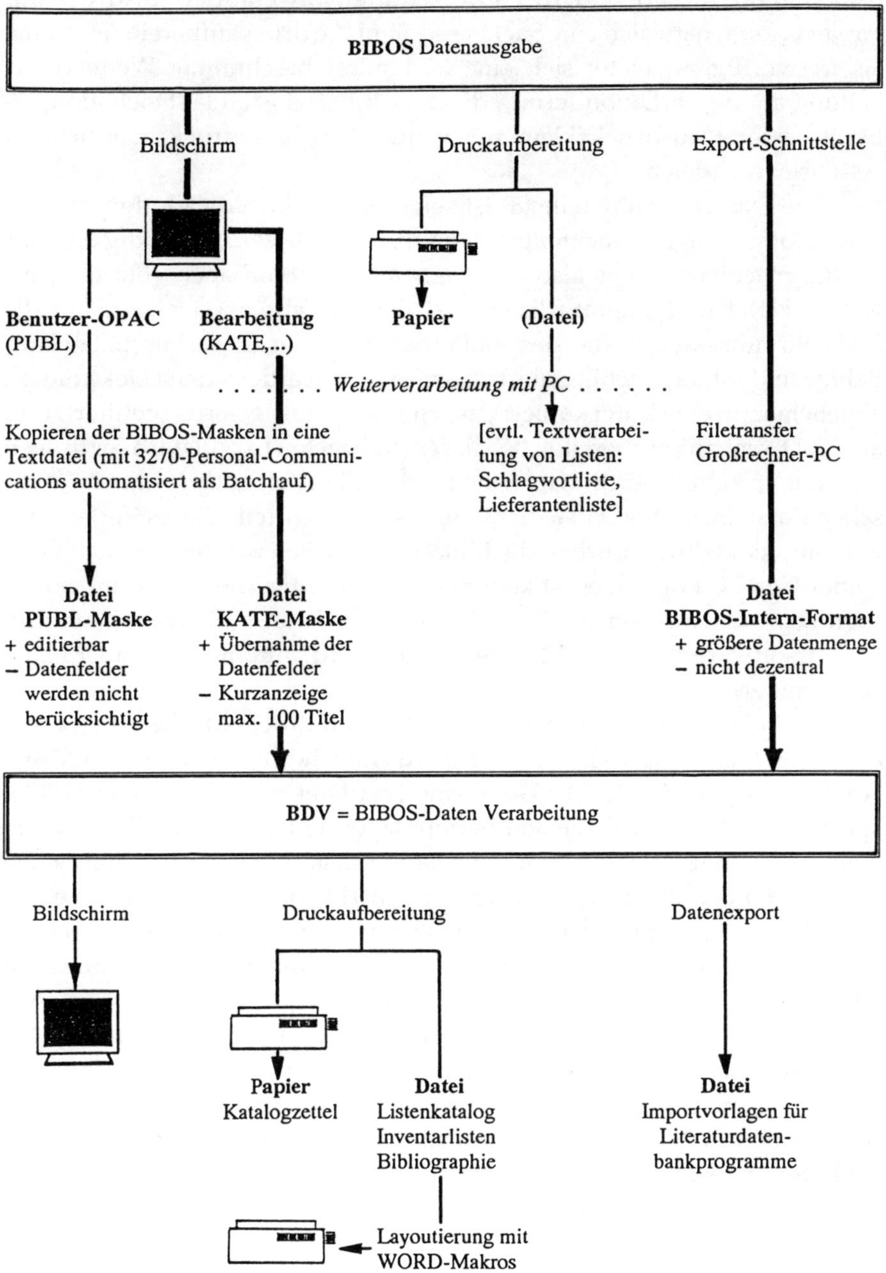

An welchen Ausgabekanälen kann nun ein Export erfolgen? Ausgabemodus (2): die BIBOS-Druckaufbereitung ist, wenn der Ausdruck auf Papier erfolgt, natürlich eine Sackgasse. Sind die druckaufbereiteten Daten als file verfügbar, bietet sich eine zumindest beschränkte Weiterverarbeitung an: durch Layoutierung diverser BIBOS-Listen läßt sich ein qualitativ besserer Ausdruck (kleinere Schriftgrößen, Laserdruck, handlicheres A4-Format) erzielen.

Die Export-Schnittstelle (3) ist selbstverständlich die Option bei größeren Datenmengen. Nachteile: sie ist umständlich, zeitaufwendig und nur zentral machbar. Wo es also um kleinere Exportvorhaben geht (z.B. für Katalogzettel und Literaturlisten), ist das Verfahren (1) angeraten: die Bildschirmmasken, in die der Bibliothekar (in der Erwerbung, Titelaufnahme und Inhaltserschließung) Daten eingibt, werden zuerst elektronisch abgelichtet (in eine Datei kopiert), anschließend ausgewertet (gefiltert) und als PC-Datenbank aufbereitet. Bei diesem indirekten Export wird sozusagen ein Abfallprodukt der Bildschirmausgabe, die ja eigentlich nur der optischen Darstellung der Daten dient, recycelt. Die Vorteile dieses Verfahrens: es ist autonom durchführbar, die Bildschirmmasken werden direkt auf den stationären PC kopiert, es ist kein file-transfer nötig, die Daten sind sofort verfügbar, das Kopieren der Bildschirmmasken kann, sofern die Kommunikationssoftware IBM-PCS-3270 verwendet wird, automatisiert über einen Batchlauf erfolgen.

Grundsätzlich bieten sich zwei Arten von BIBOS-Masken für Datenexport an (vgl. Graphik): Für einfachere Anwendungen kann die OPAC-Anzeige (die sog. PUBL-Maske) in eine Textdatei gespeichert, von BIBOS-spezifischen Bildschirmzeichen befreit, layoutiert und gedruckt werden. Nachteil ist, daß dieses Verfahren relativ umständlich ist und daß keine Datenfelder berücksichtigt werden können, d.h. daß kein Weg in eine PC-Datenbank führt. Für komplexere Anwendungen (größere Titelzahl) muß auf die KATE-Maske zurückgegriffen werden. Weitere Vorteile dabei: mit FRLO können genaue Suchklassifikationen erfolgen; in den Masken „Anzeige genutzte Titel", „Anzeige bibliotheksspez. Ang." und „Anzeige Erwerb" sind alle zu einem Buch gefragten Informationen vorhanden.

Dafür muß einmal der Export der Bildschirmmasken so weit als möglich automatisiert werden, zum anderen müssen aus den exportierten Bildschirmmasken die bibliographischen Informationen gefiltert werden.

4. Export-Routinen mit PCS-3270 (2)

Für den automatisierten Export der BIBOS-Masken kommen zwei Hilfsprogramme der Kommunikationssoftware IBM-Personal-Communications-3270 zum Einsatz:

- PCSRDSC.EXE, mit dem der Bildschirminhalt der Host-Session in eine Textdatei gespeichert werden kann, und
- PCSLOGON.EXE, mit dem die interaktive Arbeit am Host vereinfacht werden kann: Eingaben, die normalerweise der Benutzer über die Tastatur macht, um gewisse Aktionen des Hosts zu erzielen, werden aus einer Datei, der sog. Antwortdatei (response file) gelesen.

Eine Antwortdatei (mit der Extension PCS) besteht aus Einträgen (entries): Einträge sind mehrzeilige Blöcke, die zusammengesetzt sind aus einem Identifikationsstring (prompt from host), einer Kennzahl, mit der die Art der Ausführung der Befehlszeile definiert wird (einmalige Ausführung, mehrmalige, nach Ausführung Verzweigung in eine andere Antwortdatei), und einer Folge von Zeichen. Diese Zeichen werden genau dann „eingegeben", wenn der Identifikationsstring am Host-Bildschirm auftritt, also von der Kommunikationssoftware empfangen wird.

Beispielsweise ist es möglich, die KATE-Titelsuche, die üblicherweise (wenn sie erfolglos ist) von den genutzten Titeln über die nicht genutzten Titel zu den Fremddaten mit <ENTER> weitergeschaltet werden muß, mit einer parallel geladenen Antwortdatei automatisiert weiterzubefördern:

```
\\tbl 1
Titel nicht gefunden
2
[ENTER]
~
\\etbl
```

Immer dann, wenn der prompt-from-host „Titel nicht gefunden" auftritt, wird automatisch <ENTER> „gedrückt", also auf die nächste Suche weitergeschaltet; die Kennzahl 2 bürgt hier dafür, daß dieser Befehl immer wieder ausgeführt wird.

Der Export der KATE-Masken läßt sich im Prinzip analog bewerkstelligen: immer, wenn die Maskenetiketten „Anzeige genutzte Titel", „Anzeige Erwerb" oder „Bibliotheksspez. Ang" als host-prompt auftreten, kann mit Hilfe des Programms PCSRDSC.EXE eine Kopie des ganzen Bildschirms auf eine Textdatei veranlaßt werden. Es empfiehlt sich, den Kopierbefehl in einer DOS-Batchdatei (z.B. EXPORT.BAT) zusammenzufassen:

```
ECHO OFF
PCSRDSC =a >> BIBOS.TXT
```

Wenn nun in einer Befehlszeile einer Antwortdatei der Befehl [SHELL EXPORT] vorkommt, wird der aktuelle Bildschirm an die Datei BIBOS.TXT angehängt. Eine exakte Ablaufsteuerung muß dafür sorgen, daß die richtigen Masken in der richtigen Reihenfolge kopiert werden: die Informationen der Formalerschließung (u.U. über mehrere Seiten), der Sacherschließung (wenn vorhanden), die Exemplarangaben (hier gibt es in manchen Fällen eine Kurzanzeige mehrerer Exemplare). Gestartet wird der KATE-Export mit dem Set KATEXP*.PCS.

Dazu gibt es noch einige Verfeinerungen, von denen zwei genauer dargestellt werden sollen. Eine betrifft den *Export der übergeordneten Titel von sog. U-Sätzen* (Bandaufträgen). Es entspricht der Hierarchisierung und Datensatzökonomie unter BIBOS, daß bei U-Typen nur eine Kurzform der übergeordneten Titel verfügbar ist (die Kategorien 459 und 459A). Für den OPAC ist die unvollständige Anzeige von U-Typen sicherlich nachteilig, genauso für den Geschäftsgang, wenn z.B. Lieferanten fehlende Angaben auf den Bestellausdrucken monieren (es fehlen Verlag und ISBN des Gesamttitels). Auf PC-Ebene ist eine Zusammenbindung von Bandauftrag und Gesamttitel leichter zu machen: dafür muß allerdings auch der Gesamttitel exportiert werden.

Ein Export der übergeordneten Titel erfordert folgende Schritte. Die nach dem ersten Exportlauf erzielte Textdatei wird mit dem Hilfsprogramm BDVTYPU.EXE nach U-Typen durchsucht, deren BIBOS-Dokumentennummer in der Datei HIEREXP.TXT protokolliert werden. Mit einer eigenen Hierarchie-Export-Routine HIEREXP*.PCS (=HIERarchie-EXPort) werden nun sukzessive alle protokollierten Dokumentennummern abgearbeitet: der U-Typ wird über diese Nummer gesucht und mit F6 in seiner hierarchischen Verknüpfung angezeigt; sofern die Masken der übergeordneten Titel für eine vollständige Anzeige des Bandauftrags notwendig sind, werden sie exportiert.

Eine weitere Verfeinerung des Verfahrens ist die Möglichkeit, *Such- und Exportläufe zu stapeln*. Ein Nachteil von BIBOS ist, daß bei einer Trefferzahl von mehr als 100 Titel die Treffermenge nur durch deren Teilung in Untermengen in den Griff zu bekommen ist, also bspw. monatweise und sogar tageweise zu staffeln und jeweils einzeln zu exportieren ist.

Dieses Problem kann auf folgende Weise gelöst werden: nachdem die Gesamtsuchmenge auf mehrere Suchprofile aufgeteilt ist, werden die dazu nötigen Suchstrings in die Datei STEXP.TXT geschrieben; nun wird die Routine STEXP*.PCS (=STapel-EXPort) gestartet: aus der Suchstringdatei wird sukzessive ein Suchstring gelesen und in FRLO für die Suche eingesetzt; alle angezeigten Titel werden samt evtl. hierarchischen Titeln mit den

Routinen KATEXP*.PCS und HIEREXP*.PCS exportiert; ist das Ende der Kurzanzeige erreicht, wird wieder in FRLO zurückgeschaltet, der nächste Suchstring wird eingelesen, worauf nach diesem gesucht und exportiert wird usw. Auf diese Weise können auch größere Exportvorhaben realisiert werden, wobei der zum Export eingesetzte PC mehrere Stunden allein laufen kann.

5. BDV - Allgemeines

BDV (=BIBOS-Daten-Verarbeitung) ist konzipiert für den Import von BIBOS-Daten und die flexible Weiterverarbeitung von BIBOS-Datensätzen auf PC-Ebene. Die Importfunktion von BDV verfügt über zwei Schnittstellen: (a) Import von BIBOS-Bildschirmmasken (die sich als Resultat der oben dargestellten PCS-Routinen ergeben) und (b) Import von BIBOS-Daten im BIBOS-internen Format. (3)

Der Import der BIBOS-Bildschirmmasken macht sich die Tatsache zunutze, daß die Datenfelder immer an gleichen Zeile-Spalte-Koordinaten zu finden sind, wodurch ein maschinelles „Lesen" der Bildschirmmasken mit differenzierten Filter- und Auswertungsroutinen möglich wird.

Grundsätzliche Überlegungen erforderte das zu verwendende Datenbankkonzept. Einmal wegen der Kategorienvielfalt der Katalogisierung unter BIBOS: Hier war es naheliegend, einige Kategorien zusammenzulegen; bspw. werden 451, 451A, 456 und 457 sofort mit den nötigen Interpunktionszeichen versehen und in ein Datenfeld zusammengepackt, als „451 ; 456 : 451A ; 457". Eine Zusammenlegung ist ja grundsätzlich für alle jene Kategorien gerechtfertigt, die in BIBOS in ein und derselben Indexdatei vorkommen (also bzgl. Suchbarkeit nicht unterscheidbar sind).

Eine weitere Schwierigkeit liegt im Tatbestand, daß BIBOS-Datensätze im Hinblick auf Feldlänge sehr stark variieren: so kann in einem Datensatz ein Feld überhaupt leer sein, in einem anderen z.B. 300 oder mehr Zeichen aufweisen. Würde man nun eine dBASE-ähnliche Datenbankstruktur verwenden, wo jedes Datenfeld mit einer konstanten Feldlänge definiert wird und dazu noch Indexdateien angelegt werden müssen, so wären die resultierenden Dateien sehr groß, wobei in den meisten Datenfeldern nur Leerzeichen enthalten wären. Darum wurde ein etwas ungewöhnliches Datenbanksystem entwickelt, in dem sowohl auf feste Feldlängen als auch auf herkömmliche Indexdateien verzichtet wird.

Die Datenbank wird mit 12 verschiedenen Dateien verwaltet: eine Kurztitel-Sortierdatei *.IND (enthält alphabetisch sortierte Kurztitel), eine Haupt- oder Katalogdatei *.KAT, 9 Datendateien *.D01 bis *.D09 und die Abstract-Datei *.ABS.

In der IND-Datei steht neben dem 50-Zeichen-Kurztitel die Satznummer des Titels in der KAT-Datei. Beim Programmstart werden alle Einträge der IND-Datei durchlesen und über Pointer gespeichert: Da somit die Kurztitel im Arbeitsspeicher geladen sind, ergibt sich die Möglichkeit einer sehr schnellen Kurztitelsuche. Die KAT-Datei, auf deren Einträge über die Pointer zugegriffen wird, besteht aus Feldern mit konstanten Längen und aus Satznummern, die angeben, wo die 30 Kategorien in den Datendateien stehen: fix ist bereits, in welcher der Datendateien eine bestimmte Kategorie steht; ist die betreffende Kategorie leer, wird als Positionsnummer 0 verwendet. In den Datendateien steht nur der Feldinhalt, ein Endzeichen und die KAT-Satznummer des Titels, zu dem das Feld gehört. Dadurch wird eine äußerst sparsame Speicherung der Daten möglich. Bei Suchoperationen wird je nach Suchkategorie nur in einer Datendatei gesucht: wird z.B. nach dem Verfasser gesucht, so wird nur die Datei *.D01 nach dem String durchsucht; bei einem Treffer kann über die dort angegebene Satznummer auf den Eintrag in der KAT-Datei zurückgegriffen werden; zum Aufbau der Titelanzeige werden dann die Datenfelder aus den Datendateien gelesen.

In BDV ist mit einem auf ca. 580 kB freien Arbeitsspeicher konfigurierten PC eine Verwaltung von bis zu 4000 Titeln möglich. Nachteilig wirkt sich diese Dateienstruktur bei größeren Datenbanken nur auf die Suchzeit aus (je nach Schnelligkeit des Speichermediums); ein weiterer Nachteil ist, daß die Felder mit dem auf 254 Zeichen begrenzten Datentyp *string* verwaltet werden, was (obzwar selten) eine unbeabsichtigte Trunkierung von Datenfeldern bewirkt.

6. Ausgabeformate von BDV

BDV verfügt über drei, speziell auf bibliothekarische Anliegen abgestimmte Ausgabeformate: (1) Katalogzettelausdruck; (2) Listenkatalog und (3) Bibliographie. Dazu kommen noch einige Datenexportformate. (4)

Der dezentrale *Katalogzetteldruck* ist interessant für jene bibliothekarischen Bereiche, wo die Weiterführung eines Zettelkatalogs gefragt ist. Der Arbeitsablauf ist dabei folgender: die Katalogisate einer bestimmten Zeitspanne werden in BIBOS-FRLO mit STD2 und IDAT gesucht, mit der PCS-Routine exportiert (samt hierarchischen Titeln), in BDV importiert und von dort auf Endlospapier oder Katalogkärtchen ausgedruckt. Vor dem Ausdruck muß der Standort definiert werden (so können Exemplare mit anderen Standorten ausgeschlossen werden), ferner können optionell Zettel für Nebeneintragungen und Verweisungen unterdrückt werden.

Der (2) *Listenkatalog* ist im Prinzip ein in Listenform ausgedruckter alphabetischer Katalog, der in einem Alphabet die Haupteintragungen,

Nebeneintragungen und Verweisungen enthält. Im Unterschied zum Zettelkatalog erhalten Haupteintragungen eine durchlaufende Numerierung, auf die in den Nebeneintragungen (unter Verzicht auf eine Wiederholung der Haupteintragung) Bezug genommen wird. Auf dieselben Referenznummern wird auch im anschließenden Schlagwortregister verwiesen: dieses enthält alphabetisch sortiert alle Grundketten und Permutationsketten (mit Ausnahme jener, an deren Beginn ein sog. Formalschlagwort stehen würde). Anwendungsbereiche wären monatliche Zuwachsverzeichnisse (differenziert nach Standort oder Sachgruppe) oder sonstige Listen. (5)

Die Verarbeitung geschieht in zwei Schritten: in BDV wird das Ausgabeformat Listenkatalog aktiviert, worauf drei Ausgabedateien erstellt werden: eine Datei mit den durchnumerierten Haupteintragungen aller exportierten Titel, eine weitere mit allen Nebeneintragungen und Verweisungen, und eine dritte mit den Schlagwortketten in bereits permutierter Form.

Der zweite Schritt wird in MS-WORD mit dem Makro BDV-Listenkatalog ausgeführt: dabei werden die Dateien sortiert, sodann werden mit Hilfe verschiedener Hilfsprogramme Nebeneintragungen bzw. Verweisungen und Schlagwörter kumuliert und in Gliederungsebenen geordnet; schließlich werden die verschiedenen Absatzformate zugewiesen bzw. Zeichen formatiert und automatisch getrennt. Endet das Makro, so dürfte (wenn alles glatt gelaufen ist) nur mehr die Kopfzeile einzugeben sein.

7. Speziell zum Ausgabeformat Bibliographie

Die Verarbeitung von bibliographischen Daten zu einer Bibliographie ist ein Bereich, der die Fruchtbarkeit der EDV für das Bibliothekswesen sehr gut unter Beweis stellt. Den Hauptanteil der dabei anfallenden Informationsverarbeitung kann tatsächlich der Rechner übernehmen - unter der Voraussetzung, daß qualifizierte Daten und die geeignete Software vorhanden sind. Daß dies auch in bezug auf BIBOS-Daten zutrifft, hat sich im Zuge des Exports von BIBOS-Daten und deren Weiterverarbeitung für den Tirolensienkatalog 1991 gezeigt. (6)

Der Computer generiert eine Datei mit den durchnumerierten und nach Sachgruppen geordneten Titelanzeigen samt Sachgruppenüberschriften, verteilt die Kategorien in Registerdateien und gestaltet dann mittels MS-WORD Makros auch weitgehend noch das Layout der Bibliographie. Die einzig gefragte menschliche Informationsverarbeitung ist das Prüfen des in permutierter Form ausgegebenen Titelregisters: Eintragungen, die mit einem Artikel oder anderen nicht sinntragenden Wörtern beginnen, werden zwar weitgehend über eine Stopwortliste durch das Programm eliminiert, jedoch muß der Bearbeiter der Bibliographie zusätzlich das ganze Titelregister durchsehen und entscheiden, welche Einstiege für eine Suche nicht sinnvoll und also zu löschen sind.

Das Design einer Bibliographie sollte die Komplexität der Katalogisierung abbilden und so weit als möglich für die Aufbereitung der bibliographischen Informationen nutzbar machen. Insbesondere sollten die nach RAK erforderlichen Nebeneintragungen und Verweisungen für Personen und Körperschaften über Register als Sucheinstiege angeboten werden. Im Zeitalter des Online-Katalogs sind Nebeneintragungen u.ä. aufgrund multidimensionaler Sucheinstiege zwar nicht besonders sinnvoll, fast alle Datenfelder sind indexiert und suchbar - jedoch in der bibliographischen Aufbereitung der Datenbank erweist sich das System von strukturierten Datenfeldern, insbesondere von Nebeneintragungen und Verweisungen, als ideale Grundlage für die maschinelle Weiterverarbeitung der Daten, vor allem im Hinblick auf die Verteilung der Datenfelder in einzelne Register.

In den Titelanzeigen der Bibliographie werden die Titel, gegliedert nach den Sachgruppen der Deutschen Bibliographie, mit durchlaufender Numerierung angeführt. Innerhalb der Sachgruppen sind die Titel alphabetisch geordnet. Ist ein Titel mehreren Sachgruppen zugeordnet, so steht die Hauptaufnahme in der ersten Sachgruppe, während in den anderen Sachgruppen auf die Referenznummer der Hauptaufnahme verwiesen wird.

Der Titelaufnahme folgen, gekennzeichnet durch SW und in Kursivschrift, die Schlagwortketten. Abschließend werden unter SIG die Signaturen und Standorte aller vorhandenen Exemplare dieses Titels verzeichnet.

Im Autorenregister werden alle an einem Werk beteiligten Personen angeführt (Haupt- und Nebeneintragungen) sowie alle abweichenden Namensformen (Verweisungen). Ähnliches gilt für das Körperschaftsregister. Die Entscheidung, überhaupt ein separates Register für Körperschaften einzurichten, gründet sich auf die Prinzipien der RAK, in denen die Körperschaften allgemein als wichtiges formales Beschreibungsmerkmal gelten. Als Körperschaften können demnach nicht nur Organisationen, Institutionen und Körperschaften (in der gebräuchlichen Bedeutung) gesucht werden, sondern auch Kongresse, Symposien und dergleichen mehr.

Das Titelregister enthält alle Hauptsachtitel, alle Permutationsformen der Hauptsachtitel als Stichwörter (wobei für die Suche irrelevante Formen wie gesagt händisch eliminiert werden), alle Nebeneintragungen zum

Hauptsachtitel und die Gesamttitel gezählter Reihen mit Verweis auf die Stücktitel.

Das Schlagwortregister enthält neben den Grundketten auch alle Schlagwortketten, die durch Permutation der Glieder einer Kette entstehen - mit Ausnahme jener Permutationsketten, an deren Anfang ein Formalschlagwort stehen würde. Im Register wird nicht zwischen Grund- und Permutationsketten unterschieden: Die entsprechende Grundkette (deren Syntax eine nicht unwesentliche Zusatzinformation zum Inhalt des Buches enthält) kann der Titelanzeige entnommen werden.

Für das Ausgabeformat Bibliographie werden in BDV 6 Ausgabedateien erzeugt. Einerseits jeweils eine Datei für die Titelanzeigen, Autoren-, Körperschafts-, Titel- und Schlagwortregister, die dann mit dem WORD-Makro BDV-Bibliographie layoutiert werden. Andererseits wird auch eine Protokolldatei ausgegeben, in der alle BIBOS-Dokumentennummern der angezeigten Titel zusammen mit der jeweiligen Referenznummer in der Bibliographie ausgegeben werden. Diese Datei wird dann dazu verwendet, um mit einer 3270-PCS-Routine alle in der Bibliographie verzeichneten Titel in BIBOS über die Dokumentennummer zu suchen und zu kennzeichnen. So wurden alle im Tirolensienkatalog 1991 angezeigten Titel in der bibliotheksspezifischen BIBOS-Kategorie 751 markiert mit „9cTirKat/1991, <Referenznr.>" (trunkiert suchbar in der Kategorie 100).

Anmerkungen

(1) IBM-Personal-Communications-3270 (im folgenden IBM-PCS-3270) ist die Kommunikationssoftware der an den Universitätsbibliotheken installierten PC, die an BIBOS angebunden sind.

(2) Für eine detaillierte Darstellung der PCS-3270-Exportroutinen vgl.: K. Niedermair: Datenexport aus BIBOS zur Erstellung von Literaturlisten und Bibliographien. In: Mitteilungen der Vereinigung Österreichischer Bibliothekare, 44 (1991) 3/4, S. 52-61.

(3) Zusätzlich gibt es noch das BDV-Zeilenformat (Aufreihung der Kategorien ähnlich wie der KATE-Anzeige in BIBOS). Durch Zusatzprogramme bzw. MS-WORD-Makros können download-Dateien, z.B. aus CD-ROM-Datenbanken, in das BDV-Zeilenformat transformiert und in BDV importiert werden.

(4) Unter anderen: Export der Titel in Form einer ASCII-Datei, womit Importe in andere Literaturdatenbankprogramme möglich werden. Dabei sind die BIBOS-Kategorien auf einige wenige, für wissenschaftliche Zwecke hinreichende Datenfelder reduziert. Interessenten sind hauptsächlich Institute, welche ihre Literaturbestände dezentral und auf PC verwalten wollen, evtl. mit eigener Sacherschließung, Dokumentation u.ä.

(5) Genügt ein bescheidener Ausdruck, so kann eine Titelliste auch direkt an einen angeschlossenen Matrixdrucker ausgegeben werden.

(6) Karin Heller, Klaus Niedermair, Maria Seißl: Tirolensienkatalog. Zuwachsverzeichnis der UB Innsbruck für das Jahr 1991. Innsbruck (Wagner) 1992.

Kommission für Amts- und Behördenbibliotheken

Kommission für Amts- und Behördenbibliotheken Tätigkeitsbericht für die Funktionsperiode 1990 - 1992

Zu Beginn dieser Funktionsperiode fanden vergleichsweise wenige Sitzungen der Kommission für Amts- und Behördenbibliotheken statt, da keine wirklich brennenden Problemstellungen vorlagen.

Diese Situation änderte sich jedoch rasch im Zusammenhang mit dem Vorhaben der Bundesregierung, Arbeitsplatzbewertungen in den Zentralleitungen anzufordern, um die Auswirkungen auf die Besoldungsreform zu überprüfen. Damit verbunden war die Einholung von Arbeitsplatzbeschreibungen.

Da die Mitglieder der Kommission für Amts- und Behördenbibliotheken teilweise überhaupt keine Kenntnis von diesem Vorhaben hatten und sie von den übergeordneten Stellen nicht oder nur teilweise informiert worden waren, mußte in der Kommission auf die Konsequenzen, die diese Arbeitsplatzbeschreibung für die Informationsvermittler/Bibliothekare in den Zentralstellen des Bundes haben kann, hingewiesen werden.

In ersten Stellungnahmen wurde das Problem aufgearbeitet und festgestellt, daß das Berufsbild der Informationsvermittler nicht mit dem des Beamten der allgemeinen Verwaltung vergleichbar ist. Neben der weitaus umfassenderen und zeitaufwendigeren Ausbildung (bei gleichen Anstellungserfordernissen) ist eine Gleichstellung mit den Beamten der allgemeinen Verwaltung gemäß der von der Bundesregierung vorgegebenen Arbeitsplatzbeschreibung nicht möglich, sodaß eine Disqualifizierung automatisch erfolgen muß.

Es war und ist nun ein Ziel der Kommissionsarbeit, Mittel und Wege aufzuzeigen, die geeignet erscheinen, dieses Ungleichgewicht zu relativieren, indem eine Punktation erarbeitet wird, in der die Notwendigkeit und die positiven Seiten der informationsvermittelnden Tätigkeit für die Gesamtheit der Mitarbeiter der Zentralstellen herausgearbeitet wird, weiters nach Möglichkeiten gesucht wird, diese positiven Aspekte publik zu machen, um damit eine Verbesserung des Images der Bibliothekare weg vom rein verarbeitenden zum schöpferisch produzierenden, in der Zentralstelle voll integrierten, mitdenkenden Mitarbeiter zu erreichen.

Arbeitsgruppe Frauen

Protokoll des Workshops Frauen

1. Begrüßung durch Christa Wille:

Die offene Arbeitsgruppe hat sich beim letzten Bibliothekartag in Bregenz konstituiert. Neben allgemeinen Zielvorstellungen, wie Erfahrungsaustausch in- und ausländischer Bibliothekarinnen, Durchleuchtung und Abbau unserer Berufsklischees, der Möglichkeiten frauenbewegtes Engagement auch in unsere Institutionen zu bringen, war ein konkretes Ergebnis der damaligen Zusammenkünfte ein frauenspezifisches Schwerpunktheft der VÖB-Mitteilungen 44 (1991) H. 1.

Frau Wille weist darauf hin, daß die schon lange geforderte Änderung des Vereinsnamens der VÖB auf Vereinigung Österreichischer Bibliothekarinnen und Bibliothekare beantragt wurde. Es liegt eine Unterstützungsliste auf.

2. Tagesordnungspunkte:

Zwei umfangreiche Themenkomplexe stehen am Programm:

(a) Frauendokumentationszentren in Europa

Zu diesem Thema spricht Jytte Larsen vom KFINVO (Center for Interdisciplinary Information on Women's Studies) in Kopenhagen. Sie bringt die internationalen Aspekte frauenspezifischer Dokumentation nach Eisenstadt. Jytte Larsen hat zusammen mit Marieke Kramer (IIAV, Amsterdam) eine Bestandsaufnahme von Frauendokumentationseinrichtungen für den EG-Raum verfaßt. Sie berichtet darüber und geht vor allem auf die Notwendigkeit der Zusammenarbeit von Frauendokumentationsstellen mit dem generellen Bibliothekssektor ein, ferner auf frauenspezifischen Bestandsaufbau, die Wichtigkeit des Einsatzes neuer Technologien und feministische Beschlagwortung.

Sowohl der Vortrag als auch die anschließende Diskussion werden in englischer Sprache abgehalten. Frau Larsen gelingt es, durch ihre lebendige und praxisbezogene Schilderung die Anwesenden zu begeistern, und es kommt zu einer lebhaften Diskussion vor allem zu folgenden Fragen:

- internationale Frauen-Doku-Netze und deren jeweiliges kulturpolitisches Umfeld
- Beschlagwortung (allgemeines versus feministisches Schlagwort)
- BenützerInnenspektrum (feministische WissenschafterInnen bis hin zu ErsteinsteigerInnen)
- Verschiebung des Informationsdienstes von rein bibliographischen Auskünften hin zu Fakten/Daten-Material.

(b) Die Problematik einer frauengerechten Beschlagwortung im Rahmen der RSWK. Dagmar Jank, von der Bibliothek der Freien Universität Berlin hat sich in mehreren Artikeln damit befaßt und einen Beitrag dazu zur Verfügung gestellt. Da sie leider verhindert ist, am Bibliothekartag teilzunehmen, wird ihr Referat von Helga Weinberger verlesen und anschließend diskutiert.

In der Diskussion meldet sich vor allem auch der SWD-Fachmann Dr. Geißelmann zu Wort und regt an, dem resignativen Standpunkt Dagmar Janks nicht zu folgen und weiterhin neue frauenspezifische Begriffe in die SWD einzuführen. Auch in anderen Wortmeldungen wurde darauf hingewiesen, daß wesentliche Anregungen Dagmar Janks in der SWD berücksichtigt wurden und weitere Aufmerksamkeit durchaus sinnvoll ist.

Am Workshop nehmen auch drei männliche Gäste teil. MR Silvestri stellt in einer Kurzmeldung einen frauenspezifischen Sammelschwerpunkt vor: Literatur im Bereich Frauen- und Mädchenbildung an der Amtsbibliothek des BMUK und an den Studienbibliotheken der Pädagogischen Akademien.

Artikel zur Berufssituation, zu Frauenarchiven und zu Fragen der Beschlagwortung werden den TeilnehmerInnen in Kopie angeboten.

Außerdem steht auch in Eisenstadt wieder ein Büchertisch der Buchhandlung „Frauenzimmer“ mit interessanten Neuerscheinungen zur Verfügung.

Frauengerechte Sacherschließung - eine Utopie?

Dagmar Jank

Als ich vor einem Jahr in der Zeitschrift „Bibliotheksdienst" unter der Überschrift „Die Nicht-Gleichbehandlung von Frauen und Männern in der Schlagwortnormdatei" einen Offenen Brief publizierte, war ich bei aller Skepsis doch in gewisser Weise davon überzeugt, wenn nicht in allen Punkten, so doch in grundlegenden, Unterstützung bei vielen meiner Kolleginnen zu finden.

Diese Hoffnung erwies sich als trügerisch. Ich habe in „Laurentius. Von Büchern und Menschen", Heft 1, 1992 resümieren müssen, daß die mangelnde Unterstützung der Kolleginnen und auch Kollegen dazu geführt hat, daß ich mich erst einmal nicht weiter für eine Überarbeitung der RSWK und der Schlagwortnormdatei (SWD) einsetzen werde. (1)

Gespräche bei der 5. Internationalen Feministischen Buchmesse in Amsterdam Ende Juni 1992, die Teilnahme an einem Kolloquium der „Interdisziplinären Forschungsgruppe Frauenforschung" an der Universität Bielefeld, die Mitarbeit im Beirat des „Archivs der Deutschen Frauenbewegung" in Kassel sowie diverse Kontakte mit Frauenforscherinnen machten mir zudem endgültig klar, daß die Frauenforscherinnen in Europa sich längst anderweitig orientieren. Sie arbeiten mit und in Frauenarchiven, -bibliotheken und -dokumentationszentren, die ihre eigenen Thesauri und Schlagwörter benutzen. Die leitenden Personen der wissenschaftlichen Bibliotheken in der Bundesrepublik Deutschland sehen jedoch keinen Handlungsbedarf in puncto „Frauengerechte Sacherschließung". Sie ignorieren damit jedoch die Forderung einer immer größer werdenden Zahl von Frauen nach Gleichbehandlung von Frauen und Männern auf allen Gebieten des Lebens. Auch unsere Kataloge sind Teil des öffentlichen Lebens; die Grundsätze, nach denen wir erwerben, erschließen und informieren, sagen sehr viel über unser Selbstverständnis, unsere Berufsethik aus. Um es klar zu sagen: Wir sollen für Forschung, Lehre und Studium die benötigte Literatur adäquat erschlossen zur Verfügung stellen, und wir vernachlässigen meiner Meinung nach die Interessen der Hälfte der Menschheit in unseren Sachkatalogen.

Als Grundlage für Ihre Diskussion möchte ich Ihnen kurz den Inhalt meines Offenen Briefes und die Reaktionen darauf - soweit mir bekannt geworden - vorstellen.

1. Der Gebrauch des generischen Maskulinums ist abzulehnen. Der Frauenaspekt sollte immer berücksichtigt werden, wenn in einem Dokument Frauen- und Männerbelange behandelt werden. Den dagegen erwartungsgemäß vorgebrachten Einwand, das würde die Kataloge aufblähen, lasse ich nicht gelten.

2. Einige Beispiele von nicht frauengerechter Sprache in der Schlagwortnormdatei:

2.1. „Mädchenhandel" wurde als Synonym für „Frauenhandel" benutzt, meiner Meinung nach implizierte das eine Herabwürdigung aller Frauen, die Opfer des Handels von Männern mit ihren Körpern und Gefühlen werden, sie wurden zu kleinen Mädchen „gemacht". Hier hat man mir recht gegeben, in der jüngsten Ausgabe der SWD (April 1992) ist dies geändert.

2.2. Die SWD benutzt den Begriff „Sextourismus", der meiner Meinung nach verharmlosender ist als der Begriff „Prostitutionstourismus", von letzterem wurde nicht einmal verwiesen. Inzwischen wurde eine Verweisung angelegt.

2.3. Die Terminologie der SWD wird durch den Mann bestimmt. Der übergeordnete Begriff zum Sachschlagwort „Frauenarbeitslosigkeit" ist „Arbeitslosigkeit". „Männerarbeitslosigkeit" gibt es nicht, wohl aber „Jugendarbeitslosigkeit". das heißt: Frauen- und Jugendarbeitslosigkeit sind spezielle Aspekte, „Männerarbeitslosigkeit" ist die Arbeitslosigkeit schlechthin. Dies verstanden die beiden männlichen RSWK/SWD-Experten, Herr Ahlhelm vom Zentralinstitut für Bibliothekswesen Berlin und Herr Geißelmann von der Universitätsbibliothek Regensburg nicht, wie ihre Antwort beweist: „Weibliche und männliche Formen werden in der SWD nach Literaturanfall aufgenommen und nicht auf Verdacht im Sinn einer ausgleichenden Gerechtigkeit". Die Kollegin aus der Deutschen Bibliothek in Frankfurt/Main, Frau Heiner-Freiling, stimmte mir im Prinzip zu: „Ein grundsätzliches Problem spricht Dagmar Jank mit ihrem Vorwurf an, frauenspezifische Sachverhalte seien in der SWD immer als Sonderfall zu dem allgemeinen und zugleich männlich bestimmten Sachverhalt aufgefaßt. Dies stimmt in der Tat, wenn man/frau etwa das Schlagwort „Arbeitslosigkeit" mit seinem Unterbegriff „Frauenarbeitslosigkeit" betrachtet oder wenn weibliche Berufsbezeichnungen als Unterbegriffe zu männlichen auftauchen. ... Wir sind davon ausgegangen, daß diejenigen, die unter der jeweiligen frauenspezifischen Fragestellung suchen, auch solche Titel wünschen, die dieses Thema schwerpunktmäßig behandeln, und nicht gleichzeitig eine Menge von Literatur, die mehr oder weniger geschlechtsneutrale

Aussagen zu einem Sachverhalt macht." Über diese Begründung müßte man diskutieren.

2.4. Gänzlich auf Unverständnis stieß meine Forderung nach der Berücksichtigung der feministischen Variante von Komposita: etwa „Arbeitnehmerinneninteressen" und nicht „Arbeitnehmerinteressen", wenn es sich um die Interessen von Frauen als Arbeitnehmerinnen handelt. Die von Herrn Geißelmann und Ahlhelm angeführten Beispiele, die sie selbst als „eigenartige Verbindungen" apostrophieren, klingen, zumindest in meinen Ohren, ganz normal: „Architektinnenhaus", „Beamtinnenrecht", „Bibliothekarinnenausbildung", „Lehrerinnenfortbildung", wobei sie aparterweise zugestehen, daß es in der SWD das Schlagwort „Lehrerinnenbildung" bereits gibt.

2.5. Erreicht werden konnte immerhin, daß die „Uneinheitlichkeit der Verweisungspraxis zwischen männlichen und weiblichen Berufsbezeichnungen", wie Frau Heiner-Freiling es nennt, weitgehend bereinigt wurde. Da kam es doch tatsächlich mehrfach vor, daß weibliche Berufsbezeichnungen und die Adjektiv-Substantiv-Kombination mit „weiblich", die Verwechslungen mit der gleichlautenden Pluralform unmöglich machen sollen, als „untergeordnete Begriffe" zu den männlichen auftauchten. Hier scheint sich nach meinen Stichproben in der letzten Ausgabe der SWD, wie auch angekündigt, fast alles zum Guten gewendet zu haben, soll heißen: weibliche und männliche Berufsbezeichnungen und die erwähnten Adjektiv-Substantiv-Verbindungen sind jetzt „verwandte Begriffe". Eine Ausnahme fiel mir jüngst noch auf. Das Sachschlagwort „Weibliche Obdachlose" ist der untergeordnete Begriff zum Sachschlagwort „Obdachloser". Diese hierarchischen Verweisungen wurden offensichtlich nicht nur von mir moniert, Frau Heiner-Freiling schreibt, daß diese „auch von vielen an der SWD-Arbeit beteiligten Bibliothekarinnen beanstandeten Verweisungsformen von einem männlichen Ober- auf einen weiblichen Unterbegriff konsequent durch gleichordnende „siehe-auch-Verweisungen" ersetzt werden sollen.

Zum Schluß ihrer Ausführungen lehnen Herr Geißelmann und Herr Ahlhelm kategorisch eine Änderung der RSWK und der SWD ab. Die „Begründung" will ich Ihnen nicht vorenthalten: „Es gibt auch noch genügend andere, notwendige und dringende Aufgaben" - wie oft hat mann (!) uns Frauen dieses „Argument" schon im Lauf der Menschheitsgeschichte entgegengehalten! Immerhin bieten sie eine Bereitschaft zur Änderung in Einzelfällen an, die ja auch tatsächlich vorhanden ist.

Mein persönliches Fazit lautet: die SWD im Auge behalten, wobei ich natürlich in erster Linie das von mir vertretene Fach Geschichtswissenschaften prüfe, in Einzelfällen versuchen, etwas zu ändern. Ich bin aufgrund meiner persönlichen Kontakte zu Frauenarchiven und -bibliotheken und Dokumentationszentren zu der Ansicht gelangt, daß es sinnvoller ist, mein Interesse an einer frauengerechten Sacherschließung durch die beratende Mitarbeit an Unternehmungen dieser Institutionen zu verwirklichen. Dazu bewog mich auch die Lektüre einer jüngst erschienenen Studie, die im Auftrag der EG von Marieke Kramer vom IIAV (Internationaal Informatiecentrum en Archief voor de Vrouwenbeweging" - International Information Centre and Archives (sic!) for the Women's Movement, Amsterdam) und Jytte Larsen von KVINFO (Center for tvoerfaglig information om kvindeforskning - Center for Interdisciplinary Information on Women's Studies, Kopenhagen) erstellt wurde. Ihr Titel lautet: „Resources for providing information and documentation in the field of equal treatment for men and women in the European Community" (V/602/92-EN).

Die Erhebung zeigt, daß in fast allen Mitgliedsstaaten der EG (mit Ausnahme von Irland und Luxemburg) seit langem eigene Frauenbibliotheken, -archive und/oder -dokumentationszentren bestehen oder jüngst gegründet wurden. Die beiden Autorinnen weisen auf die teilweise sehr unterschiedlichen Probleme dieser Institutionen in den einzelnen Ländern hin, die natürlich auch nicht fehlerlos sind, aber meist im Unterschied zu wissenschaftlichen Bibliotheken ein deutliches Mehr an Informationen zur Frauenforschung bieten - und, wenn wir zu unserer Fragestellung zurückkehren: bessere und dem Forschungsgegenstand angemessenere Informationen.

Schaut man sich den Abschnitt „Classification and indexing" in dieser EG-Studie etwas näher an, fällt auf, daß in mehreren Ländern Thesauri bereits entstanden sind oder an ihnen gearbeitet wird. Kritisiert wird allerdings von beiden Autorinnen, daß auch die autonomen, halbautonomen oder universitären Dokumentationszentren oft ihre eigenen Sacherschließungs-Süppchen kochen. Abgesehen von dem „Centre de Documentatió i Recursos de la Dona" in Barcelona, das mit einer verkürzten Fassung eines 1977 in den USA erschienenen Thesaurus arbeitet, benutzen die meisten europäischen Frauendokumentationszentren ihre eigenen Klassifikationssysteme und Schlagwörter, meist ist die Grundlage ihrer Erschließungsarbeit eine Liste von 500 - 1000 Schlagwörtern.

In folgenden EG-Ländern gibt es bereits Thesauri: in Spanien (1988, bisher allerdings noch nicht benutzt), in Italien (1990), in den Niederlanden (1992) - er wird u.a. vom IIAV benutzt werden. In Frankreich wird intensiv an der Erstellung eines Thesaurus gearbeitet, die Gruppe, die sich dieser Aufgabe unterzieht, hat es geschafft, eine Untergruppe der nationalen „Association des Documentalistes et Bibliothécaires Spécialisés“ zu werden, was unter anderem finanzielle und organisatorische Unterstützung bedeutet. Auch in der Bundesrepublik Deutschland gibt es erste Überlegungen dazu.

Ich möchte alle an einer frauengerechten Sacherschließung interessierten Frauen bitten zu überlegen, ob sie nicht ihre Energie in die Erstellung eines Thesaurus stecken wollen, damit zumindest in Frauenarchiven, -bibliotheken und - dokumentationszentren die Sacherschließung verbessert wird. Vielleicht könnten die Frauen aus den deutschsprachigen Ländern gemeinsame Überlegungen anstellen bzw. zusammenarbeiten.

Anmerkungen:

(1) Dagmar Jank: Die Nicht-Gleichbehandlung von Frauen und Männern in der Schlagwortnormdatei - ein Offener Brief. In: Bibliotheksdienst 25/1991, 1418-1421;

Dieter Ahlhelm; Friedrich Geißelmann: Frauengerechte Sprache in der Schlagwortnormdatei? Bemerkungen zum Offenen Brief von Dagmar Jank. In: Bibliotheksdienst 25/1991, 1805-1808;

Magda Heiner-Freiling: Die Schlagwortnormdatei und die Frauen - eine Antwort an Dagmar Jank. In: Bibliotheksdienst 25/1991, 1808-1811;

Dagmar Jank: Die Frauenfrage und die Sacherschließung. In: Laurentius 9/1992, 56-59.

Women's Documentation Centres in Europe

Jytte Larsen

Abstract

Today women's documentation centres can be found throughout Europe. They are established either within or in close cooperation with the women's movement. Three generations of women's libraries can be distinguished. The oldest ones were founded by first wave feminists in the interwar period, e.g. the Fawcett Library in London from 1926. The next generation came in the wake of the women's liberation movement in the 1970s, e.g. FFBIZ in Berlin from 1973. The most recently established centres have been set up within a state feminist framework, often national organisations for equality as e.g. the documentation centre at Instituto de la Mujer in Madrid from 1984. The Danish national women's information centre, KVINFO, founded in 1973 as a part of the national library, represents a unique Scandinavian model, characterized by close cooperation between the women's information centres and the general library sector.

Male-centred acquisition policies as well as gender blind classification systems has resulted in lack or invisibility of literature on women in general libraries. This is the reason why the feminist movement has invested so much energy in documentation. As a consequence, women's libraries have given a high priority to the collection of women-specific types of documents and to the development of subject headings based on women's lives and their experience. The search facilities of the new information technologies solve some of the invisibility problems in women's documentation. But the growing demand for information on women and gender, generated especially by women's studies and equal opportunity policies will make new claims on future information service.

Kommission für Buch- und Bibliotheksgeschichte

Kommission für Landkarten- und
Vedutenbearbeitung

Kommission für Buch- und Bibliotheksgeschichte Tätigkeitsbericht für die Funktionsperiode 1990 - 1992

Traditionsgemäß dienen die Kommissionssitzungen der Bibliothekartage in erster Linie der Information, und zwar unter drei Aspekten: Information über die von der Kommission in der letzten Funktionsperiode geleistete Arbeit, Information über die von den Mitarbeitern geleistete Arbeit, Information über die von den österreichischen Bibliotheken auf dem Gebiet der Buch- und Bibliotheksgeschichte geleistete Arbeit sowie Information über Neuerungen auf dem Gebiet der Buch- und Bibliotheksgeschichte allgemein. So gab es auch diesmal eine reiche Palette von Informationen verschiedenster Art und von verschiedenen Bibliotheken, hier mußte lediglich die zu knapp zur Verfügung stehende Zeit eine Grenze setzen. Etwas anders sieht es heuer mit dem Bericht des Kommissionsvorsitzenden über die Tätigkeit der Kommission selbst aus. Hier ist im Gegensatz zu früheren Bibliothekartagen relativ wenig zu berichten. Dies bedeutet nicht, daß die Kommissionsmitglieder müde oder träge geworden sind, sondern nur, daß die gemeinsamen Aktivitäten in den Hintergrund getreten sind. Zwei Gründe waren hiefür besonders maßgeblich: 1) die zeitliche Beanspruchung des Vorsitzenden auf Grund der Übernahme der Bibliotheksdirektion der UB Innsbruck und 2) der endgültige Abschluß des Themas „Beschickung von Ausstellungen", das mit der Verabschiedung mehrerer einschlägiger Papiere (Allgemeine und ergänzende Geschäftsbedingungen, Leihvertrag mit Liste der Leihgaben und Begleitblatt, internes Merkblatt) abgeschlossen wurde. Wie erinnerlich ist, wurden diese Papiere vom VÖB-Ausschuß einstimmig genehmigt und damit den Bibliotheken zur Anwendung empfohlen, sowie mit Erlaß des BMWF vom 4. 6. 1990 für die Bibliotheken des Ressortbereiches für verbindlich erklärt.

Die Kommission hielt in der Funktionsperiode 1990 - 1992, also seit dem Bregenzer Bibliothekartag, lediglich zwei Sitzungen ab, nämlich am 23. 11. 1990 und am 28 . 4. 1992.

Hauptthemen der ersten Sitzung waren:

1) Berichte und Überlegungen zum „Handbuch der historischen Buchbestände in Österreich". Es wurde kurz über die Genese und den derzeitigen Stand des Handbuch-Projektes berichtet, das seit einigen Jahren nach deutschem Vorbild in enger Zusammenarbeit mit unserer Kommission in Arbeit ist. Es kamen verschiedene Probleme zur Sprache, vor allem der Personalmangel der Bibliotheken, welcher sich auf die Mitarbeit am Handbuch nachteilig auswirkt. Die beiden Mitarbeiterinnen am Projekt, Frau Dr.

Mittendorfer und Frau Mag. Buchinger, berichteten über die konkrete Arbeit am Projekt. Abschließend wurde durch die Kommission eine Resolution verabschiedet, in welcher die Bibliotheken zur verstärkten Mitarbeit bzw. Unterstützung des Projektes aufgefordert wurden.

2) Das zweite Thema betraf die Einarbeitung der Altbestände der UB Innsbruck vor 1800 in das Bibliothekssystem BIBOS. Nach einem Bericht von Frau Sepp über die Vorarbeiten und über die Methode der Einarbeitung wurde das Projekt von Frau Ramminger anhand einiger konkreter Beispiele am Bildschirm vorgestellt.

Zu erwähnen ist ferner der auf dieser Kommissionssitzung gefaßte Beschluß, den Arbeitskreis für Bibliotheksgeschichte, welcher durch den Tod von Herrn Prof. Pongratz seinen Vorsitzenden und treibsamen Motor verloren hatte, einstweilen ruhen bzw. dessen Agenden von der Hauptkommission betreuen zu lassen.

Hauptthema der zweiten Sitzung war die Frage der einheitlichen Erschließung von Einbänden. In Österreich gibt es einheitliche Richtlinien für die Erfassung der Einbände im Rahmen der Katalogisierungsregeln für die Handschriften und für die Inkunabeln, jedoch keine Regeln für spezielle Einbandkataloge. Nach mehrfacher Anregung durch einzelne Kommissionsmitglieder in den letzten drei Jahren wurden nunmehr Überlegungen zu einer einheitlichen Beschreibung von Einbänden angestellt. In der genannten Sitzung wurde vorerst über den Stand der Einbanderschließung an verschiedenen österreichischen Bibliotheken berichtet und sodann grundsätzlich die Anlegung von Einbandkatalogen empfohlen. Eine einheitliche Gestaltung auf Grund von zu erarbeitenden Richtlinien wird in weiteren Sitzungen zu behandeln sein. Es wurde festgehalten, daß - auf der Grundlage von Erfassungsblättern - die Möglichkeit gegeben werden soll, sowohl Kurzkataloge als auch ausführliche Kataloge zu erstellen, wobei letzteren der Vorzug zu geben wäre. Als Ausgangspunkt für die Erstellung neuer Richtlinien werden die 1927 publizierten „Richtlinien für die einheitliche Katalogisierung der Bucheinbände", erarbeitet vom Verein Deutscher Bibliothekare, heranzuziehen sein.

In der genannten Sitzung wurde ferner von Frau Dr. Irblich ein Erlaß des BMWF vorgestellt, betreffend den Verleih von Kulturgütern durch die dem BMWF nachgeordneten Bibliotheken an andere Einrichtungen des Ressorts. Dieses Papier basiert auf den von unserer Kommission ausgearbeiteten, oben erwähnten Richtlinien für den Verleih von Kulturgütern an Ausstellungen und regelt die Entlehnungen innerhalb des Ressortbereiches.

So möchte ich zum Schluß dieses Berichtes allen Kolleginnen und Kollegen der Kommission für ihre wertvolle und z.T. intensive Mitarbeit danken und zugleich der Hoffnung Ausdruck geben, daß die Arbeit auch in den nächsten Jahren weiterhin effizient gestaltet werden kann. Vor allem gilt es, die erwähnten Richtlinien für die Einbandkatalogisierung zu erarbeiten und darüberhinaus für die Behandlung aktueller Fragen und Probleme immer bereit zu sein. Daß dies auf Grund des allgemeinen Zeitmangels nicht immer leicht sein wird, ist zu befürchten.

Kommission für Landkarten- und Vedutenbearbeitung Tätigkeitsbericht für die Funktionsperiode 1990 - 1992

Seit dem Österreichischen Bibliothekartag in Bregenz hielt die Kommission für Landkarten- und Vedutenbearbeitung drei ganztägige Sitzungen ab und zwar:

11. 4. 1991	Wien, Niederösterreichische Landesbibliothek
10. 10. 1991	Wien, Landesverteidigungsakademie, Stiftskaserne
15. 5. 1992	Wien, Österreichische Nationalbibliothek, Kartensammlung.

Bei den Sitzungen der vergangenen Funktionsperiode standen vor allem folgende Tagesordnungspunkte auf dem Programm:

1. Katalogisierung von Landkarten

Die Diskussion über eine optimale Katalogisierung kartographischer Objekte mit Hilfe der EDV bildeten auch in dieser Sitzungsperiode den absoluten Schwerpunkt. Verschiedene in Österreich bereits in Verwendung stehende Kategorienschemata wurden auf ihre Brauchbarkeit untersucht und in einem intensiven Meinungsaustausch die für ein optimales Katalogisierungsprogramm erforderlichen Kategorien bestimmt. Dabei galt es einerseits die von BIBOS benutzten Kategorien nach Möglichkeit zu berücksichtigen, andererseits die für das Kartenkatalogisieren spezifischen Notwendigkeiten – etwa den Vorrang des geographischen Ordnungswortes oder die Mathematischen Kategorien – zu beachten. Außerdem schien es wünschenswert, in die Überlegungen auch die Kategorien der in Deutschland betriebenen Altkartenkatalogisierung einzubeziehen.

Bei der gemeinsam mit der Kommission für Buch- und Bibliotheksgeschichte in Bregenz durchgeführten Sitzung (1990) konnte ein von der Kartensammlung der Österreichischen Nationalbibliothek (in Zusammenarbeit mit der Planungsstelle) entwickeltes EDV-unterstütztes Katalogisierungssystem für geographisch-topographische Ansichten vorgestellt werden, das sich bei seiner Erprobung als sehr brauchbar erwies. Es ist für Einzelblätter, aber auch für Bildwerke und Alben geeignet; weiters ist es imstande, sowohl online-Recherchen, als auch Ausdrucke auf Katalogkärtchen im internationalen Format anzubieten, sodaß sie in konventionelle Kataloge eingereiht werden können.

2. Ausbildung und Fortbildung von Kartenbibliothekaren

Die von der Kommission für Landkarten- und Vedutenbearbeitung initiierte Unterweisung in der Verwaltung von kartographischen Objekten im Rahmen der Bibliothekarsausbildung ist sehr gut angelaufen und wird von den Kandidaten gerne angenommen. Österreich ist nun das einzige LIBER-Mitglied, wo eine derartige Veranstaltung für angehende Bibliothekare obligatorisch ist.

Als nächster Schritt ist an eine Fortbildungsveranstaltung für solche Bibliothekare gedacht, die vorwiegend mit Cartographica befaßt sind. Geplant ist, sie in der Form mehrtägiger Seminare im Rahmen der VÖB abzuhalten. Dabei soll weniger Wert auf theoretische Erkenntnisse, als auf wirklichkeitsnahe Demonstrationen und die Besprechung von Situationen gelegt werden, wie sie auch an kleinen Bibliotheken immer wieder auftreten. Neben Kartenbibliothekaren konnten bereits Hochschullehrer und Kartenproduzenten, eventuell auch Antiquare, als Vortragende gewonnen werden.

Abgesehen von der Erörterung dieser Punkte, dienen die Treffen der Kommission besonders dem intensiven Erfahrungsaustausch und dem besseren Kennenlernen der verschiedenen Sammlungen und ihrer spezifischen Eigenarten, was letzten Endes wieder dem Benutzer zugute kommt.

Von besonderem Interesse für die Kommissionsmitglieder war eine Führung durch die Niederösterreichische Landesbibliothek. Ihr stellvertretender Leiter, Gebhard König, stellte nicht nur die an der NÖLB mit großem Erfolg praktizierte retrospektive Konversion vor, sondern untermauerte ihre vielseitige Verwendbarkeit anhand von speziell für Geographie und Kartographie relevanten Objekten.

Im Zentralarchiv des Instituts für strategische Grundlagenforschung der Landesverteidigungsakademie in der Stiftskaserne wurde durch Vermittlung des Kommissionsmitgliedes Oberst Mang der Kommission das beeindruckende Informationssystem des Österreichischen Bundesheeres, „DADOK“, vorgeführt. Fachleute des Bundesheeres entwickelten es gemeinsam mit der Firma IBM. Seit etwa 20 Jahren ist es mit großem Erfolg in Betrieb, wobei es mehrmals den gestiegenen Erfordernissen angepaßt wurde. Die praktische Demonstration beinhaltete auch die Anfertigung eines Probeausdrucks der auf Mikrofilm gespeicherten Dokumente.

Kommission für Landkarten- und Vedutenbearbeitung Protokoll der 16. Kommissionssitzung

Ort: Eisenstadt, Hotel Burgenland, Raum Eisenstadt

Zeit: Dienstag, 29. 9. 1992, 15.10–17.30 Uhr

Leitung: Wawrik (1. Teil), Neuhauser (2. Teil)

Teilnehmer: Cernajsek, Kainrath, König, Kriller, Meisl, Pichler, Riedlsperger, Wagner, Wawrik, Zeilinger, Zotter

Entschuldigt: Bergmann, Fischer, God, Hühnel, Javorsky, Kalwoda, Lacina, Mang

Wie schon beim letzten Bibliothekartag in Bregenz findet auch diesmal eine Gemeinschaftssitzung der Kommissionen für Landkarten- und Vedutenbearbeitung sowie für Buch- und Bibliotheksgeschichte statt. Die Veranstaltung ist auch für Nicht-Mitglieder der beiden Kommissionen offen.

1. Begrüßung aller Anwesenden durch den Vorsitzenden der Kommission für Landkarten- und Vedutenbearbeitung. Er gibt bekannt, daß Dr. Neuhauser wegen anderer Verpflichtungen am ersten Teil der Sitzung nicht anwesend sein kann.

2. Das Protokoll der 15. Kommissionssitzung (Wien 15. 5. 1992) wird einstimmig angenommen.

3. Der Vorsitzende der Kommission für Landkarten- und Vedutenbearbeitung verliest den Bericht über die Kommissionstätigkeit zwischen September 1990 und September 1992.

4. Dr. Wawrik berichtet über die „Altkartenerschließung" in Deutschland. In der anschließenden Diskussion gibt Dr. Klaus Haller (Bayerische Staatsbibliothek), der an dem Unternehmen maßgeblich beteiligt ist, weitere Einzelheiten bekannt.

Im weiteren Verlauf der Sitzung referieren Mitglieder der Kommission für Buch- und Bibliotheksgeschichte .

Die „Altkartenerschließung" in Deutschland

Franz Wawrik

Versuche, alte Karten neu zu katalogisieren, reichen in Deutschland bis 1969 zurück. Innerhalb von drei Jahren wurden damals in der Kartenabteilung der Staatsbibliothek Preußischer Kulturbesitz von zwei Wissenschaftlern rund 23.000 Objekte neu aufgenommen. Weitere 30.000 katalogisierten Mitarbeiter der Sammlung selbst. Zwischen 1981 und 1985 erfolgte im selben Institut die Katalogisierung von etwa 40.000 zwischen 1800 und 1945 publizierten topographischen Karten von Preußen, Deutschland und Mitteleuropa. Die Bearbeitung wurde in traditioneller Weise durchgeführt, wobei als Katalogisierungsregeln die Preußischen Instruktionen (in modifizierter Form) dienten. Die durchschnittliche Arbeitsmenge betrug dabei etwa 20 Objekte pro Tag. Beide Unternehmen wurden durch die Deutsche Forschungsgemeinschaft (DFG) finanziell ermöglicht.

Die DFG (Bibliotheksausschuß und Fachgruppe wissenschaftliches Bibliothekswesen) initiierte und bezahlt auch das gegenwärtig laufende Projekt der „Katalogisierung historisch wertvoller Kartenbestände", kurz „Altkartenerschließung". Nachdem 1984 die Planung durchgeführt worden war, nahmen im Verlauf des folgenden Jahres die drei bedeutendsten Kartensammlungen der damaligen Bundesrepublik, nämlich jene der Bayerischen Staatsbibliothek, München, der Staatsbibliothek Preußischer Kulturbesitz im früheren Westberlin und der Niedersächsischen Staats- und Universitätsbibliothek in Göttingen ihre Arbeit auf, die mit großem Erfolg vorangetrieben wird. 1990 schloß sich übrigens diesem Unternehmen auch die Universitätsbibliothek Eichstätt an, allerdings ohne jede finanzielle Unterstützung.

Aufgabe dieses Projektes ist es, die in den Instituten vorhandenen, aus der Zeit zwischen 1500 und 1850 stammenden Karten nicht nur formal zu katalogisieren, sondern sie überdies geographisch und sachlich-thematisch zu erschließen, um sie der Forschung, aber ebenso den Bibliotheken selbst als Grundlage für Auskünfte zugänglich zu machen. Die zeitliche Begrenzung mit dem Jahr 1850 wurde gewählt, da man damit „alle 'Nachzügler' der älteren kartographischen Praxis einzubeziehen glaubte". Auflagen für die Genehmigung des Unternehmens waren: eine festgesetzte Dauer mit bestimmten Tagesleistungen, die Anwendung der RAK-WB und RAK-Karten sowie die Verwendung der EDV. Schließlich sollte die Durchführung des Projektes mit Bibliothekaren des Gehobenen Dienstes (in Österreich B-Dienst) erfolgen. Nur die Leitung und Beratung sollte Akademikern vorbehalten bleiben.

Wegen dieser Kriterien war es notwendig, das Projekt möglichst rationell voranzutreiben. Das wiederum bedingte, daß besonderes Augenmerk auf eine weitreichende Normierung und Standardisierung gelegt werden mußte. Andererseits waren für das Katalogisieren alter Karten einzelne Kategorien (etwa der Maßstab) genauer zu definieren, da diese in der in erster Linie für moderne Objekte bestimmten RAK-Karten nur ungenügend behandelt sind. Atlanten werden gemäß RAK-WB behandelt. Für die sachliche Erschließung werden, was das in der Regel das Hauptschlagwort bildende Toponym anbelangt, die RSWK, hingegen für Sach- und Formschlagwörter vorgegebene, ergänzungsfähige Listen herangezogen. Für die beiden letzteren verzichtet man auf das „engste Schlagwort".

Entsprechend den historisch gewachsenen Beständen der Sammlungen wurden schwerpunktmäßig einzelne Jahrhunderte den Kartenabteilungen der drei mitwirkenden Bibliotheken zur Bearbeitung zugeordnet: München hatte das 16. und 17., Göttingen das 18. und Berlin das 19. Jahrhundert in erster Linie zu katalogisieren. Ein Verfahren, das sich jedoch wegen der nicht zu erreichenden gemeinsamen Datenbank kaum bewährte.

Die Zahl der aufzunehmenden Karten wurde ursprünglich mit 40.500 für München, 17.500 für Göttingen und 35.000 für Berlin geschätzt. Doch stellten sich im Verlauf der Arbeiten die tatsächlichen Mengen als weitaus umfangreicher heraus: 67.300, 35.000 und 45.000 Objekte. Auch aus diesem Grund (neben anderen, wie Komplikationen im EDV-Bereich) waren die vorgegebenen Bearbeitungszeiten – Göttingen drei, München und Berlin vier Jahre – nicht einzuhalten.

Von der Katalogisierung werden Einzelkarten (Weltkarten, Regionalkarten, Stadtpläne, Festungspläne, Vogelschaukarten, Panoramen etc.) erfaßt, aber auch Blätter von Kartenserien und Atlanten, soweit sie Stücktitel enthalten. Wichtig erscheint auch die Einbeziehung neuerer Faksimiles alter Karten, da dem Benutzer damit eine wertvolle Hilfe geboten wird und überdies kostbare Originale geschont werden. Handgezeichnete Karten bleiben hingegen vorerst von der Bearbeitung ausgeschlossen. Da für ihre Katalogisierung z. T. eigene Beschreibkriterien erforderlich sind, soll sie später in einem eigenen Arbeitsvorhaben erfolgen.

Aufgrund der Besonderheiten alter Karten erwies es sich als unumgänglich notwendig, zu RAK-Karten Ergänzungen zu erstellen. Dies gilt beispielsweise für die früher bei kartographischen Objekten üblichen, an herausragende Persönlichkeiten gerichteten Widmungen, oder für Druckprivileg-Angaben von Herrschern oder Behörden. Beide können für die Datierung alter Karten von höchster Bedeutung sein.

Besonderes Augenmerk wird auf die mathematischen Angaben gelegt, die natürlich für Cartographica entscheidende Aussagekraft besitzen. Ganz wichtig ist der Maßstab. Er ist auf alten Karten oft gar nicht, oder bloß verbal angegeben; in solchen Fällen muß die numerische Form ermittelt werden, was sich wegen der früher verwendeten nichtmetrischen Maßsysteme (Verhältnis Zoll : Meile; Zoll : Schritte) unter Umständen als äußerst kompliziert erweisen kann.

Am weitesten fortgeschritten dürfte die Altkartenkatalogisierung in der Bayerischen Staatsbibliothek in München sein. Das Projekt ist hier nach Angaben von Dr. Hans Wolff, dem Leiter der dortigen Kartenabteilung, im wesentlichen durchgezogen. Von den rund 67.300 zu katalogisierenden Karten und Blattzuführungen sind nur an die 1000 noch unbearbeitet.

In München wurde das Unternehmen von drei von der DFG finanzierten Mitarbeitern des gehobenen Dienstes und einer Schreibkraft zur Datenerfassung durchgeführt. Das Plansoll jedes Katalogisierers waren 15 Stücktitelaufnahmen (offline) mit allen erforderlichen Begleitarbeiten wie Korrekturen, Recherchen, Kopieren, Korrespondenz, Einlegen der Zettel in Hilfskarteien, Besprechungen usw. pro Tag Um dies zu erreichen, erwies es sich als notwendig, für die Titelaufnahmen erforderliche Recherchen auf die Benutzung einiger Nachschlagewerke zu beschränken und auf darüber hinaus gehende wissenschaftliche Forschungen zu verzichten.

Während der ersten Jahre erfolgte die EDV-mäßige Eingabe in verschiedene Datenpools in München und Göttingen, doch mit dem beiden gemeinsamen Datenerfassungsformat des Bayerischen Bibliotheksverbundes (BKV-N). In Berlin notierte man die Daten auf Formblättern; die Einspeicherung übernahm Göttingen, wo die Katalogisate im Niedersächsischen Monographiennachweis (NMN) verwaltet wurden. Die Bayerische Staatsbibliothek liefert ihre Katalogisate seit 1986 überdies auf Mikrofiches.

1987/88 mußten die Münchener wegen ihrer Teilnahme am bayerischen HEBIS-Verbund von BKV-N auf das MAB-Format wechseln, so daß fortan ihre Daten für die beiden Partner nicht mehr unmittelbar verwertbar waren. Um die EDV-Komponente des Projektes wieder zu vereinheitlichen, schuf man 1991 im DBI eine auf dem um einige kartenspezifische Kategorien erweiterte Standardbibliothekssystem MOSES (abgeleitet von IBAS III [Informationssystem beliebiger Anwendungsstrukturen]) basierende zentrale Datenbank für Altkarten (IKAR). Eine eigens geschaffene Software gestattet es, die bisherigen Daten über eine MAB-Schnittstelle in IKAR zu überführen. Mit den Göttinger und Berliner Katalogisaten ist dies inzwischen weitgehend geschehen; die Münchener Daten sind noch umzusetzen. Manuelle Nacharbeiten sind leider nicht zu vermeiden.

Bei IKAR handelt es sich um ein Mehrdateiensystem, in dem für die „Altkartenerschließung" neben der Titeldatei noch eine Autorendatei, Körperschaftsdatei, Schlagwortdatei und eine Lokaldatei eingerichtet sind. Dies erlaubt, einmal gespeicherte Daten durch Verknüpfung verschiedener Dateien (etwa Autoren mit Titel), aber auch innerhalb einer Datei (z. B. Serientitel mit Stücktitel) mehrfach zu nutzen. In die Berliner Datenbank sollen vorerst rund 140.000 Katalogisate von Einzel- und Atlaskarten eingegeben werden.

In München erfolgt die EDV-mäßige Erfassung, Speicherung und Katalogherstellung seit dem Beginn des Unternehmens im Rahmen des Bayerischen Verbundes, unter der Federführung der Generaldirektion der Bayerischen Staatlichen Bibliotheken. Die Daten wurden ursprünglich offline, zuletzt aber im Zuge einer Systemerweiterung auch online, in eine zentrale Datenbank eingespeichert. Hier werden sie mit den aus HEBIS (jetzt BVBKAT) im Lauf der Jahre entwickelten Programmen verwaltet.

Die Münchener Daten in BVBKAT werden außerdem – ebenso wie jene aus Göttingen – per Band an das DBI nach Berlin überspielt. Eine Recherche für Benützer ist theoretisch für beide Datenpools möglich. Voraussetzungen sind ein noch verhältnismäßig teurer Netzanschluß, etwa über DATEX P, an den Zentralrechner sowie die Kooperation mit der Generaldirektion der Bayerischen Staatlichen Bibliotheken bzw. dem DBI.

Die Altkarten-Daten der Bayerischen Staatsbibliothek können auch über den dortigen OPAC (nur über Anschluß an die zentrale Datenbank) von Benutzern abgefragt werden. Sie sind aber auch über den Altkarten-Mikrofichekatalog (Autoren und Schlagwort) zu erfahren, der ungefähr alle sechs Monate auf den letzten Stand gebracht wird. Berlin und Göttingen verzichteten schon vor zwei Jahren auf eine Mikrofiche-Ausgabe. Dort gibt es nur noch die für „normale" Benutzer kaum nutzbare Recherchemöglichkeit über die Datenbank.

In München ist nun nach der faktischen Beendigung der Katalogisierungsarbeiten eine Redaktionsphase von etwa 1,5 Mannjahren vorgesehen, während der EDV-bedingte Änderungen und Abstimmungen mit Berlin und Göttingen vorgesehen sind.

Nachdem nun die „Altkartenerfassung", so wie sie 1984 beschlossen wurde, kurz vor dem Abschluß steht, gibt es bereits weitere Projekte. So ist in weiterer Folge vorgesehen, jene oben erwähnten, zwischen 1981 und 1985 nach den PI aufgenommenen Karten der Staatsbibliothek Preußischer Kulturbesitz gemäß RAK-Karten neu zu katalogisieren. Zur gleichen Zeit will man in einem weiteren Anschlußprojekt nun auch voraussichtlich etwa 75.000 Karten (40.000 Einzel- und 35.000 Atlasblätter) der Staatsbibliothek zu Berlin (Unter den Linden) in gleicher Weise erfassen. Ein Vorhaben, das bis Mitte der 90er Jahren realisiert sein soll. In weiterer Folge ist geplant, Karten aus der Zeit nach 1850 auf ähnliche Weise zu dokumentieren, aber dafür eine andere Datenbank zu verwenden.

Über die Form der Publikation des Altkartenkataloges herrscht unter den Verantwortlichen noch keine einheitliche Meinung. Da die Fertigstellung der Berliner Anschlußprojekte erst in der zweiten Hälfte der 90er Jahre erwartet werden kann, ist darüber kaum eine baldige Entscheidung zu erwarten, wenngleich eine Lösung in Form einer CD-ROM gegenwärtig die größte Wahrscheinlichkeit besitzt. Aus österreichischer Sicht muß dies bedauert werden, doch bleibt zu hoffen, daß den interessierten wissenschaftlichen Institutionen unseres Landes in irgendeiner Form schon früher der Zugang zur zentralen Datenbank des DBI ermöglicht wird. Wünschenswert wäre natürlich, auch in Österreich endlich die Erfassung alter Karten ins Auge zu fassen. Doch ist zu befürchten, daß ein derartiges Vorhaben (vor allem wegen der nicht enden wollenden Probleme mit BIBOS und den im Zusammenhang damit zurückgestellten Wünschen von kartographischen Spezialsammlungen und -bibliotheken) in absehbarer Zeit ein noch lange unerfüllter Traum bleiben wird.

Weiterführende Literatur

Hans Wolff: RAK, RSWK und die Katalogisierung von Altkarten im Bibliotheksverbund (Bericht). In: Kartographiehistorisches Colloquium, Wien '86. Vorträge und Berichte. Hrsg. v. Wolfgang Scharfe, Ingrid Kretschmer und Franz Wawrik (Berlin 1987) 213–221.

Peter Mroczek und Lothar Zögner: Die Erschließung alter Karten in der Staatsbibliothek Preußischer Kulturbesitz. Ein Erfahrungsbericht. In: Kartographiehistorisches Colloquium, Lüneburg '84. Vorträge. Hrsg. v. Wolfgang Scharfe und Eckhart Jäger (Berlin 1985) 179–186.

Projekt Altkartenerschließung. Anleitung und Sonderregeln mit Anwendung des neuen Feldverzeichnisses, zusammengestellt aufgrund der Richtlinien des Bibliotheksausschusses der Deutschen Forschungsgemeinschaft (Unterausschuß) u. der Beschlüsse der Arbeitsgruppe Berlin-Göttingen-München. 2. erweiterte Fassung. München: Kartensammlung Bayer. Staatsbibliothek, September 1986 (Manuskript).

Lothar Zögner und Sibylle Lüker: Bericht über den Aufbau einer Altkartendatenbank mit dem Programmsystem IBAS III. Vortrag, gehalten anläßlich der 7.

Sitzung des Arbeitskreises Kartenkuratoren der Deutschen Gesellschaft für Kartographie (Wolfenbüttel 1991).

Günther Wiegand: Die Erschließung historisch wertvoller Kartenbestände. Ziele, Verlauf und Bilanz eines Förderprogramms der Deutschen Forschungsgemeinschaft. Zeitschrift für Bibliothekswesen und Bibliographie, 40 (1993) 22–31.

Wiegand (Anm. 1) 24

Für Angaben über den aktuellen Stand der Altkartenkatalogisierung möchte ich mich an dieser Stelle sehr herzlich bei Herrn Dr. Hans Wolff, dem Leiter der Kartenabteilung der Bayerischen Staatsbibliothek, bedanken, der mir in zwei Briefen Details berichtete.

Erschließung von Altdrucken. Ein Schlüssel zu ihrer Identifizierung mit Hilfe der Fingerprint-Methode

Werner Starck

Information zu der vom Autor vorgestellten Methode der Druckidentifizierung aus: Lexikon des gesamten Buchwesens. Zweite, völlig neubearbeitete Aufl. Hrsg. von Severin Corsten, Günther Pflug und Friedrich Adolf Schmidt-Künsemüller. Stuttgart 1989. (Anmerkung der Redaktion)

Fingerprint (franz. empreinte; niederl. vingerafdruk noch kein dt.sprachiger Fachausdruck eingeführt). Diese in England entwickelte Methode zur eindeutigen und von subjektiven Elementen freien Identifizierung von alten Drucken wurde im Juli 1973 in Regeln gefaßt und von J. Jolliffe auf dem IFLA-Kongreß desselben Jahres in Grenoble der internationalen Fachwelt vorgestellt. Von vier genau festgelegten Seiten werden aus den beiden untersten Zeilen je zwei Zeichen (Buchstaben, Ziffern, Satzzeichen und Klammern usw.) entnommen und zu Vierergruppen zusammengefaßt: z.B. e-es s,on e-s& ceno M.D.LVII. Wie das Beispiel zeigt, wird auch das Erscheinungsjahr in der Vorlagenform hinzugefügt. Für den Fall, daß sich an den vorgeschriebenen Stellen kein normaler Text, sondern etwa Noten, Ornamente u.ä. befinden, gibt es Sonderregeln. Die Methode erlaubt es, Ausg. mit identischen Titelangaben in den meisten Fällen einwandfrei zu unterscheiden. Sie eignet sich darum auch bes. für die Ergänzung und zur bibliographischen Absicherung von Short Title Catalogues. Mit F. können auch angelernte Hilfskräfte umgehen, die Methode ist zudem "computerfreundlich". Es bleibt abzuwarten, ob sie sich intern. durchsetzt. Gewiß wird man mit nationalen Modifikationen der Regeln rechnen müssen. (Vgl. Druckforschung bzw. Interne Kollation)

JOLLIFFE, J. in: Computers and early Books. London 1974, S. 65-67, 95-99; BAYLE, G./BEAUD, M.-J./MAILLARD, J.-F.: Le système des empreintes. In: Bulletin des bibliothèques de France 25. 1980, S. 461-468; PEGG, M.A.: Short Title Catalogues. Notes on Identity of Texts. In: Flugschriften als Massenmedium der Reformationszeit. Hrsg. von H.-J..Köhler. Stuttgart 1981, S. 29-41, insbes. S. 38-41 = The Standard for a Fingerprint.

S. Corsten

Altdruckerschließung wird heutzutage mit dem Schlagwort retrospektive Katalogkonversion in Zusammenhang gebracht. Sie ist nur ein Teil innerhalb eines Programms mit einer Methode, die vorhandene Katalogdaten in maschinenlesbare Form umwandelt. Priorität hat das in wissenschaftlichen Bibliotheken benutzerfrequentierte Buch nach dem Zweiten Weltkrieg, vorangehende Zeitperioden sind allerdings miteingeschlossen, und so weitet sich die Katalogumwandlung in normierte und formatierte Daten auf die Gesamtperiode des älteren maschinenhergestellten Buches ab etwa 1830 schrittweise aus.

Eine Bearbeitung des klassischen Alten Buchs von 1450 - 1830 erfährt damit vorläufig einen eher nachrangigen Stellenwert. Die Gewinnung von konventionell bzw. maschinell hergestellten Ausgangsdaten für Ansetzungsformen bei den vielfältigen Schreibweisen von Personennamen und für Einheitssachtitel bei Übersetzungen und variablen Titelfassungen des gleichen Werks verschiedener Ausgaben durch Bibliotheken mit umfangreichen Altbeständen bietet allerdings eine wertvolle Ressource und erspart andernorts mühevolle Sucharbeit. Retrospektive Katalogisierung bedeutet aber auch, daß auf autoptische Einsicht in die Originalvorlage verzichtet wird.

Für das Neue Buch und das ältere Buch ab 1830, das für die überregionale Literaturversorgung schnell nachgewiesen werden soll, bedeutet das in der Regel keine Nachteile. Das Katalogniveau des maschinenlesbaren Katalogs wird allerdings durch die Qualität des Katalogs, aus dem erfaßt wird, bestimmt, d.h. u.a. auch, daß Fehler von Vorgängerkatalogen tradiert werden. Für das klassische Alte Buch hingegen, das bibliotheksstandortmäßig einen breiten Streubesitz aufweist, das mit Kurztiteldaten nur angedeutet ist, das aber durch eine Datenfülle und Datenvielschichtigkeit gekennzeichnet ist, sind damit Informationsverluste im primär bibliographischen, typographischen, orthographischen und graphischen Bereich verbunden, und es bleiben literatur- und buchgeschichtliche, buch- und drucktechnische Aspekte unberücksichtigt.

Diese individuellen Eigenarten bestimmen indes die Identität eines Altdrucks, der in der Handpressenzeit auf Grund der drucktechnischen Umstände [Handsatz mit der Verschiedenheit der Erstellung des Zeilenausschlusses für die Druckvorlage der Druckform und Druckvorgang in 2 Arbeitsabläufen zur Vervielfältigung von Schöndruck- und Widerdruckseiten (Vorder- und Rückseiten), einer je nach Bogenformat gewählten Druckform] und der bis zur Einführung des Urheberrechts vorhandenen Freiheit der Bezeichnung von Titeln durch den Schriftsetzer/Buchdrucker einer großen Variabilität ausgesetzt ist.

Die individuelle Qualität des Altdrucks äußert sich dadurch, daß noch während des Herstellungsprozesses Korrekturen und Textveränderungen zugelassen waren. Die Exemplare einer Ausgabe können verschiedene Druckstadien widerspiegeln, da Modifikationen am Stehsatz durch Aussetzen des Druckvorgangs jederzeit möglich waren. Theoretisch ist es vorstellbar, daß jede auf einer Handpresse gedruckte Seite in zwei oder mehreren Ausgabezuständen (engl. ´states´) existieren kann. Insbesondere die im 17. u. 18. Jahrhundert häufig fingiert auftretenden sog. Titelausgaben, bei denen ein neugesetztes und verändertes Titelblatt bei sonst völliger Satzidentität erstellt oder bei denen das ursprüngliche Titelblatt geringfügig durch Tilgung der Jahreszahl mit Einsetzung eines neuen Druckjahres verändert worden ist, sind ein Problem für die Verifizierung.

Für eine sichere, schnelle und formal nicht aufwendige Ermittlung eines schon in der Datenbank gespeicherten Titels, bzw. bei negativer Trefferquote, kann die sogenannte in England entwickelte Fingerprint-Methode eingesetzt werden. Von 4 festgelegten Stellen im Buch werden jeweils 4 Schriftzeichen (Buchstaben, Zahlen, Satzzeichen) von den Zeilenenden, bzw. einmal vom Zeilenanfang der letzten zwei Zeilen einer Seite zu 4 Zeichengruppen zusammengestellt, und zusätzlich mit zwei Kennzahlen/Kennbuchstaben und der Jahreszahl des Erscheinungsvermerks gekennzeichnet.

Im Hintergrund der Methode steht der Gedanke, daß Unterschiede und Unregelmäßigkeiten bei Exemplaren einer Ausgabe am ehesten beim Formieren des Drucksatzes zu Seiten, beim sog. Umbruch, zu erkennen sind, und Unterscheidungsmerkmale, insbesondere an den Zeilenschlüssen infolge variabel verwendeter Ausschlußtechnik durch den Schriftsetzer, mit Hilfe von Kürzeln und Ligaturen zu Tage treten, und Satzzeichen gleichfalls am Zeilenende vorkommen können.

Identifizierung von Druckexemplaren mit diesen drucktechnischen Merkmalen läßt sich mit den herkömmlich primären bibliographischen Merkmalen nicht erreichen. Zur eindeutigen Identifizierung der Titelausgaben ist die Kombination von Zeichenkette des Fingerprints mit Kopie des Titelblattes heranzuziehen. Generell sollte die Titelblattkopie (herkömmlich oder gescannt) für den Exemplarvergleich bei der Eigenerfassung in die Datenbank, bzw. bei der Recherche durch den Benutzer, zur Verfügung stehen.

Die Titelkopie ist mit dem Datensatz durch dessen ID-Nummer verknüpft. Die Erfassung der bibliographischen Daten in das gefelderte Kategorienformat besteht in normierten Ansetzungsformen von Verfassern, Einheitssachtiteln und von Druckadressangaben. Die exemplarspezifische

Besonderheit des Sammelbandes, mit mehreren bibliographischen Einheiten (eigene Zählung ist dafür entscheidend, vielfach mit eigenem Titelblatt) und beigefügten Werken ohne eigene Zählung, sind in den dafür recherchierbaren Kategorien aufzunehmen.

Dabei ist die Anzahl der Adligate bei der Hauptschrift (Angeb.: 7 Werke oder 7 Adligate) und die Position und der Bezug des Adligates innerhalb des Sammelbandes und zu der Hauptschrift (2.Adl. von 7 zu d. Werk: ...) erkennbar zu verankern. Dies ermöglicht, das literarische Umfeld der beigebundenen Schriften transparent darzustellen. Mit einer Titelblatt-Kopie erübrigt sich eine diplomatisch getreue Titeltext-Wiedergabe mit Zeilenfall. Für alle Titelarten sollte aus Gründen der Zeitaufwendigkeit (ersten drei Titelwörter ohne Rücksicht auf Inhalt und Grammatik) und infolge hinreichender Gewährleistung der Titel-Information die durchgehende Titelkürzung angewendet werden, allerdings in zweifacher Erfassungsform (Vorlage- und Ansetzungsform).

Dies ermöglicht eine freie Textsuche mit Stichwörtern, ein Ansatz zu einer ´formalen´ Sacherschließung. Solange gescannte Titelblätter auf grund ihrer verschiedenen alten Druckschriften (gotische Schriften, Antiqua, Kursive) in Ermangelung von nicht genormten OCR-Schriften nur als Bild gespeichert sind, und daher durch ein Textprogramm nicht weiter verarbeitet werden können, sollte es angesichts einer autoptischen Vorlage, bzw. bei vorgegebenen alten Sacherschließungsdaten, selbstverständlich sein, zusätzliche Indexierung vorzunehmen. Der an die Komfortabilität des OPAC bereits gewöhnte Benutzer, der nicht mehr wie bisher in getrennten Kategorien von Formal- und Sacherschließungsdaten zu denken braucht , und der auch nicht mehr, wie einst, die Ordnungsregeln bei Eintragungen für gezielte Suche beachten muß, wird verstärkt auf mehr Suchbegriffe zurückgreifen wollen.

Die Komplexität und Andersartigkeit der Altdruckschriften macht es erforderlich, bei aller Änderung von Umfang und Gestaltung der bibliographischen Beschreibung für Zusatzregeln zu RAK-WB für Alte Drucke (vgl. Hans Popst, Die Anwendung der RAK-WB bei der Katalogisierung von älteren Schriften) Freiräume und Alternativen offen zu lassen [Behandlung von Adligaten, beigebundenen und enthaltenen Schriften (Subsumierung unter begrenztes Sammelwerk eher fragwürdig), von Übersetzungen (Übersetzer im Barock unter dem Namen des Übersetzers gerechtfertigt), Bearbeitungen und Kommentierungen (Bearbeiter und Kommentatoren als primäre Verfasser), von anonymem Schrifttum (die sog. ´Sachtitelwerke´; die als Urheber fingierende Körperschaft - etwa der Herrscher, Kaiser, König, Herzog, Doge - kann Staatsschriften direkt oder indirekt veranlaßt, aber wohl selbst nicht herausgegeben haben)].

Die ISBD (A) bietet Ansätze und könnte der gemeinsame Nenner bei Bestrebungen für mehr Spielraum sein [etwa Aufnahme des historischen Formates nach der Umfangsangabe (bestimmbar nach Wasserlinienverlauf) mit Angabe der Buchblockabmessung in cm und Verzeichnung der Wasserlinienführung (vertikal oder horizontal)].

Die sichere Feststellung der Exemplaranzahl zu einem Titel im Rahmen der Verbundkatalogisierung von Altdrucken läßt sich nach den in den 60er Jahren erprobten Ergebnissen im LOC-Projekt (London, Oxford, Cambridge) und den heutigen Katalogisierungsunternehmen (Edizioni italiane del XVI secolo, Bibliographie der deutschen und lateinischen Flugschriften 1501 - 1530, geplanter VD 17) nur mit Hilfe des Fingerprints vornehmen. Dieser ist nunmehr die Identitätsmarke für einen Altdruck und nicht mehr die bibliographische Beschreibung allein, die oft zweifellos unsichere Ergebnisse bei einem zudem großen formalen Aufwand darbietet. [Gründe dafür liegen im Wechsel der Kriterien für die Wahl von Haupt- und Nebeneintragungen, einerseits literarischer Befund andererseits Titelformulierung, deren äußere Präsentation durch typographische Gestaltung oder Erscheinungsart.]

Die geringe Zeitaufwendigkeit der Erstellung des Fingerprints, die damit schnelle Ermittlung eines schon gespeicherten Titels in der Datenbank, insbesondere dann, wenn Unklarkeit über die Eintragungsmodalitäten besteht, oder bei defektem oder gar fehlendem Titelblatt bzw. bei akephalischen Schriften (titellose und überschriftlose Werke), sind entscheidende Kriterien für dessen Integrierung in das nur mehr knapp gehaltene bibliographische Beschreibungssystem. Damit könnte die Schaffung eines Gesamtkatalogs von Altdrucken in Österreichischen Bibliotheken in realistischere Zielnähe gerückt werden, wobei das qualitative bibliographische Niveau nicht nachsteht.

Das Raubtier will gefüttert sein...
Gedanken zur Veränderung unserer Arbeit

Hans Zotter

Es ist ziemlich genau vier Jahre her, seit der erste PC für die Abteilung für Sondersammlungen der Universitätsbibliothek Graz angeschafft wurde. Es war ein aus der heutigen Sicht antik anmutendes Gerät mit einem 086-Chip und einer 20 MB-Festplatte; Zweifel bewegten mich, ob ich auch all das begreifen würde, was man für den Betrieb eines solchen Zauberkastens benötigt. Heute wirken diese Erinnerungen schon recht unwirklich, die damaligen Probleme eignen sich nur mehr fürs Anekdotenerzählen.

In der Abteilung stehen mittlerweise sechs PCs, vier Drucker und dazu noch ein BIBOS-Terminal. Somit verfügt praktisch jeder Mitarbeiter über ein Gerät. Die Räume der Abteilung sind während des Sommers verkabelt worden, und ab Herbst (so die Prognosen) können wir auf Ethernet zugreifen. Vorderhand bedeutet das vor allem den direkten Zugriff zu den CD-ROM-Stationen der Bibliothek, in der weiteren Folge Zugang zu allen möglichen Datenpools. Die Entwicklung ist in keiner Weise absehbar. Müßig, noch zu erwähnen, daß wir mit unseren PCs auf das hauseigene EDV-System GRIBS und GRIBS-INFO zugreifen können.

Geändert hat sich auch die Arbeitscharakteristik für die meisten von uns: der Löwenanteil der Arbeitszeit wird vor dem Bildschirm verbracht. Viele Arbeitsprojekte sind erst mit der Verfügbarkeit entsprechender Geräte möglich geworden. Das Arbeitstempo hat sich deutlich erhöht - doch mehr Zeit haben wir keineswegs. Es ist spürbar, daß die zwischenmenschliche Kommunikation zugunsten der „Fütterung des Raubtiers" mit Informationen zunehmend zurückgedrängt wird.

Unsere PCs finden hauptsächlich in drei Bereichen Verwendung

- für Verwaltungsaufgaben (Bestelldateien, Formulare, Systematiken, Jahresberichte, Briefverkehr),
- Klimaüberwachung unserer Magazine und
- Dateien und Datenbanken im Bereich der Bestandserschließung.

Die ersten beiden Aspekte will ich nur kurz streifen. Ich brauche nicht extra die Vorteile des Computers ausführen, die in der Bewältigung der sich ständig wiederholenden Routine-Arbeiten der Verwaltung liegen. Diese Vorzüge sind allgemein bekannt.

Über unser elektronisches Klima-Überwachungs-System, das von dem Restaurator der Universitätsbibliothek Graz, DI Manfred Mayer entwickelt wurde, ist schon mehrfach berichtet worden. Die von dem System gespeicherten Daten können mit Hilfe des Software-Pakets HANDYDAT in Form von Kurven oder Zahlenreihen am Schirm sichtbar gemacht beziehungsweise ausgedruckt werden. Jeder, der den mühsamen und arbeitsaufwendigen Umgang mit Thermohydrographen herkömmlicher Bauart kennt, weiß die Arbeitserleichterung zu schätzen: solange sich die Klimawerte in den Magazinen innerhalb der vorgegebenen Grenzen halten, fällt keinerlei Arbeit an - das System überwacht alles vollautomatisch. Kommt es zu Abweichungen, warnt uns das System. Über den PC können wir retrospektiv die Werte der letzten drei Monate feststellen. Besonders interessant erweist sich eine solche Kontrolle bei den Meßgeräten, die wir etwa Handschriften, die für Monate zu Ausstellungen gehen, mitgeben. Wie ein Fahrtenschreiber zeichnet das Gerät alle Klimaveränderungen während Transport und Ausstellung auf - wir können jederzeit Gewißheit erlangen, ob die vertraglich vereinbarten Werte auch tatsächlich eingehalten wurden.

Der interessanteste Anwendungsbereich ist der der lokalen Dateien. Dazu sollte ich etwas ausholen. Der Erschließungsauftrag für den Altbuchbibliothekar reicht weiter, als für den Bibliothekar, der rezentes Material betreut. Die Erschließung durch Formal- und Sachkataloge ist nur die Basis der Arbeit des Verwalters historischer Druckschriftenbestände. Es ist kein Geheimnis, daß die Kataloge in unseren österreichischen Bibliotheken im Bereich des historischen Buchgutes meist nicht an die Qualität der Kataloge moderner Bücher heranreichen. Im Fall der UB Graz verfügen wir nur über einen großteils handschriftlichen Formalkatalog nach altösterreichischen Regeln - ein Sachkatalog fehlt gänzlich. Der Umfang des Bestandes - von 1501 bis 1850 rund 110 000 Bände - verhinderte bisher eine Neubearbeitung des Kataloges - ohne entsprechende Personalausstattung ist ein solches Projekt nicht denkbar.

Doch die Benützer der Abteilung für Sondersammlungen wollen in der Regel auch Informationen, die über den Bestandsnachweis weit hinausgehen. Deswegen führen wir in der Abteilung über 50 lokale Dateien, die den Bestand in vielfältiger Weise erschließen (und zum Teil auch die fehlende Sacherschließung ersetzen).

Zu diesen Katalogen, Registern und Nachweisen gehören folgende (die mit einem Sternchen bezeichneten Nachweise werden über EDV geführt):

Vorbesitzerkartei der Inkunabeln und der Druckschriften von 1501-1850

Verzeichnis der Hollstein/Herberstein-Bibliothek

*Systematischer Katalog der Jesuiten-Bibliothek
*Seckauer-Barockkatalog
Exlibris-Album

Einbandkatalog (verschiedenen Sequenzen)
Abreibungsalben (Supralibros, Platten)

Sequenzenregister nach Chevaliernummern zu den Handschriften der Universitätsbibliothek Graz

Fragmenteregister
*Datenbank für Fragmente
Fragmentealben

Festschriftenaufsatz-Katalog
Personenverzeichnis der Wundärzte-Matrikel
Personenverzeichnis der Juristen-Matrikel
Katalog der Musikalien
*Katalog der Sonderdrucke in der Abteilung für Sondersammlungen
*Incipitregister zu Predigthandschriften
*Literaturdatenbank zu den Handschriften der Universitätsbibliothek Graz
*Datenbank für Auktionskataloge und Bücherpreise
*Datenbank der Kalendersammlung
*Datenbank der Graphiksammlung (Artes)
*Katalog der Inkunabeln A-G
*Verzeichnis der Mikroformen der Abteilung
Landkartenregister

Verzeichnis der Nachlässe
Briefverzeichnis zu den Nachlässen
*Briefregister zu den Nachlässen
Dokumentation der publizierten Stücke aus Nachlässen
Literaturdokumentation zu den Nachlässen

Nachweis der Widmannstätter Drucke 1585-1806
Katalog der Grazer Drucke von 1781 -1850,
Nachweis der Wiener Drucke 1501-1850,
Nachweis der Salzburger, Innsbrucker, Klagenfurter Drucke von 1501-1850,

Verzeichnis und Nachweis der emblematischen Werke
Verzeichnis und Nachweis der mathematischen Werke
Nachweis „Freimaurerliteratur"
Nachweis „Historische Jugendliteratur 1500-1900"
Nachweis „Romreisen"
Nachweis der medizinischen Literatur
Verzeichnis und Nachweis Amalienbibliothek
Verzeichnis und Nachweis Deutsche Erstausgaben
Nachweis"Cinquecentine" (Buchstaben A-D, Abgleich mit dem VD 16)
Nachweis Drucke 17.-18. Jh. (Buchstabe A, Abgleich mit dem Katalog der BSB München)

Generell ist dazu zu sagen, daß auch in Zukunft neue Dateien dieser Art anzulegen sein werden, und dieser Corpus von Behelfen immer weiter wachsen wird. Zwölf der derzeit geführten 50 Nachweise werden bereits über EDV geführt. Diese will ich nun etwas ausführlicher beschreiben.

Die Nachlaß-Sammlung der Abteilung für Sondersammlungen umfaßt unter anderem rund 70.000 Briefe. Für den Großteil des Bestandes existiert ein konventioneller Zettelkatalog, der allerdings einen Zugriff nur über die Person des Absenders ermöglicht. Vor drei Jahren wurde in Zusammenhang mit der Bearbeitung des Nachlasses von Hugo Schuchardt eine Datenbank für seine Briefe eingerichtet. Das Programm wurde in der Sprache des CLIPPER-COMPILERS der Firma Nantucket geschrieben. Auf der Eingabemaske finden sich Felder für den Nachlaß, Briefnummer, Aussteller, Ort und Datum, Sprache, Notiz, und Beschlagwortung (beliebig viele Schlagworte). Da es sich bei den Nachlässen der Universitätsbibliothek Graz in der Hauptsache um Gelehrten-Nachlässe handelt, ist auch das Briefmaterial entsprechend sachorientiert und läßt sich gut beschlagworten. Derzeit sind rund 20.000 Briefe in dieser Datenbank gespeichert. Die Forschungsstelle und Dokumentationszentrum für Österreichische Philosophie, die sich mit der Sammlung und Aufarbeitung der Nachlässe österreichischer Philosophen befaßt, hat während des Sommers ebenfalls dieses Programm übernommen. Wir arbeiten sehr eng mit dieser Stelle zusammen, und es ist auch für die Zukunft eine Zusammenführung der Daten geplant. In einem zentralen Nachweis werden dann die Briefe der Forschungsstelle - sie besitzt etwa ebensoviel wie die Abteilung für Sondersammlungen - und unsere Bestände abrufbar sein.

Mit dem Datenbankprogramm Micro-Isis werden derzeit 5 Datenbanken betrieben, drei weitere sind in Vorbereitung. Das von der UNESCO geförderte Programm, hat den Vorteil, daß es gratis ist, daß es klein genug ist, um auch auf älteren Geräten zu laufen, und daß die Eingabe äußerst einfach ist.

Die umfangreichste ist die Literaturdatenbank, die wir über die Publikationen zu unserem Handschriftenbestand führen. In erster Linie werden dort die laufenden Neuerscheinungen verzeichnet, aber - nach Maßgabe von Zeit - auch retrospektiv die Literatur eingegeben.

Weitere Datenbanken existieren für kleinere Sammelbereiche, etwa unsere Kalendersammlung, für den Bestand Artes, in dem sich in der Hauptsache graphische Blätter befinden, und für die Fragmentesammlung (in der Hauptsache mittelalterliche Handschriftenfragmente, aber auch Inkunabelmakulaturen und Reste sonstiger früher Druckwerke).

Die umfangreiche Sammlung von Antiquariatskatalogen ist für unsere Arbeit eine wertvolle Informationsquelle; bisher verschaffte uns ein Schlagwortkatalog Zutritt zu diesem Material - seit etwa einem Jahr führen wir eine Datenbank, die nicht nur die Sachgebiete aufschlüsselt, sondern auch jene Bücherpreise beinhaltet, die für uns von besonderem Interesse sind. Es sind dies meist jene Bücher, die sich auch in unserem Bestand befinden. Durch das Festhalten der Preisentwicklung bekommen wir ein Gefühl für den materiellen Wert unseres Bestandes. Nicht nur bei der Festsetzung von Versicherungswerten oder Schätzpreisen bei Ankäufen sind Marktkenntnisse von Wert, auch im Alltagsbetrieb, etwa bei der Einschätzung des Verlustrisikos ist es wichtig, über die Entwicklungen am Antiquariatsmarkt informiert zu sein.

Bei der erst in Erprobung stehenden Datenbank für Einbände gab es längere Diskussionen in Hinblick auf die gewünschten Strukturen. Der vorhandene Zettelkatalog zu den historisch und künstlerisch interessanten Einbänden (Handschriften, Inkunabeln, Einbandsammlung, Reserve Alter Drucke) umfaßt ca 15.000 Karten und verzeichnet ungefähr 5000 Einbände in mehreren Sequenzen. Die Grundfrage war, ob wir diese Daten konvertieren sollten oder ob wir eine dieses Verzeichnis nur ergänzende Datenbank einrichten. Die Aufgabe einer solchen ergänzenden Datenbank wäre die Verzeichnung aller Dekorationselemente, also aller Einzelstempel, Leistenstempel, Rollen und Platten in Korrelation mit den Signaturen, Einbandtypen, Datierungen und Werkstätten. Würden wir das vorhandenene Datenmaterial konvertieren wollen, würde sich der Fortschritt bei der Einbanderschließung deutlich verzögern.

Die in Erprobung stehende Datenbank für Landkarten soll vor allem das historische Material in Druckwerken und Atlanten erschließen, zu dem es bisher keinen Zugriff gibt; die geplanten Datenbanken der Restaurierwerkstätte werden der Literaturdokumentation, der Dokumentation der restaurierten Objekte und einen Bezugsquellennachweis für Restauriermaterial nachweisen.

Für listen- und registerartige Verzeichnisse verwenden wir das Textprogramm WORD 5.0.

Wir führen etwa ein Incipit-Register zu unseren Sermoneshandschriften, die durch den Handschriftenkatalog von Kern/Mairold nur teilweise erschlossen sind. Diese Datei bietet auch den Zugriff auf die Nummern von Schneyers Repertorium.

Ein nicht unerhebliches Verwaltungsproblem stellen die zahlreichen Sonderdrucke und Kleinschriften dar, die der Abteilung geschenkt werden. Der Aufwand einer regelrechten Katalogisierung und Aufstellung ist bei diesem Schriftgut nicht vertretbar, ebensowenig die Vernichtung oder die unerschlossenene Aufbewahrung. Derzeit haben wir etwa 500 solcher Schriften alphabetisch in Kassetten abgelegt. Erschlossen werden sie durch eine Titelliste, die bei nichtaussagekräftigen Titeln durch freie Schlagwörter ergänzt wird.

Besonders interessant finde ich die Möglichkeiten, die ein Textprogramm bei der Rekonstruktion historischer Bibliotheken bietet. Die Problemstellung ist ja allgemein bekannt: der Buchbestand der säkularisierten Klosterbibliotheken ist meistens nicht besonders gut durch barocke Kataloge oder durch ausführliche Übergabeprotokolle belegbar. In der Regel ist die Rekonstruktion eines solchen Bibliotheksbestandes durch das Fehlen entsprechender Verzeichnisse außerordentlich zeitaufwendig.

Wir führen nun schon seit vielen Jahren eine Vorbesitzerkartei, die derzeit über 17.000 Besitzeinträge, Exlibris und Bibliothekskennungen verzeichnet. Die Collegiums-Bibliothek der Jesuiten ist unsere unmittelbare Vorgängerbibliothek - aber leider sind alle Kataloge und Verzeichnisse bei der Aufhebung des Ordens verschwunden. Dennoch wissen wir über die Katalogisierungsgebräuche unserer jesuitischen Kollegen ganz gut Bescheid. Sie schrieben nämlich bei der Erwerbung eine entsprechende Notiz auf das Titelblatt des Buches - mit unterschiedlicher Ausführlichkeit; weitere Einträge gesellten sich dazu, als sie 1629 und 1692 den gesamten Bestand rekatalogisierten. Zudem vergaben sie Fachgruppen-Notationen, die ebenfalls einmal zur Gänze überarbeitet wurden; für bestimmte Bereiche kamen weitere Überarbeitungen dazu. Viele der Bücher der Jesuitenbibliothek haben zudem noch Einträge der ursprünglichen privaten Besitzer.

Diese Daten werden nun mit den rezenten Signaturen korreliert; wir können so nach und nach den jesuitischen Bestand rekonstruieren. Derzeit haben wir ca 3500 Bände als Basis, die wir für die Wiederherstellung der jesuitischen Bibliotheks-Systematik heranziehen können. Es sind noch mindestens 2000-3000 weitere Bücher aus der Jesuitenbibliothek zu erwarten, die wir bis dato noch nicht erfaßt haben - diese können wir problemlos in das bisher erstellte Schema einfügen.

Bei dem zweiten Rekonstruktionsversuch liegt eine etwas andere Ausgangssituation vor. Zu der Bibliothek des Augustiner-Chorherrenstiftes Seckau existiert ein barocker Buchkatalog. Aber weder besitzen wir alle Bücher, die dieser Katalog verzeichnet, noch finden sich im Katalog alle jene Bücher, die wir aus Seckau bekommen haben. Dennoch haben wir diesen Katalog als Basis genommen und sozusagen verbessert. Zuerst war das Alphabet der Einträge alles andere als zuverlässig, und auch ein Zugriff von der barocken Signatur auf den Titel war nicht möglich. Wir ergänzten den Katalog um die rezenten Signaturen, soweit sie uns bekannt waren, auch um die Fachgruppenzuteilungen, die im Katalog mit Rötel nachgetragen sind. Dazu kommen noch die vorbarocken Signatursysteme (die sich nur in den Büchern selbst nachweisen lassen), die uns in Zukunft - nach Abschluß der Arbeiten - einen vergleichenden Blick auf den Umfang der Bibliothek in den einzelnen zeitlichen Abschnitten ermöglichen wird.

Zuletzt möchte ich noch erwähnen, daß die Manuskripte künftiger Publikationen auch auf den Geräten der Abteilung zugänglich sind. Das Manuskript unseres künftigen Inkunabelkataloges ist bis GRASSUS gediehen und kann in unserem Referenzgerät schon benützt werden. Das gleiche gilt für das bereits abgeschlossene Manuskript der Bibliographie der faksimilierten Handschriften (2. Auflage 1992) - der größere Nachschlagekomfort auf der Festplatte wird das gedruckte Buch wahrscheinlich am Regal verstauben lassen.

Alle bisher erstellten EDV-Dateien sind auf einem eigenen zentralen Auskunfts-Gerät, das im Handschriftenzimmer steht, zusammengefaßt. Es steht für die Auskunftserteilung, aber auch den Benützern der Abteilung für Recherchen zur Verfügung. Diese elektronische Auskunftszentrale tritt nun neben den guten alten Katalogschrank und den gedruckten Handschriftenkatalog von Kern/Mairold als dritte wichtige Informationsquelle.

Der Nutzwert hängt klarerweise von der kontinuierlichen Fütterung des gefräßigen Systems mit Daten ab. An Daten nun herrscht beileibe kein Mangel - wohl aber an Schreibsklaven, die Datensatz um Datensatz in die Tasten hämmern. Durch die Anschaffung von Hard- und Software sind wir der bibliothekarischen Rückständigkeit noch lange nicht entflohen - was uns wirklich fehlt, sind Menschen: ausgebildete, kompetente und engagierte Bibliothekare, die sich der unendlichen Möglichkeiten des Computers bedienen können und wollen, die den Hauptwunsch des Benützers erfüllen:

Kommunikation über Informationen. Wir brauchen Bibliothekare, die den Fluch der Informationsflut in Segen umwandeln können, indem sie mit ihrer fachlichen Kompetenz und ihrer Bestandskenntnis Relevanzkriterien anbieten können, die unseren Lesern den Weg durch den Dschungel des Wissens weisen.

Der Alte Katalog der ÖNB
Vergangenheit - Gegenwart - Zukunft

Monika Hoxha, Brigitte Mersich, Hans Petschar, Johanna Thiel

„Abbruch alter Kataloge und die Festsetzung zeitlicher Kataloggrenzen, Neukatalogisierung mit Änderungen in der Aufnahmetechnik bedeuten merkbare Einschnitte im Bibliotheksbetrieb und stellen den nachfolgenden Bibliothekarsgenerationen immer wieder Probleme. So verlangen Änderungen stets sorgfältige Überlegung und Planung auf weite Sicht."
(Josef Stummvoll u. Laurenz Strebl)

Wir wollen Ihnen mit diesem Vortrag ein paar Einblicke in ein Informationssystem bieten, das bald 150 Jahre alt wird. Nicht, um Sie mit Geschichtlichem zu langweilen, sondern um anhand von einigen markanten Entwicklungspunkten auf allgemeine Gesichtspunkte zu verweisen, die in Situationen des Umbruchs - und auch das vorgesehene Einscannen ist ein solcher - erwähnenswert sind.

Einen solchen Gesichtspunkt haben wir bereits angedeutet: es ist der Aspekt der Zeitlichkeit. Ein Katalog, der seit 150 Jahren besteht: das bedeutet nicht nur 150 Jahre Kontinuität und vor allem Dauerhaftigkeit (wie sie im Moment noch kein modernes Informationssystem für sich reklamieren kann), das ist auch eine Geschichte von technischen Veränderungen, von formalen Inhomogenitäten und von Veränderungen in der Zugänglichkeit; und schließlich ist es auch noch ein Dokument österreichischer Kulturgeschichte.

Die Kenntnis des alten, handschriftlichen Nominal-Zettelkataloges der ÖNB darf bei der österreichischen Kollegenschaft vorausgesetzt werden. Er verzeichnet die Werke mit Erscheinungsjahren 1501-1929, deren Zahl nicht exakt zu ermitteln ist, die jedoch irgendwo zwischen 750.000 und 800.000 liegt. Physisch verwahrt sind die Zettel in 1401 Kapseln plus 7 Kapseln Schulprogramme. Ein lange zurückliegender Zählfehler um eine Hunderterstelle bewirkte eine falsche Numerierung der Kapseln mit Endzahl 1501, was mit der Grund sein mag für die in der Literatur zu hoch angesetzte Anzahl der Katalogzettel: nicht 1,2 oder gar 1,3 geschätzte Millionen Katalogzettel sind richtig, sondern etwa 1,126.000.

Dieser Zettelkatalog wurde 1848 begonnen und existierte gute 50 Jahre, bevor das zugehörende Regelwerk 1901 erschienen ist, das seine Aufgabe, wie es im Vorwort heißt, darin sah, „Widersprüche, Absonderlichkeiten und Schwerfälligkeiten" der bis dahin geübten Praxis zu beseitigen. (1)

Der bedeutsamste Aspekt des Regelwerkes liegt sicherlich im Versuch zu einer Standardisierung der Titelkopie (die auch graphisch ein getreues Bild des Titelblattes wiedergeben sollte) und zu einer Homogenisierung des Kataloges insgesamt: ein Versuch im nachhinein, der im strengen Sinne von vorneherein keine Aussicht auf Erfolg hatte. Typische Charakteristika lassen ihn aber heute als relativ geschlossenes historisches Katalogsystem erscheinen: die altertümliche Gleichsetzung von "u" und "v", die Umwandlung von "k" in "c" bei allen aus dem Lateinischen abgeleiteten Wörtern, überhaupt der Gebrauch der lateinischen Sprache für diverse Arten von Anmerkungen und Beifügungen, die Orthographie der Jahrhundertwende bei der Normalisierung der Ordnungsworte - um nur einige Besonderheiten hervorzuheben.

Dieser Kapselkatalog, der die einzige vollständige Information über die Altbestände der ÖNB bietet, und dessen Abbruch mit Einführung von BIBOS im Gespräch war, war und ist den Lesern nicht zugänglich.

Erst durch die bekannte Abschreibung der handschriftlichen Zettel in den Jahren 1959 bis 1967 wurde den Lesern diese Information in stark gekürzter Form zugänglich gemacht. An dieser Großaktion unter dem damaligen Generaldirektor Stummvoll waren bei häufigem Wechsel des Personals insgesamt 80 neuaufgenommene, nicht ausgebildete Mitarbeiter beteiligt. Schon damals ist von den Verantwortlichen festgestellt worden, daß die Abschrift nach ihrer Beendigung einer ständigen Betreuung bedürfen wird, ebenso, daß sie den handschriftlichen Katalog nicht ersetzen kann. Laurenz Strebl stellte in seinem Abschlußbericht fest: „Der alte, handschriftliche Zettelkatalog der Bibliothek wird weiterhin beibehalten werden müssen..."

Der nächste Schritt nach der Bereitstellung eines Beamten- und eines Publikumskataloges in internationalem Format wurde mit der 1982 erfolgten Mikroverfichung des Beamtenkataloges getan. Damit waren die Altbestände der ÖNB zum erstenmal ortsunabhängig recherchierbar.

Die Überführung des Kataloges in ein nicht mehr veränderbares Medium stellte eine ganz andersartige Zäsur dar, als der Katalogabbruch 1930. Auch dessen Folgen machen uns noch heute zu schaffen - darüber im Folgenden noch ein paar Worte.

Die Abgeschlossenheit des Mikrofichekataloges machte es notwendig, sofort nach seiner Fertigstellung einen Nachtragskatalog anzulegen, um jederzeit ein Supplement zu den Fiches anfertigen zu können. Diese Nachträge machen inzwischen 28.500 Katalogzettel aus, das wären 21 Microfiches. Das Material setzt sich zusammen aus 20.500 echten Nachträgen (sog. „Novissima") und 8.000 Ersätzen, anders gesagt: 28 % der Nachträge sind Katalogkarten, die in den vergangenen 10 Jahren wegen gravierender Fehler neu geschrieben werden mußten.

Soweit also ein kurzer Überblick zu den verschiedenen Erscheinungsformen, die unser Katalog im Laufe der Jahre erfahren hat - anders gesagt: soviel zum Problem, wie man durch Transformationen von einem Medium ins andere so nach und nach aus einem Katalog fünf Kataloge oder mehr produzieren kann...

Aus heutiger Sicht interessant erscheint, daß von Josef Stummvoll und Josef Mayerhöfer bereits 1967 die Möglichkeit der „Katalogüberführung" zur Sprache gebracht worden war. Zum Thema der elektronischen Datenverarbeitung in Bibliotheken schreiben sie:

„Sehr vorteilhaft wäre es, wenn das Problem der maschinellen Lesbarkeit von Katalogzetteln gelöst wäre. Dann würden nicht bloß die Titel von einem gewissen Datum an, sondern auch die sauber abgeschriebenen Aufnahmen z. B. des „Alten Katalogs" der Österreichischen Nationalbibliothek unmittelbar eingespeichert werden können." (2)

Die verschiedenen technischen Entwicklungsstufen oder Erscheinungsformen eines Kataloges stehen natürlich miteinander in Zusammenhang. Zunächst einmal stellt eine Form die Grundlage für die nächste dar, gleichzeitig aber erweist sich, daß die verschiedenen Katalogformen nicht direkt ineinander übersetzbar sind und sich im Laufe der Zeit auseinander entwickeln. Dies gilt insbesondere für das Verhältnis von Handschriftlichem Katalog und Abschrift, von Abschrift und Mikrofichekatalog, sowie von Handschriftlichem Katalog und BIBOS zueinander.

Man darf nicht annehmen, der Alte Katalog würde keinen wesentlichen Bestandszuwachs mehr erfahren und böte sich als ein weiter zu verwertendes Medium aus eben diesem Grunde günstig an. Mag auch der antiquarische Kauf samt Schenkungen mit durchschnittlich 700 Werken pro anno relativ gering sein, so sind schon die fallweise einlangenden Nachlässe nicht mehr kalkulierbar. Den Hauptzufluß stellen jedoch die 117.000 Bände der ehemaligen Habsburg-Lothringischen Fideikommiß-Bibliothek dar, die 1921 in den Besitz der ÖNB übergegangen sind. Erst 1964 wurde die systematische Katalogisierung dieser Bestände in Angriff genommen. Bisher sind 121 von 432 Kästen eingearbeitet mit dem Ergebnis von 12.000

signierten Werken, die nicht im Bestand der Druckschriftensammlung nachgewiesen waren, plus 9.600 sog. Dubletten, deren Katalogisierung vorläufig hintangestellt worden ist. Die übrigen 311 Kästen werden demgemäß 31.000 signierte Werke ergeben. Insgesamt ist also für die nächsten Jahre ein Arbeitsanfall von 65.000 zu katalogisierenden Werken zu erwarten.

Korrekturmeldungen aus jenen Abteilungen des Hauses, deren Tätigkeiten mit dem Alten Katalog in Verbindung stehen, haben in den abgelaufenen 10 Jahren dazu geführt, daß, wie schon erwähnt, 6.200 Katalogkärtchen in der Abschrift ersetzt werden mußten; mindestens 2.000 weitere Korrekturmeldungen stehen zur Bearbeitung an.

Bisweilen ist aus jenen Bibliothekskreisen, die hinsichtlich der Qualität des Kataloges Optimismus an den Tag legen, der Einwand zu hören, bei der Menge der anfallenden Korrekturen handle es sich lediglich um eine Art von Katalog-Kosmetik, deren Unterlassung die Identifizierbarkeit der verzeichneten Werke nicht weiter beeinträchtige. Dem ist entschieden zu widersprechen. Mögen Tippfehler, die allenfalls in die Kategorie der läßlichen Sünden fallen, noch so kurios sein - um derartiges handelt es sich nicht:

524.921-B

Müller, Robert

Die wirtschaftliche Bedeutung der in Österreich fremden, eingeführten Kinderrassen im Vergleich zu den einheimischen und den Kreuzungsrassen. Vortrag.- (Wien, Gerold) 1917.

SA. aus: Wiener landwirtschaftliche Zeitung. 1917,13.

Ersätze werden gemacht, weil die Identifizierbarkeit des Buches nach der bibliographischen Aufnahme nicht gegeben ist, weil die Bestellung des Werkes resp. des Bandes nicht funktionieren kann: wegen falscher Signaturen, falschen Impressums, falscher Bestandsangaben. Viele Bestellscheine, die ergebnislos an die Leser retourniert werden, beweisen es.

Will man von der Qualität eines Kataloges sprechen - und was sollte man füglich sonst tun - so darf man unserem verehrten Regierungsrat Hermann Sagl das Attribut eines besonderen Qualitäts-Steigerers verleihen. Seiner jahrelangen akribischen Erforschung unserer deutschsprachigen Zeitungen für die in naher Zukunft zu erwartende Bibliographie ist es zu verdanken, daß Hunderte von Zeitungsbeständen richtig erfaßt, insonderheit zu Unrecht zugeordnete Bestände auf jene Titel verteilt werden können, denen sie wirklich zugehören. Die unglückliche Situation, deren Bereinigung im Katalog noch einige Zeit brauchen wird, ist im Wesentlichen daraus zu erklären, daß eine moderne Zeitschriftenverwaltung erst relativ spät eingesetzt hat.

Auch Magazine sind eine nie versiegende Quelle, die die Flut der Korrekturen speist. Als Folge der an Großbibliotheken ja nur selten möglichen Revisionen in den Magazinen sind allein in den letzten 6 Jahren 2.300 Problemfälle ans Tageslicht gekommen, die - zum überwiegenden Teil - ihre Aufklärung fanden und Ersatzzettel mit richtiggestellten Signaturen erforderlich machten.

Bis jetzt existieren an unserer Bibliothek rund 2.900 Mikrofilme von Werken aus dem Altbestand, zum größten Teil von Werken des 16. Jahrhunderts. Die Bearbeitung dieser Filme hat zur Folge, daß bei den meisten Katalogisaten der verfilmten Werke ganz wesentliche Verbesserungen vorgenommen werden können: der heutige Bibliothekar, der im allgemeinen im Lateinischen nicht so selbstverständlich zu Hause ist wie unsere Vorvorderen, kann sich nur wundern, mit welcher Sprachgewandtheit alte Titel gekürzt und dabei grammatikalisch verändert, frei variiert, überhaupt in mancherlei Hinsicht umgemodelt wurden. Deutsche Ordnungsworte anonym erschienener Werke in den seltsamsten Orthographien wurden wohl vorschriftsmäßig „normalisiert", die entsprechende Vorlage-Form allerdings ganz beiseitegelassen, was die Identifizierbarkeit - wie man sich leicht vorstellen kann - zu einem reinen Vexierspiel macht.

Ebenfalls zu einer wesentlichen Qualitätssteigerung des Kataloges tragen die laufenden Arbeiten zum gedruckten Katalog der Werke des 16. Jahrhunderts bei, deren sich im Besitze der ÖNB über 45.000 befinden. Diese Arbeiten wurden bereits 1963 begonnen und sind seit der Etablierung der Abteilung als einer selbständigen Arbeitseinheit 1982 in zunehmendem Maße intensiviert worden. Wir verweisen auf die zusammenfassende Darstellung, die der Herausgeber Gedeon Borsa auf dem Bibliothekartag in Linz gegeben hat. Erwähnen wollen wir hier nur 250 bisher nicht katalogisiert gewesene Adligate sowie 300 Neuaufnahmen von Werken des 16. Jahrhunderts aus der Fideikommiß-Bibliothek - alles nicht im Mikrofichekatalog.

Noch etwas weist auf die stets lauernden Gefahren hin, die einen Katalog-Abbruch begleiten: bisher wurden 4.700 Zettel mit Erscheinungsjahr 1930 und später aus dem Alten Katalog gezogen. Dies hat interne Rationalisierungsgründe und wäre bei doppeltem Vorhandensein der Zettel in beiden Katalogen, alt und neu, weiter nicht erwähnenswert, hätten nicht ca. 5 Prozent der Titel schon seinerzeit ihren Weg in den PI-Katalog verpaßt und - im Laufe der Jahre dort gesucht und nicht gefunden - manche unrichtige Auskunft über Vorhandenes resp. nicht Vorhandenes nach sich gezogen.

Die Aufnahme der Novissima seit Mai dieses Jahres in BIBOS, sowie das geplante Scannen des Alten Kataloges und seine eventuelle Überführung in BIBOS, zwingen zu einem Vergleich der beiden Regelwerke.

Bei Einverfasserwerken, die als Monographie in deutscher oder einer dem Bearbeiter geläufigen Sprache erschienen sind, stellt die Umwandlung einer altösterreichischen in eine RAK-gerechte Aufnahme kein Problem dar. Schwierigere Fälle hinsichtlich der Sprache oder des Ordnungswortes machen jedoch einen größeren Prozentsatz des gesamten Altbestandes aus, als man gemeinhin annimmt, und betreffen vor allem für die ÖNB typische und wichtige Bestände, z. B. Gesetze, Erlässe und Verordnungen österreichischer Herrscher oder seltene Sammelbereiche. Eines von vielen Beispielen sind die Orientalia.

Durch die Bemühungen Josef v. Hammer-Purgstalls und anderer berühmter, mit der ÖNB verbundener Orientalisten haben die orientalischen Buchbestände an der ÖNB, vor allem für die Zeit vor dem 1. Weltkrieg, einen beachtlichen Umfang. So sind die meisten seit der Einführung des Buchdrucks im Osmanischen Reich im 17. Jahrhundert bis 1918 in Kairo und Istanbul erschienenen Drucke vorhanden, z.B. fast die gesamte Schulliteratur der Türkei vor 1918, ebenso die osmanischen Gesetze. Sogar in der Türkei kaum auffindbare Werke der Jungtürkischen Bewegung finden sich in der Bibliothek. Smail Balic schätzt den Anteil der Orientalia am Gesamtbestand auf immerhin 5% und betont den hohen Wert und die Seltenheit vor allem der Altbestände. Doch gibt es in der Ansetzung so manche Eigenheit. Araber und andere nach arabischer Weise benannte „Muhammedaner" werden unter ihrem Eigennamen im engsten Sinn angesetzt. Osmanisch-türkische Herrscher, um an das zuvor angeführte Beispiel anzuknüpfen, in der „regelmäßig hergestellten Transcription aus der arabischen Schrift". So wird aus Mehmed Muhammad, ebenso ergeht es persischen, afghanischen und anderen orientalischen Machthabern. Auch darin spiegelt der Katalog einen Zug österreichischer Kulturpolitik, der nach der Okkupation der ehemaligen osmanischen Provinzen Bosnien und Herzegowina zu beobachten war: die Förderung der arabischen Sprache und Schrift auf Kosten des Türkischen. Die Umwandlung dieser Ordnungsworte, sowie der

Transliteration in RAK-gemäße Aufnahmen wäre ohne Buch, ohne Fachwissen und beträchtlichen Zeitaufwand nicht möglich.

Der Problemkreis Katalogabbruch und neues System hat aber einen noch ganz anderen Aspekt. Auf der 26. Versammlung des Vereins Deutscher Bibliothekare in Lübeck 1930 hielt der Wiener Staats-Bibliothekar Alois Jesinger einen Vortrag über Österreichische Katalogfragen, der ganz im Zeichen der Einführung der Preußischen Instruktionen in Österreich stand. Er beschloß seine Ausführungen mit den Worten:

„Aber, daß die sachlichen, logischen Gründe zu einem Ergebnis geführt haben, das mit ein Band sein wird, uns Deutsche in Österreich den Brüdern im Reich noch enger zu verbinden, daß der Kopf billigt, was das Herz ersehnte, das beglückt uns tief und wird uns die Kraft geben, der Schwierigkeiten Herr zu werden, die wir mit unserem Entschluß auf uns genommen haben." (3)

Entscheidungen zu Vereinheitlichung, Zentralisierung, Schaffung von Verbünden beinhalten immer auch eine politische Dimension; Kataloge werden - mit einigem zeitlichen Abstand betrachtet - nicht nur Auskunftsmittel, die einen Überblick über eine bestimmte Zeit bieten, sondern selbst zu historische Quellen. Der Alte Katalog der Österreichischen Nationalbibliothek ist beides: inhaltlich eine unerschöpfliche Quelle zur Geschichte des österreichischen Imperiums, von seiner Konzeption, von seinem Aufbau her ein Abbild einer hierarchischen gesellschaftlichen Struktur.

Am deutlichsten wird dies in der Anordnung der Zettel. So lautet die Rangordnung für Schriftsteller gleichen Namens:

1. Heilige,
2. Päpste, nach der Ordnungszahl des Regentennamens,
3. weltliche Regenten, nach der Rangordnung ihrer Würde, bei gleicher Würde nach dem Alphabet des Reichsnamens, innerhalb dieses nach der Ordnungszahl des Regentennamens,
4. Prinzen, nach dem Alphabet des Reichsnamens,
5. Cardinäle, nach dem Alphabet des Kirchentitels,
6. katholische Bischöfe,
7. Äbte,
8. Klosterleute, nach dem Alphabet des Localnamens.

Erst dann folgen die „gewöhnlichen" Namen.

Was auf diese Weise entsteht, ist ein strukturierter Raum, der es demjenigen erleichtert, sich darin zurechtzufinden, der mit den gesellschaftlichen Strukturen, die sich darin abgebildet finden, vertraut ist. Der Katalog ist daher kein formales und rein abstraktes, sondern ein räumliches System, das in Wirklichkeit die Umsetzung einer Semantik ist. Dies ist kennzeichnend für viele Zettelkataloge, es erklärt auch eine „gefühlsmäßige Vertrautheit" vieler Leser mit dieser Form eines Informationssystems. Sie erlaubt es auch, sich zurechtzufinden, ohne bis ins letzte die formalen Regeln zu verstehen. Sie erklärt auch, warum man bei einem elektronischen Katalog nie das Gefühl hat, ganz wörtlich genommen einen „Raum des Wissens" zu „betreten".

Mit diesem Stichwort von einem „Raum des Wissens", eines Wissens über ein supranationales und universalistisches und vor allem aber österreichisches Wertesystem, in das einzutreten der Alte Katalog der ÖNB ermöglicht, wollen wir zum Schluß kommen.

Wir möchten zumindest die Frage aufwerfen, ob nicht die Produktion einer CD-ROM als Endprodukt (etwa nach dem Vorbild der BLC-CD-ROM) mit einfachen Suchkategorien wie Autor, Titelstichwort, Ort, Jahr und unter Beibehaltung der Ordnungsprinzipien des Österreichischen Regelwerkes eine bessere, weil schnellere, ökonomisch sinnvollere Lösung darstellt, als eine überaus zeit- und arbeitsintensive Überführung in BIBOS, deren Ende, ebenso wie deren Konsequenzen noch gar nicht abzuschätzen sind.

In jedem Fall, wie immer die Entscheidung für die Zukunft aussieht: was die mediale Erscheinungsform dieses Kataloges anbelangt, muß unserer Ansicht nach dafür Sorge getragen werden, daß insgesamt das Erscheinungsbild - und das heißt vor allem auch die interne Struktur des Kataloges - erhalten bleibt. Die beste Garantie dafür ist die Weiterführung des handschriftlichen Alten Kataloges als Kontinuum. Man kann nicht von der Nationalbibliothek als einem Kulturschatz der österreichischen Nation sprechen und sie gleichzeitig einer wichtigen Grundlage berauben.

Anmerkungen

(1) Vorschrift für die Verfassung des alphabetischen Nominal-Zettelkataloges der Druckwerke der k.k. Hofbibliothek. Wien 1901. Text-Bd. S. XXXIX.

(2) Stummvoll, Josef u. Mayerhöfer, Josef: Elektronische Datenverarbeitungsanlagen in bibliothekarischer Verwendung. In: Biblos. 16. (1967). S. 89-99; S. 98.

(3) Jesinger, Alois: Österreichische Katalogfragen. In: Zentralblatt für Bibliothekswesen. 47. (1930). S. 418-435; S. 435.

Vorstellung des zweiten Bandes des Handschriftenkataloges der UB Innsbruck

Walter Neuhauser

Der folgende Bericht erinnert etwas an die Geschichte von den zehn kleinen Mäusen. Da es sich jedoch nicht um einen Krimi à la Agatha Christie handelt, wollen wir lieber wie bei einem Märchen beginnen:

Also: Es war einmal:

1) Es war einmal der Tatbestand bzw. die Erkenntnis, daß die Handschriften der österreichischen Bibliotheken zu einem großen Teil mangelhaft oder nicht erschlossen sind.

2) Es war einmal eine Idee, man sollte diesen unbefriedigenden Zustand beenden.

3) Es war einmal ein treibender Motor, der diese Idee verwirklichen wollte, nämlich Professor Mazal zusammen mit anderen Professoren und Handschriftenfachleuten.

4) Es war einmal ein Vorbild, die Deutsche Forschungsgemeinschaft, welche bereits ein derartiges Projekt, die Katalogisierung der Handschriftenbestände der deutschen Bibliotheken, ins Leben gerufen hatte.

5) Es war einmal eine Institution, welche sich auch in Österreich dieser Idee annahm, die Österreichische Akademie der Wissenschaften bzw. ihre Kommission für Schrift- und Buchwesen des Mittelalters unter dem Akademie-Präsidenten Professor Hunger.

6) Es war einmal sogar eine Goldmarie, also ein Geldgeber, der Fonds zur Förderung der wissenschaftlichen Forschung in Österreich, der die Finanzierung des Projektes übernahm.

7) Es war einmal eine österreichische Universitätsbibliothek, die UB Innsbruck, welche den Ehrgeiz hatte, an diesem Projekt mit ihren eigenen Leuten mitzuarbeiten.

Soweit war alles wie im Märchen. Das Projekt, 1973 ins Leben gerufen, lief gut an, es wurden von der genannten Akademie-Kommission Richtlinien für die Katalogisierung der abendländischen, insbesondere der lateinischen Handschriften österreichischer Bibliotheken geschaffen und wurden so neben die bereits laufenden Projekte der Erfassung der griechischen, der orientalischen, der datierten und der illuminierten Handschriften gestellt.

Das Projekt der lateinischen Handschriften sollte auf zwei Ebenen getragen werden:

a) durch hauptamtliche Mitarbeiter, welche von der Akademie mit der Katalogisierung bestimmter Bibliotheken betraut würden. Begonnen wurde mit einigen Klosterbibliotheken, nämlich Kremsmünster, Klosterneuburg, Zwettl und St. Peter in Salzburg. Die Bezahlung der Mitarbeiter erfolgte durch die Akademie, später im Rahmen eines Forschungsschwerpunktes des genannten Forschungsfonds. Geplant war die Ausweitung auch auf staatliche Bibliotheken, z.B. die UB Salzburg.

b) durch bibliothekseigene Kräfte, welche im Rahmen ihrer bibliothekarischen Tätigkeit sozusagen extern am Projekt mitarbeiten sollten, freilich unter genauer Einhaltung der Katalogisierungsrichtlinien der Akademie. Eine Bezahlung der Mitarbeiter durch die Akademien bzw. den Fonds erübrigte sich hier, die Akademie übernahm lediglich die Drucklegung im Rahmen der Denkschriften, der Forschungsfonds die Finanzierung des Druckes.

Das Projekt lief gut an, doch bald begann die fatale Geschichte von den zehn kleinen Mäusen eine gewisse Parallele zu bekommen. Aus Ursachen, die im einzelnen auszuführen hier nicht der Platz ist, kam es anstelle der geplanten Ausweitung zu einer Schrumpfung des Projektes. Der zeitlich begrenzte Forschungsschwerpunkt des Fonds lief aus, einige Mitarbeiter schieden aus dem Projekt aus, da die halbjährig zu erneuernden Werksverträge zu wenig Sicherheit boten, dazu kamen Divergenzen in Sachfragen der Katalogisierung sowie finanzielle und organisatorische Probleme. Im Rahmen des Akademie-Projektes erschienen im Bereich der hauptamtlichen Mitarbeiter nur vier Bände, zwei Bände des Handschriftenkataloges von Klosterneuburg, der erste Band von Kremsmünster und der Katalog der deutschen Handschriften von St. Peter in Salzburg. Heute ist dieses Projekt auf zwei von der Akademie-Kommission hauptamtlich bezahlte Mitarbeiter zusammengeschrumpft, welche daneben auch noch andere Agenden und Verwaltungsarbeiten im Rahmen der Akademie-Kommission auszuüben haben. Das Projekt Kremsmünster läuft zwar weiter, doch übernimmt hier die Akademie nur die Drucklegung, während die Bezahlung der Bearbeiter von anderen Stellen getragen wird.

In der anderen geschilderten Weise, Bearbeitung durch Angehörige der Bibliotheken selbst, war die UB Innsbruck von Anfang an beteiligt, sie blieb es und ist hier weiterhin tätig. Die geplante Ausweitung dieser Projektform auf andere Bibliotheken kam nie zustande, doch unterblieb hier wenigstens die vorhin geschilderte Schrumpfung.

So wurde also an der UB Innsbruck seit 1973 in freiwilliger Mitarbeit, d.h. neben der normalen Bibliotheksarbeit und ohne bezahlte Überstunden, durch den Berichterstatter mit der Katalogisierung begonnen. In der Folgezeit, genauer seit 1977, kam eine weitere Mitarbeiterin, Frau Ramminger, hinzu, beide freilich neben anderen Aufgaben innerhalb und außerhalb der Abteilung. Ursprünglich war daran gedacht, daß die beiden genannten Mitarbeiterinnen nur fallweise für Hilfsdienste herangezogen werden sollten, z.B. für die Durchzeichnung und Bestimmung von Wasserzeichen, die Abreibung von Einbänden, die Bestimmung des Lagenaufbaues usw., doch arbeiteten sich beide aus freien Stücken selbst so gut in die gesamte Katalogisierung ein, daß sie, Frau Sepp schon beim ersten Band, Frau Ramminger beim bevorstehenden dritten Band weitgehend selbständig tätig sind, inklusive der Registererstellung. Es ist dies für den Fortgang umso bedeutungsvoller, als ja der Hauptbearbeiter seit 1991 mit der Leitung der UB Innsbruck betraut ist, und daher für die Handschriftenbeschreibung nur noch wenig (Frei)zeit erübrigen kann. So aber geht die Arbeit im Teamwork weiter. Die Tätigkeit der beiden Mitarbeiterinnen ist umso höher einzuschätzen, als die Richtlinien sehr streng sind und eine genaue wissenschaftliche Durchdringung der Materie, also der Handschriften, erfordern. Dies hat zur Folge, daß die einzelnen Beschreibungen sehr umfangreich sein können.

Jedes Katalogisat besteht grundsätzlich aus drei Teilen:

1) Überschrift mit Schlagzeile, beinhalten den Autor oder Titel bzw. Charakter der Handschrift, z.B. Theologische Sammelhandschrift, ferner Angaben über Umfang, Beschreibstoff, Format, Entstehungsjahr und -ort und den letzten Vorbesitzer.

2) Beschreibung des Äußeren der Handschrift, gegliedert in sechs Blöcke:

- Angaben zum Buchblock (Lagenaufbau, Besonderheiten)
- Angaben zu Schrift und Schreiber
- Angaben zur künstlerischen Ausstattung
- Angaben zum Einband
- Angaben zur Geschichte der Handschrift
- Literatur zur Handschrift.

Jeder dieser Blöcke bringt ausführliche Angaben und kann daher oft sehr umfangreich sein.

3) Genaue Aufschlüsselung des Inhalts mit möglichst exakter Zuordnung, Bestimmung und Identifizierung der Texte, mit Nachweisen in Editionen und Werksverzeichnissen oder sonstigen Nachschlagewerken oder zumindest Angabe von Parallelüberlieferung.

Der Katalog ist als Signaturenkatalog aufgebaut, also nach einem mechanischen Prinzip, so daß jeder Katalogband hinsichtlich Inhalt, Sprache, Entstehungszeit, Vorbesitzer usw. eine bunte Mischung darstellt. Jeder Band umfaßt 100 Signaturen, wobei die nach dem Ersten Weltkrieg an Italien abgegebenen Handschriften - zum größten Teil solche des Klosters Neustift bei Brixen, wo sie heute als Dauerleihgabe des italienischen Staates verwahrt werden - nur in einem Anhang kurz angeführt werden. Das Prinzip der Signaturenzenturien bleibt gewahrt, so daß in den einzelnen Bänden meist etwas weniger als 100 Handschriften tatsächlich beschrieben sind.

Die Richtlinien fordern ausführliche Register, und zwar getrennt ein Register der Textanfänge und ein Kreuzregister für Autoren, sonstige Namen, alle Sachbegriffe in Schlagwortform und kleinen systematischen Gruppen (z.B. unter „Schrift" oder „Einband"). Die Register des zweiten Bandes wurden automationsunterstützt, in Word 4.0 erfaßt, in Zukunft sollen die Register aller Bände kumuliert werden. Da, wie gesagt, alle drei Bearbeiter nur einen Teil ihrer Zeit dem Handschriftenkatalog widmen können, geht die Arbeit natürlich nicht mit der gewünschten Schnelligkeit voran. Zum Glück aber erwiesen sich die beiden Mitarbeiterinnen als so engagiert und tüchtig, daß das zeitliche Manko etwas verringert wird. Außerdem befand sich die UB Innsbruck in der günstigen Lage, daß die nötigen Hilfsmittel, also Editionen, Werkverzeichnisse, Bestimmungswerke, buchkundliche Literatur usw. teils schon vorhanden waren, teils problemlos angeschafft werden konnten und können, sodaß im Haus selbst effizient gearbeitet werden kann, und mühsames und zeitraubendes Recherchieren auswärts sich weitgehend erübrigt.

Bisher sind zwei Bände erschienen, der erste 1987, der zweite 1991 (er wurde heuer im Jänner ausgeliefert). Am dritten Band wird gearbeitet, wobei die Arbeit so aufgeteilt ist, daß Frau Sepp im wesentlichen die ehemals Stamser Handschriften (in dieser Zenturie etwa 40% des Bestandes) betreut, während die anderen Handschriften durch den Hauptbearbeiter und Frau Ramminger, in letzter Zeit fast ausschließlich durch die genannte Mitarbeiterin selbst, erfaßt werden. Auf diese Weise geht die Arbeit zwar langsam, aber doch sicher weiter, es ist zu hoffen, daß das Manuskript des dritten Bandes in etwa ein bis zwei Jahren abgeschlossen werden kann. Ein Ende des gesamten Unternehmens ist freilich nicht abzusehen. Der Gesamtbestand umfaßt ca. 1050 Handschriften, davon etwa zwei Drittel mittelalterliche, welche eine ausführlichere Beschreibung erfordern. Mit dem dritten Band wird nicht ganz ein Drittel des Gesamtbestandes erfaßt sein, der gesamte Katalog soll nach den derzeitigen Schätzungen ca. sieben bis acht Bände umfassen. Das Prinzip der Zenturien wird bei den höheren Signaturen, bei welchen die neuzeitlichen Handschriften überwiegen, nicht mehr aufrecht erhalten bleiben. Es ist insgesamt also noch sehr viel zu tun; dies bedeutet, daß für die Abteilung für Sondersammlungen, welche ja das gesamte historische Buchgut zu betreuen hat, kein Grund zur Befürchtung besteht, daß ihr in absehbarer Zeit die Arbeit ausgehen könnte.

Online-Benutzergruppe

Online-Benutzergruppe
Tätigkeitsbericht für die Funktionsperiode 1990-1992

Die Österreichische Online-Benutzergruppe wurde 1984 als Arbeitsgruppe in der Kommission für EDV-Anwender der Vereinigung Österreichischer Bibliothekare gegründet und umfaßt derzeit etwa 200 Mitglieder aus wissenschaftlichen Bibliotheken, Informationseinrichtungen der Industrie sowie aus mit Herstellung und Vertrieb von Datenbanken befaßten Institutionen oder Firmen. Vorsitzender ist seit der Gründung Dr. Heinz Hauffe (Universitätsbibliothek Innsbruck).

Im Rahmen des 21. Österreichischen Bibliothekartages in Bregenz traf sich am 4. September 1990 die Österreichische Online-Benutzergruppe zu einer Sitzung mit Vorträgen von Kurt Bednar („ACOM - Telekommunikationssoftware mit automatischer Befehlsübersetzung"), Alexander Wilhelmy („Phonetische Ähnlichkeitssuche in Datenbanken"), Alexander Nevyjel („Die Österreichische Dissertationsdatenbank"), Reinhold Gokl („Online-Wirtschaftsdatenbanken zwischen Ost und West") und Bernward Jenschke („Die Online-Industrie in den Neunziger Jahren").

Nach einer Phase intensiver Korrespondenz mit slowakischen Online-Fachleuten fand am 14. Mai 1991 in Preßburg eine gemeinsame Sitzung von diesen mit Vertretern der Österreichischen Online-Benutzergruppe statt. In je einem Kurzreferat wurden die Online-Aktivitäten in beiden Ländern vorgestellt. Der Vorsitzende regte die Gründung einer Tschechoslowakischen Online- Benutzergruppe an, was dann auch geschah. Mit ihr wird reger Kontakt gepflogen, und sie wurde auf Betreiben des Vorsitzenden hin dann in EUROLUG aufgenommen.

Schloß Hofen in Lochau bei Bregenz war vom 17. bis 20. September 1991 Schauplatz des 4. Österreichischen Online-Informationstreffens, an dem 52 Personen teilnahmen. Das Generalthema lautete „Online-Zukunftsperspektiven". Eröffnet wurde die Tagung durch Frau Landesrat Elisabeth Gehrer. Am Programm standen folgende Vorträge:

Constantin Cazan (Fa. Schering Wien): Beyond Online
Liselotte Mayerl (UB Graz): EDV-gestützte Informationsvermittlung in Bibliotheken
Wilhelm Hilpert (TUB München): Gestaltung der Informationsvermittlung an einer Technischen Universität
Rainer Kuhlen (Universität Konstanz): Hypertext und Information Retrieval
Friedrich Ranz (ÖFZ Seibersdorf): Hypertext in Großdatenbanken - am Beispiel Hyperline von ESA

Hans Zeger (ARGE Daten Wien): Informationsorganisation - die Verknüpfung von Bild, Sprache, Text am Beispiel des Datenbanksystems STAR
Walter Buckel (FIZ Karlsruhe): Numerische Datenbanken in Naturwissenschaft und Technik
Harald Millonig (UB München): CDs im Netz
Erika Zinner (Bundesministerium für Arbeit und Soziales Wien): SOZDOK - die Online-Datenbank des österreichischen Sozialversicherungsrechts
Andreas Manak (Österreichische Staatsdruckerei Wien): Grundprobleme juristischer Informationssysteme
Gerhard J. Kampner (Austria Presse Agentur Wien): Die Austria Presse Agentur (APA) als österreichischer Host
Herwig Jobst (SOWIDOK Wien): Die Sozialwissenschaftliche Dokumentation der AK Wien als Datenbankproduzent - Tendenzen, Perspektiven, Strategien
Karl Megner (ÖNB Wien): Fremddatennutzung bei der maschinellen Erstellung einer Bibliographie
Constantin Cazan (Fa. Schering Wien): Software für Online-Recherchen
Regina Wolff (Fa. Genesys Langenfeld): Vereinfachung der Nutzung von Online-Datenbanken durch gezielten Einsatz von Kommunikationssoftware
Alois Kempf (Eidgenössische Forschungsanstalt für Wald, Schnee und Landschaft Birmensdorf): Auf Informationssuche in Wissenschaftsnetzen - Erfahrungsbericht zum Thema Wald
Ladislaus Lang (ÖNB Wien): ÖZDB im Verbund
Heinz Hauffe (UB Innsbruck): Online-Zukunftsperspektiven - Ausblick

Während der Tagung wurden einstimmig zwei Resolutionen beschlossen und an das Bundesministerium für Wissenschaft und Forschung weitergeleitet: In der ersten wurden Überlegungen begrüßt, die Österreichische Zeitschriftendatenbank (ÖZDB) auf CD-ROM in Versionen aufzulegen, die sowohl unter Verwendung von MS-DOS-PCs als auch von Macintosh-Geräten lauffähig sind; in der zweiten wurde der Solidarität mit jenen Kolleginnen und Kollegen Ausdruck verliehen, die wegen ihrer täglichen Arbeit, nämlich der Beschaffung und Weitergabe von Informationen, unter Spionageverdacht geraten waren.

Die von Schloß Hofen bereitgestellte Geräteausstattung ermöglichte Online-Fallstudien, Demonstrationen und Rechercheübungen am PC. Das Rahmenprogramm sah einen Empfang durch die Vorarlberger Landesregierung sowie die Besichtigung der Vorarlberger Landesbibliothek mit anschließendem geselligen Beisammensein im bibliothekseigenen Garten vor.

Rechtzeitig zu Tagungsbeginn waren die Tagungsberichte vom 1., 2. und 3. Österreichischen Online-Informationstreffen fertig geworden und konnten präsentiert werden.

Bei Data-Mail, der elektronischen Post von Data-Star, wurde gemäß eines während dieses Treffens gefaßten Beschlusses im Frühjahr 1992 eine geschlossene Benutzergruppe namens AOLUG eingerichtet. Dadurch wurden „Rundschreiben" an alle Teilnehmer, persönliche Post mit „Durchschlag" an alle Teilnehmer ermöglicht. Im Herbst 1992 waren ca. drei Dutzend Kolleginnen und Kollegen (darunter auch ausländische) an diesen Verteiler angeschlossen. Mittlerweile ist ein reger Gedanken- und Informationsaustausch über dieses Medium zu beobachten. Da nicht alle Mitglieder Anschluß an Data-Mail haben, blieb daneben die konventionelle Kommunikation bestehen.

Im Rahmen des 22. Österreichischen Bibliothekartags fand am 1. Oktober 1992 in Eisenstadt eine Sitzung der Österreichischen Online-Benutzergruppe zum Generalthema „Online in Osteuropa" statt. Am Programm standen Referate von Maria-Anna Courage (Gesellschaft für Mathematik und Datenverarbeitung St. Augustin) zum Thema „Datenbanken in Osteuropa" und von Maria Dologova (Slovnaft s.p. Bratislava) über „Online in der ČSFR". Alexander Nevyjel (Österreichisches Forschungszentrum Seibersdorf Ges.m.b.H.) präsentierte die „EAD-European Aerospace Database". Heinz Hauffe erläuterte den Umgang mit Data-Mail.

Der Vorsitzende nahm während des Berichtszeitraums an vier Sitzungen von Eurolug, der Dachorganisation der europäischen Online-Benutzergruppen teil (London, 10. Dezember 1990 und 13. Dezember 1991, Paris, 14. Juni 1991 und Frankfurt am Main, 26. April 1992). Schwerpunkte der Verhandlungen waren - neben der Verabschiedung einer neuen Satzung - ein Preisvergleich der Datenübertragungsnetze in Europa, Kontakte zum Impact-Programm der EG, der jährlich beim International Online Information Meeting in London vergebene „Product Award", Bemühungen um einen kostenlosen Zugang zu den Help-Desk-Telefonen der Hosts, die Vereinfachung des Zugangszu OPACs, Nachbarhilfe für benachteiligte Länder sowie die EUROLUG/EUSIDIC -Testwochen (15. - 17. April 1991 und 6. - 10. April 1992) zur Überprüfung der Qualität der öffentlichen Datennetze. Hiezu wurden an alle Mitglieder der nationalen Online-Benutzergruppen Formulare verschickt, auf denen Erfolg oder Mißerfolg (in diesem Fall auch der vermutete Grund) bei jedem Verbindungsaufbau über ein Datennetz zu protokollieren war. Aus den Ergebnissen geht hervor, daß Österreich mit zu den Ländern mit den stabilsten grenzüberschreitenden Datenübertragungsleitungen zählt.

Die Eurolug-Delegierten sind gehalten, jährlich einen „Country Report" abzuliefern und vereinbarten weiters den Austausch nationaler Mitteilungsblätter, Maßnahmen, die in idealer Weise der gegenseitigen Information dienen. So wurde der „Country Report from Austria" 1991 und 1992 im UK Online-Group Newsletter abgedruckt; ebenso finden berichtenswerte Neuigkeiten in den Online-Mitteilungen" der Österreichischen Online-Benutzergruppe ihren Niederschlag.

Im Frühjahr 1992 startete Eurolug ein groß angelegtes Projekt zur Erhebung der Qualität von Datenbanken. In dessen erster Phase wird in Anlehnung an eine Initiative der South California Online User Group ein Fragebogen ausgearbeitet, mit dem die Wichtigkeit der einzelnen Optionen, Funktionen und Eigenschaften, die im Zusammenhang mit Online-Recherchen auftreten, ermittelt werden sollen. Auch das 5. Österreichische Online-Informationstreffen (Seggau, 14. bis 17. September 1993) widmet sich diesem Thema.

Die österreichischen Online-Stammtische, die jeweils am Abend nach den Eurolug-Sitzungen in London stattfanden, sind mittlerweile schon zu einer fixen Tradition geworden und waren sehr gut besucht.

Im Berichtszeitraum erschienen schließlich die vom Vorsitzenden redigierten „Online-Mitteilungen" Nr. 38 bis 43.

Datenbanken in Ungarn, Rumänien und Bulgarien

Maria-Anna Courage

Abstract

Im Rahmen eines Forschungsprojektes in Zusammenarbeit mit Prof. Dr. A. Butrimenko, Direktor des Internationalen Zentrums für Wissenschaftliche und Technische Information, IZWTI, in Moskau, wurde der elektronische Fachinformationsmarkt in den mittel- und osteuropäischen Ländern und der GUS untersucht und eine Bestandsaufnahme vorgenommen. Das Ziel des Projektes ist es, ein aktuelles und möglichst vollständiges Bild des Datenbankmarktes zu gewinnen und das Datenbankangebot dieser Länder zu quantifizieren.

Mit dieser Untersuchung wird die derzeit aktuellste Angebotsanalyse auf dem Gebiet der Datenbanken dargeboten, erstmalig der Markt in Osteuropa in dieser Breite vollständig ermittelt und der interessierten Öffentlichkeit vorgestellt. Die Untersuchung wird nach Ländern differenziert und macht die individuelle Entwicklung jedes Landes deutlich. Die ermittelten Daten entstammen weitgehend nationalen Quellen der jeweiligen Länder. Die Zusammenarbeit mit dem IZWTI in Moskau ermöglicht es uns, Informationslücken zu schließen und die Daten so auszuwählen, daß sie als verläßlich gelten können. Die Projektergebnisse werden Ende des Jahres in zwei Buchpublikationen einfließen: eine Bestandsaufnahme und -analyse sowie ein Verzeichnis aller osteuropäischen Datenbanken. Das Verzeichnis wird zusätzlich auch bei dem Host GBI als Online-Datenbank aufgelegt.

In diesem Vortrag wird die gegenwärtige Lage der elektronischen Fachinformationsdienste Ungarns, Rumäniens und Bulgariens präsentiert. Schwerpunkte sind: Entwicklungstendenz der elektronischen Fachinformation und Analyse des Datenbankangebotes und der Datenbanknutzung.

Online in der ČSFR

Maria Dologová

Abstract

Die Geschichte von ČS Online begann Ende der 70er Jahre mit der Gründung von UVTEI-UTZ in Prag, das die Rolle des tschechoslowakischen Dokumentationszentrums übernommen hat. Da die Dienste dieses Dokumentationszentrums - sowie auch die des später gegründeten Dokumentationszentrums in UAK Bratislava - begrenzt waren, wurde im Jahr 1984 in UVTEI-UTZ Prag (Zweigstelle war in UAK Bratislava) das einzige Zentrum für den Zugriff zu ausländischen Datenbankanbietern gegründet.

Kunden waren besonders hochentwickelte Informationsstellen in Industriebetrieben und Forschungsinstituten. Der Schwerpunkt ihrer Interessen lag überwiegend in technischen und wissenschaftlichen Informationen. Die Kommunikation mit dem tschechoslowakischen Dokumentationszentrum erfolgte mit Hilfe von Terminals, PCs und (was der größte Nachteil war) mit Hilfe des Telephonnetzes.

In den 90er Jahren hat sich die Situation stark geändert: Die beiden Dokumentationszentren haben ihre Prestige-Stellung verloren. Der Grund dafür war eine Demokratisierung des Zugriffes zu ausländischen Hosts auf der einen und die Gründung von selbständigen aktiven Informationsfirmen (sogar mit eigener Produktion von kommerziell angebotenen Datenbanken) auf der anderen Seite.

Zu einem effektiveren Zugriff zu verschiedenen Hosts hat das „cs-public data network" - EUROTEL - beigetragen, das seine Dienste seit Anfang dieses Jahres anbietet. Der Benutzerkreis hat sich dank der Existenz von verschiedenen privaten Firmen teilweise modifiziert. Der Schwerpunkt ihrer Interessen liegt mehr in Firmen- und Marktinformationen und weniger in „klassischen" technischen und wissenschaftlichen Informationen. Die tschechoslowakischen Online-Benutzer haben sich im Jahr 1986 zum erstenmal zu einem Erfahrungsaustausch zusammengefunden. Dieses Zusammentreffen hat sich inzwischen zu einem regelmäßigen dreitägigen Seminar entwickelt, das in diesem Jahr unter dem Namen „ČS ONLINE '92" zum siebten Mal organisiert wird.

Die tschechoslowakischen Online-Benutzer haben seit 1991 die Möglichkeit, auch in der tschechoslowakischen Online-Benutzergruppe (ČSOLUG) tätig zu sein. Die ČSOLUG, deren Ziele und Aufgaben in einem eigenen Statut festgelegt sind, ist ein Teil des Verbandes der slowakischen Bibliothekare. Eine offizielle Basis für internationale Kontakte wurde durch die Aufnahme von ČSOLUG in EUROLUG im Dezember 1991 gelegt.

Kommission für Nominalkatalogisierung

Kommission für Nominalkatalogisierung Tätigkeitsbericht für die Funktionsperiode 1990-1992

1. Die Kommission für Nominalkatalogisierung hat in der Funktionsperiode 1990-1992 zwei Sitzungen abgehalten. Die erste am 20.5.1992 in Wien, die zweite am 1.10.1992 beim Bibliothekartag in Eisenstadt.

Wesentliche Punkte der Sitzung am 20.5.1992

1. Erläuterung der neuen Beispiele in der 4. Auflage von „Haller/Popst: Katalogisierung nach den RAK-WB"

2. Hinweis auf die neuen Regelungen der „RAK-Mitteilungen Nr. 9 und 10" des DBI (Veröffentlichungen periodisch erscheinender Kongresse, völkerrechtliche Verträge, Ansetzung der Bundesrepublik Deutschland und Berlins nach der Wiedervereinigung, Neuregelung der Angabe des einzigen Verfassers in der Verfasserangabe, Ansetzung von Abkürzungen, Zahlen, Symbolen und sonstigen Zeichen, von mathematischen und naturwissenschaftlichen Formeln, u. dgl.)

3. Erläuterung der „RAK-Mitteilungen Nr. 11" (spez. Behandlungen der alten Drucke, Sekundärformen u. dgl.) und ihrer Einbeziehung in die angekündigte Neuauflage der RAK-WB als Loseblattausgabe.

4. Bericht über die Neuerrichtung einer „RAK-Expertengruppe" innerhalb der neuen „Kommission des DBI für Erschließung und Katalogmanagement" und über die Möglichkeiten der Mitwirkung Österreichs bei derselben.

5. Bericht über die neuen Personennamennormdateien (PMA, PND, PAN) und die Mitwirkung Österreichs bei denselben.

6. Bericht über die Aktivitäten der ebenfalls neuen deutschen Expertengruppen für Online-Kataloge und für die Neufassung der RAK-AV.

7. Stellungnahme der Kommission zur neuerrichteten „Kommission für retrospektive Katalogisierung und Katalogversion"

8. Stellungnahme der Kommission zur Reform der Grundausbildung in der formalen Erfassung sowie zu einer eventuellen Fortführung der RAK-Fortbildungsveranstaltungen, die bisher in der Verwaltungsakademie des Bundes im Schloß Laudon abgehalten wurden, innerhalb des neuen Fortbildungskonzeptes.

9. Berichte über den Entwicklungsstand der Katalogisierung in den beiden Verbünden BIBOS 1 und BIBOS 2 sowie über eventuelle Möglichkeiten der Zusammenarbeit zwischen den Verbünden.

10. Bericht über Verbunddaten auf CD-ROM.

Wesentliche Punkte der Sitzung am 1. 10. 1992

1. Ausführliche Berichte über den letzten Stand der RAK-Entwicklung mit besonderer Berücksichtigung der RAK-Anwendung in Österreich (vor allem über spezielle Verbundregelungen der Zentralen Redaktion betreffend Kongresse, zusätzliche Angaben in der Verfasserangabe, spezifische Eingaben der Österreichischen Bibliographie u. dgl.)

2. über Medienkatalogisierung in BIBOS (u. a. verbundspezifische allgemeine Medienbezeichnungen - z. B. „NBM/Videokassette" - und spezielle Verbundregeln für Archivmaterialien)

3. über grundsätzliche Aspekte der Erfassung von Altbeständen in BIBOS, wobei die Direkteingabe in BIBOS unter Ausnutzung von entsprechenden Fremddatenpools wie z. B. des Altdatenbestandes im Bayerischen Verbundkatalog besonders hervorgehoben wird.

2. Als Ergänzung zu der bereits bekannten Beispielsammlung „RAK-WB lernen" wurde eine weitere, 60 Beispiele umfassende Beispielsammlung für Fortgeschrittene mit dem Titel „RAK-WB beherrschen" erarbeitet. Diese Beispielsammlung basiert auf den RAK-Fortbildungsseminaren im Schloß Laudon und befaßt sich speziell mit Unterreihen, Abteilungen, Urheberwerken, Gebietskörperschaften, religiösen Gemeinschaften und Kongressen bzw. Ausstellungen. Sie wird im Herbst 1993 in ergänzter und aktualisierter Form zur Verfügung stehen (Einbeziehung der RAK-Mitteilungen Nr. 11 sowie der neuesten Regelungen der Zentralen Redaktion des Österreichischen Bibliothekenverbundes und der RAK-Expertengruppe des DBI).

Medienkatalogisierung in BIBOS

Johann Brandauer

Abstract

Die immer größer werdende Anzahl neuer und neuester Medien im Bibliotheksbestand konfrontieren die klassischen Bibliotheken hinsichtlich Verwaltung, Erschließung und Benutzung derselben mit einem völligen Neuland. Eine zusätzliche Herausforderung für den Österreichischen Bibliothekenverbund / BMWF ergibt sich aus der Integration ausschließlicher Medienstellen in diesen BIBOS-Verbund. Neben einer Vorstellung dieser Medienstellen, soll im Referat besonders auf die „Reibungspunkte" bei der formalen Beschreibung zwischen Book- und Non-Book-Material eingegangen, sowie deren Auswirkungen auf den Verbund dargestellt werden.

Der Österreichische Bibliothekenverbund des Bundesministeriums für Wissenschaft und Forschung (BMWF) ist in den vergangenen 4 Jahren recht kräftig gewachsen. Der momentane Ausbaustand stellt sich folgendermaßen dar.

Stand des Ausbaus des BIBOS-Verbundes / BMWF.
Stand 10.92.

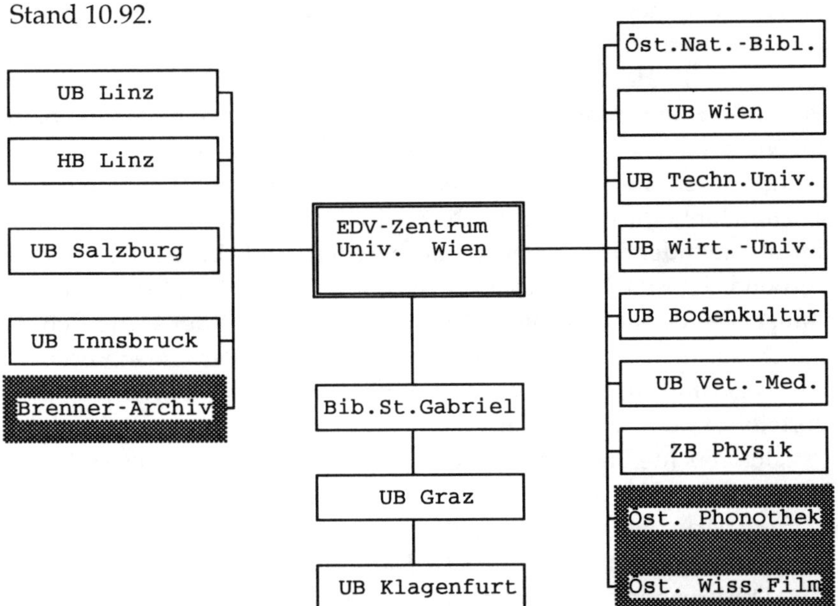

Die hier hervorgehobenen 3 Einrichtungen Brenner-Archiv, Österreichische Phonothek und Österreichischer Wissenschaftlicher Film, repräsentieren ausschließliche Medienstellen mit jeweils unterschiedlichen Sammelschwerpunkten.

Bei der Darstellung der Probleme und deren Lösungen möchte ich mich auf das Brenner-Archiv und die Österr. Phonothek konzentrieren. Beide Einrichtungen arbeiten seit rund einem Jahr mit dem System im Verbund und haben dabei erste Erfahrungen sammeln können.

Wie ist es überhaupt zur Mitarbeit im Verbund gekommen?

Alle diese Stellen bemühten sich schon seit längerer Zeit um die Einführung der EDV. So wurden z.B. am Brenner-Archiv seit 1988, in der täglich erwarteten Umstellung auf die EDV, die Daten der Archivalien nur mehr in Erfassungsformularen eingetragen. Jetzt warten dort 10.000 solcher Blätter auf die Eingabe in den Computer. Allen Beteiligten war klar, daß es sich bei der Computerlösung um keine „Insellösung" handeln sollte, sondern daß dem Verbund die Zukunft gehört. Als nun die Bibliothekare, natürlich die Hauptakteure in diesem Verbund, von der Sache Wind bekamen, stellte sich nicht gerade Jubelstimmung ein. Das Gegenteil war der Fall. Und so gingen alle Überlegungen dahin, die Medien wohl mit BIBOS zu bearbeiten, jedoch eigene, parallele Verbünde aufzubauen. Einen Verbund der Literaturarchive, einen Verbund der AV-Medien-Stellen etc. Diese „schönen" Überlegungen, bei denen ja jeder tun und lassen konnte, was er wollte, ohne den anderen zu stören, wurden jedoch damals vom Betreiber des Verbundes, dem Rechenzentrum an der Universität Wien, rasch zurückgewiesen. Personelle wie technische Gründe führten also dazu, daß sich nun Bibliothekare und Medienfachleute an einen Tisch setzen müssen, um miteinander ihre Probleme zu bereden, und diese im gemeinsamen Verbund zu lösen. Daß dieser Prozeß noch nicht abgeschlossen ist, sondern immer wieder neue Probleme auftauchen, liegt auf der Hand. Ich glaube jedoch, daß diese Zusammenarbeit für unseren gemeinsamen Verbund sehr positiv ist, und ein Benutzer, und nur für den sollten wir arbeiten, sehr viele Vorteile daraus ziehen kann.

Ich möchte Sie nun mit den hier untersuchten Medienstellen näher bekannt machen.

Das Brenner-Archiv - (1905 Titeldatensätze).

Das Brenner-Archiv an der Universität Innsbruck wurde 1964 gegründet und ist eine eigenständige, dem BMWF direkt unterstellte Forschungseinrichtung. Zweck der Gründung war es, den Nachlaß Ludwig von Fickers und seiner Zeitschrift „Der Brenner" zu verwalten. Durch die Vielzahl von Kontakten Fickers mit dem In- und Ausland, haben sich viele Nachlässe von „Brenner"-Autoren angesammelt. Dozent Methlagl, Leiter der Einrichtung, verwendet in diesem Zusammenhang in der Festschrift (1) zum 25-jährigen Bestehen den Spruch: „Wo Tauben sind, fliegen Tauben zu." Fickers Kontakte zu den verschiedensten Persönlichkeiten bescherten dem Brenner-Archiv nicht nur literarische Nachlässe, sondern auch solche von bildenden Künstlern genau so wie von Philosophen - also ein durchaus interdisziplinäres Archiv. Momentan haben sich an die 100 Nachlässe oder Teilnachlässe angesammelt. Spektakuläre Erwerbungen der letzten Zeit waren die 1000 Briefe von Karl Kraus an Sidonie Nádherny von Borutin samt einer kostbaren Photosammlung, der Nachlaß von Fritz von Herzmanovsky-Orlando, ein umfangreiches Briefkonvolut an Wittgenstein-Korrespondenz und die Papiere des jungverstorbenen Südtiroler Literaten Norbert C. Kaser.

Die Österreichische Phonothek - (1682 Titeldatensätze).

Die Österreichische Phonothek wurde 1960 als Sammelstelle für Tonaufnahmen zur Dokumentation des politischen, wissenschaftlichen und kulturellen Zeitgeistes in Österreich gegründet. Sie ist ebenfalls eine nachgeordnete Dienststelle des BMWF. Seit 1965 werden auch Eigenaufnahmen durchgeführt. Schwerpunkte dieser Eigenaufnahmen sind Politik und Zeitgeschehen - z.B. die Plenarsitzungen des Nationalrates (seit 1977 komplett), die Journalsendungen des ORF (seit 1976 komplett); zum Thema Literatur Autorenlesungen, Hörspiele, Theateraufführungen, dann wissenschaftliche Symposien und Vorträge, und schließlich musikalische Aufnahmen. Auch historische Tondokumente sind dort verfügbar ebenso wie eine Sammlung von 55.000 Schellacks. In Summe umfaßt der Bestand der Österreichischen Phonothek ca. 2050 Videokassetten, ca. 70.000 Schallplatten, ca. 70.000 Tonbänder, ca. 9.000 CD-Platten und ca. 400 DAT-Kassetten. Natürlich ist die Phonothek eine öffentliche Einrichtung, deren Bestände von jedermann genutzt werden können.

Welche Regelwerke finden nun Anwendung zur Beschreibung der Medien?

1. RAK-Musik (1986):

Für Musikalien und Musiktonträger.

2. RAK-AV (Vorabdruck 1985):

Vorrangig für Bibliotheken die neben Büchern auch AV-Medien, die in der Regel in mehreren Exemplaren veröffentlicht und/oder kommerziell gehandelt werden, zu verwalten haben.

3. ÖNORM A2653 (2. Fassung 1990):

Für unveröffentlichte AV-Medien in Medien-Stellen.

4. König, Christoph: Verwaltung und wissenschaftliche Erschließung von Nachlässen in Literaturarchiven (1988):

Für Institutionen welche Nachlässe von Schriftstellern, Künstlern, Fotografen, Philosophen und Gelehrten besitzen.

Wesentlich für den Einsatz in einem Bibliothekenverbund ist, daß alle Regelwerke auf der Grundlage der RAK aufbauen.

Zweifellos vorhandene Abweichungen in den einzelnen Regelwerken bezüglich Haupt- und Nebeneintragungen, scheinen mir, bei den uns allen bevorstehenden, höchst gravierenden Änderungen der RAK-WB, zum Beispiel generelle Ansetzung unter dem Sachtitel, als geradezu vernachlässigbar zu sein.

So heißt es etwa im Punkt Anwendungsbereich der ÖNORM:

„Diese ÖNORM enthält Regeln zur formalen Erfassung von audiovisuellen Medien. Sie wurden für jene audio-visuellen Medien, die veröffentlicht sind, analog und ergänzend zum bestehenden Regelwerk RAK erstellt. Für nicht veröffentlichte audio-visuelle Medien bzw. für audiovisuelle Medien mit dokumentarischem Charakter wurden weitere Regeln hinzugefügt."

Dr. Christoph König, ehemaliger Mitarbeiter des Brenner-Archivs, schreibt im Vorwort zu seinem Regelwerk (2):

„Die vorliegenden Richtlinien für Literaturarchive übernehmen die RAK-WB und die sich darauf beziehenden Sonderregeln für jene Archivalien, welche als Veröffentlichungen vorliegen und im jeweiligen Literaturarchiv aufbewahrt werden. Für alle Entstehungszeugen (vgl. Kapitel 1) - sie machen in der Regel den Hauptbestand eines Literaturarchivs aus, werden dagegen besondere Regelungen getroffen, welche sich bei aller Besonderheit auf die RAK-WB beziehen und analog zu den Sonderregeln der RAK konzipiert sind."

König unterscheidet also zwischen den verschiedenen Ausgaben eines Werkes auf der einen Seite, und Entstehungszeugen, welche eben die Entstehung eines Werkes dokumentieren, auf der anderen.

Für die Zentrale Redaktion unseres Verbundes stellt sich also die Aufgabe, koordinierend die Anwendung der einzelnen Regelwerke so zu steuern, daß möglichst viele Anliegen der Medienstellen berücksichtigt werden, jedoch Recherchemöglichkeiten und Datenkonsistenz im Gesamtsystem erhalten bleiben.

Kommen wir nun zu einigen praktischen Beispielen für die Umsetzung im BIBOS-Verbund.

Die allgemeinen Medienbezeichnungen im Verbund.

Philosophie der Eingabepraxis:

1. Die allgemeine Medienbezeichnung soll in der Kurzanzeige aufscheinen.

Ein Benutzer soll also möglichst früh, ohne in die Vollanzeige gehen zu müssen, erkennen, zu welcher Medienart seine gefundenen Treffer gehören. Dabei wird auf die Kennzeichnung von Buchmaterialien verzichtet.

Die allgemeine Medienbezeichnung wird daher nach einem Blank dem Sachtitel angeschlossen.

2. Die allgemeine Medienbezeichnung soll die Recherche in den Titeldaten nicht stören.

Dies wird durch die besondere Behandlung des Schrägstriches bei der Recherche erreicht. Zwischen 2 Begriffen angebracht wird er im System eliminiert, die beiden umgebenden Begriffe jedoch zu einem String zusammengefaßt.

Beispiel:

Geschäfte mit Mozart im Jubiläumsjahr [NBM/Videokassette] : [Magazinsbeitrag] aus dem Landesstudio Salzburg ; [Fernsehsendung] ; [Mitschnitt 1991/08/03]. - ORF FS2, 1991. - 1 Videokassette, VHS, 29 min, mono, lp, f.

NBM steht für Nicht-Buch-Material und wird allen Medienbezeichnungen vorangestellt.

Bei einer Titel-Recherche nach „Videokassette" würde also dieser Titel nicht berücksichtigt.

Das Feld Datenträger.

In diesem via OPAC suchbarem Feld planen wir die codierte Kennzeichnung von Mediengruppen. Z.B. sollen alle Tonträger-Materialien eine Kennziffer bekommen. Ebenso Mikroformen, Filme, Kunstobjekte etc. Aber auch Druckschriften! Damit könnte man einer Überfrachtung von Informationen bei der Verbundsuche entgegenwirken. Ein normaler Bibliotheksbenutzer, ohne Interesse am Bestand der Medienstelle, könnte somit nur im Buchbestand des Verbundes recherchieren.

Die Erweiterung der Inhalte von MAB-Kategorien auf die Bedürfnisse der Medienstellen.

Kat. 310 - Ansetzungssachtitel:

Hier gibt es eine interessante Lösung zur Beschreibung vieler gleichartiger Archivalien. Ich spreche hier von der Vielzahl von Briefen eines Verfassers ohne eigene Titel.

Dabei wird der Name des Adressaten in Ansetzungsform geschrieben, gefolgt von der Datumsangabe in Spitzklammern. Dadurch ist eine alphabetische Ordnung nach den Adressaten gegeben, bzw. es entsteht eine chronologische Ordnung innerhalb gleicher Adressaten.

310 Wittgenstein, Ludwig <1914/12/04>

Beispiel:

Bolstad, Arne J.: [Wittgenstein, Ludwig <1914/12/04>] Bolstad an Wittgenstein [NBM/EZ] : [Korrespondenz]. - [Vermutl. Skjolden], [nach 1914.12.04]. - 1 Ansichtskt.

: eh. m. U.

Kat. 331 - Sachtitel in vorliegender Form:

Die allgemeine Medienbezeichnung im Anschluß an den Titel wird bei den Archivalien noch mit Zusätzen versehen: Reinschr., Entw., Fragm., etc.

331 Bolstad an Wittgenstein [NBM/EZ, Reinschr.]

Kat. 335 - Zusatz zum Sachtitel:

Hier erfolgt die Angabe von Gattungsbezeichnungen.

Bei Archivalien bzw. bei Tonaufnahmen treten sehr oft Sachtitel auf, die dem Benützer völlig unbekannt sind oder es müssen die Sachtitel generell fingiert werden. Da bringen solche Informationen wesentliche Hinweise.

Beispiele:

Brenner-Archiv: Korrespondenz, Gedicht, Drama, Roman, Tagebuch etc.

Phonothek: Fernsehdiskussion, Radiointerview, Hörspiel, Schauspiel etc.

Neben einer Typisierung des zu beschreibenden Mediums ist es für den Medienfachmann wichtig, die verschiedenen Ebenen der Entstehung darzustellen bzw. auch suchbar zu machen. Auch solche Angaben kommen in den Zusatz zum Sachtitel.

Beispiel:

335 Schauspiel ; [Fernsehaufführung 1957/02/22 ; Mitschnitt 1984/12/30]

Besonderes Augenmerk richten beide Medienstellen auf die exakte Eingabe von Datumsangaben. So ist für ein Archiv die Frage, welche Dokumente es zu einem bestimmten Zeitraum, Jahr, Monat, oft sogar Tag besitzt, von unschätzbarem Wert.

Alle diese Datumsangaben wie Aufnahmedaten, Erstsendungsdatum, Entstehungsdatum etc. werden einheitlich in der Form: Jahr/ Monat/Tag eingegeben. Damit ist eine maskierte Suche möglich.

Kat. 359 - Verfasserangabe:

Entgegen den RAK-Musik, Interpreten in eine Fußnote zu verbannen, die bei längeren Katalogisaten auf einer Bildschirmseite nicht mehr ersichtlich wäre, tendiert man bei den Medienstellen dazu, alle suchbaren Personen und Körperschaften in Kat. 359 anzuführen. Daß bei der Anzahl der aufzuführenden Personen und Körperschaften spezifische Anforderungen der Medienbibliotheken berücksichtigt werden müssen, liegt auf der Hand.

Kat. 425 - Erscheinungsjahr - Jahr des Geschehens:

Bei publizierten Materialien enthält diese Kat. das Veröffentlichungsjahr des vorliegenden Tonträgers. Bei nichtpublizierten Materialien wird hier das Jahr der Aufnahme (Erstausstrahlung) eingegeben. Diese Vorgangsweise führt jetzt natürlich bei der Suche nach einem „Erscheinungsjahr" zu Problemen, die man durch eine Kennzeichnung von ediertem und nichtediertem Material in den Griff bekommen könnte. Als mögliches Eingabefeld würde sich das Feld EFORM-Erscheinungsform anbieten. Darüber wird jedoch noch nachgedacht.

BIBOS-OPAC

Eine besondere Schwachstelle des Systems, besonders aus der Sicht der Medienstellen, stellt der verbundweit einheitliche Benutzer- OPAC dar.

Die hier angeführten Such-Felder sind natürlich nur auf die Suche nach Buchmaterialien ausgelegt und erschweren damit die Recherche in Medienstellen. Diese Problematik könnte durch die brandneue OPAC-Online-Hilfe bedeutend entschärft werden.

Diese von einer deutschen Firma entwickelte Software ermöglicht es, trotz einheitlichem Verbundsystem, bibliotheksspezifische und feldspezifische Hilfstexte einzubringen.

Befindet sich der Cursor im entsprechenden Feld, so wird bei Betätigen der PF1-Taste der entsprechende Hilfe-Text eingespielt.

Beispiel:

DATR: Datenträger

ERLAUBTER INHALT: L ... Microfiche

1 ... handschriftliches Material

2 ... audiovisuelles Material

3 ... computerlesbares Material

4 ... Bildträgermaterial: Dia, Stummfilm, Karte, Foto

5 ... Tonträger: Schallplatte, Tonband, CD

6 ... Blindenschriftträger

9 ... sonstiges Material

Zusammenfassung

Trotz vieler, auch hier nicht zur Sprache gekommenen Probleme, und durchaus spezifischer Anforderungen der Medienkatalogisierung scheint es meines Erachtens keine, bei gutem Willen aller, unlösbaren Probleme zu geben. Zur Unterstreichung dieser These möchte ich hier wiederum unsere beiden untersuchten Medienstellen zur Sprache kommen lassen. Dr. Unterkircher vom Brenner-Archiv formuliert bei einem Referat (3) in Tübingen folgendes:

„Seit gut einem halben Jahr versuche ich nun, die RAK, Christoph Königs Richtlinien und BIBOS unter einen Hut zu bringen. Dabei haben sich verschiedene Probleme ergeben, wovon sich aber bisher keines als unlösbar erwies."

Dr. Hubert von der Österreichischen Phonothek schreibt in der Zeitschrift „Das audiovisuelle Archiv" (4):

„Die Österreichische Phonothek ist seit dem Frühjahr 1991 dabei, die Katalogisierung ihrer AV-Medien innerhalb der Computerdatenbank BIBOS auszuprobieren. Dabei haben sich immer wieder neue Aspekte und Probleme ergeben, bis jetzt allerdings nichts, was nicht lösbar wäre."

Dies sei besonders jenen Kollegen von Sondersammlungen mitgeteilt, die glauben, daß es nicht möglich sei, Medien mit dem Werkzeug der Buchbeschreibung zu erfassen.

Vielmehr scheint mir die Tatsache, in einem modernen Bibliothekenverbund auch Medien aller Art zu finden und deren Standorte nachgewiesen zu bekommen, im Zeitalter von Multimedia, ein absolutes Muß zu sein.

Anmerkungen:

(1) Nachbilder : 25 Jahre Brenner-Archiv, hrsg. von Walter Methlagl ..., Innsbruck 1989.

(2) König, Christoph: Verwaltung und wissenschaftliche Erschließung von Nachlässen in Literaturarchiven, München [u.a.] 1988.

(3) Unterkircher, Anton: Das EDV-Projekt des Innsbrucker „Brenner-Archivs", Referat, Tübingen 1992.

(4) Hubert, Rainer (1991): Die Katalogisierung audiovisueller Medien, In: Das audiovisuelle Archiv. H. 27/28.

Altbestände in BIBOS

Helga H. Zotter-Straka

Altbestandserfassung kann im Rahmen des inhaltlichen Schwerpunktes des diesjährigen Bibliothekartages sozusagen als d a s Thema der formalen Erfassung gelten. Es handelt sich dabei um Fragen, die in anderen Ländern längst - beispielsweise im angloamerikanischen Sprachraum seit rund 20 Jahren und in der Bundesrepublik Deutschland zumindest in den letzten 10 Jahren - im Zentrum der bibliothekarischen Diskussion stehen. Denn nach der Verbesserung der Informationsvermittlung im naturwissenschaftlich-technischen Bereich und der Einführung der Bibliotheksautomation haben bislang vernachlässigte Probleme der Literaturversorgung in den historisch orientierten Wissenschaften, wie überhaupt insgesamt der Stellenwert geisteswissenschaftlicher Forschung, wieder an Bedeutung gewonnen.

Ganz neu ist das Thema auch für Österreich natürlich nicht. Ich verweise in diesem Zusammenhang auf die regelmäßigen Mitteilungen über die Beratungen der Liber Automation Group (1) oder auf Versuche der automatischen Umsetzung des Altbestandskataloges der Österreichischen Nationalbibliothek (2). Ein gesamtösterreichisches Planungskonzept steht jedoch bislang noch aus - wir stehen somit am Anfang der Diskussion. Warum dies so ist, kann aus dem naheliegenden Vergleich mit der Bundesrepublik Deutschland zumindest teilweise beantwortet werden:

1. Das österreichische wissenschaftliche Bibliothekswesen hatte nach langem Ringen um Anschaffungsmittel zwar beachtliche Erfolge zu verzeichnen, eine adäquate Ausstattung mit Raum und Personal hat jedoch nicht stattgefunden. In den vergangenen Jahren hat die Bibliotheksautomation - d.h. die Einführung von BIBOS - einen Großteil der bibliothekarischen Ressourcen (Personal und Finanzmittel) gebunden, darüber hinaus reicht es gerade (noch) für die Aufrechterhaltung des laufenden Betriebes; Zeit zum Nachdenken über Aufgaben und Zielsetzungen der Bibliotheken in einer sich rasch ändernden Informationslandschaft bleibt kaum, auch keine Reserven für Projekte außerhalb der Routine.

2. Über die Finanzmittel des zuständigen Ressorts hinaus existieren praktisch keine Möglichkeiten zur gesonderten Förderung von Literaturversorgungsprojekten - wie sie etwa deutschen Bibliotheken mit der Deutschen Forschungsgesellschaft (DFG) oder der Stiftung Volkswagenwerk zur Verfügung stehen. Altbestandserschließung bildet derzeit einen För-

derungsschwerpunkt der DFG; Ziel ist die Erstellung eines zentralen Altbestands-Verbundkataloges.

3. Es fehlt der richtunggebende Druck und auch die Unterstützung seitens der Wissenschaft, wie er in Deutschland etwa durch einzelne Vertreter der geisteswissenschaftlichen Disziplinen (3) oder den Wissenschaftsrat durchaus gegeben ist.

Andererseits jedoch kann Österreich auch einige Aktiva für sich buchen - etwa die durch die Größe des Landes und die zentrale Wissenschaftsorganisation erleichterte Entscheidung für einen nationalen Verbund der wissenschaftlichen Bibliotheken und sonstigen Informationseinrichtungen des Bundes - und zuweilen kann es auch ein Vorteil sein, nicht gerade die Vorreiterrolle zu spielen: die zum Teil jahrzehntelangen Erfahrungen anderer Bibliotheken bzw. Bibliotheksverbünde haben sich in einer Fülle von Literatur niedergeschlagen - von Ludger Syré als Ergänzung zu zwei einschlägigen Studien zusammengefaßt (4). Einige Irrwege und Sackgassen können sicher vermieden und vielleicht das eine oder andere konkrete Ergebnis in Form von Fremddaten genutzt werden.

In welcher Form schließlich die in konventionellen Katalogen gespeicherten Altbestandsdaten in den BIBOS-Verbund eingebracht werden sollen, kann erst nach eingehender Untersuchung der sehr unterschiedlichen Ausgangsprodukte entschieden werden. Die Qualität von Katalogeintragungen nach der bis zur Einführung der preußischen Instruktionen gültigen Österreichischen Beschreibvorschrift wird vor allem im Ansetzungsbereich deutlich schlechter und daher nur durch Autopsie auf einen vertretbaren Standard zu bringen sein. Es finden sich noch jede Menge handgeschriebener Eintragungen, auch in Kurrentschrift, sodaß ein isoliertes Projekt keinesfalls als Basis für ein gesamtösterreichisches Vorhaben dienen kann. Auch die von den EC/Liber Richtlinien (5) zur Katalogkonversion vorgesehenen Kürzungen, die keineswegs so dramatisch sind wie allgemein angenommen, können nicht unbesehen für alle Altbestände zur Anwendung gebracht werden, da immer die eindeutige Identifikation und ein möglicher Informationsverlust auch im Einzelfall berücksichtigt werden müßten. An der Festlegung eines allgemein akzeptierten Standards führt kein Weg vorbei; die Warnungen vor allzu starker Verkürzung, die neuerliche Anstrengungen des Rückarbeitens produzieren, sollten dabei nicht vergessen werden (6).

Im Rahmen internationaler Erfahrungen kann jedenfalls kein Zweifel daran bestehen, daß der Verbundkatalog nach Möglichkeit das gesamte Schrifttum darbieten soll. Benützer von Online-Katalogen erwarten einfach, nicht allein Neuzugänge sondern den Gesamtbestand zumindest der jeweiligen Bibliothek oder Bibliotheksregion, wenn nicht überhaupt die in Österreich vorhandene Literatur vorzufinden. Die Bedürfnisse der historisch orientierten Wissenschaften, wenn auch noch nicht feststellbar artikuliert, werden in Österreich auch nicht anders gelagert sein als in unserem Nachbarland. Die Einbeziehung der Altbestände in den BIBOS-Verbund wird uns in den nächsten Jahren zu beschäftigen haben, sie ist keine Frage des ob, sondern eine Frage der Titelmenge, der Methode, des Personals und der Kosten.

Genauere Vorstellungen über eine gesamtösterreichische Altbestandstitelmenge existieren nicht. Für die Bundesrepublik Deutschland variieren die Mengenangaben zwischen 4,4 und 30 Millionen Titeln. Als Vergleichswerte stellt Ludger Syré die Titelmengen von GV alt (1700 - 1910) mit 2 Millionen Titeln gegenüber (7). In der Ausschreibung des BMWF für ein EDV-Bibliotheksverwaltungssystem war eine Angabe von 16 Millionen Titeln enthalten, abzüglich identischer Bestandsmengen (ca. 1/3) würde der Altbestand nach realistischen Schätzungen rund 2 - 2,5 Millionen Titel ausmachen - genauere Angaben werden nach Abschluß des Handbuchs historischer Buchbestände in Österreich möglich sein.

Für die Wahl der Methode der Altbestandserfassung ist zu berücksichtigen, daß die beste - nämlich retrospektive Katalogisierung mit Autopsie - leider die zeitaufwendigste und somit teuerste Variante darstellt. Aber natürlich kann es im Einzelfall gute Gründe geben, diese Methode zu wählen, etwa um einen geschlossenen Nachweis für bisher nicht katalogisierte und/oder über mehrere Katalogsegmente verteilte Bestände herzustellen. Diese Form der Altbestandserfassung wird im Rahmen von 2 Neuaufstellungsprojekten (Institut für Kunstgeschichte mit 40.000 Bänden und Forschungsinstitut für Historische Grundwissenschaften mit 10.000 Bänden) des dezentralen Bereichs der Universitätsbibliothek Graz über BIBOS durchgeführt. Durchschnittlich werden wöchentlich je 50 - 60 Bände bearbeitet, pro Stunde werden im Schnitt 8 Titel eingegeben. Der Zeitwert kann sich durch bibliographische Recherchen, RAK-Ansetzungen und diverse Korrekturvorgänge um 50% erhöhen, dafür entsprechen die erfaßten Daten dem für Neuaufnahmen gültigen Standard.

Ein weiterer Versuch der Altbestandserfassung baut auf einem nach den Regeln für alphabetische Katalogisierung (RAK) äußerst sorgfältig, jedoch konventionell gearbeiteten Altbestandskatalog auf, dem Verzeichnis der Drucke des 16. Jahrhunderts (VD 16). Zunächst wurden in der Abteilung für Sondersammlungen zu identischen Titeln die Signaturen der UB Graz notiert und eine Titelblattkopie angefertigt. Anschließend wurden die Titel in BIBOS erfaßt, aufgrund der schwierigen Orthographie pro

Stunde maximal 4 Datensätze. Dies bedeutet, daß für die Erfassung der ca. 13.300 an der UB Graz vorhandenen Drucke des 16. Jahrhunderts annähernd 3 Mannjahre zu veranschlagen wären.

Als durchschnittlicher Zeitwert für die Rekatalogisierung österreichischer Altbestände ohne Fremddatennutzung wäre eine Tagesleistung von 30 bis maximal 40 Titeln pro Bearbeiter/in anzusetzen. Im günstigsten Fall wäre die geschätze Gesamtmenge österreichischer Altbestandsdaten daher in 300 - 400 Mannjahren zu bewältigen, jedoch würde niemand ernsthaft dieses Verfahren empfehlen.

Bedeutend weniger zeitaufwendig ist die direkte Umsetzung von Katalogdaten ohne Autopsie, wobei verschiedene Verfahren zur Auswahl stehen. Eine Variante, nämlich das Einlesen der Daten mittels Scanner und die Herstellung eines Textfiles durch eine Firma wurde beim letzten Bibliothekartag demonstriert und befindet sich seither für den Altbestandskatalog der Österreichischen Nationalbibliothek in Diskussion. Dieses Textfile müßte anschließend von Bibliothekspersonal ins BIBOS-Kategorienschema umgesetzt werden, da ein Formaterkennungsprogramm wegen der uneindeutigen Zeichensetzung der PI-Katalogisate kaum in Frage kommt. Schließlich sollte ein Minimumaufwand für RAK-Ansetzungen eingeplant werden, da die Datenkonsistenz des Verbundes auch jetzt schon ein gewisses Problem darstellt - doch das ist ein anderes Thema.

Zeitwerte für diese Form der Katalogkonversion sind mir nicht bekannt, man könnte jedoch durch Vergleiche mit anderen Konversionsprojekten zu einigermaßen realistischen Schätzungen gelangen: Für die EDV-Umsetzung des Altbestandskataloges der Bayerischen Staatsbibliothek München werden pro Bearbeiter täglich 80 Titel bibliothekarisch bearbeitet; rechnet man pro Datensatz noch 5 Minuten für die Formatierung, senkt sich der Tageswert im günstigsten Fall auf etwa 60 ab. Es soll nicht unerwähnt bleiben, daß für diese teilweise ziemlich eintönige, gleichzeitig jedoch hohe Konzentration erfordernde Bearbeitung hochqualifiziertes Personal eingesetzt werden muß, das über Regelwerkskenntnisse (PI und RAK), Sprachkenntnisse zur Korrektur von Tippfehlern und zur Auflösung von Abkürzungen und über BIBOS-Praxis verfügt.

Natürlich ist dieses Verfahren nicht für die geschätzte Gesamtmenge an österreichischen Altbestandsdaten einsetzbar, für den Scanner sollten nämlich die Katalogkarten ein möglichst einheitliches Schriftbild bieten. Auf die Gesamtmenge umgerechnet wären jedenfalls rund 200 Mannjahre erforderlich, für je 100.000 Datensätze der Österreichischen Nationalbibliothek immerhin 8-9.

Zweifellos wäre die zuletzt dargestellte Variante ein vertretbarer Weg zur Herstellung einer resource data base für alle Verbundbibliotheken, da die Datensätze selbst bei nicht eindeutiger Identifikation als Katalogisierungshilfe von Nutzen sein können. Nicht ausdiskutiert bzw. nicht gelöst sind Fragen der Dublettenfreiheit, der Tradierung schlechter Katalogqualität, die Behandlung von Adligaten und die Umsetzung der Sacherschließung. Es fragt sich überhaupt, ob nicht andere Varianten kosten- und zeitgünstiger ausfallen könnten - und das sogar in Verbindung mit einer Verbesserung der Datenqualität. Ich denke dabei an eine dritte Variante der Katalogkonversion, nämlich Autopsie in Verbindung mit Fremddatennutzung.

Seit einigen Jahren wird mit Unterstützung der Deutschen Forschungsgemeinschaft an der Bayerischen Staatsbibliothek die EDV-Umsetzung des Altbestandskataloges (Drucke bis 1840) durchgeführt. Als Vorabdruck sind bereits 60 Bände mit etwa 440.000 Titeln erschienen, die Vollausgabe wird mit 600.000 Titeln 80 Bände umfassen. Die im MAB-Format maschinell erfaßten Daten wurden in den Bayerischen Verbundkatalog eingespielt, der derzeit 3 Millionen Titel anbietet. Die Einspielung dieser Datensätze in den BIBOS-Verbund kann laut Auskunft von Herrn Haller (BSB) technisch kein Problem darstellen. Ähnliches gilt wahrscheinlich für die maschinenlesbar erfaßten Altbestände der Niedersächsischen Staats- und Universitätsbibliothek Göttingen mit einem Gesamtvolumen von 1,1 Mill. Titeln.

Ich kann abschließend nur meine Überzeugung bekräftigen, daß die Frage der Altbestandserfassung im Verbund als gesamtösterreichische Frage behandelt werden muß. Um die für Kosten- und Zeitvergleiche entscheidenden Informationen zu erhalten, richte ich an den Vorsitzenden der Kommission folgenden Vorschlag:

Die Kommission für Nominalkatalogisierung möge im Wege über den Ausschuß der VÖB die zuständige Abteilung des Bundesministeriums für Wissenschaft und Forschung ersuchen, in Verhandlungen mit der Direktion der Bayerischen Staatsbibliothek die Bedingungen für eine Übernahme der Daten des Bayerischen Verbundkataloges bzw. gegebenenfalls der maschinenlesbaren Version des VD 16 in den BIBOS-Verbund zu klären. Für mich besteht kein Zweifel daran, daß die Unterstützung der österreichischen Altbestandserfassung durch 3 Millionen formatierte Titel, davon 600.000 aus der Zeit vor 1840, mit RAK-Ansetzungen den österreichischen Bibliotheken jede Menge Eigenarbeit ersparen kann. Wir könnten dann aufhören, von einem geschlossenen Nachweis der an österreichischen wissenschaftlichen Bibliotheken ruhenden Literaturschätze nur zu träumen!

Anmerkungen

1 Reinitzer, Sigrid: Retrospective cataloguing and retrospective conversion. - In: European Library Automation Group - ELAG: 12th Library Systems Seminar : local systems ; Stockholm 1st - 3rd June 1988 / ed. by Folke Sandgren. - Stockholm, 1988

2 Stock, Karl F. ; Lang, Helmut W. ; Ratzer, Eduard: Altdatenumsetzung in maschinenlesbare Katalogisate. - Wien : Microform, 1990

3 Fabian, Bernhard: Buch, Bibliothek und geisteswissenschaftliche Forschung. - Göttingen 1983

4 Syré, Ludger: Retrospektive Konversion. Berlin 1987

5 EC/LIBER Richtlinien für Retrospective Konversion. - In: VÖB-Mitteilungen, 43 (1990)

6 Syré, Ludger: Retrospektive Konversion. Berlin 1987 und Working paper zu den EC/LIBER Richtlinien a.a.O.

7 Syré, Ludger: Altbestandserfassung in wissenschaftlichen Bibliotheken der Bundesrepublik Deutschland. - Berlin 1987

Kommission für Sachkatalogisierung

Kommission für Sachkatalogisierung
Tätigkeitsbericht für die Funktionsperiode 1990 - 1992

Die Kommission für Sachkatalogisierung hat in der Funktionsperiode 1990 - 1992 eine Sitzung am 1.10.1992 vor über 50 interessierten Kolleginnen und Kollegen abgehalten.

In der Einleitung verwies der Vorsitzende - vor allem für die ausländischen Teilnehmer - auf die Tatsache, daß es in Österreich eigentlich zwei Bibliothekenverbünde gibt: BIBOS 1, der im Wesentlichen von der Sozialwissenschaftlichen Studienbibliothek der Kammer für Arbeiter und Angestellte für Wien, Bibliotheken anderer Arbeiterkammern, Bibliotheken der Pädagogischen Akademien des Bundes (also im Bereich des Bundesministeriums für Unterricht und Kunst) und auch der Burgenländischen Landesbibliothek verwirklicht ist, und BIBOS 2: gebildet von der Österreichischen Nationalbibliothek und den Universitätsbibliotheken (also dem Wissenschaftsressort zugehörigen Bibliotheken).

Vom „österreichischen Bibliothekenverbund" kann also nur im Sinne eines wünschenswerten Desiderates gesprochen werden.

Im ersten Referat sprach Dr. G. Auer (UB Innsbruck) über die Sacherschließung im Bibliothekenverbund (BIBOS 2); das zweite, gehalten von Dr. A. Schmidt und Ing. J. Labner (beide ÖNB) berichtete über den Entwicklungsstand der Österreichischen Schlagwortnormdatei und ihre Anwendung in BIBOS 2.

Dr. F. Geisselmann (Ltd. Bibliotheksdirektor der UB Regensburg und Vorsitzender der Kommission für Erschließung und Katalogmanagement des DBI) berichtete einerseits über die individuellen Austriazismen in der Schlagwortnormdatei und andererseits über neue Überlegungen zum Schlagwortkatalog.

Schließlich sprach Dr. W. Lang (UB Boku, Wien) zum Thema: „ISIS - ein vielfältig einsetzbares Werkzeug der UNESCO: ein Überblick mit Schwerpunkt Normdateipflege".

Sacherschließung im Österreichischen Bibliothekenverbund

Gerhard Auer

Es sind rund 4 Jahre vergangen, seit die österreichischen Universitätsbibliotheken begonnen haben, mit ihrem EDV-System BIBOS zu arbeiten. An den Beginn meiner Ausführungen möchte ich eine kurze Bilanz dieser Arbeit stellen, um Ihnen eine Vorstellung von der momentanen Größe des österreichischen Verbundes zu geben: Die Anzahl der mitarbeitenden Bibliotheken ist kontinuierlich gewachsen, heute sind es 13 Bibliotheken, darunter 8 Universitätsbibliotheken. Von den österreichischen Universitätsbibliotheken fehlen nur mehr die beiden UBs in Graz sowie jene in Leoben, da sich im Oktober auch Klagenfurt der BIBOS-Gemeinschaft anschließen wird. Diese Bibliotheken haben zusammen bis September 1992 rund 500.000, also eine halbe Million Titelsätze in das System eingebracht, wobei z.B. die UBI rund 135.000 Titelsätze in BIBOS nutzt.

Was ist nun auf dem Gebiet der Sacherschließung in diesen 4 Jahren geschehen? Am Beginn des Einsatzes von BIBOS standen zunächst Probleme der Formalkatalogisierung im Brennpunkt des Interesses - dies ist auch nicht weiter verwunderlich, denn ohne Katalogisat ist jeder andere Bereich, sei es nun Sacherschließung oder Bestellung, Inventarisierung usw. schlechthin unmöglich. Sobald jedoch die Titelaufnahme in den ersten BIBOS-Bibliotheken in Schwung gekommen war, wurde das Problem der sachlichen Erschließung aktuell. In den einzelnen Bibliotheken wurden dazu verschiedene Antworten gefunden. In einigen Bibliotheken wurden zunächst die Zettelkataloge unter Mithilfe von BIBOS einfach weitergeführt, sodaß vorerst die inhaltliche Erschließung wie bisher weiterlief, allerdings unter Verwendung eines gänzlich neuen Mediums. An der UB Innsbruck hingegen wurde von Anfang an auf Zettelkataloge verzichtet, da genau zum Zeitpunkt des Arbeitsbeginns mit BIBOS der alte Autorenkatalog verficht worden war. Dieser Abbruch des Zettelkatalogs war Anlaß dazu, die Beschlagwortung in Innsbruck neu zu überdenken mit dem Ergebnis, daß sich die UBI mit BIBOS sofort auch auf ein neues Regelwerk in der Sacherschließung, nämlich auf RSWK, umstellte.

Schon von Anfang an gab es jedoch Bestrebungen, wie bei der Formalerschließung auch in der Sacherschließung die Arbeitsleistung sowohl der Fremddaten der Deutschen Bibliothek als auch der anderen Verbundbibliotheken verwerten zu können, zumal diese Möglichkeit von BIBOS her bestens unterstützt wurde. In einem länger währenden Prozeß einigten sich die betroffenen Bibliotheken auf die Regeln für den Schlagwortkatalog (RSWK), sodaß dieses Regelwerk schließlich im Frühjahr 1990 vom Ministerium für alle BIBOS-Bibliotheken für verbindlich erklärt wurde und seither auch tatsächlich in allen BIBOS-Bibliotheken Anwendung findet.

Auf dem Gebiete der systematischen Erschließung konnte eine solche Einigung nicht erreicht werden, sodaß die einzelnen BIBOS-Bibliotheken heute die unterschiedlichsten Systematiken verwenden.

Damit die Kooperation in der verbalen Sacherschließung wirksam werden konnte, bedurfte es natürlich eines entsprechenden Lenkungsgremiums, welches in Form einer Zentralredaktion für die Sacherschließung (ZRSE) geschaffen wurde. Diese zentrale Redaktion wird unterstützt von den lokalen SE-Redakteuren in den einzelnen Verbundbibliotheken. Die ZRSE tritt in regelmässigen Abständen zusammen, üblicherweise vor den BIBOS-Anwendersitzungen, wobei sich eingebürgert hat, daß ein Teil der Sitzung einer internen Diskussion der Zentralredaktion dient, während ein zweiter Teil zusammen mit den Lokalredakteuren der einzelnen Verbundbibliotheken abgehalten wird.

Im Laufe der Zeit war es auf diese Weise möglich, zu einer einheitlichen Art der verbalen Sacherschließung zu kommen, sodaß heute das Kopieren von SE-Daten aus den Daten der Deutschen Bibliothek bzw. aus den Verbunddaten in allen Bibliotheken eine wesentliche und unverzichtbare Voraussetzung für die inhaltliche Erschließung der Literatur geworden ist. In gemeinsamer Arbeit von Kolleginnen und Kollegen aus den verschiedenen Bibliotheken, aus dem Rechenzentrum Wien und der Planungsstelle war es auch möglich, eine Reihe von Verbesserungen zu erreichen, welche in ihrer Gesamtheit doch einen bedeutenden Fortschritt bedeuten. Meiner Meinung nach hätte diese Verbesserungen eine einzelne Bibliothek nicht erreichen können, sie sind nur durch die gemeinsamen Bemühungen möglich gewesen. Dieses gemeinsame Bemühen begann bei der Festlegung der Eingabeform für Schlagwortketten - es gab einmal eine Zeit, in der BIBOS-Bibliotheken 3 verschiedene Formen für die Abgrenzung von Schlagwortketten verwendeten - geht weiter über Hilfsprogramme zur Übernahme bzw. zum Kopieren von SE-Kategorien aus den DB-Daten, und umfaßt auch verbesserte Formen des Ausdrucks von Schlagwortlisten sowie die Einspielung von SE-Daten aus der A-Reihe zu den genutzten Titeln der Reihe N. Ein Höhepunkt dieser Verbesserungen ist zweifelsohne die Bereitstellung der Schlagwortnormdatei online mit der Möglichkeit, hier auch Neuansetzungen aus den österreichischen Verbundbibliotheken gemeinsam zu verwalten und gemeinsam zu nutzen. Es muß betont werden, daß diese Neuansetzungen, also die Wahl von Bezeichnungen für Begriffe, welche in der Normdatei noch nicht aufscheinen, eine äußerst arbeitsintensive Tätigkeit ist und daher eine Zusammenarbeit gerade hier besonders sinnvoll und notwendig ist. Was diese ÖSWD betrifft, die Österreichische Schlagwortnormdatei, darf ich auf den folgenden Vortrag verweisen, in welchem die ÖSWD im Detail vorgestellt werden wird.

Daneben wurde auch mit den zuständigen deutschen Gremien ständig Kontakt gehalten und bei der Weiterentwicklung des Regelwerkes und der Schlagwortnormdatei mitgearbeitet.

Insgesamt gesehen hat sich die Situation für eine Bibliothek, die jetzt mit BIBOS beginnt, im Hinblick auf die sachliche Erschließung doch wesentlich gebessert: Es gibt nun eine Reihe von sinnvollen Festlegungen und Vereinbarungen, welche oft mühselig erarbeitet werden mußten, es gibt inzwischen zwei Kommentarbände zum Regelwerk, es gibt Hilfsprogramme, welche die tägliche Arbeit vereinfachen, es gibt Bibliothekare, welche bei ihrer Ausbildung schon in den RSWK geschult wurden, und es gibt die Online-Version der Schlagwortnormdatei, die wichtigste Hilfe für den Beschlagworter.

Nichtsdestoweniger möchte ich behaupten, daß der Arbeitsbeginn mit BIBOS nach wie vor für jede Bibliothek eine Zeit großer Belastungen auch im Bereich der inhaltlichen Erschließung ist, da gleichzeitig sowohl der Umstieg auf ein komplexes System, welches tief in die gesamten Arbeitsabläufe einer Bibliothek eingreift, als auch die Umstellung auf ein neues Regelwerk zu verkraften sind.

Grundprinzip der Sacherschließung im Verbund ist, daß die SE-Daten der anderen Verbundbibliotheken und allenfalls der DB vom Fachreferenten gesehen werden und einfach kopiert werden können, daß diese Übernahme jedoch nicht auf jeden Fall erfolgen muß, sondern daß die Beschlagwortung für die eigene Bibliothek auch ergänzt, abgeändert, erweitert werden kann. Während ältere Schlagwortketten aus der Deutschen Bibliographie dabei relativ umständlich umgeformt werden müssen (wofür es ein sehr praktisches PC-Programm gibt), können die neueren Schlagwortketten aus der DB genauso wie Verbunddaten direkt übernommen werden.

Diesen ersten Teil meiner Ausführungen zusammenfassend möchte ich behaupten, daß die inhaltliche Erschließung von der Bearbeiterseite her gesehen einen befriedigenden Stand erreicht hat und daß in den kommenden Jahren wohl eher eine Konsolidierung des gegenwärtigen Zustandes und weitere kleinere Verbesserungen erfolgen sollten als grundlegende Änderungen.

Erhoffen und wünschen dürfen wir uns jedoch grundlegende Änderungen im Benutzerbereich. Auf die benutzerseitige Problematik der inhaltlichen Suche bin ich bis jetzt überhaupt noch nicht eingegangen; dabei ist das doch gerade der Sinn und Zweck aller Sacherschließung.

Bei EDV-Katalogen ist gegenüber konventionellen Zettelkatalogen die Gefahr viel größer, bei einer Suche ständig zwischen zwei Extremen hin- und herzupendeln, nämlich entweder gar keine Treffer zu erzielen oder aber allzuviele, und auch die Suche in BIBOS kann in der gegenwärtigen Konstruktion diese Tendenz durchaus verstärken.

Zunächst zum Problem keine oder zuwenige Treffer. Dieses Ergebnis kann bei jeder BIBOS-Katalog-Suche schon deswegen eintreten, weil der Benützer sich mit dem System zu wenig auskennt und eine Hilfefunktion am Bildschirm nicht zur Verfügung steht (in der Version 2 zeigt BIBOS wenigstens noch die wichtigsten Funktionstasten an, in der Entlehnversion 3 ist in der derzeit im Einsatz befindlichen Release überhaupt keine Benützerhilfe mehr vorhanden). Glücklicherweise ist hier jedoch eine grundlegende Verbesserung in Sicht, in den Testsystemen gibt es bereits zwei verschiedene Hilfesysteme. Von diesen scheint insbesondere eines geeignet, alle Wünsche im Hinblick Benützerhilfe zu erfüllen, da es sogar Hilfemasken ermöglicht, welche von der Cursorstellung am Bildschirm gesteuert werden, sodaß hier auch eine gezielte Hilfe bei der Suche nach Schlagwörtern und Systematiken geboten werden kann.

Eine zweite Ursache für erfolglose Suche ist die Verwendung von falschen Suchbegriffen. (Beispiel: Eine Suche nach „Wirtschaftsinformatik" gibt keine Treffer, der richtige Suchbegriff wäre „Betriebsinformatik"). Wie wir alle wissen, hat es in jedem Schlagwortkatalog Verweisungen gegeben, die die Aufgabe haben, den Suchenden an die richtigen Suchbegriffe heranzuführen. In BIBOS gibt es derzeit keine Möglichkeit, solche Verweisungen unterzubringen oder dem Leser wenigstens eine Liste, ein Register der in der jeweiligen Bibliothek verwendeten Deskriptoren anzubieten. Wie wir im nächsten Vortrag hören werden, ist es im Rahmen der Österreichischen Schlagwortnormdatei möglich, solche Listen für die einzelnen Bibliotheken zu generieren und in diese Liste auch Verweisungen einzubauen, sodaß eigentlich nur mehr das Problem zu lösen ist, wie diese Listen dem Leser, der vor dem BIBOS-Bildschirm sitzt, zugänglich gemacht werden können. Ein Ausdruck dieser Listen ist sicher nur eine unzureichende Notmaßnahme und nicht das, was wir uns wünschen und brauchen.

Ein weiterer Punkt, der als Mangel von BIBOS in der jetzigen Form gewertet werden muß, ist die eigenartige Konstruktion, daß ein in der Bibliothek A vergebenes SE-Element nicht nur bei einer Suche in Bibliothek

A, sondern auch bei einer Suche in Bibliothek B zu einem Treffer führt. Dies führt dazu, daß der Benützer bei der Suche Treffer erzielt, von denen er nicht verstehen kann, wieso er sie erhalten hat, oder schlimmer noch, er erzielt einige wenige Treffer, ohne zu merken, daß seine Suche falsch angelegt war. Dazu zwei Beispiele aus der UB Innsbruck:

Suche nach EDV - Frage: wieso ist Stellarator-Buch ein Treffer?

Suche nach Fractal: 8 Treffer, richtige Suche nach Fraktal ergibt 43 Treffer.

Das Problem keine oder zu wenige Treffer bei einer sachlichen Suche kann auch dadurch entschärft werden, daß eine Suche in einem „Basic index" angeboten wird, sodaß eine gleichzeitige Suche in den Kategorien Schlagwort, Titel, Zusatz zum Sachtitel etc. möglich ist. Auch ein solcher „Basic index" steht daher auf unserer Wunschliste.

Nun zum umgekehrten Problem, dem Problem der zu vielen Treffer. Wir geben bei der Beschlagwortung eines Dokuments ja nicht einfach nur Schlagwörter ein, sondern verknüpfen diese zu Schlagwortketten. Diese Schlagwortketten dienen nun nicht nur dazu, den Inhalt eines bereits gefundenen Titels näher zu beschreiben, sondern sie sollen vor allem auch ein gezieltes Suchen ermöglichen. In BIBOS ist dies derzeit nicht möglich, die Schlagwortketten werden als solche von BIBOS in keiner Weise unterstützt.

Ein Beispiel dazu: Ein Student sucht ein Lehrbuch der Algebra. Richtige Beschlagwortung mit der Kette „Algebra" oder allenfalls noch „Algebra - Einführung". Er kann in BIBOS nur Algebra als Schlagwort suchen, erhält etwa an der UBI alle 350 Titel, bei welchen das Wort Algebra in irgendeiner Form in der Schlagwortkette vorkommt, also etwa alle Kongresse, Komposita wie Banach-Algebra, C-Stern-Algebra, Lie-Algebra usw., spezielle Themen wie Quantenfeldtheorie und Algebra, ein Wörterbuch der Algebra usw. usw. Das, was er eigentlich gesucht hat, ist verborgen in einer Unzahl von Treffern, die er nicht mehr durchsehen kann. Was ihm hier helfen kann, und was er unbedingt brauchen würde, ist ein Register der in der Bibliothek vorhandenen Schlagwortketten, ein KWIC- oder KWOC- Index, aus welchem er dann die beiden Ketten „Algebra" und „Algebra-Einführung" auswählen und dann genau die Treffer zu diesen beiden Schlagwortketten erhalten kann.

Ein weiteres Beispiel: Ein Physiklehrer sucht für seine Schüler praktische Anwendungen der Physik. Eine Suche nach Physik allein gibt wieder über 300 Treffer, in einem Index der Schlagwortketten könnte er z.B. Physik - Sport, Physik - Musikinstrumente, Umweltschutz - Physik usw. finden. Die

Existenz solcher Ketten läßt sich ohne Index weder erahnen noch in irgendeiner Weise systematisch suchen.

Schlußfolgerung: Erst ein Index der Schlagwortketten macht diese für die Suche des Lesers zugänglich und ist daher eine absolute Mußforderung für die Zukunft.

Abschließend noch ein Wunsch, welcher sich nicht speziell auf die sachliche Suche bezieht, sondern ganz allgemein auf die Suche in BIBOS: Bei der Suche im BIBOS-Bereich PUBL werden alle eingegebenen Suchbegriffe mit „und" verknüpft. Komplexere Suchen mit anderen Boole'schen Operatoren sind in der sogenannten Freien Suche möglich, die Treffer werden jedoch derzeit nur im Kategorienschema angezeigt, ohne Signaturen und Standorte. Wunsch daher: Freie Suche benützerfreundlicher umgestalten und Anzeige der Treffer im Publikumsformat.

Wir sehen also, daß wir noch sehr viele Wünsche zur Erleichterung der sachlichen Suche in BIBOS haben und daß diese Wünsche über die momentanen Möglichkeiten von BIBOS weit hinausgehen, daß sich hier also Grundlegendes ändern sollte.

Mit diesem Ausblick auf die Zukunft möchte ich meine Ausführungen beenden und nochmals ein kurzes Resümee der sachlichen Erschließung in BIBOS ziehen: im Bearbeiterbereich ist der derzeit erreichte Stand bereits recht befriedigend und weitere Verbesserungen sind eher gradueller Natur, während im Benutzerbereich noch grundlegende Bedürfnisse nicht erfüllt sind.

Die Österreichische Schlagwortnormdatei (ÖSWD) Entwicklungsstand und ihre Anwendung im Österreichischen Bibliothekenverbund

Josef Labner / Alfred Schmidt

(1) Einleitung

Für die Entwicklung der Sacherschließung der letzten fünf Jahre in den wissenschaftlichen Bibliotheken Österreichs - d.h. seit Einführung der EDV (BIBOS-2-Verbund) - waren folgende zwei Punkte von entscheidender Bedeutung, weil sie die Rahmenbedingungen für weitere Entwicklungen festlegten:

* Erstens die Einigung auf ein einheitliches Regelwerk zur Sacherschließung, nämlich die Regeln für den Schlagwortkatalog-RSWK, (Vgl. den ministeriellen Erlaß von April 1990). Wie bedeutend alleine dieser erste Schritt in Richtung auf eine kooperative Sacherschließung war, wird erst wirklich deutlich, vergleicht man sie mit der völlig uneinheitlichen Situation der Sacherschließung in Österreich davor.

„Die Schlagwortregelwerke der einzelnen Bibliotheken weichen erheblich voneinander ab. Dieser Mißstand fällt umso schwerer ins Gewicht, als von 32 untersuchten Bibliotheken nur 9 über schriftliche Regelwerke verfügen."

(Vgl. Buchhart / Massiczek: Vereinheitlichung der Sachkatalogisierung an den wissenschaftlichen Bibliotheken Österreichs, Wien 1973; S. 40:)

D.h. an den einzelnen Bibliotheken wurden nach hausinternen Regeln, die in vielen Fällen nicht einmal schriftlich fixiert waren, in unterschiedlicher Weise Schlagwortkataloge geführt. Es steht sicherlich außer Zweifel, daß ein gemeinsames Regelwerk die Basis jeder kooperativen Beschlagwortung sein muß. Es war mit diesem ersten Schritt aber nicht nur die unabdingbare Voraussetzung für eine kooperative Sacherschließung im BIBOS-Verbund geschaffen, man schloß sich durch die Festlegung auf die RSWK gleichzeitig einem deutlichen Trend in Deutschland an. Die Deutsche Bibliothek Frankfurt beschlagwortet bekanntlich seit Jahrgang 1986 die Deutsche Bibliographie mit RSWK-Ketten, Daten, die als Fremddatenbibliothek in BIBOS bequem zugänglich sind. Das bedeutet, daß für alle Titel der Reihe A der Deutschen Bibliographie (ab 1993 auch Reihe B und H) die Schlagwortketten direkt übernommen werden können, was eine spürbare Arbeitseinsparung bedeutet (im Verbund werden im Durchschnitt etwa

30% der Titeldaten aus Frankfurt kopiert, d.h.daß auch etwa 10 - 20% der Beschlagwortungen übernommen werden können).

* Die zweite Entscheidung, der in ihren Konsequenzen mindestens ebenso große Bedeutung zukünftig zukommt, war der damit implizit vollzogene Übergang von einer freien zu einer gebundenen Beschlagwortung. Die ÖNorm 2702 definiert das gebundene Schlagwort - im Unterschied zum freien - als „sprachliches Element einer Dokumentationssprache, das einer verbindlichen Liste von Bezeichnungen entnommen werden muß" (ähnlich auch DIN 31 623 Teil 1).

Die damit eingeleitete Normierung im Schlagwort-Bereich war für die österreichische Bibliothekslandschaft - zumindest in diesem Umfang - etwas absolut Neues. Es war eine Entscheidung, die sich eher implizit ergab, weil mit der Festlegung auf RSWK außer Frage stand, daß selbstverständlich auch die zugehörige Schlagwortnormdatei (SWD) als wichtigstes Hilfsmittel zum Regelwerk übernommen und der Beschlagwortung zu Grunde gelegt werden sollte. Die erste Microficheausgabe - die sog. „Standardschlagwortliste" - erschien erstmals bereits 1987, lag also bei Beginn der BIBOS-Sacherschließung bereits vor.

Weniger klar war vielleicht von vornherein, daß man mit dieser prinzipiellen Entscheidung für eine normierte Beschlagwortung auch einen spürbaren Mehraufwand in Kauf zu nehmen hatte, der sich aus der zusätzlichen Normierungsarbeit zwangsläufig ergeben mußte. Dennoch steht es wohl außer Zweifel, daß auch dieser zweite Schritt, als logische Folge, von entscheidender Bedeutung gerade für einen Online-Katalog war, in dem unrichtige Beschlagwortungen ganz unvergleichlich mehr stören, als im Zettelkatalog. Die Verwendung einer Normdatei ermöglicht einmal einen dauernden Vergleich der in System vorhandenen Beschlagwortungen mit den Normdaten (die Erstellung einer sogenannten „Korrekturliste", als effizienteste Möglichkeit der Fehlerkorrektur, dazu später), außerdem kann auf diese Weise der gesamte Verweisungsapparat zentral an einer Stelle festgelegt werden.

Für die Bearbeitung ergab sich daraus aber eine deutliche Verschiebung des Arbeitsaufwandes von der eigentlichen Beschlagwortung hin zur Normdateipflege, da man davon ausgehen muß, daß etwa zwischen 5 und 10% der vergebenen Schlagwörter noch nicht in der SWD enthalten sind, d.h. die gesamten Strukturdaten dazu nach dem Modell der SWD-Datensätze neu zu erfassen sind. Es ist also zu vermuten, - ganz grob gesprochen - daß die Arbeitseinsparung, die sich aus kooperativer Beschlagwortung im Verbund sowie aus der Fremddatennutzung der Beschlagwortungen der

Deutschen Bibliographie jedenfalls ergeben muß, durch diesen neuen Arbeitsaufwand zumindest ausgeglichen wird.

(Siehe Abb.1 - zeigt schematisch den Arbeitsablauf der Sacherschließung in Bibos-Verbund.)

(2) SWD-online: Recherche

Wie sah nun die Situation bezüglich der SWD konkret aus, als die ersten Bibliotheken mit einer Sacherschließung nach RSWK in BIBOS begannen (Innsbruck 1988)? Es lag, wie schon erwähnt, 1987 erstmals die Standardschlagwortliste vor, die das Produkt zweier seit 1983 bereits bestehender DBI-Projekte an der DB Frankfurt und der UB Augsburg war. Augsburg fungierte dabei als Redaktionsstelle für den Bibliotheksverbund Bayern. Die Aufteilung zwischen diesen beiden Partnern erfolgte nach Schlagwortkategorien, die Daten erwuchsen aus der konkreten Beschlagwortungspraxis - und so ist es im Prinzip bis heute geblieben - , d.h. es war und ist die Erstellung der SWD keinesfalls als systematischer Aufbau eines Universal-Thesaurus zu verstehen.

Seit dem Oktober 1988 erscheint die SWD halbjährlich als komplette, um die neuen Daten jeweils erweiterte Microfiche-Ausgabe unter der Bezeichnung „Schlagwortnormdatei (SWD)", wobei die DB Frankfurt als zentrale Redaktionsstelle und Herausgeber fungiert, die Daten aber weiterhin in Zusammenarbeit mit dem Bayerischen Bibliothekenverbund (und inzwischen auch dem HBZ Köln) erarbeitet werden. Bereits seit Mai 1988 wird diese Datei auch auf Magnetband in einem eigenen MAB-Format angeboten, mit dem zusätzlichen enormen Vorteil eines wöchentlichen Ergänzungsdienstes.

Es kann daher nicht weiter verwundern, daß von Seiten der Sacherschließer in Österreich sehr bald der Wunsch nach einer SWD-online auftauchte. Zu den allgemeinen Nachteilen, die die ständige Benutzung einer Microfiche-Datei mit sich bringt, wie umständliche zeitraubende Manipulation, bloß lineare Suchmöglichkeit, kam - wie schon gesagt - auch noch der schwerwiegende, daß die Daten, obwohl sie in jeweils aktuellster Form auf Magnetband bereits vorlagen, erst in bis zu sechsmonatiger Verspätung zugänglich waren, was bei der großen Zuwachsrate (jährlich etwa 10%) und vor allem auch Korrekturrate der SWD sehr unangenehme Konsequenzen hatte.

Dieser zwar verständliche Wunsch der Sacherschließer schien zunächst in unmittelbarer Zukunft kaum realistisch, zu viele offene Probleme und Forderungen mit höherer Priorität waren im BIBOS-Verbund offen.

Ende 1990 wurde ein Arbeitskreis aus Mitgliedern der Zentralen Redaktion / Gruppe Sacherschließung und der Planungsstelle für wissenschaftliches Bibliothekswesen an der Österreichischen Nationalbibliothek eingerichtet, der sich speziell mit der Realisierung diese Projektes beschäftigen sollte.

Die erstmalige Lieferung der Gesamtdaten der SWD aus Frankfurt erfolgte im Jänner 1991. Im Februar 1991 wurde mit der Erstellung von sogenannten Korrekturlisten und Schlagwortlisten (mit eingespielten 'siehe' Verweisungen) begonnen. Die Korrekturlisten, die allen BIBOS-Bibliotheken in periodischen Abständen angeboten werden, ergeben sich aus einem maschinellen Abgleich aller von der jeweiligen Bibliothek verwendeten Deskriptoren mit der Normdatei. Alle nicht übereinstimmenden SWW werden zur weiteren Bearbeitung aufgelistet (Ausnahme: Formschlagwörter mit Zeitangabe, Kongreßorte etc.). Parallel zur Listenproduktion wurde in intensiver Zusammenarbeit zwischen PLST und ZRSE ein Anforderungskatalog erstellt, der nach wie vor die Grundlage für die Funktionalität der SWD darstellt. Im Oktober 1991 wurde ein erster Prototyp für die Online-Recherche in der SWD präsentiert. Bis Ende 1991 konnten bereits für 20 User in den Bibliotheken, UB Wien, UB Innsbruck, UB Salzburg sowie für die ÖNB, ÖSWD-Berechtigungen vergeben werden. Die Gesamtanzahl der User ist inzwischen auf 130 gestiegen.

Aktualisiert werden die Daten, im Gegensatz zum halbjährlichen Erscheinungsrhythmus der Microficheausgabe, ca. alle 4 Wochen.

Folgende Recherchemöglichkeiten werden geboten:

- Browsing (linear alphabetisches Suchen) analog der Microficheausgabe (siehe Abb. 2)
- Suche nach Schlagwort (verstichwortet)
    - Wort oder Wortfolgen (automatische UND-Verknüpfung)
    - rechtstrunkiert (mind. 2 Zeichen vor dem $)
    - linkstrunkiert (mind. 2 Zeichen nach dem $)
    - rechts- und linkstrunkiert (mind. 3 Zeichen zwischen den beiden $ und nur inVerbindung mit Wort und/oder einfacher Trunkierung)
    - gezielte Suche nach Homonymenzusätzen (siehe Abb. 3)
    - einfache Trunkierung bei Homonymenzusätzen auch mit nur einem Zeichen möglich (z.B. <$)
    - Sonderzeichen werden nicht invertiert. Ausnahmen ('-' und '/' z.B. Wien-$)
- Suche nach Systematiknummer
- kombinierte Recherche Schlagwort - Systematiknummer

Bei den letzten drei Recherchemöglichkeiten wird das Trefferset chronologisch geordnet (nach IDNR)angeboten. Nach Betätigung der Sortiertaste ist eine Positionierung analog dem 'Browsing' in der alphabetisch sortierten Anzeige möglich. Das Trefferset wird zuerst in einer Kurzanzeige dargestellt (eine Zeile pro Treffer) - Deskriptoren und Nondeskriptoren werden dabei farblich unterschieden - durch Anwählen einer mitdargestellten laufenden Nummer wird der komplette Schlagwortsatz mit sämtlichen Informationen (Quellenangaben, Ländercodes, Systematiknummern, sämtliche Verweisformen etc.) zur Verfügung gestellt (siehe Abb. 4).

Das HELP-Konzept für die Bedienerführung ist zweistufig ausgelegt - zu jeder Maske gibt es einen spezifischen Hilfetext - außerdem gibt es ein übergeordnetes HELP-Menü, hier können gezielt Informationen über z.B. Systematiknummern, Kategorienschema, Datenmengen etc. abgefragt werden.

Während der gesamten bisherigen Zeit der Projektentwicklung - das muß hervorgehoben werden - kam es zu einer hervorragenden Zusammenarbeit von Anwendern und EDV-Technikern, die es möglich machte, im Detail auf die Wünsche der Anwender einzugehen. Es konnten ihre Vorstellungen - nach ersten Erfahrungen mit dem System - immer wieder ergänzt und verfeinert werden, so daß heute wirklich ein Produkt vorliegt, das unseren Erwartungen weitgehend entspricht und dazu noch in ganz außergewöhnlich kurzer Zeit entwickelt wurde, wenn auch einige wichtige Komponenten im Moment noch fehlen.

Mit der Einrichtung eines zwei-Session-Betriebes im Bereich Sacherschließung für einen Großteil der BIBOS-Teilnehmer war eine weitere wichtige Bedingung für eine komfortable Handhabung gegeben: durch einfachen Tastendruck ist jeweils der Übergang vom BIBOS zur Schlagwortnormdatei u.u. möglich (siehe Abb.5).

(3) Die Eigenerfassung von Normdatensätzen

Es war von Anfang an allen SWD-Anwendern klar, daß mit dem jeweils aktuellen Datenbestand der SWD, der zwar bereits weit über 200.000 Ansetzungen enthält, nicht in allen Fällen auszukommen ist. Wie schon erwähnt, ist damit zu rechnen, daß im Schnitt etwa 5 -10% der zur Beschlagwortung benötigten Deskriptoren noch nicht in der SWD enthalten sind und daher von der jeweiligen Bibliothek, die diesen Ausdruck zum erstenmal in BIBOS verwendet, ein entsprechender Normdatensatz analog zur SWD anzulegen ist. Die Zentralredaktion hat bereits mehrmals betont, daß sie diese Arbeit an jeder einzelnen Bibliothek für unverzichtbar hält, weil auch die Pflege der Normdatei nur kooperativ möglich ist. Das bedeutet konkret gesprochen, daß man sich darauf verlassen muß, daß die jeweils andere Bibliothek ihre neuen Deskriptoren in derselben Weise bearbeitet, wie die eigene Bibliothek die jeweils eigenen.

Zunächst bestand aber keine wirkliche Möglichkeit diese in den einzelnen Bibliotheken in Ergänzung zur SWD angelegten Normdatensätze in geeigneter Weise auszutauschen. Es entstanden ganz unterschiedlich aufgebaute Listen, von konventionellen Zetteln, Dateien, bis zu SWD-ähnlichen Ausdrucken (von der TU-Wien), mittels derer die jeweiligen Eigenansetzungen verwaltet wurden. Einige Bibliotheken begannen in der Zwischenzeit auch, einzelne Datensätze in Zettelform nach Deutschland zu liefern, um sie in die SWD einzubringen.

Es soll hier nochmals betont werden, daß die Bearbeitung dieser Normdatensätze unverzichtbar ist, wenn wir an der getroffenen Entscheidung für eine normierte Beschlagwortung festhalten wollen, aber eine sehr arbeitsaufwendige Sache ist. Dies ergibt sich vor allem aus dem für die RSWK ganz grundlegenden Nachschlageprinzip, das dazu verpflichtet, jeden neuen Deskriptor in einem Nachschlagewerk, aus einer festgelegten Liste, zu belegen. Daß dafür zuerst einmal ein Apparat der entsprechenden Nachschlagewerke aufzubauen ist, darf nicht vergessen werden.

Als ein weiteres ganz gewichtiges Argument für diesen Aufwand der Normdateipflege kommt aber hinzu, daß es über den Umweg der SW-Normdatei möglich wurde, die in BIBOS zur Zeit gänzlich fehlende Verweisstruktur zu ergänzen, da die Begriffsrelationen (also Ober- und Unterbegriffe, verwandte Begriffe und Nondeskriptoren) in den Normdatensätzen festgelegt sind. Offen bleibt dabei allerdings die Frage, wie dem Benutzer die jeweils seiner Bibliothek entsprechenden Verweisungen angeboten werden können. Dazu später noch.

Auf jeden Fall ergab sich die dringende Forderung, Doppel- und Mehrfacharbeit bei der Bearbeitung der Normdatei, durch das Anlegen desselben Datensatzes an verschiedenen Stellen, unbedingt zu vermeiden. Es war klar, daß dieses Problem nicht anders zu lösen war, als baldigst die Möglichkeit zu schaffen, diese neu angelegten Datensätze online zu verwalten, d.h. in die bereits bestehende SWD-online, die bis zu diesem Zeitpunkt ausschließlich die Daten aus Deutschland enthielt, eigene, an österreichischen Bibliotheken erstellte, Datensätze einzugeben. Dieser Wunsch wurde in dem erwähnten Arbeitskreis auch immer wieder dringend geäußert. Man nahm dabei gerne in Kauf, daß man sich zu Beginn mit einem etwas vereinfachten Eingabemodus begnügen mußte, dafür aber dieser ganz neue Programmteil innerhalb weniger Monate einsatzbereit war. Vorläufig besteht die Einschränkung, daß nur jeweils eine Bibliothek gleichzeitig die Schreibberechtigung besitzt und sie an die nächste Bibliothek weitergibt. Seit Mai 1992 wurde mit der Eingabe begonnen und die ersten Erfahrungen waren vollauf zufriedenstellend. Es ist darauf hinzuweisen, daß die Eingabe nur effizient möglich ist, wenn die Daten bereits auf Zetteln vorerfaßt vorliegen.

Ende Mai 1992 wurde die erste Version des Eingabemoduls fertiggestellt. Bis jetzt (September 1992) konnten von 5 Bibliotheken in Summe ca. 3000 österreichische Eigenansetzungen in das System eingegeben werden. Folgende Überprüfungen finden bei der Eingabe automatisch statt:

- erlaubte Kategorien und Indikatoren (z.B. 808 —> a,b,c)
- erlaubte Systematiknummern und Ländercodes
- Dublettenprüfung des Hauptschlagwortes bzw. der gesamten Ansetzungskette (800ff)
- Überprüfung des Vorhandenseins eines Hauptschlagwortes bei den Verweisformen:
    - Oberbegriff
    - Verwandter Begriff
    - chronologisch früherer oder späterer Begriff
- Nondeskriptorenprüfung
- Ansetzungskettenprüfung (Reihenfolge und Überprüfung ob das Hauptschlagwort der Ansetzungskette als Hauptschlagwort alleine bereits existiert)
- zusätzliche Syntaxüberprüfungen wie
    - erstes Zeichen bei Deskriptoren darf nicht numerisch sein
    - bestimmte Kategorien erlauben definierte Zeichenfolgen nicht (z.B. ' / ') etc.

Im Augenblick besteht keine Möglichkeit einer zentralen Endredaktion der in die ÖSWD eingegebenen Daten, d.h. die inhaltliche Verantwortung liegt allein bei den lokalen Redaktionen der jeweiligen Ersteller. Daran wird sich in allernächster Zeit kaum etwas ändern, wenn nicht eine eigene Stelle für diesen Zweck eingerichtet wird. Das bereits bestehende Team von Verbund-Fachreferenten - das im Augenblick aber bei weitem nicht alle Sachgebiete abdeckt - kann normalerweise nur als Auskunftsstelle für Problemfälle fungieren.

Es ergibt sich aus dem Gesagten, daß ab dem Zeitpunkt der Eingabe von Eigenansetzungen der Datenbestand der deutschen SWD nicht vollständig mit der ÖSWD übereinstimmt, weil letztere um genau jenen Anteil der österr. Eigenansetzungen mehr enthält. Von österreichischer Seite besteht jedenfalls nach wie vor das Interesse unsere Daten - zumindest teilweise - auch in die SWD einzubringen, weil nur auf diese Weise die gegenseitige Verweisungsstruktur vollständig darstellbar ist. Erste Schritte in dieser Richtung wurden bereits unternommen.

(4) Publikumshilfen im Opac-Bereich

Generell muß leider gesagt werden, daß zur Zeit im Bereich Sacherschließung noch ein großes Defizit auf der Seite des Bibliotheksbenutzers besteht, und zwar, sowohl was die Nutzbarmachung der aufwendigen Normierungsbemühungen im Schlagwortvokabular betrifft, als auch die Nutzung der in den Ketten enthaltenen Information. Auf das generelle Problem, wie die einzelne Bibliothek zu dem zu ihrem Schlagwortbestand jeweils passenden Verweisungssystem kommt, ist in der Literatur bereits wiederholt hingewiesen worden. Es ist dieses Problem mit der Verwendung einer Normdatei allein noch nicht gelöst. Denn einerseits ist es ja undenkbar, dem Bibliotheksbenutzer als Hilfe die gesamte SWD anzubieten, wenn er - je nach Bibliothek verschieden - höchstens zu jedem 10. SWD-Deskriptor überhaupt Literatur an der eigenen Bibliothek findet. Noch schlimmer wäre es aber andererseits, den Leser ohne jede Hilfe bei der sachlichen Recherche im BIBOS-OPAC zu lassen, also zu hoffen, daß er die richtigen Suchbegriffe irgendwie errät .

Ein erster Versuch, diesen Mißstand einzuschränken, waren gedruckte Listen, die jeweils ein alphabetisches Register der an der jeweiligen Bibliothek verwendeten Schlagwörter plus der dazugehörenden Siehe-Verweisungen, die direkt aus der ÖSWD eingespielt werden, enthalten. Vorsichtig geschätzt, erhöht sich die Trefferquote in der Schlagwortsuche allein durch die Berücksichtigung der Nondeskriptoren um 30-50%. Dies als wichtiges zusätzliches Argument, daß alle nicht der SWD entnommenen SWW unbedingt in die ÖSWD eingebracht werden müssen, weil nur so die dazugehörigen Verweisungen dem Leser zugänglich gemacht werden können. Die Universitätsbibliothek Wien hat sich um die Entwicklung dieser Listen besonders bemüht, und diese auch am konsequentesten betreut. Einigkeit besteht aber darüber, daß dieser Zustand keine Dauerlösung sein kann, allein wegen der aufwendigen Herstellung und Unhandlichkeit der Listen, die zudem nie ganz aktuell sein können. Minimalbedingung für eine sinnvolle Schlagwortsuche in BIBOS ist eine Online-Schlagwortliste, die dem Benutzer das Schlagwortvokabular plus Nondeskriptoren bietet, eventuell vermehrt um die Siehe-auch-Verweisungen, d.h. mit dem gesamten Verweisungsapparat, den die ÖSWD zu den entsprechenden Deskriptoren enthält. Eine erste Version dieser Online-Schlagwortliste ist seit Dezember 1992 an der Österreichischen Nationalbibliothek im Einsatz. Weiters wäre es sehr wünschenswert, nach dem

Muster der CD-ROM-Ausgabe der Deutschen Bibliographie eine SW-Kettensuche einzurichten. Nur so käme der gesamte Aufwand der Kettenbildung, an dem die RSWK festhalten, dem Leser bei der Recherche zugute. Dies könnte so aussehen, daß der Benutzer zuerst die/den ihn interessierende/n Deskriptor/en aus jener vorhin erwähnten Schlagwortliste auswählt, und auf Wunsch - etwa bei zu hoher Trefferzahl - die zu diesem Deskriptor in BIBOS existierenden SWW-Ketten angezeigt bekommt, um innerhalb dieser, die relevanten auswählen zu können. Es bleibt zu hoffen, daß diese wichtigen Suchhilfen im Bereich der Schlagwort-Recherche dem Leser schon in nächster Zukunft angeboten werden können.

Vorgang der Sacherschließung in BIBOS

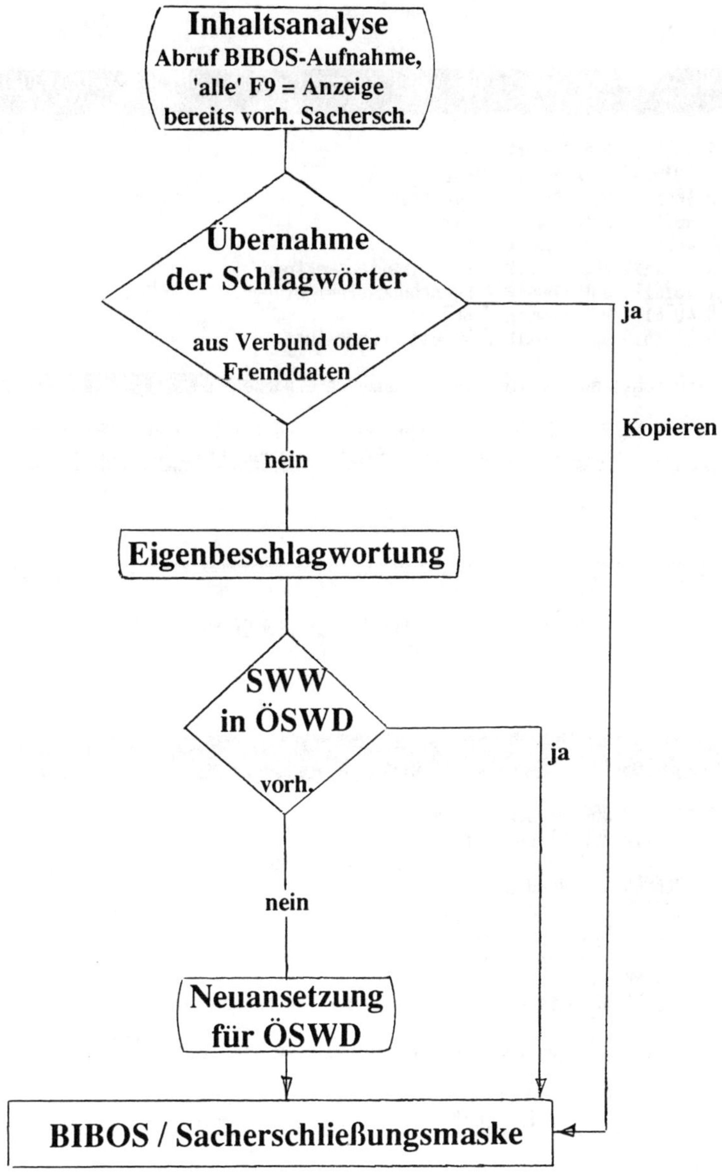

Abb.1

```
öSWD Rel.2.1   Userid: U3011GEM/UBW002                25 Jan 1993   11:03:54

           RECHERCHE IN DER SWD UND IN DEN EIGENANSETZUNGEN
                           KURZANZEIGE

Suchstring:

    *** Browsing in der SWD ( Kategorien 800...805,820...825,830 ) ***

                                                  lfd-Nr: 260163 bis 260171
 1 4045956 800 Physik
 2 4020252 830 Physik der Erde
 3 4045977 830 Physik / Didaktik
 4 4074617 830 Physik / Einheit
 5 4020252 830 Physik / Erde
 6 4174599 800 Physik / Experimentauswertung
 7 4076116 830 Physik / Forschungseinrichtung
 8 4076117 830 Physik / Grösse
 9 4174618 830 Physik / Orientierungsstufe

 Gewünschte Nummer für die Vollanzeige eingeben: Physik      Treffer:  375984

   PF1-HELP  PF3-QUIT  PF4-neue Suche  PF5-letzte Suche  PF7-PgUp  PF8-PgDn
         Anzeige ist sortiert! Positionierung durch Stringeingabe!
```

Abb.2

```
öSWD Rel.2.1   Userid: U3011GEM/UBW002                25 Jan 1993   11:52:26

           RECHERCHE IN DER SWD UND IN DEN EIGENANSETZUNGEN
                           KURZANZEIGE

Suchstring:

A=<FILM>

                                                          lfd-Nr: 1 bis 9
 1 4133919 800 Airport <Film>
 2 4301472 800 Alien <Film>
 3 A000057 800 ¬Das¬ allerschönste Stück davon ist doch die Heimat mein <Film>
 4 4246845 800 Amadeus <Film>
 5 A000135 800 Andreas Hofer. Der Freiheitskampf des Tiroler Volkes <Film>
 6 A000175 800 Andrej Rubljow <Film>
 7 4142484 830 Animation <Film>
 8 4143288 800 Atemnot <Film>
 9 4228454 830 Attenborough, Richard / Cry freedom <Film>

 Gewünschte Nummer für die Vollanzeige eingeben:             Treffer:     189

   PF1-HELP  PF3-QUIT  PF4-neue Suche  PF5-letzte Suche  PF7-PgUp  PF8-PgDn
         Anzeige ist sortiert! Positionierung durch Stringeingabe!
```

Abb. 3

```
öSWD Rel.2.1   Userid: U3011GEM/UBW002                25 Jan 1993   13:40:19

              RECHERCHE IN DER SWD UND IN DEN EIGENANSETZUNGEN
                                 VOLLANZEIGE

Suchstring:

A=<FILM>

 ID-Nummer: 4133919            lfd-Nr: 1
 800 s Airport <Film>
 808 a Vorlage
 808 b USA 1970
 810   15.3
 830 p Hailey, Arthur / Airport / Film


    PF1-HELP  PF3-KURZ  PF4-neue Suche  PF5-letzte Suche  PF7-PgUp  PF8-PgDn
            PF10-vorh. Vollanz.  PF11-nächste Vollanz.  PF13-IDNR-Info
```

Abb.4

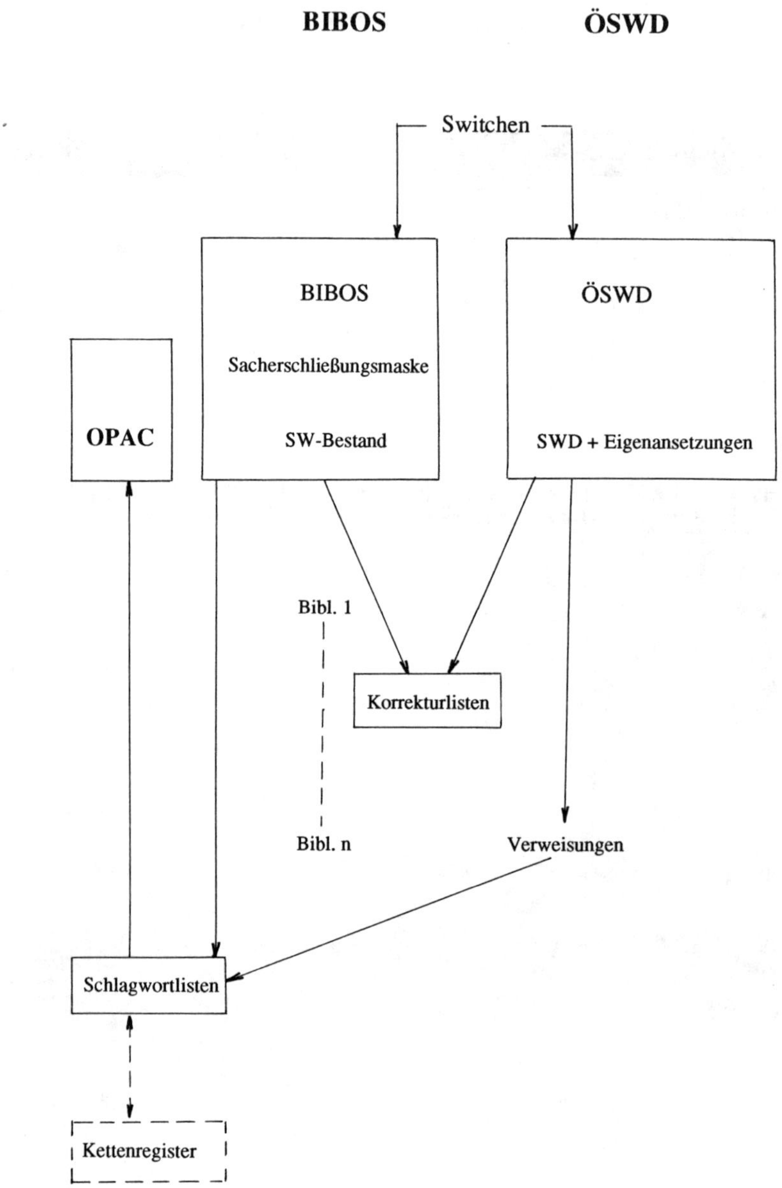
BIBOS
ÖSWD
Switchen
BIBOS
Sacherschließungsmaske
SW-Bestand
ÖSWD
SWD + Eigenansetzungen
OPAC
Bibl. 1
Korrekturlisten
Bibl. n
Verweisungen
Schlagwortlisten
Kettenregister

Abb. 5

Die Fachausdrücke der österreichischen und schweizerischen Rechtssprache in den RSWK

Friedrich Geißelmann

Die Debatte über die Anwendung der RSWK auf das österreichische und schweizerische Recht zieht sich nun schon einige Zeit hin. Um die Diskussion zu befördern, wurde jetzt ein durchformulierter Entwurf erarbeitet. (1) Der Anstoß dazu kam von den österreichischen Juristen, die an einer Reihe von Normierungen der SWD Anstoß nahmen. Ihren Ursprung haben diese Normierungen im § 311 RSWK, nach dem regional unterschiedlicher Sprachgebrauch auf einen gemein-deutschen normiert wird.

Schon bei der Schaffung dieser Bestimmung (vor der Veröffentlichung der RSWK) war klar, daß bei der Anwendung des Regelwerks in Österreich oder der Schweiz anders verfahren werden müßte, wobei offen blieb wie. Trotz des damaligen Wunsches nach internationaler Zusammenarbeit, wollte die Kommission für Sacherschließung eine konsequente Regelung durchführen. Gewisse Bedenken wurden auch früher immer wieder von unseren juristischen Fachreferenten geäußert, die meinten, eine solche Normierung sei doch vielleicht nicht korrekt.

Ich möchte die Debatte darüber nicht im einzelnen referieren, sondern nur daran erinnern, daß auf der Sitzung der Expertengruppe RSWK in Salzburg im Oktober 1991 beschlossen wurde, die jeweils einander entsprechenden Rechtsbegriffe als Verwandte Begriffe anzusetzen, zumindest soweit sie sich inhaltlich unterscheiden (VB). Im vorliegenden Entwurf ist dies etwas anders gehandhabt.

Wo liegen die Probleme?

Die Normierung der Terminologie verschiedener Staaten auf die im Deutschen übliche Terminologie ist eine Konsequenz der allgemeinen Bestimmung über Synonyme. Sie dient nicht nur der Eindeutigkeit, sondern auch dem leichteren Retrieval, da es so möglich ist, die gesamte Literatur an einer Stelle zusammenzufassen.

Ich möchte dies an einem lateinischen Beispiel kurz erläutern:

In der UB Regensburg wurden früher eine Reihe lateinischer Termini verwendet; z.B. Matrona, Portorium usw. Dies entspricht der Praxis der altertumswissenschaftlichen Nachschlagewerke, und auch in den Allgemeinenzyklopädien findet man noch eine erstaunlich hohe Zahl originalsprachiger Begriffe, die ohne weiteres übersetzt werden können (z.B. Ekklesia

s. Volksversammlung). Es wurde argumentiert, dies seien ganz spezifische, mit Inhalten reich gefüllte Begriffe. Die Matrona habe eben eine ganz andere rechtliche und soziale Stellung als etwa eine deutsche Ehefrau. Dem ist entgegenzuhalten, daß in anderen Fällen - z.B. in Indien - sich die Stellung der Frau noch weit stärker unterscheidet, ohne daß jemand auf die Idee käme, hier englische oder Hindi-Begriffe anzusetzen. Die Begriffskombination Sachschlagwort-Geographikum ist genauso aussagekräftig wie der jeweilige originalsprachige Begriff. Man muß allerdings zugeben, daß es hier Grenzfälle gibt, in denen anders verfahren wurde - entweder aus Gründen der Geläufigkeit (z. B. ist gentry nicht auf Niederadel normiert; Beispielsammlung 2.36) oder weil keine völlige Identität vorliegt (Trust, Equity).

Welche Gründe gibt es nun, im Recht anders zu verfahren als in anderen Fachgebieten?

Nach meinem Dafürhalten gibt es drei Kriterien:

1) Bei der Rechtssprache handelt es sich in vielen Fällen um eine offizielle Terminologie, die in Rechtsnormen definiert wird.

2) Die Ausbildung der Studenten orientiert sich in den wichtigsten Disziplinen der Rechtswissenschaften sehr stark am jeweiligen nationalen Recht. Dessen Terminologie ist daher wesentlich bekannter.

3) Im Unterschied zu anderen Fachgebieten ist das positive Recht stets auf ein Geographikum bezogen. Abhandlungen etwa über Abschiebehaft an sich gibt es nicht, nur Rechtsvergleiche, die mit USW abgesetzt werden. Daher besteht die Möglichkeit, mehrere Begriffe parallel zu verwenden.

Zu 1:

Daß Rechtsnormen autoritativ definieren, unterschiedet diese Begriffe von anderen Regionalismen wie Knödel/Klöße, Karner/Beinhaus oder dem Problem des Fugen-s. Für das Regelwerk, das sich an der Gebräuchlichkeit orientiert, ist dies ein sehr wesentliches Argument: „offiziell definiert" ist gewissermaßen eine Steigerung von „gebräuchlich". Dies steht zwar nicht im Regelwerk, wurde aber so übereinstimmend gehandhabt. In Einzelfällen wurde daher über die Nachschlagewerke hinaus auf die Rechtsnormen zurückgegriffen (z.B. Kraftfahrtversicherung; Länder/Bundesländer). Dies gilt analog - aber mit etwas geringerem Gewicht der Norm für DIN-Normen oder für die Terminologie des Regelwerks selbst.

Andererseits darf man dieses Argument auch nicht überstrapazieren. Zahlreiche Begriffe der Allgemeinsprache oder anderer Fachsprachen werden in Rechtsnormen verwendet, ohne deswegen juristischen Charakter zu haben, andere werden uneinheitlich verwendet oder sie sind zwar einheitlich, aber überholt. Hinzu kommt die Begriffsbildung durch die Rechtswissenschaft oder die Rechtssprechung, die von großer Bedeutung ist, insbesondere auch durch die Rückwirkung auf die Rechtsnormen. In der Summe ist es durchaus so, daß der Beschlagworter in erheblichem Umfang normierend eingreifen muß. Die Terminologie ist zwar bei weitem nicht so chaotisch wie in der Pädagogik, aber nicht so eindeutig, wie man sich dies wünscht.

Fragt man sich, welche Beziehung zwischen den Rechtssprachen der deutschsprachigen Länder besteht, so darf man sicherlich nicht so tun, als ob diese nichts miteinander zu tun hätten. Es ist nicht so wie bei zwei Vogelarten, die sich unabhängig voneinander entwickelt haben: der eine Vogel ist rot, der andere blau - zwischen beiden besteht keine Beziehung - der eine Gesetzgeber sagt A, der andere B und in manchen Fällen verwenden beide - gewissermaßen zufällig - denselben Begriff. Vielmehr basieren alle drei Rechtssysteme historisch auf derselben Wurzel. Auch zwischen der Rechtswissenschaft beider Staaten besteht natürlich ein breiter Meinungsaustausch, wenn er auch nicht so durch einen Austausch der Wissenschaftler unterstützt wird wie in anderen Wissenschaften.

Man kann auch sicherlich annehmen, daß sich diese Beziehungen, wie auch die zu anderen Rechtssystemen in der Zukunft verstärken werden, da die zunehmende Verflechtung zwischen den Staaten auch Auswirkungen auf die rechtlichen Beziehungen hat.

Es ist ja auch zu erwarten, daß sich dies in der Zukunft auf die juristische Ausbildung auswirken wird.

Trotz dieser Einschränkungen kann man jedoch feststellen, daß es im Kernbereich des Rechts eine größere Anzahl unterschiedlich formulierter Begriffe gibt, die man nicht vereinheitlichen sollte.

Ein weiteres Kriterium für die Unterscheidung könnte sein, daß die Begriffe unterschiedliche Inhalte haben können. Wie bereits dargelegt, wurde in Salzburg damit argumentiert, und es wurden Beispiele angeführt (Schubhaft, Abschiebungshaft), bei denen der Inhalt der Regelung unterschiedlich ist und die Regelungen verschiedenen Rechtsgebieten zuzuordnen seien. Dies wurde verglichen mit Fällen wie Trust/Konzern oder Obligationenrecht/Schuldrecht. Nach Diskussionen bei uns im Hause bin ich der Meinung, daß dieses Kriterium nicht tragfähig ist und nicht ins Spiel gebracht werden sollte. Zum einen setzt dies in vielen Fällen sehr eingehende Kenntnisse voraus, die man wohl nicht voraussetzen darf. Zum anderen sind auch eindeutige Begriffe historisch sehr unterschiedlich besetzt (z.B. Strafrecht) oder international unterschiedlich ausgestaltet. Es kommt auch nicht auf die Ausgestaltung der Rechtsnorm im einzelnen an - diese ist immer unterschiedlich -, sondern auf den Umfang des Begriffs; welche

Gegenstände werden geregelt. Weit zweckmäßiger erscheint mir als Kriterium der Sprachgebrauch des jeweiligen Staates. Dies dürfte auch dem angestrebten Ziel wesentlich näher kommen. Man muß dabei wohl in Kauf nehmen, daß Begriffe verwendet werden, die man eigentlich lieber durch eine s. Vw. abdecken würde (z.B. Fahrnis. Hier handelt es sich - anders bei Einantwortung, was jedermann als Austriazismus erkennt - nicht nur um einen schweizerischen Begriff, sondern genau so um einen deutschen, der zwar in einzelnen Lehrbüchern verwendet wird, aber überholt ist).

Damit (mit den Kriterien Gebräuchlichkeit) sind wir bei einem gängigen Kriterium der RSWK, das von manchem als formalistisch angesehen wird, das aber bei der Verwendung der natürlichen Sprache das brauchbarste ist.

Nun noch zu einigen Einzelfragen:

Nach meinem Dafürhalten muß die bisherige Pleonasmusregel von § 214,1 modifiziert werden. (Möglicherweise sollte sie ganz beseitigt werden - dazu im Zusammenhang mit der OPAC-Diskussion). Wenn wir dies nicht tun, kommen wir in außerordentliche Probleme, Fälle nach § 214,1 und § 311 zu unterscheiden. Es entstünde sowohl für den Bearbeiter wie für den Benutzer ein Chaos von Erschließungsmethoden.

Die Frage des Pleonasmus von Deutschland im Recht ist in diesem Kontext neu zu diskutieren. Die bisherige Regelung geht auf unsere juristischen Fachreferenten zurück - bei der Einführung der österreichischen und schweizerischen Terminologie würde durch das Geographikum wieder größere Klarheit hergestellt.

Ob man § 307,3 einfügen soll, ist mir nicht klar. Der Inhalt als solcher ist unstrittig, zweifelhaft ist nur, ob die Formulierungen größere Klarheit bringen.

In § 311 bin ich der Meinung, daß die Alternative mit VB gewählt werden sollte. Die Begründung habe ich bereits gegeben. Ich bin allerdings ebenso entschieden der Meinung, daß wir versuchen sollten, den Bereich unterschiedlicher Ansetzungen auf das unabdingbar Notwendige zu reduzieren. Der zusätzliche Aufwand, der sowohl in der Bearbeitung der SWD wie in der Recherche beim Benutzer entsteht, sollte möglichst klein gehalten werden. Allerdings ist dies schwer in eine Regel zu fassen. Wenn hier Anregungen kämen, wäre ich dankbar.

Zum Vorgehen bei der Revision bzw. Weiterentwicklung der SWD: Es handelt sich nach diesem Vorschlag zunächst um Einzelfallentscheidungen, die als solche auch organisiert werden können. Denkbar ist es allerdings auch, das systematische Register zur SWD an den entsprechenden Stellen durchzugehen. Die Entscheidung kann dabei letztlich weder von österreichischen noch von deutschen Referenten allein getroffen werden, sondern nur im Zusammenwirken beider. Die Feststellung der Gebräuchlichkeit setzt sehr gute Kenntnisse des jeweiligen Rechts voraus, die von ausländischen Juristen nicht erwartet werden können, zumal eine Vereinheitlichung keine Einbahnstraße sein darf. Die Nachschlagewerke allein führen nicht weiter.

Abschließend zwei Bemerkungen:

1. Durch die Europäischen Gemeinschaften kommt ein erhebliches Ausmaß neuer Begriffe auf uns zu. Dies gilt, wenn Österreich und die Schweiz beigetreten sind, sicher auch für diese, da sich die EG an Sprachen orientieren wird und nicht an Staaten. Dies bedeutet allerdings nicht (bundes)deutsche Terminologie.

2: Das weitere Verfahren des jetzt vorgelegten Entwurfs stellte ich mir so vor:

Beratung und Verabschiedung auf dem SWD-Kolloquium, anschließend Veröffentlichung zur Diskussion im „Bibliotheksdienst", den „AJBD-Mitteilungen" und durch die VÖB. Als Frist für die Stellungnahme schlage ich 31.1.1993 vor.

Anmerkungen

(1) Bibliotheksdienst H.11, 1992

Sind Änderungen an den RSWK und an der SWD im Hinblick auf die Online- Kataloge notwendig?

Friedrich Geißelmann

Den Urhebern der RSWK stand als Ziel vor Augen, Regeln zu schaffen, die sowohl für den Zettelkatalog wie für die Verarbeitung mit EDV geeignet sein sollten. Im Hinblick auf die Öffentlichen Bibliotheken darf dabei auch das erste nicht übersehen werden, doch war der Einsatz der EDV als Ziel maßgeblicher. Dabei wurde, entsprechend dem damaligen Stand der Technik sicher mehr an den Listenkatalog als den Online-Katalog gedacht. Dies äußerte sich z.B. in der Debatte über die Permutationsregeln, wo immer wieder die umfangreichen Listenkataloge des BVB dem Register des wöchentlichen Verzeichnisses der DB, das aber in der Struktur auch ein Listenkatalog ist, gegenüber gestellt wurden. Ähnliches gilt aber auch für das von der DB seinerzeit favorisierte System PRECIS, das keineswegs primär auf den OPAC, sondern auf die Gestaltung der Register einer Bibliographie ausgelegt ist bzw. war. Dies wurde auch auf dem Königsteiner Kolloquium, bei dem über diese Frage entschieden wurde, moniert.

Die RSWK sind sicherlich relativ nahe an der Tradition der Schlagwortkatalogisierung, was vermutlich wesentlich zur Verbreitung des Regelwerks beigetragen hat. Andererseits wurde daran immer wieder Kritik geübt. So wurde schon bei der ersten Vorstellung der SWL auf dem Augsburger Bibliothekartag von Frau Boßmeyer (1) kritisiert, das Regelwerk mache sich, wie schon die RAK, die Möglichkeiten der EDV nicht zunutze. Vermutlich dachte sie dabei aber mehr an die Probleme einer maschinellen Erzeugung der Permutationen aus der Grundkette (ein Begriff der auch noch nicht in den RSWK steht) als an die postkoordinierende Recherche. Diese Argumente wurden dann später von einigen Autoren aus der Schule von H. Gödert vorgebracht. (2) Hier wurden strukturelle Probleme der RSWK und insbesondere gravierende Defizite in der Bearbeitung der SWL bzw. SWD ausgemacht. Eine dritte Richtung der Kritik geht in der Zwischenzeit dahin, die Erschließung durch die RSWK sei zu summarisch, an manchen Punkten geradezu dürftig (3) - ein Argument, das seltsam kontrastiert zu der Behauptung, die RSWK-Ketten seien zu kompliziert. Hier wird vorgeschlagen, mit dem Erfassen (Scannen) von Inhaltsverzeichnissen, Registern, Klappentexten, Abstracts usw. eine wesentlich intensivere Erschließung zu betreiben.

Meines Erachtens sind die meisten dieser Äußerungen weit überzogen, haben mit den realen Problemen der SWD und ihrer Anwendung sehr wenig zu tun und zeigen nicht auf, wie man auf dem Vorhandenen weiter aufbauen könnte. Trotzdem gilt es, die Veränderungen der technischen Möglichkeiten sorgfältig zu beobachten und zu prüfen, wo Änderungen notwendig sind.

Das DBI hat aus diesem Grund eine Expertengruppe Online-Kataloge eingesetzt, die zunächst Vorschläge zur Änderung der RAK ausgearbeitet hat - sie werden hoffentlich noch in diesem Jahr vorgelegt. Die Arbeit soll nun im Bereich der Sacherschließung fortgesetzt werden mit folgenden Schwerpunkten:

1. Überprüfung der Vereinbarkeit von RSWK mit den Erschließungsprinzipien der Online-Kataloge.
2. Untersuchung des Zusammenhangs von klassifikatorischer und verbaler Sacherschließung.
3. Untersuchung der Aufgaben und Probleme eines multilingualen Thesaurus.
4. Prüfung der Abgrenzung der Formal- und der Sachkatalogisierung.
5. Prüfung neuer Formen der Sacherschließung

Ich möchte hier nicht die ganze Breite dieses Arbeitsprogramms abhandeln, sondern mich auf den Bereich der RSWK beschränken. Im übrigen kann es sich bei der Arbeit der Expertengruppe insgesamt nur darum handeln, Leitlinien aufzuzeigen, da nur an drei Sitzungen gedacht ist. Im folgenden möchte ich aufzeigen, welche Lösungsmöglichkeiten bei den einzelnen Problemen bestehen: Strukturelle Veränderungen der Erschließungsmethode oder Änderung einzelner Ansetzungsregeln oder Änderung in der Gestaltung der Benutzeroberfläche.

Zunächst sollte man sich prinzipiell vor Augen führen, daß wir mit den RSWK ein Regelwerk haben, das auf der besonders online geeigneten verbalen Erschließung aufbaut. Der verbale Einstieg ist sicherlich im OPAC der primäre sachliche Einstieg, womit die Bedeutung einer Klassifikation, sei es für die Aufstellung, sei es für den Katalog, nicht herabgesetzt werden soll. Wir sollten als zweites auch sehen, daß wir mit der SWD ein sehr wesentliches Hilfsmittel haben, das trotz aller Probleme und Unvollkommenheiten mehr Strukturierung bietet als ein herkömmlicher Schlagwortkatalog und daher ergänzend dem Benutzer zur Verfügung gestellt werden sollte. Ich meine auch, daß der Grundsatz des engen Schlagworts, der möglichst spezifischen Erschließung dem OPAC angemessen ist, weil er die Trefferzahlen gegenüber der Verwendung weiterer Begriffe verringert. Mängel dieses Vorgehens können sowohl innerhalb der RSWK wie durch eine ergänzende Klassifikation ausgeglichen werden.

Noch eine weitere grundsätzliche Vorbemerkung:

Die Unterscheidung zwischen dem Listenkatalog und der postkoordinierenden Suche im OPAC ist keine prinzipielle Unterscheidung. Auch ein OPAC sollte vielfältige Listenfunktionen einsetzen, um dem Benutzer entsprechende Hilfestellungen zu bieten. Aufgabe des Listenkatalogs bzw. der Listenfunktion ist eine gute Führung des Benutzers, der angesichts der komplexen Aufgabe, die auf ihn zukommt, überfordert sein kann (Probleme sind die Kenntnis der Suchfrage, die Verbalisierung und die optimale Handhabung des Systems). Im BVB wurde daher beschlossen, bis auf weiteres Mikrofichekataloge und Online-Kataloge parallel zu führen und den Benutzer über den Gebrauch entscheiden zu lassen. Fortgeschrittenere Systeme werden Listenfunktionen in den OPAC selbst einbauen.

Nun zu den einzelnen Problembereichen, die ich momentan nur anreißen möchte - eine Lösung muß im einzelnen erst gefunden werden.

1. Ist es sinnvoll, für den OPAC Schlagwortketten zu bilden? Dies ist aus Sicht der Kritiker eine zentrale Frage. Bei der Bildung von Schlagwortketten handelt es sich nach ihrer Meinung um ein Verfahren der Präkombination, das sich von einer postkoordinierenden Recherche prinzipiell unterscheide. Zugleich hängt damit die Frage zusammen, ob es sich bei der SWD um einen Thesaurus oder nur um eine Schlagwortliste handle. Nun ist es selbstverständlich möglich, und wird auch so gehandhabt, daß die Schlagwortketten für die Suche in Einzelelemente aufgelöst werden und diese in einer postkoordinierenden Suche verwendet werden können. Wenn die Einzelbegriffe auch im Hinblick auf eine Verknüpfung in der Schlagwortkette gleich angesetzt werden wie für eine postkoordinierende Recherche - darauf komme ich in den folgenden Punkten - besteht zwischen beiden Verfahren kein prinzipieller Unterschied. Andererseits enthält die SW-Kette ein Mehr an Information und ermöglicht eine bessere Benutzerführung.

Daß zwischen Thesaurus und Schlagwortliste kein prinzipieller Unterschied besteht, wird auch in der amerikanischen Literatur so gesehen. Foskett: „The only difference between a thesaurus and a list of subject headings is that the former normally excludes headings for composite subjects" (4) z.B. „children and television".

Die Frage der SW-Ketten ist also keine prinzipielle Frage; sondern eine Frage der Benutzerführung, in die sie eingebaut werden sollten.

Das Retrieval kann sich dabei beziehen auf die Elemente der Stichwörter in der SW-Kette, auf die Schlagwörter selbst und auf die Ketten. Man sollte dabei sehr genau betrachten, an welcher Stelle welche Information angeboten wird. Wenn ich das Beispiel des BVB ansehe, so ist die optimale Lösung noch nicht gefunden. Hier ist eine SW-Kettendatei realisiert, auf die mit einer Stichwortsuche zugegriffen wird. Dieses Verfahren wurde letztlich aus der Formalkatalogisierung übernommen (Suche nach Titelstichwörtern), führt aber dazu, daß erheblicher Ballast entsteht. Auf der CD-ROM der DB ist eine Verstichwortung der Schlagwörter und eine Recherche nach Schlagwörtern realisiert. Zwischen beiden Suchen kann aber nicht gewechselt werden.

Welche Gründe gibt es, Schlagwortketten zu verwenden?

Unsere Kataloge sind meines Erachtens mit Fachinformationssystemen nicht zu vergleichen. Letztere haben in der Regel relativ spezialisierte Literatur zu erschließen, und diese Literatur ist relativ homogen im Grad ihrer Spezialisierung. Das Material von Universalbibliotheken, aber sicher auch von Spezialbibliotheken, ist weit heterogener, es reicht von allgemeiner bis zu sehr spezialisierter Literatur, also von kurzen bis zu langen komplizierten Ketten, von umfassenden Begriffen bis zu sehr spezialisierten Themen. Die grundlegende Literatur dürfte dabei in der Regel mehr gesucht werden als Spezialliteratur, weil sie ja auch mehr gelesen wird. Die Anwendung des postkoordinierenden Verfahrens ist aber auf die Suche nach komplizierten Ketten ausgerichtet. Titel, die nur ein Schlagwort oder Schlagwort mit Formschlagwort haben, sind über eine Liste von Schlagwortketten leichter zu finden.

Ein zweites Argument: Unsere Benutzer sind im Durchschnitt weniger kompetent als Benutzer von Fachinformationssystemen. Sie brauchen also mehr Führung.

Auf die Gestaltung der optimalen Benutzerführung möchte ich hier nicht eingehen; z.B. auf die Frage, ob wir dem Benutzer immer zuerst Ketten zeigen sollen und dann erst Titel.

Hier noch einige Beispiele, welche Probleme beim Verzicht auf Ketten entstehen:

Wie ist Literatur mit Form-SW von Sekundärliteratur zum gleichen Begriff (z.B. vorliegende Arbeitstransparente von Literatur über Arbeitstransparente) zu trennen? Wie verhindert man Treffer, bei denen die gesuchten Begriffe in zwei Ketten stehen? Wie schließe ich als Treffer den HZ aus? Für diese und ähnliche Fragen lassen sich auch Lösungen ohne Ketten ausdenken, die Verkettung ist jedoch einfacher.

2. Hat die Kettenbildung Auswirkungen auf die Ansetzung?:
Pleonasmus in der Schlagwortkette (§ 324 RSWK)

Die Problematik dürfte den meisten von ihnen bekannt sein: die 1. Auflage der RSWK sah vor, in der Schlagwortkette Begriffe oder Begriffsteile, die in einem Kettenglied bereits enthalten sind, als pleonastisch wegzulassen (Beispiel: Knieverletzung / Sport). In der 2. Auflage wurde dies im Hinblick auf den OPAC abgeschafft (Beispiel: Knieverletzung / Sportverletzung). Nach den Bestimmungen der 1. Auflage wurde letztlich derselbe Sachverhalt je nach Kette unterschiedlich angesetzt. Dies war zwar konsequent, da jeweils die Kette das engste SW bildet, jedoch ist dies für ein Online-Retrieval sehr nachteilig. Die als Ersatz angebotenen s.a. Verweisungen sind im OPAC weniger günstig. Allerdings muß man sich im klaren sein, daß nach der 2. Auflage auch nicht alle Sportverletzungen unter diesem Begriff nachgewiesen sind (Beispiel: Tennis / Knieverletzung). Dies scheint mir einer der Punkte zu sein, wo eine ergänzende Systematik sinnvoll ist. Gleichzeitig ist es ein gutes Beispiel, daß Ketten, nicht Begriffe systematisiert werden sollten.

Diese Regelwerksänderungen scheinen mir eine ganz wesentliche Anpassung an ein postkoordinierendes Retrieval zu sein. Allerdings sind noch eine Reihe von Umarbeitungen in der SWD und wohl eine Praxisregel nötig.

3. Sollten weitere Pleonasmusregeln gestrichen werden?
In Frage kommt insbesondere § 214,1
(Beispiel: Israel / Kibbuz s. Kibbuz)

4. Hat die Kettenbildung Auswirkungen auf die Ansetzung?:
Bildung von Komposita, Trennung von Homonymen.

Die RSWK bilden in relativ starkem Maße Komposita bzw. adjektivische Wendungen. (Beispiel 1 zeigt einen Fall der Bildung zahlreicher analoger adjektivischer Wendungen, von denen nur wenige nachweisbar sind.)

Beispiel 1:
Historische Erzählung Q : M
Historische Literatur
Historische Lyrik
Historische Novelle
Historische Prosaepik
Historische Sage
Historischer Essay

Historischer Roman Q : M
Historisches Drama Q : gegen M
Historisches Exempel
Historisches Lied Q : M, Wilpert
Historisches Volkslied

Der Grund ist dabei sicherlich nicht in der Kettenbildung zu sehen, obwohl dies zeitweise von einigen Kollegen der BSB als Argument angeführt wurde (Vereinfachung der Ketten, weniger Permutationen), sondern letzlich in Eigenheiten der deutschen Sprache. Andererseits stellt sich die Frage, ob zur Ausnutzung der Möglichkeiten des postkoordinierenden Retrievals eine stärkere Zerlegung erfolgen sollte. Ich meine jedoch nicht, daß jetzt eine Kehrtwendung hin zu einer Zerlegung aller zerlegbaren Komposita, wie in DIN 1463, erfolgen sollte. Dies würde die Trefferzahl drastisch erhöhen und die Rechercheergebnisse weniger übersichtlich machen.

In einem umfangreichen Allgemeinkatalog gelten sicher andere Prinzipien als in einem Fachinformationssystem. Mit der Einführung von § 305,2 c Abs. 2 in der 2. Auflage: „Mit Rücksicht auf die Homogenität des in der SWD vorhandenen Wortschatzes sind analoge Ansetzungen möglich" - ist ein Ansatz zur Veränderung gemacht. Dies sollte weiterentwickelt werden, und die Aufhebung des Pleonasmus in der Schlagwortkette mit herangezogen werden (z. B. Verknüpfung von „Historische Literatur" und engeren Begriffen wie „Novelle").

Umgekehrt wird von manchen kritisiert, daß die RSWK Polyseme nicht stets durch HZ trennen. Dies wird in DIN 1463 gefordert, während die RSWK einen HZ nur bei einer grundlegenden Änderung der Bedeutung des Begriffs ansetzen. M.E. geschieht dies zurecht, da in einem universalen Katalog sonst eine Unzahl von Homonymen entstünde.

Beispiel 2:
Strafe D Verknüpfe mit Anwendungsgebiet;
z.B. Erziehung oder Recht SYS 6.2.a - 7.7a
Ketten: Strafe / Abschreckung
Strafe / Alkoholtäter
Strafe / Belohnung
Strafe / Christentum
Strafe / Erziehung
Strafe / Fahnenflucht
Strafe / Interessenverband
Strafe / Konditionierung ... usw.

Beispiel 3:
Pareto, Vilfredo <Soziologe>
Pareto, Vilfredo <Wirtschaftswissenschaftler>

Beispiel 4:
Morphologie D Verknüpfe mit Anwendungsgebiet
Nicht permutierendes USW mit g (Sprache) und s (z.B. Biologie)
Morphologie / Linguistik
Morphologie /Linguistik s. auch unter der einzelnen Sprache; z.B. Deutsch / Morphologie

Beispiel 5:
Kündigung / Arbeitsvertrag
Kündigung / Mietsvertrag

So sind etwa in Beispiel 2 die Schlagwortketten, die das Recht oder die Pädagogik betreffen, im Retrieval nicht maschinell zu trennen. Andererseits gibt es auch Literatur, die sich übergreifend mit beiden Begriffen beschäftigt. Daher ist es nicht möglich, den Begriff mit HZ in zwei verschiedene zu trennen. Durch die Kettenbildung ist eine intellektuelle Trennung übrigens problemlos.

Beispiel 3 zeigt ein extremes Beispiel eines Verfahrens nach DIN 1463 (es stammt aus einem nicht nach RSWK geführten Schlagwortkatalog) - hier wird eine Person in zwei Homonyme aufgelöst, Beispiel 4 ein extremes Beispiel der SWD für Ansetzung ohne HZ. Es sollte überdacht werden, ob diese jetzige Abgrenzung der Ansetzung mit HZ und der Verkettung richtig ist. Dabei sollten auch Fragen der Zweckmäßigkeit im Retrieval mit einbezogen werden. (Beispiel 5)

Die Regelung am DIN 1463 erscheint mir andererseits keineswegs gut durchdacht. Die Abgrenzung von Homonymen zu Polysemen und von diesen zu Begriffen, die mit anderen kombiniert werden, ist keineswegs problemlos.

Widersprüchlich scheint mir übrigens auch, daß von den Kritikern der RSWK hier eine stärkere Präkoordination verlangt wird. (5)

5. Sollen die Regeln über die Verwendung des HZ geändert werden? (Bevorzugung des Kompositums oder der adjektivischen Wendung vor dem HZ). Immer wieder wird dies als Musterbeispiel für problematische Rechercheergebnisse angeführt.

Beispiel 6:
Suche: Medizin
Treffer: Krebs <Medizin>

Suche: Krebs
Treffer: Krebs <Medizin>

Suche: Jugend
Terffer: Jugend <Zeitschrift>

Tatsächlich handelt es sich jedoch überwiegend um Fehler in der Benutzerführung. Möglichkeiten für Änderungen von Ansetzungen sind gering.

6. Sollen Grundwort und Kompositum soweit möglich einheitlich angesetzt werden?
Beispiel 7:
Pankreas s. Bauchspeicheldrüse
Pankreas carcinom s. Bauchspeicheldrüsen-Krebs
Pankreasnekrose
Pankreaszyste
Bauchspeicheldrüsenentzündung
Bauchspeicheldrüsenkrankheit

7. Sollen Änderungen im Verweisungssystem gemacht werden? Dies betrifft einmal die Pauschalverweisungen, die im OPAC nicht sinnvoll sind. Dann betrifft es die Hierarchie der Oberbegriffe: Kennzeichnung der Topterms bzw. maschinelle Erzeugung einer Hierarchie von Oberbegriffen. Gerade in dieser Hinsicht wird von den Theoretikern wesentlich mehr gefordert als in der SWD realisiert ist. Andererseits kann man argumentieren, daß eine feinere Systematisierung der SWD oder der Schlagwortketten einiges an Arbeit im verbalen Bereich ersparen würde.

An welcher Stelle soll also die weitere Arbeit ansetzen? Kann man Regeln für eine Abstimmung beider Erschließungsverfahren aufeinander finden?

8. Wie soll die Strukturierung der SWD verbessert werden? Hierzu gibt es auch von außen zahlreiche Anregungen. Problematisch ist jedoch, welchen Aufwand man tatsächlich leisten kann.

9. Gleiche Ansetzungsformen von RAK und RSWK sind als Forderung von der Expertengruppe Online-Kataloge schon gefordert. Auf dem Bochumer Bibliothekartag haben Herr Pobst und ich darüber referiert (veröffentlicht in Bibliotheksdienst 1992 H. 9 und H. 11).

10. Welche Systematik soll mit der Beschlagwortung verbunden werden?

Wie Sie sehen, haben wir einiges an Fragen zu besprechen. Ich bin jedoch der Meinung, daß wir mit den RSWK und der SWD schon eine sehr gute Grundlage haben. Es wird sicher nicht nötig sein, das Regelwerk auf den Kopf zu stellen.

Anmerkungen:

(1) Boßmeyer, Christine: RSWK-Anwendung und Schlagwortnormdatei unter Einsatz der Datenverarbeitung. In: Zeitschrift für Bibliothekswesen und Bibliographie 35 (1988), S. 113-121

(2) Gödert, Winfried: Verbale Sacherschließung und Probleme ihrer Koordination. In: Bibliothek: Forschung und Praxis 12 (1988), S. 325-336.

Gödert, Winfried: Zur semantischen Struktur der Schlagwortnormdatei (SWD): Ein Beitrag zur Problematik des induktiven Aufbaus kontrollierten Vokabulars. In: Libri 40 (1990), S. 228-241.

Ribbert, Ulrich: Terminologiekontrolle in der Schlagwortnormdatei. In: Bibliothek: Forschung und Praxis 16 (1992), S. 9-25.

(3) Schulz, Ursula: Einige Aspekte zukünftiger Inhaltserschließung und Online- Benutzerkataloge. In: Bibliothek: Forschung und Praxis 14 (1990), S. 226-234.

(4) Foskett, Anthony Charles: The subject approach to information. 3. ed. London 1977, S. 386.

(5) Ribbert, Ulrich: a.a.O., S.17 f.

ISIS
- ein vielfältig einsetzbares Software-Werkzeug der UNESCO Ein Überblick mit Schwerpunkt Normdateipflege

Wilfried Lang

Die UNESCO hat angesichts des Problems, daß viele Entwicklungsländer für den Einsatz von EDV im Bereich Information und Dokumentation nur sehr beschränkte Mittel zur Verfügung haben, CDS/ISIS entwikkelt. Das hat dazu geführt, daß in diesen Ländern auch die meisten und größten Weiterentwicklungen und Anwendungen mit ISIS geschaffen worden sind.

CDS/ISIS ist eine Software, die zwar in der gelieferten Grundform direkt für einfache Dokumentationszwecke geeignet ist, bei der es aber nicht anzuraten ist, so zu verfahren. Das ist so, wie wenn man mit Kanonen auf Spatzen schießt. In dieser Hinsicht teilt das Programm einige Eigenschaften und Probleme mit so mancher kommerzieller Standardsoftware. Meistens gelingt es nicht, gut zwischen zwei Extremen durchzusteuern: Auf der einen Seite gibt es Programme mit einfacher Bedienbarkeit und Benutzerfreundlichkeit, was jedoch meist damit verbunden ist, daß das Programm viele nicht bearbeitbare Schwächen und eine lästige Unflexibilität aufzuweisen hat. Das hat zur Folge, daß nach einiger Zeit Datenaufnahme das Gefühl immer stärker wird, den Informationen, das sind in unserem Fall Zitate, doch einige Verstümmelung zuzumuten. Diese Unzufriedenheit führt in den meisten Fällen zur Aufgabe des Softwareeinsatzes. Aber genauso liegt der Fall auf der umgekehrten Seite. Da sind Programme mit großer Leistungsfähigkeit in wichtigen Punkten, deren Dokumentation große Schwächen aufweist. Wer in diesem Fall nicht gewillt ist, mit professionellem Eifer und Zeitaufwand einzusteigen, dem wird es ebenso wie im ersten Fall ergehen. Das Programm kann zwar sehr viel, aber ich muß es erst selbst einrichten, herstellen, ggf. programmieren. Und wer dazu wieder nicht die Zeit und Lust hat, wird den Einsatz auch bald aufgeben. Für beide Situationen könnte ich unzählige Erfahrungsbeispiele angeben.

MICRO-CDS/ISIS wurde von ihrem Schöpfer Del Bigio eher nach dem zweiten Konzept konzipiert und ausgearbeitet. Zwischen Grundsoftware und Anwendung sollte viel Gestaltungsarbeit liegen. Vor allem mit Hilfe der Programmierschnittstelle, bzw. mit der Nutzungsmöglichkeit des DOS-Exits zum dynamischen Datenaustausch mit anderen Programmen und

Programmiersprachen, wird dem Anwender ein Werkzeug in die Hand gedrückt, dessen optimale Gestaltung den lokalen Bedürfnissen in vielfältiger Hinsicht angepaßt werden sollte, um die Stärken und Möglichkeiten auch wirklich zu nützen, für die man eine gewisse anfängliche Bedienerunfreundlichkeit in Kauf nehmen muß. Ob CDS/ISIS für eine bibliothekarische oder dokumentarische bzw. beides integrierende Augabe eingesetzt werden kann, ist anhand einiger Überlegungen zu klären:

1. Habe ich die entsprechenden EDV-Leute bzw. Informationsprofis, um die Grundsoftware anzupassen?

2. Brauche ich genau die Stärken dieser Software? Diese sind: Abstimmung der Datenstruktur und des Stringmanagements auf Textstrings; Invertierungsmöglichkeiten zur Ausnützung praktisch aller in den großen Hostdatenbanken üblichen Suchtechniken, vor allem inklusive weitgehender komplexer Kontextinformation, die in die Indexstruktur integriert ist (ich kann auch z.B. nach beliebigen Wortabständen suchen); auch bei großen Datenmengen kaum Geschwindigkeitsverluste beim Zugriff auf die invertierten Daten; die getrennte Manipulation von Daten-, Such- und Ausgabestruktur und die dadurch mögliche relativ große Flexibilität in den einzelnen Bereichen.

3. Habe ich die Möglichkeit, Programmierleistungen anderer Anwender zu nutzen?

4. Möchte ich vermeiden, mich einer kommerziellen Softwarefirma und ihren Möglichkeiten mehr oder weniger auszuliefern?

5. Komme ich aus dem sogenannten Non-Profit-Bereich (öffentliche und gemeinnützige Institutionen)?

Vorläufig, in der von der UNESCO weitergegebenen kostenlosen Grundversion, ist wohl die positive Antwort auf alle diese Entscheidungsfragen nötig, um bedenkenlos für den Einsatz von ISIS zu plädieren. Damit das aber nicht so bleibt, d. h. damit die Vorteile (vor allem aus Punkt 2, 4 und 5) wirklich genützt werden können, ohne daß der einzelne Anwender auf sich allein gestellt bleibt, wurden die folgenden Schritte gesetzt.

In Österreich hat sich in diesem Jahr (1992) wie in den meisten Anwenderländern auch eine ISIS-User-Group gebildet, und zwar als Ableger der ÖGDI, die sich jedoch ebenso wie etwa die ONLINE-User-Group nach außen hin als offene Plattform und Arbeitsgruppe versteht. Neben Erfahrungsaustausch und Schulung hat sich diese Gruppe zum Ziel gesetzt, auch Weiterentwicklungen der Grundsoftware auszutauschen, zu integrieren und internationale Kontakte zu pflegen. Als erstes großes Projekt wurde beim Wissenschaftsministerium ein Arbeitsprogramm eingereicht, das im kommenden Jahr (1993) vor allem folgende Ergebnisse bringen soll:

1. Eine gemeinsame Datenstruktur vor allem im bibliographischen Bereich (inklusive diversen Konkordanzen zu gängigen Austauschformaten) und zwar in einer Form, die über die ISIS-Anwendung hinaus standardisierenden Charakter haben sollte.

2. Verschiedene Benutzerschnittstellen, die auch dem relativen Laien eine konsistente Dateneingabe, Dublettenprüfungen, relationale Verwendung schon vorhandener Daten, Prüfungen, Führungen und Hilfstexte (d. h. also weitreichende Regelunterstützung innerhalb der Software) ermöglichen. Innerhalb dieses Projekts wird auch darüber nachgedacht werden, wie das von der Infoterm als ISIS-Anwendung geschaffene Thesaurusmodul so zur Verfügung gestellt wird, daß es in konkreten Datenbeständen zur Normdateipflege eingesetzt werden kann.

3. Die Integration einfacher Verwaltungs- und Entlehnvorgänge in das jeweilige Inhouse-System und die Übernahmeautomation von Daten von größeren Anwendungen (wie dem Bibliotheksverbund BIBOS, etwa aus der geplanten Verbund-CD).

Im Bibliotheksverbund ist vor allem die Normdateipflege eines der wichtigen noch nicht befriedigend gelösten Desiderate. Bereits bei der Verwaltung der SWD-Fremddaten erwies sich die Notwendigkeit einer eigenen Softwareentwicklung. Andere gekaufte Fremddateien, wie die GKD, werden derzeit überhaupt nicht genutzt. ISIS als Grundsoftware, noch vielmehr aber in der von der Infoterm weiterentwickelten Thesaurus-Software, stellt viele Features zur Verfügung, die eine solche Normdateipflege erfordert; es wäre daher zu überlegen, ob nicht an einen längerfristig geplanten Einsatz im Umfeld von BIBOS gedacht werden sollte, vor allem, wenn die LAN's der einzelnen Universitätsbibliotheken als der Ort ins Auge gefaßt werden, an dem die Normdateipflege zur Entlastung der zentralen BIBOS-Datenbank tatsächlich abläuft.

Das schon oben erwähnte Projekt soll bis Ende September 1993 den Benützern ein Paket in die Hand geben, das die volle Retrieval-Leistungsfähigkeit und die Strukturierungsmöglichkeiten sowie das modulare Konzept der Grundsoftware nützen und erhalten, jedoch mit einer möglichst einfachen und ergonomisch durchdachten Front-End-Schnittstelle unter Einsatz modernster objektorientierter Programmierwerkzeuge verbinden soll. Natürlich wird das nicht mehr ganz kostenlos sein: Selbstkosten bei Manipulation, Versand und Vervielfältigung müssen beim zu erwartenden Anwendervolumen ebenso weitergegeben werden wie Lizenzkosten zusätzlich verwendeter Programmiersoftware. Um auf unsere 5 vorher genannten Entscheidungsfragen zurückzukommen: Vor allem Punkt 1 und Punkt 3 (eigene Programmiertätigkeit und Nutzung von ISIS-Fremdleistungen) sollen dem Endnutzer abgenommen werden, sodaß er seine Entscheidung auf die restlichen Punkte konzentrieren kann. Bewährt sich die vorgesehene Kombination einer leistungsfähigen Retrieval-Engine mit einer ergonomische Standards setzenden Benutzeroberfläche, ist wohl zu erwarten, daß hiemit auch für kommerzielle Softwarehersteller eine gewisse Latte gelegt wurde, die kaum zu unterschreiten sein wird, ohne die längerfristige Konkurrenzfähigkeit zu verlieren. Damit aber genug der Prognosen. Hoffentlich gibt es bald ein leistungsfähiges Werkzeug (mit oder ohne ISIS), das es dem einzelnen Wissenschaftler bzw. kleineren Instituten ermöglicht, die gewaltige Menge an heute bereits elektronisch angebotenen Literaturinformationen sinnvoll und einfach vor Ort zu integrieren.

Kommission für Periodika und Serienpublikationen

Kommission für Normung

Kommission für Periodika und Serienpublikationen Tätigkeitsbericht für die Funktionsperiode 1990 - 1992

In der Funktionsperiode 1990 - 1992 wurden 2 Sitzungen abgehalten:
5. Sitzung am 4.9.1990 in Bregenz
6. Sitzung am 1.10. in Eisenstadt.

In der 5. Sitzung wurde eine Arbeitsgruppe zur Ausarbeitung einer Resolution gebildet, die auf die Problematik der Anwendung der verschiedenen EDV-Systeme bei der Periodika-Bearbeitung hinweisen und eine Beschleunigung bzw. Koordinierung der EDV-Systeme anregen sollte. Die Resolution wurde am 10. Dezember 1990 dem Präsidium der VÖB übergeben und in einer Stellungnahme der Planungsstelle am 24.1.1991 beantwortet. Die Stellungnahme wurde den Kommissionsmitgliedern brieflich zur Kenntnis gebracht.

Die 6. Sitzung in Eisenstadt hatte als Generalthema die Periodikaverwaltung mit EDV vorgesehen. Durch den großen Umfang dieses Themenbereichs mußten zwei Vortragende in den allgemeinen Teil der Tagung, in das „Forum Freier Themen" ausweichen, wo auf Grund der Ausweitung des Universitätsreform-Themas ebenfalls nur sehr kurz Zeit für Berichte blieb. R. Heller und Dr. W. Lang (Bibliothek der Universität für Bodenkultur, Wien) sowie Herr Dr. C. Cazan (Firma Schering) mußten daher ihre Vorträge in der Kommissionsitzung fortsetzen. Dadurch wurde die Kommissionssitzung über die vorgesehene Zeit hinausgezogen, nicht zuletzt, um den sehr informativen Vortrag von DI H. Kampl (ÖNB) nicht kürzen zu müssen, da zu Beginn der Kommissionssitzung ein überlanger Firmenvortrag - ohne Kürzungs- und Einflußmöglichkeit des Kommissionsvorsitzenden - in die Kommissionssitzung eingeschoben wurde. Der Vortrag des Vorsitzenden über die Tätigkeit und Vorhaben des IFLA-Round-Tables on Newspapers mußte ausfallen und wird den Kommissionsmitgliedern - leider verspätet - brieflich übermittelt werden.

Kommission für Normung
Tätigkeitsbericht für die Funktionsperiode 1990 - 1992

In der Funktionsperiode 1990 - 1992 wurden 2 Sitzungen abgehalten: am 4.9.1990 in Bregenz und am 1.10.1992 in Eisenstadt.

In beiden Sitzungen wurde über neue Normen zum Bibliotheks- und Dokumentationswesen berichtet, insbesondere über die Zitierregeln (Kurzzitat) und über die im Entstehen begriffene neue Broschüre über die das Bibliotheks- und Dokumentationswesen betreffenden Normen.

ZSVS 2.1: ein Zeitschriftenverwaltungssystem mit HyperCard 2.1 und ORACLE

Herwig Kampl

Das in Eigenentwicklung erstellte Zeitschriftenverwaltungsprogramm ZSVS wurde vorgestellt und auf einem Apple Macintosh die Funktionalität des Systems mit dem Datenbestand einer Universitätsbibliothek demonstriert (zur Funktionalität von ZSVS siehe [1]). Entwickelt wurde ZSVS ursprünglich für die sehr mahnintensive Pflichtexemplarverwaltung der Zeitschriftenabteilung der Österreichischen Nationalbibliothek mit über zehntausend zu verwaltenden Titeln.

Als Begründung für die Eigenentwicklung von ZSVS wurde angeführt:

Bei dem eigenentwickelten System war die Integration (z.B. ZETA-Schnittstelle [2] zur Österreichischen Zeitschriftendatenbank) in das schon bestehende Bibliothekssystem einfacher und effizienter. Lokal bedingte Eigentümlichkeiten der Anwendung konnten und können leicht berücksichtigt werden. Der Aufwand für die Eigenentwicklung war gering, da modernste Standardsoftware zur Abdeckung aller nicht anwendungsspezifischen Anforderungen (Datenbank-, Netzwerkbetrieb und Benutzeroberfläche) genutzt wurden. Gleichzeitig konnte an einer eher komplizierten Materie der Bibliotheksverwaltung demonstriert werden, daß Eigenentwicklung als Maßanfertigung entgegen der vielfach herrschenden Meinung immer noch und gerade in Zukunft eine Alternative zu Konfektionssoftware darstellt. Voraussetzung war dabei die Verwendung geeigneter Werkzeuge und Methoden. Als Methode wurde prototyping eingesetzt und als Werkzeug ORACLE, das weitverbreitetste relationale Datenbanksystem, das in vielen Systemumgebungen läuft (vom PC bis zum Großrechner). Als weiteres Werkzeug wurde HyperCard, eine Programmentwicklungsumgebung für Anwendungen mit graphischer Benutzeroberfläche und SQL-Schnittstelle benutzt. Beide Werkzeuge sind zukunftssicher: mit der Verfügbarkeit HyperCard-kompatibler Produkte sind Applikationen, die mit diesen Werkzeugen erstellt wurden u. a. auch auf WINDOWS-Systeme übertragbar.

Seit zwei Jahren ist nun ZSVS an der Österreichischen Nationalbibliothek erfolgreich im Einsatz (z. Zt. mit vier Arbeitsplätzen), weiters an einer Universitätsbibliothek und an einer Fachbibliothek. Die Erstinstallation von ZSVS in der Universitätsbibliothek der Karl-Franzens-Universität Graz wird dzt. vorbereitet. (Anm. d. Red.)

Anmerkungen:

(1) Kampl, H.: ZSVS — ein Zeitschriftenverwaltungssystem mit HyperCard und ORACLE. (In: Fakten, Daten, Zitate 11(1991)1, 15-24.)

(2) Ablochschema zur Datenerfassung von fortlaufenden Sammelwerken (Zeitschriften und Serien) / Arbeitsstelle für Bibliothekstechnik bei der Staatsbibliothek Preußischer Kulturbesitz. 3. Aufl. nebst Erg. bis 12/83.- Berlin, 1978-1983

Zeitschriftenverwaltung mit URICA

Gerd von Below

Das Zeitschriften-Modul des Bibliothekssystems URICA ist konzipiert für die optimale Überwachung und Verwaltung von Zeitschriften, Serien und anderen Fortsetzungen. Es beinhaltet folgende Funktionen:

* Bestellung
* Eingangsbearbeitung und Reklamationen
* Umlauf
* Bestandspflege
* Rechnungsbearbeitung
* Statistiken
* Einband.

```
U R I C A - ZEITSCHRIFTEN
-------------------------

1.   Bestellungen
2.   Heftzugang
3.   Bestandspflege
4.   Rechnungsbearbeitung
5.   Einband
6.   Bestandsinformationen
7.   Finanz-Verwaltung
8.   Statistik
9.   Verwaltung

Nr. wählen:   1
```

Abb. 1: Bildschirm: URICA-Zeitschriften

Bestellung

```
BESTELLUNGEN
------------

1.   Interims-Bestellungen
2.   Fortsetzungs-Bestellungen
3.   Abonnements
4.   Bestelldaten ändern und ergänzen
5.   Abbestellungen
6.   Bestellungen drucken

Nr. wählen:   3
```

Abb.2: Bestellung einer neuen Zeitschrift

```
ABONNEMENT - BESTELLUNGEN
-------------------------

1.   Neues Abonnement
2.   Neubestellung für einen vorhandenen Titel
3.   Bestellung eines Zusatz-Abonnements
4.   Datenübernahme bei Titeländerung

Nr. wählen:   1
```

Abb. 3: Abonnement Bestellungen

```
ZEITSCHRIFTEN                                   NEUES ABONNEMENT


331       Information und Management
410       New York
412       North-Holland
427       1990 ff
700       bwl 110
335       the international journal of information systems applications





Feld: Zusätze zum HST
```

Abb. 4: Erfassung der bibliographischen Daten

```
ZEITSCHRIFTEN                                   NEUES ABONNEMENT          BSN: 717151


         023-024   CODIERTE EINTRÄGE ...
SERIEN-TYP.................... p   Zeitschrift
ERSCHEINUNGSWEISE............. m   monatlich
REGELMÄSSIGKEIT............... r   regelmäßig
FOLGEEINTRAG.................. 0   Folgeeintrag
ERSCHEINUNGSLAND.............. ne  Netherlands


EINGABE RICHTIG (J/N) ?
```

Abb.5: Erfassung der Erscheinungsweise und anderer Schlüssel

```
Neues Abonnement                                      Titel: Information und Mana...
----------------                                                          Seite: 1

 1.  Bestell-Typ .. SUB           Status .... N

 2.  Standort .....
 3.  Signatur ..... (in dieser Funktion keine Eingabe)

 4.  Lieferanten-Code ........... 24 Swets & Zeitlinger
 5.  Verlags-Code ...............

 6.  Hauptinteressenten (z.B. Abt.)
 7.  Prioritäten für <6> ........

 8.  Einband-Indikatior ... X (nicht erforderlich)
 9.  C-I-T für Einband ? ..

10.  Reklamations-Indikat. Y          Reklamations-Intervall (Wochen) .. 10

11.  Dubletten-Indikator .. A (Dublettenregal)
12.  Microform-Indikator ..

EINGABE IN ORDNUNG (J/N) ? J
```

Abb.6: Erfassung des Lieferantenschlüssels und anderer Parameter

```
Neues Abonnement                                      Titel: Information und Mana...
----------------                                                          Seite: 4

                         1.  Erscheinungsweise . m    monatlich
                         2.  Regelmässigkeit ... r    regelmässig


     Erstes Heft:        3.  Jahr ........ 1990
                         4.  Volume ...... 18
                         5.  Datum ....... 15 JAN 90
                         6.  Heft ........ 1

                         7.  Fällig ...... 19 MAR 90


EINGABE IN ORDNUNG (J/N) ? J
```

Abb. 7: Eingabe der Bandzählung

```
Neues Abonnement                                      Titel: Information und Mana...
----------------                                                            Seite: 2

                                  Kostenstellen ...           %-Verteilung

1. Kostenstellen-Code ... 1. 9.310*Z1                         100.00


Preis:     2. Währung...  Holländ. Gulden      0.8883 DM für 1.00 Holländ. Guld
           3. Betrag....  630.00        4. Betrag DM ........ 559,62

5. Subskriptions-Jahr...1990

6. Startdatum...........01 JAN 90

7. Erneuerungsdatum.....01 SEP 90

8. Subskriptions-Typ....A (Agentur)

9. Abonnementsnummer....

EINGABE IN ORDNUNG (J/N) ? J
```

Abb. 8: Eingabe der Kostenstelle, des Abo-Preises und des Abo-Beginns

```
Neues Abonnement                                      Titel: Information und Mana...
----------------                                                            Seite: 3

1. Lieferanten-Mitteilungen



2. Umlauf Anweisungen .....   1. Institut für BWL



3. Allgemeine Bemerkungen .   1. 2 V je 6 H



EINGABE IN ORDNUNG (J/N) ? J
```

Abb.9: Eingabe der Umlaufanweisung und einer Bemerkung

Eingangsbearbeitung / Reklamation

* Zugriff über ISSN, Titel, Bestell-Nummer und hrsg. Körperschaft
* Anzeige des nächsten erwarteten Heftes
* Eingangsbestätigung oder manuelle Korrektur
* Reklamationsvormerkungen

```
                          ZUGANGSBEARBEITUNG
                          ------------------

Suchbegriff: I/0022-2496
                                              SUCHBEGRIFFE (KÜRZEL):
                                               I/ISSN,     O/Order Number
                                               T/Titel     C/Körperschaft
```

Abb. 10: Eingabe der ISSN des gelieferten Heftes

```
                      ZUGANGSBEARBEITUNG
                      ------------------
                                              SCN ..... 428173
                                              Lieferant 24
Suchbegriff:I/0022-2496

vierteljährlich/regelmäßig

Jahr  Volume  Datum     Heft  Part  Bemerkungen
1990 |  340  |15 MAR 90|  1  |     |
------------------------------------------------------------------------
AUSGEWÄHLT: Journal of mathematical psychology.
              (ISSN 00222496)                           Z psy 166 ZA 4690
------------------------------------------------------------------------

  1. OBEN AUFGEFÜHRTES HEFT IST EINGEGANGEN ...   (KEINE ÄNDERUNGEN)
  2. OBEN AUFGEFÜHRTES HEFT IST EINGEGANGEN ...   (ERGÄNZUNG ERFORDERLICH)
  3. OBEN AUFGEFÜHRTES HEFT LIEGT NICHT VOR ...   (WEITERE ANZEIGE ERFORDERLICH)


<X>=EXIT oder Zeilennr. 1
```

Abb. 11: Anzeige des nächsten erwarteten Heftes und Bestätigung

```
                         ZUGANGSBEARBEITUNG
                         ------------------

Suchbegriff: T/cell ......
                                            SUCHBEGRIFFE (KÜRZEL):
                                             I/ISSN,    O/Order Number
                                             T/Titel    C/Körperschaft
```

Abb. 12: Eingabe des Titels eines gelieferten Heftes

```
                         ZUGANGSBEARBEITUNG
                         ------------------
                                            SCN ..... 47681
                                            Lieferant 55
Suchbegriff:T/cell

halbmonatlich/regelmäßig

Jahr  Volume  Datum    Heft  Part Bemerkungen
1990 |  60   |11 MAR 90| 5  |    |
---------------------------------------------------------------------------
AUSGEWÄHLT: Cell.
            (ISSN 00928674)                          4  Z bcp 102 j ZA 6924
---------------------------------------------------------------------------

ERHALTENES HEFT IST:
          1. Inhaltsverz., Register, Titelblatt, Supplement
          2. Früheres Heft
          3. Neueres Heft



<X>=EXIT; <U>="ERWARTETES HEFT" oder Zeilennr. 2
```

Abb. 13: Anzeige des nächsten erwarteten Heftes, das aber nicht vorliegt

```
                        ZUGANGSBEARBEITUNG
                        ------------------
                                              SCN ..... 46381
                                              Lieferant 5
Suchbegriff:T/cell

halbmonatlich/regelmäßig

Jahr  Volume  Datum      Heft  Part  Bemerkungen
1990 |  60   |11 MAR 90|  5  |     |
-------------------------------------------------------------------------------
AUSGEWÄHLT: Cell.
              (ISSN 00928674)                           4  Z bcp 102 j ZA 6924
-------------------------------------------------------------------------------

  1. OBEN AUFGEFÜHRTES HEFT IST EINGEGANGEN ...   (KEINE ÄNDERUNGEN)
  2. OBEN AUFGEFÜHRTES HEFT IST EINGEGANGEN ...   (ERGÄNZUNG ERFORDERLICH)
  3. OBEN AUFGEFÜHRTES HEFT LIEGT NICHT VOR ...   (WEITERE ANZEIGE ERFORDERLICH)


<X>=EXIT oder Zeilennr. 3
```

Abb. 14: Ein früheres Heft liegt vor

```
                        ZUGANGSBEARBEITUNG
                        ------------------
                                              SCN ..... 476381
                                              Lieferant 55
Suchbegriff:T/cell

halbmonatlich/regelmäßig

Jahr  Volume  Datum      Heft  Part  Bemerkungen
1990 |  60   |11 MAR 90|  5  |     |
-------------------------------------------------------------------------------
AUSGEWÄHLT: Cell.
              (ISSN 00928674)                           4  Z bcp 102 j ZA 6924
-------------------------------------------------------------------------------
  1.90|  60  | 06.01.90 |  1  |     |                            | überfällig
  2.90|  60  | 21.01.90 |  2  |     |                            | Überfällig
  3.90|  60  | 09.02.90 |  3  |     |                            | Eing. 02.03.90
  4.90|  60  | 24.02.90 |  4  |     |                            | Eing. 13.03.90
  5.90|  60  | 11.03.90 |  5  |     |                            | wird erwartet


X=EXIT,Jahr (NNNN),<A>=Hinzuf.,<I>=Einf., Pos. # eingegangen  1
```

Abb. 15: Position 1 entspricht dem gelieferten Heft

```
                     ZUGANGSBEARBEITUNG
                     ------------------
                                                  SCN ..... 476381
                                                  Lieferant 55
Suchbegriff:T/cell

halbmonatlich/regelmäßig

Jahr  Volume  Datum     Heft  Part  Bemerkungen
1990 |  60   | 06.01.90 |  1  |     |
--------------------------------------------------------------------------------
AUSGEWÄHLT: Cell.
            (ISSN 00928674)                           4  Z bcp 102 j ZA 6924
--------------------------------------------------------------------------------




Sind die Angaben für das o.g. erhaltene Heft korrekt (J/N/X=EXIT) ? j
```

Abb. 16: Bestätigung der angezeigten Zählung

```
U R I C A                           Vollanzeige                    Werk 1 von 1
--------------------------------------------------------------------------------
      Titel:  Cell
  Impressum:  Cambridge, Mass. [u.a.] : HIT Pr.
       ISSN:  00928674
    Bestand:  23 (1981) ff
              Neueste Hefte/Bände (Erscheint halbmonatlich)
              1990  60 4  13.03.90
              1990  60 3  02.03.90
              1990  60 1  19.03.90
              1989  59 6  10.01.90
              Bisher fehlen
              1990  60 2   gemahnt am 08.03.90
   Bestände   BIS: Z bcp 102 j ZA 6924   nicht ausleihbar
              BIS: letzte 5 Jge. in CvO-Str.




--------------------------------------------------------------------------------
Beenden Drucken Kurzanzeige Vollanzeige Speichern
```

Abb. 17: Bestandsanzeige im OPAC

Rechnungsbearbeitung

* Verarbeitung und Kontrolle aller Zeitschriftenrechnungen, Gutschriften und Nachbelastungen
* Automatische Meldung bei Überschreitung von festgelegten Preisobergrenzen
Automatische Währungsumrechnung
Statistiken

```
        RECHNUNGSBEARBEITUNG
        -------------------------

    1.  Abonnements und Mitgliedschaften
    2.  Ergänzungen (Gutschriften etc.)
    3.  Fortsetzungen
    4.  Einband
    5.  Sonderberechnungen (keine Abos)
    6.  Berichtigungen
    7.  Rechnungsübersicht
    8.  Sammmelrechnungen, Zusatzkosten bei Sammelrechnungen

    Nr. wählen:
```

Abb. 18: Rechnungsbearbeitung

```
RECHNUNGEN                  ABONNEMENTS UND MITGLIEDSCHAFTEN

Suchbegriff: 0/424595
                                              SUCHBEGRIFFE (KÜRZEL):
                                               I/ISSN,   O/Order Number
                                               T/Titel,  C/Körperschaft
                                               R/Rechnr, S/Abo. o. Kundennr.
```

Abb. 19: Eingabe der Bestellnummer

```
RECHNUNGEN                          ABONNEMENTS UND MITGLIEDSCHAFTEN

Suchbegriff:0/424595

--------------------------------------------------------------------------------
AUSGEWÄHLT      ^La^ revue administrative : revue bimestrielle de l'administ...
                (BSN 424595)
--------------------------------------------------------------------------------
    SCN         BEZAHLT  <--------RECHNUNGS--------> ABO/KD. LETZTES HEFT
                BIS      BETRAG     NUMMER  DATUM      NUMMER

1.424595        31.12.89 222.59  -0029.049 30.12.88  A843628 1989 42,252 30.01.90




     X für EXIT oder <NEUE ZEILE>
```

Abb 20: Anzeige der bezahlten Rechnung

```
RECHNUNGEN                  ABONNEMENTS UND MITGLIEDSCHAFTEN         SCN 424595
Titel: ^La^ revue administrative : revue bimest...                   SUB Agent
 1.  Rechnungs-Nummer..  911.245108.042
 2.  Rechnungs-Datum ..  09 MAR 90       5. Währungs-Code ..
 3.  Eingangs-Datum ...  19 MAR 90       6. Originalpreis ..
 4.  Bearbeitungs-Datum  19 MAR 90       7. DM-Preis ....... 236.58

 8.  Bezugszeitraum vom  01 JAN 90 bis 31 DEC 90
 9.  Beschreibung ..........
10.  Lieferant....: 55 Lange & Springer
11.  ----------------------------------------------------------------------
Kostenstellen (1*2)  Bezeichnung                      %-Aufteilung        Betrag
9.200*Z1             Politik, Referat/Laufende Zeitschri100.00            236.58
                     Gesamt ---->                       100.00            236.58


   Zugangsnr.    Fach    Anzahl Bde    Ersch.Art
   ZA 1761       pol     1             Z1
```

Abb. 21: Erfassung der Rechnungs-, Inventarisierungs- und Statistikdaten

Umlauf, Bestandspflege und Einband.

Umlauf: Druck von Umlaufzetteln oder -etiketten für Stern- oder Rundumlauf

Bestandspflege z.B.
* Ermittlung überfälliger Hefte
* Automatische Eintragung fehlender Hefte in eine Bestandslückendatei
* Führen einer Dublettendatei mit Möglichkeit des Ausdrucks tauschfähiger Dubletten

Einband:
* Automatische Bindevorbereitung
* Auftragserteilung
* Lieferkontrolle

```
          VERWALTUNG
          ----------

    1.    Ermitteln überfälliger Hefte
    2.    Ermitteln erneuerungsbedürftiger Abonnements
    3.    Archivieren und Auflisten der Abbestellungen
    4.    Jahresabschluss
    5.    Verwaltung der Zugriffsberechtigungen
    6.    Eigene Funktionen
    7.    SPOOLER
    8.    Erstellen und Drucken von Aufklebern für Umlauf

    Nr. eingeben
```

Abb. 22: Verwaltungsfunktionen

Kommission für Bibliographie

Kommission für Bibliographie
Tätigkeitsbericht für die Funktionsperiode 1990-1992

Die letzte Kommissionssitzung hat 1990 gemeinsam mit der Kommission für Landesbibliotheken am Bibliothekartag in Bregenz stattgefunden. Es waren fünf Referate angesetzt, von denen allerdings aus Zeitmangel nur drei, nämlich die der Kollegen Syré aus Karlsruhe, Treichler aus Bern und Rauh aus Konstanz voll gehalten werden konnten. Das vierte Referat von Dr. Tiefenthaler von der Vorarlberger Landesbibliothek über Landesbibliotheken und Regionalbibliographie wurde in Kurzform dargeboten, und das fünfte liegt nur in gedruckter Form vor. (Der Österreichische Bibliothekartag 1990, Biblos-Schriften Bd. 154, 1991)

Unter TOP „Allfälliges" hat sich Regierungsrat Hermann Sagl zu Wort gemeldet und eine Resolution zur Unterstützung seiner bibliographischen Arbeit vorgelegt und auch die einstimmige Zustimmung der anwesenden Kommissionsmitglieder erhalten. Die statutenmäßige Vorlage dieser Resolution durch den Kommissionsvorsitzenden im VÖB-Ausschuß hat eine Debatte ausgelöst und das Problem von allen Seiten beleuchtet.

Wie erinnerlich war in Bregenz das Generalthema „Regionalbibliographie und EDV" mit dem Schwerpunkt der Situation der Regionalbibliographien in den benachbarten Bodenseeländern. Es folgte im April 1991 die Gegeneinladung der deutschen Regionalbibliographen zur Sitzung der „Arbeitsgruppe Regionalbibliographie in der Bundesrepublik Deutschland" in die Universitätsbibliothek Konstanz. An dieser gemeinsamen Sitzung der deutschen Regionalbibliographen aus West und Ost konnte der Kommissionsvorsitzende neben der Kollegin Dr. Stumfohl vom Kärntner Landesmuseum in Klagenfurt teilnehmen. Der Bericht über die höchst informative Tagung wurde im Heft 3/4, Jg. 1991 der „Mitteilungen der VÖB" veröffentlicht.

In der Sitzung auf dem Bibliothekartag in Eisenstadt wurde über zwei bibliographische Projekte berichtet: Das „Tiroler Informationssystem rechtlich orientierender Literatur" (T.I.R.O.L.) von Dr. Gertha Hofmüller und über die „Burgenländische Bibliographie" von Mag. Norbert Frank.

Protokoll der Kommissionssitzung vom 1. Oktober 1992

TOP 1: Der Vorsitzende konnte 14 Mitglieder und Gäste begrüßen, 2 Mitglieder haben sich entschuldigt.

TOP 2: Bericht des Vorsitzenden: Arbeitsbericht 1990-1992

TOP 3: Allfälliges und Anregungen für die weitere Kommissionsarbeit:

Herr Amtsdirektor Wunschheim, der Bearbeiter der „Oberösterreichischen Bibliographie zur Geschichte", hat mitgeteilt, daß der Berichtsband 1986-1990 derzeit (September 1992) gebunden wird und knapp vor der Auslieferung steht.

Herr Dr. Buchhart von der Österreich-Dokumentation der ÖNB hat darauf hingewiesen, daß er im Rahmen der Österreich-Dokumentation eine Bibliographie der Bibliographien zum Thema Österreich bearbeite und knapp vor dem Abschluß stehe.

Spezielle Anregungen zur weiteren Kommissionsarbeit gab es nicht.

Ein Arbeitsbericht über den Aufbau und derzeitigen Stand der regionalen Rechtsdatenbank „Tiroler Informationssystem Rechtlich Orientierender Literatur (T.I.R.O.L.)"

Gertha Hofmüller

Unter dieser Bezeichnung wird am Institut für österreichische und deutsche Rechtsgeschichte der Universität Innsbruck unter Leitung von o.Univ.-Prof. Dr. Gerhard Köbler(1) eine Dokumentation der Tiroler Landesrechtsentwicklung aufgebaut, die die Rechtsquellen, die einschlägige Literatur und sonstige relevante Daten erfassen soll. Die Ausführung des Vorhabens folgt einem Konzept, das den schrittweisen Ausbau der Dokumentation durch eigene Erfassungstätigkeit und Kooperation mit anderen Stellen vorsieht und durch ein Forschungs- und Lehrprogramm begleitet wird.(2) Diese Vorgangsweise entspricht den weitgespannten Zielvorstellungen und erleichtert gleichzeitig deren praktische Realisierung, weil sie den immateriellen Beitrag der Beteiligten - Interesse, Engagement, die Bereitschaft zu Verständigung und Zusammenarbeit - voll zur Geltung bringt und dadurch den nötigen materiellen Aufwand verringert. Die organisatorische Basis dieser kooperativen, offenen Konstruktion bildet der „Forschungs- und Übermittlungsverein der Rechtsdatenbank Tiroler Informationssystem Rechtlich Orientierender Literatur (F.Ü.R. T.I.R.O.L.)" (3), der allen Interessierten Gelegenheit zur Beteiligung an dem Projekt bietet. Nach mehrjähriger Vorbereitungsphase steht nun eine funktionsfähige Einrichtung zur Verfügung. Da ich schon bei den Vorarbeiten im Kreis der VÖB interessierte und hilfsbereite Verständigungspartner finden konnte, denen ich hier nochmals für Rat und Tat danken möchte,(4) freue ich mich besonders über die Gelegenheit, im Rahmen des 22. Österreichischen Bibliothekartages über den Aufbau und derzeitigen Stand unseres Vorhabens zu berichten, um die Bemühungen um gegenseitige Verständigung und neue Kontakte fortzusetzen. Ich versuche zuerst einen allgemeinen Überblick zu schaffen und gehe dann auf Teile des Konzepts und der Ausführung genauer ein.

Für die Entstehung des Projekts waren mehrere Gründe ausschlaggebend, vor allem das fachspezifische Interesse an einer modernen Dokumentation der Tiroler Rechtsentwicklung und die Tatsache, daß der regionalrechtsgeschichtliche Aspekt in den bestehenden oder geplanten Informationssystemen nicht oder nicht ausreichend zur Geltung kommt.(5) Die

Problematik regionaler Informationsverarbeitung, die beim 21.Österreichischen Bibliothekartag in Bregenz durch Situationsberichte aus Österreich, Deutschland und der Schweiz verdeutlicht wurde,(6) trifft in unserem Fall mit der Problematik rechtlicher und rechtsgeschichtlicher Informationsverarbeitung zusammen, die aus der Beschreibung einzelner Rechtsdatenbanken bzw. aus der Literatur über Bedeutung und Wandel der Rechtsgeschichte zu entnehmen ist.(7) Das Interesse an der Rechtsentwicklung verlangt eine spezielle Art der Datenverarbeitung, die das rechtlich relevante Geschehen aus dem Gesamtgeschehen herauszufiltern versucht, um Auskünfte über die Prozesse des Entstehens und Wirkens von „Recht" zu erhalten, um das Rechtsgeschehen besser zu begreifen und über die Mitwirkung der beteiligten Menschen bzw. die eigene Mitwirkung an diesem Geschehen mehr zu erfahren. Die Behandlung der Landesrechtsentwicklung dient diesem Ziel, indem sie mit regionalen Daten zum Weiterlernen beiträgt, die in ihrem regionalen Zusammenhang ihrer regionalen Bedeutung entsprechend erfaßt werden. Die äußerst vielfältigen Prozesse der Rechtsentwicklung können in kleineren Räumen eingehender erforscht und dokumentiert werden, die Erfassungskriterien können den jeweiligen Erscheinungsformen genauer angepaßt werden, die auch regional ansteigende Informationsflut kann detaillierter verarbeitet werden. Zugleich muß aber der Bezug des regionalen Informationssystems zur Umgebung - inhaltlich zum überregionalen Geschehen und organisatorisch zu anderen Informationssystemen - eingeplant werden. Damit werden einerseits speziell regionale Informationsbedürfnisse erfüllt und andererseits die speziell aufbereiteten regionalen Daten zur Bearbeitung allgemeiner Fragen bereitgestellt, um die Informationsangebote anderer Datenbanken zu ergänzen, die sich mit überregionalen Inhalten befassen.

Da in unserem Fall diese Brücke zwischen Informationsangeboten aus regionaler Sicht und Informationsangeboten aus überregionaler Sicht im Bereich des Rechts bzw. der Rechtsentwicklung hergestellt werden soll, bildet die Definition dieses „Bereichs" die Grundlage der weiteren Planung. Wir haben uns naheliegenderweise dafür entschieden, die geltende Rechtsordnung als Grundlage zu wählen, weil sie wichtige Gestaltungsfragen (vorallem der Kompetenzverteilung und ihrer Konsequenzen) in heute gültiger Form löst und daher den aktuellen Informationsbedürfnissen am besten entspricht.(8) Auch die Koordination mit anderen dem geltenden Recht folgenden Informationssystemen wird dadurch erleichtert, und allfällige Veränderungen der Rechtslage können direkt in die Dokumentationsgestaltung übertragen werden. Inwieweit sich rechtlich relevante Daten aus früheren Zeiten in diesem System erfassen lassen, wird sich im Lauf der Arbeit erweisen.

Durch den Aufbau der Dokumentation auf der Basis des geltenden Rechts ergibt sich bei der Erfassung von heutigen und früheren Erscheinungen jedenfalls immer die Konfrontation zwischen den Daten, die Teile der Realität widerspiegeln, und der heutigen Rechtslage. Sie bildet die Dokumentationsgrundlage und gibt uns gleichzeitig den Maßstab in die Hand, die Qualitäten unseres Rechts an den Informationen zu messen, die wir vom gegenwärtigen oder vergangenen Geschehen besitzen oder noch erforschen werden. Bisher konnten diese Auseinandersetzungen zwischen Recht und Realität nur ausschnittweise vorgenommen werden, durch Einzelpersonen, Teams oder Gruppen im Bereich der Wissenschaft, Praxis, Politik, Journalistik usw. Durch die elektronische Informationsverarbeitung werden die menschlichen Leistungsgrenzen erweitert, weil schon die Datenerfassung korrekter und umfassender erfolgt, und die Ergebnisse leichter abrufbar sind als über das menschliche Gedächtnis bzw. gedruckte Unterlagen, und weil die Bestände einer Datenbank vielseitiger verwendbar sind, als das individuelle Wissen einer Person oder die Informationsangebote einer Publikation. Die EDV bietet uns ein neues „Werkzeug zum Werkzeugmachen", dessen Gebrauch wir erlernen können, um uns neue Einblicke in unsere Lebensbedingungen zu verschaffen, ähnlich wie uns z.B. Mikroskope oder Teleskope den Blick in neue Welten erschlossen haben. Der Vergleich mit den optischen Hilfsmitteln zeigt auch, daß dadurch unsere geistigen Anstrengungen nicht herabgesetzt, sondern verstärkt werden müssen, um die komplizierten Instrumente zu begreifen und bestmöglich einzusetzen. Mir erscheinen diese neuen Anforderungen als Erleichterung, weil ich ja sowieso mit der Fülle fachspezifischer (und anderer) Fragen konfrontiert bin, und deshalb die oft beklagte „Informationsflut" erfreulich finde (wobei mich der Anteil an wertlosen Produkten, der ja in allen Sparten vorkommt, nur aus ökologischen Gründen stört). Durch Verwendung der EDV fällt es mir leichter, mit den vielen Fragen und Informationsangeboten fertig zu werden. Im Konzept der Dokumentation „T.I.R.O.L" habe ich nun versucht, diesen Weg in eine allgemein brauchbare Form zu bringen.

Das Konzept besteht aus einem theoretischen Teil, der im Forschungs- und Lehrprogramm bearbeitet wird, und aus einem praktischen Teil, der die Anwendung der theoretischen Annahmen und den Arbeitsplan enthält. Generell wird die Arbeit durch interne und externe kritische Überprüfungen immer wieder getestet, um die Treffsicherheit und Brauchbarkeit der Annahmen bzw. die Konsequenz der Ausführungen zu beurteilen und allenfalls Modifikationen vorzunehmen. Aufgrund dieser iterativen Vorgangsweise geht die Arbeit von der Anlage eines (theoretischen und praktischen) Grundgerüsts über diverse Prüfungsvorgänge auf zunehmende Verfeinerungen über. Im Ausbauverfahren läßt sich das umfangreiche Vorhaben in zu bewältigende Abschnitte gliedern, ohne daß der Gesamtzusammenhang dabei verloren geht.

Das Grundgerüst besteht aus einem aus der Systemtheorie abgeleiteten Modell (siehe weiter unten) und einem Datengrundstock (siehe unten anschließend). Schon der Aufbau des Grundgerüsts ist ein Produkt intensiven Austauschs; das Modell habe ich anhand der Literatur und eigener Arbeitserfahrungen entwickelt,(9) und die Gestaltungsfragen wurden in Diskussionen am Institut und in vielen Gesprächen mit GestalterInnen anderer Datenbanken zur derzeitigen Lösung gebracht (dazu weiter unten einige Tabellen).(10) Die Weiterarbeit am theoretischen Teil als Forschungs- und Lehrprogramm steht in Vorbereitung. Es soll für bereits vorliegende, oder sich aus der Dokumentationsarbeit ergebende Fragen im Sinn theoriegeleiteter Forschung und bedarfsorientierter Lehre, im Teamwork erstellt und angeboten werden, um das nötige Wissen und Können aus den Bereichen der EDV, der Informatik, des Datenbankwesens, der Rechtsgeschichte, des geltenden Rechts und anderer Wissenszweige allen Beteiligten zu vermitteln.

Der Datengrundstock, an dem ich derzeit arbeite, erfaßt zunächst den Inhalt des Tiroler Landesgesetzblattes von der Ersten Republik bis zur Gegenwart (1919-92) sowie das Südtiroler Landesrecht (in Kurzfassung). Diese Daten eignen sich als Grundstock, weil das geltende Recht als Dokumentationsgrundlage gewählt wurde und im modernen Staat als Richtschnur dient. Der Zeitraum beginnt mit der Gründung der Republik, die den wichtigsten Einschnitt in der österreichischen Rechtsentwicklung darstellt, und endet (vorläufig) mit Dezember 1992, weil das künftige Tiroler Landesrecht voraussichtlich in einer Dokumentation beim Amt der Tiroler Landesregierung erfaßt werden wird. Der Datenbestand ist vorläufig offline verfügbar und wird 1993 auch als gedrucktes Nachschlagewerk zugänglich gemacht werden. Neben der praktischen Verwendungsmöglichkeit hat dieser Grundstock den Zweck, die Anknüpfungspunkte für den Ausbau der Dokumentation und diverse Kooperationsmöglichkeiten zu bieten. Dabei kommt es vor allem auf die Gliederungselemente und auf die Beschlagwortung an, auf die ich noch näher eingehen werde.

Nach dem skizzenhaften Überblick der inhaltlichen Planung noch einige Bemerkungen zur finanziellen und technischen Realisierung des Vorhabens. Da das Projekt nicht als Auftragsarbeit, sondern als selbstgewählte Aufgabe aus Interesse am Thema entstand, wurde auch die

Realisierung so geplant, daß sie mit den vorhandenen Eigenmitteln und erwartbaren Zuschüssen oder Einkünften zu finanzieren ist, wobei sich durch Kooperation gewisse Kosten reduzieren lassen. Selbstverständlich bemühen wir uns um zusätzliche Mittel, um die Arbeiten zu beschleunigen und effizienter zu gestalten; die Arbeit ist aber nicht grundsätzlich davon abhängig. Als Grundausstattung genügt vorläufig ein PC mit ausreichendem Speicherplatz, womit bestimmte Abschnitte der Dokumentation als Teildateien angelegt und benützt werden können. Später sollen die Dateien in ein größeres System übertragen und dort weiterverwendet werden. Um den Zusammenhang zu wahren bzw. eine allfällige Zusammenführung vorzubereiten, werden einheitliche Hauptgliederungsmerkmale verwendet; außerdem wird ein Generalregister aufgebaut. Zur Erleichterung des Datenaustauschs oder sonstiger Übertragungen in ein anderes System ist durch eine möglichst gute Strukturierung der Datenaufnahme vorgesorgt. Alle diese Vorkehrungen können aber die Schwierigkeiten, die ein so umfangreiches und vielfältiges Vorhaben mit sich bringt, nicht im voraus bewältigen. Im Hinblick auf solche Probleme und außerdem auf den Umstand, daß mit unterschiedlichem Datenmaterial zu rechnen ist, werden an die Software hohe Anforderungen gestellt, womit auch die Programmwahl schwieriger wird. Wir haben uns für das flexible und vielseitige Literaturdatenbankprogramm LDB 3.4 entschieden, mit dessen Hilfe alle bisherigen Probleme gelöst werden konnten. Es erleichtert außerdem das Arbeiten durch seine komfortable und benutzerfreundliche Gestaltung.(11)

Das gesamte Vorhaben ist so aufgebaut, daß die Arbeit in Richtung auf das angestrebte Fernziel bei der Feststellung und bestmöglichen Lösung der Kernprobleme beginnt. Wenn bei deren Erledigung Ausführungsprobleme auftreten, wird auf dem bisherigen Weg eine Lösung gesucht oder auch eine Verbesserung des Weges vorgenommen. Um die Vorgangsweise zu erklären, beschreibe ich anschließend aus dem theoretischen Teil den Ansatz des gedanklichen Leitmodells und aus dem praktischen Teil den Aufbau der Gestaltungselemente.

Das gedankliche Leitmodell der Dokumentation habe ich ursprünglich entwickelt, um mir selbst eine rationale Orientierungsbasis zur Verarbeitung der Rechtsgeschichte oder des Rechtsgeschehens zu verschaffen. Denn um mich 'über' die Rechtsordnungen und ihre Entwicklungsprozesse zu orientieren, brauche ich eine übergeordnete (abstraktere) Orientierungsebene, die einen Blick 'von außen' zuläßt, und zwar von einem Standpunkt mit möglichst weitreichender und möglichst genauer Sicht. Ich verwende zu diesem Zweck die (menschliche) Orientierungstätigkeit als Überbegriff, die sich z.B. im Rechtswesen, in der Politik, Wissenschaft, Religion, Erziehung und vielen anderen Bereichen abspielt und immer dazu dient, daß Menschen sich 'ein Bild' von der jeweiligen Angelegenheit machen und es durch 'Abbildungen' zum Ausdruck bringen, um sich mit anderen Menschen darüber zu verständigen und damit das Zusammenleben zu organisieren. Tatsächlich sind alle Orientierungstätigkeiten miteinander verbunden, fallweise bilden sich aber Spezialisierungen. Wenn diese Vereinbarungen zu einem relativ stabilen Komplex - z.B. als Rechtsordnung - zusammengefügt sind, bilden sie ein 'System' im Sinn der Systemtheorie. Nach dieser Theorie bestehen Systeme immer aus zwei Komponenten (Ordnung und Organisation), die z.B. 'Codierung und Programm' genannt werden oder auch als 'Festlegung der Sichtweise' und 'Festlegung der Verhaltensweise' bezeichnet werden können.

Auch Rechtsordnungen enthalten die beiden Komponenten (Ordnung und Organisation). Bei genauerer Betrachtung sind allerdings vier - nach Substanz und Gewicht - unterscheidbare Teile zu erkennen, deren Unterscheidung beim Aufbau einer Dokumentation der Rechtsentwicklung zu beachten ist, damit die Daten ihrer Substanz und ihrer Bedeutung entsprechend eingeordnet werden (damit die Dokumentation kein falsches Bild erzeugt). Ich habe für diese verfeinerten vier Komponenten Bezeichnungen gewählt, die so allgemein wie nötig und so anschaulich wie möglich sein sollten:

('Codierung'=) Grundentscheidungen - Statuierungen
('Programm'=) Etablierungen - Praktiken

Zu den Statuierungen gehören z.B. Gesetze und Verordnungen usw.; sie treten als Texte o.a. verbale Äußerungen in Erscheinung und haben offiziell (eben aufgrund gesetzlicher Bestimmungen) im modernen Rechtsstaat größte Bedeutung; sie lassen sich auch relativ leicht erfassen. Tatsächlich steht ihr Inhalt aber nur auf dem Papier, und ob bzw. wie er wirklich zur Geltung kommt, hängt von den anderen Komponenten ab, vor allem von den Grundentscheidungen (von der 'Einstellung' der Beteiligten), die wiederum (als Gewohnheit usw.) von den Etablierungen beeinflußt werden.

Zu den Etablierungen gehören z.B. Behörden u.a. Organisationen sowie formal festgelegte Verfahren, aber auch Kompetenzen und Grenzen, Zentren und Sprengel, Verkehrswege und Verkehrsmittel, Bauwerke und Instrumente (u.a. Medien, Sprache) usw.; ihre Substanz ist uneinheitlich (aber von den anderen Komponenten unterscheidbar), und ihr Gewicht ist bisher nur sporadisch untersucht worden, obwohl es zweifellos sehr groß ist (12). Bevor diese Komponente adäquat in der Dokumentation erfaßt werden kann, sind entsprechende Forschungsarbeiten erforderlich.

Zu den Praktiken gehören die konkreten Handlungen oder Lebensäußerungen; ihre Substanz dürfte aus relativ einheitlichen Verhaltensformen bestehen (Ausdrucksweise, Auftreten, Umgangsformen usw.), die ebenfalls noch nicht ausreichend erforscht sind.

Zu den Grundentscheidungen gehören die (inneren) Vorgänge der Meinungsbildung, die zur individuellen Einstellung der Menschen führen und fallweise als Wertung (als richtig/falsch-Entscheidung) oder als Engagement für oder gegen etwas in irgendeiner Form zum Ausdruck kommen, z.B. auch in den Formulierungen eines Gesetzes; ihre Substanz ist das Wollen (die Absicht und die dafür eingesetzte Energie) der Menschen, das in ihrer Lebensführung und fallweise in besonderen Entscheidungssituationen in Erscheinung tritt und von der bisherigen Forschung auch kaum beachtet wurde.

Die Hinweise zeigen ungefähr, womit wir es zu tun haben und wie viel wir noch zu lernen haben, um uns ein einigermaßen informatives Bild von der Rechtsentwicklung machen zu können. (Daß diese Anstrengung nicht überflüssig ist, beweisen die aktuellen Brutalitäten nun auch den bisher uneinsichtigen Menschen.) Ich möchte damit zumindest auf den Unterschied zwischen formal und real wichtigen Erscheinungen des Rechtsgeschehens aufmerksam machen, der auch beim Aufbau der Dokumentation zu beachten ist. Wir können dabei ohne weiteres von der geltenden Rechtsordnung ausgehen und mit der Erfassung der Gesetze und Verordnungen als Datengrundstock beginnen, weil diese Vorschriften formal als Maßstab gelten. Wir dürfen uns aber nicht auf diesen Komplex beschränken, sondern müssen ihn als Maßstab zur Erforschung und Erfassung auch der anderen Komponenten anwenden. Dadurch wird eine wechselseitige kritische Bewährungskontrolle angebahnt, weil einerseits der Maßstab (die Rechtsordnung) und anderseits seine Anwendung (in der Dokumentation und in der Realität) unter die Lupe genommen werden.

Bevor eingehendere Forschungsergebnisse bzw. Daten vorliegen, richtet sich die Dokumentationsarbeit nach dem folgenden einfach nach Materialgruppen gegliederten Arbeitsplan:

I. Rechtsquellen
- 1. jüngere
  - a) Landesgesetzbl. 1919-1992 (+Südtirol)
  - b) dessen Vorläufer 1816-1918
- 2. ältere (ev. in Kooperation mit anderen Stellen)

II. Forschungsdaten
- 1. aus Institutsprojekten (bes. Dok.-Ausbau)
- 2. von anderen Stellen
- 3. sonstige relevante Daten

III. Literatur
1. selbständige (möglichst in Kooperation)
2. unselbständige
a) Festschriften
b) Zeitschriften
c) sonstige

Wie schon erwähnt, bildet der Abschnitt I.1.a) mit dem Inhalt des Landesgesetzblattes 1919-1992 und einem Anhang für Südtirol den Datengrundstock. Er enthält in ca. 4800 Datensätzen die Tiroler Gesetze, Verordnungen und Kundmachungen und in ca. 1200 Datensätzen die Südtiroler Rechtsvorschriften in Kurzfassung. Dabei wurde jeweils der volle Titel der Vorschrift, das Jahr und die Gesetzblattnummer aufgenommen. Zusätzlich wurden Kurztitel gewählt (oder aus der Quelle übernommen). Außerdem wurden in codierter Form Hauptgliederungsmerkmale (allg. Sachgebiet, Zeit, Land; siehe weiter unten) und spezielle Gliederungsmerkmale (Haupt- und Untergebiete des heutigen Landesrechts, Kennzeichnung als Gesetz oder Verordnung und fortlaufende Numerierung in der betreffenden Untergruppe mit Angabe der jeweiligen Fassung; siehe weiter unten) und der Standort der Quelle (im Bereich der Universität) eingegeben und eine vorläufige Beschlagwortung vorgenommen. Das Programm bietet auch die Möglichkeit, zu jedem Datensatz (beliebig lange) zusätzliche Informationen einzufügen. Vorläufig wurden allgemeine Informationen jeweils bei der ersten Gesetzblattnummer jedes Jahres eingegeben. Bei Bedarf können selbstverständlich auch sonstige Erweiterungen der Datei stattfinden, z.B. indem die Systemzahl erweitert wird und damit weitere Arten von Dokumenten (beispielsweise Gemeindeverordnungen, Erlässe, Beschlüsse bestimmter Gremien) - aus anderen Quellen - eingebaut werden (näheres siehe weiter unten).

Da es noch keinen für das Landesrecht passenden Schlagwortkatalog gibt, bildet die hier erstellte provisorische Schlagwortliste ein Hilfsmittel zur Erarbeitung eines solchen Katalogs. Es bestehen auch bereits Kontakte zu anderen Stellen, die eine Zusammenarbeit auf diesem Gebiet ermöglichen. Bei der vorläufigen Beschlagwortung habe ich mich nach den Fragen 'wer, was, wo, wie/womit' gerichtet und deshalb folgende Punkte beachtet:

1. möglichst alle Namen (Personen, Vereine, Gemeinden, Flüsse usw.);
2. Materiennamen bzw. Hauptinhalte der Vorschrift (möglichst kurz zur Verknüpfung über Filter);
3. Organisationsformen (zB. Verein, Genossenschaft, Fonds);
4. Funktionen (z.B. Landeshauptmann, Bürgermeister, Beauftragte);
5. rechtstechnische Instrumente (z.B. Verfahren, Prüfung, Beihilfe);

6. Spezialausdrücke (z.B. Erbhof, alte Übung, Gleitzeit);

7. spezielle Interessen (z.B. aktuelle Fragen wie 'Ausländer', 'Geschlecht', 'Naturdenkmal').

Bei der Überarbeitung müssen zunächst allfällige uneinheitliche Bezeichnungen bereinigt werden. Denn obwohl LDB 3.4 das Bemühen um korrekte, einheitliche Beschlagwortung sehr erleichtert (durch automatische Nachfrage und rasche Auswahlmöglichkeit), ergeben sich bei der Eingabe Fehler, hauptsächlich weil die Quellen unterschiedliche Ausdrücke verwenden; außerdem müssen eventuell übersehene wichtige Begriffe nachgetragen oder unwichtige entfernt werden. Vor allem wird aber über den Punkt 7. (spezielle Interessen) und durch die geplante Zusammenarbeit eine Bereicherung (aus der Sicht der Praxis, der Rechtsgeschichte usw.) erfolgen.

Zuletzt komme ich zu den Gestaltungselementen, die nach Möglichkeit den anderen einschlägigen Informationssystemen angepaßt werden sollten, um Kontakte zu wahren und erprobte Gestaltungsmuster fortzusetzen. Aus Vergleichen mit anderen Dokumentationen und aus Gesprächen mit anderen DatenbankgestalterInnen kristallisierten sich als Hauptgliederungsmerkmale (vorläufig) folgende Punkte heraus:

1. Vergabe von Kennzeichen für formale Hauptmerkmale für die Art der erfaßten Daten (z.B. Rechtsquellen in Kurzfassung oder im Volltext usw.), wofür vorläufig der Dateiname ausreicht und später Verfeinerungen erfolgen werden;

2. Vergabe von Kennzeichen für inhaltliche Hauptmerkmale (sachlich, zeitlich, geographisch), wofür vorläufig zwei Zahlencodes verwendet werden (siehe unten);

3. Vergabe von Kennzeichen für spezielle Merkmale, die erweiterungsfähig sein müssen (z.B. die Systemzahl, siehe unten);

4. Vergabe von organisatorischen Kennzeichen (derzeit z. B. für den Standort der Quelle), die später nach Bedarf festgelegt werden müssen (z. B. Zugriffsrechte);

Im Moment werden die unter 2. und 3. genannten Kennzeichen benötigt.

Als allgemeine Sachgebiete, die zu unserem Thema gehören und für alle Materialgruppen (Rechtsquellen, Literatur und sonstige Daten) brauchbar sind, ergaben sich anhand der Rechtsgeschichtlichen Bibliographie (1990) von Gerhard Köbler folgende 5 Gebiete: A Allgemeines, B Geistesgeschichte, C Rechtsgeschichte, D Sozialgeschichte und E Wirtschaftsgeschichte einschließlich Raumordnung und Umweltschutz, die in Untergruppen aufzuspalten sind. Dafür wurden die Sachgebiete der Deutschen Bibliographie, die im Bibliothekssystem BIBOS der Universitätsbibliothek Innsbruck verwendet werden, als Richtlinie herangezogen. Der 3-stellige Zahlencode (z. B. 190 für Recht, 200 für Verwaltung) kann unter Verwendung der 3. Stelle weiter verfeinert werden. Nach diesem Muster habe ich den Code für die sachliche Hauptgliederung unserer Dokumentation gebildet, wie aus der folgenden Tabelle ersichtlich ist. Erweiterungen sind jederzeit möglich.

Zusammenstellung der Sachgebietegliederungen aus

RG-Bibliogr.	UB/Dt.Bibliogr.	Dokumentation"TIROL"
A Allgem.	030 Nachschlagew.	A030 Allgemeines
B Geistesgesch.	100 Philosophie	B100 Philosophie, Wissensch.
	130 Religion	B130 Rel.,Kirche
	160 Politik	B160 Pol.,Medien,Sprache
C Rechtsgesch.	190 Recht	C190 RG allg.,Personen
		C191 Privatrecht
		C192 Strafrecht
		C199 div.Teildateien
	200 Verwaltung	C200 Staat allgem.
		C201 Landesorganisation
		C202 bundesstaatl.Org.
		C203 Finanzen
		C204 Innere Verwaltung
		C206 Dienstr.,Arbeitsr.
		C208 Grundrechte, Internat.
D Sozialgesch.	640 Sozialgesch.	D640 Soziales,Kulturelles
E Wirtschaftsg.	650 Wirtschaftsg.	E650 Wirtschaft,Technik
	440 Raumordnung	E440 Raumordnung,Umwelt

Auch für die geographisch-zeitliche Gliederung, die vor allem aber nicht nur für die Literaturdokumentation von Bedeutung ist, konnten wir ein ausgezeichnetes Vorbild finden in dem 4-stelligen Zahlencode, der von der Österreichischen Historischen Bibliographie verwendet wird. Eine geringfügige Modifizierung war nötig, um Südtirol einzubeziehen (x880) und den Übergang von der Monarchie zur Republik (1918/1919) zu kennzeichnen.

0000 = allgem.	0001 = bis ca. 1000 n.Chr.
1800 = Österreich,allg.	0002 = 1000 - 1500
1880 = Tirol,allg.	0003 = 1500 - 1800
x880 = Südtirol,allg.	0004 = 1800 - 1918
(zB.1885 = Tirol 1919ff.)	0005 = 1919 - 1945
(zB.x886 = Südtirol 1945ff.)	0006 = 1945 ff.

Die allgemeinen Gestaltungsfragen sind damit vorläufig abgeschlossen. Da die Arbeit mit der Erfassung der Rechtsquellen bzw. dem Abschnitt I.1.a) begonnen wurde, waren nun die speziellen Gestaltungsfragen dieser Datei zu klären. Wie vorher ging auch hier der Weg über Vergleiche mit anderen Rechtsdokumentationen. Die folgende Gegenüberstellung der niederösterreichischen Gliederung mit der österreichischen und deutschen Bundesrechtsgliederung zeigt, daß es offensichtlich kein einheitliches Gliederungsmodell gibt, weil eben die Materien (und Kompetenzen) differieren und außerdem die Reihung sowie die Kombination mehrerer Materien nicht übereinstimmen.

Gegenüberstellung der Sachgebietegliederungen (Hauptgebiete):

NÖ-Landesrecht	öst. Bundesrecht-RIS	dt. Bundesrecht
0 Landesverfassung		
1 Gemeinde	1 Verfassung	1 Verfassung
2 Dienstrecht	2 Privatr.,Strafr.	2 Verwaltung
3 Finanzen	3 Finanzen	3 Rechtspflege
4 Inn.Verwaltung	4 Innere Verwaltung	4 Privatr.,Strafr.
5 Kultur,Natursch.	5 Wirtschaft	5 Verteidigung
6 Ldw.,Forst,Wasser	6 Arbeit,Dienstr.	6 Finanzen
7 Wirtschaft	7 Bildungswesen	7 Wirtschaft
8 Raumordnung,Bau	8 Umwelt,Gesundheit	8 Arb.,Sozialr.
9 Sozialr.,Gesundh.	9 Verkehr,Bau	9 Post,Verk.,Wasser

Auch die Gliederung der Tiroler und der Südtiroler Loseblatt-Gesetzsammlung weicht untereinander und von den vorher genannten Systemen ab.

Tirol:	Südtirol:
A Landesverfassung, Gem.	§§ Verfg., Gem., Polizei
B Bauwesen	I Alpinistik
C Brandschutz	II Arbeit
D Finanzen	III Bergbau
E Dienstrecht	IV Berggemeinschaften
F Gesundheit	V Berufsausbildung
G Fürsorge	VI Bodenschutz
H Schulwesen	VII Elektrizitätsw.
I Fremdenverkehr	VIII Finanzen
K Sport	IX Fremdenverkehr
L Land-u.Forstwirtschaft	X Fürsorge
M Straßen	XI Gaststätten

N Jagd,Fischerei XII Gemeinnutzungsrechte
O Naturschutz XIII geschlossene Höfe
P Umweltschutz XIV Gesundheitswesen
(usw.bis XXXVIII)

Aus den Beispielen ist zu erkennen, daß die spezielle Sachgebietegliederung neu festgelegt werden mußte.(13) Als wichtigste Richtlinie ist die verfassungsmäßige Kompetenzverteilung zu beachten, die im österreichischen Bundesverfassungsgesetz bzw. in der Tiroler Landesordnung und im italienischen Verfassungsrecht bzw. im Sonderstatut für die Region Trentino-Südtirol geregelt ist. Unter Beachtung dieser Richtlinien und unter Berücksichtigung der oben angeführten Vorbilder habe ich für die Datei des Landesrechts 1919-92 (einschließlich Südtirol) die folgenden 9 Hauptgebiete mit entsprechender Unterteilung gewählt und die Ziffer des Hauptgebietes dem Sachgebietecode beigefügt (zB. C201=1 für Landesverfassung).

Sachgebietegliederung der Dokumentation „TIROL":

Hauptgebiet 1:

10 Landesverfassung, Landesorganisation
11 Landesordnung, Landtag, Landesregierung
12 Landesgebiet, Grenzen
13 Wahlrecht
14 Ehrungswesen
15 Kundmachungsw., Statistik, Datenschutz
16 Gemeinde

Hauptgebiet 2:

20 bundesstaatl. Angel., Länderverträge

Hauptgebiet 3:

30 Finanzwesen allgem.
31 Budget
32 Umlagen, Finanzausgleich
33 Landesabgaben
34 Gemeindeabgaben
35 ERP-Kredite, Landeshaftung
36 Verwaltungsabgaben, Verfahren
37 Förderungswesen
38 Fonds, Stiftungen, Sammlungen

Hauptgebiet 4:

40 Innere Verwaltung, Gefahrenabwehr
41 Bundespolizei, Gendarmerie
42 Meldewesen, Staatsbg., Personenstandsw.
43 Landespolizeivorschriften

- 44 Jugendschutz
- 45 Zivilschutz, Feuerw., Katastropheneins.
- 46 Tiersch., Pflanzensch., Naturschutz

Hauptgebiet 5:
- 50 Wirtschaft
- 51 Organisation d.Landwirtschaft
- 52 Landwirtsch., Nutzpflanzen
- 53 Tierzucht, Veterinärwesen
- 54 Jagd, Fischerei
- 55 Bodenreform, ldw.Siedlungswesen
- 56 Forstwesen
- 57 Gewerbe, Handel, Veranstaltungswesen
- 58 Fremdenverkehr, Tourismus

Hauptgebiet 6:
- 60 öff.Dienst, Landarbeit
- 61 allg.Dienst- u.Sozialrecht
- 62 Landesbedienstete
- 63 Gemeindebedienstete
- 64 Lehrerschaft
- 65 Landarbeit

Hauptgebiet 7:
- 70 Soziales, Bildungswesen, Kultur
- 71 Sozialhilfe, Fürsorgewesen
- 72 Schule, Kindergarten, Hortwesen
- 73 Jugendwohlfahrt
- 74 Gesundheitswesen
- 75 Sport
- 76 Kultur, Museen, Archive, Brauchtum

Hauptgebiet 8:
- 80 Raumordnung, Umwelt
- 81 Raumordnung (einschl.Grundverkehr)
- 82 Bauwesen
- 83 Wohnbauförderung
- 84 Straßen
- 85 Verkehr
- 86 Gewässer, Wasser, Abwässer
- 87 Umwelt, Landschaftsschutz, Abfallw.
- 88 Luftreinhaltung
- 89 Elektrizität, Energiewesen

Hauptgebiet 9:

90 Südtirol (mit spezieller Untergliederung)

(Beim allgemeinen Punkt .0 (z.B. 10) werden Vorschriften z. B. aus der NS-Zeit eingegeben, die nicht in das Gliederungsschema der Untergebiete passen.)

Wegen der unterschiedlichen Rechtslage in Tirol und Südtirol und auch zugunsten einer übersichtlichen getrennten Darstellung der Daten wird der Südtiroler Teil als eigenes Hauptgebiet mit einer der Loseblattsammlung folgenden eigenen Untergliederung behandelt. Da die Daten in einer gemeinsamen Datei verwaltet werden, ist es über die Schlagworte jedoch möglich, z.B. zum Thema 'Bibliothek', oder 'Fremdenverkehr' usw. die Daten aus beiden Rechtsordnungen abzurufen. Außerdem habe ich versucht, über die Systemzahl sowohl die Tiroler als auch die Südtiroler Gliederung zu berücksichtigen. Die Südtiroler Sachgebietegliederung folgt in der nächsten Tabelle; die Systemzahlen werden anschließend dargestellt.

Systemzahlen der Untergliederung des Hauptgebietes 9: Südtirol

(Verbindung der Tirol-Gliederung mit der Einteilung der Südtiroler Loseblattsammlung):

Bd.1 910-100 §§ Verfassung
975-101 I Alpinistik
960-102 II Arbeit
959-103 III Bergbau
951-104 IV Berggemeinschaften
966-105 V Berufsausbildung (usw.)

Das wichtigste Gestaltungselement für die präzise Wiedergabe der Daten und für den weiteren Ausbau bietet ein 10stelliger Zahlencode, der das Hauptgebiet, das Untergebiet, die Charakterisierung der Vorschrift als Gesetz oder Verordnung (oa. Ausführungsbestimmung), ihre chronologisch fortlaufende Nummer und ihre Charakterisierung als Stammfassung oder Änderung angibt, die Systemzahl:

z.B. 1125- 1 für die geltende Tiroler Landesordnung aus 1988, 1125- 2 für ihre Änderung aus 1989; 1125/ 1- 1 für die darauf beruhende Geschäftsordnung der Landesregierung aus 1989, 1125/ 1- 2 und 1125/ 1- 3 für deren Änderungen aus 1991 und 1992; 1125/ 2- 1 für die Geschäftseinteilung des Amtes der Tiroler Landesregierung aus 1990 und 1125/ 2- 2 für deren Änderung aus 1992. - Für Verordnungen des Landeshauptmannes, die auf einem Bundesgesetz beruhen, steht z.B. 5700/32- 1 (Öffnungszeitenverordnung 1991/101); Die Systemzahl gibt nur das Untergebiet „57" und die Kennzeichnung der Verordnung „32- 1" wieder, zeigt aber mit „00" an, daß es dafür kein Landesgesetz gibt.

Falls beispielsweise Gemeindeverordnungen odgl. später eingefügt werden sollten, die etwa auf dem Hundesteuergesetz aus 1980 (3422- 1) beruhen könnten, müßte die Systemzahl um ein Zeichen erweitert werden, z. B. 3422// 1- 1 für eine Verordnung der Gemeinde X und 3422// 2- 1 für eine Verordnung der Gemeinde Y. - Falls es zum Ausbau durch Volltext-erfassung kommen sollte, müßte die Systemzahl zur Aufnahme der einzelnen Paragraphen erweitert werden; außerdem müßten dann zusätzliche Felder für die (paragraphenweise nötige) Eingabe des Inkraftsetzungs- und Außerkraftsetzungsdatums sowie für Querverweise (zB. auf zitierte Gesetzesstellen) eingefügt werden. (Diese Arbeit konnte mit den derzeit verfügbaren Mitteln nicht bewältigt werden.)

Das Schema der Systemzahlen wurde aus dem Schema der niederösterreichischen Landesrechtsdokumentation übernommen, das unten im Vergleich zum Schema der österreichischen Bundesrechtsdokumentation dargestellt ist:

Nö. Landesrechtsdokumentation:		öst. Bundesrechtsdokumentation:	
0	Hauptgebiet	0	Sachgebiet
00	Untergebiet	00	Hauptgruppe
0000	Stammgesetz	00.00	Untergruppe
0000-00	Fassung d.Stammges.	00.00.00	Stammgesetz
0000/00	Verordng.zu Stammg.	00.00.00/000	Verordng.z.Stammg. oa.Ausführungsbest.
0000/00-00	Fassung d.Verordng.		

Dieser präzise Zahlencode wird in der niederösterreichischen Landesrechtsdokumentation nicht nur zur systematischen Gliederung, sondern auch als offizielle Zitierung verwendet.(Sh. W. Liehr, FN.6) Er bildet ein hervorragendes Gestaltungselement, das - wie am Gemeindebeispiel ersichtlich - auch noch ausbaufähig ist. Mit LDB 3.4 ist auch diese Gestaltungsaufgabe problemlos zu realisieren.

Damit komme ich abschließend zur Besprechung der Gestaltungsmöglichkeiten des Programms selbst. Die Dateien werden in LDB 3.4 auf Masken angelegt, die in einigen praktischen Standardversionen abrufbar sind, aber bei Bedarf auch weitgehend selbst gestaltet werden können (bezüglich Reihung, Länge und Definition der Felder als Zeichen oder Nummernfeld usw.). Ich habe für die Landesrechtsdatei 1919-1992 eine Standardversion übernommen und bedarfsgerecht verändert oder umgedeutet, z.B. indem ich das Feld Autor 1 für die Eingabe des Kurztitels oder das Feld Signatur für die Eingabe der Systemzahl verwendet habe und die Feldlängen und Definitionen neu festgelegt habe, wie die folgende Felderliste zeigt:

Feldname	Typ	Länge	Feldname	Typ	Länge
Gruppe	Zeichen	6	GruppenNr.	num.	5
Autor 1	Zeichen	24	Titel	Zeichen	200
Journal	Zeichen	5	Seiten	Zeichen	3
Jahr	num.	4	Standort	Zeichen	10
Signatur	Zeichen	10	Keyword	Zeichen	200
Projekt	Zeichen	4	Abstract	Memo	...
(+ Satznummer u.a.vom Programm festgelegte Felder) insges.					519

Das Feld Gruppe enthält das allgemeine Sachgebiet (zB. C201=1), die Eingaben werden automatisch vom Programm numeriert (was allerdings nur für entsprechenden Zählbedarf nützlich ist). Das Feld Autor 1 enthält den Kurztitel; das Feld Titel den Volltitel; Journal steht für den Namen des Publikationsorgans (im Südtirolteil ist hier das Datum des Amtsblattes eingesetzt); das Feld Seiten gibt im Tiroler Teil die Gesetzblattnummer an (im Südtiroler Teil die Nummer des Amtsblattes, z. B. A56, oder des staatlichen Gesetzblattes, z. B. 056 oder 298); Projekt enthält den zeitlich-geographischen Code; Signatur die Systemzahl. Das Abstract-Feld kann über eine Funktionstaste in jedem Datensatz aufgerufen und beliebig lang beschrieben werden. Die Umdeutung der Standardfelder ist vorteilhaft, weil dadurch die vom Programm angebotenen Druckformate rasch und einfach zum Ausdruck von Recherchen udgl. benutzt werden können. Es besteht aber auch die Möglichkeit, das Druckformat nach eigenen Vorstellungen selbst zu gestalten.

Als Ergänzung zu der freien Feldergestaltung bestehen auch viele Möglichkeiten zur Nutzung ihrer Inhalte. In LDB 3.4 können bis zu 12 Indices angelegt werden, die die Einträge (nach den gewählten - bis zu 3 - Feldern) nach dem Alphabet oder nach Zahlen (auch in Kombination mit Zeichen, wie bei der Systemzahl) ordnen. In der Landesrechtsdatei werden 7 Indices benutzt, die die erfaßten Vorschriften in chronologischer, alphabetischer und systematischer Reihung sortieren. Außerdem können alle gewünschten Felder in die Schlagworterfassung aufgenommen werden, und über Filter können spezielle Datenauszüge erstellt werden. Zur Recherche am Bildschirm stehen komfortable, rasche Programmfunktionen zur Verfügung.

Einige praktische Beispiele für die verschiedenen Anwendungsmöglichkeiten:

Im Herbst wurde von der Tiroler Landesregierung die Regierungsvorlage für ein 'Tiroler Rechtsbereinigungsgesetz' eingebracht, womit das heute geltende Landesrecht festgestellt werden soll. Die Vorlage enthält ca.

30 namentlich genannte Vorschriften (wovon die älteste aus 1786 stammt und Bestimmungen über die Versteigerung enthält) und die generelle Festlegung, daß alle vor 1960 in Kraft getretenen und nicht mehr wiederverlautbarten Vorschriften nicht mehr zu gelten haben. - Mit Hilfe unserer Datenbank konnte ich in kürzester Zeit die Liste des danach geltenden Tiroler Landesrechts (etwa 700 Gesetze und Verordnungen) erstellen.

Über die Datenbank ist beispielsweise rasch auch ein quantitativer Überblick zu erhalten, wieviele Vorschriften während der Ersten Republik und den folgenden Staatsformen erschienen sind: für die Zeit 1919-1933 enthält das Landesgesetzblatt 1080 Gesetze oder Verordnungen; 1934-38 sind es 267; 1938-45 sind es 411; 1945-46 (Besatzungszeit) 157; von 1947 bis heute finden wir 2833 Titel (wobei auch noch eine Aufspaltung in Gesetze und andere Vorschriften möglich wäre). Es ist vielleicht auch interessant, den Anteil der einzelnen Sachgebiete zu ermitteln; das Hauptgebiet 1 (Landesorganisation) umfaßt insgesamt 980 Titel, das Hauptgebiet 2 (Länderverträge, eine neue Materie) 19 Titel, beim Kapitel 3 (Finanzwesen) kommen 623 Titel vor, beim Kapitel 4 (Innere Verwaltung) 302, beim Kapitel 5 (Wirtschaft) 1028, beim Kapitel 6 (Dienst- und Landarbeitsrecht) 299, beim Kapitel 7 (Soziales und Kultur) finden sich 756 Vorschriften, beim Kapitel 8 (Raumordnung) 732; insgesamt existieren bis jetzt für Tirol 4748 Datensätze, für Südtirol 1200, die bis zum Jahresende noch um etwa je 50 Titel zu ergänzen sein werden.

Auch über die Schlagworteintragungen lassen sich solche Übersichten herstellen. Es gibt beispielsweise etwa 100 Kundmachungen über die Aufhebung von (Landes-, Gemeinde- oder anderen) Bestimmungen durch den Verfassungsgerichtshof. Ebenfalls etwa 100 Vorschriften enthalten geschlechtsspezifische Bestimmungen (in letzter Zeit z. B. über 'geschlechtsspezifische Funktionsbezeichnungen', oder seit längerem z. B. zum Mutterschutz, und früher z. B. zur Geschlechtertrennung in der Schule). Auch auffallend (frauen)diskriminierende Erscheinungen sind vermerkt, beispielsweise ist es noch immer üblich, die in Erziehungsberufen (mit bekanntlich hohen Frauenanteilen) Tätigen nur als Lehrer oder Erzieher zu bezeichnen (bei anderen Berufen kommen außer Kindergärtnerinnen und Hebammen höchstens noch Bäuerinnen) vor. (In den Südtiroler Vorschriften wird durchwegs von Familienhelfern, Altenhelfern, Physikotherapeuten, Entbindungshelfern, Krankenpflegern usw. gesprochen, sodaß sich beim Lesen der Eindruck einstellt, Frauen wären im Berufsleben überhaupt nicht vorhanden.)

Die Datei bietet rasch und präzise Auskunft über die Fundstelle aller Tiroler Vorschriften seit 1919 und des geltenden Südtiroler Rechts.(Für das Tiroler Recht gab es bis jetzt keinen durchgehenden Index; ab 1986 standen nur die Register der Jahresbände des Landesgesetzblattes zum Nachschlagen zur Verfügung.)

Neben solchen zwar nützlichen, aber doch einfachen Auskünften vermittelt die Dokumentationsarbeit auch diffizilere Ergebnisse, die sich vor allem aus dem disziplinierten systematischen Vorgehen bei der Erfassung und aus der präzisen Zugriffsmöglichkeit bei der Benutzung ergeben. Ich meine damit die zunehmende Sensibilisierung für das Gewicht bestimmter Erscheinungen, für Gemeinsamkeiten und Abweichungen, für Besonderheiten und Vergleichsmöglichkeiten, und die zunehmende Erfahrung, daß es nicht unmöglich oder aussichtslos ist, diesen verborgenen (aber real wirksamen) Faktoren nachzugehen und sie erfaßbar zu machen. Da sich solche Ergebnisse wahrscheinlich nicht wie eine Ware übertragen lassen, könnte das Angebot zur Beteiligung an unserem Vorhaben auch als Gelegenheit zur Beteiligung an diesen Erträgen genutzt werden.

An Arbeit fehlt es jedenfalls nicht, um das Lehr- und Forschungsprogramm auszubauen, die bisherige Gestaltung zu testen und die bisher offen gelassenen Fragen (z.B. der Literaturerfassung) aufzugreifen. Zu den schon erwähnten Ausbauarbeiten am Datengrundstock (Beschlagwortung, allfällige Erweiterungen, Fortsetzung mit dem Abschnitt 1816-1918 usw.) treten noch viele andere Ergänzungsaufgaben (zB. durch Judikatur, Spezialliteratur). Außerdem ist die Einbeziehung von konventionellen Datensammlungen (zB. Weistümer, Spezialbibliographien, bearbeitete Aktenauszüge) und von aktuellen Kooperationsmöglichkeiten vorzubereiten. Vielleicht vermag diese Aufzählung einiger Beispiele einen Eindruck davon zu vermitteln, wie spannend sich das Vorhaben entwickeln kann und wie viele Möglichkeiten der Beteiligung es bietet.

Anmerkungen

(1) In Bezug auf die Dokumentationsarbeit sind vor allem folgende Werke von Gerhard Köbler von Bedeutung: Rechtsgeschichte - Ein systematischer Grundriß, 4. Aufl.1990; Einfache Bibliographie europäisch-deutscher Rechtsgeschichte, 1990 (mit ca. 7000 Titeln); Historisches Lexikon der deutschen Länder, 3. Aufl.1990; Bilder aus der deutschen Rechtsgeschichte, 1988; Bibliographie der deutschen Hochschulschriften (1945-64), 1969; sowie der wissenschaftsgeschichtliche Überblick „Wege europäischer Rechtsgeschichte", in: FS Kroeschell (hg.v.G.Köbler), 1987, S.182 ff.

(2) Das Konzept folgt den Anregungen des hochschuldidaktischen Senatsprojekts „Forschendes Lehren", das von Mitgliedern des Innsbrucker Instituts für Erziehungswissenschaft ab dem WS 86/87 zur Hochschullehrerfortbildung angeboten wurde, siehe F. Klug und M. Schratz (Hg.), Hochschulunterricht unter der Lupe

(Impulse für Erwachsenenbildung und Hochschuldidaktik Bd. 9), 1988. - Zum Prinzip der Offenheit vgl. Ilsedore Wieser, Eine Einführungsvorlesung stellt sich dem universitären Vermassungsproblem, in: Impulse... Bd.5, 1986; Michael Schratz, Plädoyer für das lebendige Lernen, in: Wiener Zeitung v. 27.3.1987; und meinen Beitrag „Aktives Lernen - Chance zu wechselseitiger Förderung, in: Impulse... Bd.9, 1988, S. 124 ff. - Zur Auseinandersetzung mit dem elektronischen Instrumentarium und zur Terminologie siehe Ingo H. Kropac, Zur Konzeption von Informationssystemen in der Geisteswissenschaft, in: K. Kaser und K. Stocker(Hg.), Clios Rache, 1992, S. 87 ff.

(3) Der Verein wurde von Mitgliedern des Instituts für österreichische und deutsche Rechtsgeschichte gegründet und ist unter der Institutsadresse zu erreichen. Obmann des Vereins ist o.Univ.-Prof. Dr. Gerhard Köbler.

(4) Die Kontakte begannen natürlich an der Universitätsbibliothek Innsbruck und weiten sich seither über persönliche Informationen und über die Fachliteratur ständig aus. Obwohl ich mich hier nur allgemein bedanken kann, möchte ich dadurch den Wert dieser immateriellen Beiträge für unser Vorhaben betonen. Als Ausgleich für die erhaltenen Unterstützungen stellen wir (außer der eigenen Kooperationsbereitschaft) das kooperative Angebot des Projekts zur Verfügung.

(5) Zu regionalen Bezügen auf „Österreich" vgl. beispielsweise Marion Claudia (Breitschopf)-Seeber, Österreichische Datenbanken, in: Nachr. Dok. 40/89, S. 103. - In unserem Fall geht es um regionale Bezüge auf „Tirol", jedoch speziell um rechtsgeschichtlich relevante Informationen. Mit diesem Anliegen wandten wir uns an die Österreichische Historische Bibliographie und erhielten mit freundlicher Unterstützung durch Frau Mag. Winkler und Herrn Univ.-Prof. Dr. Hödl einen Auszug mit über 3000 Titeln sowie einen Thesaurusausschnitt zum Thema „Recht", die für uns eine wichtige Arbeitsunterlage bilden. Die Herstellung des Auszugs war schwierig, weil der Suchbegriff „Recht(sgeschichte)" zuwenig, aber erweiternde Zusatzbegriffe zuviel Literatur lieferten, sodaß das Rechercheergebnis intensiv nachbearbeitet werden muß. Auch Rechercheversuche in anderen Datenbanken führten zu diesem Resultat. Die Frage, wie diese Probleme am besten zu lösen sind, wurde vorläufig offen gelassen, weil die Literaturerfassung in unserem Projekt erst später erfolgen soll. Zur ÖHB siehe Ulrike Winkler, Österreichische Historische Bibliographie, Information und Dokumentation auf dem Gebiet der Geschichte, in: F. Hamann (Hg.), Datennetze für die historischen Wissenschaften?, 1987, S. 245 ff.; Günther Hödl, Ulrike Winkler und Franziska Perschak, Österreichische Historische Bibliographie, in: FDZ 1/92, S. 15 f.

(6) In der Kommission „Regionalbibliographie und EDV" vermittelte Dr. Anton Schuller durch Einladung von deutschen und Schweizer Experten sowie durch sein Referat über die österreichische Situation Einblick in allgemeine und spezielle Probleme regionaler Dokumentation. Tirol gehört zu den Ländern mit zahlreichen, alten und umfangreichen Dokumentationen, die von verschiedenen Stellen unter verschiedenen Aspekten mit entsprechend unterschiedlichen Methoden angelegt wurden. Der Vorteil ihrer reichhaltigen Bestände steht dem Nachteil ihrer uneinheitlichen Organisation gegenüber. Die Übertragung dieser Bestände in ein modernes einheitliches Informationssystem wäre mit immensen finanziellen und organisatorischen Schwierigkeiten verbunden. Da das überkommene Dokumentationswesen derart zersplittert ist, finden neue Vorhaben keinen passenden Anknüpfungspunkt. Sie müssen relativ isoliert aufgebaut werden und setzen da-

durch die Zersplitterung weiter fort. Mit unserem Vorhaben versuchen wir dieser Tendenz entgegenzuwirken, indem wir uns bewußt um Koordination und wenigstens lose Verbindungen bemühen. - Über die prekäre Situation und über Bemühungen der UB um eine Tiroler Bibliographie siehe Walter Neuhauser, Zur Situation der bibliographischen Tätigkeiten in Tirol, in: Biblos 135/86, S. 61 ff.; als Beispiele für die inzwischen erreichten Neuerungen vgl. Heinz Hauffe, Die Einführung des Bibliotheksverbundsystems BIBOS an den wissenschaftlichen Bibliotheken Österreichs am Beispiel der UB Innsbruck, in: FDZ 1/89, S.1 ff.; Walter Neuhauser, Sieglinde Sepp und Eva Ramminger, Altes Buch - Neue Technologien, in: FDZ 3/89, S. 9 f. - Über die Situation in anderen Bundesländern vgl. beispielsweise Anton L. Schuller, 10 Jahre EDV-Projekt „Steirische Bibliographie", in: FDZ 1/90, S. 9 f.; Norbert Frank, Die Burgenländische Bibliographie und BIBOS, in: Biblos 3/92, S. 119 ff.

(7) Zum Beginn von Rechtsinformationssystemen in Österreich siehe A. Manak, Der Index des österreichischen Bundesrechts, in: Biblos 135/86, S.214 ff.; über Entwicklungen des Rechtsdatenbankwesens vgl. FDZ Nr. 2/84 (Österreich und Deutschland), 1/85 (RIS), 4/86 (RDB), 1/91 (EG-Dokumentation), 2/92 (Dokumentation TIROL). Als „erstmaliger Überblick" erschien in der ÖJZ 1988, S. 301 ff. der kurz, aber umfassend informierende Beitrag von Dietmar Jahnel über „Rechtsdatenbanken für Wissenschaft und Praxis". Für verstärkte Information der Juristenschaft über die Einsatzmöglichkeiten der EDV plädiert Gustav Wachter, Recht und EDV - Zukunftsperspektiven, in: FS Schnorr, 1988, S. 823 ff., ders., Anmerkungen zur Juristenausbildung auf dem Gebiet der Rechtsinformatik, in: EDV & Recht 3/89, S. 74 ff, vgl. auch Erich Schweighofer, EDV-Einsatz im juristischen Bereich, in: informat 2/90, S. 9 ff. Die Niederösterreichische Landesrechtsdokumentation wurde hingegen schon 1972 auf EDV umgestellt, sh. Willibald Liehr und K. Berchtold, Die Rechtsbereinigung in Niederösterreich, 1972; W. Liehr, EDV im Dienste der Gesetzgebungstechnik, in: J. Kühne (Hg.), Software und Recht, S. 139 ff.-

Rechtsgeschichtliche Datenbanken bestehen derzeit (außer unserem Projekt) in Linz und Graz, siehe Ursula Floßmann und Julius Menner, Einführung einer Datenbank für österreichische Rechtsquellen (16.-18.Jh.), in: FDZ 1/87, S. 10f.; Gernot Kocher, Rechtsgeschichtliches Bildarchiv DOREB, in: ÖHZ 6/90, S. 10. - Zu modernen Entwicklungstendenzen des Faches vgl. etwa Marcel Senn, Rechtsgeschichtliches Selbstverständnis im Wandel, ein Beitrag zur Wissenschaftstheorie und Wissenschaftsgeschichte der Rechtsgeschichte, 1982.

(8) Als Alternative könnte eine wissenschaftliche Grundlage gewählt werden, die neu entwickelt werden müßte (zB. aus der Systemtheorie) oder aus der Lehre übernommen werden könnte. Als Vorbild könnte beispielsweise das Lehrbuch über österreichisches Verwaltungsrecht von Rudolf Herrnritt aus 1925 herangezogen werden, das nach Lebensbereichen gegliedert ist. Durch eine solche (frei gewählte) Gliederung werden zwar bestimmte Zusammenhänge (aus einer bestimmten Sicht) verdeutlicht, aber die Gesetzesmaterien zerstückelt. Für die Dokumentation wäre diese Vorgangsweise nicht von Vorteil, weil sie eine zusätzliche (nicht legitimierte) Sichtweise einführt und die Verarbeitung der Daten erschwert. Wenn die Dokumentation nach dem geltenden Recht gegliedert ist, kann die Feststellung von Zusammenhängen usw. nach beliebigen Gesichtspunkten jeweils bei der Benützung der Datenbestände erfolgen.

(9) Über formale Aspekte habe ich vor allem aus den Schriften von Niklas Luhmann gelernt; für die Klärung der inhaltlichen Fragen erscheint mir nach wie vor Rolf Gutte, Gruppenarbeit: Theorie und Praxis des sozialen Lernens, 1976 die beste Informationsquelle zu bieten, bes. durch die Übersichtstabelle über die 4 Grundprobleme von Sozietäten (gegenseitige Akzeptierung, Verständigung, Austausch und Organisation) und ihre Erläuterungen S. 114 ff. - Eigene Arbeitserfahrungen enthält mein Beitrag im Band 9 der Impulse (FN 2) und im Band 8, S. 83 ff. 'Rechtsgeschichte' als Aufgabe der Frauenforschung: Für Aufklärung des Rechtsgeschehens - gegen Verklärung des Überkommenen (mit Materialien über „Die Frau in juridischen Texten").

(10) In der Vorbereitungszeit bildeten die Kontakte zur UB Innsbruck (BIBOS), zur ÖHB und zu den Rechtsinformationssystemen (RIS und NÖ-LRDok) die Basis unserer Planungen. Im Lauf der Arbeiten werden sich bestimmte Kontaktschwerpunkte ergeben, zB. jetzt beim Abschnitt 1919-92 zum Amt der Tiroler Landesregierung. Allmählich werden wir die Hilfestellungen, die wir von anderen Stellen erhalten haben, durch unser Projekt weitergeben können.

(11) Zur Entwicklung des Programms siehe Paul Jimenez, LDB - die Datenbank für persönliche Literatur, in: FDZ 3/88, S. 18f. Laufende Informationen über die Weiterentwicklungen sind über die Fa. Pablitos in Eggersdorf bei Graz erhältlich.

(12) Beispielsweise gehört zu diesen Wirkungen der Einfluß, den die (juristischen) Lesevereine auf die Formulierung politischer Forderungen, auf Verfassungskonzepte und auf die Organisation und Ausformung des Juristenstandes ausgeübt haben, sh. Wilhelm Brauneder, Lesevereine und Rechtskultur, 1992.

(13) Einen Überblick der neueren Tiroler Landesrechtsentwicklung bieten Richard Schober, Geschichte des Tiroler Landtages im 19. und 20. Jh., 1984, mit einem Beitrag von Eberhard W. Lang, Der Landtag in der Zweiten Republik, S. 473 ff. sowie Richard Schober, Irmgard (Rath-) Kathrein und Heinrich Kienberger, Parlamentarismus in Tirol, 1988; einen übersichtlichen Vergleich der Rechtslage von Tirol, Südtirol, Bayern und Graubünden vermittelt Peter Pernthaler, Irmgard (Rath-) Kathrein und Karl Weber, Der Föderalismus im Alpenraum, 1982. Einzelne Rechtsgebiete sind durch Kommentare erschlossen oder in Monographien dargestellt. Als Index stehen die Register der Jahresbände des Landesgesetzblattes sowie ein gedruckter Index 1954-86 und ein vervielfältigter Index 1901-1954 zur Verfügung. - Zur Ergänzung dieser Unterlagen habe ich 1988 ein handschriftliches Verzeichnis der Vorschriften seit den letzten 100 Jahren (1888-1988) angelegt, in dem die Materien nach 5 Gebieten (Land, Gemeinde, Umwelt, Wirtschaft, Soziales und Kulturelles) gegliedert sind. Die Erfahrungen aus dieser Arbeit gingen jetzt in den Aufbau der neuen Dokumentation ein. Zur Vergabe der Systemzahlen für die Vorschriften von 1919 bis 1992 benützte ich einen Ordner, in dem ich die jeweils vergebenen (und im Gesetzblatt notierten) Zahlen beim entsprechenden Untergebiet fortlaufend eintrug.

Die Burgenländische Landesbibliographie auf neuen Wegen

Norbert Frank

Auf Anregung des Kommissionsvorsitzenden Dr. Schuller habe ich als Titel meines Referates „Die Burgenländische Landesbibliographie auf neuen Wegen" gewählt. Anlaß für die Einladung meiner Person mag wohl der Umstand gewesen sein, daß der diesjährige Bibliothekartag in Eisenstadt stattfindet und Dr. Schuller wahrscheinlich der Ansicht war, ich hätte neben der Organisation der Tagung noch jede Menge Zeit. Es gab aber - so glaube ich - doch noch einen ernsteren Grund dazu: Wir haben heuer erstmals einen Band der Burgenländischen Landesbibliographie mit Hilfe der EDV erstellt. Wie es dazu kam, und was daran neu ist, darüber soll ich heute referieren.

Bevor ich jedoch auf diesen neuen Weg der Bearbeitung und Herstellung unserer Bibliographie eingehe, möchte ich doch einen kurzen historischen Rückblick auf bibliographische Aktivitäten im Burgenland machen, um die Unterschiede besser verdeutlichen zu können. Nach dem Anschluß des bis dahin uneinheitlichen, überwiegend deutschsprachigen Gebietes Westungarns an Österreich im Jahre 1921 mußte in dem neuen, eigenständigen Bundesland Burgenland erst allmählich ein Landesbewußtsein entstehen. So gesehen darf es nicht verwundern, daß die ersten Ansätze einer Bibliographie des Burgenlandes erst Jahre später als kleine Beiträge in neu entstandenen Zeitschriften zu finden sind. So erschienen ab 1928 laufend Beiträge zur Bibliographie des Burgenlandes in den „Burgenländischen Vierteljahresheften"(1), die unter dem Namen „Burgenländische Heimatblätter" heute noch publiziert werden.

Die erste selbständige Bibliographie des Burgenlandes stammt von Gottfried Franz Litschauer. Die Arbeit erschien in drei Lieferungen: Die beiden ersten Lieferungen 1933 und 1935 in Linz, die dritte Lieferung 1938 in Wels (2).

In den ersten Nachkriegsjahren kamen einige Wissenschaftler im Burgenländischen Landesarchiv in regelmäßigen Abständen zusammen, um gemeinsam Themen der Landeskunde zu erörtern. Von diesem „Landeskundlichen Diskussionsnachmittag", den es in etwas veränderter Form heute noch gibt, ging u. a. auch die Anregung aus, eine allgemeine Bibliographie des Burgenlandes ins Leben zu rufen. Diese Anregung wurde von weitblickenden Beamten und Politikern des Landes aufgegriffen und das Projekt gefördert. Das Konzept der Allgemeinen Landesbibliographie des Burgenlandes (3) sah ein zehnteiliges Werk vor, jeder Teil in sich geschlossen. Umfang und Erscheinungsjahr unterlag keiner bestimmten Reglementierung. Die einzelnen Teile sollten folgende sein:

I. Geowissenschaften, II. Naturwissenschaften, III. Geographie, IV. Geschichte, V. Volkskunde, VI. Bio-Bibliographie, VII. Topo- Bibliographie, VIII. Karten und Pläne, IX. Ikonographie sowie X. Gesamtregister.

Der II. Teil - Naturwissenschaften, bearbeitet von Stephan Aumüller, war gleichsam das Pilotprojekt. Der Umfang dieses 1954 erschienenen Buches war mit seinen 93 Seiten im Vergleich zu den folgenden Bänden noch sehr bescheiden.

Es folgten die Bände Geschichte, Geographie, Volkskunde, Karten und Pläne, Topo-Bibliographie und schließlich Geowissenschaften. Dieser Band wurde zwischen dem zweiten und dritten Band der Topo-Bibliographie in Druck gegeben. So konnte der Autor Stephan Aumüller das Erscheinen seines Werkes noch erleben. Von den eben genannten zehn Teilen konnten bisher fast alle publiziert werden. Lediglich die Bio-Bibliographie wurde nie ernsthaft in Angriff genommen; von der Ikonographie liegt ein Manuskript vor, das nach dem Tod des Bearbeiters Otto Guglia noch überarbeitet und ergänzt werden müßte; und schließlich ein selbständiger Registerteil, von dem man jedoch schon vor vielen Jahren Abstand nehmen wollte, da jedem Band ein eigenes Register angeschlossen ist.

In den 80er Jahren, als mehrere Bände nach jahre- oder jahrzehntelangen Vorarbeiten für den Druck fertig wurden, zeigte sich immer deutlicher, daß auch dieses großartige, zu Recht über die Landesgrenzen hinaus anerkannte wissenschaftliche Großunternehmen auch seine Schwächen hatte, welche die damit befaßten Wissenschaftler und Entscheidungsträger immer mehr zur Erkenntnis brachte, daß eine Fortführung der Bibliographie in der bisher gewohnten Weise nicht mehr sinnvoll sei.

Die wichtigsten Argumente für eine Änderung waren:

1. DerBearbeitungszeitraum war zu lang. Dem Druckwerk fehlte die Aktualität.

2. Damit verbunden waren auch die hohen Personalkosten.

3. Geeignete Mitarbeiter (bisher pensionierte Wissenschaftler mit viel Freizeit) sind kaum zu finden.

4. Ständig steigende Druckkosten für schwer zu setzendes Druckwerk bei niedriger Auflage.

5. Durch die Aufgliederung in verschiedene Teile mußten Wiederholungen (besonders häufig bei der Topo-Bibliographie) in Kauf genommen werden.

Als für die Bibliographie Verantwortlicher habe ich mich um neue Wege für die Bearbeitung der Landesbibliographie umgesehem. Ich kam zur Überzeugung, daß in Zukunft kein Weg mehr am elektronischen Medium vorbeiführen wird. Seit Jahren gibt es verschiedene Modelle, wie man mit Hilfe der EDV Bibliographien erstellen kann: Ich möchte nur die Namen Stock, Hödl, Wunschheim und Schuller nennen. In all diesen Fällen müssen die Daten gesammelt, gespeichert und bearbeitet werden, was mindestens eine Kraft erfordert, die sich dieser Aufgabe widmen kann. Wir haben niemanden, der sich nur mit der Bibliographie beschäftigen kann. Deshalb schien mit der Weg, den Dr. König bei der Erstellung der Niederösterreichischen Landesbibliographie gegangen ist, als gangbar: Seit einigen Jahren wird diese aus dem Zuwachsverzeichnis der Landesbibliothek erstellt. Genau das sollte auch unsere Lösung werden: Als Landesbibliothek sammeln wir u. a. alle Publikationen, die das Burgenland betreffen, die von Burgenländern verfaßt sind oder im Burgenland gedruckt werden.

Diese Überlegungen führten schließlich zu der Entscheidung des Archiv- und Bibliotheksdirektors Dr. Seedoch, mit der Allgemeinen Bibliographie des Burgenlandes aufzuhören und eine Burgenländische Landesbibliographie zu schaffen, welche jährlich erscheinen und die während eines Jahres publizierten Burgenlandensia enthalten soll. Dies sollte jedoch ohne nennenswerten Mehraufwand an Zeit und Arbeit möglich sein, eine Bibliographie gleichsam als „Nebenprodukt" der üblichen Formalerschließung.

Da das niederösterreichische Modell aus technischen Gründen für uns nicht in Frage kam, mußten wir eine Bibliothekssoftware finden, die diese unsere Wünsche erfüllen konnte. Wir fanden diese in BIBOS 1, dem sogenannten „Altverbund". In diesem Zusammenhang muß ich Herrn Karl-Heinz Hasibar nennen, einen der „Väter" von BIBOS, der uns bei unserem Projekt entscheidend behilflich war und der leider so früh von uns gegangen ist.

Ich möchte Ihnen nun die neue Burgenländische Landesbibliographie (4), die kürzlich fertiggestellt wurde, vorstellen und erklären: Mit Beginn des Jahres 1991 hat die Burgenländische Landesbibliothek den Echtbetrieb im Bibliotheksverbund BIBOS 1 aufgenommen. Im Laufe dieses Jahres konnten etwa 4.500 Titel katalogisiert werden. Aus diesem Jahreszuwachs haben wir dann diejenigen Titel ausgewählt, die in der Burgenländischen Landesbibliographie Aufnahme finden sollten. Praktisch geschieht dies folgendermaßen: Nach der Katalogisierung bekomme ich die Publikationen zur Sacherschließung. Dabei ist es nicht schwer, alle Burgenlandensia auszuwählen und durch die Eingabe einiger Zeichen bei der Kategorie 700 für die Bibliographie zu definieren:

z.B.: Kat 700 BIB:1991 / B / 03, d.h. die betreffende Publikation kommt in die Bibliographie 1991, sie ist im Burgenland erschienen und wurde im 3. Quartal bearbeitet. Durch die Vergabe von dreistelligen Zahlen ist es möglich, alle Publikationen, nicht nur die für die Bibliographie, in Sachgruppen zusammenzufassen, was einer besseren Übersicht durchaus dienlich ist. Auf Grund einer einfachen Druckanforderung über Bildschirm habe ich innerhalb einer Woche ein Exemplar in Laserdruck erhalten, welches wir dann im Amt der Burgenländischen Landesregierung vervielfältigen ließen und mit einem eigenen Bindegerät in der Landesbibliothek gebunden haben. Die Fertigstellung verzögerte sich nur deshalb, weil wir für die neue Bibliographie ein für die Landesbibliothek in Auftrag gegebenes Logo abwarten wollten.

Abschließend muß ich, obwohl oder gerade weil ich mich mit der neuen Burgenländischen Landesbibliographie besonders identifiziere, Kritikern einräumen, daß die Arbeit nicht optimal ist, daß manches anders und besser gemacht werden könnte. Gewiß, auch mir scheint der erste Jahrgang der nun jährlich erscheinenden Bibliographie nicht besonders übersichtlich. Es könnte zumindest manches einfacher gemacht, anderes besonders herausgehoben werden. In Zukunft wird es auch möglich sein, die Bibliographie von der EDV-GesmbH, dem Rechenzentrum unseres Verbundes, in Diskettenform zu erhalten, welche dann überarbeitet und individuellen Wünschen angepaßt werden kann. Die einfache Form eines hektographierten Buches mag auch nicht jedermanns Geschmack treffen. Vielleicht werden wir die Bibliographie eines Tages wieder in Druck geben. Momentan glauben wir - nicht zuletzt auf Grund der hohen Aufwendungen für den Druck in den vergangenen Jahren - mit der vorliegenden Form für ein wissenschaftliches Hilfsmittel das Auslangen zu finden. Ich bin aber für Anregungen und Hinweise sehr dankbar, denn die Burgenländische Landesbibliothek befindet sich zwar auf neuen Wegen, sie ist aber noch lange nicht am Ziel.

Anmerkungen:

(1) Burgenland. Vierteljahreshefte für Landeskunde, Heimatschutz und Denkmalpflege. Eisenstadt 1927-1931.

(2) Litschauer, Gottfried Fr., Bibliographie zur Geschichte, Landes- und Volkskunde des Burgenlandes 1800-1929, 3. Lfg. (Bibliographie zur Geschichte,

Landes- und Volkskunde Österreichs, 6. Abt., Lfg. 3 - Archiv für Bibliographie, Beih. 8, Lfg. 3). Wels 1938.

(3) Allgemeine Landesbibliographie des Burgenlandes, hgg. vom Amt der Burgenländischen Landesregierung, Landesarchiv-Landesbibliothek. Erschienen sind:

I. Teil: Geowissenschaften, bearb. von Stephan Aumüller. Eisenstadt 1987.

II. Teil: Naturwissenschaften, bearb. von Stephan Aumüller. Eisenstadt 1955.

III. Teil: Geographie, bearb. von Gottfried Fr. Litschauer. Eisenstadt 1964.

IV. Teil: Geschichte, bearb. von Gottfried Fr. Litschauer. Eisenstadt 1959.

V. Teil: Volkskunde, bearb. von Karl M. Klier. Eisenstadt 1965.

VII. Teil: Topo-Bibliographie, bearb. von Josef Klampfer (4 Bde.). Eisenstadt 1978, 1981, 1991.

VIII. Teil: Karten und Pläne, bearb. von Karl Ulbrich (2 Bde). Eisenstadt 1970, 1972.

(4) Burgenländische Landesbibliographie, hgg. vom Amt der Burgenländischen Landesregierung, Landesarchiv und Landesbibliothek, bearb. von Norbert Frank. Eisenstadt 1992.

Präsentation

Bibliogramm: Bibliographie-Herstellung mit dem PC

Karl F. Stock

Abstract

Seit Personal Computer wie Schreibmaschinen zum täglichen Gebrauch gehören, ist es auch selbstverständlich, daß damit viele Programme zur Dateiverwaltung, Tabellenkalkulation und Textverarbeitung zum Einsatz kommen. Viele Datei- und Datenbankprogramme können für einfache Literaturverzeichnisse gute Dienste leisten, wenn man auf die vielfältige Variabilität bibliographischer Daten nicht strenge Rücksicht nehmen will. Wer aber ordentliche Bibliographien mit Hilfe des PCs produzieren will, muß sich schon genauer umsehen. Gefordert sind vor allem variabel lange Datenfelder für die Speicherung der bibliographischen Kategorien. Ein Programm, das auf diese Mußforderung zugeschnitten ist, wird hier mit BIBLIOGRAMM vorgestellt. BIBLIOGRAMM besitzt 8 Module für folgende Bibliographiearbeiten:

- Katalogisierung, Korrekturen, Recherche
- Reorganisation der Bibliotheksdateien, Import/Export von ASCII-Dateien mit Feld-Separatoren
- Reorganisation von Pointerdateien und Aufbau von Sonderpointerdateien nach eigener Wahl
- Bibliographie-Druckdateien erzeugen, einfache Ausdrucke von Listen und Katalogzetteln
- Register extrahieren und bearbeiten
- Bibliographie-Dateien sortieren (RANDOM-FILE-SORT)
- Druckausgaben von ASCII-Dateien und RANDOM-Dateien sichten
- Sammelkorrekturen

Um mit dem PC Bibliographien herzustellen, genügt es nicht, die grundsätzliche Herstellungsweise von Bibliographien zu kennen und ein entsprechendes Programm zu besitzen. Anwender müssen auch über ihr verwendetes Betriebssystem Bescheid wissen und ein Desktop-Publishing-Programm beherrschen, wie z.B. Pagemaker, Ventura Publisher oder Word.

Mit BIBLIOGRAMM wurden von 1980-1992 vom Programmverfasser 24 Bände Bibliographien hergestellt. Durch den Echteinsatz beim Programmentwickeln war es möglich, laufend Verbesserungen und Erweiterungen einzubauen, die sich aus der täglichen Arbeit als notwendig und sinnvoll erwiesen.

Retrospektive Katalogisierung und Konversion

Konversion von Altdaten mittels Scanner und Import in BIBOS

Helmut W. Lang, Walter Gaul, Eduard Ratzer und Christa Reich

Die Präsentation stellt eine Weiterführung des Projekts dar, das bereits vor zwei Jahren, anläßlich des Bibliothekartages in Bregenz, vorgestellt wurde. (Vgl.: Karl F. Stock, Helmut W. Lang und Eduard Ratzer: „Altdatenumsetzung in maschinenlesbare Katalogisate - ein Projekt der Firma Mikroform mit Scanner und Kategorisierung". In: Der Österreichische Bibliothekartag 1990. Bibliotheken mit und ohne Grenzen: Informationsgesellschaft und Bibliothek. Hrsg. von der Vereinigung Österreichischer Bibliothekare. Biblos-Schriften. 154 S. 465-470.) Gezeigt wurden damals das Scannen von Katalogkarten, die Übernahme der Daten in ein ASCII-File und das Kategorisieren dieses Rohtexts.

Die Weiterführung des Projekts konzentrierte sich auf die spezifischen Gegebenheiten des sogenannten „Alten Katalogs" der Österreichischen Nationalbibliothek. (Zur Geschichte und zum derzeitigen Bearbeitungsstatus dieses Nominalkatalogs der Druckschriften von 1501 - 1929 vgl. : Monika Hoxha, Brigitte Mersich, Hans Petschar und Johanna Thiel: „Der Alte Katalog der Österreichischen Nationalbibliothek in Vergangenheit, Gegenwart und Zukunft" im vorliegenden Tagungsband.)

Folgende Verbesserungen bzw. Bearbeitungsoptionen für die Konversion des Nominalkataloges 1501-1929 der ÖNB können vorgestellt werden:

1) Optimierung des Scanning-Verfahrens in Zusammenarbeit mit der Firma Improx

2) Kategorisierung des ASCII-Files nach RAK und Übertragung in die entsprechenden im Bibliothekssystem BIBOS vorgesehenen Datenfelder

3) Überarbeitung der bereits erfolgten Beschlagwortung des „Alten Katalogs" nach dem Regelwerk „RSWK"

4) Erörterung der Möglichkeiten eines Einsatzes von neuronalen Netzen bei der Kategorisierung

Ad 1) Scanning-Verfahren

Der „Alte Katalog" der Österreichischen Nationalbibliothek liegt in Form eines einheitlich geschriebenen Zettelkatalogs vor, der sich mittels Scanning sehr gut verarbeiten läßt. Die Firma Mikroform hat inzwischen in Zusammenarbeit mit der Firma Improx ein Verfahren entwickelt, das sich genau auf die Schrift des vorliegenden Katalogs einstellen läßt und dementsprechend eine schnellere, gezieltere und weniger fehleranfällige Verarbeitung bringen kann. Außerdem konnte eine wesentliche Beschleunigung beim Scanning-Vorgang erzielt werden. Inzwischen ist es möglich, das Scannen und das Nachbehandeln des Rohtextes so zu trennen, daß die wesentlich zeitaufwendigeren Arbeiten der Zuweisung und der Fehlerkorrektur auf mehrere Arbeitsplätze aufteilbar sind. Das Scannen selbst ist mit Spezialscannern schon mit einer Geschwindigkeit von 40 bis 60 Karteikarten pro Minute möglich, inklusive dem Abspeichern auf ein Medium, das dann die weitere Verarbeitung und eine Verteilung auf mehrere Computer zuläßt. Gegenüber dem früher beim Scannen notwendigen händischen Auflegen jeder einzelnen Katalogkarte ist also eine wesentliche Beschleunigung erzielbar, was sich auch im Preis auswirkt.

Der durch das Scannen und die Übernahme in ein ASCII-File entstandene „Rohtext" kann bereits in eine Volltextdatenbank übernommen und/oder mit den passenden Suchmedien auf einer CD-ROM zugänglich gemacht werden. Für die UB Innsbruck wurde bereits probeweise eine solche Volltextdatenbank erstellt, mit der eine grobe Textsuche möglich ist. Stopwörter sind bei der Suche selbstverständlich ausgeschlossen.

Ad 2) Kategorisierung

Der „Rohtext" kann in einem nächsten Schritt durch Fachkräfte kategorisiert werden. Bei dieser Präsentation erfolgt dies mit einem speziell von der Firma Mikroform entwickelten Programm auf einem PC mit Windows-Oberfläche. Der Rohtext wird im MAB 1-Format in die Kategorien gegliedert, die RAK bzw. BIBOS für Titelaufnahmen vorsehen. Nach diesem Vorgang kann eine Übernahme der Katalogisate in das Bibliothekssystem BIBOS erfolgen, allerdings bedarf es dazu auch noch der im Verbundkatalog vorgeschriebenen Sacherschließung durch RSWK.

Ad 3) Sacherschließung nach RSWK

Seit über 20 Jahren wird an der ÖNB mit einem hauseigenen Regelwerk am sogenannten „Alten Schlagwortkatalog" gearbeitet. Die Bearbeitung wird voraussichtlich Ende 1993 abgeschlossen sein, sodaß zu diesem Zeitpunkt der gesamte Druckschriftenbestand der Erscheinungsjahre 1501-1929 durch einen konventionellen Zettelkatalog inhaltlich erschlossen ist. Bei der Eingabe der Aufnahmen in BIBOS müßten diese Schlagwörter und Schlagwortketten nach den „Regeln für den Schlagwortkatalog" umgearbeitet werden.

Ad 4) Methoden in der Retrospektiven Katalogisierung: Einsatz von Neuronalen Netzen.

Methoden in der Retrospektiven Katalogisierung: Einsatz von Neuronalen Netzen

Christa Reich

Es soll hier eine Methode skizziert werden, wie unstrukturierte Daten, die z.B. von Katalogkarten eingescannt wurden, ohne händische Katalogisierung aufgegliedert werden können.

Es handelt sich hierbei um den Einsatz von Neuronalen Netzen, die auf der Basis der Mustererkennung arbeiten. Der Vorteil liegt in der raschen Identifizierung komplexer Strukturen, die verglichen und zugeordnet werden.

Einer Fachzeitschrift zufolge arbeiten heute weltweit ca. 10.000 Fachleute im Gebiet der Neuroinformatik. Sie ist deshalb von großem Interesse, da Neuronale Netze bestimmte Aufgaben bis zu 100.000 mal schneller als der Computer lösen können.

Wie arbeiten neuronale Netze?

Neuro bzw. neuronal leitet sich aus dem Neuron (Nervenzelle), speziell den Hirn-Neuronen ab. Menschen können aufgrund ihrer Erfahrungen rasch Zusammenhänge erkennen, auch wenn diese undeutlich sind. Zum Beispiel kann der Sinn eines Satzes erfaßt werden, obwohl einzelne Wörter unbekannt sind oder nicht verstanden werden. Die Informationstechnik versucht seit nunmehr vier Jahren, diese menschliche Denkleistung nachzubilden. Das Gehirn stellt sich als paralleler Rechner mit Neuronen als Verarbeitungseinheit und einem dichten Leitungsnetz mit chemisch-elektrischen Impulsen dar, und es ist imstande, diese Impulse systematisch zu verändern (zu gewichten).

Das Netz „lernt", indem die Gewichtung so verändert wird, daß die vorgelegten „Bilder" zu einem definierten Output führen. Es sollen z.B. verschieden geschriebene „A" immer den Output 1 bringen. Ist der Output ungleich 1, wird mit einer „Fehlerrückrechnung" die Gewichtung verändert. Bis das Gelernte auch wirklich stimmt, sind unter Umständen sehr viele Iterationen notwendig. Wenn aber das Netz trainiert ist, kann das Gelernte beliebig lang mit hoher Effizienz angewendet werden.

Beispiel:

Input sind 0 (=Mann) und 1 (=Frau). Als Output wurde definiert, daß 1 ein Paar (bestehend aus Frau und Mann) darstellt.

Ist der Input 0 und 0, ergibt das einen Output ungleich 1, das heißt, es handelt sich nicht um ein Paar. Dasselbe geschieht mit Input 1 und 1. Ist der Input jedoch 1 und 0, führt er zum Ergebnis 1, das heißt, die Bedingung ist erfüllt, es handelt sich um ein Paar.

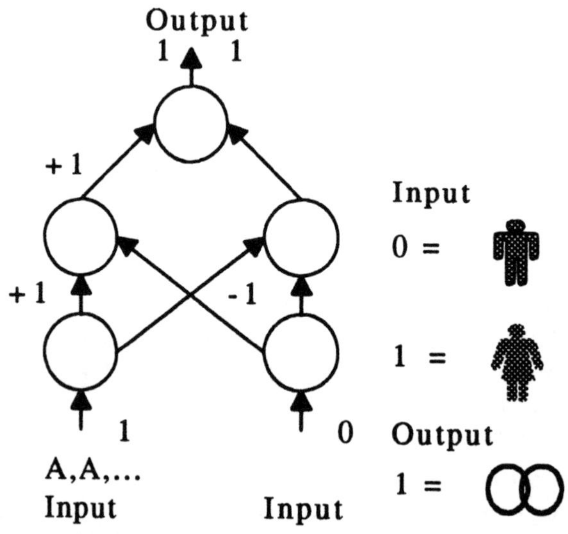

Abb 1. Beispiel eines einfachen Neuronalen Netzes.

Der Unterschied zwischen Neuronalen Netzen und herkömmlichen Programmen liegt in der unterschiedlichen Verarbeitung: ein Programm arbeitet sequentiell nach bestimmten Algorithmen (Funktionen), ein Neuronales Netz „erinnert“ sich, es arbeitet parallel (Daten) und ist ungleich schneller.

Es gibt heute noch keine Neurocomputer am Markt, da die komplizierte Fertigung enorm kostenintensiv ist. Es werden deshalb Neuronale Netze mit Simulationssoftware auf normalen Computern nachgebildet.

Die Anwendungen erstrecken sich auf die Bereiche

* Hören gesprochener Texte und Ausgabe im Druck

* Maschinelles Identifizieren von Fingerabdrücken

* Gesichtserkennung

* Überwachung von industriellen Fertigungen

* Risikoabschätzung bei Bankkrediten.

Einsatz Neuronaler Netze zur Kategorisierung
Ausgangspunkt ist ein unstrukturiertes Textfile.

536.922-A

Steven, Maria-Stanisla

Gott und die Wahrheit. Lebensbild der Konvertierten... Agnes Freifrau von Hermann geb. von Retberg-Wettbergen. (etc.)

Freiburg i. Br., Herder 1920

Abb. 2 Zerlegen in logische Felder

Ein Programm zerlegt nach bestimmten Regeln das Katalogkärtchen in logische Felder. Bei diesen Regeln handelt es sich um ganz allgemeine, nicht bibliothekarische Anweisungen. Zum Beispiel: eine Leerzeile kennzeichnet das Ende des Feldes 1, eine Interpunktion das Ende des Feldes 2, etc. Der Feldinhalt, das heißt, ob es sich hier um einen Autor oder eine Signatur handelt, ist in dieser Phase völlig unwichtig.

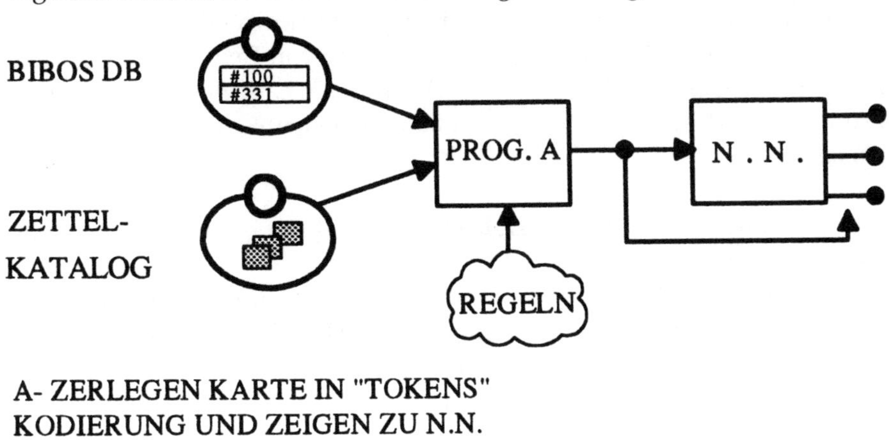

Abb. 3 Phase 1: Lernen

Das Netz wird nun trainiert, indem ihm „Bilder" gezeigt werden. Bildlich gesprochen wird dem Neuronalen Netz eine BIBOS-Katalogkarte mit der folgenden Information gezeigt: bei diesem Feld handelt es sich um einen Autor, Kategorie 100, dieses Feld enthält den Hauptsachtitel, Kategorie 331 usw. Das Ergebnis dieser Lernphase ist ein trainiertes Netz.

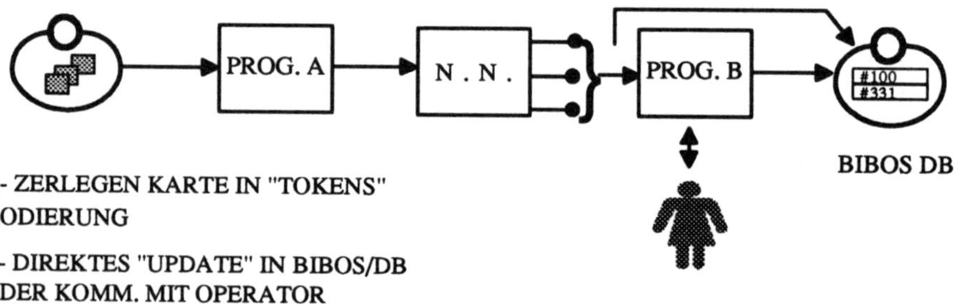

Abb. 4 Phase 2: Bearbeitung

Der Output der Verarbeitung des Neuronalen Netzes wird - vereinfacht dargestellt - über ein Programm in BIBOS eingebracht. Liegt das Ergebnis unter 100%, ist ein interaktiver Dialog notwendig, das bedeutet das Eingreifen des Menschen bei der Zuweisung von Texten zu Kategorien. Beim Einbringen der Daten in BIBOS müssen natürlich umfangreiche Prüfungen und Abgleiche vorgenommen werden, um ein korrektes Ergebnis zu erzielen.

Abschließend noch ein Vergleich zur Arbeitsweise und Effizienz von Neuronalen Netzen:

Ein Katalogisierer, der nicht Schwedisch kann, ist aufgrund seiner Erfahrungen dennoch imstande, ein schwedisches Buch zu katalogisieren.

Ein Katalogisierer, der nicht Japanisch kann, wird nicht in der Lage sein, die japanischen Schriftzeichen in lateinische zu übetragen und den Inhalt zu kategorisieren.

Das Projekt „Retrokat“ Entwicklung und Erprobung von Arbeitsverfahren zur Ermittlung der Kostenhöhe und Kostenverteilung bei der retrospektiven Katalogisierung

Günter Beyersdorff

Tonbandprotokoll

Meine sehr verehrten Damen und Herren, liebe Kolleginnen und Kollegen. Zunächst einmal möchte ich mich ganz herzlich für die Einladung zum Österreichischen Bibliothekartag nach Eisenstadt bedanken. Als ich in Bochum, beim Deutschen Bibliothekartag in diesem Jahr, auch über dieses Projekt „Retrokat“ berichtet habe, konnte ich nur über die methodischen Ansätze referieren und mit Beispielen arbeiten, denn die Endergebnisse des Projekts waren dem Auftraggeber, der ja schließlich das erste Recht darauf hat, noch nicht bekanntgegeben. Das ist inzwischen geschehen, sodaß ich Ihnen heute auch die endgültigen Ergebnisse unserer Untersuchung mit Auswirkung auf die weitere Planung vorstellen kann.

Aufgabenstellung

Ende der 80er Jahre hatte der Wissenschaftsrat, das oberste Beratungsgremium für Fragen von Wissenschaft und Forschung in der Bundesrepublik, Bund und Länder aufgefordert, ein Programm aufzulegen, mit dessen Hilfe man diejenigen Titelaufnahmen von Publikationen mit Erscheinungsjahr 1945 und folgende, die noch in konventioneller, gedruckter Form vorliegen, in maschinenlesbare Daten umwandeln sollte. Denn es war offensichtlich, daß in einer Zeit, in der Verbundsysteme großen Ausmaßes entstehen, der Benutzer sich nicht mit dem zufrieden geben wird, was nur durch Zufall, nämlich durch den Beginn der EDV-Katalogisierung, in maschinenlesbarer Form nachgewiesen wird. Der Wissenschaftsrat gab einige Empfehlungen grundsätzlicher Art, so z.B. aus Kostengründen nur mit Konversion und nicht mit Rekatalogisierung zu arbeiten und weitgehend Fremddaten zu nutzen. Er machte auch eine pauschale Aussage über die mögliche Kostenhöhe, nämlich 150 Millionen DM für das gesamte Programm, bei einer geschätzten Projektdauer von zehn Jahren.

Aber schon zu diesem Zeitpunkt war klar, daß diese Zahlen wirklich nur ein ungefährer Anhaltspunkt sein konnten. Denn in der Fachliteratur über Retrokonversion und Rekatalogisierung finden sich nämlich viele Aufsätze und Untersuchungen über die Technik, auch über die bibliothekarischen Wünsche und Anforderungen, aber es findet sich kaum Literatur über die Kosten. Bei diesem Volumen interessieren natürlich vor allem die Kosten, sodaß der Geldgeber den Startschuß für ein solches Programm erst dann geben kann, wenn er weiß, was insgesamt auf ihn zukommt. Deshalb hat der Bundesminister für Bildung und Wissenschaft in Bonn dem Deutschen Bibliotheksinstitut den Auftrag gegeben, genauer zu untersuchen, welche Kosten bei einem solchen Programm und alternativen Arbeitsmethoden auf Bund und Länder zukommen würden.

Der Auftrag zu dieser Untersuchung wurde im Sommer 1989 gestellt, und die Mittel dafür in der Größenordnung von etwa 1,1 Millionen DM auf zwei Jahre gerechnet, standen uns ab Herbst 1989 zur Verfügung. Herbst 1989. Sie wissen, was sich dahinter für uns verbirgt. Das ist nämlich genau der November 1989 mit der „Wende", und die ist, glücklicherweise muß ich sagen, auch am Deutschen Bibliotheksinstitut und am Bibliothekswesen nicht spurlos vorbeigegangen. Das heißt, sämtliche Veränderungen, Erweiterungen, organisatorischen Umstellungen unseres Instituts mußten zur selben Zeit durchgeführt werden, in der diese Untersuchung stattfand. Das war eine Erschwernis für die Untersuchung, aber eine, die, wie Sie sich denken können, leicht tragen ließ.

Bei diesem Projekt haben wir in vielen Fällen auch methodisch Neuland beschritten, denn es mußten wirtschaftswissenschaftliche und sozialwissenschaftliche Überlegungen verknüpft mit den Techniken, die heute über den PC beispielsweise verfügbar waren, in die Untersuchung miteinfließen und zu ihrem Nutzen eingesetzt werden. Die Fragestellung, um die es geht, ist ganz simpel. Und die Antwort, die die Politiker haben wollen, ist auch wieder ganz simpel. Dazwischen liegt allerdings ein sehr komplexer, komplizierter Weg mit vielen einzelnen Ausfächerungen von Detailergebnissen, die, das ist eben die Schwierigkeit bei dem Projekt gewesen, irgendwann auch wieder zu der Aussage zusammengefaßt werden mußten, auf die alle eigentlich gewartet haben. Die Ausgangsfrage ist, was müssen Bund und Länder insgesamt an Geld aufwenden, um alle heute noch konventionell vorhandenen Titelaufnahmen von Publikationen ab 1945 in wissenschaftlichen Bibliotheken der Bundesrepublik, also hauptsächlich in Universitätsbibliotheken, in maschinenlesbare Form umzusetzen und, das ist ganz wichtig, in die regionalen und überregionalen Nachweisinstrumente zu bringen.

Kostenfaktoren

Wenn man sich überlegt, wovon diese Fragestellung, die Höhe der Kosten und die Verteilung im einzelnen beeinflußt wird, lassen sich einige Faktoren sehr gut und genau voneinander trennen. Das ist einmal natürlich die *Ausgangsmenge der Titelkarten*, die vorhanden ist. Es ist aber auch die *Beschaffenheit des Titelmaterials*, sowohl von der technischen Beschaffenheit, der Lesbarkeit als auch von der Vollständigkeit her gesehen. Es spielt die Frage eine Rolle, wieviele vorhandene *maschinenlesbare Daten* übernommen werden können. Es ist schließlich auch die *Konversionsmethode*, (Scanning, Einlesen, Abschreiben, Online-Recherchieren) sehr wichtig, um die Gesamtsumme pro Verfahren an Kosten in Betracht zu ziehen. Letztlich ist auch ein Faktor zu bedenken, der häufig bei aller technischen Begeisterung vergessen wird, die *Qualität des Endprodukts*. Das sind im Grunde die wesentlichen Einflußfaktoren für die Kostenhöhe.

Wir haben für die beiden ersten Fragestellungen eine bundesweite Erhebung bei den Bibliotheken gemacht, wir haben bei der Frage Fremddatennutzung Treffertests in Datenbanken, die zur Verfügung stehen, durchgeführt, wir haben schließlich, und das hat den größten Teil der Kosten verursacht, Konversionsmethoden in Bibliotheken vor Ort unter Produktionsbedingungen getestet, also mehrere 10.000 bis 100.000 Daten in maschinenlesbare Form umgesetzt. Die Kosten schließlich sind durch eine betriebswirtschaftliche Kostenrechnung ermittelt worden, und die Qualität ist anhand eines Qualitätsrasters beurteilt worden. Interessant ist, natürlich nun besonders mit Blick auf den folgenden Vortrag, welche Arbeitsverfahren im einzelnen getestet worden sind (vgl. Abb.1).

Untersucht wurden folgende Verfahren: Zwei reine Offline-Verfahren, also ohne Verbindung zur Verbunddatenbank, weiters Verfahren mit Scannen von Titelaufnahmen, aber mit dem wichtigen Zusatz, unter Einsatz von Wissensbanken zur automatischen Korrektur und Verbesserung der Titelaufnahmen. Bei der Bearbeitung wurden also Datenbanken dahinter geschaltet, die den eingelesenen Text korrigiert haben, beispielsweise wenn Schreibfehler aufgetreten sind. Wenn in der Datenbank eine bessere Titelaufnahme dafür gefunden worden ist, wurde sogar die Titelaufnahme ersetzt. Dieses Verfahren geht also weit über das reine Einlesen hinaus. Das nächste Verfahren: manuelle Datenerfassung, etwas, was auch die Firma Saztec, die hier vertreten ist, beispielsweise macht. Dann gibt es zweistufige Verfahren, zuerst Online-Recherchen, danach werden nicht gefundene Titelaufnahmen entweder in die Verbunddatenbank hineingeschrieben oder über Fremddaten übernommen. Das sind die nächsten drei und ein reines Onlineverfahren, bei dem in direkter Verbindung zur Verbunddatenbank recherchiert wird, ob die Aufnahme, die man sucht, schon da ist, und wenn sie nicht da ist, wird sie im selben Wege in die Verbunddatenbank gleich hineingeschrieben.

Verteilung auf Länder, Verteilung auf Sprachen

Die Untersuchung wurde nach 1989 auch auf die neuen Bundesländer ausgedehnt. Wir hatten also Bibliotheken in 16 Ländern der Bundesrepublik und nicht wie ursprünglich im Projektantrag 11 zu erfassen. Wir stellten dabei fest, daß in den alten Bundesländern knapp 39 Millionen und in den neuen Bundesländern 12,8 Millionen Monographien vorhanden sind, deren Titelaufnahmen noch konventionell nachgewiesen sind, als ca. 52 Millionen Titelkarten (Abb.2). Wir haben das im einzelnen noch nach den Bundesländern aufgefächert (Abb.3), weil ja in Deutschland bei den Kosten zwischen Bund und Ländern eine Aufteilung stattfindet. Der Bund übernimmt nicht die gesamten Kosten, jedes Bundesland trägt höchstens die Kosten für seine Bibliotheken.

Eine weitere Auffächerung ergibt sich durch die Verteilung des Titelmaterials auf die einzelnen Sprachen (Abb.4). Aus einer ganz einfachen Überlegung heraus. Wir erwarten, daß spätestens in zwei Jahren sämtliche deutschsprachigen Titelaufnahmen ab 1945 von der Deutschen Bibliothek maschinenlesbar angeboten werden. Das heißt, in diesem Bereich haben wir eine Trefferquote von nahezu 100% für die deutschsprachigen Aufnahmen oder anders ausgedrückt, man kann alle diese Titelaufnahmen von der Deutschen Bibliothek übernehmen. Folglich interessiert zunächst, wie man auch die vergleichbaren Aufnahmen oder Verfahren für die ausländischen Titel erhält. Wir haben deshalb in Verfolgung unserer Untersuchung die Treffertests nur noch bei ausländischen Titelaufnahmen gemacht. Die Graphik erläutert die Verteilung der deutsch- und fremdsprachigen Titel in den Bibliotheken der alten und neuen Bundesländer: Ergebnis - „Sonstige Sprachen“ mit slawischen, speziell russischen, Titelaufnahmen sind in den neuen Bundesländern natürlich sehr viel mehr vertreten als in den alten.

Datenbanken für ausländische Titelaufnahmen

Zur nächsten Frage. Wieviele der Aufnahmen, um die es geht, kann man denn heute schon als maschinenlesbare Titelaufnahme aus vorhandenen Datenbanken übernehmen? Ich sagte Ihnen, bei den deutschsprachigen demnächst 100% und bei den fremdsprachigen kommen, das haben wir in unserer Untersuchung auch einfach so unterstellt, zunächst im wesentlichen zwei Verbundsysteme für die Lieferung von Fremddaten in Frage: Das ist zum einen natürlich unser DBI-eigenes System, der *Verbundkatalog maschinenlesbarer Daten*, der ja die regionalen Verbunddaten aus Deutschland in einem überregionalen System nachträglich noch einmal zusammenfaßt. Er wurde gerade mit 9,5 Millionen Titelaufnahmen neu produziert. Zum anderen das größte Verbundsystem der Welt, das System von OCLC *(Online Computer Library Center)* in den USA.

Wir haben von sieben verschiedenen Bibliotheken je 1.000 ausländische Titelaufnahmen ab 1945 gezogen und haben die Trefferquote zunächst beim OCLC getestet, mit erstaunlich guten Ergebnissen. Bei deutschen Bibliotheken in Ost und West von verschiedenster Typologie liegt die Quote bei 77,4%, egal ob es sich um alte, neue, geisteswissenschaftliche oder technische Bibliotheken handelt. Und diejenige Bibliothek, die noch die niedrigste Trefferquote hat, liegt immer noch bei 63,5%. Das ist die TU Dresden, ganz leicht erklärbar, dort ist hauptsächlich technische Literatur aus dem sogenannten Ostblock versammelt, und das ist natürlich in der OCLC-Datenbasis verhältnismäßig wenig nachgewiesen. Also von daher auch eine innere Plausibilität der Ergebnisse. Es wäre schön, wenn wir die OCLC Titelaufnahmen einfach in der vorliegenden Form in unsere deutschen Systeme übernehmen könnten. Aber wir haben uns im deutschsprachigen Raum für ein anderes Regelwerk entschieden, ebenso für ein anderes Erfassungsformat oder Datenaustauschformat, und die Probleme bezüglich nachträglicher Korrekturen, die daraus entstehen, sind leider nicht zu unterschätzen.

Wir mußten also zunächst unser deutsches System, den VK (Verbundkatalog) benützen. Da bestand allerdings zum Zeitpunkt der Untersuchung die Schwierigkeit, daß dieser VK noch gar nicht in der neuen Version vorlag, denn er wurde gerade erst produziert. Aber für unsere Aufgabenstellung war es natürlich sehr wichtig festzustellen, wie denn die mögliche Trefferzahl in diesem Instrument sein würde. Da der VK nichts anderes als die Summe aller Verbundsysteme in der Bundesrepublik ist, haben wir also diese 7.000 Titelaufnahmen in jedem einzelnen Verbundsystem getestet und die Ergebnisse zusammengetragen und dadurch hypothetisch den jetzt glücklicherweise vorhandenen VK schon vorher getestet. Zusätzlich konnte eine ganze Reihe anderer Fragestellungen untersucht werden, wie beispielsweise die Häufigkeit von Titeln in den einzelnen Verbundsystemen, die Deckungsgleichheit, die Frage, wie oft muß man in einem Verbundsystem recherchieren, um 90% dessen zu finden, was man sucht. All das konnte man mit dieser Methode noch zusätzlich erledigen.

Nun, leider sind die Trefferquoten im VK nicht so hoch wie bei OCLC. Und das ist auch erklärbar, da es sich ja um die ausländischen Titelaufnahmen handelt, bei den deutschen ist die Trefferquote wesentlich höher. Außerdem hat der VK, haben die deutschen Bibliotheken insgesamt, später als die Amerikaner mit der maschinenlesbarer Erfassung von Daten angefangen. Das heißt, in den letzten Jahren sind wir stärker, aber in den Jahren zuvor sind es die Amerikaner. Wir haben aber immerhin 53,6% der gesuchten Titel auch in unserem Instrument gefunden. Wenn in einem zweiten Schritt die Suche auch noch bei OCLC durchgeführt wird, erhält man durchschnittlich bei ausländischen Titeln etwa 85 bis 90% Treffer dazu.

Qualität der Titelaufnahmen

Nun zur Frage, ob das Suchergebnis dann tatsächlich auch in allen Fällen brauchbar ist. Diese Frage beantwortet uns die Untersuchung nach der Qualität der Titelaufnahmen, ein Problem, das lange Diskussionen mit den Kollegen und den Katalogexperten gebraucht und auch viele Mißverständnisse ausgelöst hat. Wir sprechen bei der Qualität von Titelaufnahmen auch von Fehlern und meinen damit die Punkte, die die Qualität mindern. Nun versteht man unter einem Fehler immer etwas, was jemand verursacht hat, woran jemand Schuld hat. Das wäre in diesem Fall nicht richtig. Wir haben von jedem Arbeitsergebnis, das bei jedem Verfahren erzielt worden ist, 1.000 Titelaufnahmen als Test gezogen und haben diese nach allen Anforderungen, die RAK stellt, und zwar bis in die Fußnoten hinein, beurteilt. Die Abweichung von den Anforderungen wurden dann als „Fehler" in Anführungsstrichen beurteilt.

Laut unseren Auswertungen sind von den untersuchten 1000 Titelaufnahmen beim Verfahren mit der geringsten Fehlerzahl immerhin noch 335 "Fehler" festzustellen. Es gibt aber auch Ergebnisse mit 1600 "Fehlern", also mehr Fehler als vorhandene Titelaufnahmen, d.h. es sind pro Titelaufnahme mehrere eingetreten. Also müßte man eigentlich graue Haare kriegen und sagen, wir müssen doch rekatalogisieren, aber wenn man es sich einmal ein bißchen genauer anschaut, dann muß man diese Ergebnisse einfach relativieren und sagen, was sind denn das für Fehler? Es sind zunächst die Fehler, und das ist der größte Bereich, „Angabe fehlt". Es wird nach RAK etwas gefordert, was nicht geliefert wird. Das ist natürlich völlig klar, daß bei Verfahren mit manueller Erfassung von der Titelkarte her nur das erfaßt wird, was auf der Titelkarte ursprünglich stand. Und da muß eben nicht alles stehen, was jetzt nach RAK gefordert wird. Das liegt nicht am Verfahren. Dann gibt es einen größeren Teil Schreibfehler. Diese Schreibfehler sind interessanterweise hauptsächlich bei Jahreszahlen passiert. Das ist nämlich der Bereich, der am schlechtesten zu korrigieren ist. Ob das 1984 oder 48 ist, kann man vom Titel her nicht feststellen, während wenn Namen falsch geschrieben sind, kann man das besser erkennen. Die Quote der Schreibfehler läßt sich reduzieren. Weitere Fehler: „Falsche Kategorie besetzt". Das tritt hauptsächlich bei mechanischen Umsetzungsverfahren auf.

Nach diesen Ergebnissen wird klar, daß wir einen solchen Qualitätsmaßstab, nämlich bei der Konversion einen 100%igen RAK-Standard zu bekommen, niemals aufrecht erhalten können. Aber man erhält die Ansetzungsform nach RAK, was vor allem für die Verbundsysteme wichtig ist. Denn das ist das ordnende Element, das verhindert, daß Doppelaufnahmen in den Verbundsystemen entstehen. Hier liegt also der Punkt, und hier sehen Sie, daß der Anteil an „Fehlern" relativ gering ist, jedenfalls viel geringer als der Anteil an den übrigen RAK-Anforderungen. Außerdem zeigen die Ergebnisse, daß bei Verfahren, die deutsche Daten umsetzen, weniger RAK-Fehler entstehen als bei der Übernahme von amerikanischen Daten und nachträglicher Überarbeitung in RAK, d.h. man muß sich ganz genau überlegen, ob die schnelle und leichte Übernahme der amerikanischen Daten nicht zum Teil aufgewogen wird durch den hohen Überarbeitungsaufwand, der anschließend aufgewendet werden muß. Was weitere Auswertungen betrifft, verweise ich Sie auf die Publikation des Berichts über das Projekt „Retrokat" in den DBI-Materialien.

Kostenermittlung

Die Ermittlung der Kosten war deshalb nicht leicht durchzuführen, weil in der öffentlichen Verwaltung normalerweise keine betriebswirtschaftliche Kostenrechnung geführt wird. Bibliotheken haben keine doppelte Buchhaltung, wir haben nicht das, was in einem Betrieb fast automatisch zu dem gesuchten Ergebnis führt. Trotzdem war für dieses Verfahren eine solche Berechnung zu entwickeln. Wir haben deshalb die einzelnen Arbeitsschritte in Portionen zerlegt, die von Verfahren zu Verfahren, wenn sie dann jeweils aufgetreten sind, auch gleichartig definiert sind, sodaß der Begriff Recherche bei jedem untersuchtenVerfahren von der Arbeitsweise und Menge her dasselbe meint. Wir haben eine Tabelle entwickelt, in der die einzelnen Arbeitsschritte und die einzelnen Kostenarten (Personal, Sachkosten etc.) aufgeführt werden (Abb.5-8). Dazu haben wir nicht die Geldgrößen ermittelt, sondern immer die Mengen, die Arbeitszeit, die Zahl der Kopien u.ä., um uns möglichst unabhängig von Preisschwankungen zu machen. Diese Berechnungen mit Geldangaben würden jetzt schon wieder ganz anders aussehen, denn inzwischen ist eine Tariferhöhung im öffentlichen Dienst eingetreten. Die Arbeitsmenge ist aber, bezogen auf das Verfahren, gleich geblieben. Mit einer Tabellenkalkulation kann dann sehr schnell der entsprechende neue Wert für die Geldgröße Personal eingegeben werden und man erhält den aktuellen Stand.

Es wurden im übrigen in der Berechnung auch die Personalkosten standardisiert, d.h. für eine bestimmte Qualifikationsstufe, z. B. Diplombibliothekar, wurde eine Durchschnittsgröße an Lohnkosten postuliert. Ebenso war bei den Gerätekosten ein plausibler Wert anzusetzen, unabhängig von der Nutzungsdauer oder den unterschiedlichen Anschaffungskosten.

Der letzte wichtige Punkt bei der Kostenerstellung war die Berechnung der Kosten bei der Übernahme der Titelaufnahmen in den Verbund. Bei den Offline-Verfahren erhält man eine große Menge Daten geliefert, hunderttausende von Daten beispielsweise von der Staatsbibliothek in Berlin - dieses Projekt wird übrigens vom DBI mitbetreut - die dann in das Online-Verbundsystem zu übernehmen sind. Leider ist eine 100%ige automatische Übernahme bisher technisch noch nicht möglich. Selbst ausgefeilte Verfahren zur Erkennung von Doppelaufnahmen können maximal 70% dessen abfangen, was tatsächlich Doppelaufnahme ist. Und 30% werden zunächst vom System abgewiesen oder als nicht erkennbar deklariert. Anschließend ist eine Bearbeitung durch einen Bibliothekar notwendig, der Titelaufnahme für Titelaufnahme einzeln in das Verbundsystem transferieren muß, jedenfalls nach der Technik, die heutzutage noch üblich ist. Daraus resultiert, daß bei den Verfahren „Online-Übernahme" oder „Erzeugung von Titelaufnahmen" die Gesamtkosten einen beträchtlichen Teil dieser Übernahmekosten in den Verbund beinhalten. Während natürlich die reinen Online-Verfahren keine weiteren Übernahmekosten in den Verbund verursachen, weil das ja beim Arbeitsvorgang Titelaufnahme für Titelaufnahme schon geschehen ist.

Unsere Studie liefert folgende Ergebnisse in zwei Stufen:

1) man findet einen Vergleich der getesteten und allgemein denkbaren Verfahren, mit der Möglichkeit, daß die einzelne Bibliothek auf ihre Situation bezogen entscheiden kann, was für sie die günstigste Lösung wäre.

2) dieser Verfahrensvergleich nach Kostenhöhe erlaubt es, das Gesamtprogramm für alle deutschen Bibliotheken hochzurechnen und damit genau die Ausgangsfragestellung des Wissenschaftsrats zu beantworten.

Zunächst zum Verfahrensvergleich. Wir haben dafür ein Raster entwickelt, in dem sämtliche Voraussetzungen, die alle Verfahren insgesamt erfordern, aufgelistet sind (Abb.9-13): Katalogvoraussetzungen, Zustand der Katalogkarten usw. Diese Voraussetzungen kann dann jede Bibliothek mit ihrer spezifischen Situation vergleichen und als Entscheidungshilfe für die Auswahl eines Konversionsverfahrens benützen.

Und jetzt kommt das, woran wir am längsten gearbeitet haben und was jetzt auf einer Seite Platz hat. Das sind die Kosten, die pro Titelaufnahme bei den einzelnen Verfahren entstanden sind (Abb.14). Es sind Vollkosten, d.h. die tatsächlich entstandenen, vom Beginn des Arbeitsprozesses bis zur Übernahme in den Verbund.

Bei der Berechnung dieser Kosten werden auch die Ausgaben für Planung und Koordinierung einbezogen. Es ist allerdings sinnvoll, bei dem hier vorliegenden Verfahrensvergleich dann auf ihre Berücksichtigung zu verzichten, wenn eine relativ geringe Menge von Titelaufnahmen bearbeitet wurde. Kosten für Planung sind fix, d.h. sie entstehen unabhängig von den jeweiligen Mengen. Da die Mengen in den Verfahrensvergleichen gleich waren, würde der Fixkostenanteil bei geringeren Mengen den Vergleich verzerren.

Aus dem Vergleich ist ersichtlich, daß die Offline-Verfahren (das Scannen und das Erfassen der vorliegenden Aufnahmen) die niedrigsten Verfahrenskosten verursachen. Allerdings läßt sich nur ein Teil der vorliegenden Aufnahmen scannen, und nur ein Teil ist geeignet zur Erfassung, sodaß auch die Verfahren zur Online-Konversion in die Betrachtung einbezogen werden müssen.

Zunächst einmal haben die beiden Offline-Verfahren die Nase vorn: Tübingen/Compulex, d.h. das ist das Scanning-Verfahren mit den Wissensdatenbanken (4,14 DM pro Titelaufnahme), die Umwandlung, bei Krämer und München/DMP, das sind zwei Erfassungsfirmen, kostet es 4,50 DM bzw. 5,22 DM. Das Heidelberg/Grundmodell ist ein zweistufiges Verfahren, zunächst Recherche im Verbund und dann anschließend Umwandlung mit Offline-Verfahren. Da kostet es 7,73 DM pro Titelaufnahme, und das Verfahren in Freiburg mit 7,25 DM bzw. 5, 39 DM, wenn wir die Planungskosten nicht haben. Das ist das reine Online-Umwandlungsverfahren, also man arbeitet Stück für Stück im Dialog mit dem Verbundsystem. Nun ist ganz einsichtig, daß man nicht sagen kann, alle vorhandenen Titelaufnahmen sollen gescannt werden, weil das das billigste ist. Nach unseren Untersuchungen eignet sich nur ein gewisser Teil der vorhandenen Titelaufnahmen für das Scannen. Aus den unterschiedlichsten Gründen, ein großer Teil nicht.

Gesamtkosten der Konversion für Deutschland

Zu Berechnung der Gesamtkosten für Deutschland war eine weitere Überlegung ausschlaggebend. Da die Möglichkeit besteht, 100% der deutschsprachigen Aufnahmen von der Deutschen Nationalbibliothek, der Deutschen Bibliothek, zu übernehmen, was entscheidend normierend und arbeitsentlastend für überregionale Unternehmungen wirkt, mußten wir bei unseren Untersuchungen das Verhältnis zwischen deutsch- und fremdsprachigen Titeln erheben. In den alten Bundesländern sind 2/3 der Titelaufnahmen deutsch und 1/3 fremdsprachig. Wenn diese zwei Drittel von der DB übernommen werden, dann nach dem Verfahren Freiburg, das sich als das günstigste durch Recherche und Übernahme in den Verbund herausgestellt hat. Jede Bibliothek kann ihre lokalen Daten ankoppeln und dann in das Verbundsystem eingeben. Das sind 24,4 Millionen Titelaufnahmen, von denen eine 7,25 DM kostet, insgesamt also 176,9 Millionen DM. Von den ausländischen Titelaufnahmen können wir uns vorstellen, daß ein Drittel durch Scannen und durch manuelle Erfassung gut ohne Qualitäts- und Informationsverlust umgesetzt werden könnte und zwei Drittel auch wieder besser durch das Verfahren Übernahme von Fremddaten.

Wenn das so ist, kommen wir auf eine Gesamtsumme für die alten Bundesländer von 268,5 Millionen DM, gegenüber den ursprünglich vom Wissenschaftsrat geschätzten 150 Millionen DM (Abb.15). Also es ist doch etwas mehr. Und natürlich müssen wir dasselbe auch noch für die neuen Bundesländer berechnen, wo der Anteil der deutschsprachigen Aufnahmen höher ist, nämlich 3/4. Dadurch ergibt sich die Summe von 68,8 Millionen DM (Abb.16). Insgesamt ist also für die Konversion in deutschen wissenschaftlichen Bibliotheken die Summe von 359 Millionen DM für das gesamte Programm zu veranschlagen.

Ein weiterer Kostenfaktor, der bisher übersehen worden ist, sind die Kosten, die bei der anschließenden Verarbeitung in den Verbundsystemen entstehen. Man muß diese Daten nämlich speichern, weiter verarbeiten, ausgeben, für Recherchen zur Verfügung stellen. Das heißt, die Verbundsysteme müssen entsprechend ausgebaut werden, um diese Datenmenge auch aufnehmen zu können. Und da sind ebenfalls Untersuchungen durchgeführt worden mit dem Ergebnis, daß pro Titelaufnahme, die in ein Verbundsystem hineinkommt, zwischen 5.- - 7.50 DM Kosten entstehen, und die müssen Sie dazurechnen. Allerdings wären diese Kosten aber über das normale Verfahren zum Ausbau der Verbundsysteme in der Bundesrepublik ohnehin entstanden, und sie werden auch anders finanziert.

Fazit also: „Retrokat“ ist ein sehr anspruchsvolles Programm, das die tatsächlichen Kosten nach bestem Wissen und Gewissen für die Budgetberechnungen der Unterhaltsträger nachweist. Wir gehen allerdings davon aus, daß in einem Zeitraum von 10 Jahren von heute an, die Verbesserung der Verfahren, die wir jetzt haben, an entscheidenden Punkten noch stattfinden wird, sodaß wir diese Kostengröße als Obergrenze ansehen. Wir gehen davon aus, daß sie sich eher vermindert und nicht teurer wird, selbst wenn die Personalkosten steigen sollten. Wir werden weiterhin empfehlen, daß Bund und Länder sich dieses Programm in einem Prozentsatz von 50 : 50 teilen sollten, weil das ähnlichen Gemeinschaftsunternehmungen entspricht.

Es ließe sich zu den Ergebnissen noch sehr viel mehr sagen. Ich will einigermaßen in der Zeit bleiben. Ich hoffe, es ist mir gelungen, Ihnen darzustellen, daß wir an das Projekt nicht nur bibliothekarisch-technisch herangegangen sind, sondern auch wirtschaftswissenschaftlich-methodisch. Sie werden gesehen haben, daß das ein sehr komplexes Aufgabengebiet war. Sie werden aber vielleicht auch verstanden haben, daß es uns allen ganz großen Spaß gemacht hat. Vielen Dank.

Diskussion

Zotter-Straka (UB Graz): Ersucht um Erläuterungen zum Verfahrensvergleich und zum Verbundkatalog

Prof. Beyersdorff:

Wir ahnen schon, was auf uns jetzt nach der Untersuchung zukommt, nämlich die Frage, was sollen wir in unserer Bibliothek nach Ihrer Meinung tun. Und das werden wir in allen Fällen nicht beantworten wollen und können, wiewohl wir doch im DBI auf der Grundlage dieser Ergebnisse einen Beratungsdienst aufbauen. Was wir vorhaben, ist zunächst Hilfe zur Selbsthilfe zur Verfügung zu stellen. Das ist ganz wichtig. Denn von Berlin aus können wir nicht beurteilen, was in Tübingen, in Konstanz, in Leoben und anderswo vor Ort wirklich erforderlich ist.

Zum Verbundkatalog.

Die besondere Schwierigkeit ist ja, daß im Gegensatz zur Zeitschriftendatenbank im Verbundkatalog für Monographien nicht die primäre Katalogisierung stattfindet. Das heißt, wir spielen die Daten der Verbundsysteme, die uns offline geliefert werden, auf Magnetbändern nachträglich zu einem Katalog zusammen. Mit allen Schwierigkeiten der Erkennung von Doppelaufnahmen, Ausscheiden von nicht geeigneten Aufnahmen etc. Und auch mit dem Problem, daß natürlich dieser Katalog niemals so aktuell sein kann wie die Summe der Verbünde. Denn er wird einmal produziert und dann vergeht eine gewisse Zeit bis er wieder neu produziert werden kann. Wir haben bei dem jetzt produzierten Verbundkatalog zwei Zielsetzungen. Die erste ist, den Bibliotheken für den Leihverkehr einen möglichst vollständigen Nachweis zur Verfügung zu stellen und die zweite Zielsetzung ist, für die Retrokonversion in Bibliotheken eine brauchbare Datenressource zur Verfügung zu stellen, also ein genaues Katalogisierungsinstrument.

Für den Leihverkehr muß man alle Nachweise miteinbeziehen, auch wenn sie mit nicht besonders guten Titelaufnahmen verbunden sind. Denn den Nahverkehrsbibliothekar interessiert der Nachweis, in welcher Bibliothek das Buch zu bestellen ist und nicht so sehr, ob eine 100%ige RAK-Ansetzung vorhanden ist. Auch Doppelaufnahmen kann man nicht einfach eliminieren, wenn sie maschinell erkannt werden, weil man sie ja für den Leihverkehrsnachweis braucht. Diesen Leihverkehrsnachweis haben wir gerade produziert mit eben den 9,5 Millionen Nachweisen auf Microfiche. Er steht im Spätherbst auch als Online-Datenbank zur Verfügung, genau wie die Zeitschriftendatenbank in der Grips-Version.

Parallel dazu bauen wir eine Datenressource für die retrospektive Konversion auf mit der Zielsetzung, den Bibliotheken möglichst gute Titelaufnahmen mit möglichst wenig Doppelaufnahmen zur Verfügung zu stellen. Bei den Arbeitsverfahren der Online-Konversion von Titelaufnahmen geht es zeitmäßig um eine Größenordnung von 10 bis 11 Minuten pro Titelaufnahme. Wenn ich diese 10 bis 11 Minuten nur um eine Minute reduziere, habe ich 10% der Kosten gespart. Und das sind bei 300 Millionen kein Pappenstiel. Also auch in diesem Minutenbereich kann schon gespart werden. Man muß also ganz radikal alles eliminieren, was der Bibliothekar ohnehin nicht brauchen kann. Das sind beispielsweise ganze Gruppen von Daten, Altdaten, oder solche, die gar nicht nach RAK erfaßt sind. Und wir versuchen, immer die qualitativ beste Titelaufnahme zu erhalten, die im gesamten VK aufzufinden ist. Dadurch reduziert sich die Datenmenge. Diese Verbunddatenbank wird dann auch online den Bibliotheken zur Verfügung gestellt. Wir haben zusätzlich ein Verfahren entwickelt, bei dem Sie mit einer PC-Recherche im VK durch einfachen Knopfdruck ihre Titelaufnahme in das eigene Verbundsystem übertragen können. Auch das spart eine Menge Kosten. Diese Version wird um die Jahreswende verfügbar sein und dann laufend aktualisiert. Wir haben ursprünglich nur alle zwei Jahre an einen Neuaufbau gedacht, aber wir müssen, das sehen wir jetzt ganz deutlich, das doch anders machen und Neuaufnahmen kontinuierlich etwa alle zwei Monate einspielen.

Zur zweiten Frage, dem Vergleich von Verfahren. Eine Grunderkenntnis ist, daß man eben mehrere Gesichtspunkte im Auge behalten muß. Es geht nicht alleine nur um die Schnelligkeit des Verfahrens, sondern es geht auch darum, was passiert mit den Daten hinterher? Das muß beachtet werden. Also eben die Übernahmekosten in den Verbund. Wenn die sich so verhalten wie bei unserem Scanningprojekt auch, meine ich, ist das durchaus konkurrenzfähig. Was auf gar keinen Fall nach unseren Ergebnissen passieren sollte, wäre, eine Mischung von mehr als zwei Verfahren pro

Bibliothek vorzunehmen. In einem solchen Fall gibt es einen so großen Planungs- und Koordinierungsaufwand, daß die Gesamtkosten sehr stark ansteigen, selbst wenn die Kosten pro Titelaufnahme pro Verfahren relativ niedrig sind. Es ist dann immer erforderlich, die einzelnen Aufnahmen für das entsprechende Verfahren zu sortieren und sie nachher in diesen unterschiedlichen Qualitäten zusammenzubringen. Das ist sehr ungünstig, und gerade auch, wenn man Hilfskräfte einsetzt, nicht empfehlenswert. Zu Ihrer speziellen Frage: wenn es wirklich so ist, daß Sie qualitativ gute, im Sinne dieser Definition, die ich Ihnen vorgetragen habe, also bezüglich den Ansetzungen nach RAK, möglichst vollständige Titelaufnahmen haben, dann wäre das Scanningverfahren durchaus ein in Betracht zu ziehendes. Aber eben ein Verfahren, das nicht nur scannt, sondern auch vernünftig kategorisiert und das möglichst auch die Daten noch verbessert, möglichst viel automatisch an Fehlern abfängt. Da bin ich gespannt auf den folgenden Vortrag.

Dr. Stoll (BMWF): Frage zur Relation von Zeit- und Kostenaufwand

Prof. Beyersdorff:

Zu dieser wichtigen Frage kann ich Ihnen eine Graphik zeigen (Abb.17).

Es ist ja nicht nur so, daß für mich interessant ist, möglichst wenig Geld pro Titelaufnahme auszugeben, denn es kann ja sein, daß der Unterhaltsträger von mir verlangt, mit der Konversion der Daten innerhalb von drei Jahren fertig zu sein. Mehr Zeit gibt es aus irgendwelchen Gründen nicht. Ein Beispiel ist die Staatsbibliothek in Berlin, die ihre Konversion in einem möglichst kurzen Zeitraum abgeschlossen haben muß, weil sonst die Vereinigung der zwei Bibliotheken mit ihren zwei verschiedenen Katalogen überhaupt nicht durchgeführt werden kann. Nun ist es natürlich möglich, daß bezogen auf die Zeit ein Verfahren, das höhere Kosten pro Titelaufnahme hat, günstiger liegt als eines, das niedriger war. Das habe ich durch diesen Index versucht deutlich zu machen, indem die Kosten pro Tag für ein Verfahren der Leistung dieses Verfahrens pro Tag gegenübergestellt wurden. Also wieviel produziert dieses Verfahren Titelaufnahmen pro Tag, also wieviel produziert jenes Titelaufnahmen pro Tag. Und wenn man sich vorstellt, es gibt ein Verfahren, da entsteht in einer ganz bestimmten technischen Konfiguration 15.000 DM an Kosten und dieses Verfahren bringt mir 30.000 Titelaufnahmen und ich habe dann ein Verfahren mit 20.000 DM Kosten und 35.000 Titelaufnahmen, dann ist dieses Verfahren günstiger als jenes. Ich müßte mich dann also für dieses entscheiden, weil bezogen auf den Zeitraum, den ich zur Verfügung habe, ist dieses wirtschaftlicher als das andere.

Das ist ein ganz wichtiger Aspekt, den man sich klarmachen muß. Schauen Sie, wenn beispielsweise das Scannen so und soviel 10.000 Titelkarten pro Tag oder pro Woche erzeugt oder Titelaufnahmen verarbeitet, dann bräuchte ich, wenn ich das im Verbund in derselben Zeit machen wollte, vielleicht 30 Menschen und 30 PCs. Und das ist dann wahrscheinlich völlig unwirtschaftlich gegenüber dem anderen, weil in zwei Jahren habe ich die PCs noch gar nicht abgeschrieben. Ich muß eine Menge Raum anbieten für die 30 Leute, hätte ich dagegen 10 Jahre Zeit, bräuchte ich nicht 30 Leute und 30 PCs, sondern wesentlich weniger. Das Problem steckt dahinter. Und das muß also auch im einzelnen betrachtet werden, das haben wir auch mitbedacht.

HR Stock (UBTU Graz): Frage zur durchschnittlichen Arbeitszeit pro Titelaufnahme

Prof. Beyersdorff:

Wir haben nicht nur in Geld gerechnet, sondern auch in Zeiten. Und da ist ganz interessant, daß in Heidelberg, völlig in Unkenntnis dessen, was in der anderen Bibliothek passierte, für das reine Übernahmeverfahren Online-Recherche im Verbund, Anhänge von Lokaldaten, 11 Minuten pro Titelaufnahme herausgekommen sind. Zusätzlich gibt es eine Untersuchung von Dr. Wolfgang Müller aus München, wieder ganz unabhängig davon, der für das VD 17, das Verzeichnis der Drucke des 17. Jahrhunderts, auf 11,5 Minuten kommt, in denen eine Titelaufnahme nach Kontrolle in anderen Datenbanken und Katalogen zustande kommt. In Freiburg, in unserem Test, völlig unabhängig von Heidelberg, kam man auf 10,5 Minuten und zwar ohne daß auf die Leistung gedrückt wurde. Dort wußte man gar nicht, daß das in der Untersuchung eine Rolle spielen würde. Sie sehen also diese Zeitschätzung ist doch etwas präziser zu machen, als man das am ersten Blick meint. Wir haben auch noch eine andere griffige Zahl ausgerechnet. Wenn man alle Titelaufnahmen der alten Bundesländer in 10 Jahren manuell konvertieren wollte und zwar nach dem Verfahren Online-Recherche im Verbund, dann bräuchte man genau 1.000 Mitarbeiter in 10 Jahren.

Dr. Thiel (ÖNB): Konversion von Katalogen mit Beständen aus der Zeit vor 1945

Prof. Beyersdorff:

Mit Altdaten sind in unserer Untersuchung Daten im Verbundsystem gemeint, die erst maschinenlesbar erfaßt worden sind. Das können solche ab 1945 sein oder auch 1968, jedenfalls sind das Daten, die den heutigen Anforderungen nicht mehr entsprechen, was RAK betrifft oder sonstiges angeht, und die eliminieren wir, weil sie niemand übernehmen möchte. Sie meinen aber in Ihrer Frage die Altdaten vor 1945. Also erstens einmal hat eine andere Untersuchung, die wir durchgeführt haben, ergeben, daß 75% aller Publikationen in wissenschaftlichen Bibliotheken der Bundesrepublik nach 1945 erschienen sind und 25% davor. Man sieht schon, das Mengenproblem steckt vorerst in den Beständen nach 1945. Für die Kataloge zu den früheren Beständen macht die Deutsche Forschungsgemeinschaft ein großes Förderungsprogramm zur Konversion. In ausgewählten Bibliotheken, nämlich in solchen, die wirklich gutes Titelmaterial haben, sind die Leistungswerte und die Kostenwerte annähernd diejenigen, die wir auch ermittelt haben, weil es eben um eine reine Konversion geht und nicht um eine neue Katalogisierung. Es ist klar, wenn man einen Barocktitel neu katalogisieren wollte, bräuchte man wesentlich mehr Zeit als bei den im Vortrag gezeigten Beispielen. Aber bei dem Förderungsprojekt der Deutschen Forschungsgemeinschaft ist eben nur eine Konversion und nicht eine Neukatalogisierung vorgesehen. Also ist auch in diesem Fall kein so großer Unterschied zu den von uns erhobenen Kosten.

Der Bericht über das gesamte Projekt des Deutschen Bibliotheksinstituts erscheint 1993 unter folgendem Titel:

Retrokonversion: Konversion von Zettelkatalogen in deutschen Hochschulbibliotheken; Methoden, Verfahren, Kosten / Deutsches Bibliotheksinstitut. [Red.: Kirsten Weber].- Berlin: Dt. Bibliotheksinst., 1993 (Dbi-Materialien; 128)

Abb.1

Projekt "Retrokat" - Übersicht über die Teilprojekte

Teil-projekt	Ort	Test-menge	1.Schritt	2.Schritt	3.Schritt	Ver-bünde	DBI-VK
1	Heidelberg UB	ca.25.000 TA der UB	Recherche im SWB	Lokaldaten- und falls nötig Titeleingabe in den SWB (Direkterfassung), teilweise Konversion bei OCLC		U B E R	U B E R
2a	Tübingen	20.000 TA der UB	Einscannen	automatische Korrektur	Kategorisierung nach MAB	N A H M E	N A H M E
2b	Tübingen UB München UB	je 15.000 TA	manuelle Eingabe	Testmenge prüfen (UB)	Datenüberführung		
3	Heidelberg UB	30.000 TA der UB	Recherche bei OCLC, Konversion der Hits	Recherche der OCLC-Non-Hits im SWB	manuelle Eingabe der SWB-Non-Hits	IN DEN	IN DEN
4	Göttingen SuUB	4000 TA des ZK	Aufwandsbestimmung der Konversion über den ZK	Konversion mit der Fa. Utlas	Vergleich zur Konversion **einer** Bibliothek	V E R B	V K
5	Konstanz SWB		Standards zur Übernahme von offline-Daten	Entwicklung von ISBN-Abruf, Externformat-Schnittstelle, Kurztitelabruf und Codes zur Dublettenprüfung		U N D	
6	Berlin DBI		Ermittlung der Menge aller zu konvertierender Daten und der Katalogsituation in den Bibl. Erstellung von Beurteilungsrastern für die getesteten Verfahren, Einbeziehung **aller** entstehenden Kosten. Koordination der Teilprojekte.				

Abb.2

Konventionell nachgewiesener Bestand in Bänden ab 1945

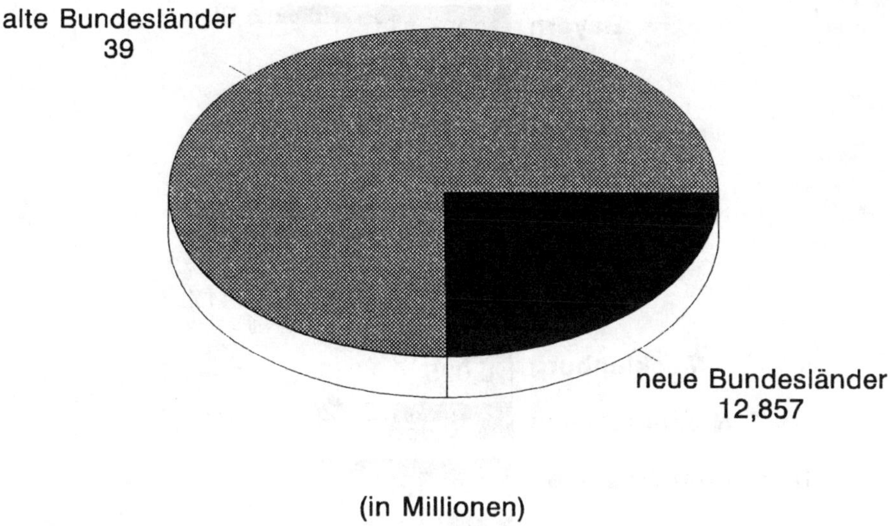

Quelle: Fragebogenauswertung Projekt "Retro-Kat"

Abb.3

Verteilung konventionell nachgewiesener Bestand ab 1945 in Bänden nach Bundesländern

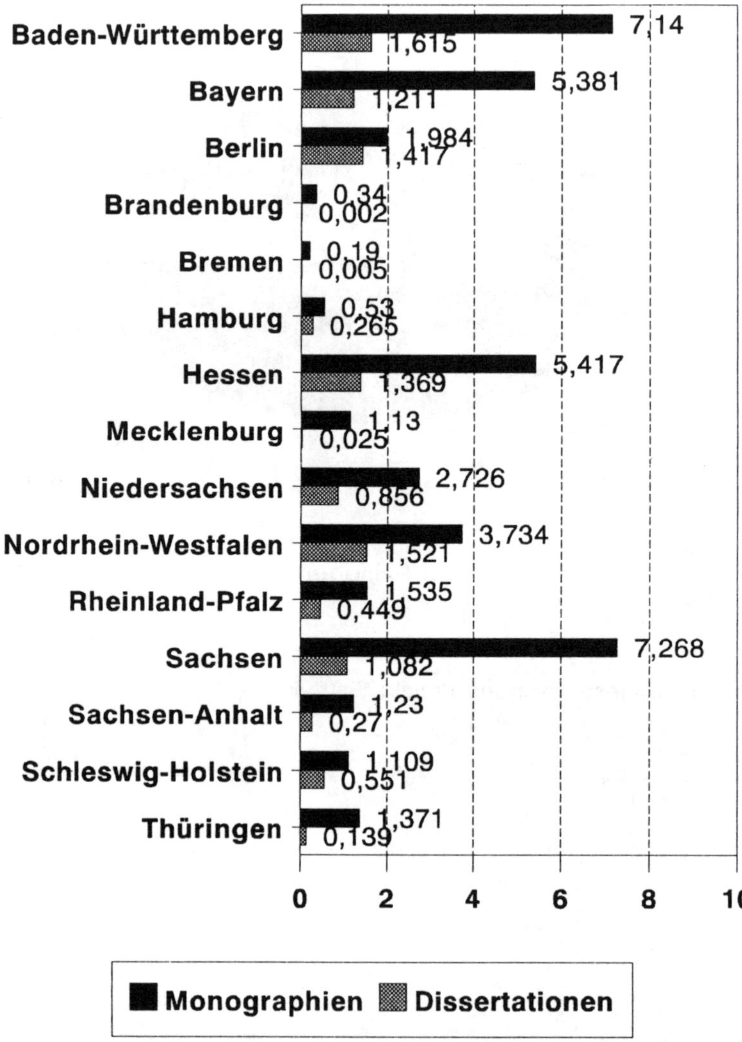

Quelle: Fragebogenauswertung Projekt "Retro-Kat"

Abb.4

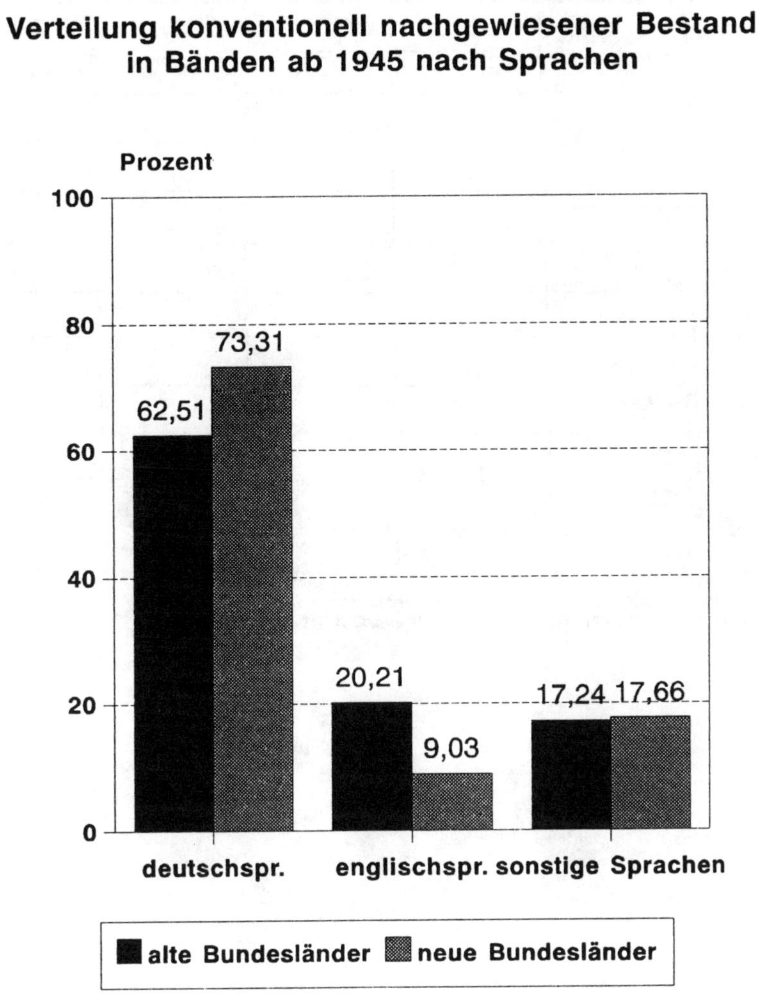

Quelle:Stichprobenauswertung Projekt "Retro-Kat"

Abb.5

	Arbeitsschritte / Aufwand (Personal- u. Sachbedarf)	Kostenhöhe b.d. retrospektiven Katalogisierung am Beisp.v. Teilprojekt 3 B. Auswahl, Kopie u. Versand v. 25.000 Kt. aus A-Berlin			
		Auswahl von 25.000 Karten	2 x kopiert u. markiert	Wiedereinlegen d. Karten i.d. Katalog	Begleitbrief u. Versand an OCLC
I. eigener	Leitungsebene (bitte d. Eingrupp. im.genau bezeichnen)				
Personal-	höherer Dienst od. entspr.				
bedarf	gehobener Dienst od. entspr.	30 Tage / A II		6 Wochen à 6 Std. = 22,5 Tage / A II	1 Std. / A II
	sonst. Hilfskräfte (Stundenlohn) z.B.studen. Hilfskr.,Honorarkräfte)		20,5 Tage / 13,-		
II. Fremdleistung Personal					
S	bitte diese Zeile freilassen				
III. eigener	Kopier- oder Druckkosten		5.000 Blatt/ DIN A 3		
Sach-	Telefon				
aufwand	Rechner- u. Übertragungskosten				
	Porto				2.500 Bl. in 2 Paket /Luftpost USA

(Beispiel für die Dokumentation einer Projektphase mit verschiedenen Arbeitsschritten im Teilprojekt 3 - UB Heidelberg/OCLC/DABIS)

Abb.6

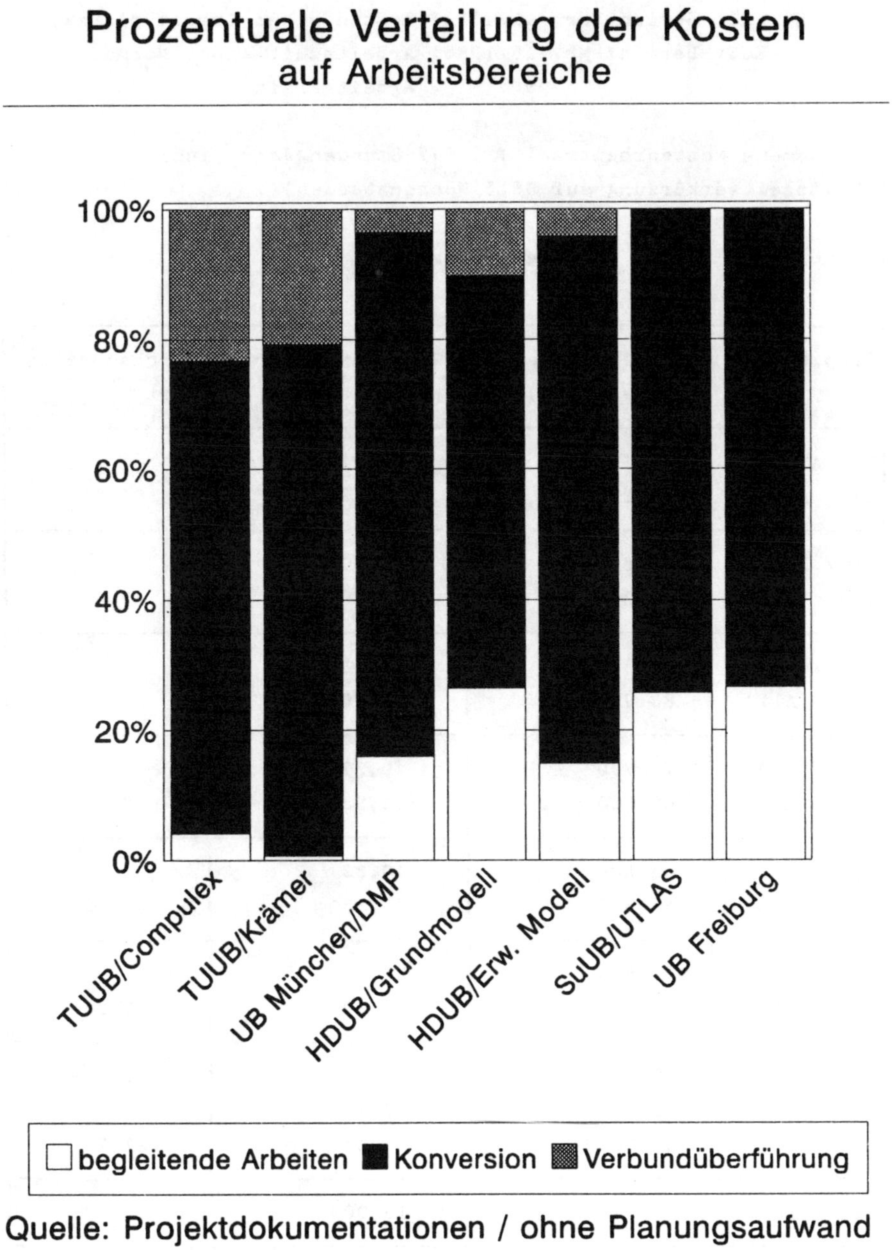

Quelle: Projektdokumentationen / ohne Planungsaufwand

Abb.7 **Berechnung der Personalkosten**

Quellen: KGSt-Bericht Nr. 11/1991: Kosten eines Arbeitsplatzes
KGSt-Bericht Nr. 16/1988: Arbeitszeit einer Normalarbeitskraft

angenommene Nettoarbeitszeit: 1.577 Stunden/Jahr (incl. Arbeitszeitverkürzung auf 38,5 Wochenstunden)

angenommener Tarif: Angestelltentarif

Gruppe	KGSt-Jahreswert (Angestellte)	KGSt-Stundenwert (bei 1.577 St.)	Durchschnittswert
I / A16	139.100	88,21	
Ia / A15	117.200	74,32	81,27
Ib / A14	109.600	69,50	
IIa / A13	97.300	61,70	65,6
III / A12	95.300	60,43	
IVa / A11	83.900	53,20	56,82
IVb / A10	77.700	49,27	
Vab / A9	67.700	42,93	46,1
Vc / A8	63.600	40,33	
VIab / A7	55.800	35,38	37,86
VII / A6	51.600	32,72	
VIII / A5	47.000	29,80	31,26
IXa -	48.500	30,76	
IXb	42.900	27,20	
X	39.800	25,24	27,73
Hilfskräfte		15,00	

Abb.8 **Kostenrechnung:**

Umrechnungsparameter für Sachkosten

Kostenanteile für Hardware

Die "Betriebsgewöhnliche Nutzungsdauer" (= Abschreibungszeitraum) von EDV-Anlagen allgemein beträgt bundesweit 5 Jahre (Auskunft der Oberfinanzdirektion Berlin, 11.02.1991)

	PC	CD-ROM Player	Siemens-Terminal mit Drucker
Anschaffungs-kosten (DM) (5 Jahre)	6.000	1.400	8.100
1 Jahr (DM)	1.200	280	1.620
1 Monat (DM)	100	23,3	135
1 Tag (DM)	3,3	0,78	4,5

Datenfernübertragungskosten

Die Kosten für einen WIN Anschluß (Deutsches Forschungsnezt) mit 64 Kbit/s Übertragungskapazität betragen zur Zeit pauschal, d.h. unabhängig vom übermittelten Datenvolumen, DM 5.000 pro Monat (DM 60.000 pro Jahr). Es wurde davon ausgegangen, daß diese Kosten von der Trägerinstitution (Bibliothek/Universität) übernommen werden. Deshalb wurden für die Konversionsprojekte keine DFÜ-Kosten angesetzt.

Telefon-, Fax-, Porto- und Versandkosten

wurden nach den Gebührenregelungen der Deutschen Bundespost (Stand: April 1991) ermittelt.

Kopien

wurden mit DM 0,11 pro Kopie (DIN A4 und DIN A3) angesetzt.

Reisekosten, zusätzliche Mieten und sonstige Kostenarten

wurden von den Projektbibliotheken in DM-Beträgen angegeben und mußten nicht mehr umgerechnet werden.

Kosten für Fremdleistungen

wurden als Gesamtbeträge eingetragen.

Abb.9

Vergleich getesteter Konversionsmethoden

A. Katalogvoraussetzungen (allgemein)

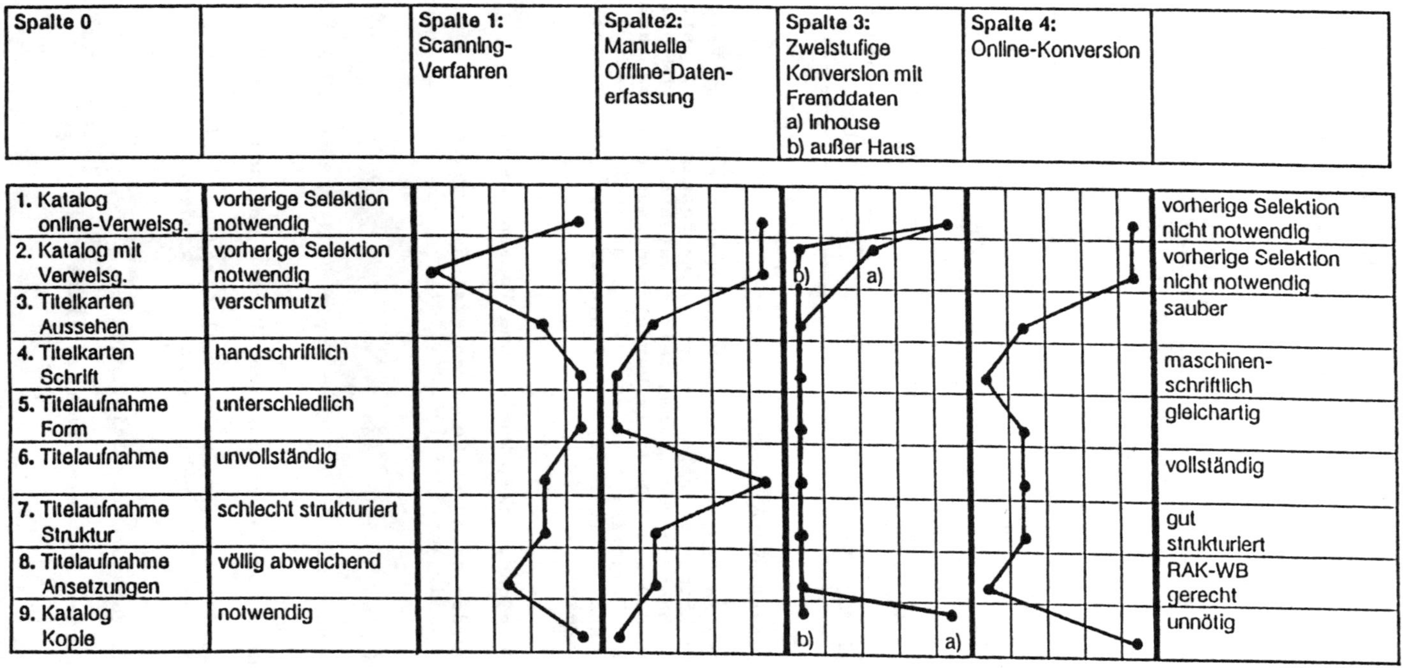

Abb.10

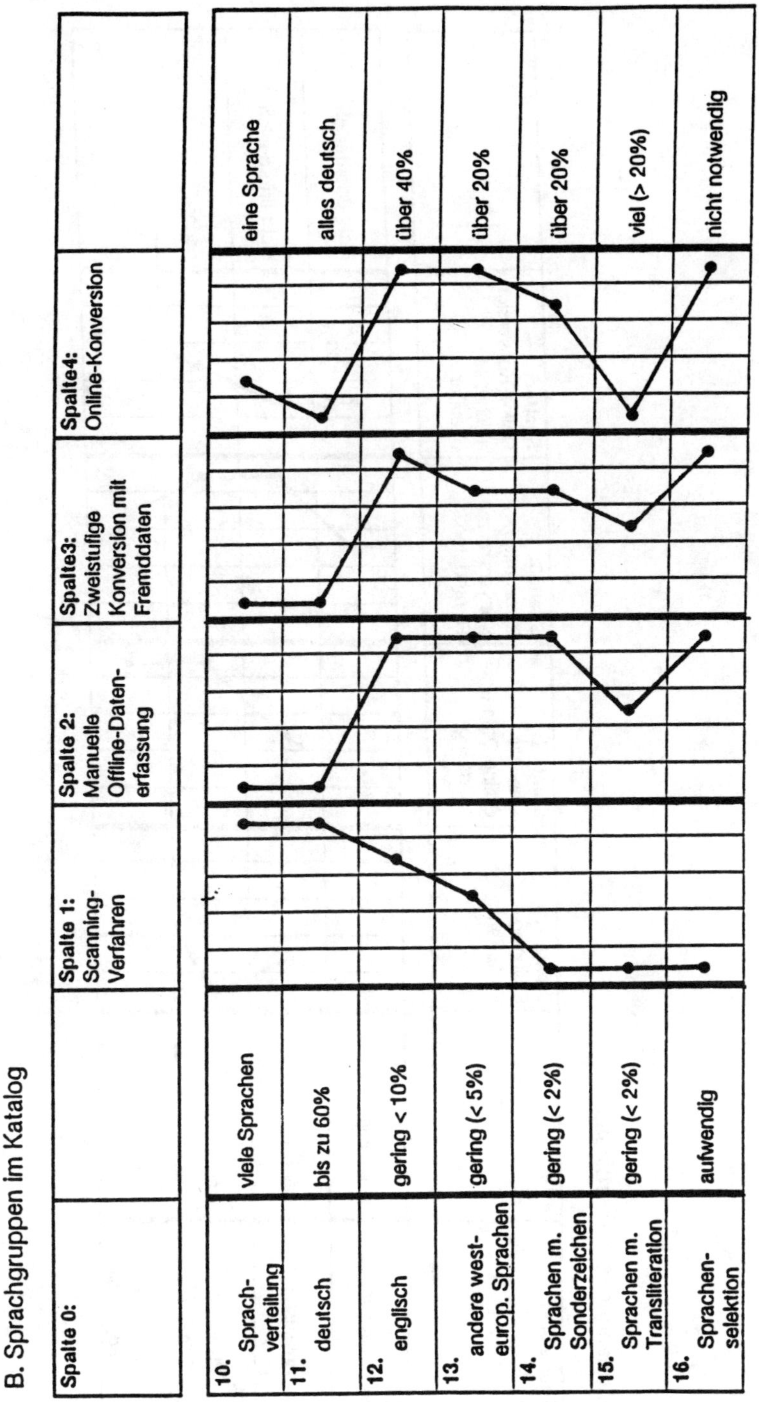
B. Sprachgruppen im Katalog
Spalte 0:
Spalte 1: Scanning-Verfahren
Spalte 2: Manuelle Offline-Datenerfassung
Spalte3: Zweistufige Konversion mit Fremddaten
Spalte4: Online-Konversion
10. Sprachverteilung
viele Sprachen
eine Sprache
11. deutsch
bis zu 60%
alles deutsch
12. englisch
gering < 10%
über 40%
13. andere westeurop. Sprachen
gering (< 5%)
über 20%
14. Sprachen m. Sonderzeichen
gering (< 2%)
über 20%
15. Sprachen m. Transliteration
gering (< 2%)
viel (> 20%)
16. Sprachenselektion
aufwendig
nicht notwendig

Abb.11

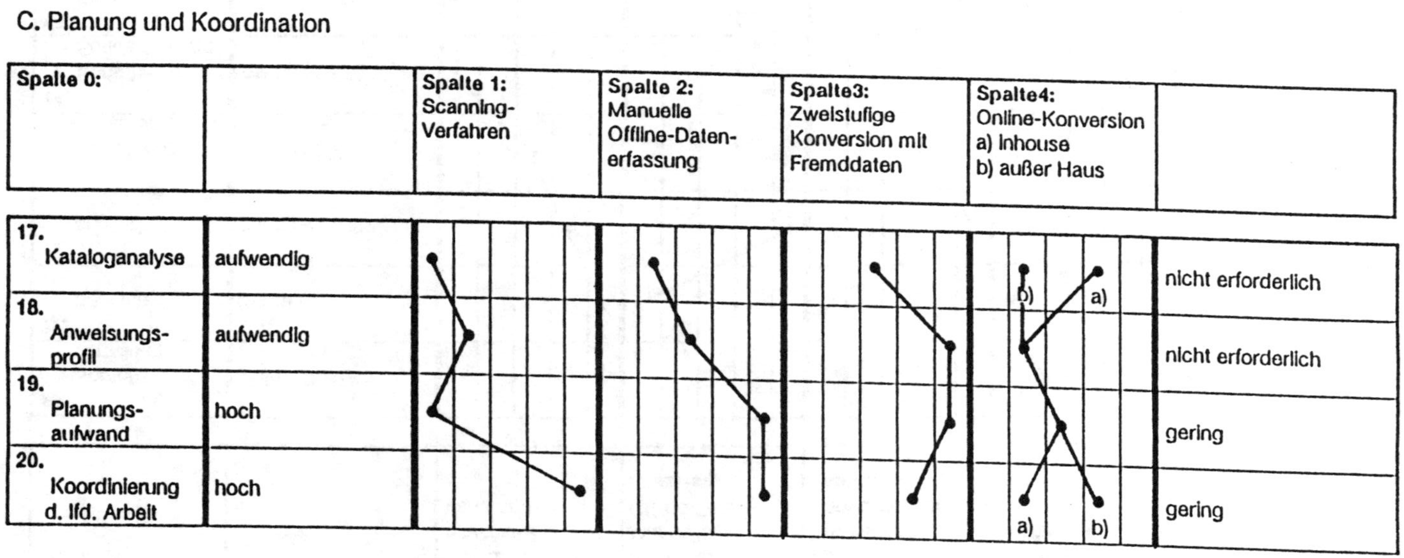
C. Planung und Koordination
Spalte 0:
Spalte 1: Scanning-Verfahren
Spalte 2: Manuelle Offline-Datenerfassung
Spalte3: Zweistufige Konversion mit Fremddaten
Spalte4: Online-Konversion a) Inhouse b) außer Haus
17. Kataloganalyse
aufwendig
18. Anweisungsprofil
aufwendig
19. Planungsaufwand
hoch
20. Koordinierung d. lfd. Arbeit
hoch
b)
a)
a)
b)
nicht erforderlich
nicht erforderlich
gering
gering

Abb.12

E. Qualitätsergebnisse

Spalte 0:		Spalte 1: Scanning-Verfahren	Spalte 2: Manuelle Offline-Datenerfassung a) Krämer b) DMP	Spalte3: Zweistufige Konversion mit Fremddaten a) OCLC b) UTLAS	Spalte4: Online-Konversion	
24. Gesamtfehler auf 1000 TA	über 1.500					unter 400
25. Fehlerfaktor pro Titelaufnahme	über 1,5 Fehler					unter 0,3 Fehler
26. Ansetzungen nach RAK-WB	viele Fehler (50%)					fehlerfrei
27. Falsche Kategorie	häufig (50%)					nie
28. Fehlende Angaben	häufig (50%)					nie
29. Schreibfehler	häufig (50%)					nie
30. Qualitätsstandard Retro 26 + 27)	nicht annähernd					vollkommen
31. Verbleibende Reste	hoch (> 30%)					keine Reste

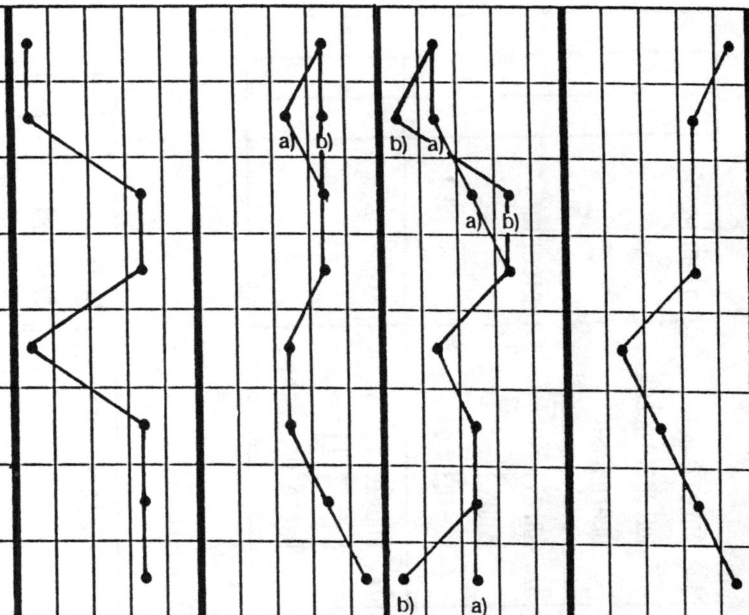

Abb.13

F. Verbund

30. Anteil der automatischen Übernahme	niedrig						hoch
31. Anteil der manuellen Übernahme	niedrig						hoch
32. Schwierigkeiten bei Offline-Daten-Übernahme	stark						gering

G. Kosten

33. Gesamtkosten pro TA	hoch (>15 DM)						niedrig (<2DM)

Abb.14

Kosten-Gesamtauswertung

Bibliotheken	Kostenaufwand (DM)	davon Planung	Gesamtkosten ohne Planung	Zahl d. konv. TA	Kosten/TA (ohne Planung)	Kosten/TA (mit Planung)
Heidelberg/ Grundmodell	275.711	3.621	272.090	35.676	7,63	7,73
Heidelberg/ erw. Modell	257.478	1.326	256.152	25.688	9,97	10,02
Tübingen/ Compulex	86.927	18.149	68.778	21.000	3,28	4,14
Tübingen/ Krämer	69.828	6.169	63.659	15.517	4,10	4,50
München/ DMP	92.865	27.549	65.316	17.789	3,67	5,22
Göttingen/ UTLAS	33.611	9.379	24.232	3.972	6,10	8,46
Freiburg	266.712	68.481	198.231	36.800	5,39	7,25

Abb.15

Richtwert für die Gesamtkosten des Konversionsvorhabens (Alte Länder)

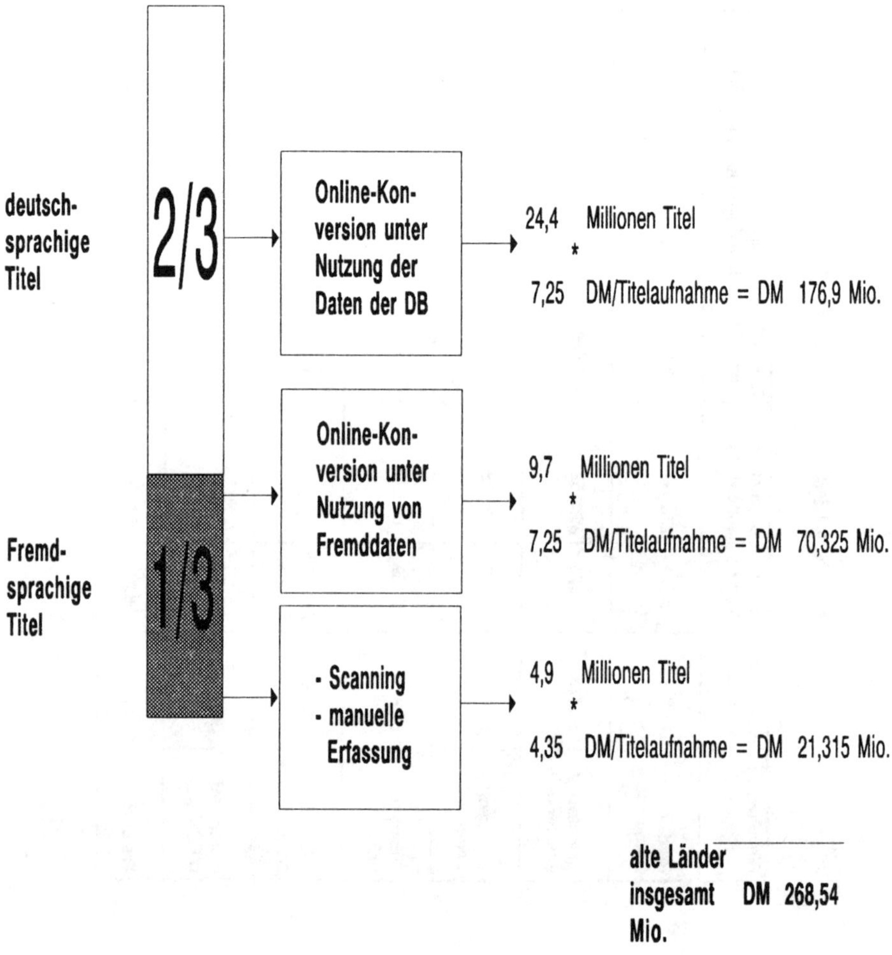

Abb.16

Richtwert für die Gesamtkosten des Konversionsvorhabens (Neue Länder)

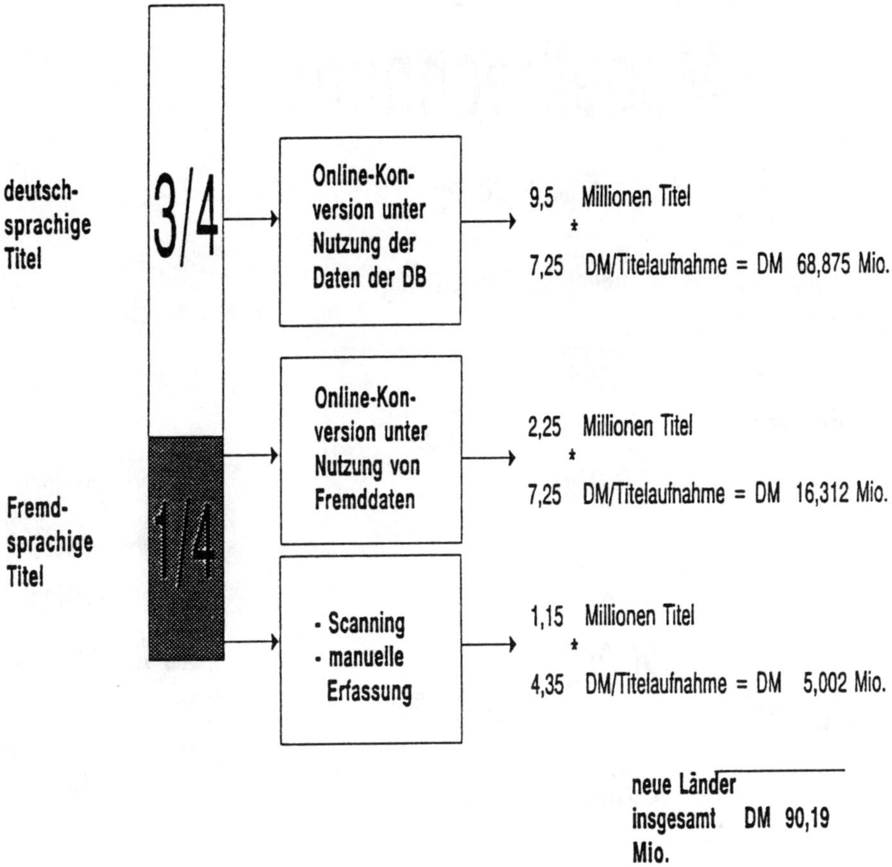

Abb.17

Modellrechnung

$$\frac{\text{Kosten pro Tag}}{\text{Titelaufnahmen pro Tag}}$$

$$\text{Verfahren 1} \quad \frac{15.000}{30.000} = 0{,}5$$

$$\text{Verfahren 2} \quad \frac{20.000}{35.000} = 0{,}57$$

Je geringer der Quotient, desto kostengünstiger das Verfahren

Ausschuß-Sitzung

Protokoll der 6. Ausschuß-Sitzung in der Funktionsperiode 1990-1992

Ort: Eisenstadt, Hotel Burgenland, Raum Burgenland
Zeit: 1. Oktober 1992, 8.10–9.10 Uhr
Vorsitz: GD Dr. Magda Strebl, Präsidentin
Anwesend: 47 stimmberechtigte Mitglieder

1. Die Präsidentin begrüßt die erschienenen Mitglieder des Ausschusses und stellt seine Beschlußfähigkeit fest. Die Tagesordnung wird von den Anwesenden einstimmig angenommen.

2. Zum Protokoll der letzten Ausschuß-Sitzung wird zum Programmpunkt „5. Kommissionen und Arbeitskreise, Retrospektive Konversion" festgestellt, daß kein Redner die Wichtigkeit der Retrospektiven Konversion angezweifelt hätte, wie dies aus dem Protokoll entnommen werden könnte. Es wird daher die Formulierung „Dr. Reinitzer betont hingegen den hohen Stellenwert der retrospektiven Konversion" in „Dr. Reinitzer betont ebenfalls den hohen Stellenwert der retrospektiven Konversion" abgeändert.

3. Die Sekretärin, Mag. Jobst, gibt bekannt, daß in der laufenden Funktionsperiode insgesamt rund 1000 Akten und Aussendungen erledigt wurden. Besonders vertreten sind darunter Schriftstücke, die sich auf den laufenden Bibliothekartag beziehen.

4. Die Neuaufnahme folgender 18 Kandidaten wurde vom Ausschuß einstimmig gebilligt:

Fides Neubauer (Fakultätsbibl., Univ. Graz), Anna Urschej (UB Klagenfurt), OR Dr. Ernst Seidel (Fachbibl. f. Mathematik, Univ. Graz), Rosina Hübler (UB Graz), Wolfgang Holy (Österr. Forschungsstiftung f. Entwicklungshilfe, Wien), Eva Krebs (Landw.-chem. Bundesanstalt, Wien), Ulrike Glauninger (Fakultätsbibl., Univ. Graz), MR Dr. Manfred Stoll (BMWF), Mag. Richard Scheucher (UB Graz), Karin Rathmanner (ÖNB), Michaela Gruber (UB, TU Graz), Dr. Irmtraut Froschauer (UB Salzburg), Martina Koger (Bibl., Pädak Baden), Andrea Drexler (UB Veterinärmed. Univ.), Beate Müller (ÖNB), Doris Seel (Musikhochschule Graz, Expositur Oberschützen), Dr. Ingrid Ganster (Wr. Stadt- u. Landesarchiv) als ordentliche Mitglieder und Claudia Chmielus (UB, TU München) als außerordentliches Mitglied.

5. Kommissionen und Arbeitskreise:

Auf Ersuchen der Präsidentin geben die Vorsitzenden der Kommissionen und Arbeitskreise die Anzahl der Sitzungen sowie die wichtigsten erörterten Themen während der letzten Funktionsperiode bekannt (inklusive der Sitzungen am laufenden Bibliothekartag):

Amts- und Behördenbibliotheken (Dr. Loibl): 1 Sitzung; Arbeitsplatzbewertung bei Amts- und Behördenbibliotheken.

Aus- und Fortbildung (Dr. Kluger): 1 Sitzung; Abschluß der Vorarbeiten für die Ausbildung von D-Bediensteten. Eine weitere Sitzung während des Bibliothekartages wird sich mit den Fachhochschulen und der Bibliothekarsausbildung befassen.

Bibliotheksbenützung und Öffentlichkeitsarbeit (Dr. Wieser): 1 Sitzung

Bibliographie (Dr. Schuller): 1 Sitzung am 22. Bibliothekartag. Vertreter der Kommission nahmen im Vorjahr am Treffen der deutschen Bibliographen teil. Dabei konnten interessante Einblicke in die Arbeitsmöglichkeiten der Kollegen in den verschiedenen mitteleuropäischen Ländern gewonnen werden.

Buch- und Bibliotheksgeschichte (Dr. Neuhauser) 3 Sitzungen; Handbuch der historischen Buchbestände in Österreich; Erlaß des BMWF betreffend den Verleih von Kulturgütern an die dem BMWF nachgeordneten Bibliotheken und andere Einrichtungen des Ressorts; Überlegungen zu einer einheitlichen Beschreibung von Bucheinbänden.

EDV-Anwender (Dr. Schaffer): 3 Sitzungen; BIBOS 1, 2, 3 und Weiterverarbeitung von Datensätzen mit PC, Benutzerschulung in BIBOS 1, Zugang zu amerikanischen OPACs in der UB Innsbruck, BIBOS am integrierten Arbeitsplatz, EDV-Einsatz in Bibliotheken und Medienarchiven Österreichs und des Auslandes, RSWK.

Online-Benutzergruppe (Dr. Hauffe): 1 Sitzung: Thema „Datenbanken in Osteuropa" und Veranstaltung des 4. Österr. Online-Informationstreffens im Vorarlberger Landesbildungszentrum Schloß Hofen (17.-20.9.1991)

Erwerbungsfragen (Dr. Heilinger): 1 Sitzung.

Landesbibliotheken (Dr. Tiefenthaler): 1 Sitzung.

Landkarten- und Vedutenbearbeitung (Dr. Wawrik): 4 Sitzungen; Ausarbeitung eines Katalogisierungsschemas für die Katalogisierung von Landkarten- und Veduten; Ausbildung und Fortbildung von Kartenbibliothekaren.

Leihverkehr und Zentralkataloge (L. Lang): 2 Sitzungen .

Neue Medien (Arbeitsgruppes; Dr. Reinitzer): 3 Sitzungen (2 in Wien, ÖNB, 1 Eisenstadt)

Nominalkatalogisierung (Straßnig): 2 Sitzungen.

Normung; Periodika und Serienpublikationen (Mag. Bergmann): je 1 Sitzung

Rechtsfragen (Dr. Dosoudil): 2 Sitzungen; Urheberrechtsgesetzesnovelle; Thema beim Bibliothekartag: Strafrechtliche Probleme im Alltag der Bibliothekare

Sachkatalogisierung (Dr. Kubalek): 1 Sitzung.

Studienbibliotheken für Lehrerausbildung und -fortbildung (AR Strigl): 1 Sitzung.

Die Präsidentin teilt mit, daß die Kommission für Restaurierung derzeit keinen Vorsitzenden besitzt und daher stillgelegt ist. Sie dankt außerdem Dr. H. Leitner für sein Engagement beim Organisieren der VÖB-Runden.

6. Die Präsidentin dankt allen an der Vorbereitung und Durchführung des Eisenstädter Bibliothekartages Beteiligten und hebt die lokalen Organisatoren hervor, die unter der Leitung von HR Dr. Seedoch vor allem für eine angenehme Atmosphäre sorgten. Diese Meinung wird von den Anwesenden mit Applaus zustimmend zur Kenntnis genommen.

7. In Vorbereitung der 50. VÖB-Hauptversammlung kündigt Dr. Neuhauser den Antrag auf Einsetzung einer ad-hoc-Arbeitsgruppe zur Durchleuchtung eventueller Auswirkungen der gegenwärtig diskutierten Universitätsreform auf die österreichischen Bibliotheken, vor allem die Universitätsbibliotheken, an. Dr. Baumgartner präzisiert das Ziel der Arbeitsgruppe, nämlich die Erarbeitung einer fundierten Stellungnahme zu dem in Kürze vom BMWF fertiggestellten Gesetzesentwurf. Der Ausschuß stimmt dem Antrag einstimmig zu, ebenso der Bestellung von Dr. Baumgartner zum Vorsitzenden der Arbeitsgruppe.

Danach stellt die Präsidentin die zeitgerecht schriftlich eingegangenen Anträge vor, die in der Hauptversammlung zu verhandeln sind:

1. Antrag, wonach der Vereinsname in „Vereinigung Österreichischer Bibliothekare und Bibliothekarinnen" geändert werden soll (eingebracht von Christa Wille und Helmut Zimmer)

2. Antrag auf Namensänderung in „Vereinigung der Österreichischen Bibliotheks-, Dokumentations- und Informationsfachleute" (Dr. Reinitzer).

Eine Neuformulierung des Namens müsse keine Titeländerung der „VÖB-Mitteilungen" zur Folge haben. So seien z. B. auch bei der Bezeichnung „IFLA" nicht alle Wörter des Namens der Vereinigung in der Abkürzung zu finden.

3. Antrag auf Änderung der Zusammensetzung des Ausschusses: mehr Bedienstete der Verwendungsgruppen B–D in den Ausschuß (Wille, Zimmer).

4. Antrag auf Kooptierung von mehr B-/C-/D-Bediensteten in den Ausschuß bzw. Nominierung für das Präsidium (Dr. Reinitzer)

5. Antrag auf Neustrukturierung der verschiedenen Gremien der VÖB (insbesondere des Ausschusses und der Kommissionen) (Dr. Reinitzer).

6. Antrag auf Statutenänderung für die Verleihung der Dr. Josef Bick Medaillen (Dr. Reinitzer). Eine altersbedingte Verleihung der verschiedenen Klassen der Medaille erscheint nicht sinnvoll.

Die Präsidentin schlägt die Einsetzung einer Arbeitsgruppe zur intensiven Beratung aller eingebrachten Anträge vor, die Statutenänderungen erfordern.

Ein zuletzt von Dr. Stock eingebrachter Antrag schlägt vor, die Aufnahme von institutionellen Mitgliedern in die VÖB zu erleichtern.

Die Diskussion zu den Anträgen verläuft zum Teil sehr kontroversiell. Dr. H. Lang betont eingangs, daß termingerechte Anträge möglichst schnell zu behandeln seien. Die Präsidentin entgegnet, divergierende Anträge, vor allem, wenn ihre Realisierung eine Statutenänderung erfordert, benötigten doch eine sorgfältige Diskussion, und Dr. Baumgartner ergänzt, daß ja auch die Geschäftsordnung überarbeitet werden müßte. Zotter-Straka ist dennoch für eine zeitliche Begrenzung dieser vorbereitenden Arbeiten, etwa auf sechs Monate, zweifelt aber, ob eine Namensänderung der VÖB unbedingt eine Änderung der Statuten voraussetze. Die Präsidentin verweist dagegen auf § 1 der Statuten, wo der Vereinsname angeführt sei und hält überdies eine Anpassung aller bisher nur in maskuliner Form genannter Funktionstitel für notwendig. Dr. H. Lang glaubt andererseits nicht, daß die von der Präsidentin, Dr. Baumgartner und Dr. Tiefenthaler vorgeschlagene Arbeitsgruppe zur Überarbeitung der Statuten im Stande sei, eine allgemein befriedigende Lösung des Namensproblems zu finden. Daher sei eine Abstimmung zu diesem Thema unausweichlich.

Dr. Reinitzer erläutert den von ihr vorgelegten Antrag dahingehend, daß bei dem von ihr vorgeschlagenen Vereinsnamen alle von der VÖB vertretenen Berufsgruppen enthalten seien, und der Begriff „-fachleute" geschlechtsneutral sei. Ihrer Meinung nach sei die Angst vor der Schaffung einer Konkurrenzsituation zur ÖGDI unbegründet, da diese nicht den Berufsstand vertrete. Dr. Jobst hält dem allerdings entgegen, die von ihm hier vertretene ÖGDI wäre sehr wohl eine Interessensvertretung, bestünde doch eine ihrer Hauptaktivitäten in der Ausbildung von Dokumentalisten und Informationsexperten.

Zu den weiteren Anträgen wird festgestellt, daß der VÖB-Ausschuß derart reformiert werden sollte, daß seine Mitglieder nicht mehr auf Dauer zu ernennen seien, sondern, daß sie jeweils vor einem Bibliothekartag unter Nachweis von in letzter Zeit gesetzten Aktivitäten um ihren Weiterverbleib ansuchen müßten. Auf diese Weise soll die Effizienz der VÖB verstärkt werden.

Dr. Baumgartner schlägt in Anbetracht der fortgeschrittenen Zeit vor, die Diskussion in die Hauptversammlung zu verlegen, da dieser ohnehin alle Anträge zur Abstimmung vorzulegen seien. Die Zusammensetzung des nächsten Vorstandes müsse jedenfalls noch nach den bisherigen Richtlinien beschlossen werden. Dr. Schaffer plädiert für eine weitere Ausschußsitzung noch vor der Hauptversammlung, um die Anträge im Ausschuß ausführlich besprechen zu können. Dies wird jedoch wegen Zeitmangels abgelehnt.

Die Präsidentin gibt den einzigen eingelangten Wahlvorschlag für das VÖB-Präsidium bekannt: Dr. Walter Neuhauser (Präsident), Dr. Ferdinand Baumgartner (1. Vizepräsident), Dr. Joseph Franz Desput (Steirische Landesbibliothek; 2. Vizepräsident); Rechnungsprüfer: Dr. Josefine Nast, Istvan Nemeth.

Weiters wird die der Hauptversammlung zur Genehmigung vorzulegende Liste der neuen Ausschuß-Mitglieder verlesen.

8. Planung des 23. Österreichischen Bibliothekartages

Der geplanten Abhaltung des nächsten Bibliothekartages in Graz stehen einige Schwierigkeiten entgegen.

9. Allfällige Anträge

Dr. Straßnig-Bachner erinnert neuerlich an ihren schon bei früheren Sitzungen unterbreiteten Vorschlag einer österreichischen Millenniumsfeier der einheimischen Bibliotheken. Dr. Neuhauser findet die Anregung ausgezeichnet und tritt für die Einsetzung einer Arbeitsgruppe ein, in der Möglichkeiten der Realisierung untersucht werden sollen.

Hauptversammlung

50. Hauptversammlung der VÖB

Im Rahmen des 22. Österreichischen Bibliothekartags, der vom 29. September bis 3. Oktober 1992 im Kultur- und Kongreßzentrum Eisenstadt abgehalten wurde, fand am 2. 10. 1992 unter dem Vorsitz der Präsidentin GD Dr. Magda Strebl die 50. Hauptversammlung der VÖB statt. In Ihrem Verlauf wurden folgende Tagesordnungspunkte behandelt:

- Tätigkeitsbericht 1990-1992
- Kassenbericht und Entlastung des Präsidiums; Wahl der Kassenrevisoren
- Abstimmung über eingegangene Anträge
- Wahl des Präsidenten und seiner Stellvertreter
- Wahl des Ausschusses.

Tätigkeitsbericht 1990 - 1992

A. Mitgliederstand

Im Berichtszeitraum hat die VÖB das Hinscheiden folgender Mitglieder zu beklagen:

HR Dr. Rudolf Dettelmaier
AR Gerhard Flandorfer
HR Dr. Erhard Glas
Heinz Hasibar
HR Dr. Josef Hofinger
HR Dr. Alois Kisser
AR i.R. Herta Kromar
Reg.Rat Leopold Moser
HR Univ. Prof. Dr. Leopold Nowak
Dr. Gertraud Schikola
HR Peter Sika (verstorben am 20. 10. 1992)
MR Prof. Dr. Otto A. Simmler
HR Dr. Rosa-Maria Steinbauer
HR Dr. Robert Zahlbrecht

Mitgliederstand im letzten Tätigkeitsbericht: 1013 (7. 9. 1990)
Neuanmeldungen (1990-1992) insgesamt: 78
ordentliche Mitglieder: 75; außerordentliche Mitglieder: 2
unterstützende Mitglieder: 1
Abgänge 1990-1992: Verstorbene: 14, Austritte: 22
Nach Revision der Mitgliedskartei wurden gemäß § 7 der Satzungen ausgeschieden: 46
Mitgliederstand: 10. 11. 1992: 1009 (30. 9.1 992: 1010)

B. 49. a.o. Hauptversammlung am 24. 4. 1992

Beschlossen wurde die Verleihung von Dr.-Josef-Bick-Ehrenmedaillen an:
Große Würdigungsmedaille:
HR Dr. Otto Mazal
Würdigungsmedaille:
Dir. Dr. Rudolf Frankenberger (UB Augsburg)
Dir. Jürgen Hering (UB Stuttgart)
Dir. Dr. Eberhard Tiefenthaler (Vorarlberger Landesbibliothek)
HR Dr. Josef Wawrosch (Dir. i.R. UB TU Wien)
HR Dr. Karl F. Stock (UB TU Graz)
OR Dr. Hans Leitner (UB Wien)
Förderungsmedaille:
R Dr. Martin Wieser (UB Innsbruck)
Ehrenmitgliedschaft:
MR i. R. Dr. Herbert Paulhart
Sektionschef i. R. Dr. Otto Drischel

Christa Wille und Helmut Zimmer brachten 2 Anträge ein:
1. Antrag auf Änderung der Zusammensetzung des Ausschusses: mehr Bedienstete der Verwendungsgruppe B/C in den Ausschuß
2. Antrag auf Änderung des Vereinsnamens in "Vereinigung Österreichischer Bibliothekarinnen und Bibliothekare"
Es wurde der Beschluß gefaßt, daß über beide Anträge auf der 50. ordentlichen Hauptversammlung in Eisenstadt diskutiert und abgestimmt werden soll.

C. Ausschuß

Der Vereinsausschuß trat während der Funktionsperiode 1990-92 zu 6 Sitzungen zusammen. Dem Ausschuß gehörten 68 Mitglieder an. Dabei wurden folgende wichtige Tagesordnungspunkte behandelt:

- Vereinbarung über die Zusammenarbeit zwischen der VÖB und dem Verein Polnischer Bibliothekare
- Vereinbarung über die Zusammenarbeit zwischen der VÖB und dem Verein Tschechischer Bibliothekare und Informatiker (SKIP)
- Verlängerung der Vereinbarung über die Zusammenarbeit zwischen der VÖB und dem Verein Slowakischer Bibliothekare
- Mitarbeit der VÖB an der Zeitschrift „Fakten, Daten Zitate" (Das Informationsangebot für Wissenschaft & Wirtschaft)
- Durchführung von Fortbildungsveranstaltungen

- Organisationsplanung und Vorbereitung des 22. Österreichischen Bibliothekartages
- Tätigkeit der Kommissionen
- Berichte über die vom Sekretariat lfd. durchgeführten Erledigungen
- Mitgliederwerbung
- Abstimmung über Neuaufnahme von Mitgliedern
- Resolution zur Unterstützung des Projekts „Handbuch historischer Buchbestände" an das BMWF
- Gründung der Kommission für Retrospektive Konversion

D. Kommissionen

- Amts- und Behördenbibliotheken

Vorsitz: OR Dr. Gottfried Loibl, Amtsbibl. BMAA

Sitzungen: 1

Tagesordnungspunkte: Arbeitsplatzbewertung, Stellung der Amts- und Behördenbibliotheken, Auswirkungen des Beitritts Österreichs zum EWR für die Beamtenschaft

- Ausbildung und Fortbildung

Vorsitz: HR Emmerich Kluger, UB Salzburg

Sitzungen: 2

Tagesordnungspunkte: Entwurf für eine Grundausbildung für die Verwendungsgruppe D, Informationen über Fachhochschulen

- Bibliographie

Vorsitz: OR Dr. Anton L. Schuller, Stmk. Landesbibl. Graz

Sitzungen: 1

Tagesordnungspunkte: Tiroler Informationssystem rechtlich orientierender Literatur (T.I.R.O.L.), Burgenländische Bibliographie. Vertreter der Kommission nahmen im Vorjahr am Treffen der deutschen Bibliographen teil. Dabei konnten interessante Einblicke in die Arbeitsmöglichkeiten der Kollegen in den verschiedenen mitteleuropäischen Ländern gewonnen werden.

- Bibliotheksbenützung und Öffentlichkeitsarbeit

Vorsitz: R Dr. Martin Wieser, UB Innsbruck

Sitzungen: 2 (gemeinsam mit Komm. f. EDV-Anwender bzw. mit Komm. f. Studienbibl. f. Lehrerausbildung und Lehrerfortbildung an Päd. u. Berufspäd. Akademien und Arbeitskreis Neue Medien)

Tagesordnungspunkte: u.a. Bericht über Erstellung eines Videofilms für Benützerschulung (an Studienbibliotheken der PÄDAKs), Planung einer Tonbildschau, Zugang zu amerikanischen OPACS über INTERNET; Bildschirm und Benützer (Benützerschulung an der UB Innsbruck)

- Buch- und Bibliotheksgeschichte (mit AK für Bibliotheksgeschichte)
Vorsitz: HR Dr. Walter Neuhauser, UB Innsbruck
Sitzungen: 3
Tagesordnungspunkte: Handbuch der historischen Buchbestände in Österreich; Erlaß des BMWF betreffend den Verleih von Kulturgütern durch die dem BMWF nachgeordneten Bibliotheken an andere Einrichtungen des Ressorts; Überlegungen zu einer einheitlichen Beschreibung von Einbänden; Arbeitsberichte aus einzelnen österreichischen Bibliotheken.

- EDV-Anwender (mit Online-Benutzergruppe)
Vorsitz: Dr. Brigitte Schaffer, Studienbibliothek f. Lehreraus- u. Lehrerfortbildung d. PA u. d. BPA d. Bundes in d. Stmk., Graz
Sitzungen: 3 (auch gemeinsam mit der Komm. f. Bibliotheksbenützung und Öffentlichkeitsarbeit, Komm.f. Periodika und Serienpublikationen und Komm. f. Erwerbungsfragen)
Tagesordnungspunkte: BIBOS 1, 2, 3 und Weiterverarbeitung der Datensätze mit PC, Benutzerschulung in BIBOS 1, Zugang zu amerikanischen OPACs in der UB Innsbruck, BIBOS am integrierten Arbeitsplatz, EDV-Einsatz in Bibliotheken und Medienarchiven Österreichs und des Auslandes.

- Online-Benutzergruppe
Vorsitz: OR Dr. Heinz Hauffe, UB Innsbruck
Sitzungen: 1
Tagesordnungspunkte: Datenbanken in Osteuropa; Information zu Neuerungen am Online-Sektor; Datenbanken auf CD-ROM ; Fortbildungsveranstaltung: 4. Österreichisches Online-Informationstreffen im Vorarlberger Landesbildungszentrum Schloß Hofen (17.9. bis 20.9.1991)

- Erwerbungsfragen
Vorsitz: OR Dr. Rudolf Heilinger, ÖNB
Sitzungen: 1 (gemeinsam mit Komm. f. EDV-Anwender)
Tagesordnungspunkte: Erwerbung mit BIBOS

- Landesbibliotheken
Vorsitz: Dir. Dr. Eberhard Tiefenthaler, Vlbg. Landesbibliothek
Sitzungen: 1
Tagesordnungspunkte: Selbstdarstellung einer regionalen Bibliothek am Beispiel der VLB

- Landkarten- und Vedutenbearbeitung
Vorsitz: Dir. HR Dr. Franz Wawrik, ÖNB
Sitzungen: 4
Tagesordnungspunkte: Sacherschließung alter Karten und Veduten, Katalogisierung von Karten mittels EDV; Ausbildung und Fortbildung. Vorträge: G. König: Vorstellung der retrospektiven Katalogisierung der NÖLB. Wawrik F.: Kartenkatalogisierung an ausländischen Bibliotheken (LIBER-Tagung Paris); Planung eines Fortbildungskurses für die Verwaltung von Landkarten und Veduten. Vorführung DADOK (Reg.R Badin), Formale Kartenerschließung - Kategorienschemata, Projekt der Altkartenkatalogisierung in Deutschland.

- Leihverkehr und Zentralkataloge
Vorsitz: AR Ladislaus Lang, ÖNB
Sitzungen: 2 (davon 1 Sitzung gemeinsam mit Komm. f. Rechtsfragen)
Tagesordnungspunkte: Auswirkungen des § 319 StGB und Erlaß des BMWF, GZ 3150/7-31 91. Strafrechtliche Probleme im Alltag der Bibliothekare

- Nominalkatalogisierung
Vorsitz: OR Friedrich Straßnig, ÖNB
Sitzungen: 2
Tagesordnungspunkte: RAK-Entwicklungen, Medienkatalogisierung in BIBOS, Altbestände in BIBOS.

- Normung
Vorsitz: R Mag. Helmuth Bergmann, UB Wien
Sitzungen: 1 (mit Komm. f. Periodika und Serienpublikationen)
Tagesordnungspunkte: Berichte aus dem Normungswesen

- Periodika und Serienpublikationen
Vorsitz: R Mag. Helmuth Bergmann, UB Wien
Sitzungen: 2 (1 Sitzung gemeinsam mit Komm.f. EDV-Anwender)

Tagesordnungspunkte: Erarbeitung einer Resolution betreffend die Anforderungen für den Einsatz von BIBOS 3. Zeitschriftenverwaltung mit dem PC (Vorführung verschiedener Software-Lösungen); Bericht über IFLA-Round-Table on Newspapers.

- Rechtsfragen

Vorsitz: OR Dr. Ilse Dosoudil, UB Wien

Sitzungen: 2 (1 Sitzung gemeinsam mit Komm. f. Leihverkehr u. Zentralkataloge)

Tagesordnungspunkte: Urheberrechtsgesetznovelle, Strafrechtliche Probleme im Alltag der Bibliothekare

- Sachkatalogisierung

Vorsitz: OR Mag. Dr. Peter Kubalek, UB TU Wien

Sitzungen: 1

Tagesordnungspunkte: Sacherschließung in BIBOS 2, Schlagwortnormdatei und Anwendung in BIBOS 2, Austriazismen in der Schlagwortnormdatei, ISIS-Schwerpunkt Normdateipflege.

- Studienbibliotheken für Lehreraus- und Lehrerfortbildung an Pädagogischen und Berufspädagogischen Akademien

Vorsitz: AR Elfriede Strigl, Studienbibl. f. Lehreraus- u. Lehrerfortbildung d. PA u. d. BPA d. Bundes in Tirol

Sitzungen: 1

Tagesordnungspunkte: Neue Medien Probleme - Lösungen.

- Konservierung und Restaurierung: Vorsitz vakant

- Retrospektive Konversion

Vorsitz: HR Dr. Helmut Lang (ÖNB)

Sitzungen: 1 (öffentlich zugänglich für alle Kommissionen)

Tagesordnungspunkte: Projekt „Konversion von Altdaten mittels Scanner und Import in BIBOS".

- Arbeitskreis Neue Medien

Vorsitz: HR Dr. Sigrid Reinitzer, UB Graz

Sitzungen: 3

Tagesordnungspunkte: Vorbereitung für den 22. Österreichischen Bibliothekartag - Neue Medien und Non-Book-Material: Verwaltung, Geschäftsgang, Personalfragen, Benützung, Rechtsfragen - Medienrecht.

Fragebogen über Neue Medien an wissenschaftlichen Bibliotheken und Perspektiven; Berichte aus der Praxis: Studienbibliothek der Pädagogischen Akademie des Bundes in Tirol, Zentralbibliothek der Musikhochschule Graz, Österreichisches Bundesinstitut für den wissenschaftlichen Film.

-Arbeitsgruppe Frauen
Vorsitz: Christa Wille, ÖNB
Sitzungen: 1
Tagesordnungspunkte: Frauenfragen und Sacherschließung; Frauendokumentationseinrichtungen in Europa

E. Diskussionsrunden

Die Diskussionsrunde Wien unter dem Vorsitz von OR Dr. Hans Leitner veranstaltete 9 Sitzungen:

- GD Dr. Magda Strebl: Über die Zukunft großer Bibliotheken (7.3.1990)
- Besuch des ORF-Fernseharchivs (26. 4. 1990)
- Dr. Norbert Stroscher: Zur Reform des Bibliothekswesens der DDR (22. 5. 1990)
- HR Stock, HR Lang, Hr. Ratzer: Einsatz von Scannern zur retrospektiven Konversion von Katalogen am Beispiel des alten Katalogs der ÖNB (21. 11. 1990)
- HR Riepl, Dr. König, Mag. Duschanek: Retrospektive Erfassung der Altkataloge der Niederösterreichischen Landesbibliothek für Daten banken (16. 1. 1991)
- HR Dr. Wawrik: Führung durch die Kartensammlung und das Globenmuseum der ÖNB (13. 3. 1991)
- Dr. Leitner: Führung durch die Fakultätsbibliothek für Medizin (13. 11. 1991)
- Besuch der APA - Mediendatenbanken in Österreich (26. 2. 1992)
- Dr. Preinerstorfer, Dr. Steiner, Dr. Slawinski: Literatur aus Ost-, Mittel- und Südosteuropa in Wiener Bibliotheken (23. 6. 1992)

F. Vorträge und Fortbildungsveranstaltungen

- Dokumentationstag der ÖGDI (Wien 21. - 26. Juni 1991)
- 4. Österreichisches Online-Informationstreffen im Vorarlberger Landesbildungszentrum Schloß Hofen (17.9. bis 20.9.1991)

G. Delegationen

Delegierte der VÖB nahmen an folgenden Fachveranstaltungen anderer Verbände teil:

- Generalversammlungen der IFLA
- LIBER-Tagungen
- Deutsche Bibliothekartage
- Jahresversammlungen der Vereinigung Schweizerischer Bibliothekare
- Kongresse der Associazione Italiana Biblioteche
- Tagung des Vereins Ungarischer Bibliothekare
- Slowenische Bibliothekartage
- Kroatische Bibliothekartage
- Arbeitstagungen des Verbandes Österreichischer Volksbüchereien
- Generalversammlungen des Verbandes Wissenschaftlicher Gesellschaften

H. Kontakte zu anderen Vereinigungen und Verbänden
- Die VÖB ist National Association Member der IFLA
- Mitglieder der VÖB arbeiten bei LIBER mit
- Vertreter der VÖB sind beim Österreichischen Normungsinstitut in den fachlich einschlägigen Fachnormenausschüssen tätig

I. Schriftverkehr

Der Schriftverkehr der Vereinigung wurde vom Sekretariat am Geschäftssitz durchgeführt. Es wurde mit Ämtern und Behörden, Verbänden, Firmen und Privatpersonen im In- und Ausland korrespondiert. Es erfolgte die Erledigung von 876 Geschäftsfällen, zusätzlich wurden für die Vorbereitung von Fortbildungsseminaren, Ausschuß- und Kommissionssitzungen sowie des Bibliothekartages Aussendungen vorgenommen.

K. Publikationen

Folgende Publikationen wurden durch die VÖB herausgegeben bzw. mitherausgegeben:

Periodika:

- Biblos. Österreichische Zeitschrift für Buch- und Bibliothekswesen, Dokumentation, Bibliographie und Bibliophilie. Chefredakteur: Dr. Walter G. Wieser. 8 Hefte

- Fakten, Daten, Zitate. Das Informationsangebot für Wissenschaft & Wirtschaft. Redaktion: Dr. Bettina Schmeikal. 8 Hefte

- Mitteilungen der Vereinigung Österreichischer Bibliothekare. Beigebunden: Online-Mitteilungen der Kommission für EDV-Anwender und die RAK-Information der Arbeitsgruppe der RAK-Anwender in Österreich. 6 Hefte

Einzelpublikationen:
Biblos-Schriften:

Bd. 153. Die wissenschaftliche Bibliothek. Tradition, Realitäten, Perspektiven. Festschrift für Oswald Stranzinger zum 65. Geburtstag. Hrsg. von Heinz Hauffe, Karin Heller und Walter Neuhauser.- Innsbruck-Wien: Tyrolia-Verlag 1990. 358 S.

Bd. 154. Der Österreichische Bibliothekartag 1990. Bregenz, 4.-8. September 1990. Bibliotheken mit und ohne Grenzen: Informationsgesellschaft und Bibliothek. Vorträge und Kommissionssitzungen.- Wien: Vereinigung Österreichischer Bibliothekare 1991. 512 S.

Bd. 155. Österreichischer Bibliotheksbau in den neunziger Jahren. Vorträge eines Symposiums an der technischen Universität Wien, 31. Jänner 1991. Herausgegeben von Otto Oberhauser.- Wien: Georg Prachner Verlag 1991. 196 S. zahlreiche Skizzen und Abbildungen.

Bd. 156. Online Datenbanken und ihre Nutzung. Tagungsberichte vom 1. und 2. Österreichischen Online-Informationstreffen, 3.-5. September 1985, Franz-Senn-Hütte, Post Neustift im Stubai; 15.-18. September 1987, Obertraun. Hrsg. von Heinz Hauffe und Peter Kaser.- Innsbruck: Österreichische Online-Benutzergruppe 1991. 176 S. mit Abb.

Bd. 157. Datenbankversionen im Vergleich. Tagungsbericht vom 3. Österreichischen Online-Informationstreffen, 12.-15. September 1989, Strobl am Wolfgangsee. Hrsg. von Heinz Hauffe und Peter Kaser.- Innsbruck: Österreichische Online-Benutzergruppe 1991. 144 S. mit Abb.

L. Ehrungen

Im Berichtszeitraum erfolgte die Überreichung der Dr. Josef-Bick-Ehrenmedaille an die Vereinsmitglieder, denen sie gemäß Beschluß der 49. ao. Hauptversammlung verliehen wurde. Die Verleihung fand im Rahmen der Eröffnung des 22. Österreichischen Bibliothekartags in Eisenstadt statt. (Siehe auch oben Punkt B).

Kassengebarung in der Funktionsperiode 1990-1992

Der von der Kassierin vorgetragene, von den Kassenrevisoren überprüfte und von der Hauptversammlung genehmigte Bericht über die Kassengebarung der Vereinigung Österreichischer Bibliothekare in der Funktionsperiode 1990-1992 weist folgende Beträge aus:

Saldo aus der Funktionsperiode 1988-1990	öS	570.911,72
Einnahmen:		
Mitgliedsbeiträge	öS	428.738,80
Bankzinsen	öS	56.702,72
Bahnkontokarten	öS	1.080.053,35
Biblos	öS	77.110,00
Biblos-Schriften	öS	177.763,00
Bibliothekartag	öS	844.252,00
Subventionen (Fortbildung)	öS	153.118,00
Subventionen(Kommissionen)	öS	101.170,00
Verwaltung	öS	58.252,50
	öS	3.548.072,09
Ausgaben:		
Bankspesen	öS	11.545,60
Bahnkontokarten	öS	1.121.446,15
Biblos	öS	107.110,00
Biblos-Schriften	öS	94.197,50
Bibliothekartag	öS	436.218,41
Fortbildungsveranstaltungen	öS	126.673,84
Kommissionssitzungen	öS	170.425,40
Verwaltung	öS	327.785,30
Mitglieder der VÖB	öS	42.504,51
	öS	2.437.906,71
Einnahmen	öS	3.548.072,09
Ausgaben	öS	2.437.906,71
Kassastand (2.10.1992)	öS	1.110.165,38

Abstimmung über eingegangene Anträge

In der Hauptversammlung erfolgte die Abstimmung über die folgenden Anträge:

1. Antrag auf Änderung der Zusammensetzung des Ausschusses:mehr Bedienstete der Verwendungsgruppen B/C in den Ausschuß (Christa Wille und Helmut Zimmer)

2. Antrag auf Änderung des Vereinsnamens in „Vereinigung Österreichischer Bibliothekarinnen und Bibliothekare"(Christa Wille und Helmut Zimmer)

3. Antrag auf Änderung des Vereinsnamens in „Vereinigung Österreichischer Bibliotheks- und Informationsfachleute"(Dr. Sigrid Reinitzer)

4. Antrag auf Kooptierung von mehr B-/C-/D-Bediensteten in den Ausschuß bzw. Nominierung für das Präsidium (Dr. Sigrid Reinitzer)

5. Antrag auf Neustrukturierung der verschiedenen Gremien der VÖB (insbesondere des Ausschusses und der Kommissionen)(Dr. Sigrid Reinitzer)

6. Antrag auf Statutenänderung für die Verleihung der Dr.-Josef-Bick-Medaillen (Dr.Sigrid Reinitzer)

7. Antrag des Ausschusses (laut Geschäftsordnung A.4.):bei positiver Beschlußfassung über Satzungsänderungen Einsetzung einer Arbeitsgruppe zum Abfassen der juristisch korrekten Form der Satzungsänderungen und Vorlage innerhalb von 6 Monaten zur Beschlußfassung durch eine a.o. Hauptversammlung.

Mit Ausnahme von Antrag 3 wurden alle Anträge mit den laut Satzung erforderlichen Stimmenmehrheiten angenommen.

Wahl von Präsidium und Ausschuß

Präsidium
Präsident: Dr. Walter Neuhauser
1. Vizepräsident: Dr. Ferdinand Baumgartner
2. Vizepräsident: Dr. Joseph Franz Desput

Ausschuß
Dr. Ferdinand Baumgartner (UB Wien)
Mag. Helmuth Bergmann (UB Wien)
Dr. Maria Biebl (OEGI)
Dr. Joseph Franz Desput (Stmk. Landesbibl.)
Dr. Elisabeth Dietrich-Schulz (Parlamentsbibl.)
Dr. Ilse Dosoudil (UB Wien)
Otto Drschka (Wien)
Edwin Fichtinger (UB Wien)
Dr. Karl Forstner (Salzburg)
Dr. Hermann Frodl (ÖNB)
Dr. Alois Gehart (Bibl. Öst. Stat. Zentralamt)
Dr. Werner Hainz-Sator (UB Boku Wien)
Dr. Heinz Hauffe (UB Innsbruck)
Elfriede Heilinger (Amtsbibl. BKA)
Dr. Rudolf Heilinger (ÖNB)
Dr. Eva Irblich (ÖNB)
Dr. Herwig Jobst (ÖGDI)
Mag. Marianne Jobst-Rieder (ÖNB)
Dr. Lieselotte Jontes (UB Montanuniv. Leoben)
Dr. Wolfgang Kerber (Zentralbibl. f. Physik)
Emmerich Kluger (UB Salzburg)
Dr. Franz Kroller (Graz)
Martin Kreinz (UB Graz)
Mag. Dr. Peter Kubalek (TU Wien)
Dr. Helmut Lang (ÖNB)
Ladislaus Lang (ÖNB)
Dr. Hans Leitner (UB Wien)
Dr. Gottfried Loibl (Amtsbibl. BMAA)
Dr. Manfred Lube (UB Klagenfurt)
Dr. Josef Mayerhöfer (ÖIBF)
Dr. Otto Mazal (ÖNB)
Gerhard Moderitz (UBTU Graz)

Dr. Walter Neuhauser (UB Innsbruck)
Dr. Günter Olensky (UB Vet.med.Univ. Wien)
Dr. Franz Pascher (BVÖ)
P. Georg Pfeil (Kremsmünster)
Magda Pisarik (BVÖ)
Eva Ramminger (UB Innsbruck)
Maria Razumovsky (Wien)
Dr. Robert Rehberger (UB Linz)
Dr. Sigrid Reinitzer (UB Graz)
Dr. Hermann Riepl (NÖLB)
Hermann Sagl (Wien)
Dr. Brigitte Schaffer (PAST Graz)
Dr. Anton Schuller (Stmk. Landesbibl.)
Dr. Johann Seedoch (Burgenl. Landesbibl.)
Mag. Maria Seissl (UB Innsbruck)
Sieglinde Sepp (UB Innsbruck)
Elisabeth Sestitz (UB Wien)
Dr. Karl Stock (UB TU Graz)
Dr. Oswald Stranzinger (Innsbruck)
Friedrich Straßnig (ÖNB)
Dr. Margarete Straßnig-Bachner (ÖNB)
Maria Strauß (UB Graz)
Dr. Magda Strebl (ÖNB)
Elfriede Strigl (PÄDAK Innsbruck)
Dr. Edith Stumpf (BMWF)
Dr. Eberhard Tiefenthaler (Vorarlb. Landesbibl.)
Dr. Geralt Ustrnul (Wien)
Dr. Josef Vass (Sozialwiss. Stud.bibl. AK Wien)
Dr. Robert Wagner (Bibl. Ak. Bild. Künste Wien)
Dr. Franz Wawrik (ÖNB)
Dr. Josef Wawrosch (Wien)
Mag. Gertraud Wehrmann (UBWU Wien)
Dr. Andreas Weyringer (UB Wien)
Dr. Martin Wieser (UB Innsbruck)
Dr. Walter Wieser (ÖNB)
Johann Winkler (UB Wien)
Mag. Herwig Würtz (Wr. Stadt- u. Landesbibl.)
Maria Ziffer (Amtsbibl. BKA)
Helga Zotter-Straka (UB Graz)
Dr. Ronald Zwanziger (UB Wien)

Ansprache des Präsidenten für die Funktionsperiode 1992-1994 HR.Dr.Walter Neuhauser

Liebe Kolleginnen und Kollegen!

Eine Ära ist zu Ende gegangen, das Präsidium ist nach zehn Jahren von Wien in die Bundesländer gewandert, zum zweiten Mal in der Geschichte unserer Vereinigung, und zum ersten Mal nach Innsbruck, also in den fernen Westen. Es ist dies für mich und für meine Mitarbeiter eine große Herausforderung, aber eine Aufgabe, der wir uns mit Freude stellen werden. Und so möchte ich Ihnen allen für Ihr Vertrauen danken und zugleich hoffen, daß ich dieses Vetrauen nicht enttäuschen werde. Haben Sie aber bitte Verständnis, wenn vielleicht nicht alles so läuft wie bisher. Unsere Bibliothek hat nicht die Größe und damit auch nicht die personellen und organisatorischen Ressourcen wie die beiden Vorgängerbibliotheken im Präsidium, die Österreichische Nationalbibliothek und die Wiener Universitätsbibliothek. Die Aufforderung, für das Amt des Präsidenten unserer Vereinigung zu kandidieren und mich diesem Amt zur Verfügung zu stellen, beziehe ich weniger auf mich, sondern sehe dies als Auszeichnung für unsere Bibliothek an, für unsere Arbeit, und für die Leistungen meiner Mitarbeiter, welche gerade in letzter Zeit, im Zuge der Einführung von BIBOS, unsere Bibliothek bekannt gemacht haben. Und so fasse ich es als Ehre für unsere Bibliothek auf, wenn wir diese neue Würde übernehmen, auch wenn mir und meinen Mitarbeitern bewußt ist, daß diese Würde natürlich auch mit entsprechender Bürde verbunden sein wird.

Es wird für uns aus mehreren Gründen nicht ganz leicht sein:

Da ist einmal die geographische Lange: Wenn wir auf der Landkarte in Innsbruck einen Zirkel einstechen und den Kreis nach Wien ziehen, so haben wir in gleicher Entfernung Orte wie Prag, Weimar, Frankfurt, Nancy, Lausanne und Florenz. Unsere nächstgelegenen Bibliotheksorte wie München, Zürich oder Padua liegen weit innerhalb dieses Kreises. Diese große Entfernung von den übrigen großen österreichischen Bibliotheken, deren Schwerpunkt naturgemäß in Wien liegt, bedeutet für uns ein gewisses Problem. Ich bin daher froh und dankbar, daß mein Vorvorgänger im Präsidium sich für das Amt des zweiten Präsidenten zur Verfügung gestellt hat, und daß sich Wiener Kolleginnen und Kollegen zur Mitarbeit bereit erklärt haben und uns so unterstützen werden. Nur so wird es möglich sein, die VÖB-Arbeit auch von der Peripherie aus effizient gestalten zu können.

Andererseits aber sehe ich in dieser Lage auch gewisse Vorteile, die sich auch auf die VÖB-Tätigkeit positiv auswirken könnten:

Ich sehe darin die Verpflichtung zu verstärkten Kontakten mit unseren von Tirol aus unmittelbaren Nachbarn, also der Schweiz und Italien, etwa im Rahmen der Arbeitsgemeinschaft ARGE ALP und ARGE ALPEN-ADRIA. Auch unsere traditionell guten Kontakte zu Bayern, etwa zur Bayerischen Staatsbibliothek, können auf diese Weise noch verstärkt werden. Trotzdem sollen natürlich die gerade in den letzten Jahren aufgebauten guten Beziehungen zu den östlichen Nachbarländern, zu denen ich von unserer geographischen Lage in Tirol auch die nördlichen und südlichen Nachbarn Ostösterreichs rechne, nicht leiden, sondern weiter verstärkt werden. Ich hoffe, daß hier die Wiener Kollegen weiterhin behilflich sein werden.

Nicht leicht ist es für mich, aber auch für mein Team, wenn ich an die Vorgänger denke. Präsidenten wie Kroller, Baumgartner und Strebl haben in den letzten Jahrzehnten die VÖB geprägt und sie von einem Verein zu einer echten Vereinigung, einer Interessensvertretung aller österreichischen Bibliothekare, werden lassen. Dies beweisen die Mitgliederzahlen, die über 1000 angewachsen sind, dies beweisen die vielen Aktivitäten der Vereinigung und dies beweist rein äußerlich das Aussehen und der Umfang der VÖB-Mitteilungen, welche in dieser Zeit von einem hektographierten DIN-A-4-Blatt zu einer echten Fachzeitschrift geworden sind. Die VÖB hat in diesen Jahren einen so großen Aufschwung erlebt und ein so hohes Niveau erreicht, daß es nicht leicht sein wird, auf dieser Höhe zu bleiben. Auch wenn wir als Tiroler Berge und Gipfel gewohnt sind, so sind doch nicht alle Tiroler nur auf den Gipfeln zu finden, sondern bewohnen auch die Täler. Ich hoffe aber, daß wir die VÖB nicht in ein Tal herunterführen, sondern daß wir hier Gipfelbewohner bleiben werden.

Was die erwähnten VÖB-Mitteilungen betrifft, so ergeht auch hier meine Bitte an alle, besonders aber an die Kolleginnen und Kollegen aus Wien, uns hier durch die Bereitstellung von Beiträgen, aber auch durch organisatorische Maßnahmen zur Seite zu stehen, vor allem ihre Erfahrung an meine Mitarbeiter weiterzugeben.

Zum dritten wird es für uns nicht leicht sein, in Anbetracht der vielen Probleme, welche die österreichischen Bibliotheken betreffen, und mit denen sich auch unsere Vereinigung wird auseinandersetzen müssen. Ich erwähne hier nur Stichworte wie Universitätsreform mit ihren Auswirkungen auf die Bibliotheken, vor allem hinsichtlich der Gefährdung der Einheitlichkeit des österreichischen Bibliothekswesens. Es ist dies ein Problemkreis, der daher nicht nur die Universitätsbibliotheken, sondern indirekt alle österreichischen Bibliotheken betrifft. Die VÖB wird vielleicht mehr als bisher das einigende Band für alle österreichischen Bibliotheken, ein wichtiger gemeinsamer Nenner aller bibliothekarischen Tätigkeiten sein müssen. Dazu ist Stärke nach außen und nach innen nötig:

Nach außen: daß heißt noch mehr Mitglieder, verstärkte Arbeit und gutes Zusammenspiel der Kommissionen. Nach innen: Hier wünsche ich Einheitlichkeit in allen gemeinsamen Interessen und Bestrebungen, Kollegialität und Vertrauen aller Mitglieder zueinander.

Die Bewältigung der vielen und großen Aufgaben wird, wie gesagt, nur in gemeinsamer Tätigkeit möglich sein. Was das Präsidium betrifft, so sind erfahrene Mitarbeiter an meiner Seite, auf deren Hilfe ich vertraue, und denen ich jetzt schon danken möchte. Dies gilt vor allem für den ersten Vizepräsidenten, meinen verehrten Freund, Hofrat Baumgartner. Ihn brauche ich Ihnen nicht vorzustellen, er hat sechs Jahre, 1982 bis 1988, die Geschicke der VÖB geleitet, seine große Erfahrung wird uns allen zugute kommen.

Ich bedaure es natürlich sehr, daß die bisherige Gepflogenheit, daß der bisherige Präsident im neuen Präsidium als Vizepräsident vertreten ist, nicht fortgeführt wird. Meine verehrte Vorgängerin, die Frau Generaldirektor Strebl, hat ausdrücklich gebeten, davon Abstand zu nehmen, sie wird uns im Präsidium sehr fehlen.

Umso mehr freut es mich, daß wie bisher wieder ein Vertreter der Landesbibliotheken im Präsidium sein wird, nämlich der Direktor der altehrwürdigen Steiermärkischen Landesbibliothek, Herr Hofrat Desput. Ich freue mich auf gute Zusammenarbeit mit ihm. Durch ihn wird die West-Ost-Achse Wien- Innsbruck zu einem Dreieck Wien-Graz- Innsbruck ausgebaut, das der gemeinsamen Arbeit sicher sehr zugute kommen wird.

Sind so bei den beiden Stellvertretern erfahrene Männer an meiner Seite, so wird dagegen das neue Arbeitsteam ein sehr junges sein. Aus organisatorischen Gründen ist es zweckmäßig, daß die Funktionäre, also Schriftführer, Sekretär und Kassier möglichst aus der gleichen Bibliothek kommen wie der Präsident. Ich bin daher sehr glücklich, daß sich drei zwar junge, aber äußerst engagierte und bewährte Mitarbeiterinnen meiner Bibliothek bereit erklärt haben, in diesen Funktionen tätig zu werden.

Ein bestimmtes Programm kann ich Ihnen noch nicht vorlegen. Es wird weiterhin Hauptaufgabe der VÖB sein, einerseits Facharbeit zu leisten, andererseits aber sich mit den bibliothekspolitischen Problemen auseinanderzusetzen.

Zwei konkrete Aktivitäten kann ich Ihnen jetzt schon nennen:

1) Schon unter dem alten Präsidium wurde ein Seminar in Ödenburg/ Sopron vorbereitet, ein gemeinsames Seminar der ungarischen und der österreichischen Bibliothekarvereinigung.

2) Für das nächste Jahr würde mir ein Seminar zu einem heute mehr denn je aktuellen Thema, besonders im Hinblick auf die Auswirkungen der Universitätsreform, vorschweben, mit dem Arbeitstitel „Kooperation der österreichischen Bibliotheken", Möglichkeiten zu einer Verstärkung der Zusammenarbeit in allen Bereichen, von gemeinsamen Unternehmungen, z.B. bibliographischer Natur, bis hin zu den gemeinsamen EDV-Aktivitäten auf verschiedenen Ebenen. Darüber hinaus möchte ich trachten, daß in der fachlichen Arbeit ein möglichst breites Spektrum besteht, daß alle Bereiche bibliothekarischer Tätigkeit abgedeckt sein mögen.

Und so möchte ich Ihnen nochmals für Ihr Vertrauen danken und Sie alle um gute Zusammenarbeit bzw. rege Mitarbeit in der VÖB bitten, sei es als Mitglied des Ausschusses oder als Kommissionsmitglieder oder als einzelne Mitglieder der Vereinigung, deren Mitarbeit aber genau so wichtig ist wie die der Mitglieder der verschiedenen Gremien.

In diesem Sinne: Nochmals herzlichen Dank und auf gute Zusammenarbeit in den nächsten zwei Jahren.

Dr.-Josef-Bick-Ehrenmedaille
Ehrenmitglieder der VÖB
Texte der Laudationes

In Anerkennung seiner großen Verdienste
um das österreichische Bibliothekswesen
verleiht die
VEREINIGUNG ÖSTERREICHISCHER BIBLIOTHEKARE
die
EHRENMITGLIEDSCHAFT
an Herrn
SEKTIONSCHEF I. R. DR. OTTO DRISCHEL

Dr. Otto Drischel wurde am 26. März 1926 in Wien geboren und legte 1944 die Matura ab. Von 1946 an war Dr. Drischel bis März 1954 bei der Polizeidirektion Wien tätig. Nebenberuflich begann er das Studium der Rechts- und Staatswissenschaften an der Universität Wien, das er 1953 mit dem Doktorat abschloß.

Durch neun Jahre hindurch, von 1954 bis 1963, war er Staatsbibliothekar an der Universitätsbibliothek Wien. Ab 1964 leitete Dr. Otto Drischel die Abteilung I/6 (Forschung und Auslandsangelegenheiten) im Bundesministerium für Unterricht, ab 1967 war er Abteilungsleiter der Abteilung I/4, wo er beim Aufbau der Universität für Bildungswissenschaften in Klagenfurt besonders die Universitätsbibliothek durch sein Fachwissen aus seiner früheren bibliothekarischen Tätigkeit her fördern konnte. Ab 1970 wurde er dem Bundesministerium für Wissenschaft und Forschung dienstzugeteilt, wo er die Agenden der Abteilung I/4 weiterführte: Unter anderem war er zuständig für die Subventionen von wissenschaftlichen Tagungen, wissenschaftlichen Vereinen und Gesellschaften, Forschungsstipendien und ähnliche Förderungen, aber auch für die Einrichtung und Ausstattung aller Neubauten der Universität Innsbruck bis Ende 1987 einschließlich der Bibliotheken.

Vom 1. Oktober 1989 bis zum 31. Oktober 1990 war Dr. Otto Drischel Leiter der Abteilung 1/15, wo er alle Belange der Zulassung zum Studium an den Universitäten von in- und ausländischen Studenten betreute, aber auch als Mitglied von Expertenkommissionen für Fragen der Gleichwertigkeiten im Universitätsbereich zuständig war. Daneben war er am Zustandekommen zahlreicher bi- und multilateraler Abkommen beteiligt. Er war Mitglied im Hochschulkomitee des Europarates sowie des Rates für kulturelle Zusammenarbeit des Europarates. Dr. Drischel ist auch als Autor vieler Publikationen über das Universitätsrecht, Gleichwertigkeiten und Zulassungen bekannt. Er hat zahlreiche in- und ausländische Orden erhalten.

Die Verleihung der Ehrenmitgliedschaft in der Vereinigung Österreichischer Bibliothekare erfolgt vor allem in Hinblick auf Dr. Drischels Förderung unserer Vereinsagenden während seiner Tätigkeit im Bundesministerium für Wissenschaft und Forschung, aber auch im Hinblick auf seine Leistungen als Präsidiumsmitglied der VÖB.

Es gereicht der Vereinigung Österreichischer Bibliothekare zur Ehre und Freude, Sektionschef i.R. Dr. Otto Drischel zum Ehrenmitglied zu ernennen.

Eisenstadt, am 30. September 1992

GD Dr. Magda Strebl
Präsidentin

Dir. Dr. Eberhard Tiefenthaler
1. Stellvertreter

HR Dr. Ferdinand Baumgartner
2. Stellvertreter

OR Mag. Marianne Jobst-Rieder
Sekretärin

In Anerkennung seiner großen Verdienste
um das österreichische Bibliothekswesen
verleiht die
VEREINIGUNG ÖSTERREICHISCHER BIBLIOTHEKARE
die
EHRENMITGLIEDSCHAFT
an Herrn
MINISTERIALRAT I.R. DR. HERBERT PAULHART

Dr. Herbert Paulhart wurde am 18. Dezember 1926 geboren. Nach seinem Militärdienst und der Kriegsgefangenschaft in den Jahren 1943 bis 1946, begann er das Studium der Geschichte und Germanistik an der Wiener Universität, das er 1950 mit der Promotion abschloß. 1949 bis 1952 absolvierte Dr. Paulhart den Institutskurs des Instituts für österreichische Geschichtsforschung. In den Jahren 1955-1968 war er als Bibliothekar an diesem Institut tätig. 1957 hatte Dr. Paulhart die Prüfung für den höheren Dienst abgelegt.

Durch zwanzig Jahre hindurch, von 1968 bis 1988, war Dr. Paulhart in leitender Stellung in verschiedenen Abteilungen des Bundesministeriums für Unterricht und Kunst, und ab 1970 im Bundesministerium für Wissenschaft und Forschung tätig. 1970 wurde er zum Oberstaatsbibliothekar und am 1. Jänner 1976 zum Ministerialrat ernannt.

In dieser Zeit hat sich MR Dr. Paulhart in besonderem Maß um das österreichische Bibliothekswesen verdient gemacht, so durch die Reorganisation und Modernisierung der Bibliothek des Instituts für Österreichische Geschichtsforschung, 1965 durch die Einrichtung und Systematisierung der Bibliothek des Historischen Instituts der Universität Salzburg, 1966 durch die Prüfung und Beratung bei der Intensivierung des fachwissenschaftlichen Ausbaus der Bibliothek des Österreichischen Kulturinstituts in Rom. In den 60er Jahren hat Dr. Paulhart die Bibliothek des Linzer Kapuzinerklosters St. Matthias neugeordnet und den Katalog von 1731 herausgegeben. Zu seinen weiteren Verdiensten gehört die Umwandlung der Studienbibliothek Klagenfurt in die spätere Universitätsbibliothek und deren Übersiedlung auf das Hochschulgelände. Es war Dr. Paulhart, der die Buttinger-Bibliothek für die neugeschaffene Universitätsbibliothek Klagenfurt übernahm.

Es gereicht daher der Vereinigung Österreichischer Bibliothekare zur Ehre und Freude, Ministerialrat i.R. Dr. Herbert Paulhart zum Ehrenmitglied zu ernennen.

Eisenstadt, am 30. September 1992

GD Dr. Magda Strebl
Präsidentin

Dir. Dr. Eberhard Tiefenthaler
1. Stellvertreter

HR Dr. Ferdinand Baumgartner
2. Stellvertreter

OR Mag. Marianne Jobst-Rieder
Sekretärin

In Anerkennung seiner großen Verdienste
um das österreichische Bibliothekswesen
verleiht die
VEREINIGUNG ÖSTERREICHISCHER BIBLIOTHEKARE
die
DR.-JOSEF-BICK-EHRENMEDAILLE
(Würdigungsmedaille)
an Herrn
DR. RUDOLF FRANKENBERGER

Dr. Rudolf Frankenberger wurde am 12. Dezember 1932 in Stammbach in Oberfranken geboren. 1952 legte er an der Oberrealschule Münchberg das Abitur ab und belegte an der Technischen Hochschule in München die Fächer Chemie, Biologie und Geographie. 1956 legte er mit Erfolg sein Staatsexamen ab und wurde Assistent am Geographischen Institut der Technischen Hochschule München. Nach seiner Promotion 1959 war Dr. Frankenberger Referendar an der Bayerischen Staatsbibliothek München. Nach Ablegung der Fachprüfung 1961 begann seine berufliche Tätigkeit an der Universitätsbibliothek Erlangen. Er arbeitete am Katalog mit, übernahm die Benutzungsabteilung, leitete die Bibliothek der Wirtschaftswissenschaftlichen Hochschule, die spätere Wirtschafts- und Sozialwissenschaftliche Fakultät der Universität Erlangen in Nürnberg. Dr. Frankenberger baute die Bibliothek der Technischen Fakultät der Universität Erlangen auf.

Ab 1970 übernahm er die Leitung und den Aufbau der Universitätsbibliothek Augsburg, die eine wichtige Stellung im Bayerischen Bibliotheksverbund einnimmt. Dr. Rudolf Frankenberger arbeitet in zahlreichen Gremien mit, die bundesweit für die Belange des deutschen Bibliothekswesens zuständig sind, wie etwa im Bibliotheksausschuß der Deutschen Forschungsgemeinschaft, als Mitglied der Arbeitsgruppe Bibliotheken des Wissenschaftsrates, als Vorsitzender des Vereines Deutscher Bibliothekare (1983-1985), als Mitarbeiter an den Regeln für den Schlagwortkatalog, der Schlagwortnormdatei und der Beispielsammlung.

Die Auszeichnung erfolgt vor allem in Hinblick auf die Verdienste von Dr. Rudolf Frankenberger um die Kooperation zwischen österreichischen und deutschen wissenschaftlichen Bibliotheken und ihren Einrichtungen. Als Vorsitzender des Vereins Deutscher Bibliothekare hat Dr. Rudolf Frankenberger für eine intensive Kontaktpflege zwischen unseren Ländern gesorgt und auch bei den Fortbildungsveranstaltungen der VÖB als Experte der RSWK unsere Bibliotheken fachlich unterstützt.

Es gereicht daher der Vereinigung Österreichischer Bibliothekare zur Ehre und Freude, dem verdienten Mitglied die Würdigungsmedaille zu überreichen.

Eisenstadt, am 30. September 1992

GD Dr. Magda Strebl
Präsidentin

Dir. Dr. Eberhard Tiefenthaler
1. Stellvertreter

HR Dr. Ferdinand Baumgartner
2. Stellvertreter

OR Mag. Marianne Jobst-Rieder
Sekretärin

In Anerkennung seiner großen Verdienste
um das österreichische Bibliothekswesen
verleiht die
VEREINIGUNG ÖSTERREICHISCHER BIBLIOTHEKARE
die
DR.-JOSEF-BICK-EHRENMEDAILLE
(Würdigungsmedaille)
an den Leitenden Bibliotheksdirektor
JÜRGEN HERING

Jürgen Hering, Leitender Bibliotheksdirektor der Universitätsbibliothek Stuttgart, geboren am 15.September 1937 in Chemnitz, maturierte 1955 und begann seine Studien an der Universität Leipzig. Im Dezember 1955 übersiedelte er in die Bundesrepublik Deutschland und setzte sein Studium der Geschichte, Germanistik und der russischen Sprache in Stuttgart, Tübingen und Köln fort, und legte 1968 das 2. Staatsexamen im Bibliothekar-Lehrinstitut Köln ab. 1974 wurde Jürgen Hering Bibliotheksdirektor und ein Jahr später Leitender Bibliotheksdirektor.

Jürgen Hering bekleidete von 1989 - 1992 das Amt des Vorsitzenden des Deutschen Bibliotheksverbandes DBV, und er hat in dieser Funktion Entscheidendes für das Bibliothekswesen in der Bundesrepublik Deutschland geleistet. Unter seinem Vorsitz kam es zur Vereinigung des DBV mit dem Bibliotheksverband der DDR. Von seinen zahlreichen Funktionen sind unter anderem folgende hervorzuheben: Stellvertretender Sprecher der Bundesvereinigung Deutscher Bibliotheksverbände, Mitglied des Kuratoriums des Deutschen Bibliotheksinstituts Berlin, Mitglied im deutschen IFLA-Nationalkomitee, Mitglied im wissenschaftlichen Beirat der Bibliothek für Zeitgeschichte, Vorsitzender des Vereins Deutscher Bibliothekare VDB (1979-1983), Organisator der Bibliothekartage Wuppertal (1980), Regensburg (1981), Darmstadt (1982) und des Bibliothekskongresses Hannover (1983). Seit langer Zeit bestehen enge Kontakte Jürgen Herings zur VÖB. Er nahm an zahlreichen VÖB-Veranstaltungen teil: Kremsmünster (1980), Salzburg (1982), Klagenfurt (1984), Wien (1986), Linz (1988).

Die VÖB verleiht Herrn Jürgen Hering diese Auszeichnung im Hinblick auf seine Verdienste um die verstärkte Einbindung des österreichischen Bibliothekswesens in die internationale fachliche Szene. Als Vorsitzender des Vereins Deutscher Bibliothekare und als Präsident des Deutschen Bibliotheksverbandes hat Jürgen Hering die Kooperation zwischen diesen Vereinen und der VÖB durch seinen persönlichen Einsatz gepflegt und intensiviert.

Es gereicht daher der Vereinigung Österreichischer Bibliothekare zur Ehre und Freude, dem verdienten Mitglied die Würdigungsmedaille zu überreichen.

Eisenstadt, am 30. September 1992

GD Dr. Magda Strebl
Präsidentin

Dir. Dr. Eberhard Tiefenthaler
1. Stellvertreter

HR Dr. Ferdinand Baumgartner
2. Stellvertreter

OR Mag. Marianne Jobst-Rieder
Sekretärin

In Anerkennung seiner großen Verdienste
um das österreichische Bibliothekswesen
verleiht die
VEREINIGUNG ÖSTERREICHISCHER BIBLIOTHEKARE
die
DR.-JOSEF-BICK-EHRENMEDAILLE
(Würdigungsmedaille)
an Herrn
OBERRAT DR. HANS LEITNER

Dr. Hans Leitner, gebürtig aus Rainbach bei Freistadt, maturierte am Collegium Petrinum in Linz und beendete 1959 sein Studium an der Universität Wien mit der Promotion zum Doktor der Philosophie in Anglistik.

Seine bibliothekarische Laufbahn begann Dr. Hans Leitner in den Jahren 1964-1969 in der Fachbibliothek für Erwachsenenbildung des Unterrichtsministeriums in Wien. Zuvor war er von 1958 bis 1963 leitender Sekretär der Katholischen Hochschulgemeinde in Wien gewesen.

Seit dem Herbst 1971 ist Dr. Leitner an der Universitätsbibliothek Wien tätig. Im Jahre 1975 war Dr. Leitner als Bibliothekar und Dokumentalist am International Institute for Adult Library Methods in Teheran im Rahmen der Unesco angestellt. Wieder nach Wien an die Universitätsbibliothek zurückgekehrt, wurde er 1977 zum Leiter der Katalogabteilung ernannt und gestaltet seither in dieser zentralen Funktion die bibliothekarische Facharbeit der größten Universitätsbibliothek Österreichs entscheidend mit.

Dr. Hans Leitner hat darüber hinaus auch in anderen Institutionen die bibliothekarischen Interessen vertreten. So wurde er auf Grund seiner langjährigen Tätigkeit im Österreichischen Normungsinstitut mit der bronzenen, silbernen und goldenen Mitarbeiternadel ausgezeichnet.

Im Rahmen seiner Aktivitäten für die Vereinigung Österreichischer Bibliothekare hat er sowohl als Mitglied des Ausschusses als auch als Organisator der „VÖB-Runden" gewirkt. Für interessierte Kollegen organisierte und betreute er mit dem Ziel der bibliothekarischen Fortbildung seit 1975 mehr als 50 Veranstaltungen, sodaß er weite Kreise mit bibliothekarischen Fachfragen und Innovationen bekannt machte.

Es gereicht daher der Vereinigung Österreichischer Bibliothekare zur besonderen Freude, dem verdienten Mitglied die Würdigungsmedaille zu überreichen.

Eisenstadt, am 30. September 1992

GD Dr. Magda Strebl
Präsidentin

Dir. Dr. Eberhard Tiefenthaler
1. Stellvertreter

HR Dr. Ferdinand Baumgartner
2. Stellvertreter

OR Mag. Marianne Jobst-Rieder
Sekretärin

In Anerkennung seiner großen Verdienste
um das österreichische Bibliothekswesen
verleiht die
VEREINIGUNG ÖSTERREICHISCHER BIBLIOTHEKARE
die
DR.-JOSEF-BICK-EHRENMEDAILLE
(Große Würdigungsmedaille)
an Herrn
HOFRAT A.O. UNIV.-PROFESSOR DR. OTTO MAZAL

Geboren am 26. Juli 1932 in Wien, promovierte Otto Mazal nach dem Studium der Klassischen Philologie und Alten Geschichte an der Universität Wien. Seit 1955 im Bibliotheksdienst und seit 1957 in der Handschriftensammlung der Österreichischen Nationalbibliothek tätig, widmete er sich in vielfältiger Weise der Erschließung der Handschriften und habilitierte sich 1968 zum Dozenten für Byzantinistik. 1970 übernahm er die Leitung der Handschriften- und Inkunabelsammlung und vermehrte in ausgewogener Weise deren Bestände in der Tradition des vorgegebenen Sammelauftrages. Daneben galt sein Augenmerk der Installation von Sicherheitseinrichtungen, der Sanierung der Benützungsabteilung und der Erweiterung der Räumlichkeiten der ihm anvertrauten Sondersammlung.

Darüberhinaus widmete Otto Mazal seine Kraft der wissenschaftlichen Arbeit und legte 30 Monographien in Form von Handschriftenkatalogen, Ausstellungskatalogen und Kommentaren zu Faksimile-Ausgaben sowie 124 Beiträge zu den Fachgebieten Paläographie, Buchmalerei, Einbandkunde, Inkunabelkunde und Byzantinistik vor. 1973 gab er der Handschriftenbeschreibung in Österreich durch die Einberufung von Tagungen und die Redaktion von Richtlinien einen neuen Impuls und figuriert bei der Österreichischen Akademie der Wissenschaften als Herausgeber von Handschriftenkatalogen. Als Lehrer und Prüfer brachte er im Rahmen der Ausbildung zahlreichen angehenden Bibliothekaren die Bedeutung des historischen Bibliotheksgutes nahe.

Der Vereinigung Österreichischer Bibliothekare stellte er seine Arbeitskraft als Sekretär und Schriftführer von 1962 bis 1982 zur Verfügung und gab die zehn Bibliothekartagsberichte dieser Periode heraus. 1972 gründete er die Kommission für Buch- und Bibliotheksgeschichte, die er bis 1982 leitete. Schwerpunkte der Kommissionsarbeiten bildeten die Beschreibung der Handschriften, Richtlinien für die Katalogisierung der Inkunabeln und das Fortbildungsseminar im Jahr 1978. Als Vizepräsident stellte Otto Mazal von 1984 bis 1988 seine bibliothekarischen Kenntnisse und internationalen Erfahrungen zur Verfügung, sowie ab 1988 bis 1992 als Mitglied des Präsidiums. Er hat durch all diese Leistungen die Tätigkeit der VÖB in den letzten dreißig Jahren wie kaum ein anderer geprägt und getragen.

Es gereicht daher der Vereinigung Österreichischer Bibliothekare zur Ehre und Freude, dem verdienten Mitglied die Große Würdigungsmedaille zu überreichen.

Eisenstadt, am 30. September 1992

GD Dr. Magda Strebl
Präsidentin

Dir. Dr. Eberhard Tiefenthaler
1. Stellvertreter

HR Dr. Ferdinand Baumgartner
2. Stellvertreter

OR Mag. Marianne Jobst-Rieder
Sekretärin

In Anerkennung seiner großen Verdienste
um das österreichische Bibliothekswesen
verleiht die
VEREINIGUNG ÖSTERREICHISCHER BIBLIOTHEKARE
die
DR.-JOSEF-BICK-EHRENMEDAILLE
(Würdigungsmedaille)
an Herrn
HOFRAT DR. KARL F. STOCK

Karl F. Stock wurde am 13. Jänner 1937 in Graz geboren. Nach Ablegung der Matura begann HR Stock ein Mathematik- und Physik-Studium. 1959 erfolgte sein Eintritt als Vertragsbediensteter in die Universitätsbibliothek Graz. 1962 legte er die Dienstprüfung für den gehobenen Dienst mit Auszeichnung ab und begann 1963 das Studium der Staatswissenschaften an der Universität Graz, das er 1969 mit der Promotion abschloß. Im gleichen Jahr wurde ihm die Bick-Förderungsmedaille für seine bibliographischen und wissenschaftlichen Arbeiten im Bereich der Bibliotheksstatistik verliehen.

HR Stock ist einer der Pioniere bei der Einführung der elektronischen Datenverarbeitung im wissenschaftlichen Bibliothekswesen und hat in vielfältiger Weise, theoretisch und praktisch, an der Modernisierung der österreichischen Bibliotheksszene mitgewirkt. So betreute er die Institutsbibliotheken der Universität Graz, entwickelte ein FORTRAN-Programm für eine Lehrbuchsammlung und wurde schließlich dem Rechenzentrum Graz zur Mitarbeit an Forschungsaufträgen zur Einführung der EDV im österreichischen Bibliothekswesen zugeteilt. 1974 wurde HR Stock zum Bibliotheksdirektor der Technischen Universität Graz ernannt. In seine Ära fällt die Errichtung des Neubaus der Universitätsbibliothek. Er konzipierte ein eigenes Programm zur Bibliographieerstellung mit dem seit Dezember 1976 die "Bibliographie österreichischer Bibliographien, Sammelbibliographien und Nachschlagewerke" gemeinsam mit Dr. Rudolf Heilinger und Marylène Stock publiziert wird.

Unzählige Fachaufsätze, Vorträge und zahlreiche Ausstellungen zeugen von einem ausgefüllten Berufs- und Privatleben. Ein Experte ist HR Stock in vielerlei Hinsicht: in der EDV, in der Kunst der Bibliographie, als streitbarer Autor und als kreativer Künstler.

Die Auszeichnung erfolgt vor allem in Hinblick auf die Leistungen von Hofrat Dr. Karl F. Stock für das österreichische Bibliothekswesen und als Ausschußmitglied für die Vereinigung österreichischer Bibliothekare. Es gereicht daher der Vereinigung Österreichischer Bibliothekare zur Ehre und Freude, dem verdienten Mitglied die Würdigungsmedaille zu überreichen.

Eisenstadt, am 30. September 1992

GD Dr. Magda Strebl
Präsidentin

Dir. Dr. Eberhard Tiefenthaler
1. Stellvertreter

HR Dr. Ferdinand Baumgartner
2. Stellvertreter

OR Mag. Marianne Jobst-Rieder
Sekretärin

In Anerkennung seiner großen Verdienste
um das österreichische Bibliothekswesen
verleiht die
VEREINIGUNG ÖSTERREICHISCHER BIBLIOTHEKARE
die
DR.-JOSEF-BICK-EHRENMEDAILLE
(Würdigungsmedaille)
an Herrn
DIREKTOR DR. EBERHARD TIEFENTHALER

Dr. Eberhard Tiefenthaler wurde am 19. April 1933 geboren. Nach dem Besuch des humanistischen Gymnasiums in Bregenz begann er an der Universität Innsbruck das Studium der Romanistik, Geschichte und Klassischen Philologie. Nach einjährigem Aufenthalt an der Sorbonne in Paris promovierte er 1958. Im Anschluß daran absolvierte er ein Semester als Stipendiat an der Universität Salamanca. 1958 bis 1960 war Dr. Tiefenthaler als wissenschaftliche Hilfskraft und Lektor am Institut für Romanistik in Innsbruck tätig. In den Jahren 1960 bis 1962 arbeitete er am Französischen Etymologischen Wörterbuch bei W. v. Wartburg in Basel mit.

Bis 1973 unterrichtete er an den Gymnasien Bludenz und Bregenz. Danach war er mehrere Jahre im wissenschaftlichen Verlagswesen in leitender Position tätig. Am 1. September 1977 wurde er seitens der Vorarlberger Landesregierung mit dem Aufbau der Vorarlberger Landesbibliothek betraut und am 1. Mai 1983 zu deren Direktor ernannt. In den Jahren 1983-1986 erfolgte der Umbau und die Einrichtung des neuen Bibliotheksgebäudes im Gallusstift in Bregenz und die Einführung des ersten vollautomatisierten Bibliotheksbetriebes in Österreich. Dr. Eberhard Tiefenthaler hat mehrere Kongresse durchgeführt, ist seit 1986 Vizepräsident der DOBIS/LIBIS-Weltorganisation, seit 1988 Vizepräsident der Vereinigung österreichischer Bibliothekare und wurde vom Bundesminister für Wissenschaft und Forschung zum Mitglied des Beirates für das österreichische Bibliothekswesen ernannt. Zusätzlich ist Dr. Tiefenthaler Mitglied mehrerer historischer, landeskundlicher und bibliothekswissenschaftlicher Vereinigungen, Mitherausgeber von "Biblos", und betreut seit 1985 als Herausgeber den "Vorarlberger Sprachatlas" und das "Vorarlberger Flurnamenbuch".

Die Auszeichnung erfolgt vor allem in Hinblick auf die Verdienste von Dr. Eberhard Tiefenthaler um die Vereinigung Österreichischer Bibliothekare und das österreichische Bibliothekswesen. Er ermöglichte die Fortbildungsseminare der VÖB auf Schloß Hofen und hat in umsichtiger Weise die Ausrichtung des 21. Österreichischen Bibliothekartages in Bregenz 1990 übernommen. Alle diese Aktivitäten und auch seine Tätigkeit als Präsidiumsmitglied der VÖB sollen durch die Ehrenmedaille gebührend gewürdigt werden. Gleichzeitig bedeutet die Überreichung auch eine Anerkennung für Dr. Tiefenthalers Leistungen beim Aufbau einer der modernsten und schönsten Landesbibliotheken Österreichs.

Es gereicht daher der Vereinigung Österreichischer Bibliothekare zur Ehre und Freude, dem verdienten Mitglied die Würdigungsmedaille zu überreichen.

Eisenstadt, am 30. September 1992

GD Dr. Magda Strebl
Präsidentin

OR Mag. Marianne Jobst-Rieder
Sekretärin

HR Dr. Ferdinand Baumgartner
2. Stellvertreter

In Anerkennung seiner großen Verdienste
um das österreichische Bibliothekswesen
verleiht die
VEREINIGUNG ÖSTERREICHISCHER BIBLIOTHEKARE
die
DR.-JOSEF-BICK-EHRENMEDAILLE
(Würdigungsmedaille)
an Herrn
DIREKTOR I.R. HOFRAT DR. JOSEF WAWROSCH

Dr. Josef Wawrosch wurde am 28. Jänner 1931 in Wien geboren. Nach Ablegung der Reifeprüfung im Jahre 1950 war Dr. Wawrosch als Angestellter tätig und begann nebenberuflich das Studium der Staatswissenschaften an der Universität Wien. 1955 trat er seinen Dienst an der Österreichischen Nationalbibliothek an und legte zwei Jahre später die Bibliotheksprüfung ab. 1959 erfolgte die Versetzung an die Bibliothek des Österreichischen Kulturinstitutes in Rom als erster selbständiger Bibliothekar seit 1921. 1962 wurde Dr. Josef Wawrosch an das Österreichische Kulturinstitut in Paris zur Neueinrichtung und Neuorganisation der Bibliothek anläßlich der Übersiedlung in ein neues Institutsgebäude dienstzugeteilt. Im Jahre 1972 wurde Dr. Wawrosch neuerlich an das Österreichische Kulturinstitut in Paris zwecks Reorganisation der dortigen Bibliothek berufen. 1973 promovierte er an der Universität Innsbruck. Ab 1974 war Dr. Wawrosch in der Österreichischen Nationalbibliothek beschäftigt und legte hier seine Dienstprüfungen ab. Mit 1. Jänner 1977 wurde Dr. Josef Wawrosch zum Bibliotheksdirektor der Technischen Universität Wien ernannt. Unter seiner Direktion wurde das neue Gebäude der Universitätsbibliothek der Technischen Universität Wien errichtet.

Die Auszeichnung erfolgt vor allem im Hinblick auf die Verdienste von Hofrat Dr. Josef Wawrosch um das österreichische Bibliothekswesen. Neben dem Neubau der Universitätsbibliothek der Technischen Universität Wien, sind auch die vielfältigen Entwicklungen im Bereich der EDV an dieser Bibliothek beispielgebend für die anderen Universitätsbibliotheken Österreichs. Als Ausschußmitglied der VÖB, Gastgeber bei vielen Sitzungen und als Wahlvorsitzender bei vielen Hauptversammlungen der VÖB hat sich HR Josef Wawrosch immer wieder für die Vereinigung Österreichischer Bibliothekare eingesetzt.

Es gereicht daher der Vereinigung Österreichischer Bibliothekare zur Ehre und Freude, dem verdienten Mitglied die Würdigungsmedaille zu überreichen.

Eisenstadt, am 30. September 1992

GD Dr. Magda Strebl
Präsidentin

Dir. Dr. Eberhard Tiefenthaler
1. Stellvertreter

HR Dr. Ferdinand Baumgartner
2. Stellvertreter

OR Mag. Marianne Jobst-Rieder
Sekretärin

In Anerkennung seiner großen Verdienste
um das österreichische Bibliothekswesen
verleiht die
VEREINIGUNG ÖSTERREICHISCHER BIBLIOTHEKARE
die
DR.-JOSEF-BICK-EHRENMEDAILLE
(Förderungsmedaille)
an Herrn
OBERRAT DR. MARTIN WIESER

Dr. Martin Wieser wurde am 28. April 1950 in Innsbruck geboren. Nach dem Besuch des Akademischen Gymnasiums in Innsbruck begann er an der Universität Innsbruck das Studium der Alten Geschichte, Geschichte und Kunstgeschichte. Bereits am 2. Mai 1975 trat er in den Bibliotheksdienst ein und beendete ein Jahr später sein Studium mit der Promotion. Mit 1. Mai 1977 wurde Dr. Martin Wieser an der Universitätsbibliothek Innsbruck in den höheren Dienst übernommen und betreute fortan das Referat für Kunstgeschichte und die Benützungsabteilung. Im Jahre 1980 legte er die Dienstprüfung für den Bibliotheks-, Dokumentations- und Informationsdienst ab. Während eines dreimonatigen Studienaufenthaltes an der University of Minnesota in der Walter Library beschäftigte er sich mit dem Schwerpunkt Benützung.

OR Dr. Martin Wieser hat sich bei der Einführung des Bibliothekssystems BIBOS an der Universitätsbibliothek Innsbruck und im Rahmen seiner Tätigkeit für die Vereinigung Österreichischer Bibliothekare vor allem als Vorsitzender der Kommission für Öffentlichkeitsarbeit verdient gemacht.

Es gereicht daher der Vereinigung Österreichischer Bibliothekare zur besonderen Freude, ihrem Mitglied Dr. Martin Wieser die Förderungsmedaille zu überreichen.

Eisenstadt, am 30. September 1992

GD Dr. Magda Strebl
Präsidentin

Dir. Dr. Eberhard Tiefenthaler
1. Stellvertreter

HR Dr. Ferdinand Baumgartner
2. Stellvertreter

OR Mag. Marianne Jobst-Rieder
Sekretärin

Inhalt